MW01094969

Kai Arzheimer

Politik-verdrossenheit

*Bedeutung, Verwendung und
empirische Relevanz eines
politikwissenschaftlichen Begriffs*

Westdeutscher Verlag

Die Deutsche Bibliothek – CIP-Einheitsaufnahme
Ein Titeldatensatz für diese Publikation ist bei
Der Deutschen Bibliothek erhältlich

Gedruckt mit Unterstützung der Deutschen Forschungsgemeinschaft: D 77

Die vorliegende Arbeit wurde vom Fachbereich 12 Sozialwissenschaften der Johannes Gutenberg-
Universität Mainz im Jahr 2001 als Dissertation zur Erlangung des akademischen Grades eines
Doktors der Philosophie (Dr. phil.) angenommen.
Referent: Prof. Dr. Jürgen W. Falter
Korreferent: Prof. Dr. Ulrich Druwe
Tag des Prüfungskolloquiums: 24. Januar 2002

1. Auflage Juni 2002

Der Westdeutsche Verlag ist ein Unternehmen der Fachverlagsgruppe BertelsmannSpringer.
www.westdeutschervlg.de

Umschlaggestaltung: Horst Dieter Bürkle, Darmstadt
Druck und buchbinderische Verarbeitung: Rosch-Buch, Scheßlitz
Gedruckt auf säurefreiem und chlorfrei gebleichtem Papier
Printed in Germany

ISBN 3-531-13797-2

Für Kristina, Karin, Werner und Tim

Inhalt

Tabellen

Abbildungen

1 Einleitung und Fragestellung

Übersicht

„In einem dpa-Gespräch beklagte die HBV-Vorsitzende Margret Mönig-Raane das Fehlen sozialer Gerechtigkeit. Die HBV-Vorsitzende warnte die rot-grüne Regierung davor, bei den Wählern Politikverdrossenheit zu schüren. Wenn die Menschen das Gefühl bekämen, es sei egal, wer regiere, würden immer weniger zur Wahl gehen" (dpa-Meldung vom 9. August 1999).

„What is needed is consistent cumulative research, not permanent ‚reinvention of the wheel'" (Kaase 1988: 131).

1.1 Das Forschungsproblem

Kaum ein Wort hat in der politischen Diskussion der vergangenen Jahre eine so große Rolle gespielt wie der äußerst unscharfe und dabei mediengerechte Terminus „Politikverdrossenheit" und seine weniger gängigen Varianten, die „Partei(en)-", „Staats-", „Demokratie-" und „Politikerverdrossenheit". „Politikverdrossenheit" wird in Kommentaren zum politischen Geschehen als Ursache, als Folge und als Überbegriff für eine ganze Reihe von politischen Problemen und Entwicklungen präsentiert. Zu nennen sind hier vor allem die sinkende Wahlbeteiligung,[1] die Erfolge der PDS, der DVU und der Republikaner, die angeblichen Mitgliederverluste der etablierten Parteien[2]

---

[1] Zumindest in den alten Ländern hat sich auf der Bundesebene 1994 der bei den Wahlen von 1987 und 1990 beobachtete Rückgang der Wahlbeteiligung nicht fortgesetzt. Bei der Bundestagswahl von 1998 ist die Wahlbeteiligung in beiden Gebietsteilen deutlich angestiegen und lag bei 80,0 Prozent (neue Länder) beziehungsweise 82,8 Prozent. Für eine detailliertere Analyse der Wahlbeteiligung bei Bundestagswahlen im Vergleich zu anderen Demokratien siehe Armingeon (1994) sowie Abschnitt 4.3.2.1, Seite 266.

[2] Tatsächlich zeigen sich in beiden Landesteilen zwischen 1986 und 1996 (neue Länder ab 1991) keine systematischen Schwankungen des Anteils der Parteimitglieder an der Bevölkerung (vgl. die Berechnungen von Weßels und Klingemann 1997: 606, Abb. 4 auf der Grundlage des ALLBUS). Ironischerweise stieg im Jahr 1994, als in der Zeitschrift für Parlamentsfragen eine regelrechte Verdrossenheitsdebatte geführt wurde, der Anteil der Parteimitglieder in den alten Ländern sogar leicht an. Eigene Berechnungen des Autors, die auf den Angaben der Parteien beziehungsweise auf den amtlichen Wahler-

und das schwindende Vertrauen in die staatlichen und gesellschaftlichen Institutionen, die allesamt als Ausdruck von Politikverdrossenheit interpretiert werden (vgl. zu diesem Katalog exemplarisch Feist 1993: 46, Gabriel 1993: 3, Rattinger 1993: 24 und Alemann 1996: 4f). Umgekehrt werden echte und vermeintliche Skandale, die vorgebliche programmatische Erstarrung der Parteien und deren Fixierung auf den nächsten Wahltermin als Auslöser der Politikverdrossenheit gehandelt, die als eine Art generalisiertes Gefühl der Unzufriedenheit mit den Strukturen des politischen Systems der Bundesrepublik, seinen Akteuren und den von ihm produzierten Entscheidungen dargestellt wird.

Schon diese kurze Aufzählung verdeutlicht, daß es sich bei der Politikverdrossenheit um einen schillernden Terminus handelt, der vieles impliziert – beispielsweise, daß es einen gewissermaßen „unverdrossenen" Zustand gegeben haben muß und daß irgendwelche Ereignisse den jetzigen Verdruß herbeigeführt haben[3] – und dabei doch im unklaren läßt. Daß die Rede von der Politikverdrossenheit damit den Ansprüchen wissenschaftlicher Begriffsbildung kaum genügen kann, ist offensichtlich.[4] Dennoch scheint es geboten, sich mit dem Begriff und den Phänomenen, die er bezeichnen soll, grundlegend auseinanderzusetzen, da das Thema unter mindestens drei Gesichtspunkten für die Politikwissenschaft von Relevanz ist:

Erstens hat die Vorstellung einer stetig zunehmenden Politikverdrossenheit, die häufig als Teil einer noch umfassenderen deutschen Malaise verstanden wird (vgl. dazu z. B. den Aufbau des von Unseld (1993) herausgegebenen Sammelbandes), inzwischen selbst eine erhebliche *politische* Schubkraft entwickelt. Als die Medien den Begriff zu Beginn der neunziger Jahre wieder aufbrachten,[5] trafen sie damit offen-

---

gebnissen beruhen und die ersten fünf Jahrzehnte des Bestehens der Bundesrepublik abdecken, ergeben für den Quotienten aus Parteimitgliedern und Wahlberechtigten eine flache, sichelförmige Kurve (vgl. Tabelle A.1 auf Seite 298: In den fünfziger und sechziger Jahren lag der Organisationsgrad knapp unter 3 Prozent, erreichte während der siebziger und frühen achtziger Jahre einen Höchststand von rund 4,5 Prozent und sank dann langsam wieder ab. Der Organisationsgrad von 3,5 Prozent der Wahlberechtigten (nur alte Länder) im Jahre 1994 entspricht in etwa dem Stand zu Beginn der siebziger Jahre. Meines Erachtens deutet dieser Kurvenverlauf weniger auf eine plötzliche Krise der Demokratie als vielmehr auf eine relativ kurze, zeitlich abgrenzbare Mobilisierungsphase am Beginn der siebziger Jahre hin, von der mit einer gewissen Verzögerung auch die Parteien profitieren konnten. Nur am Rande sei darauf verwiesen, daß damals im Gefolge von Crozier et al. (1975) gerade die Mobilisierung der Bürger als Krisenindikator interpretiert wurde (vgl. Abschnitt 2.3.2, Seite 50ff).

Für eine Darstellung, die die Entwicklung der Parteimitgliedschaften in Deutschland in Relation zu den allgemeinen Trends in vergleichbaren Staaten diskutiert vgl. Widfeldt (1995).

3 Dieses implizite Konstrukt einer „besseren Vergangenheit" wird unter anderem von Dietze (1993: 5), Schedler (1993b: 416) sowie von Greiffenhagen (1997: 353ff) kritisiert. Geiling (1997: 46ff) und vor allem Link (1999: 8) führen diesen Gedanken im Sinne einer regelrechten Ideologiekritik am „Verdrossenheitsdiskurs" weiter: „Diese Konzepte werden von vornherein als Klischees mit normativer Kraft bezeichnet, deren strategischer Nutzen darin besteht, Personen als politisch deviant ausgrenzen zu können."

4 Auf die begriffliche Unschärfe, die mit dem Wort „Verdrossenheit" verbunden ist, hat Lammert bereits 1979 (!) hingewiesen. Zur Kritik an der Verdrossenheitsforschung, die innerhalb des Forschungszusammenhangs selbst geäußert wird, vgl. Abschnitt 2.6.1.4.

5 Politik- und Parteienverdrossenheit waren bereits einmal zu Beginn der achtziger Jahre Thema der Medienberichterstattung. Anfang der neunziger Jahre nahmen entsprechende Meldungen jedoch explosi-

sichtlich den Nerv des Publikums. Eine unüberschaubare Zahl von Ansprachen, Leitartikeln und Tagungsbeiträgen wurde dem Thema gewidmet,[6] eine Entwicklung, die
in der Kür zum „Wort des Jahres 1992" durch die Gesellschaft für Deutsche Sprache
noch keineswegs ihren Abschluß gefunden hatte, wie die große Zahl einschlägiger
Publikationen belegt, die seitdem erschienen sind.

Über die Medien hinaus hat das Wort von der Politikverdrossenheit bald Eingang
in die Sprache der Politiker und in die Diskurse des Alltags gefunden. Schon früher
wurde darauf hingewiesen, daß in Deutschland wie in vielen anderen westeuropäischen Demokratien Thesen und Argumente, die sich generell gegen das bestehende
Parteiensystem richten, von neu entstandenen Anti-Parteien-Parteien (STATT-Partei,
„Bund freier Bürger", ProDM) sowie von Flügelparteien („Republikaner", PDS) als
ein Mittel der Auseinandersetzung im politischen Kampf verwendet werden, um in der
Bevölkerung Unterstützung für sehr unterschiedliche Ziele zu gewinnen – vgl. dazu
für die Bundesrepublik ausführlich: Scarrow (1994, 1996), für die Spätphase der Weimarer Republik: Greiffenhagen (1997), für Frankreich: Kimmel (1991), für Beispiele
aus dem internationalen Kontext und allgemeinere Überlegungen: Poguntke (1996),
Poguntke und Scarrow (1996).

Darüber hinaus läßt sich feststellen, daß inzwischen auch Politiker aus den Reihen
der etablierten Parteien häufig mit der angeblichen Politikverdrossenheit der Bürger
argumentieren, wenn es darum geht, den politischen Gegner zu attackieren und die
eigenen Ziele zu rechtfertigen (vgl. dazu auch Punkt 1.2, Seite 24). Innerparteiliche
Reformen wie die Einführung der sogenannten Urwahl des Kanzlerkandidaten bei der
SPD und die Mitgliederbefragungen der FDP zum „großen Lauschangriff" und zur
Wehrpflicht werden ebenso wie institutionelle Veränderungen – beispielsweise die
Einführung des kommunalen Jugendwahlrechtes in Niedersachsen, die Erweiterung
der direkt-demokratischen Mitwirkungsmöglichkeiten in Hamburg und die Aufnahme plebiszitärer Elemente ins Grundgesetz[7] – von den Parteien und Interessenver-
bänden mit Blick auf die Politik- und Partei(en)verdrossenheit[8] im Lande legitimiert

---

onsartig zu (Müller 1993: 6). Zur Beschäftigung der Massenmedien mit dem Thema Politikverdrossenheit vgl. auch die Darstellung bei Kepplinger (1998: 15ff). Zur Geschichte des Begriffs selbst vgl.
Abschnitt 2.2; zur Entwicklung der einschlägigen wissenschaftlichen Publikationen vgl. Abbildung 2.3
auf Seite 102.

6   Vgl. dazu exemplarisch die folgenden Sammelbände: Institut für Sozial- und Bildungspolitik et al.
     (1990), Hans-Seidel-Stiftung (1992), Starzacher et al. (1992), Hans-Seidel-Stiftung (1993), Kuratorium
     der Polizei-Führungsakademie (1993), Weikersheim (1994), Theodor-Heuss-Stiftung (1994), Weinacht
     (1994), Birke und Brechtken (1995), Schmitz (1996) sowie den Kurzbericht von Peters (1994).

7   „Zahlreiche Berichterstatter der 6. Sitzung der GVK [Gemeinsame Verfassungskommission von Bun-
     destag und Bundesrat] am 14. Mai 1992, in der die Themen Bürgerbeteiligung und Plebiszite auf der
     Tagesordnung standen, stellten den erwähnten Zusammenhang [zwischen dem Fehlen plebiszitärer Ele-
     mente in der Verfassung und einer wachsenden Politikverdrossenheit] her" (Kutter 1997: 98).

8   Der Gebrauch des Wortes in der Literatur ist uneinheitlich: Während zwei der in der am häufigsten
     zitierten Artikel zu diesem Thema (Stöss 1990, Rattinger 1993) von Parteiverdrossenheit sprechen, be-
     schäftigen sich zahlreiche andere Arbeiten, darunter die gleichnamige Dissertation von Boher (1996),
     mit Parteienverdrossenheit. In keiner mir bekannten Arbeit wird dabei eine systematische Unterschei-
     dung zwischen beiden Varianten des Kompositums vorgenommen. Gothe et al. (1997) beispielsweise
     beziehen sich zwar ausdrücklich auf Rattinger, verwenden aber dennoch die Plural-Form. Im folgenden

beziehungsweise eingefordert. Selbst eine mögliche „Strukturreform der Schülervertretung" wird (von der Schüler-Union Niedersachsens) als probates Mittel gegen die Politikverdrossenheit empfohlen (Möllenstädt 1998).

Zudem scheint sich die Rede von der Politikverdrossenheit zu einer Waffe für den einzelnen entwickelt zu haben, wie der Blick in die Leserbriefspalten der Zeitungen zeigt: Hier drohen inzwischen politikverdrossene Bürger damit, noch verdrossener beziehungsweise ebenso verdrossen wie ihre Mitbürger zu werden, wenn bestimmten wahrgenommenen Mißständen nicht abgeholfen werde.[9] Ähnliches gilt für die Briefe, die Abgeordnete aus ihren Wahlkreisen erhalten (vgl. aus der Sicht eines Betroffenen Pflüger 1993: 49).

Zweitens beziehen sich die wissenschaftlichen und außerwissenschaftlichen Beiträge zur Politikverdrossenheit auf eine Reihe von Gegenständen, an denen die Politikwissenschaft ein *substantielles* Interesse hat, weil sie zu ihren Kernbereichen gehören. So ist sich die große Mehrheit der Autoren darüber einig, daß sich binnen weniger Jahre in der Bundesrepublik und möglicherweise auch in anderen Staaten die Einstellungen der Bürger zum Staat und zu den Parteien fundamental verändert haben. Alleine die Beschreibung und Erklärung eines so raschen und umfassenden Wandlungsprozesses wäre für die Wissenschaft eine große Herausforderung, wenn dieser tatsächlich stattgefunden haben sollte. Außerdem sollen sich aus der Politikverdrossenheit weitreichende Konsequenzen ergeben: Für einige Autoren stellt der Einstellungswandel die Unterstützung des politischen Systems im Sinne Eastons (1965a: 110ff, 1975) und damit die Stabilität der Demokratie schlechthin in Frage, andere prognostizieren zumindest größere Veränderungen im Parteiensystem oder schlagen, gestützt auf die Autorität ihrer Erkenntnisse, Veränderungen der institutionellen Arrangements vor, durch die Berufspolitiker und Parteien zugunsten der Bürger partiell entmachtet würden.

Drittens schließlich besteht ein *wissenschaftsinternes* Interesse an einer fundierten Auseinandersetzung mit der Politikverdrossenheit: Es scheint so, als habe sich die Wissenschaft das Thema von den Medien, der Politik und der Öffentlichkeit geradezu aufnötigen lassen. Das Muster, das diesem Prozeß zugrunde liegt, zeigt sich exemplarisch bereits in einer der ersten wissenschaftlichen Publikationen zur Verdrossenheit: In der Einleitung ihrer Untersuchung zur österreichischen Nationalratswahl 1979 verweist die Sozialwissenschaftliche Studiengesellschaft (SWS) auf den Anlaß der Studie, daß nämlich „in den öffentlichen Diskussionen in den letzten Monaten häufig die Behauptung aufgestellt [wurde], daß ein hohes Maß an Verdrossenheit mit der De-

---

gehe ich deshalb davon aus, daß es sich um Synonyme handelt, und verzichte daher auf die umständliche Schreibweise mit der Klammer.

9   Vgl. für einige besonders drastische Beispiele die von Gisela Lermann (1994) herausgegebene Sammlung von „Stimmen zur aktuellen Politikverdrossenheit". Lermanns Zusammenstellung kann sicher nicht als repräsentativ gelten, bestätigt aber in ihrer elitenkritischen Stoßrichtung meine These. Zudem zeigt sich hier, daß, wie von Thomas Kleinhenz vermutet, Verdrossenheit einem Teil der Bevölkerung „als willkommene Rechtfertigung für eine in Wirklichkeit viel undurchsichtigere Motivlage, warum der einzelne nicht zur Wahl geht" (Kleinhenz 1995: 164), dient. In ähnlicher Weise berufen sich auch Wähler extremer Parteien auf Politikverdrossenheit als Grund und Legitimation für ihre Wahlentscheidung.

mokratie und den traditionellen Parteien bestehe" (SWS 1979: 27). Die naheliegenden Fragen, wer diesen Standpunkt aus welchen Gründen vertreten hat, auf welche Befunde sich diese offenbar weitgehend unstrittige Ansicht stützt, was genau unter Verdrossenheit zu verstehen ist, und in welchem Verhältnis „die Demokratie" und die „traditionellen Parteien" zueinander stehen, werden von der SWS jedoch nicht einmal angerissen. Statt dessen hoffte die Gesellschaft, da offensichtlich ein öffentliches Interesse an der Verdrossenheit bestand, „eine Quantifizierung dieser Demokratieverdrossenheit, genauer gesagt, der Parteienverdrossenheit zustande zu bringen" (SWS 1979: 27).

Binnen weniger Jahre[10] wurde eine ganze Reihe meist kürzerer Beiträge veröffentlicht, die sich explizit mit der Politikverdrossenheit in der Bundesrepublik beschäftigen. Daß die Wissenschaft sich derart rasch eines echten oder vermeintlichen gesellschaftlichen Problems annimmt, ist *per se* natürlich nichts Negatives. Versucht man aber, einen ersten Überblick über diese Arbeiten zu gewinnen, so zeigt sich, daß sich diese fast ausnahmslos einer von fünf großen Kategorien zuordnen lassen:

1. essayistische Schriften, die von einem konservativ-kulturpessimistischen Standpunkt aus eine Zunahme der Politikverdrossenheit beklagen

2. Arbeiten, die ein Anwachsen der Politikverdrossenheit unterstellen, dieses auf veränderte Makro-Bedingungen und/oder strategische Fehler der etablierten Parteien und ihrer Vertreter zurückführen und daraus mehr oder minder elaborierte Vorschläge zur Bekämpfung der Politikverdrossenheit ableiten

3. empirizistische Untersuchungen, in denen Politikverdrossenheit als gegeben vorausgesetzt, ohne Umschweife operationalisiert und zur Erklärung bestimmter Formen politischen Verhaltens (Nichtwahl, „Protestwahl", Wahl extremer Parteien) herangezogen wird

4. Studien von Autoren, die ausgehend von Marx, Habermas oder auch Bourdieu einen sozialkritischen Anspruch verfolgen und nun die Politikverdrossenheit zum Anlaß nehmen, gesellschaftliche Veränderungen einzufordern

5. Beiträge von Autoren, die vermutlich aus wissenschaftspolitischen Gründen ihr bisheriges Spezialgebiet in einen Zusammenhang mit dem Modethema Politikverdrossenheit zu bringen versuchen.

---

10 Rund die Hälfte der von mir erfaßten Beiträge mit wissenschaftlichem Anspruch, die sich mit Politik-, Parteien-, Demokratie-, Staats- oder Demokratieverdrossenheit befassen, sind zwischen 1993 und 1996 erschienen (vgl. Abschnitt 2.6.1, Seite 101). Einen knappen Überblick über die explosionsartige Entwicklung der wissenschaftlichen Publikationen zur Politikverdrossenheit in den frühen neunziger Jahren und die Rolle der „Blätter im Grenzbereich zwischen Wissenschaft und Journalismus" gibt Kepplinger (1998: 17f) Auf die – je nach Zählweise – zweite beziehungsweise dritte Welle der wissenschaftlichen Diskussion um die Politikverdrossenheit, die 1994-95 hauptsächlich in der Zeitschrift für Parlamentsfragen geführt wurde und durchaus auch kritische Untertöne aufwies (vor allem bei Rieger 1994, Alemann 1995, Lösche 1995a) geht Kepplinger allerdings nicht ein. Eine ähnliche Überblicksdarstellung aus der Sicht eines Parteienforschers gibt Wiesendahl (1998).

Arbeiten, die sich mit dem Begriff Politikverdrossenheit zumindest ansatzweise analytisch auseinandersetzen, sind dagegen bislang eher die Ausnahme,[11] kritische Gesamtdarstellungen fehlen gänzlich, obwohl der Begriff große Probleme bereitet, die auf den ersten Blick zu erkennen sind: Seine Bedeutung und Verwendung sind unklar oder zumindest schwankend, und sein Bezug zu den in der Politikwissenschaft und insbesondere in der empirischen Politikforschung gebräuchlichen Konzepten ist weitgehend ungeklärt. Dies ist um so problematischer, als historische und internationale Vergleiche dadurch erschwert werden und die Gefahr besteht, daß sich die deutsche beziehungsweise deutschsprachige Forschung isoliert. Nicht umsonst sprechen ausländische Beobachter der deutschen Diskussion inzwischen von der Bundesrepublik als der „Heimat der Politikverdrossenheit" (Smith 1996: 134). Peter Lösche hat diesen wichtigen Aspekt mit Blick auf prominente Parteienkritiker wie Scheuch und Arnim polemisch zugespitzt:

> „Was Parteienkritiker auszeichnet und zur Parteien- und Politikverdrossenheit beiträgt, was die Frustrationsspirale in Schwung hält, ist schließlich eine germanozentrische, fast autistische Tendenz. Es werden Mißbräuche in Deutschland beklagt, ohne daß auf vergleichbare Probleme in anderen Ländern verwiesen und gegebenenfalls nach deren gemeinsamen, vielleicht strukturell bedingten Ursachen gefragt wird. (...) die Diskussion um Parteienverdrossenheit ... [trägt] insofern nach innen gewandte, fast autistische Züge ..., als eine vergleichende Perspektive nicht eingenommen wird, obwohl Problemlagen in anderen westlichen Ländern ähnlich sind." (Lösche 1995a: 158f)

Betrachtet man dagegen die wenigen international vergleichend angelegten Arbeiten zur Politikverdrossenheit (Plasser 1987, Betz 1992, 1993, 1994, 1996, 1998, Klages 1993, Gabriel 1994, Rudzio 1994, Poguntke 1996), auf die Lösches Verdikt *nicht* zutrifft, näher, so zeigt sich rasch, daß unter dem aktuellen Überbegriff der Politikverdrossenheit altbekannte Konzepte der international vergleichenden Sozialforschung (Parteiidentifikation, Unterstützung des politischen Systems, Wertewandel, Rechtsextremismus, Strukturwandel moderner Gesellschaften etc.) eingesetzt werden. Im Sinne von Ockhams Postulat ist deshalb zu fragen, ob die Übernahme des Begriffs „Politikverdrossenheit" in die Wissenschaft überhaupt sinnvoll und notwendig ist.

Aus der hier skizzierten politischen, substantiellen und wissenschaftsinternen Bedeutung des Themas resultiert eine Vielzahl möglicher Fragestellungen. Unter diesen sind zwei grundlegende analytische Fragen von besonderer Bedeutung, weil sie meines Erachtens geklärt werden müssen, bevor man sich weiter mit Politikverdrossenheit beschäftigen kann:

1. Was genau wird eigentlich unter Politikverdrossenheit verstanden? Welche Einstellung(en) und Verhaltensweisen werden mit „Verdrossenheit" bezeichnet, und auf welche Objekte wird Verdrossenheit bezogen?

2. Gibt es in der Forschung etablierte Begriffe, die möglicherweise besser zur Beschreibung der zugrundeliegenden Phänomene geeignet sind?

---

11 Einer der wenigen systematischen Versuche, Politikverdrossenheit zu definieren, wurde bereits 1982 von Manfred Küchler vorgelegt, hatte aber nur geringen Einfluß auf die spätere Literatur.

Mit der Beantwortung dieser beiden Fragen befassen sich die Kapitel 2 und 3. Aus der Beschäftigung mit diesen Problemen und dem substantiellen Interesse der Politikwissenschaft am Gegenstandsbereich der „Verdrossenheit" resultieren darüber hinaus eine Reihe von empirische Fragen, unter denen drei besonders wichtig erscheinen:

1. Handelt es sich bei dem, was in der Literatur als Politikverdrossenheit bezeichnet wird, um ein eindimensionales Konstrukt oder eher um ein Bündel von nur lose miteinander verknüpften Einstellungen?

2. Sind die in der Literatur benannten Verdrossenheitseinstellungen auf der individuellen Ebene tatsächlich so stabil, wie in der Diskussion unterstellt wird?

3. Läßt sich die von Lösche beobachtete „germanozentrische" Tendenz in der deutschen Forschung wenn schon nicht rechtfertigen, so doch dadurch erklären, daß die Bürger in Deutschland ein besonders negatives Verhältnis zur Politik haben?

Diese Punkte werden in Kapitel 4 diskutiert.

1.2 Anlage der Arbeit und Vorgehensweise

Aus dem Frageprogramm ergibt sich die Vorgehensweise: Zunächst einmal muß geklärt werden, auf was sich die einzelnen Autoren überhaupt beziehen, wenn sie über Politikverdrossenheit schreiben. Am Anfang der Arbeit steht deshalb notwendigerweise der Versuch, aus den vorliegenden Publikationen den jeweils zugrundeliegenden Begriff von Politikverdrossenheit zu rekonstruieren. Da es sich bei der Politikverdrossenheit um ein deutsches Wort handelt, das international bisher so gut wie keine Resonanz gefunden hat[12] und dessen Verwendung häufig suggeriert, daß es grundlegend neue Phänomene bezeichnet (Kepplinger 1998: 20), die nicht mit den bereits vorhandenen Konzepten der internationalen Forschung beschrieben werden können,[13]

---

12   Vgl. dazu Michael Eilforts etwas hilflosen Versuch einer Übersetzung: „The term *Politikverdrossenheit* is hard to translate successfully. It indicates an alienation from politics, politicians and parties, and a frustration with the political process" (Eilfort 1996: 119, FN 1).
     Zu den wenigen Belegen für eine internationale Rezeption zählt Charles S. Maiers (1994) Überlegungen zu einer strukturell bedingten moralischen Krise der Demokratie. Diese Krise beinhalte „a flight from politics, or what the Germans call *Politikverdrossenheit*: a weariness with its debates, disbelief about its claims, skepticism about its results, cynicism about its practitioners" (Maier 1994: 59). Innerhalb von Maiers krisentheoretischer Argumentation spielt der deutsche Begriff aber letztlich keine wesentliche Rolle. Seine Verwendung dürfte hauptsächlich der zeitweiligen Popularität Hannah Arendts und der Frankfurter Schule in der angelsächsischen Politikwissenschaft geschuldet sein. Ansonsten wird der Begriff im internationalen Kontext fast ausschließlich von solchen Autoren benutzt, die sich eher deskriptiv mit der politischen Entwicklung in Deutschland beschäftigen und dabei Bezug auf die deutsche Debatte nehmen (z. B. Eilfort 1996, Poguntke 1996, Scarrow 1996).

13   Einige Autoren, die in deutscher Sprache publizieren, gehen allerdings umgekehrt davon aus, daß es sich bei der Politikverdrossenheit um ein internationales Phänomen handelt, das zahlreiche westliche Demokratien wie die USA (Wasser 1982, 1996, Klingemann 1986, Münzig 1994), Großbritannien (Döring 1983, 1987), Frankreich (Kimmel 1991, Höhne 1996, Eilfort 1997), Österreich und Italien (Plas-

kommt für diese Auswertung nur deutschsprachige[14] Literatur in Frage. Für den Bereich genuin politikwissenschaftlicher Publikationen wird dabei Vollständigkeit angestrebt, soweit in ihnen die Auseinandersetzung mit der Politikverdrossenheit eine zentrale Rolle spielt. Arbeiten aus den Nachbardisziplinen werden berücksichtigt, soweit sie von übergeordneter Bedeutung zu sein scheinen.

In einem zweiten Schritt werden dann die so gewonnenen Bedeutungsdimensionen von Politikverdrossenheit hinsichtlich ihrer theoretischen Einbettung und Fruchtbarkeit mit etablierten Konzepten der Forschung verglichen, die sich auf denselben Gegenstandsbereich beziehen, um festzustellen, ob die Aufnahme des Konzeptes in die Politikwissenschaft sinnvoll und notwendig ist. Diese kritische Würdigung der Verdrossenheitsdebatte stellt den ersten Hauptteil der Arbeit dar. Zugleich ist sie Voraussetzung und Anlaß für die empirische Prüfung der drei oben benannten Fragen, die sich – oft als Hypothesen oder Aussagen formuliert – in vielen Beiträgen zur Politikverdrossenheit wiederfinden.

Unter den empirischen Problemen der Verdrossenheitsforschung sind gerade diese drei von besonderer Bedeutung. Denn aus jeder der Hypothesen ließe sich eine mögliche Begründung dafür ableiten, das Konzept der Politikverdrossenheit trotz der beträchtlichen analytischen und inhaltlichen Probleme, die in den Kapiteln 2 und 3 aufgezeigt werden, weiterzuentwickeln und auch in zukünftigen Studien anzuwenden: Wenn die verschiedenen Einstellungen, die mit Politikverdrossenheit in Zusammenhang gebracht werden, empirisch eng miteinander verbunden sind, könnte Politikverdrossenheit als Oberbegriff für ein solches Einstellungssyndrom verstanden werden; wenn einige dieser Einstellungen sich im Zeitverlauf auf der Individualebene als ungewöhnlich stabil erweisen, könnte Politikverdrossenheit als Bezeichnung für eine stabile negative Disposition gegenüber politischen Objekten definiert werden; wenn schließlich die Bundesrepublik hinsichtlich der betreffenden Einstellungen im internationalen Vergleich ein besonders hohes Niveau aufweist, könnte Politikverdrossenheit als Bezeichnung für diesen gesamtgesellschaftlichen Zustand beibehalten werden. Im zweiten Hauptteil der Arbeit werden deshalb alle drei Hypothesen auf ihre empirische Gültigkeit hin untersucht. Im Falle der beiden ersten Fragen werden dafür eigene Berechnungen auf der Grundlage einer 1994 und 1998 durchgeführten Befragung vorgenommen, während es im Fall der dritten Hypothese möglich ist, auf publizierte Studien zurückzugreifen und diese unter dem Gesichtspunkt der Politikverdrossenheit auszuwerten.

Im Sinne einer Arbeitsdefinition wird Politikverdrossenheit in dieser Untersuchung

---

ser und Ulram 1992), die neuen Demokratien Ost-Mitteleuropas (Ágh und Kurtán 1995) und eventuell sogar semi-autoritäre Systeme wie Rußland (Lindert 1994) und diverse lateinamerikanische Staaten (Fanger 1994) in ähnlicher Weise betrifft. Darin zeigen sich erste Parallelen zu älteren Krisentheorien, auf die ich in Kapitel 2.3 eingehe.

14 Einen Grenzfall stellen einige wenige deutsche Übersetzungen von Arbeiten englischsprachiger Autoren dar, in denen Begriffe wie „disenchantment with parties" oder „political disillusionment" mit „Parteien-" beziehungsweise „Politikverdrossenheit" wiedergegeben werden. Ein Teil der Autoren (vgl. z. B. Dalton und Rohrschneider 1990) bezieht sich dabei explizit auch auf die deutsche Debatte.

zunächst als eine Bezeichnung für noch näher zu bestimmende negative Einstellungen gegenüber politischen Objekten verstanden. Dabei ist es nötig, in Anlehnung an Scarrow (1994) zwischen zwei Ebenen der Analyse von Einstellungen[15] zu unterscheiden:

1. „anti-party sentiment … as an aspect of mass public opinion" und

2. „anti-party sentiment … as an aspect of elite debates about the desirable shape of the political system" (Scarrow 1994: 4)

Letzteres spielte in der Diskussion um die Politikverdrossenheit in Deutschland durchaus eine wichtige Rolle: Die massive Kritik, die von Angehörigen der gesellschaftlichen und politischen Eliten[16] an den Parteien und den Arrangements der Parteiendemokratie geübt wurde (Apel 1991, Hamm-Brücher 1993, Rüttgers 1993a,b), insbesondere aber eine Serie von Interviews, die der damalige Bundespräsident von Weizsäcker der *Zeit* gab (Weizsäcker 1992), trugen aus Sicht vieler Autoren zur sinkenden Popularität von Parteien und politischen Institutionen bei. In jedem Fall provozierten sie Gegenkritik (u. a. Rudzio 1992, 1995, Beyme 1993a, Czayka 1993, Haungs 1993, Klages 1993, Schedler 1993a, Thierse 1993, Rieger 1994, Alemann 1995, Lösche 1995a) und lösten somit eine intensive und dabei äußerst publikumswirksame Debatte innerhalb der Eliten (vgl. die Beiträge in Wallow 1993) aus.[17]

Eine intensivere Beschäftigung mit dem Elitendiskurs[18] über Politik und Parteien könnte sich prinzipiell als lohnend erweisen: Zum einen stellt sich hier unter dem demokratietheoretischen Gesichtspunkt die Frage, welche Alternativen zur Parteiendemokratie prominente Parteienkritiker wie Weizsäcker und Arnim eigentlich propagie-

---

15 Scarrow bezieht sich auf „anti-party sentiment". Solche negativen Einstellungen gegenüber Parteien und Parteipolitikern bilden für viele Autoren den Kern dessen, was sie als Politikverdrossenheit bezeichnen (vgl. Kapitel 2.6). Scarrows Überlegungen lassen sich aber sinngemäß auch auf eine Reihe anderer Einstellungen übertragen, die in der Literatur mit Politikverdrossenheit in Verbindung gebracht werden.

16 In der empirischen Sozialforschung besteht „weitgehend Konsens darüber, Eliten als Personen zu definieren, die sich durch ihre gesellschaftliche Macht beziehungsweise ihren Einfluß auf gesellschaftlich bedeutsame Entscheidungen auszeichnen" (Hoffmann-Lange 1992: 19). Aus inhaltlichen, aber auch aus technischen Gründen wird diese Arbeitsdefinition in aller Regel noch weiter eingeschränkt. Zumeist gelten nur solche Personen als Angehörige einer Elite, „deren Macht institutionalisiert ist" (Hoffmann-Lange 1992: 19), d. h. Personen, die auf schriftlich niedergelegten Regeln basierende Machtpositionen innehaben. Scarrow hingegen definiert (ebenso wie Zaller, auf den ich weiter unten eingehe) nicht explizit, welche Personen sie zu den Eliten rechnet. Aus ihrer Argumentation ergibt sich aber implizit, daß ihr Elitenbegriff sich nicht auf die Inhaber formal definierter Machtpositionen beschränkt, sondern all jene Personen umfaßt, die in der Lage sind, ihre politischen Vorstellungen der Öffentlichkeit vorzutragen. Im Sinne der erstgenannten, weitergefaßten Definition müssen im deutschen Kontext nicht nur die Inhaber politischer Spitzenämter wie der damalige Bundespräsident von Weizsäcker, sondern auch ehemalige (Staats-)Minister wie Hildegard Hamm-Brücher und Hans Apel sowie Wissenschaftler, deren Thesen zur Parteiendemokratie über die Fachöffentlichkeit hinaus Resonanz finden (Hans Herbert von Arnim, Erwin K. Scheuch, Claus Leggewie), zur Elite gerechnet werden.

17 Zur Rezeption der ersten Verdrossenheitsdebatte in den späten siebziger und frühen achtziger Jahren vgl. Sarcinelli (1980).

18 Zum Diskursbegriff, den ich in dieser Arbeit verwende, vgl. FN 27, Seite 42

ren und wie diese zu bewerten sind (vgl. Jäger 1993, Ullrich 1994, Wirthensohn 1999). Zweitens wäre es aus der Perspektive der Politischen Soziologie mehr als reizvoll, das von Zaller (1992: 42ff) entwickelte RAS-Modell auf die Verdrossenheitsdebatte anzuwenden.[19] Diesem Modell zufolge haben Elitendiskurse, die über die Massenmedien verbreitet werden, einen beträchtlichen und systematisch rekonstruierbaren Einfluß auf die öffentliche Meinung.[20]

Im deutschen Sprachraum und insbesondere im Kontext der Verdrossenheitsdebatte wurde Zaller bislang erstaunlicherweise nicht rezipiert. Nicht einmal Kepplinger (1993, 1998), für den Politikverdrossenheit zu einem beträchtlichen Teil auf Medienwirkungen zurückzuführen ist, scheint das RAS-Schema zu kennen. Dies ist bedauerlich, weil Zallers Modell nicht nur eine innovative Erklärung für einige Anomalien der klassischen Umfrageforschung gibt (Instabilität von Einstellungen, Kontext- und *wording*-Effekte), sondern zugleich einen integrierenden Interpretationsrahmen für eine Reihe von Effekten aus dem Bereich der politischen Massenkommunikation bereitstellt (*agenda setting, priming, framing*; vgl. Brettschneider 1997: 586ff), die auch im Kontext der Erforschung von Politikverdrossenheit diskutiert werden.

Soweit Autoren sich bei der Erforschung von Politikverdrossenheit nicht auf Veränderungen der politischen Kultur, sondern auf Schwankungen im Bereich der öffentlichen Meinung beziehen, sollte es daher mit Hilfe des RAS-Modells möglich sein, die plausible, aber theoretisch und empirisch bislang kaum analysierte Wirkung von „anti-party sentiment ... as a mobilizational appeal" (Scarrow 1994: 4) genauer zu untersuchen. Zugleich könnte damit ein Beitrag zur Klärung der viel grundsätzlicheren Frage, wie Medien, Eliten und Bürger im politischen Prozeß interagieren, geleistet werden. Aufgrund der Datenlage und aus arbeitsökonomischen Gründen werde ich mich jedoch im weiteren Verlauf der Arbeit auf den erstgenannten Aspekt, d. h. auf Politikverdrossenheit als Element der öffentlichen Meinung beschränken und auf Politikverdrossenheit als Gegenstand eines Elitendiskurses nur kursorisch eingehen.

---

19 RAS steht als Abkürzung für die drei wesentlichen Schritte, die Zaller zufolge bei der Verarbeitung politischer Informationen und der anschließenden Beantwortung von Interviewfragen zu leisten sind: *receive – accept – sample*. Zaller (1992: 299ff) selbst skizziert in Umrissen eine mögliche Anwendung seines Modells auf die *trust in government*-Zeitreihe, die für die Regierbarkeits- und indirekt auch für die Verdrossenheitsdebatte eine wichtige Rolle gespielt hat (vgl. Kapitel 2.3.1).

20 Das Konzept der öffentlichen Meinung wurde in Deutschland höchst kontrovers und häufig unter normativen Vorzeichen diskutiert (Brettschneider 1995: 21ff). Bei der Verwendung des Begriffs in dieser Arbeit orientiere ich mich an dem in der US-amerikanischen Forschung gebräuchlichen Terminus *public opinion*, der die Gesamtheit der „ungewichteten Einstellungen aller Individuen" (Brettschneider 1995: 22) bezeichnet. Parallelen zum Begriff der politischen Kultur im Sinne von Almond und Verba (1965) sind unverkennbar (Brettschneider 1995: 24). Während sich der so verstandene Begriff der öffentlichen Meinung aber auf kurzfristig wandelbare und spezifische Einstellungen bezieht, sind dem Konzept der politischen Kultur die diffusen und längerfristig stabilen Einstellungen gegenüber dem politischen System und seinen Subsystemen (z. B. dem Parteiensystem) zuzuordnen. Diese Unterscheidung ist wichtig, denn das RAS-Modell bezieht sich zunächst ausschließlich auf Veränderungen der öffentlichen Meinung, nicht auf einen Wandel der politischen Kultur. Einstellungen, die der politischen Kultur zuzuordnen sind, sollten auch nach dem RAS-Modell mittelfristig stabil und resistent gegenüber Elitendiskursen sein.

1.3 Die Bedeutung des Eastonschen Systemmodells und des Konzepts der Politischen Kultur

Im Verlauf dieser Arbeit werde ich häufig auf zwei theoretische Ansätze zurückgreifen, die mittlerweile zu den klassischen Konzepten der Politikwissenschaft gehören. Dabei handelt es sich um die systemtheoretischen Überlegungen David Eastons (1965a, 1965b, 1975) sowie um das damit verwandte begriffliche Instrumentarium des von Almond und Verba begründeten Forschungsprogramms der Politischen Kultur (Almond und Verba 1965, Gabriel 1986, Almond und Powell 1996a).

Grundsätzlich liegt die Anwendung dieses Begriffsapparates auf Phänomene, die heute als „Politikverdrossenheit" bezeichnet werden, aus inhaltlichen Gründen nahe. Für Easton, Almond und Verba ist die Frage nach der „subjektiven Seite" des politischen Prozesses, d. h. nach den Einstellungen der Bürger zu den politischen Objekten und nach der Relevanz dieser Einstellungen für den Fortbestand und die Entwicklung des politischen Systems, von zentraler Bedeutung. Damit ist zugleich, wie sich im folgenden zeigen wird, der Kernbereich der Debatte über die Politikverdrossenheit berührt.[21] Bereits 1979, auf dem Höhepunkt der deutschen Diskussion über Legitimität und Regierbarkeit der westlichen Demokratien (vgl. 2.3.3), hat Max Kaase beklagt,

> „daß sich gerade die Vertreter der These von der Legitimitäts- und Legitimationskrise bisher nicht die Mühe gemacht haben, ihrerseits ihre Thesen so zu formulieren, daß sich daraus die Möglichkeit einer empirischen Überprüfung hätte einigermaßen eindeutig ableiten lassen." (Kaase 1979: 329)

Angesichts dieses offenkundigen Defizits plädierte Kaase (1979: 332f) für einen Rückgriff auf die heute klassischen Werke von Lipset (1960), Almond und Verba, Easton sowie Gamson (1968), die für die empirische Untersuchung von Fragen der politischen Legitimität eine relativ einheitliche, universell anwendbare, differenzierte und vor allem operationalisierbare Begrifflichkeit zur Verfügung stellen.[22] Nur durch den Rückgriff auf einen derartigen theoretischen Bezugsrahmen, so Kaase an anderer Stelle, ist es überhaupt möglich, zu sinnvollen „Ankerpunkten" für die empirische Analyse von Legitimitätsüberzeugungen zu gelangen (Kaase 1985: 100f).

Geht man davon aus, daß, wie im folgenden Kapitel gezeigt wird, die Diskussion um Staats-, Demokratie, Parteien- und Politikverdrossenheit in weiten Teilen eine Fortsetzung der Regierbarkeitsdebatte ist und berücksichtigt man außerdem, daß sich der Fokus des wissenschaftlichen Interesses an diesem Gegenstandsbereich noch weiter hin zu den individuellen Einstellungen der Bürger verschoben hat (so auch Meyer und Scherer 1994: 23), dann muß Kaases Forderung erst recht für die Auseinandersetzung mit der Politikverdrossenheit gelten. Tatsächlich bedienen sich jedoch die wenigsten Arbeiten, die sich mit Phänomenen der Politikverdrossenheit auseinandersetzen,

---

21 Ähnlich argumentieren auch Kleinhenz (1995), Pickel und Walz (1997a,b, 1998) sowie Fuchs (2001), die sich bei der Analyse von Politikverdrossenheit explizit auf Eastons Konzept der politischen Unterstützung (*support*) beziehen.

22 Von einigen kleineren Arbeiten einmal abgesehen, dauerte es allerdings rund 10 Jahre, bis diese Forderung in den umfassenden Studien von Fuchs (1989) und Westle (1989b) umgesetzt wurde.

der von Easton, Almond und Verba entwickelten Konzepte. Selbst dort, wo die Autoren Items verwenden, die im Rahmen dieser Forschungstradition entwickelt wurden, nehmen sie nur in einigen wenigen Fällen auf die Herkunft dieser Indikatoren Bezug (vgl. Abschnitt 2.6.1.2).

Wenn ich in den Kapiteln 2.3, 2.5 und 2.6 häufig die Terminologie von Almond und Verba und insbesondere Easton nutze, um Aussagen der Verdrossenheitsforschung zu reformulieren, soll dies dennoch keine Abwertung derjenigen Arbeiten implizieren, die keinen Bezug auf diese Klassiker der empirischen Politikforschung nehmen. Ob der Begriff der Politikverdrossenheit durch andere, etablierte sozialwissenschaftliche Konzepte ersetzt werden sollte, ist, wie oben skizziert, eine Forschungsfrage, die dieser Arbeit zugrundeliegt und in Kapitel 3.2 diskutiert wird. Daß ich auf den Eastonschen Begriffsapparat zurückgreife, hat vielmehr allein systematische Gründe: Aufgrund seiner analytischen Klarheit und seiner weiten Verbreitung innerhalb der gesamten Politikwissenschaft ist er als eine Art *lingua franca* besonders gut geeignet, um die Aussagen verschiedener Autoren in einem einheitlichen Bezugsrahmen zusammenfassend darzustellen.[23] Ähnliches gilt für die Konzepte aus dem Forschungsprogramm der Politischen Kultur.

Eine Gesamtdarstellung beider Ansätze in einem eigenen Unterkapitel erübrigt sich gerade wegen ihrer weiten Verbreitung. Auf spezielle Fragen, die sich aus der Anwendung der Konzepte ergeben, gehe ich an den entsprechenden Stellen in den Kapiteln 2 und 3.2 ein.

---

23 Dies zeigt sich insbesondere im Unterkapitel 2.5.2.

2 Der Begriff Politikverdrossenheit – eine Bedeutungsanalyse

Übersicht

2.1 Vorgehensweise

Zumindest in einer Hinsicht besteht, soweit sich das überblicken läßt, Einigkeit in der Literatur: Politikverdrossenheit wird von praktisch allen Autoren als ein mentaler oder emotionaler Zustand der Bürger begriffen, der sich auf den Gegenstandsbereich des Politischen bezieht.[1] Damit ist klar, daß es sich bei der Politikverdrossenheit um ein *klassifikatorisches* Konzept handelt. Mittels solcher klassifikatorischer Konzepte ist es möglich, eine Gruppe von Individuen, z. B. die Bevölkerung der Bundesrepublik, in eine Reihe von erschöpfenden und sich wechselseitig ausschließenden Untergruppen einzuteilen (Lazarsfeld et al. 1972: 9f), indem man beispielsweise zwischen politikverdrossenen und nicht politikverdrossenen Personen unterscheidet. Weitergehende Differenzierungen, etwa nach dem Grad der Verdrossenheit, sind jederzeit möglich.

Klassifikatorische Konzepte sind, verglichen mit komplexeren Konzepten wie „Rolle" oder „Bezugsgruppe" (Lazarsfeld et al. 1972: 9) relativ leicht zu handhaben, weil sie sich auf konkrete Eigenschaften von klar definierten Objekten beziehen. Mit dem Verfahren der Konzeptspezifikation, „einer[r] spezielle[n] Art der Nominaldefinition" (Schnell et al. 1995: 118), kann ihre genaue Bedeutung festgelegt werden. Anschließend ist es möglich, sie zu operationalisieren, so daß sie in empirischen Untersuchungen erhoben werden und als Variablen in mathematischen Modellen fungieren können.[2]

Als klassifikatorisches Konzept gehört das Wort „politikverdrossen" beziehungsweise „Politikverdrossenheit" zu den deskriptiven[3] sozialwissenschaftlichen Begriffen. Als Begriff bezeichnet man ein (deskriptives) Sprachzeichen dann, wenn ihm ein bestimmtes „Phänomen der Realität" (Designatum) durch eine Nominaldefinition zugeordnet worden ist (Opp 1995: 102f). Ohne eine solche eindeutige[4] Beziehung zwischen Wort und Bedeutungsgehalt sind wissenschaftliche Sätze, die sich formal als verbale Prädikation, d. h. als sprachliche Zuordnung von *Merkmalen* zu sozialen *Objekten* mit Hilfe von Sprachzeichen verstehen lassen (Opp 1995: 18ff), inhaltsleer.

Abbildung 2.1 auf der nächsten Seite verdeutlicht diesen Sachverhalt. Bei einer wissenschaftlichen Aussage liegen, wenn man den Vorgang der Messung außer Betracht läßt, insgesamt drei Zuordnungen vor: Erstens der objektive[5] Sachverhalt (das Objekt *hat* ein bestimmtes Merkmal oder nicht), zweitens die Verbindung zwischen

---

1   Vgl. dazu Punkt 2.5.2 auf Seite 66ff. Eine der wenigen Ausnahmen stellt Ehmig (1991) dar, die im Fazit ihrer Inhaltsanalyse des *Spiegel* zu dem etwas überraschenden Schluß kommt, daß offensichtlich die *Journalisten* politikverdrossen seien. Arbeiten, die sich mit der Politik- oder auch „Bürgerverdrossenheit" (Hill 1994: 513) der *Politiker* befassen, bewegen sich ausnahmslos auf der Ebene des politischen Feuilletons und werden deshalb im folgenden nicht berücksichtigt (vgl. zu meinen Auswahlkritierien Punkt 2.5.1).

2   In Anlehnung an Schnell et al. (1995: 118) kann darüber hinaus zwischen den Konzepten, „die die Auffassung des Gegenstandsbereichs strukturieren", aber erst noch spezifiziert werden müssen, um empirisch untersucht werden zu können, und den operationalisierbaren oder schon operationalisierten Konstrukten unterschieden werden, die das Ergebnis einer gelungenen Konzeptspezifikation darstellen.

3   Sozialwissenschaftler befassen sich in der Praxis fast ausschließlich mit deskriptiven Begriffen. Logische Begriffe wie z. B. Konnektoren fallen naturgemäß eher in den Bereich der Wissenschaftstheorie und der formalen Logik (Opp 1995: 103).

4   Auf die Debatte darüber, ob solche eindeutigen Zuordnungen im Bereich der Sozialwissenschaften überhaupt möglich sind, kann an dieser Stelle ebensowenig eingegangen werden wie auf das bekannte Problem des *regressus ad infinitum*.

5   Der Einfachheit halber unterstelle ich hier, daß der Gegenstand und seine Merkmale unabhängig vom Beobachter existieren, da Komplikationen, die sich aus weiterführenden Überlegungen ergeben, für die Beschäftigung mit dem eigentlichen Gegenstand der Arbeit ohne Belang sind.

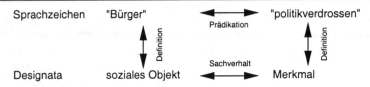

Abbildung 2.1: Die Beziehungen zwischen Name/Prädikat, Zeichen/Designata und Objekt/Merkmal

Sprachzeichen und Designata durch eine Nominaldefinition, drittens schließlich die Prädikation auf der Ebene der Sprachzeichen. Wissenschaftliche Aussagen, die keine klaren Definitionen beinhalten, sind sinnlos, weil ihr Objektbezug nicht eindeutig ist und deshalb offen bleibt, ob die mit ihnen gebildeten Prädikationen wahr oder falsch sind, d. h. den Sachverhalt auf der Objektebene korrekt beschreiben.

Unabhängig davon, ob eine eigene Operationalisierung angestrebt und das relativ aufwendige Verfahren der Konzeptspezifikation vorgenommen wird, muß das Wort von der Politikverdrossenheit deshalb den Kriterien wissenschaftlicher Begriffsbildung genügen, damit es in wissenschaftlichen Aussagen verwendet und das Merkmal „politikverdrossen" in sozialwissenschaftlichen Sätzen Einzelpersonen überhaupt sinnvoll zugeordnet werden kann. Ziel dieses Kapitels ist es daher zu klären, wie der Begriff Politik- und Parteienverdrossenheit[6] bisher in der Forschung verwendet wurde, um davon ausgehend seine Zweckmäßigkeit und sein Verhältnis zu anderen sozialwissenschaftlichen Begriffen beurteilen zu können.

Karl-Dieter Opp (1995: 127ff) nennt drei Eigenschaften von Begriffsdefinitionen, die es in diesem Zusammenhang ermöglichen, zwischen „‚guten' und ‚schlechten' Begriffen zu unterscheiden": ihre Eindeutigkeit, ihre Präzision und ihre theoretische Fruchtbarkeit. Als *präzise* bezeichnet Opp (1995: 128f) einen Begriff dann, wenn alle Personen, die diesen Begriff kennen, bei jedem beliebigen vollständig beschriebenen Ereignis entscheiden können, ob es zu den Designata des Begriffs gehört. Je mehr Ereignisse es gibt, bei denen man nicht entscheiden kann, ob sie unter diesen Begriff fallen oder nicht, desto unpräziser ist der Begriff (Opp 1995: 128f).

Eindeutig ist ein sozialwissenschaftlicher Begriff dann, wenn alle Personen, die den Begriff kennen, alle vollständig beschriebenen Ereignisse dem Begriff in gleicher Weise zuordnen. Analog zur Präzision ist der Grad der Eindeutigkeit um so höher, je größer die Menge der Ereignisse ist, die dem Begriff von verschiedenen Personen

---

6   Bezeichnenderweise werden – was bereits einen Eindruck von der Präzision der Begriffsbildung in diesem Bereich vermittelt – beide Ausdrücke in der Literatur häufig wie Synonyme gebraucht (vgl. dazu auch Dietze 1993: 4, Deinert 1997: 53, Kutter 1997: 102). Dies ist zum einen deshalb problematisch, weil Politik und Parteien als Objekte der Verdrossenheit offensichtlich nicht miteinander identisch sind, zum anderen, weil unklar ist, inwiefern Arbeiten, die sich mit „Politik- und/oder Parteienverdrossenheit" als einem neuartigen Phänomen beschäftigen, von der schier unüberschaubaren älteren und neueren Literatur abzugrenzen sind, die sich ohne Rückgriff auf diese „Modeworte" (Thierse 1993) praktisch seit der Gründung der ersten modernen Parteien mit deren Defiziten und der öffentlichen Kritik an ihnen befaßt (vgl. Kapitel 2.4). Im folgenden verwende ich den allgemeineren Terminus Politikverdrossenheit beziehungsweise politische Verdrossenheit, berücksichtige aber auch Arbeiten, die sich auf die Auseinandersetzung mit anderen Komposita von Verdrossenheit beschränken.

einheitlich zugeordnet werden (Opp 1995: 129).

Als *theoretisch fruchtbar* schließlich bezeichnet Opp Begriffe, die es ermöglichen, „zutreffende und informative Theorien zu formulieren" (Opp 1995: 131). Mit diesem letzten Punkt greift Opp über die bloße Definition des Begriffs hinaus, da es sich bei der theoretischen Fruchtbarkeit um eine dispositionale Eigenschaft von Begriffen handelt. Sie kann, von reinen Plausibilitätsüberlegungen einmal abgesehen, nur dann beurteilt werden, „wenn man versucht hat, mit Begriffen Theorien zu bilden und diese Theorien zu überprüfen" (Opp 1995: 131). Für die Bewertung des Verdrossenheitskonzeptes ist dessen konkrete Anwendung deshalb ebenso wichtig wie die Definition im engeren Sinne.

Bei der Bedeutungsanalyse orientiere ich mich an diesen drei Kriterien, beschränke mich aber nicht auf sie, sondern berücksichtige auch allgemeine inhaltliche Aspekte, da sich Opp ausschließlich auf explizite Definitionen bezieht. Solche klaren Definitionen sind aber in den Arbeiten, die sich mit Politikverdrossenheit beschäftigen, leider die Ausnahme (vgl. Kapitel 2.6.1.1, Seite 107ff). In aller Regel übernehmen die Autoren den Begriff vielmehr unreflektiert aus der Alltags- beziehungsweise Mediensprache oder knüpfen implizit an ältere und dabei ähnlich unpräzise Begriffe an. Das Kapitel 2.2 gibt deshalb vorab einen kursorischen Überblick über die begriffliche Vorformen der Politik- und Parteienverdrossenheit, ohne daß hier Vollständigkeit angestrebt werden könnte. Auch das daran anschließende Kapitel 2.3, ein knapper forschungsgeschichtlicher Exkurs zur Diskussion um „Regierbarkeit" und „Legitimationsproblematik" in westlichen Staaten, dient dazu, ein Vorverständnis zu sichern, da viele der Argumente und Indikatoren, die im Zusammenhang mit der Parteien- und Politikverdrossenheit gebraucht werden, in der Tradition der amerikanischen Debatte um das sinkende Vertrauen in Regierung und Parteien und ihrer spezifischen deutschen Rezeption stehen.[7] Das kurze Kapitel 2.4 grenzt die Verdrossenheitsliteratur von der älteren wissenschaftlichen Kritik an den Parteien ab.

Kapitel 2.5 stellt dann zunächst die Kriterien vor, nach denen die Literatur, die sich im engeren Sinne mit Politikverdrossenheit beschäftigt, ermittelt wurde. Im Anschluß daran wird aus diesen Texten ein generisches Mehr-Ebenen-Modell von Politikverdrossenheit rekonstruiert, mit dessen Hilfe die einschlägigen Beiträge im Überblick präsentiert werden können. Im letzten Unterabschnitt des Kapitels wird darauf aufbauend das Kategoriensystem entwickelt, das der Analyse der Verdrossenheitstexte zugrundeliegt.

Diese systematische Untersuchung der zwischen 1977 und 1999 erschienenen[8] deutschsprachigen Forschungsliteratur zur Politikverdrossenheit schließlich ist der Gegenstand des umfangreichen Kapitels 2.6. Innerhalb des genannten Zeitraums werden alle Arbeiten berücksichtigt, in denen eine substantielle Auseinandersetzung mit der politischen Verdrossenheit zu erkennen ist.

Dabei ist unter dem Aspekt der begrifflichen *Präzision* zu fragen, ob und welche

---

7   Auf Parallelen zwischen der von Citrin und Miller angestoßenen Debatte (vgl. 2.3.1) und der späteren
    Diskussion verweist auch Deinert (1997: 84).

8   Zur Wahl dieses Untersuchungszeitraumes vgl. Kapitel 2.5, Seite 60.

Aussagen die Autoren zur Natur (Einstellungen, Verhaltensweisen, Ursachen etc.) und zu den Objekten der Verdrossenheit machen. Die *theoretische Fruchtbarkeit* der verschiedenen Ansätze bemißt sich zum einen danach, ob (theoretisch begründete) Vorschläge zur Operationalisierung des Begriffs gemacht und überprüfbare Aussagen zu den vermuteten Ursachen und Folgen der Politikverdrossenheit getroffen werden, zum anderen danach, ob der Begriff an bereits vorhandene sozialwissenschaftliche Theorien angebunden beziehungsweise von alternativen Konzepten abgegrenzt wird. Nur wenn diese Bedingungen erfüllt oder zumindest grundsätzlich erfüllbar sind, kann der Begriff dazu verwendet werden, „zutreffende und informative Theorien zu formulieren." Die *Eindeutigkeit* des Begriffs schließlich ergibt sich daraus, ob in den untersuchten Arbeiten insgesamt und innerhalb jeder einzelnen Arbeit eine einheitliche Begriffsverwendung festzustellen ist. Diese Überlegungen leiten bereits zu Kapitel 3 über, das sich ausschließlich mit dem analytischen Ertrag der Verdrossenheitsforschung befaßt.

2.2 Begriffliche Vorformen in der deutschsprachigen Literatur

Obwohl sich die bisweilen polemische Kritik am Parlamentarismus und der Parteiendemokratie in Deutschland bis in die Zeit des Kaiserreichs (Pollmann 1995) und insbesondere der Weimarer Republik zurückverfolgen läßt (vgl. dazu u. a. Faul 1964, Sontheimer 1968: 147ff, Stöss 1990, Ullrich 1994, Scarrow 1996, Zeschmann 2000: 120ff, mit Verweisen auf die ältere Forschungsliteratur: Kindler 1958: 109ff), ist Politikverdrossenheit selbst ein junges Wort. „Reservierte Distanz und pauschale Kritik scheinen die politischen Parteien bereits zu einer Zeit begleitet zu haben, als das Schlagwort Parteienverdrossenheit noch unbekannt war", resümiert Fritz Plasser (1987: 189) mit Blick auf parteienfeindliche Traditionen in Deutschland, Österreich und den Vereinigten Staaten.

Zwar gab es bereits am Beginn der achtziger Jahre einen Versuch, die Begriffe Staats-, Politik- und Parteienverdrossenheit für den wissenschaftlichen Gebrauch angemessen zu definieren (Küchler 1982). Das wissenschaftliche Interesse an der (Parteien-)Verdrossenheit der Deutschen blieb in diesem Jahrzehnt jedoch insgesamt relativ gering (vgl. Abbildung 2.3 auf Seite 102). Auch im allgemeinen Sprachgebrauch scheinen Politikverdrossenheit und ihre Komposita zunächst keine große Rolle gespielt zu haben. Dies änderte sich zu Beginn der neunziger Jahre schlagartig: 1992 verzehnfachte sich die Zahl der in der Nachrichtendatenbank *Sphinx* erfaßten Meldungen, die sich auf „Verdrossenheit" bezogen (Müller 1993: 6). Mit einer gewissen Verzögerung wurde diese Entwicklung dann in den wissenschaftlichen Publikationen nachvollzogen.

Eine vom Autor vorgenommene Recherche in den über das Internet zugänglichen Korpora des Mannheimer Instituts für deutsche Sprache (Institut für deutsche Sprache 1998) nach Komposita[9] von „verdrossen" beziehungsweise von „Verdrossenheit"

---

9 Die Gesellschaft für deutsche Sprache registrierte auf dem Höhepunkt der Verdrossenheitsdebatte mehr als 20 solcher Zusammensetzungen (Müller 1993: 6).

ergab dementsprechend für den Zeitraum von 1949 bis 1985 *keine* Belegstellen für die Politikverdrossenheit und das davon abgeleitete Adjektiv.[10] Dies gilt auch für den „Mannheimer Korpus I", der neben 292 belletristischen, wissenschaftlichen und journalistischen Texten aus den Jahren 1950-67 mit den Memoiren von Theodor Heuss auch einen längeren genuin politischen Text umfaßt, sowie für den „Bonner Zeitungskorpus", der insgesamt 10 840 Artikel aus der *Welt* und dem *Neuen Deutschland* beinhaltet, die in den Jahren 1949, 1954, 1959, 1964, 1969 und 1974 veröffentlicht wurden.[11]

Auch der von Greiffenhagen (1980) herausgegebene Sammelband zu strittigen politischen Begriffen und das 1989 erschienene Lexikon der „brisanten Wörter von Agitation bis Zeitgeist" von Strauß et al., das sich ausschließlich mit dem öffentlichen Gebrauch konfliktträchtiger Wörter befaßt und innerhalb dieses Gebietes den politischen Schlagwörtern einen Teilband von fast vierhundert Seiten widmet, verzeichnen keines der einschlägigen Stichwörter. Die erste Auflage des Großen Wörterbuches der Deutschen Sprache (Wissenschaftlicher Rat der Dudenredaktion 1980, 1981) hingegen definiert zwar Staatsverdrossenheit in einer Weise, die bereits an die spätere Politikverdrossenheit denken läßt, nämlich als „auf schlechten Erfahrungen, Enttäuschungen beruhende gleichgültige od. ablehnende Haltung gegenüber dem Staat u. der offiziellen Politik" (Wissenschaftlicher Rat der Dudenredaktion 1981: 2467), kennt aber ebenfalls weder Politik- noch Parteienverdrossenheit. Erst ab der zweiten Auflage von 1994 wurden diese beide Stichworte zusätzlich aufgenommen und die Definition von Staatsverdrossenheit um eine Belegstelle ergänzt. Die entsprechenden Worterklärungen aus der aktuellen (dritten) Auflage von 1999 decken sich mit einer in der wissenschaftlichen Literatur weit verbreiteten Verwendung des Begriffs[12] und lauten (unter Auslassung aller Hervorhebungen, Trenn- und Betonungszeichen):

> Parteienverdrossenheit: „durch Skandale, zweifelhafte Vorkommnisse o.Ä. hervorgerufene große Unzufriedenheit der Bürger mit den politischen Parteien" (Wissenschaftlicher Rat der Dudenredaktion 1999a: 2862)
>
> Politikverdrossenheit: „durch politische Skandale, zweifelhafte Vorkommnisse o.Ä. hervorgerufene Verdrossenheit gegenüber Politik" (Wissenschaftlicher Rat der Dudenredaktion 1999b: 2960)
>
> Staatsverdrossenheit: „auf Enttäuschung o.Ä. beruhende gleichgültige od. ablehnende Haltung gegenüber dem Staat u. der offiziellen Politik: eine intakte Monarchie ... als

---

10 Die einzige Belegstelle für Parteiverdrossenheit findet sich in der *Zeit* vom 04.01.1985.

11 Damit soll nicht behauptet werden, daß der Terminus Politikverdrossenheit beziehungsweise politikverdrossen vor 1985 im allgemeinen Sprachgebrauch gänzlich unbekannt war. Bei den Mannheimer Korpora handelt es sich weder um eine prinzipiell unmögliche Vollerhebung des deutschen Nachkriegsschrifttums noch um eine Zufallsstichprobe. Vielmehr wurden die in den Korpora enthaltenen Texte von den Primärforschern bewußt ausgewählt und verteilen sich keineswegs gleichmäßig auf den Nachkriegszeitraum. Da es hier jedoch nicht um einen exakten Nachweis für die erste Verwendung des Begriffs, sondern nur um eine grobe Orientierung darüber geht, wann der Begriff in die politische Alltagssprache aufgenommen wurde, wiegt diese Einschränkung nicht allzu schwer.

12 Auch die vom Wissenschaftlichen Rat der Dudenredaktion (1999a, 1999b, 1999c) skizzierte Verbindung zwischen dieser Begrifflichkeit und den zugehörigen Erklärungsmustern findet sich in den einschlägigen Publikationen häufig wieder. Vgl. dazu Kapitel 2.6.2.6.

Therapie gegen S. und Totalitarismus (Spiegel 30, 1981, 106)" (Wissenschaftlicher
Rat der Dudenredaktion 1999c: 3685)

Bereits zu einem relativ frühen Zeitpunkt in der Geschichte der Bundesrepublik finden
sich aber Hinweise auf diese spätere Verwendung des Begriffs. So enthält der Mannheimer Korpus I eine Belegstelle für die den Wörterbüchern ansonsten unbekannte
„Bundesverdrossenheit":

> „Mit einem eindringlichen Appell an die junge Generation, ihre großen Chancen durch Lei-
> stung, Mut, Disziplin und Engagement in den öffentlichen Angelegenheiten zu nutzen, gab
> Professor Percy Ernst Schramm am Donnerstag den Auftakt zum Wiesbadener ‚Forum 66'
> der Jungen Union und des Wirtschaftsrates der CDU. Vor dem Historiker Schramm sagte
> Bundeswirtschaftsminister Schmücker, die Stabilisierung des Preisniveaus sei eine Aufga-
> be, die wirklich alle angehe. Niemand dürfe sich nach dem Spruch verhalten ‚Hannemann,
> geh du voran'. Schramm hob hervor, die junge Generation habe es besser als ihre Väter
> und Vorväter. Das gelte insbesondere auch für die sogenannte Intelligenz, die jetzt viel-
> fach eine besondere Verdrossenheit zeige. Schramm verwies auf die ‚schwindelerregenden'
> Risiken wirtschaftlicher Betätigung in vergangenen Jahrhunderten. Heute habe die jüngere
> Generation demgegenüber größere Freiheiten. Schramm forderte Bereitschaft zum Risiko.
> Besonders nachdrücklich wandte er sich gegen Stimmen, die eine ‚Bundesverdrossenheit'
> zu zeigen versuchten. Der temperamentvolle Professor erhielt lebhaften Beifall."
> (*Die Welt* vom 4. Februar 1966, zitiert[13] nach dem Mannheimer Korpus I)

Diese wohl auf die Anfänge der APO bezogene Stellungnahme gegen die „Bundesverdrossenheit" folgt bereits einem ähnlichen Muster wie die spätere konservative Kritik[14] an den politikverdrossenen Bürgern: Der inhaltlich kaum bestimmten Verdrossenheit werden die positiven Leistungen des bundesdeutschen Systems gegenüberge-
stellt, zugleich wird eine Rückbesinnung auf die angeblich im Niedergang befindlichen Pflicht- und Akzeptanzwerte eingefordert.

Noch ältere Belege für diese argumentative Figur finden sich in einem Vortrag
von Ernst Hessenauer aus dem Jahr 1957, der vier Jahre später in der Schriftenreihe
des Schleswig-Holsteinischen Landesbeauftragten für staatsbürgerliche Bildung veröffentlicht wurde (Hessenauer 1961). Hier ist es die „Staatsverdrossenheit" vor allem
der Jugend, die als Problem gesehen wird. Es lohnt sich, Hessenauers Argumentation
kurz darzustellen, weil sie viele Aspekte der späteren Diskussion vorwegnimmt.

1. Viele Bürger haben „individuelle oder gruppenegoistische Grundeinstellungen"
   (Hessenauer 1961: 5), d. h. Ansprüche gegenüber dem Staat entwickelt.

2. Auf die Erfüllung ihrer Forderungen durch die Politik reagieren sie nicht mit
   „Anerkennung" und „Dankbarkeit", sondern mit „zunehmender Abwertung,
   mit Mißtrauen, Skepsis, übermäßiger Kritik am Staat, Verlust eines lebendi-
   gen Staatsgefühls ... bis hin zur Staatsverdrossenheit" (1961: 5), worunter der
   Autor also die letzte Eskalationsstufe der beschriebenen Entwicklung versteht.

---

13 Symbole, mit denen in den Korpora typographische Elemente wie Überschriften und Zeilenwechsel
    transkribiert werden, wurden ausgelassen.

14 Vgl. dazu exemplarisch Bergsdorf (1993) und Hefty (1993) sowie – diesen Strang der Diskussion
    kritisch resümierend – Klages (1993, 1994, 1996).

3. Mit diesen Einstellungen ist eine „mangelnde Bereitschaft zur aktiven Mitarbeit im öffentlichen Leben" (1961: 4) verbunden, ohne daß die unterstellte Kausalbeziehung explizit gemacht wird.

4. Als Gründe für ihr mangelndes Engagement nennen die Angehörigen der „jungen Generation" Unzufriedenheit mit dem politischen Personal dem vorherrschenden politischen Stil: „Die Schalthebel der Macht seien mit zu vielen alten Politikern besetzt ... . Rhetorisches Pathos, Fanatismus und säuerliche Enge seien ihnen [den Jugendlichen] ebenso zuwider wie Verwaschenheit, Drehscheibenpolitik und politische Rückgratlosigkeit" (1961: 4).

5. Umgekehrt entwickelt aber auch die Elite Entfremdungsgefühle gegenüber den Bürgern: „Bei den Verantwortlichen im öffentlichen Leben wächst das Gefühl, in weiten Bevölkerungskreisen nur noch eine entartete Freiheitsvorstellung anzutreffen, die keinen Schimmer von Verantwortungsbewußtsein oder Gemeinschaftsgesinnung einbeschließt" (1961: 9).

6. Die tieferliegenden Ursachen für die Entstehung der Staatsverdrossenheit sieht Hessenauer in den „geistigen und seelischen Gefahren, die die Technik (neben ihren Vorteilen) und die moderne Gesellschaft mit sich bringen: Versachlichung des Daseins, Kontaktverlust von Mensch zu Mensch, Verschwinden der Intimbereiche, Schwund an persönlicher Initiative in der Freizeit, Verlust eines Sinnes für Hierarchie der Werte" (1961: 11).

7. In der Erziehung im allgemeinen und der politischen Bildungsarbeit im besonderen sieht Hessenauer eine Möglichkeit, diesen Krisenerscheinungen entgegenzuwirken. Die Erzieher müßten „die wesentlichen Tugenden des Bürgertums ... in allen Bereichen der Bildungsarbeit [stärken]" (1961: 11).

8. Auch der Abbau des Konfessionskonfliktes, die Abschwächung des Klassenkonfliktes in der sozialen Marktwirtschaft und die europäische Integration wirken nach Hessenauer der von ihm wahrgenommenen Krise entgegen (1961: 12).

Zusammenfassend läßt sich festhalten, daß Hessenauer unter Staatsverdrossenheit eine Mischung aus Anspruchsdenken, privatistischen Verhaltensweisen und negativen Einstellungen gegenüber dem Staat versteht. Verantwortlich für die Krise sind letztlich der technische Fortschritt beziehungsweise die von ihm ermöglichten gesellschaftlichen Wandlungsprozesse, d. h. die Ausweitung der Staatstätigkeit, der allgemeine wirtschaftliche Aufschwung und die parallel dazu verlaufenden Individualisierungsprozesse. Alle diese Punkte finden sich in ähnlicher Form in der späteren Literatur zur Regierbarkeit beziehungsweise Unregierbarkeit wieder (vgl. Abschnitte 2.3.2 und 2.3.3, Seite 50ff). Als Gegenmittel empfiehlt Hessenauer eine forcierte Rückbesinnung auf bürgerliche Werte und ein Gesellschaftskonzept, das sich, der katholischen Soziallehre folgend, an einem dritten Weg zwischen Sozialismus und ungezügeltem Kapitalismus orientiert. Die „Verantwortlichen des öffentlichen Lebens", also die Angehörigen der (Partei-)Eliten, und die von ihnen vertretene Politik werden von

Hessenauer offensichtlich mit dem staatlichen Bereich identifiziert. Nur so erklärt sich der von ihm gewählte Terminus.

Eine ähnliche Verwendung des Begriffs findet sich in Karl-Friedrich Kindlers Plädoyer gegen den *Antiparteienaffekt in Deutschland* (Kindler 1958). Für ihn ist „das in Deutschland so weit verbreitete und immer wieder beklagte Unbehagen an Politik und Demokratie … zuerst und vor allem ein Unbehagen an den politischen Parteien" (Kindler 1958: 108), das sich insbesondere gegen die *„bezahlten, hauptamtlichen Parteifunktionäre"* (Kindler 1958: 113) richte. Wegen des geringen Ansehens der Parteien und des Mißtrauens, das ihren Mitgliedern entgegengebracht werde (Kindler 1958: 114f), sei „die Zahl der Parteibürger bei uns in Deutschland … bedrückend und gefährlich niedrig" (Kindler 1958: 116f). Insbesondere die Jugend halte sich von den Parteien fern, zu den Parteiversammlungen erschienen „sehr viel Graubärte" (Kindler 1958: 116). Dieser Befund könnte, sieht man von der sprachlichen Patina einmal ab, auch aus einem modernen Beitrag zur Parteienverdrossenheit stammen – vgl. beispielsweise Boher (1996: 31).

Ein gewisses Maß an Mißtrauen gegenüber Politikern und Parteien sei zwar für das demokratische System konstitutiv, so Kindler.

> „Wenn aber dieses Mißtrauen hypertrophe Formen annimmt, sich zu einem staats- und parteiverdrossenen Unbehagen erweitert und sich schließlich zu einem politik- und parteifeindlichen Dauerkomplex fixiert, dann muß es notwendig steril und destruktiv werden, zu dem konformistischen Kult eines engagementlosen Nonkonformismus führen, zu einer sozialen Hochnäsigkeit entarten und schließlich in einer verantwortungslosen Ohne-mich-Haltung enden." (Kindler 1958: 120)

Staats- und Parteienverdrossenheit[15] werden von Kindler und Hessenauer also als negative Einstellung gegenüber der Politik und den Parteien konzipiert, aus der eine politische Apathie insbesondere der Jugend resultiere. Die Ursachen für diese Einstellung werden in ökonomischen und sozialen Wandlungsprozessen (Hessenauer) beziehungsweise in der politisch-kulturellen Tradition Deutschlands (Kindler[16]) gesucht.

Eine ganz andere Form von Verdrossenheit diagnostizierte hingegen Ernst Fraenkel (1966) anläßlich der Bundestagswahl vom September 1965. Auch Fraenkels Argumentation läßt sich in wenigen Schritten rekonstruieren.

1. Als „Parlamentsverdrossenheit" bezeichnet Fraenkel „ein weit verbreitetes vages politisches Unbehagen, das in einer nur unscharf artikulierten Kritik an dem Bonner parlamentarischen Betrieb in Erscheinung trat" (Fraenkel 1966: 244).

2. Dieses Unbehagen ist für den Autor nicht auf die Bundesrepublik und die Nachkriegsjahre beschränkt. Vielmehr handele es sich um ein „kontinental-europäisches Phänomen", das alle „festländischen Großstaaten Europas …, die das

---

15 Bezeichnenderweise gebraucht Kindler beide Begriffe völlig synonym und nimmt damit die begriffliche Unklarheit der späteren Verdrossenheitsdebatte vorweg. Auch Hessenauers Symptomkatalog der Staatsverdrossenheit beinhaltet, wie dargelegt, die Unzufriedenheit mit Parteien und Politikern.

16 Kindlers Aufsatz war als deskriptives Einleitungskapitel für ein politikdidaktisches Lehrbuch konzipiert (Kindler 1958: 121, Anmerkung 2) und beschäftigt sich deshalb nicht allzu ausführlich mit den Ursachen des Antiparteienaffektes.

Modell des englischen Parlamentarismus übernommen haben", betrifft (Fraenkel 1966: 245). In den „kontinentaleuropäischen Großstaaten [sei] das Übel der Parlamentsverdrossenheit chronisch ..., während es in den angelsächsischen Großstaaten nicht oder kaum in Erscheinung tritt" (Fraenkel 1966: 245).

3. Dieser Dichotomie zwischen angelsächsischen und kontinentaleuropäischen Demokratien entsprechen zwei verschiedene Konzepte von Demokratie, die Fraenkel in Anlehnung an Sartori (1965) und Dahl (1956) als „rationalen" beziehungsweise „empirischen Demokratiebegriff" (auch: „Demokratietheorie") bezeichnet (Fraenkel 1966: 245f). Kernpunkt der „rationalen Demokratietheorie", die er letztlich auf Rousseau[17] zurückführt (1966: 247), ist für Fraenkel die „Doktrin, daß Demokratie die Identität von Regierern und Regierten bedeute" (1966: 246) und idealerweise in der Herrschaft eines einheitlichen Volkswillens bestehe (1966: 245). Als „empirische Demokratietheorie" hingegen bezeichnet er ein Verständnis von Demokratie, das die Elemente Pluralismus und Repräsentation beinhaltet (1966: 247). Das Adjektiv „empirisch" erklärt sich daraus, daß diese „Theorie" der „sozialen Empirie" (1966: 247) einer vielfältig fragmentierten Gesellschaft, in der sich in vielen Bereichen kein einheitlicher Mehrheitswille ausmachen läßt, stärker Rechnung trage.

4. Die Dominanz der „rationalistischen Demokratietheorie" in Deutschland erklärt Fraenkel historisch: Zu Zeiten der konstitutionellen Monarchie hätten sich die Parlamente zu „Gefangenen ihrer eigenen [Gemeinwohl-]Ideologie" gemacht (1966: 250), die schließlich in den Ideen von 1914 mündete: „Als Stätte der Akklamation wird das Parlament aufs höchste gepriesen, als Stätte der Deliberation wird es widerwillig geduldet, als Stätte der Konfrontation widerstreitender Meinungen und Interessen wird es unnachsichtig abgelehnt" (1966: 252f). Hier wie an anderen Stellen bleibt unklar, wer außer den Parlamentariern selbst Träger einer bestimmten „Ideologie" beziehungsweise „Demokratietheorie" ist.

5. Das antipluralistische Selbstverständnis der parlamentarischen Eliten strahlte in nicht näher spezifizierter Weise auf die Bürger aus: „Wenn sich die politische Elite einer Nation in der Ideologie eines Parlamentsperfektionismus verliert, kann es nicht Wunder nehmen, wenn sich im Massenbewußtsein das Gefühl der Parlamentsverdrossenheit breit macht" (1966: 250).

6. Hinzu kam, daß im Kaiserreich zwar ein demokratisch gewähltes Parlament installiert, die Gesellschaft aber keineswegs demokratisiert wurde. Im „Kastenstaat" (1966: 252) blieb das weitgehend machtlose Parlament ein Fremdkörper ohne Einfluß auf die Staatsleitung. Das Ergebnis waren nach Fraenkel „Parlamentsskepsis" auf seiten der Linken, deren Hoffnungen enttäuscht wurden, und „Parlamentsaversion" bei den Rechten, die sich gegen jegliche Demokratisierung sperrten (1966: 252).

---

17 Mit Fraenkels Rousseau-Rezeption setzt sich Ballestrem (1988: 33f) kritisch auseinander.

7. Aus Parlamentsverdrossenheit folgten für Fraenkel mit Notwendigkeit „Parlamentshaß", „Parlamentsobstruktion" und schließlich „Parlamentslähmung", d. h. das Ende der Weimarer Demokratie (1966: 253).

8. Diesem „parlamentarischen Kurzschluß" der Weimarer Zeit setzt Fraenkel die „parlamentarische Langeweile" (1966: 253) der Bundesrepublik entgegen, die er auf den wirtschaftlichen Aufschwung, den Ausgleich der sozialen Gegensätze und das Ende der großen Ideologien zurückführt (1966: 254). Daß „trotz dieser fundamental gewandelten Verhältnisse ... das traditionelle Gefühl der Parlamentsverdrossenheit erhalten geblieben" ist, wertet er als einen Beweis dafür, „wie tief es im politischen Unterbewußtsein verankert war" (1966: 254).

9. Nur dann, wenn die gewandelte Funktion des Parlaments und der Interessengruppen in einer Demokratie repräsentativ-pluralistischen Typs weithin Anerkennung findet, die „rationale Demokratietheorie" einer „Ideologiekritik" unterzogen wird und die Bürger zugleich bereit sind, sich in Parteien und Verbänden zu organisieren, kann die Parlamentsverdrossenheit überwunden werden (1966: 255).

Fraenkels Ansatz ist in mancher Hinsicht problematisch: Die Zuordnung der „rationalen Demokratietheorie" zu den kontinentaleuropäischen Staaten in Abgrenzung vom angelsächsischen Widerpart ist recht schematisch; generell sind die Aussagen an vielen Stellen ausgesprochen unpräzise. Dies zeigt sich insbesondere, wenn man fragt, in welchem Vermittlungsverhältnis die Einstellungen der parlamentarischen Eliten einerseits und die Einstellungen der allgemeinen Bevölkerung andererseits zueinander stehen. Häufig bleibt überhaupt unklar, welchen Akteuren die skizzierten Einstellungen und Verhaltensweisen zugeschrieben werden, beispielsweise wenn der Autor pauschal von „der Linken" beziehungsweise „der Rechten" spricht. Auf eine empirische Absicherung der von ihm postulierten Kausalbeziehungen verzichtet Fraenkel ebenso wie auf die (naheliegende) Anbindung seiner Aussagen an die systemtheoretischen Überlegungen von Almond und Verba (1965: 21f) zur Kongruenz von politischer Kultur und politischem System.

Dennoch ist Fraenkels Arbeit von bleibenden Wert, denn er ist der erste deutsche Autor, der die Unzufriedenheit mit dem politischen System auf Widersprüche zwischen den normativen Erwartungen der Bürger und den geltenden prozeduralen Normen des politischen Systems, insbesondere der Parlamentspraxis, zurückführt. Dieser Gedanke, daß „Verdrossenheit" zumindest partiell die Folge einer Art von Mißverständnis sein könnte, wurde erst fast 30 Jahre später[18] von Patzelt (1994a,b, 1998,

---

18 Denninger (1986), Sontheimer (1990) und vor allem Lammert (1979) beziehen sich zwar ebenfalls direkt auf Fraenkel. Die Überlegung, daß Verdrossenheit durch einen Mangel an Kenntnissen über die Funktionsabläufe im parlamentarischen System zustande kommen kann, den die politische Bildung beheben muß, spielt für die Argumentation dieser Autoren jedoch nur eine untergeordnete Rolle. Sontheimer dient der Verweis auf Fraenkel in erster Linie dazu, das Ausmaß der Verdrossenheit zu relativieren: „Wir müssen also, wenn wir über Parlaments- oder Politikverdrossenheit urteilen, auf dem Boden des real Möglichen bleiben. Jede normative Theorie, die einen praktisch nicht erreichbaren

1999) wieder aufgegriffen und nun – in Patzelts neueren Arbeiten unter direktem Rekurs auf Fraenkel – auch empirisch überprüft.[19]

Im Widerspruch zwischen der tatsächlichen Funktionsweise des parlamentarischen Regierungssystems und den normativ aufgeladenen Vorstellungen der Bürger, die sich tendenziell an einem präsidentiellen System beziehungsweise einer konstitutionellen Monarchie orientieren, sieht Patzelt einen „latenten Verfassungskonflikt":

> „Gerade wenn unser parlamentarisches Regierungssystem so funktioniert, wie das seiner Funktionslogik *entspricht*, zieht es die Kritik der Bürger auf sich und auf die Abgeordneten als seine zentralen Akteure. Seitens der Bevölkerung verschmelzen dabei, auf recht dünner Kenntnisgrundlage, manche *richtige Einzelbeobachtungen* zu einem *falschen Gesamtbild*. Was an diesem Bild unverständlich bleibt, wird als zu beseitigender Mißstand aufgefaßt oder durch das Wirken unzulässiger Zwangsmaßnahmen erklärt. Eben das ist als ‚latenter Verfassungskonflikt' zu bezeichnen: als Konflikt zwischen der *tatsächlichen* Funktionsweise unseres verfassungsmäßigen parlamentarischen Regierungssystems und jenen *Vorstellungen*, anhand welcher die Bürger beurteilen, *ob* ihr Regierungssystem ordnungsgemäß funktioniert." (Patzelt 1998: 751).

Dieser Konflikt wird immer wieder aktualisiert, „in Leitartikeln und Feuilletons, an Stammtischen und in Klassenzimmern, auch bei Diskussionen zwischen Parlamentariern" (Patzelt 1998: 728) und trägt so nach Patzelts Meinung „in Tausenden von Alltagsgesprächen zu jenen Legitimationsschwächen unseres politischen Systems bei, die Demoskopen in ihren Studien zu dessen Vertrauens- und Akzeptanzkrise seit langem messen" (Patzelt 1998: 729).

In seiner jüngsten Arbeit zu dieser Problematik[20] bezeichnet Patzelt die „Akzep-

---

Idealzustand zum Maßstab für die Beurteilung der konkreten Verhältnisse erhebt, läßt die Wirklichkeit schlecht aussehen" (Sontheimer 1990: 17). Auch Lammert nutzt den Rekurs auf Sontheimer im Grunde nur als Aufhänger für seine Kritik an der Organisationsform der bundesdeutschen Parteien. Aus seiner (noch heute bemerkenswert modernen) Sicht ist es vor allem die Inkongruenz zwischen der traditionellen, an den staatlichen Verwaltungseinheiten orientierten Gliederung der Parteien einerseits und den projekt- und problembezogenen Partizipationswünschen der räumlich und intellektuell mobiler gewordenen Bürger andererseits, die zur Verdrossenheit führt. Denninger (1986: 201f) schließlich unterstellt ebenfalls einen kausalen Zusammenhang zwischen dem „weit verbreiteten Unbehagen an der Herrschaftsform der parlamentarischen Demokratie" beziehungsweise einer „Parlamentarismusverdrossenheit" (Denninger 1986: 206) einerseits und einem allgemeinen Mangel an Informationen über dieses System andererseits, setzt sich aber mit dieser angeblichen Verdrossenheit in keiner Weise auseinander, sondern nutzt sie lediglich als Ausgangspunkt für eine umfangreiche staatsrechtlich orientierte Kritik an der Rechtsprechung des Verfassungsgerichtes, dem Einfluß der Verbände auf die Gesetzgebung und der Passivität des Parlamentes. Auch andere Autoren, unter ihnen Bettina Westle (1990a: 405f) haben im Kontext der Verdrossenheitsdebatte darauf hingewiesen, daß ein mangelndes Verständnis für die Gesetzmäßigkeiten einer parlamentarisch-pluralistischen Demokratie in der Bevölkerung zu höchst problematischen Mißverständnissen führen kann, sind dieser Überlegung aber nicht weiter nachgegangen. Insofern ist Patzelt tatsächlich der erste Autor, der sich ernsthaft mit Fraenkels Hypothese beschäftigt.

19 Aus einer ähnlichen, aber viel weniger differenzierten Position heraus argumentiert Greven (1994: 295) für die Aufwertung der Politischen Bildung im schulischen und nicht-schulischen Bereich. Indirekt beziehen sich auch jene Arbeiten, die politische Unzufriedenheit durch das gestiegene Partizipationsbedürfnis der Bürger erklären (exemplarisch Welzel 1995), auf Widersprüche zwischen geltenden Normen und normativen Erwartungen.

20 Dabei handelt es sich im wesentlichen um eine stark gekürzte, um den Begriff der Politikverdrossenheit erweiterte und für ein breiteres Publikum überarbeitete Zusammenfassung von Patzelt (1998).

tanzkrise" nun ausdrücklich als „Politik-, Politiker- und Parteienverdrossenheit" (Patzelt 1999: 31), obwohl er selbst die Kritik an diesen Begriffen und ihrer Verwendung durch die politische und publizistische Elite aufnimmt. Zu den „Realien", den „wichtige[n] Quelle[n] des akademischen wie populären Verdrossenheitsdiskurses" (Patzelt 1999: 33) zählt Patzelt nach wie vor ganz im Sinne Fraenkels das „Unbehagen am parlamentarischen Regierungssystem" (Patzelt 1999: 33), das seinerseits die bekannten „geistesgeschichtlichen" Ursachen habe. Fraenkels Parlamentsverdrossenheit wird somit zu einem zentralen Bestandteil der als Syndrom verstandenen Politikverdrossenheit. Zur Bekämpfung der Politikverdrossenheit fordert Patzelt folgerichtig „größere Anstrengungen politischer Bildungsarbeit" (Patzelt 1999: 38), durch die der Kenntnisstand von Bürgern (und Politikern?) über die Funktionslogik des parlamentarischen Systems verbessert werden soll.[21]

Insgesamt läßt sich festhalten, daß die Befunde der älteren Literatur aus den fünfziger und sechziger Jahren, die sich mit Staats-, Parlaments- und Parteienverdrossenheit befaßt, eine bemerkenswerte Ähnlichkeit mit den Argumenten und Behauptungen aufweisen, die in den neueren Arbeiten zur Politikverdrossenheit vorgebracht werden. Im folgenden Kapitel wird sich darüber hinaus zeigen, daß in den siebziger Jahren unter einem anderen Namen und mit anderen Vorzeichen eine sehr ähnliche Debatte geführt wurde, die am Ende dieses Jahrzehntes in die bis heute andauernde Diskussion um Politik- und Parteienverdrossenheit mündete. Bereits 1987 kam Fritz Plasser deshalb zu dem Schluß, daß es eine „zyklische Wiederkehr der Verdrossenheitsdebatte [gebe], deren Argumentationslinien sich über die Jahrzehnte kaum zu unterscheiden pflegen" (Plasser 1987: 189).[22] Unter diesen Umständen stellt sich die Frage, ob es in der Bundesrepublik jemals einen Zustand der „Un-Verdrossenheit" gegeben hat, und ob nicht in der deutschen Diskussion immer wieder Verhältnisse, die in vergleichbaren Ländern als normal gelten, als Krisensymptome interpretiert werden.[23]

2.3 Die „Legitimationskrise"

Eine zweite Wurzel der Verdrossenheitsdebatte liegt in der Diskussion um die sogenannte Legitimationskrise der westlichen Staaten (vgl. dazu auch Schedler 1993b: 415, ähnlich bereits 1982 Küchler), die während der siebziger und frühen achtziger

---

21 Patzelt führt Politikverdrossenheit nicht ausschließlich auf die Fraenkelsche Parlamentsverdrossenheit zurück, sondern macht u. a. die „massenmedialen Informations- und Interpretationsangebote" (Patzelt 1999: 38) für die Akzeptanzkrise der Politik verantwortlich. Politische Bildungsarbeit müßte deshalb für ihn auch an diesem Punkt ansetzen, d. h. gezielt die Medienkompetenz der Bürger verbessern.

22 Diese Erkenntnis hat Plasser allerdings nicht davon abgehalten, das Konzept, dessen „terminologische Beliebigkeit und Vieldeutigkeit" (Plasser 1987: 189) er mit guten Gründen kritisiert, in dieser und in anderen Arbeiten selbst einzusetzen.

23 Ähnliche Überlegungen finden sich bei Lösche (1995a: 149) sowie Ehrhart und Sandschneider (1994: 452). Kritisch zu diesem Gedanken äußert sich Welzel (1995: 142). Zeitreihendaten, die belegen, daß Politikern und Parteien bereits in den späten sechziger Jahren ähnlich viel beziehungsweise wenig Vertrauen entgegengebracht wurde wie in den achtziger Jahren, präsentiert u. a. Wiesendahl (1989: 94f).

Jahren vor allem die deutsche[24] Politikwissenschaft beschäftigte. In ihrer neo-marxistischen Fassung (Offe 1972, Habermas 1973) kreiste diese Debatte um die vermeintlich strukturell bedingte „Legitimationsproblematik spätkapitalistischer Systeme", in ihrer konservativen Variante beschäftigte sie sich mit der angeblichen „Unregierbarkeit[25] der westlichen Demokratien" (Hennis et al. 1977, 1979). Zwischen diesen Diskussionssträngen besteht eine unverkennbare strukturelle Ähnlichkeit (vgl. dazu ausführlich Vorländer 1981: 79ff, Lehner 1983: 448f, Oberreuter 1989: 849, Weil 1989: 682, Westle 1989b: 40ff), die ihren augenfälligsten Ausdruck beim DVPW-Kongreß „Legitimationsprobleme politischer Systeme" fand, den Hennis und Habermas als prominente Vertreter der konkurrierenden Denkschulen mit einem Doppelreferat eröffneten (Hennis 1976a, Habermas 1976).

Kaase und Newton (1995: 17ff) betrachten Regierbarkeits- und Spätkapitalismustheorie deshalb konsequenterweise als Mitglieder einer ganzen Familie von Ansätzen, die sich mit den Krisen und dem Wandel der liberalen Demokratien befassen.[26] Obwohl diese Theorien auf höchst unterschiedliche Traditionen des politischen Denkens zurückgehen, weisen sie doch eine Reihe frappierender Gemeinsamkeiten auf:

> „The theories are not always explicit about what is cause, what is effect, and what is sympton [sic], but they all see the same sort of features of modern society as cause or effect or sympton. The five theories of crisis and catastrophe talk in terms of growing mass alienation and anomie, increasing political distrust, political disillusionment, dissatisfaction with democracy, declining political participation, falling membership of established parties, pressure groups, and community groups, an increase in electoral volatility, support for extremist and anti-democratic politics and movements, and a rise of direct political participation, including illegal and violent political action." (Kaase und Newton 1995: 37)

Nicht umsonst ist diese Aufzählung mit dem unter Punkt 1.1 genannten Katalog von Phänomenen, die als Ausdruck beziehungsweise Folge von Politikverdrossenheit interpretiert werden, fast identisch. Schon Klages (1981: 8) hat – wenngleich in sehr allgemeiner Form – auf diesen Umstand hingewiesen, indem er „,Unregierbarkeit', ,Staats- und Parteienverdrossenheit' und ,Legitimitätskrise'" unter der etwas umständlichen Sammelbezeichnung „Demokratiekritikwellen" zusammenfaßte. Ein wesentlicher Teil der Forschung zur sogenannten Politikverdrossenheit nimmt, wie sich im

24 Max Kaase hat in diesem Zusammenhang Deutschland ironisch als das „Land der ,Erfinder' der ,Legitimitätskrise'" bezeichnet (Kaase 1985: 104). Allerdings beschäftigte sich auch die britische Politikwissenschaft intensiv mit Fragen der Regierbarkeit. Für einen Überblick zur Regierbarkeitsdebatte in Großbritannien vgl. Birch (1984).

25 Die Regierbarkeitsdiskussion läßt sich nicht auf die Frage nach der Legitimation der westlichen Demokratien reduzieren (Hennis 1976a: 37, Anmerkung 45). Das schwindende Vertrauen beziehungsweise die fehlende Unterstützung seitens der Bevölkerung ist aber ein zentrales Motiv in der Debatte um die Regierbarkeit und für die Diskussion um die Politikverdrossenheit von besonderer Bedeutung. Ansonsten gilt für die Theorien der Regierbarkeit wie für die anderen Theorien der Legitimationskrise: „Theories of the legitimacy crisis are generally complex, involving many different conceptual refinements and analytical variations which, fortunately, are not particularly relevant to present concerns" (Kaase und Newton 1995: 21). Ähnlich, aber noch kritischer äußert sich Birch (1984: 136) über die „neokonservativen" Regierbarkeitstheoretiker: „there are several main themes in the literature (now very large) which are found in various permutations and combinations, and may be summarized briefly".

26 Eine ähnliche, wenn auch weniger umfangreiche Typologie entwickelt bereits Birch (1984: 136ff).

.folgenden zeigen wird, ältere krisentheoretische Überlegungen unter einem neuen Namen und unter neuen Vorzeichen wieder auf. Dabei sind die Theorien der Unregierbarkeit im Kontext der Politikverdrossenheit von besonderem Interesse, weil zwischen beiden Diskursen[27] fließende Übergänge bestehen, während sich ein Einfluß der Spätkapitalismus-Theoretiker nicht nachweisen läßt.[28]

Ziel dieses Unterkapitels ist es deshalb, überblicksartig die Indikatoren und Argumentationsmuster der Regierbarkeitsdebatte herauszuarbeiten, die explizit oder implizit in die Studien zur Politikverdrossenheit eingeflossen sind. Eine Gesamtdarstellung der Regierbarkeitsdebatte würde den Rahmen dieser Arbeit sprengen und ist für den Gang meiner Argumentation auch nicht vonnöten – vgl. hierzu aber die Dissertation von Heidorn (1982), der aus theoretischer Perspektive die zugrunde liegenden Legitimitätsbegriffe der Opponenten kritisch analysiert, Kaase und Newton (1995: Kapitel 2), die den konservativen und den neo-marxistischen Strang der Diskussion im Rahmen ihres breiter angelegten Vergleichs von Krisentheorien darstellen sowie Weil, der auf Herkunft und konzeptuelle Schwächen der Krisentheorien eingeht (1989: 682ff) und davon ausgehend eine differenziertere Operationalisierung von politischer Unterstützung vorschlägt (1989: 685ff).

2.3.1 Trust in Government

Der Ausgangspunkt der Debatte um die sogenannte Legitimationskrise läßt sich präzise bestimmen: Er liegt in der Kontroverse zwischen Arthur H. Miller und Jack Citrin über den Rückgang des Vertrauens in die US-Bundesregierung, die 1974 im „American Political Science Review"ausgetragen wurde und die Aufmerksamkeit der wissenschaftlichen Öffentlichkeit auf dieses Phänomen lenkte (Kaase 1985: 102). Wegen der Bedeutung dieser Kontroverse – der Rückgang des politischen Vertrauens in den Vereinigten Staaten ist *das* „empirische Datum, auf das sich diese Krisenvariante stützen konnte" (Fuchs 1989: 1) – lohnt es sich, die Auseinandersetzung zwischen beiden Autoren etwas ausführlicher darzustellen.

Zunächst ist festzuhalten, daß sich Millers (1974a) ursprünglicher Artikel keineswegs auf das Konzept der Legitimität beziehungsweise *legitimacy*[29] bezieht, wie es

---

27 Wenn ich hier und im folgenden von Diskursen spreche, orientiere ich mich am Sprachgebrauch der traditionellen Linguistik und betrachte Diskurse lediglich als das sprachliche „Ergebnis eines interaktiven Prozesses im soziokulturellen Kontext" (Bußmann 1990: 189), d. h. letztlich als einen Korpus von aufeinander bezogenen Texten. Vor allem im angelsächsischen Raum wird der Diskursbegriff auch mit postmodernistischen Ansätzen in Zusammenhang gebracht (Howarth 1995: 116ff) und in einem sehr weiten, „diskurstheoretischen" Sinn gebraucht: „Discourses are not, however, ideologies in the traditional or narrow sense of the term . . . . The concept of discourse includes all types of social and political practice, as well as institutions and organisations, within its frame of reference" (Howarth 1995: 115). Eine derart umfassende Verwendung des Begriffs ist von mir ausdrücklich *nicht* beabsichtigt.

28 Dies gilt auch für jene Autoren, die sich selbst als gesellschaftskritisch bezeichnen (exemplarisch Geiling 1997). Bezugspunkt ist hier nicht mehr die Spätkapitalismus-These, sondern Bourdieus kultursoziologischer Ansatz.

29 Sofern es für englische Fachtermini eine in der deutschen Wissenschaftssprache gebräuchliche Entsprechung gibt, behandele ich beide im Text als Synonyme. Im Index werden die Fundstellen für beide

von Weber (1980), Lipset (1960), Easton (1965a) und anderen definiert wurde. Das Wort taucht im Text nicht ein einziges Mal auf, Verweise auf die einschlägige Literatur fehlen. Miller versucht vielmehr lediglich, den Niedergang des politischen Vertrauens (*trust in government*), dessen Fehlen er auch als Zynismus (*political cynicism*) bezeichnet und als eine Teildimension politischer Entfremdung auffaßt[30] (Miller 1974a: 951), zu erklären. Unter *political trust* versteht Miller

> „a basic evaluative or affective orientation toward the government ... in Washington. The dimension of trust runs from high trust to high distrust or political cynicism. Cynicism thus refers to the degree of negative affect toward the government and is a statement of the belief that the government is not functioning and producing outputs in accord with individual expectations." (Miller 1974a: 952)

Im Zusammenhang mit dieser Definition verweist Miller (1974a: 951, FN 9) pauschal auf den Aufsatz von Seeman (1959) zur Definition von Entfremdung im allgemeinen, auf einschlägige Arbeiten zur politischen Entfremdung (Aberbach 1969, Finifter 1970) im besonderen sowie auf die Grundlagenwerke von Almond und Verba (1965) und Gamson (1968), während er die in diesem Zusammenhang fundamentalen Arbeiten von Easton (1965a,b) gänzlich übergeht. Welche theoretische Bedeutung Miller dem Konstrukt zumißt, bleibt daher unklar. Im wesentlichen scheint Miller Vertrauen operational als jene Einstellung zu definieren, die das von ihm verwendete Instrument mißt, und die genannten Autoren nur zu bemühen, um die Relevanz und Generalisierbarkeit seiner Resultate zu dokumentieren: „The use of political trust as a simple barometer of satisfaction with the political system is too often ignored or buried beneath a series of esoteric arguments and theoretical concerns" (Miller 1974a: 971).

Bei dem von Miller verwendeten Instrument handelt es sich um die am *Survey Research Center* der University of Michigan entwickelten und erstmals 1958 in einer bundesweiten Umfrage eingesetzten *trust in government*-Items.[31] Diese inzwischen klassischen Items lauten:

1. „How much of the time do you think you can trust the government in Washington to do what is right – just about always, most of the time, or only some of the time?"

2. „Would you say the government is pretty much run by a few big interests looking out for themselves or that it is run for the benefit of all the people?"

3. „Do you think that the people in the government waste a lot of money we pay in taxes, waste some of it or don't waste very much of it?"

Begriffe unter dem deutschen Stichwort zusammengeführt.

30 *Political (in)efficacy* betrachtet Miller (1974a: 951) als eine weitere Subdimension politischer Entfremdung. Das *efficacy*-Konzept und das Konzept der politischen Entfremdung (*alienation*) werden in den Kapiteln 3.2.2 und 3.2.3 vorgestellt. Deshalb erübrigt es sich, an dieser Stelle näher auf beide Begriffe einzugehen.

31 Die genannten Items sind seit 1958 beziehungsweise 1964 Bestandteil der zunächst vom *Survey Research Center*, später vom *Center for Political Studies* durchgeführten nationalen Wahlstudien in den USA (Michigan-Studien, seit 1977 *(American) National Election Studies*). Der Wortlaut wurde gelegentlich leicht modifiziert, außerdem sind nicht alle Items in allen Wellen alle Items enthalten (vgl. Center for Political Studies oJ, 1998). In seinem ursprünglichen Artikel verwendet Miller die Daten aus den Jahren 1964, 1966, 1968 und 1970.

4. „Do you feel that almost all of the people running the government are smart people who usually know what they are doing, or do you think that quite a few of them don't seem to know what they are doing?"

5. „Do you think that quite a few of the people running the government are a little crooked, not very many are, or do you think hardly any of them are crooked at all?" (Miller 1974a: 953)

Obwohl sich diese Aussagen teils auf die ethischen Qualitäten, teils auf die Kompetenz und Effizienz der Regierenden beziehen, bilden sie eine kumulative Skala (Stokes 1962: 64). Bei näherer Betrachtung zeigt sich jedoch, daß die präzise inhaltliche Bedeutung dieser Skala unklar ist: Stokes, der sie vermutlich als erster[32] analysiert hat, äußert zunächst sein Erstaunen über die empirische Eindimensionalität des Instrumentes, die er auf das mangelnde Vermögen der Bevölkerung, die Regierung differenziert zu bewerten, zurückführt:

> „The criteria of judgment implicit in these questions were partly ethical ... . But the criteria extended to other questions as well, including the ability and efficiency of government officials and the correctness of their policy decisions. The possibility was deliberately left open that these qualities would not be distinct in the public's mind but would rather be incorporated in a single dimension of feeling. (...) The global nature of the dimension of feeling that emerged from these interviews suggests that the electorate's sophistication in evaluating government is commonly overestimated. Indeed, most discussions of popular reactions to ethics in government are probably carried on at a level that is far removed from the public both in the concepts used and the information presupposed." (Stokes 1962: 64)

Wie Stokes seinerseits die Skala interpretiert, läßt sich nicht eindeutig klären: Während er sich in dem obenstehenden Zitat auf die „qualities of public officials", also auf Eigenschaften der Amtsinhaber bezieht, bezeichnet er auf der folgenden Seite Personen, die kein Regierungsvertrauen zeigen, als „alienated from the regime (...) [and] disaffected from the political order" (Stokes 1962: 65). Dann wiederum soll die Skala „attitudes toward government" (Stokes 1962: 65) oder auch „the individual's acceptance of government" (Stokes 1962: 71) erfassen.[33]

Das zugrundeliegende Problem läßt sich am präzisesten in der Terminologie Eastons formulieren: Es ist schlichtweg nicht klar, ob sich die mit der *trust in government*-Skala gemessenen Einstellungen auf die Ebene der *authorities* oder des *regimes* beziehen. Diese Dichotomie wurde bekanntlich von Easton (1965b) eingeführt, um die Objekte politischer Unterstützung (*support*) angemessen erfassen zu können. Nach Easton muß sinnvollerweise zwischen der Unterstützung der Amtsinhaber (*authorities*, Easton 1965b: 212ff) und der Unterstützung der politischen Ordnung (*regime*, Easton 1965b: 190ff) unterschieden werden.[34] Die politische Ordnung kann dann analytisch noch weiter in grundlegende Werte und Prinzipien einerseits und die politische Rollen- beziehungsweise Machtstruktur andererseits (*structure of authority roles*, Easton 1965b: 193ff) zerlegt werden.[35] Ohne an dieser Stelle bereits

---

32 Der 1962 veröffentlichte Text basiert auf einem Vortrag, der 1960 gehalten wurde.

33 Diese Bezeichnung ist aber ihrerseits wieder sehr weit gefaßt. So verstehen z. B. Kaase und Newton (1995: 8) unter *government* sowohl die regierenden Politiker und Parteien als auch alle staatlichen Institutionen sowie deren Entscheidungen, Verhalten und *outputs*.

34 Zu Unklarheiten bei der Abgrenzung von *authorities* und *regime* vgl. Fuchs (1989: 15f).

näher auf das Eastonsche Konzept der politischen Unterstützung einzugehen (vgl. dazu Abschnitt 3.2.5), läßt sich festhalten, daß Mißtrauen und Unzufriedenheit mit den aktuellen Amtsinhabern für die Stabilität eines demokratischen Systems, in dem eine unpopuläre Regierung über kurz oder lang abgelöst werden kann, von viel geringerer Bedeutung sind und weitaus weniger dramatische Folgen haben werden als ein entsprechender Mangel an Unterstützung für die politische Ordnung selbst.

Ihrem manifesten Inhalt nach stehen zumindest die Items drei bis fünf der *trust in government*-Skala eindeutig mit Eigenschaften der Amtsinhaber in Zusammenhang, während die Institution der Regierung ein möglicher Referent der Aussagen eins und zwei ist.[36] Immerhin macht Stokes am Schluß seines Aufsatzes klar, daß niedrige Werte auf dieser Skala nicht ohne weiteres mit bewußten antidemokratischen Einstellungen und Verhaltensweisen gleichgesetzt werden können, und nimmt im Nachsatz dazu die in der über dreißig Jahre später geführten deutschen Verdrossenheitsdebatte gängige These von der „reinen Protestwahl" vorweg:

> „It is equally uncertain whether the individual who lacks a positive emotional tie to government can be induced to support antidemocratic political movements. Plainly we ought not to assume that the people expressing negative feeling toward government in this research were calling for fundamental change in the political order. (...) What they have in common is not a commitment to political change but simply an affective feeling toward existing government that is to some degree negative. (...)
>
> And where extremist movements have won favor at the polls in Western nations they have done so more by capitalizing on popular discontent with the existing politics than by gaining approval for explicit programs of change. Indeed, it is likely that the implications of granting power to those exploiting this pure element of discontent have typically been unclear to the mass public, as they have often been unclear even to the extremist leadership itself." (Stokes 1962: 72)

Trotz dieser Warnung wurden die *trust in government*-Items häufig als Indikator für die Unterstützung des politischen Systems im Sinne Eastons (1965a, 1965b, 1975) beziehungsweise für das Vorliegen von *system affect* im Sinne von Almond und Verba interpretiert.[37] Die Gründe dafür liegen auf der Hand (Muller und Jukam 1977: 1568): Zum einen beziehen sie sich auf die *personal legitimacy* der Amtsinhaber und scheinen deshalb eine Form von diffuser Unterstützung im Sinne Eastons[38] zu erfassen, die ihrerseits häufig mit der Unterstützung des politischen Systems in Zusammenhang

---

35 Als drittes Objekt politischer Unterstützung nennt Easton die politische Gemeinschaft, auf die aber keines der *trust in government*-Items Bezug nimmt.

36 Einen empirischen Beweis für meine These haben übrigens bereits Farah et al. (1979: 432) durch eine Korrelationsanalyse erbracht, ohne daß diese Autoren näher auf den manifesten Inhalt der *trust in government*-Skala eingegangen wären.

37 Die Konzepte *support* und *system affect* sind weitgehend äquivalent; vgl. dazu Conradt (1980: 221ff).

38 Ich beziehe mich hier auf Eastons klassische und weithin akzeptierte Unterscheidung zwischen dem von den konkreten Leistungen des Systems abhängigen *specific support* (Easton 1965b: 268) und dem von den aktuellen *outputs* weitgehend unabhängigen *diffuse support*. Diese zweite, wichtigere Form der Unterstützung fungiert für das politische System als ein „reservoir of favorable attitudes or good will" (Easton 1965b: 273), das durch eine kurzfristige Unzufriedenheit mit den Leistungen des Systems kaum beeinflußt wird. Easton (1975) hat dieses relativ einfache Konzept später noch weiter ausdifferenziert, während Fuchs (1989: 21ff) einige analytische Schwächen der Dichotomie herausgearbeitet und

gebracht wird. Zum anderen hatte William Gamson in seiner knappen, aber einflußreichen Studie zu „Power and Discontent" politisches Vertrauen ausdrücklich als ein
Synonym für diffuse Unterstützung definiert (1968: 45). Allein wegen ihres Namens
– auf Vertrauen im engeren Sinne bezieht sich ja nur das erste Item – dürfte die Skala deshalb große Anziehungskraft auf Forscher ausgeübt haben, die in Anlehnung an
Easton und Gamson politisches Vertrauen untersuchen wollten und die *trust in government*-Items in den nationalen Wahlstudien des *Survey Research Center* beziehungsweise des *Center for Political Studies* „already available" (Muller und Jukam 1977:
1568) fanden.

Bei Miller (1974a), dessen theoretische Grundlegung, wie oben skizziert, kaum
mehr als ein Lippenbekenntnis ist, läßt sich nun ein zweifacher Bezug zwischen dem
von ihm verwendeten Instrument und der Ebene der Systemunterstützung rekonstruieren: Zum einen baut Miller in der Einleitung seines Aufsatzes eine spekulative Kau-
salkette auf, die von politischer Unzufriedenheit zu einer feindlichen Haltung der Bevölkerung gegenüber dem politischen System führt:

> „A period of sustained discontent may result from deep-seated social conflict which, for
> some segment of the population, has been translated into negative orientation toward the
> political system because their sense of insufficient political influence implies a futility in
> bringing about desired social change or control through political efforts; hence, they feel
> government is generally not to be trusted because it does not function for them. Such feel-
> ings of powerlessness and normlessness are very likely to be accompanied by hostility to-
> ward political and social leaders, the institutions of government, and the regime as a whole.
> (...)
>
> A situation of widespread, basic discontent and political alienation exists in the U.S. today.
> Support for this contention can be readily found (...) in national survey data." (Miller
> 1974a: 951)

Nimmt man diese Ausführungen ernst, dann beruht eine mögliche Verbindung zwischen Millers Ergebnissen und der Unterstützung des Systems auf einer Reihe von
Hypothesen, deren empirische Gültigkeit nicht ohne weiteres vorausgesetzt werden
kann:

1. Langanhaltende politische Unzufriedenheit *kann* ein Indikator für einen tiefverwurzelten sozialen Konflikt sein.

2. Dieser Konflikt *kann* bei einem Teil der Bevölkerung zu einem Gefühl der
   Machtlosigkeit führen.

3. Dieses Gefühl *kann* das Vertrauen in die Regierung erschüttern.

4. Die Abnahme der über die *trust in government*-Items gemessenen Vertrauens-
   werte sind *möglicherweise* ein Indikator dafür, daß sich ein grundlegendes Mißtrauen gegenüber der Regierung ausbreitet.

---

in Anlehnung an Parsons und Lipset eine grundlegende Revision vorgeschlagen hat (vgl. die schema-
tische Darstellung in Tabelle 3.1 auf Seite 199). Auf diese und andere Erweiterungen beziehungsweise
Modifikationen soll hier jedoch nicht näher eingegangen werden. Für eine ausführlichere Darstellung
des Konzeptes der Unterstützung vgl. Abschnitt 3.2.5.

5. Außerdem *können* diese Gefühle zu feindlichen Einstellungen gegenüber den Politikern führen.

6. Diese negativen Einstellungen *können* wiederum eine Ablehnung der Institutionen und schließlich der Herrschaftsordnung zur Folge haben.

Eine zweite, allerdings sehr indirekte Verbindung zwischen Millers manifesten Ergebnissen und der Unterstützung für das politische System ergibt sich aus Millers Deutung[39] seiner Befunde: die Ursache des Vertrauensschwundes liegt für Miller darin, daß die *policy*-Präferenzen der amerikanischen Bevölkerung bimodal verteilt sind, die Öffentlichkeit also politisch gespalten ist, während die Bundesregierung unabhängig davon, welche Partei den Präsidenten stellt, eine „zentristische" Politik betreibt, die die Anhänger beider Lager enttäuschen muß (Miller 1974a: 963, 970f). Unterstellt man, daß Zentrismus tatsächlich die Ursache des sinkenden Regierungsvertrauens ist und daß die zentristische Orientierung der Regierung von der Bevölkerung als Eigenschaft der politischen Ordnung wahrgenommen wird, ließe sich die *trust in government*-Skala tatsächlich als ein auf die Ebene des *regimes* bezogenes Instrument auffassen.

Festzuhalten bleibt, daß am Anfang der Debatte um die schwindende Legitimität der westlichen Demokratien die Verwendung eines inhaltlich problematischen Instrumentes in einem Aufsatz steht, der nur einen losen Bezug zur Systemunterstützung hat und sich an keiner Stelle explizit mit Legitimität beschäftigt. Diesen Begriff bringt erst Citrin (1974) ins Spiel, der in seiner Kritik an Miller dessen Hauptthese folgendermaßen zusammenfaßt: „In my view ... [Miller] argues that the performance of political officeholders and institutions determines their legitimacy" (Citrin 1974: 973).

Citrin seinerseits definiert diesen Begriff nicht näher und verwendet ihn im folgenden nur noch, um Millers Position zu charakterisieren. Auch er neigt im Zusammenhang mit seinen Konstrukten zu einer gewissen begrifflichen Beliebigkeit – beispielsweise gebraucht er *political disaffection, cynicism* und *alienation* völlig synonym (Citrin 1974: 979) – führt aber in Anlehnung an Easton die Unterscheidung zwischen *authorities, regime* und *political community* ein (Citrin 1974: 974, FN 4).

Vor diesem Hintergrund bestreitet er, daß die *trust in government*-Skala, wie Millers Argumentation es nahelegt, tatsächlich eine „erosion of political legitimacy in the United States" (Citrin 1974: 974) erfassen könne. Die Einstellungsobjekte, auf die sich die Items beziehen, seien „‚the government', ‚people running the government', and ‚public officials'" (Citrin 1974: 974). Die Ablehnung bestimmter *policies*, Amtsinhaber oder sogar Institutionen sei jedoch nicht mit einer Ablehnung des politischen Systems gleichzusetzen: „many people readily combine intense patriotic sentiments with cynicism about politicians" (Citrin 1974: 974). Aufgrund seiner empirischen

---

39 Millers Operationalisierungen und seine Interpretation der Daten sind mit einigen methodischen Problemen verbunden. So verwendet Miller z. B. *issue*-Distanzen als Indikator für politische Unzufriedenheit (Miller 1974a: 964f). Damit setzt er erstens voraus, daß die von ihm verwendeten *issues* für die Bürger überhaupt von Relevanz sind, zweitens, daß aus der wahrgenommenen Differenz zwischen dem Handeln der Regierung und den eigenen Präferenzen in jedem Fall Unzufriedenheitsgefühle resultieren, und drittens, daß „policy disaffection" die einzige Form politischer Unzufriedenheit ist.

Analysen kommt Citrin vielmehr zu dem Schluß, daß die während der sechziger Jahre angewachsene Gruppe der politischen „Zyniker" äußerst heterogen sei und ihre Angehörigen nur zu einem geringen Teil dem politischen System ablehnend gegenüberstünden (Citrin 1974: 978). Dieses Ergebnis kann Citrin zusätzlich absichern, indem er den Zusammenhang zwischen niedrigen Werten auf der *trust in government*-Skala und dem politischen Verhalten der betreffenden Personen untersucht. Dabei zeigt sich, daß in einem multivariaten Modell geringes politisches Vertrauen keinen direkten Effekt auf politische Apathie oder auf unkonventionelles politisches Verhalten,[40] d. h. auf zwei mögliche Korrelate systemfeindlicher Einstellungen, hat.

> „*Thus, the evidence that mistrust of government, as operationalized by Miller, produces neither political apathy nor political activism reinforces the argument that many cynical responses merely record opposition to incumbent officeholders or largely ritualistic expression of fashionable clichés.*" (Citrin 1974: 984, Hervorhebung im Original)

Diese Befunde werden auch durch die Analyse von Lipset und Schneider (1983) gestützt, die für den von Citrin und Miller untersuchten Zeitraum parallel zum Rückgang von Regierungsvertrauen und wahrgenommener Responsivität des politischen Systems einen Rückgang des Vertrauens in die Wirtschaft und in die Gewerkschaften registrieren und damit in den Vereinigten Staaten eine Debatte auslösten, die unverkennbare Parallelen zur späteren deutschen Diskussion um die Politikverdrossenheit aufwies (Gräf und Jagodzinski 1998: 283f). Als eine mögliche Ursache für den von ihnen beschriebenen Rückgang des Vertrauens nennen Lipset und Schneider (1983: 401), die damit ein weiteres Standardargument aus der Verdrossenheitsdebatte vorwegnehmen, die „negativistische" Berichterstattung der (Funk-) Medien. Gleichzeitig, so Lipset und Schneider, seien aber die Werte für *internal efficacy*, die Akzeptanz von Bürgerpflichten (Wahlnorm) und vor allem das Vertrauen in die Strukturen des Systems weitgehend konstant geblieben:

> „Thus, the decline of confidence appears to be general in nature but not fundamental or systemic: the system is good, but it is not performing well because the people in charge are inept and untrustworthy." (Lipset und Schneider 1983: 401)

Von einem Entzug der Unterstützung für das politische System kann also nach Lipset und Schneider keine Rede sein.

Citrins weiterführende Argumentation (Citrin 1974: 984ff), die sich gegen die politischen Empfehlungen richtet, die Miller aus seinen Ergebnissen ableitet, und Millers Gegenargumente in seinem *rejoinder* sind im Zusammenhang dieser Arbeit von untergeordnetem Interesse. Wichtig ist jedoch, daß Millers (1974b) Antwort auf Citrin die *trust in government*-Skala im Bewußtsein der wissenschaftlichen Öffentlichkeit noch

---

40 Hinzu kommt, daß sich die gesellschaftliche und wissenschaftliche Bewertung der von Miller und Citrin untersuchten Formen politischen Verhaltens (Teilnahme an genehmigten und nicht genehmigten Demonstrationen, Sit-ins etc.) während des Untersuchungszeitraumes deutlich gewandelt haben. Gewaltfreie Formen „unkonventioneller" politischer Partizipation gehören in den westlichen Gesellschaften seit den siebziger Jahren zum Repertoire weithin akzeptierter politischer Verhaltensweisen (vgl. Barnes et al. 1979b). Zudem sind sie in der Regel nicht antidemokratisch (Kaase 1985: 119) und somit nicht gegen das *regime* im Sinne Eastons gerichtet.

enger mit den Konzepten Vertrauen und Legitimität verknüpfen mußte, da Miller nun einen expliziten, wenn auch sehr vagen Bezug zwischen seinen Meßwerten und der Legitimität des politischen Systems herstellt:

> „Political trust is the belief that the government is operating according to one's normative expectations of how government should function. The concept is closely related to the notion of legitimacy, a statement that government institutions and authorities are morally and legally valid and widely accepted. Presumably, the behavior and decisions of trusted authorities are more likely to be accepted as legitimate and worthy of support than those of distrusted leaders. At an abstract, conceptual level, trust in government – through the notion of legitimacy – thus becomes associated with questions of identification with, or estrangement from, political institutions, symbols or values." (Miller 1974b: 989)

Das Vertrauen, das die Bürger der politischen Führung entgegenbringen, soll also in etwa deren *(personal) legitimacy* entsprechen, die wiederum in einem nicht näher spezifizierten Verhältnis zur Unterstützung des Systems steht. Schon auf der folgenden Seite gibt Miller diesen Bezug zur Legitimität des Systems jedoch wieder auf, wenn er die *trust in government*-Skala als ein „measure of political disaffection" (Miller 1974b: 990) bezeichnet.[41] Miller weist sogar selbst darauf hin, daß das Absinken der *trust in government* Werte im Aggregat kein Indikator für eine Legitimitätskrise sein kann, da diejenigen Personen, die ein geringes Vertrauen in die Regierung haben, keineswegs das System umstürzen wollen, sondern im Gegenteil tendenziell für dessen Reform eintreten:

> „Less than 1 per cent of the respondents proposed a change toward a socialistic government. What *was* expressed by the open-ended statements was a discontent and dissatisfaction with the performance of the system and the need for reform to make it more responsive. (...)
>
> To summarize, political cynicism is related to feelings of political inefficacy, to the belief that government is unresponsive, and to an apparent desire for structural and institutional reform." (Miller 1974b: 992)

Ohne Miller und Citrin unrecht zu tun, muß man zusammenfassend festhalten, daß die Kontroverse zwischen ihnen im wesentlichen um die Frage kreist, ob ein bestimmter Indikator, nämlich die *trust in government*-Skala, eher von *issue*-Distanzen oder von der Bewertung der Amtsinhaber beeinflußt wird (vgl. dazu auch Erber und Lau 1990: 237; Miller 1983; Citrin und Green 1986). Die theoretischen Überlegungen beider Autoren zur *inhaltlichen* Bedeutung der Skala hingegen sind unzureichend und haben kaum Konsequenzen für ihr praktisches Vorgehen.

Wie oben gezeigt, proklamieren weder Miller noch Citrin eine Legitimationskrise in Sinne einer massenhaften Abkehr der US-Amerikaner von ihrem politischen System. Dessenungeachtet wurde nach Einschätzung von Kaase (1985: 102) von der Miller-Citrin-Kontroverse „lediglich ihr attraktiver Kern – nämlich die These des Legitimitätsverlusts – aufgenommen und in der nachfolgenden Diskussion bereits als Faktum

---

41 Dies zeigt, daß Millers Analyse im Grunde fast tautologisch ist, da die von Miller als unabhängige Variablen verwendeten *issue*-Distanzen ja ebenfalls ein Indikator für (spezifische) politische Unzufriedenheit sein sollen (vgl. FN 39).

konstatiert." Weitere wesentliche Elemente, die in den späteren Debatten um Regierbarkeit, Politik- und Parteienverdrossenheit eine Rolle spielen, finden sich ebenfalls bereits in den drei Artikeln von Miller und Citrin:

1. die Vermischung der Systemebenen (*regime* und *authorities*) sowie der Modi (diffus vs. spezifisch) und Typen (Legitimität und Vertrauen) von Unterstützung

2. die unreflektierte Verwendung potentiell problematischer Instrumente

3. die Denkfigur unerfüllbarer politischer Ansprüche, die das politische System vor ein strukturelles Dilemma stellen[42]

4. und schließlich die Suche nach einer Verbindung zwischen systemfeindlichen oder zumindest systemkritischen Einstellungen einerseits und bestimmten Formen politischer Partizipation beziehungsweise politischer Apathie andererseits.

Die Miller-Citrin-Kontroverse kann deshalb zurecht als Ausgangspunkt der späteren Krisendebatten bezeichnet werden.

2.3.2 A „Crisis of Democracy" ?

Am Anfang der eigentlichen Diskussion um die Überlastung und unvermeidliche Unregierbarkeit der westlichen Demokratien stehen ein kurzer Beitrag von Anthony King (1975) in den *Political Studies* und der Bericht über die „Krise der Demokratie" (Crozier et al. 1975), den Michel Crozier, Samuel Huntington und Joji Watanuki für die Trilaterale Kommission erarbeitet haben (Birch 1984: 135). Während King sich aber im wesentlichen auf spezifisch britische Probleme wie die Krise des NHS,[43] den Bankrott

---

42 Allerdings unterscheiden sich die von Miller benannten Ursachen der Anspruchskrise und die von ihm vorgeschlagene Lösungsstrategie – ein Präsident, der sich als Zentrist gibt, tatsächlich aber eine links-liberale Politik verfolgt, damit die „realen" Probleme löst und schließlich durch seinen Erfolg den konservativen Teil der Bevölkerung quasi umerzieht (Miller 1974a: 971f) – drastisch von den Überlegungen der Regierbarkeitstheoretiker und selbstverständlich auch der Neo-Marxisten.

43 Nicht umsonst illustriert King seine These von der Überlastung des Staates und der Un- oder Schwerregierbarkeit Großbritanniens ausgerechnet mit dem bis heute andauernden Konflikt zwischen Ärzten, Bürgern und Politikern über die Gestaltung des NHS. Der *National Health Service* ist das steuerfinanzierte staatliche Gesundheitssystem in Großbritannien, das 1946/48 eingeführt wurde und der Bevölkerung bis heute eine im wesentlichen kostenlose medizinische Versorgung garantiert. Nach wie vor nimmt die überwältigende Mehrheit der Briten die Leistungen des NHS in Anspruch. Für viele Bürger, Politiker und auch Wissenschaftler in Großbritannien haben diese öffentlichen Dienstleistungen im Sozialbereich „icon status" (Salter 1995: 18). Zu Beginn der siebziger Jahre geriet der staatliche Gesundheitsdienst in finanzielle Schwierigkeiten, und das Niveau der medizinischen Versorgung begann zu sinken. Seitdem wird in der britischen Politik über die Reform des NHS diskutiert, grundlegende Änderungen der Struktur unternahm aber nicht einmal die Thatcher-Administration (Salter 1995: 21, 24). Zu Beginn der neunziger Jahre kam es zu einer zögerlichen Reform: Das System des National Health Service wurde dezentralisiert und um marktwirtschaftliche Elemente, den sogenannten „internal market" ergänzt (Salter 1995: 25). In ihrem „Jahresbericht" vom Sommer 1998 hat die „New-Labour"-Regierung angekündigt, mehr Geld in den NHS zu investieren und den „internen Markt" möglicherweise wieder abzuschaffen (Blair 1998). Ob sich diese Pläne realisieren lassen, bleibt abzuwarten (Kristina Diridis, *West Wales General Hospital*, persönliche Mitteilung vom 21.02.1998). Bis auf weiteres gilt

von Rolls-Royce und den Bergarbeiterstreik von 1974 beschränkt und seine Ergebnisse kaum zu generalisieren versucht, spannen Crozier et al. einen viel weiteren Rahmen auf. Trotz des mit rund 200 Seiten relativ geringen Umfangs nimmt ihre Studie in der Regierbarkeitsdebatte eine Schlüsselstellung ein (Oberreuter 1989: 850).

Ausgangspunkt für die Autoren sind zum einen der von Miller (1974a) beschriebene Rückgang des politischen Vertrauens in den USA, den sie als tiefgreifende Legitimitätskrise interpretieren (Crozier et al. 1975: 76-85), zum anderen die Erfahrung der Ölkrise und das Aufkommen der Neuen Sozialen Bewegungen[44] seit Mitte der sechziger Jahre. Die „trilateralen Demokratien" – damit meinen Crozier et al. die USA, Japan und die Mitgliedsstaaten der damaligen EG – sind aus Sicht dieser Autoren einer dreifachen Herausforderung ausgesetzt:

Erstens haben sich die internationalen Kontextbedingungen verändert, d. h. aus der zunehmenden ökonomischen und politischen Verflechtung zwischen den trilateralen Demokratien und den Staaten der Zweiten und Dritten Welt resultieren neue Abhängigkeiten und Gefahrenpotentiale (Crozier et al. 1975: 4f). Demokratien sind mithin vor ein Problem gestellt, das seit den neunziger Jahren mit dem Schlagwort „Globalisierung" bezeichnet wird.

Zweitens haben wirtschaftliche und soziale Wandlungsprozesse, die von den Autoren nur summarisch angesprochen werden (Massenwohlstand, Wachstum des Dienstleistungssektors, Ausbreitung des Fernsehens, Bildungsexpansion), zur Herausbildung einer Schicht von Intellektuellen geführt, die öffentlich die Legitimität der bestehenden politischen Ordnung in Zweifel zieht (Crozier et al. 1975: 6f).[45] In dieser Entwicklung sehen die Autoren eine Gefahr für die Demokratie, „potentially at least as serious as those posed in the past by the aristocratic cliques, fascist movements, and communist parties" (Crozier et al. 1975: 7). Den von Inglehart (1971) beschriebenen Wandel der Wertorientierungen betrachten sie als einen „parallel and possibly related trend" (Crozier et al. 1975: 7), der ebenfalls den Bestand der Demokratie gefährdet. Ähnlich wie später Noelle-Neumann (1979) assoziieren sie die „alten", im Sinne Ingleharts materialistischen Werte mit „work orientation" und „public spirit", während die postmaterialistischen Werte mit „private satisfaction" und „leisure", vor allem aber auch einer Ablehnung aller Autoritäten verbunden sein sollen.[46]

---

der NHS als *das* Paradebeispiel für den Niedergang des Wohlfahrtsstaates und die Problematik einer „mixed economy" im Sozialbereich.

44 Mit dem Zusammenhang zwischen politischem Vertrauen einerseits und dem Aufkommen der Bürgerrechts- und Protestbewegungen in den USA beschäftigen sich, wie oben auf Seite 48 erwähnt, bereits Miller (1974a: 957f, 1974b: 994ff) und Citrin (1974: 978ff). In der Frühphase der Verdrossenheitsdebatte wird dieses Argumentationsmuster dann abermals aufgegriffen, um nun die Entstehung der Neuen Sozialen Bewegungen und der Grünen zu erklären.

45 Dieser Gedanke entsprach offensichtlich dem herrschenden Zeitgeist, vgl. die bekannte Streitschrift von Schelsky (1975).

46 Nur am Rande sei darauf verwiesen, daß sich ähnliche Überlegungen zum Zusammenhang von relativem Wohlstand, Verfall der Werte und dem angeblichen Privatismus der Jugend auch bei Hessenauer, also lange vor Einsetzen des von Inglehart beschriebenen Wertewandels finden (vgl. Punkt 2.2, Seite 34) und sich letztlich bis in die Antike zurückverfolgen lassen.

Drittens schließlich generieren Demokratien *intrinsic challenges*, d. h., sie gefährden dadurch, *daß* sie demokratisch verfaßt sind, ihren eigenen Bestand. Unter solchen intrinsischen Herausforderungen verstehen Crozier et al. „a breakdown of traditional means of social control, a delegitimation of political and other forms of authority, and an overload of demands on government, exceeding its capacity to respond" (1975: 8). Crozier et al. führen diese Thesen in den drei Hauptkapiteln zu Europa, den USA und Japan weiter aus und illustrieren sie teilweise mit statistischem Material, um sie dann am Ende des Buches noch einmal als Tatsachenbehauptungen zu präsentieren. In dem hier referierten kurzen Eingangskapitel ist aber im Grunde die ganze Regierbarkeitsdebatte wie in einer Nußschale enthalten, wie sich im folgenden zeigen wird.

2.3.3 Von der Unregierbarkeit zur Verdrossenheit

Der Begriff der Regierbarkeit beziehungsweise Unregierbarkeit wurde in Deutschland vermutlich von Wilhelm Hennis eingeführt. In einer Anmerkung zur Druckfassung des oben angesprochenen Eröffnungsvortrages beim DVPW-Kongreß verwahrt er sich dagegen, die Frage der Regierbarkeit auf die Legitimitätsfrage zu reduzieren und fordert die Entwicklung einer „neuen Regierungslehre"[47] ein (Hennis 1976a: 36f). Darüber, was genau unter Regierbarkeit zu verstehen sei, scheint Hennis sich damals allerdings noch nicht ganz klar gewesen zu sein: Sein Essay *Probleme der Regierbarkeit* aus dem gleichen Jahr (Hennis 1976b) beschäftigt sich unter anderem mit dem Konzentrationsprozeß des deutschen Parteiensystems, der Ablösung der Parteien von ihrer sozialen Basis, der Personalisierung des Wahlkampfes und – ohne darin einen Widerspruch zu erkennen – dem Mangel an „Persönlichkeiten vom scharfkantigen Format eines *Truman, Bevin, de Gaulle, Adenauer, Dehler* oder *Schumacher*" (Hennis 1976b: 100). Die APO beziehungsweise die Neuen Sozialen Bewegungen tauchen in diesem Artikel nur als eine „statistisch winzig kleine Gruppe von Wählern ...‚ der es in der Bundesrepublik nicht gelingt, parlamentarisch repräsentiert zu werden" (Hennis 1976b: 89) auf. Ansonsten scheint das „Problem der Regierbarkeit", soweit es sich aus dem Text rekonstruieren läßt, in einer gewissen Ratlosigkeit der Parteien zu liegen (Hennis 1976b: 97).

Der ein Jahr später von Hennis, Kielmansegg und Matz herausgegebene Sammelband zur Regierbarkeitsproblematik (Hennis et al. 1977) hingegen schließt ebenso wie der Folgeband (Hennis et al. 1979) nahtlos an das von King und Crozier et al. vorgegebene Programm an, setzt dabei aber Akzente, die für die deutsche Politikwissenschaft in dieser Zeit charakteristisch waren. In seinen dem Sammelband vorangestellten programmatischen Bemerkungen „Zur Begründung der Fragestellung" (Hennis 1977) problematisiert Hennis analog[48] zu Crozier et al. (1975: 66ff) die Zunahme der

---

47 Hennis bezieht sich dabei auf einen zehn Jahre zuvor in der PVS erschienenen Beitrag (Hennis 1965), in dem er programmatisch eine intensivere Auseinandersetzung der Disziplin mit der Praxis des Regierens gefordert hatte.

48 Soweit ich sehe, griffen die deutschen Regierbarkeitstheoretiker lediglich einen der von Crozier et al. (1975) benannten Hauptaspekte der demokratischen Krise nicht auf, nämlich den „Parochialismus in den Internationalen Beziehungen" (Crozier et al. 1975: 166ff). Abgesehen vom Schlußkapitel findet

(wohlfahrts-)staatlichen Tätigkeit, die im Zusammenhang mit den steigenden Ansprüchen der Bürger zu einer Überlastung der Regierungen führe:

> „Gewiß ist, daß das Regieren in Gemeinwesen, in denen fast alles mit allem zusammenhängt, und es kaum noch einen Bereich des Lebens gibt, für den die politischen Instanzen nicht zumindest mitverantwortlich gemacht werden, schwieriger und komplizierter geworden ist. Der demokratische Wohlfahrtsstaat konfrontiert die Regierungen der modernen Staaten mit ungeheuren, im Wettstreit der Parteien immer höher getriebenen Erwartungen. (...) Daß der Staat in den meisten Industriegesellschaften des Westens nahezu 40 Prozent des Sozialproduktes durch seine Kassen laufen läßt, hat ihn nicht unbedingt stärker, auf jeden Fall aber krisenanfälliger gemacht." (Hennis 1977: 12)

Ebenfalls parallel zu Crozier et al. (1975: 4f) verweist Hennis (1977: 13ff) auf die veränderten internationalen Rahmenbedingungen, innerhalb derer moderne Staaten agieren: „Die meisten Probleme, oder jedenfalls ein immer größer werdender Teil derjenigen, die dazu beitragen, die modernen Industriegesellschaften schwer regierbar zu machen, sind importierte Probleme" (Hennis 1977: 14).

Schließlich spielen für Hennis (1977: 17) ebenso wie für Crozier et al. (1975: 74ff, 162f) der mit einem allgemeinen Wertewandel verbundene Verfall der staatlichen und – bezeichnenderweise prominenter als bei Crozier et al. – der religiösen (Hennis 1977: 18ff) Autorität eine zentrale Rolle in den von den jeweiligen Autoren skizzierten Krisenszenarien. Auch die Schlüsse, die Hennis einerseits und Crozier et al. andererseits aus ihren Überlegungen ziehen, ähneln sich notwendigerweise. Crozier et al. (1975: 115) kommen zumindest für die USA zu dem Ergebnis, daß die Demokratie unter dem Ansturm fragmentierter Interessen und Meinungen „Selbstmord begehen" könne und raten deshalb offen zu einer „Balancierung" der Demokratie, die faktisch eine Beschränkung der Mitwirkungsrechte bedeuten würde:

> „A value which is normally good in itself is not necessarily optimized when it is maximized. We have come to recognize that there are potentially desirable limits to economic growth. There are also potentially desirable limits to the indefinite extension of political democracy. Democracy will have a longer life if it has a more balanced existence." (Crozier et al. 1975: 115)

Den gleichen Gedanken formuliert Hennis weitaus vorsichtiger und überläßt es zudem dem Leser, aus dieser Überlegung die Konsequenz zu ziehen:

> „Da alles Verhalten, die ganze Lebensweise in unseren Meinungen bestimmt ist, liegt es auf der Hand, wie schwer das Regieren in Gemeinwesen sein muß oder zumindest werden kann, die auf der absoluten Freiheit und Gleichberechtigung aller Meinungen begründet sind." (Hennis 1977: 16)

Der Grund für die Beliebigkeit der „Meinungen", deren Vielfalt den Staat zu lähmen droht, liegt nach Hennis darin, daß sich die Demokratie nach ihrem historischen Sieg

---

dieses Phänomen aber auch bei Crozier et al. (1975) keine weitere Erwähnung. Seine Aufnahme in den Katalog der Krisenphänomene ist vermutlich auf die Trilaterale Kommission als den Auftraggeber der Studie zurückzuführen.

über die anderen Herrschaftsformen als „leere Doktrin" erwiesen hat und der christliche Konsens, an dem sich Staat und Gesellschaft zu orientieren pflegten, zunehmend an Bedeutung verliert (Hennis 1977: 18ff).

Daß sich Hennis im Gegensatz zu Crozier et al. so relativ ausführlich mit dem Verfall der *religiösen* Autorität befaßt, ist kein Zufall. Viel stärker als im angelsächsischen Raum wird die wahrgenommene Unregierbarkeit der westlichen Staaten in Deutschland auch als Ausdruck einer geistigen Krise interpretiert. Die Beiträge in beiden Bänden, die einen wesentlichen Teil der deutschen Regierbarkeitsdiskussion repräsentieren, beschränken sich deshalb zu einem großen Teil auf eine normativ-ontologische beziehungsweise historisch-philosophische Ausdeutung der bei Hennis (1977) und Crozier et al. (1975) getroffenen Aussagen, auf die allerdings in der Regel nicht direkt verwiesen wird.[49]

Als exemplarisch für diese Tendenz kann der Aufsatz von Ulrich Matz (1977) gelten, der sich mit der „Problematik der heute wirksamen Staatszielvorstellungen" befaßt. Ohne deutlich zu machen, auf welche Datengrundlage er sich stützt, setzt Matz in seiner Definition von Unregierbarkeit als „gesicherten Befund voraus, daß die westlichen Systeme gegenwärtig in ihrer Aufgabe, politische Entscheidungen zu treffen und durchzusetzen, tatsächlich überlastet sind ..." (Matz 1977: 82), übernimmt also die Überlastungsthese aus der internationalen Literatur und präsentiert sie als eine adäquate Beschreibung der politischen Situation in Westeuropa und den USA. Der eigene Beitrag des Autors zur Regierbarkeitsdiskussion besteht nun darin, im Anschluß an diese Definition die Expansion der Staatstätigkeit aus ideengeschichtlicher Perspektive als Säkularisationsprozeß (Matz 1977: 90ff) nachzuzeichnen und das Spannungsverhältnis (Matz 1977: 88) zwischen den seit der Antike weitgehend konstanten Staatszielen einerseits und der zunehmenden Tätigkeit des Staates, die auf die Realisierung dieser Ziele gerichtet ist, andererseits herauszuarbeiten.

Ähnlich gelagert ist der Beitrag von Johnson (1977), der ebenfalls geistesgeschichtlich argumentiert. Unter Rückgriff auf Hobbes bemüht sich Johnson, einen Begriff von bürgerlicher Herrschaft zu entwickeln, der neben einer Bindung an die Interessen der Beherrschten das Element der inneren und äußeren Souveränität des Staates beinhaltet (Johnson 1977: 49f). Die „Tätigkeit" moderner westlicher Staaten, die in ein System internationaler Beziehungen und Abhängigkeiten eingebunden sind, als Verhandlungspartner der verschiedensten Interessengruppen agieren und gegenüber ihren Bürgern nicht nur als Ordnungsmacht, sondern auch und vor allem als Anbieter von Dienstleistungen auftreten, läuft diesem Konzept von Herrschaft, das Züge einer Realdefinition zu tragen scheint, zumindest teilweise zuwider. Sie ist deshalb in einem ontologischen Sinne „falsch", d. h. keine Herrschaft mehr. Problematisch wird dieser Verzicht auf Herrschaft im eigentlichen Sinne spätestens dann, wenn im Falle einer inneren oder äußeren Bedrohung der Staat auf den Gehorsam seiner Bürger angewiesen sein sollte.

---

49 Eine Ausnahme bildet hier der Beitrag von Kielmansegg, der sich explizit auf die von Crozier et al. (1975: 65ff, 74ff, 102) formulierte These, westliche Regierungen zeigten zunehmende Aktivität bei abnehmender Autorität, bezieht (Kielmansegg 1977: 127).

Gestützt wird diese Argumentation lediglich durch einen kruden, gänzlich empirielosen Psychologismus: Der Wunsch nach Wiederwahl verleite die Politiker zu immer neuen Versprechungen, was dazu führe, daß die Bürger ihre Erwartungen immer höher schrauben. Infolgedessen kommt es zu einer „quantitativen und qualitativen Proliferation der Staatsaufgaben" (Johnson 1977: 65). Die Auflösung traditioneller Bindungen und der Wertewandel forcieren diesen Prozeß (Johnson 1977: 70). Die Ausdehnung der Staatstätigkeit ist für Johnson jedoch nicht nur ein Problem *per se*, sondern auch die eigentliche Ursache dafür, daß Herrschaft immer schwieriger zu realisieren ist: Wenn der Staat als Unternehmer, Planer, Veranstalter und Versorger auftritt, wird er von den Bürgern nicht mehr als Herrscher, sondern als „Versorgungsanstalt" (Johnson 1977: 62) wahrgenommen und kann deshalb keinen Gehorsam mehr einfordern: „Eine Autorität, die sich auf die Sicherung des Wohlstandes gründet, ist ein unsicheres Kapital, das schnell an Wert verlieren kann" (Johnson 1977: 76).

Auch Roegele (1979) argumentiert mit impliziten psychologischen Gesetzmäßigkeiten (Opp 1995: 60ff), deren Gültigkeit er in keiner Weise in Frage stellt. Für ihn sind es die Massenmedien, vor allem das Fernsehen, die wesentlich dazu beitragen, daß die westlichen Systeme unregierbar werden – ein Gedanke, der sich im Ansatz auch bei Crozier et al. (1975: 34ff) sowie bei Klages (1977) findet und in abgewandelter Form eine zentrale Rolle in der späteren Diskussion über die Politikverdrossenheit spielt. Die strukturell bedingte Tendenz der modernen Medien, bevorzugt über Neuigkeiten zu berichten, so Roegeles Argument, zerstöre bei den Bürgern das Bewußtsein von der Dauerhaftigkeit sozialer Arrangements. Da der Verstoß gegen bislang gültige Normen, etwa durch gewalttätige Demonstrationen, Sitzblockaden etc. einen hohen Nachrichtenwert habe, werde über solche Ereignisse besonders häufig berichtet und somit die faktische Gültigkeit dieser Normen reduziert (Roegele 1979: 187ff).

Roegeles weiterführende Argumentation, daß das Fernsehen politische Ereignisse in vereinfachter und personalisierter Form darstellt, während die Printmedien eine rationale Auseinandersetzung mit politischen Themen förderten (Roegele 1979: 195ff), erinnert an Robinsons (1976) berühmte Videomalaise-Hypothese, ist aber, wie der Autor selbst bemerkt, im Zusammenhang mit der Unregierbarkeitsdebatte wenig stichhaltig, da ja nach Ansicht der Unregierbarkeitstheoretiker gerade die informierten, partizipationsfreudigen Bürger die Stabilität des Systems in Frage stellen. Auch am Wertewandel, der von Roegele vor allem als Aufkommen von privatistischen beziehungsweise partikularistischen Einstellungen gedeutet wird (Roegele 1979: 208ff), seien die Medien ursächlich beteiligt.

Diese drei Beispiele werden der Komplexität der deutschen Regierbarkeitsdebatte sicher nicht gerecht, reichen aber aus, um deutlich zu machen, daß es sich hier im wesentlichen um den Versuch handelte, ein Modethema aus dem angelsächsischen Raum für eine eher traditionelle Strömung der deutschen Politikwissenschaft fruchtbar zu machen – mit teilweise kuriosen Folgen, wie die Anwendung des Regierbarkeitsbegriffs auf das Heilige Römische Reich durch Aretin (1979) zeigt.[50] Für die Be-

---

50 Ein positives Gegenbeispiel zu diesen Tendenzen ist die Buchfassung der Habilitationsschrift von Franz Lehner (1979), die sich kritisch mit den Theorien der Unregierbarkeit auseinandersetzt und ausgehend

schäftigung mit der Politikverdrossenheit sind sie deshalb von Interesse, weil sie deutlich machen, daß die deutsche Regierbarkeitsdebatte wissenschaftshistorisch eine Art Brückenfunktion hatte. Phänomene wie der als Legitimitätskrise interpretierte Rückgang des politischen Vertrauens, das Aufkommen der Neuen Sozialen Bewegungen und der postmaterialistische Wertewandel, die zunächst in den USA beobachtet worden waren, gerieten nun auch in Deutschland ins Blickfeld der Politikwissenschaft.

Ende der siebziger Jahre vollzog sich dann ein fließender Übergang zwischen Regierbarkeits- und Verdrossenheitsdebatte. Während die Untersuchungsgegenstände im wesentlichen die gleichen blieben, sind dabei Veränderungen in der politischen Stoßrichtung, im wissenschaftlichen Stil und in der Herangehensweise zu verzeichnen. Ohne an dieser Stelle bereits näher auf diese Veränderungen einzugehen, läßt sich festhalten, daß empirische Beiträge zunehmend an Bedeutung gewannen. Zugleich wurde der beobachtete Wandel der politischen Einstellungen und des politischen Verhaltens tendenziell positiver bewertet. Um es pointiert auszudrücken: Der Legitimitätsverlust gewann an Legitimität.

Exemplarisch nachvollziehen läßt sich der Übergang von der Regierbarkeits- zur Verdrossenheitsdebatte an einem Aufsatz von Horst-Dieter Rönsch (1977), der „Reaktionen auf staatliches Handeln am Beispiel des Wahlverhaltens" untersucht.[51] Ausgangspunkt für Rönsch sind der konservative und der marxistische Strang der Diskussion um die Legitimationskrise:

> „Während man von marxistischer Warte aus seit jeher Legitimationsprobleme des modernen Staates auf sein prekäres Verhältnis zur Ökonomie zurückgeführt hat, wird aufgrund der Entwicklung der vergangenen Jahre auch anderenorts wahrgenommen, daß ökonomische Strukturkrise, neue Entwicklungen im Weltwirtschaftssystem und ein sich abzeichnender Übergang zu irgendeiner Form von ‚Postindustrialität' Probleme im Wertesystem einer Gesellschaft aufwerfen, denen man mit einer neu eröffneten Grundwertediskussion in den großen Parteien zu entsprechen sucht." (Rönsch 1977: 345)

In diesem Kontext beschäftigt er sich dann mit der in Umfragen gemessenen „latente[n] und von der jeweiligen Regierung unabhängige[n] Unzufriedenheit der Bevölkerung mit Staat und Parteien" (Rönsch 1977: 344). Seiner eigenen Forderung, hier

> „zwischen einem Legitimitätsentzug, der das Gesellschaftssystem und die politische Ordnung als Ganzes betrifft, und einem Loyalitätsentzug, der sich gegen die Regierung beziehungsweise die regierungstragenden Parteien richtet" (Rönsch 1977: 354)

zu unterscheiden, kommt Rönsch allerdings nicht nach: Sein Untersuchungsgegenstand ist vielmehr die „Staats- oder Parteienverdrossenheit" (Rönsch 1977: 366). Beide Begriffe betrachtet er als austauschbar.

Dabei ist sich Rönsch der Problematik, die mit dieser Gleichsetzung verbunden ist, durchaus bewußt, rechtfertigt sein Vorgehen aber mit der „verfassungsrechtlichen

---

von der Neuen Politischen Ökonomie einen eigenen Erklärungsansatz entwickelt, um die „Grenzen des Regierens" zu bestimmen.

51   Weitere Belege für diesen allmählichen Übergang finden sich in den Beiträgen von Kremendahl (1978), Klages und Herbert (1981) sowie Ronneberger (1983).

Konstruktion des Verhältnisses von Staat und Parteien" (Rönsch 1977: 344) und einer Entwicklung, in deren Folge die „Parteien nicht mehr Anwälte partikularer Interessen sein wollen, sondern selbst ein Stück Staat werden" und „die Art der Ansprüche vor allem gegenüber ‚Volksparteien' denjenigen gegenüber dem Staat immer ähnlicher werden" (Rönsch 1977: 354).

Eine systematische Aufarbeitung der Krisen- und sonstigen Theorien, auf die er pauschal verweist, findet sich bei Rönsch nicht.[52] Auch ansonsten beschäftigt sich der Autor kaum mit den Ursachen der von ihm diagnostizierten Verdrossenheiten. Der Schwerpunkt seines Beitrages liegt vielmehr klar auf „Legitimationskrisen als Problem der Empirie" (Rönsch 1977: 350), also auf der Suche nach möglichen „Indikatoren von Legitimitätseinverständnis und Legitimationskrise [sic]" (Rönsch 1977: 350) – Abgabe ungültiger Stimmzettel, Nichtwahl, Wahl extremer Parteien – und der empirischen Anwendung seiner Indikatoren auf Aggregatdaten.

Die übrigen spezifischen Stärken und Schwächen des Beitrages sowie die empirischen Befunde sind hier von untergeordnetem Interesse. Festzuhalten bleibt, daß Rönschs Aufsatz den Übergang von der eher historisch-philosophischen Betrachtungsweise der Debatte um die Legitimitätskrise, deren mangelhafte empirische Absicherung häufig beklagt wurde (vgl. u. a. Heidorn 1982: 1, Kaase 1985: 104, Fuchs 1989: 236f) zu einem empirizistischen Vorgehen darstellt, das charakteristisch für viele Arbeiten zur Politikverdrossenheit ist.

Ähnlich wie in der zweiten großen Verdrossenheitsdebatte zu Beginn der neunziger Jahre spielten bei diesem Übergang Medien und Demoskopie eine wichtige Rolle. So erschien beispielsweise 1977 unter dem Titel „Staatsverdrossenheit: ‚Schon in Ordnung'" im *Spiegel* ein längerer Artikel, der sich ausführlich mit Studien von Infratest, Getas, Infas, Emnid und des Sample-Institutes zum Thema Staatsverdrossenheit befaßte (Der Spiegel 1977).[53] Abgefragt wurde damals neben einer Reihe von Statements, die sich auf die Popularität von Politikern und Parteien beziehen, auch solche Items, die aus der *efficacy* Tradition stammen (vgl. Kapitel 3.2.2) und in ähnlicher Form auch in der wissenschaftlichen Verdrossenheitsforschung verwendet wurden und werden (vgl. Kapitel 2.6).

Daß die im Rundfunk und in den Printmedien unter Berufung auf die Umfrageinstitute geführte öffentliche Debatte um die angebliche politische Verdrossenheit der Bürger nicht nur den Stand der Forschung widerspiegelte, sondern selbst einen bemerkenswerten Einfluß auf die wissenschaftliche Diskussion gehabt haben muß, läßt sich exemplarisch an einem Beitrag von Günter Schmid (1982: 18f) zeigen: Dieser bezieht sich ausdrücklich auf eine Ende 1981 im *Spiegel* erschienene Serie von längeren Artikeln, die sich, wiederum gestützt auf Daten von Emnid, mit der Politikverdrossenheit

---

52 Dieser offensichtliche Mangel wird teilweise durch einen Überblicksartikel zur „gegenwärtigen Legitimationsforschung", den der Autor gemeinsam mit Otthein Rammstedt verfaßt hat und der im selben Sammelband (Matthöfer 1977) erschienen ist, kompensiert.

53 Interessanterweise kamen die Redakteure damals zu dem Schluß, daß sich in den Ergebnissen keine Staatsverdrossenheit („Abkehr vom Staat"), sondern eine „uralte deutsche Aversion gegen die Politik" (Der Spiegel 1977: 28) zeige – eine Politikverdrossenheit also, auch wenn der *Spiegel* diesen Begriff damals noch nicht verwendete.

der Deutschen beschäftigt hatten. Ähnliche Beispiele für das Zusammenwirken von Wissenschaft, Demoskopie und Medien finden sich in der deutschen (und österreichischen) Verdrossenheitsdebatte häufig.

2.4 Die wissenschaftliche Kritik an den Parteien in der Bundesrepublik

In der Diskussion um die Politikverdrossenheit spielen die politischen Parteien als Auslöser und als Objekt von Verdrossenheitsgefühlen eine wichtige Rolle. Neben einigen älteren Arbeiten, die unter dem Stichwort einer Staats-, Bundes-, oder Parlamentsverdrossenheit die Unzufriedenheit der Bevölkerung mit den staatlichen Institutionen und den Parteien, die in deren Nähe gerückt werden, thematisieren, und der Regierbarkeitsforschung, die diese Problematik wieder aufgreift, ihr Augenmerk aber stärker auf die strukturelle Ursachen der Unzufriedenheit richtet, scheint die wissenschaftliche Kritik an der dominierenden Stellung und den funktionellen Defiziten der politischen Parteien deshalb eine dritte Wurzel der späteren Verdrossenheitsdebatte darzustellen. So vermuten Ehrhart und Sandschneider (1994: 452), daß

> „altbekannte Phänomene, die von einzelnen Politikern oder Wissenschaftlern bereits vor Beginn der Verdrossenheitsdebatte kritisch beleuchtet und in den Vordergrund gestellt wurden, ... nun in Zusammenhang mit der vermeintlichen Politikverdrossenheit gebracht und vor einem anderen Hintergrund neuinterpretiert“

werden. Dies gelte z. B. für „die Kritik am beschränkten Einfluß des einzelnen Bonner Abgeordneten auf die Politik seiner Fraktion oder den Mangel an plebiszitären Elementen im Grundgesetz.“ Ähnlich argumentieren Westle (1989a: 223), Alemann (1992: 130), Rüttgers (1993b: 153f), Kleinhenz (1995: 56f), Czerwick (1996: 50) und Scarrow (1996). Thomas Poguntke (1996: 323) wirft sogar die Frage auf, „whether and where there is a meaningful distinction between the perspectives summarized under the heading of ‚crisis of party‘ and the theme of ‚anti-party sentiment‘“, worunter Poguntke auch das Phänomen der Politikverdrossenheit faßt.

Alle genannten Autoren beziehen sich dabei auf eine wissenschaftliche Diskussion, die in den fünfziger Jahren einsetzte und bis zum Ende der achtziger Jahre immer wieder aufflammte (vgl. für einen Überblick Mintzel und Schmitt 1981, Stöss 1990, Stöss und Niedermayer 1993, Alemann 1995, Scarrow 1996). Daß die Parteien im Kaiserreich und in der Weimarer Republik nicht nur in der Bevölkerung und bei den Eliten unbeliebt waren, sondern auch von Seiten der Wissenschaft häufig bestenfalls „Duldung“, zumeist aber „Verfemung“ (Faul 1964) zu erwarten hatten, ist weithin bekannt und muß an dieser Stelle nicht weiter ausgeführt werden. Auf einige einschlägige Überblicksdarstellungen wurde bereits oben (Abschnitt 2.2, Seite 32) verwiesen.

Auch nach Gründung der Bundesrepublik gab es aber – nun unter eindeutig demokratischen Vorzeichen – immer wieder Phasen intensiver wissenschaftlicher Kritik an den Parteien, die zumeist im Vorwurf einer krisenhaften Fehlfunktion mündeten. Ähnlich wie in der Verdrossenheitsdebatte blieben dabei die Argumente, Vorwürfe und Befunde über die Jahrzehnte hinweg in verblüffender Weise konstant, während das jeweilige Schlagwort, unter dem die vermeintliche oder tatsächliche Krise der Parteien beziehungsweise des Parteiensystems diskutiert wurde, sich wandelte.

Infolgedessen ist eine kaum noch überschaubare – „die Arbeiten über die Krise der Parteien und des Parteienstaates in Deutschland und anderen Demokratien lassen sich mittlerweile problemlos in Regalmetern messen" (Gabriel 1994: 105) – dabei aber partiell redundante Krisenliteratur entstanden. Die zyklische Struktur der Diskussion um die Krise der Parteien, die sich unterdessen als stabil und anpassungsfähig erwiesen, verleitet selbst ausgewiesene Parteienforscher wie Ulrich von Alemann zu ironischen Kommentaren:

> „Sie [die Krise der Parteien] wird periodisch beschworen; bislang erwiesen sich die Volksparteien als überraschend krisenfest. In den Fünfzigern die Krisen der Parteien in Adenauers Kanzlerdemokratie, die gegen den Alten nicht aufmucken durften, in den Sechzigern die Krise der großen Koalition, die die Apo [sic] hervorrief, in den Siebzigern die Legitimationskrise, ausgerufen von den Achtundsechzigern, in den Achtzigern die Krisen der Altparteien[,] verursacht von den Grünen und neuen sozialen Bewegungen. Warum sollten wir denn in den Neunzigern keine Krise der Parteien haben?" (Alemann und Tönnesmann 1991: 28)

Parteienkrisen, so das resignierte Fazit von Alemann und Tönnesmann, werden immer wieder aufs Neue ausgerufen, weil alle Beteiligten davon profitieren: Wissenschaftlern geben sie die Möglichkeit, sich als Analytiker und Berater zu betätigen, den Medien liefern sie Stoff für Berichte und Kommentare, und den Parteien selbst bieten sie die Möglichkeit, sich gegenüber ihren Konkurrenten zu profilieren.

Trotz der unbestreitbaren Parallelen und Überschneidungen zwischen Politikverdrossenheit und Parteienkrise besteht aber zwischen beiden Debatten ein zentraler Unterschied, auf den Elmar Wiesendahl bereits am Ende der achtziger Jahre hingewiesen hat (Wiesendahl 1989: 90f): Die Diskussion um die Krise der Parteien und des Parteiensystems bezog sich im wesentlichen auf objektive Merkmale wie z. B. die Programmatik, die Organisationsstruktur und die Stellung der Parteien innerhalb des politischen Systems. Die Wahrnehmung und Bewertung der Parteien durch die Bürger spielte hingegen eine untergeordnete Rolle und wurde kaum jemals empirisch untersucht, zumal es keine Anzeichen für eine ungewöhnliche Unzufriedenheit der Bürger mit den Parteien gab.[54] Erhellend ist in diesem Zusammenhang eine Randbemerkung von Scheuch und Scheuch (1992: 11):

> „Kritik der Bürger an den Parteien bis hin zur Behauptung einer Parteienverdrossenheit hatte als Thema in den Sozialwissenschaften bereits Konjunktur, als diese Trends in den Medien und *auch im Verhalten [der Bürger] noch wenig deutlich wurden.*" (Hervorhebung K.A.)

Charakteristisch für die Verdrossenheitsdebatte ist hingegen die Verbindung von empirischen Untersuchungen zu den Einstellungen und Verhaltensweisen der Bürger gegenüber den Parteien mit einer Krisendiagnose. Um es plakativ auszudrücken: Die Literatur zur Politikverdrossenheit befaßt sich mit der Unzufriedenheit der Bürger,

---

54 Hier zeigen sich Ähnlichkeiten und Überschneidungen mit der neo-marxistischen inspirierten Theorie der Legitimitätskrise spätkapitalistischer Systeme.

während die Literatur zur Parteienkrise vor allem die Unzufriedenheit der Experten thematisiert. Damit steht die Diskussion über Politikverdrossenheit den älteren Arbeiten auf diesem Gebiet und insbesondere den Studien zur Unregierbarkeit weitaus näher als der Debatte über die Parteienkrise.

Beide Diskurse lassen sich deshalb verhältnismäßig klar voneinander abgrenzen: Parteienkritiker wie Scheuch und von Arnim nutzen seit dem Aufkommen der Verdrossenheitsdebatte zwar das Thema Politikverdrossenheit als Anlaß für ihre Studien, beschäftigen sich aber nur am Rande mit den Einstellungen und Verhaltensweisen der Bürger und widmen sich statt dessen weiterhin den von ihnen wahrgenommenen Defiziten der Parteien sowie den aus ihrer Sicht notwendigen Reformen. Autoren, die sich im engeren Sinne mit Politikverdrossenheit befassen, haben wiederum aus der Parteienforschung hauptsächlich einige einfache, sehr stark deskriptiv geprägte und auch ohne Rückgriff auf die Forschungsliteratur nachvollziehbare Überlegungen zu den Schwächen des deutschen Parteiensystems übernommen, mit deren Hilfe sie die Unzufriedenheit der Bürger zu erklären suchen. Komplexere Ansätze der Parteienkritik, wie sie beispielsweise von Offe (1980) entwickelt wurden, spielen hingegen in der Verdrossenheitsforschung keine Rolle. Eine weitergehende Auseinandersetzung mit der wissenschaftlichen Kritik an den Parteien in der Bundesrepublik ist deshalb für den Gang meiner Untersuchung nicht erforderlich.

2.5 Der Begriff der Parteien- und Politikverdrossenheit in der Forschungsliteratur 1977-1999 I: Möglichkeiten der Strukturierung

Nachdem in den vorangegangen Abschnitten 2.2 bis 2.4 die Vorgeschichte des Begriffs der Politikverdrossenheit geklärt worden ist, haben die beiden folgenden Kapitel eine systematische, nach relevanten Unterscheidungsmerkmalen gegliederte Analyse der von 1977 bis einschließlich 1999 erschienenen einschlägigen Literatur zum Gegenstand. Zumindest für den Bereich der genuin politikwissenschaftlichen Literatur wird dabei Vollständigkeit angestrebt, Arbeiten aus den Nachbardisziplinen werden berücksichtigt, soweit in ihnen die Auseinandersetzung mit der Politikverdrossenheit eine zentrale Rolle spielt.

Mit dieser systematischen Literaturanalyse verfolge ich eine dreifache Zielsetzung: Erstens sollen beide Kapitel der Orientierung darüber dienen, was in der Literatur überhaupt unter Politik-, Parteien-, Staats- und Demokratieverdrossenheit verstanden wird, zweitens sollen sie damit die Voraussetzungen für eine kritische Bewertung des Begriffs schaffen, drittens schließlich sollen sie darüber hinaus einen umfassenden Überblick über die einschlägigen Publikationen geben und als kritischer Literaturbericht fungieren, der den gegenwärtigen Forschungsstand widerspiegelt.

Der Ausgangspunkt 1977 ergibt sich, weil in diesem Jahr mit dem oben vorgestellten Beitrag von Rönsch die erste Studie erschien, die sich ausdrücklich auf Parteienverdrossenheit bezieht. Der Endpunkt 1999 wurde aus arbeitsökonomischen und aus methodischen Gründen gewählt: Da mindestens sechs Monate vergehen, bis die wissenschaftlichen Publikationen eines Jahres bibliographisch erschlossen sind, der

Prozeß der Literatursuche aber zu einem bestimmten Zeitpunkt abgebrochen werden mußte, um die Arbeit abschließen zu können, ist es bei einer vollständigen Durchsicht der Literatur notwendig, den Untersuchungszeitraum willkürlich einzugrenzen, weil ansonsten für das letzte Berichtsjahr nur die bis dahin erschienenen Publikationen mit der größten Sichtbarkeit (Monographien und Beiträge in besonders renommierten Fachzeitschriften) berücksichtigt würden.

Zwei nach diesem Stichtag erschienene Dissertationen (Maier 2000, Zeschmann 2000) wurden aus diesem Grund aus der systematischen Analyse ausgeschlossen, werden aber in Abschnitt 2.6.5 kurz vorgestellt. Die inhaltlichen Ergebnisse dieser und anderer nach 1999 erschienener relevanter Publikationen (u. a. Gaiser et al. 2000, Fuchs 2001) sind selbstverständlich in die vorliegende Arbeit eingeflossen.

Wegen des Umfangs des zur berücksichtigenden Materials zerfällt die Untersuchung in zwei Abschnitte: In diesem ersten Kapitel wird zunächst ein Schema zur Präsentation und Analyse der einschlägigen Literatur entwickelt. Im folgenden Kapitel (2.6) werden dann die wichtigsten Arbeiten im Überblick vorgestellt.

2.5.1 Auswahlkriterien

Die Literatur, die sich auf Politikverdrossenheit und verwandte Themenbereiche bezieht, ist kaum überschaubar. Ein erstes Auswahlkriterium bildet deshalb schlicht die verwendete Begrifflichkeit: Obwohl, wie in den Abschnitten 2.2-2.4 gezeigt wurde, fließende Übergänge zwischen den Arbeiten zur Politikverdrossenheit und älteren Forschungstraditionen bestehen, wird Politikverdrossenheit an sich, zumindest aber ihr angeblich rapider Anstieg in den achtziger und neunziger Jahren, von der Mehrheit der Autoren als gänzlich neuartiges Phänomen präsentiert, das mit den vorhandenen Instrumenten und Begriffen nicht angemessen beschrieben und erklärt werden kann. Da es zu den zentralen Fragestellungen meiner Arbeit gehört, zu klären, ob diese Sichtweise gerechtfertigt ist, muß die umfangreiche ältere und neuere Literatur zur Krise des politischen Systems der Bundesrepublik und insbesondere der Parteien, die sich nicht explizit auf den Begriff der Verdrossenheit bezieht, aus systematischen Gründen unberücksichtigt bleiben, auch wenn sie häufig auf vergleichbare empirische Befunde rekurriert.[55] Analysiert werden daher ausschließlich solche Arbeiten, die sich an prominenter Stelle mit den verschiedenen Varianten der Verdrossenheit befassen.

Selbst dann ergibt sich jedoch aus der schieren Menge des Materials ein Problem: Unter dem Schlagwort „Staatsverdrossenheit"[56] verzeichnete im Sommer 1999 allein die von der Deutschen Bibliothek in Frankfurt/Main besorgte Deutsche Nationalbibliographie 52 Monographien und Sammelbände.[57] Hinzu kommt eine beträchtliche

---

55 Dies gilt auch für solche Arbeiten, in denen die für die Verdrossenheitsdebatte typischen Indikatoren und Argumentationsmuster verwendet werden und die von anderen Autoren, die selbst mit dem Verdrossenheitsbegriff operieren, als Belege für ihre Thesen herangezogen werden (z. B. Jung 1992, Hurrelmann und Palentien 1994).

56 Unter diesem Rubrum führt die Deutsche Nationalbibliographie die Schlagwörter Staatsverdrossenheit, Politikverdrossenheit und Demokratieverdrossenheit zusammen. Partei(en)verdrossenheit wird in der Deutschen Nationalbibliographie nicht als Schlagwort erfaßt.

Zahl von weiteren Einzelwerken, Beiträgen in Sammelwerken zu allgemeineren Themen, Zeitschriftenartikeln, Tagungsbeiträgen und Forschungsnotizen, die durch eine systematische Recherche in den wichtigsten Fachzeitschriften, den Datenbanken Current Contents, SOLIS, OLC, PA II, PCI, PsycLIT und PSYNDEXplus sowie verschiedenen über das Internet frei zugänglichen Quellen (Publikationslisten, Bibliotheks- und Verlagskataloge, Vorlesungsverzeichnisse u.ä.) ermittelt wurden. Gesucht wurde dabei nach allen Texten, die mit Komposita von Verdrossenheit verschlagwortet sind oder deren Titel, Abstract oder Volltext (soweit elektronisch erfaßt) Komposita von Verdrossenheit enthält. Anschließend wurden die Literaturverweise in diesen Texten ausgewertet, um so zu einer möglichst vollständigen[58] Aufstellung der einschlägigen Literatur zu gelangen. Diese Aufstellung umfaßt insgesamt rund 450 Titel, die für eine Bedeutungsanalyse allerdings von höchst unterschiedlichem Nutzen sind.

Angesichts der Materialfülle beschränke ich mich bei der Auswertung deshalb auf solche Veröffentlichungen, die erstens einen klar erkennbaren wissenschaftlichen Anspruch[59] haben und in denen zweitens das Thema der Verdrossenheit tatsächlich eine wesentliche Rolle spielt. Ausgeschlossen wurde aufgrund des zweiten Kriteriums eine ganze Reihe von Beiträgen, die sich mit verwandten Themen beschäftigen, der Politikverdrossenheit selbst aber nur in einige wenige Sätze beziehungsweise Halbsätze widmen.

Ein keineswegs untypisches Beispiel für diese Fälle ist etwa ein Aufsatz von Michael Terwey (1997), der Anomie im Sinne Durkheim und Sroles zu operationalisieren versucht. Den Anstieg der Nennhäufigkeit eines der verwendeten Indikatoren, nämlich des aus der *efficacy*- und *alienation*-Forschung bekannten *careless politicians*-Items (vgl. Abschnitt 3.2.2, Seite 187), bezeichnet Terwey an einer einzigen Stelle (1997: 124) als Anstieg von Politikverdrossenheit, was möglicherweise allein dem Wunsch nach sprachlicher Variation geschuldet ist.

Auch Beiträge von Autoren, die den angeblichen Anstieg der Politikverdrossenheit lediglich als Aufhänger für die Auseinandersetzung mit einem anderen Gegenstand nutzen, das Phänomen der Verdrossenheit selbst aber nicht weiter thematisieren, wurden nicht ausgewertet, da der inhaltliche Ertrag zu gering ist – vgl. stellvertretend für viele andere Ahrweiler (1978), Scheer (1979), Denninger (1986), Plasser et al. (1987), Misselwitz (1991, 1994), Scheuch und Scheuch (1992), Rebenstorf (1992), Wewer (1992), Arnim (1993), Wehner (1993), Baringhorst (1994), Hill (1994), Schüt-

---

57 Die zugehörige Datenbank ILTIS ist unter der URL http://z3950gw.dbf.ddb.de/ für die Öffentlichkeit zugänglich.

58 Die als einschlägig ermittelten Magister-, Diplom- und Staatsexamensarbeiten wurden nur berücksichtigt, sofern sie über das Fernleihesystem oder über das Internet für die wissenschaftliche Allgemeinheit zugänglich sind.

59 Zu den minimalen Standards wissenschaftlichen Arbeitens gehört bekanntlich das Belegen von Zitatstellen. Aufgrund dieses Kriteriums wurde u. a. Jürgen Rüttgers' (1993a) Plädoyer für eine soziale und politische Erneuerung der Bundesrepublik, durch die „Parteienkrise und Politikverdrossenheit" überwunden werden sollen, aus der Analyse ausgeschlossen. Die zahllosen Artikel zum Thema Politikverdrossenheit, die in Tages- und Wochenzeitungen erschienen sind, wurden unabhängig von der Qualität der einzelnen Beiträge und der Reputation der Autoren generell nicht berücksichtigt, da sie alleine aufgrund der Platzrestriktion wissenschaftlichen Ansprüchen nicht genügen können.

te (1994, 1995), Schultze (1994), Schwartmann (1995), Wassermann (1994), Wegener (1994), Borchert (1995), Francis (1995), Jekewitz (1995), Gessenharter (1996), Henkel (1996), Reinhardt (1996), Leggewie (1997), Scheuch und Scheuch (1997), Zeschmann (1997), Frerk (1998), Kreis (1998), Wiesendahl (1998) und Becker (1999). Eine Serie von aufeinander bezogenen Artikeln, die sich mit der Frage befassen, ob Politikverdrossenheit eine hinreichende beziehungsweise notwendige Bedingung für die Wahl rechtsextremer Parteien sei (Jagodzinski und Klein 1997, 1998, Schumann und Hardt 1998, Kühnel 1998), wurde ebenfalls aus der Bedeutungsanalyse ausgeschlossen, da in diesen Beiträgen das Phänomen der Politikverdrossenheit lediglich als ein im Grunde austauschbares Beispiel für die Diskussion primär methodischer Fragen dient und selbst nicht weiter problematisiert wird.

Unberücksichtigt bleiben außerdem populärwissenschaftliche Zusammenstellungen von Argumenten aus der Sekundärliteratur, die keinen eigenständigen Beitrag zur wissenschaftlichen Diskussion leisten (Greiffenhagen und Greiffenhagen 1993, Starke 1993, Meyer und Scherer 1994), sowie eine Reihe von kürzeren, zumeist in Tagungsbänden erschienenen Beiträgen, die entweder bereits anderweitig publizierte Argumente und Ergebnisse noch einmal zusammenfassen[60] oder aber das eigentliche Forschungsgebiet eines Autors in einen eher willkürlich gewählten Zusammenhang mit dem Modethema Politikverdrossenheit bringen. Ein Beispiel für die zweite Kategorie wäre Linderts (1994) kultursoziologische Studie zur Situation der Frauen in Sankt Petersburg im Jahre 1992, die sich auf neun Druckseiten schwerpunktmäßig mit den Themen Beruf, Familie und Freizeit befaßt. Abschließend erwähnt die Autorin, daß politische Tätigkeit für die 157 befragten Frauen eine geringe Rolle spielt. Diese Tatsache führt sie nicht auf den niedrigen sozio-ökonomischen Status der Befragten oder die Machtstrukturen und die politische Kultur einer postsozialistischen Gesellschaft zurück. Als Erklärung dient ihr vielmehr die „allgemeine Politikverdrossenheit" in Rußland. Dieser Fall ist leider keineswegs untypisch für die ubiquitäre Verbreitung, die das Konzept der Politikverdrossenheit seit den neunziger Jahren in der sozialwissenschaftlichen Literatur gefunden hat.

In noch extremeren Fällen tauchen Politik- und andere Verdrossenheiten lediglich im Titel (Andreae 1980, Schultze 1980, 1992, Maier 1988, Zippelius 1993, Schwalbe und Zander 1994, Schelle 1996, Baader 1998), im Abstract (Döring 1987, Hamm-Brücher 1989, Holtmann und Killisch 1989, Schörken 1991, Naumann 1992, Scheuch und Scheuch 1992, Haungs 1994, Probst 1995, Elander 1996), in Zwischenüberschriften (Richter 1984, Münzig 1994) oder – im Falle von Monographien und Sammelbänden – im Klappentext, in der Verlagsankündigung oder im Vorwort (Krockow und Lösche 1986, Kaltenbrunner 1988, Holtmann 1989, Haungs 1990, Herzog et al. 1993, Lange und Schöber 1993, Roth 1994, Bertelsmann Stiftung 1996, Mettler und Baumgartner 1997, Beck et al. 1999)[61] auf, obwohl der Begriff im Haupttext nicht mehr

---

60 Zur Behandlung von Doppelveröffentlichungen vgl. die Anmerkungen im Literaturverzeichnis.

61 Auch jene Beiträge in Beck et al. (1999), die im Abschnitt „Politisierung der Politik" zusammengefaßt sind, stellen nur in den einleitenden Sätzen einen Bezug zu den „Klagen und Beschwörungen der Politikverdrossenheit" (Poferl 1999: 24) beziehungsweise den „„kritische Intellektuelle[n]"', die

verwendet wird und sich des öfteren bestenfalls ein vager inhaltlicher Zusammenhang zwischen dem Gegenstand der jeweiligen Arbeit und Phänomenen der Politikverdrossenheit rekonstruieren läßt. Besonders interessant ist in diesem Zusammenhang der Fall von Klages (1981), der eine Reihe von unveränderten Aufsätzen aus den siebziger Jahren, die sich mit typischen Themen der Regierbarkeitsforschung befassen und dabei keineswegs mit dem Begriff der Verdrossenheit operieren, noch einmal unter der nunmehr zeitgemäßeren Titel „Überlasteter Staat – verdrossene Bürger?" zusammenfaßte. Hier zeigt sich wie in einer Nußschale der Übergang zwischen Regierbarkeitsdebatte und Verdrossenheitsdiskurs.[62] In einem späteren Werk (Klages 1993: 28), das weiter unten in Kapitel 2.6.5.2 ausführlich vorgestellt wird, geht Klages zur Erklärung politischer Verdrossenheit sogar bis zur *trust in government*-Zeitreihe und deren Interpretation durch Lipset und Schneider (1983) zurück.

Ein weiteres, allerdings ungewöhnlich krasses Beispiel für die Anziehungskraft, die das Wort Politikverdrossenheit zeitweise auf die Autoren ausgeübt haben muß, stellt schließlich ein Artikel von Carla Schelle (1996) dar, in dem sie unter der Überschrift „Sind Hauptschuljugendliche politikverdrossen?" durch qualitative Analyse von Unterrichtssituationen zu dem Resümee kommt, daß „Schülerinnen und Schüler über diskursive Kompetenzen bei der Auseinandersetzung mit gesellschaftspolitischen Themen verfügen, die üblicherweise nicht erwartet werden" (Schelle 1996: 94). Diese zeigen sich, wenn die Lehrer sich weniger stark an Lehrplänen orientieren und auf „moralisierende und vorverurteilende Kommentierungen" (Schelle 1996: 95) verzichten. Auch hier findet sich der Begriff der Verdrossenheit lediglich in der Überschrift. In solchen Fällen steht zu vermuten, daß das Schlagwort Politikverdrossenheit von den Autoren bewußt eingesetzt wurde, um sich die Aufmerksamkeit des potentiellen Lesers zu sichern.

Inzwischen gibt es allerdings deutliche Anzeichen für eine Umkehr des Trends (vgl. dazu ausführlich Abschnitt 2.6.1.1): So spielt Politikverdrossenheit beispielsweise in einem 1997 veröffentlichten, gegenüber der Vorlage leicht gekürzten und überarbeiteten Aufsatz von Eike Hennig keine Rolle mehr, während sie in der drei Jahre älteren Fassung (Hennig 1994) relativ breiten Raum einnimmt. Blieb 1994 das Verhältnis zwischen Verdrossenheit und politischer Unzufriedenheit weitgehend unbestimmt, so scheint das von Hennig (1994: 349f) in groben Strichen skizzierte Konzept der Parteien- beziehungsweise Politikverdrossenheit nun problemlos im Begriff der Unzufriedenheit aufzugehen. Lediglich in einem Schaubild (Hennig 1997: 178) hat sich die Verdrossenheit erhalten.

Sowohl beim Kriterium der zentralen Bedeutung von Politikverdrossenheit für die jeweilige Arbeit als auch beim Gesichtspunkt des wissenschaftlichen Anspruchs ist es jedoch häufig kaum möglich, eine klare Grenze zu ziehen. Im Zweifelsfall habe

---

behaupten, jugendliche Rebellion und „Weltverbesserungsengagement" seien der „Anpassung und Politikverdrossenheit" gewichen (Hitzler und Pfadenhauer 1999: 45), her.

62 Wie oben (Seite 41) erwähnt, zieht Klages (1981: 8) in der Einleitung zu diesem Sammelband allerdings selbst eine Parallele zwischen beiden Diskursen. Die Anpassung an den Zeitgeschmack ist ihm von daher kaum zum Vorwurf zu machen.

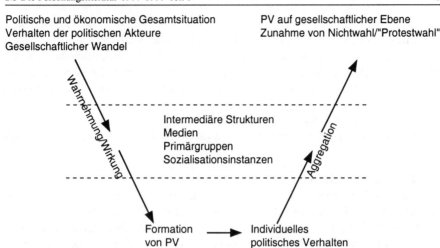

Politische und ökonomische Gesamtsituation
Verhalten der politischen Akteure
Gesellschaftlicher Wandel

PV auf gesellschaftlicher Ebene
Zunahme von Nichtwahl/"Protestwahl"

Intermediäre Strukturen
Medien
Primärgruppen
Sozialisationsinstanzen

Formation
von PV
Individuelles
politisches Verhalten

Abbildung 2.2: Ein generisches Mehr-Ebenen-Modell zur Erklärung von Politikverdrossenheit

ich mich daher grundsätzlich für die Aufnahme eines Titels entschieden. Die in der Auswahl verbliebenen Beiträge, die hier aufgearbeitet werden sollen, repräsentieren den Kernbestand der Forschungsliteratur zur Politikverdrossenheit. Im Literaturverzeichnis sind sie deshalb durch das Symbol $\boxed{\text{PV}}$ hervorgehoben. Um die Darstellung übersichtlich zu halten, ist es notwendig, diese knapp 180 Titel anhand eines überschaubaren Katalogs von Dimensionen mit jeweils relativ wenigen Ausprägungen zu präsentieren, der in den Abschnitten 2.5.2 und 2.5.3 entwickelt wird.

2.5.2 Das Organisationsprinzip: Ein generisches Mehr-Ebenen-Modell zur Erklärung von Politikverdrossenheit

Auf Grundlage welcher Merkmale lassen sich die hier untersuchten Arbeiten am besten ordnen? Betrachtet man die einschlägige Literatur im Überblick, so zeigt sich rasch, daß den meisten Texten zur Politikverdrossenheit ein vergleichbares Erklärungsmodell zugrunde liegt, aus dem sich eine Reihe von Kategorien ableiten lassen, mit deren Hilfe die Texte für einen sinnvollen Vergleich organisiert werden können. Dieses Modell wird in der Regel nicht explizit ausformuliert; zudem bestehen zwischen den Ansätzen der einzelnen Autoren selbstverständlich erhebliche Unterschiede. Zum Zweck einer möglichst übersichtlichen Darstellung läßt es sich aber, ohne den Verfassern allzu sehr unrecht zu tun, aus den vorhandenen Texten rekonstruieren. In seiner Struktur entspricht es dem von Coleman (1994: 7ff) und Esser (1996b: 112ff) skizzierten Mehr-Ebenen-Modell der soziologischen Erklärung (vgl. Abbildung 2.2).
63

---

63   Opp (1995: 91, FN 23) weist darauf hin, daß sich eine Grafik, die dieses sogenannte „Badewannenmodell" der Erklärung repräsentiert, bereits bei Hummell und Opp (1971: 15) findet. Die besondere Relevanz von Mehr-Ebenen-Modellen für das gesamte Gebiet der empirischen Demokratieforschung,

Um Mißverständnisse zu vermeiden: Weder findet sich das im folgenden beschriebene Mehr-Ebenen-Modell in dieser Form in einem der analysierten Texte wieder, noch möchte ich an dieser Stelle ein eigenes *substantielles* Erklärungsmodell zur Entstehung von Politikverdrossenheit entwickeln. Das hier vorgestellte generische Modell hat vielmehr eine rein instrumentelle Funktion. Es repräsentiert eine Art größten gemeinsamen Nenner der vorgeschlagenen Erklärungen für Politikverdrossenheit und dient als analytischer Rahmen, mit dessen Hilfe sich die vorhandenen Arbeiten klassifizieren lassen. Dieses Modell kann durch die folgenden Elemente charakterisiert werden:

1. Mehrere Analyseebenen
Systematische Versuche, die Entstehung von Politikverdrossenheit zu erklären, sind die Ausnahme, nicht die Regel. Obwohl kaum einer der Autoren die Struktur seines jeweiligen Erklärungsversuches thematisiert, läßt sich aber festhalten, daß viele Arbeiten zur Politikverdrossenheit mehrdimensional angelegt sind, d. h. mindestens zwei der von Esser (1996b: 112) benannten Analyse-Ebenen berücksichtigen. Bei diesen Analyse-Ebenen handelt es sich im einzelnen um

1. die Makro-Ebene der gesellschaftlichen Strukturen und Prozesse (Wertewandel im Aggregat, Anstieg des Nichtwähleranteils etc.)
2. die Meso-Ebene der sozialen Gebilde (Interaktionssysteme, d. h. Medien, Parteien, Verbände, Nachbarschaften, Bürgerinitiativen etc.)
3. die Mikro-Ebene des individuellen Akteurs (Bürgers).

Der Reiz dieses von Esser skizzierten analytischen Rahmens liegt darin, daß das Erklärungsmodell je nach Fragestellung und Problemlage mehr oder minder komplex gestaltet werden kann, da fast jedes soziale Gebilde auf der Meso-Ebene wiederum analytisch zerlegbar ist, bei Bedarf aber auch wie eine *black box* behandelt werden kann. Die im generischen Erklärungsmodell vorgenommene Unterscheidung von lediglich *drei* grundlegenden Analyse-Ebenen, an der ich mich im folgenden orientiere, ergibt sich deshalb nicht mit zwingender Notwendigkeit aus den Überlegungen Essers oder dem Gegenstandsbereich „Politikverdrossenheit", erscheint mir aber besonders sinnvoll, wenn es darum geht, die Arbeiten zur Politikverdrossenheit zu ordnen. Sie ist einerseits differenziert genug, um allen untersuchten Texten gerecht zu werden, zugleich aber auch nicht komplexer als unbedingt nötig.

2. Fokus auf *mass politics*
Auf der Mikro-Ebene lassen sich grob zwei Typen von politischen Akteuren unterscheiden: Zum einen die kleine Gruppe von Angehörigen der politischen Elite (Parlamentarier, Regierungsmitglieder, Spitzenfunktionäre in den Parteien, Inhaber von Führungspositionen in der öffentlichen Verwaltung u. a.), die aus der Beschäftigung mit der Politik einen Beruf gemacht haben, zum anderen die breite Masse der gewöhnlichen Bürger, die sich relativ selten intensiver mit Politik beschäftigt.[64] Wie die

---

dem die Untersuchung von Politikverdrossenheit zuzuordnen ist, skizziert u. a. Kaase (1998: 36ff).

älteren Krisentheorien beschäftigt sich die Diskussion um die Politikverdrossenheit fast ausschließlich mit dem Verhalten und den Einstellungen der Massen. Politische Eliten werden in diesem Kontext nur als potentielles Objekt beziehungsweise als Ursache der Verdrossenheit untersucht; die Frage nach der Bedeutung von „anti-party sentiment ... as an aspect of elite debates about the desirable shape of the political system" (Scarrow 1994: 4), die in der internationalen Parteienforschung aufgeworfen wurde, spielt in der deutschsprachigen Verdrossenheitsdebatte keine Rolle.

3. Zentrale Bedeutung von Einstellungen auf der Mikro-Ebene

Die überwältigende Mehrheit der Autoren betrachtet Politikverdrossenheit als ein Bündel individueller negativer oder bestenfalls neutraler *Einstellungen*[65] gegenüber bestimmten politischen Objekten. Diese Einstellungen können diffus oder spezifisch sein. Die Bandbreite in der Literatur reicht von dumpfen Unlustgefühlen bis hin zu elaborierten direkt-demokratischen Reformzielen. Bei den Objekten kann es sich um eine Gruppe von politischen Akteuren, aber auch um die Grundstrukturen und zentralen Werte des politischen Systems selbst handeln. Manche Arbeiten greifen bei der Klassifikation der Einstellungsobjekte auf das von Easton (1965a,b, 1975) entwickelte Konzept der Unterstützung und dessen Weiterentwicklungen sowie auf die Begrifflichkeit der politischen Kulturforschung (Almond und Verba 1965, Almond und Powell 1996c) zurück, während andere sehr ähnliche Einteilungen entwickeln, ohne sich ausdrücklich auf die Klassiker zu beziehen.

Einige wenige Autoren beschränken sich auf die Analyse und Bewertung solcher negativer oder neutraler Einstellungen gegenüber politischen Objekten. Für die meisten Autoren sind Einstellungen aber mehr als unverbindliche Meinungen. Vielmehr wirken Einstellungen ihrer Vorstellung nach als Verhaltensdisposition, d. h. sie beeinflussen die Wahrnehmung der politischen und gesellschaftlichen Situation und steu-

---

64 Betrachtet man mit Gabriel und van Deth (1995: 396ff) die in den EUROBAROMETERN erhobene Häufigkeit politischer Gespräche mit Freunden als einen geeigneten Indikator für das politische Interesse, so zeigt sich, daß die gemessenen Werte in allen zwölf untersuchten Ländern der EU relativ niedrig liegen. In keinem Land (mit Ausnahme Griechenlands) überschritt zwischen 1970 und 1990 der Anteil derjenigen, die angaben, mit ihren Freunden „häufig" über Politik zu diskutieren, die Marke von 30 Prozent. Entgegen einer weit verbreiteten Erwartung, die sich vor allem aus dem allgemeinen Anstieg des Bildungsniveaus speist, schien zudem während des Beobachtungszeitraums das politische Interesse in vielen Ländern sogar zu sinken. Selbst wenn man berücksichtigt, daß die Frequenz politischer Gespräche nur ein mäßig valider Indikator für das tatsächlich vorhandene Interesse ist, weil sie u. a. von kulturellen Faktoren und aktuellen politischen Krisen beeinflußt wird, spricht dieser Befund eindeutig dafür, daß die Masse der Bevölkerung nach wie vor in relativ geringem Umfang in das politische Geschehen involviert ist.

65 Der moderne Einstellungsbegriff wurde 1918 von William Isaac Thomas und Florian Znaniecki in die Sozialpsychologie eingeführt und später von der Soziologie und der Politikwissenschaft übernommen. Unter einer Einstellung versteht man ganz allgemein „a disposition to respond favorably or unfavorably to an object, person, institution or event" (Ajzen 1988: 4). Trotz seiner zentralen Bedeutung wird das Konzept der Einstellung auch in der Sozialpsychologie kontrovers diskutiert. Umstritten ist insbesondere die Dimensionalität von Einstellungen, die aber in der empirischen Politikforschung im allgemeinen (Gabriel 1997: 388) und für meine Argumentation im besonderen keine wesentliche Rolle spielt und deshalb an dieser Stelle nicht weiter diskutiert werden muß. Für einen knappen Überblick zu den Kontroversen um den Einstellungsbegriff vgl. Stahlberg und Frey (1996: 220ff).

ern das individuelle politische Handeln der Bürger. Damit unterstellen die Verfasser (wiederum in der Regel implizit und vermutlich, ohne sich dessen bewußt zu sein) ein „OSAM-Modell" des Menschen, d. h. sie sehen den Bürger als eine besondere[66] Form des *homo sociologicus* an, nämlich als einen „Opinionated, Sensitive, Acting Man" (Lindenberg 1985: 102, Esser 1996b: 232), dessen Handeln im wesentlichen von Einstellungen determiniert wird. Da jedes Menschenmodell spezifische Stärken und Schwächen aufweist und bestimmte Formen von Erklärungen zuläßt oder ausschließt (vgl. zu den Problemen der klassisch soziologischen Menschenmodelle ausführlich Lindenberg 1985: 102ff und Esser 1996b: 231ff), ist es wichtig, in einem kurzen Exkurs auf die mit dieser Entscheidung verbundene Problematik einzugehen.

Exkurs: Zur Problematik des OSAM-Modells
Eine umfassende Darstellung der Kritik an den verschiedenen Varianten des *homo sociologicus* würde weit über den Rahmen dieser Arbeit hinausgehen. Zusammenfassend läßt sich aber festhalten, daß dem OSAM-Modell in seiner reinen Form vor allem „das komplette Fehlen einer *expliziten* und *präzisen* Selektionsregel für das Handeln" (Esser 1996b: 236) vorgeworfen wird. Mit anderen Worten: Es bleibt in der Regel unklar, warum eine bestimmte Attitüde in einer gegebenen sozialen Situation handlungswirksam wird, während andere Einstellungen in diesem Moment keinen wesentlichen Einfluß auf das individuelle Verhalten haben. Diese theoretische Überlegung wird darüber hinaus von einem empirischen Argument gestützt: Häufig besteht nur eine schwache Korrelation zwischen Einstellungen und Verhalten.

> „By the late 1960s it had become evident that in contrast to casual observation, empirical research failed to provide strong support for behavioral consistency or predictive validity of traits and attitudes. People were found neither to behave consistently across situations, nor to act in accordance with their measured attitudes and personality traits. The accumulation of research findings of this kind undermined confidence in the trait approach among personality psychologists and cast doubts on the practice of social psychologists who relied on the attitude concept in their attempts to predict and explain human behavior." (Ajzen 1988: 41)

Somit ist „die Verbindung zwischen Einstellungen und Verhalten ... alles andere als automatisch" (Esser 1996a: 14). Vielen Sozialwissenschaftlern scheint deshalb zur Konstruktion gehaltvoller, deduktiv überprüfbarer Theorien sozialen Verhaltens ein rationalistisches[67] (Lindenberg 1985: 100) Menschenmodell weitaus besser geeignet

---

66 Neben OSAM existieren zwei weitere Hauptvarianten des *homo sociologicus*: der normgeleitete „Socialized, Role-playing, Sanctioned Man" (SRSM), der dem Menschenbild der struktur-funktionalistischen Soziologie in der Tradition von Parsons' entspricht, und der stärker individualistisch angelegte „Symbols interpreting, Situations defining, Strategic acting Man" (SSSM), der das Menschenbild des symbolischen Interaktionismus repräsentiert. Beide spielen in der Diskussion um die Politikverdrossenheit, soweit ich sehen kann, keine wesentliche Rolle. Entwickelt wurde die hier präsentierte Einteilung von Mikro-Modellen ursprünglich von Meckling (1976), wieder aufgegriffen und erweitert haben sie Lindenberg (1985) und Esser (1996b).

67 Lindenberg (1985: 100) bezeichnet das von ihm favorisierte Modell als „Resourceful, Restricted, Expecting, Evaluating, Maximizing Man" (REEMM). Mit dieser Charakterisierung bezieht er sich auf die klassischen Überlegungen Adam Smiths und distanziert sich ausdrücklich vom Zerrbild des *homo oeconomicus* „as an atomistic unit endowed with materialistic cravings, sly, fully informed and utterly indifferent to the happiness of others (unless, of course, he can gain from this happiness)", das häufig

zu sein als OSAM.

Allerdings verweist Lindenberg (1985: 104) selbst darauf, daß ein rationaler Akteur unter bestimmten Umständen (keine Ressourcenknappheit, Verhalten in Standardsituationen) nicht von OSAM zu unterscheiden ist. Hinzu kommt, daß man sich innerhalb der Sozialpsychologie der problematischen Beziehung zwischen Einstellungen und Verhalten durchaus bewußt ist. Seit Beginn der siebziger Jahre wurde deshalb die Wirkung von Moderatorvariablen untersucht, die zwischen Einstellung und Verhalten geschaltet sind und so die Wirkung der Einstellungen modifizieren (Ajzen 1988: Kapitel 4, Stahlberg und Frey 1996: 238ff). Im Ergebnis haben diese Bemühungen zunächst zu einem neuen Problem geführt: Empirisch hatte eine ganze Reihe von Variablen, die aber theoretisch unverbunden nebeneinander standen, einen moderierenden Effekt (Ajzen 1988: 79).

Als mögliches „integrative framework" für diese Vielzahl von Variablen sieht Ajzen (1988: 79) das von Fazio (1986, 1990) favorisierte Konzept der „accessibility" von Einstellungen an. Danach entscheidet die über die Abrufbarkeit einer Einstellung aus dem Gedächtnis operationalisierte Stärke der Assoziation zwischen dieser Einstellung und einer gegebenen Situation darüber, inwieweit das Verhalten in dieser Situation durch die betreffende Einstellung determiniert wird.[68] In seinem „MODE"-Modell des menschlichen Verhaltens unterscheidet Fazio dementsprechend zwischen zwei idealtypischen Modi menschlichen Verhaltens: einem kontrollierten oder deliberativen Modus, in dem bewußte Überlegungen das Verhalten beeinflussen, und einem automatischen oder spontanen Modus, in dem das Verhalten blindlings den durch die Situation aktivierten Einstellungen folgt. Ähnliche „dual-process models" wurden auch von anderen Sozialpsychologen entwickelt (Ajzen 1996: 397). Neuere sozialpsychologische Modelle wie die „theory of reasoned action" beziehungsweise die „theory of planned behavior", die das menschliche Handeln im deliberativen Modus erklären wollen, nähern sich dabei tendenziell an den *rational choice*-Ansatz an, indem sie außer klassisch sozialpsychologischen Faktoren wie Einstellungen und Gruppennormen auch den erwarteten Nutzen, die Kosten und die für eine bestimmte Handlung benötigten Ressourcen berücksichtigen (Ajzen 1996: 387).

Esser (1996a: 12ff) hat die Überlegungen Fazios und anderer Sozialpsychologen zu einem mehrstufigen Modell sozialen Handelns weiterentwickelt, das im Kern eine handlungstheoretisch orientierte Re-Interpretation sozialpsychologischer Befunde darstellt.[69] Nach diesem noch in der Entwicklung befindlichen Ansatz entscheiden Menschen in einer gegebenen sozialen Situation zunächst darüber, ob sich der Erwerb

---

mit dem *rational choice*-Ansatz in Verbindung gebracht wird.

68   Zu einer Reihe von Versuchen, Fazios Hypothese vom entscheidenden Einfluß der „accessibility" empirisch zu widerlegen, vgl. Ajzen (1996: 394ff).

69   Ich kann Essers Argumentation an dieser Stelle naturgemäß nur stark verkürzt darstellen und insbesondere auf die von ihm ausgelöste Diskussion nicht eingehen. In der Soziologie sind seine Thesen aus naheliegenden Gründen heftig umstritten – vgl. dazu beispielsweise die Auseinandersetzung zwischen Esser (1996a, 1997) einerseits und Egger und de Campo (1997) andererseits.

neuer Informationen und das Aufstellen eines Nutzenkalküls überhaupt lohnen könnte. Im strengen Sinne rationales Handeln ist deshalb die Ausnahme, nicht die Regel:

> „Der ‚rationale' Modus wird erst dann möglich und auch wirklich ‚eingeschaltet', wenn das Modell der Situation nicht recht paßt, wenn die Motivation hoch genug ist, um den Mehraufwand auszugleichen, *und* wenn den Akteuren die Opportunität zum Reflektieren gegeben ist" (Esser 1996a: 16).

Im Bereich der alltäglichen *low cost*-Situationen[70] hingegen dominiert das „automatische, generellen Frames und Einstellungen blindlings folgende Prozessieren" (Esser 1996a: 15). Diese Bedingungen scheinen für den Bereich der politischen Massenpartizipation in westlichen Demokratien, auf den sich die Diskussion um die Politikverdrossenheit im Kern bezieht, häufig erfüllt zu sein. Schließlich gehört es geradezu zu den definitorischen Merkmalen der Demokratie, daß legale Partizipationsformen für möglichst alle Bürger mit niedrigen materiellen, sozialen, Opportunitäts- und Informationskosten verbunden sind, so daß die von der Verfassung garantierten Mitwirkungsrechte auch tatsächlich in Anspruch genommen werden können.

Dies gilt vor allem für die konventionelle Partizipation,[71] d. h. in erster Linie für das Wahlverhalten: Die Wahlbeteiligung selbst erfordert nur einen minimalen Aufwand an Zeit und Geld, da in der Regel ein flächendeckendes Netz an Wahllokalen vorhanden ist. Presse- und Rundfunkfreiheit, ein in der Regel gut ausgebautes System privater Medien sowie die Einrichtung öffentlicher Rundfunkanstalten mit dem gesetzlichen Auftrag, umfassend und möglichst objektiv über Politik zu berichten, ermöglichen es den Bürgern, sich rasch und quasi *en passant* über politische Prozesse und Akteure zu informieren, wenn sie ein Mindestmaß an Interesse aufbringen, reduzieren also tendenziell die Informationskosten. Abweichende Formen des Wahlverhaltens (Wahlenthaltung, Abgabe eines ungültigen Stimmzettels, Wahlentscheidung zugunsten nicht etablierter Parteien) schließlich sind in Systemen, in denen in der Regel keine juristische Wahlpflicht[72] besteht und das Wahlgeheimnis institutionalisiert ist, mit keinerlei Nachteilen verbunden.

Auch viele Formen „unkonventioneller" Partizipation (Unterschriftensammlungen, Teilnahme an genehmigten Demonstrationen etc.) kosten wenig Zeit und sind nicht

---

70 Vgl. zur aktuellen Diskussion um die grundlegende Unterscheidung zwischen Hoch- und Niedrigkosten-Situationen den Aufsatz von Kirsten Mensch (2000). Empirische Studien zum Einfluß der Kosten auf den Entscheidungsmodus beim Umweltverhalten, das stellvertretend für andere Formen „moralischen" Verhaltens stehen kann, hat u. a. Diekmann (zuletzt Diekmann und Preisendörfer 2000) vorgelegt.

71 Ähnlich argumentiert auch Fuchs (1995: 139ff), der – wenn auch in sehr knapper Form – eine vollständige Typologie des politischen Handelns von Bürgern aus *rational choice*-Perspektive entwickelt.

72 Eine Wahlpflicht besteht *de jure* in einer Reihe von Staaten, u. a. in Ägypten, Australien, Belgien, Griechenland, Italien, Liechtenstein, Luxemburg, Österreich (in manchen Bundesländern), der Schweiz (in manchen Kantonen), Zypern sowie in vielen lateinamerikanischen Staaten (Lijphart 1997: 2, Parliamentary Library 1998). Die Wahlberechtigten sind jedoch in der Regel faktisch lediglich dazu verpflichtet, im Wahllokal zu erscheinen, da eine weitergehende Kontrolle das Wahlgeheimnis in Frage stellen würde. Häufig müssen sie nicht einmal einen Stimmzettel entgegennehmen (Lijphart 1997: 2).

(mehr) negativ sanktioniert (Almond und Powell 1996b: 78, speziell zur Entwicklung des Partizipationsverhaltens in Deutschland Dalton 1996: 291ff). Intensivere Formen der Partizipation, vor allem die Mitarbeit in Parteien, Verbänden und Bürgerinitiativen, nehmen zwar mehr Zeit in Anspruch, verursachen aber zumindest bis zu einem gewissen Grad des Engagements nur geringe materielle und soziale Kosten.[73]

Umgekehrt stiftet das individuelle politische Verhalten allerdings auch wenig instrumentellen Nutzen, da die Chance, den politischen Prozeß nennenswert zu beeinflussen, verschwindend gering ist. Dies gilt vor allem für die Beteiligung der gewöhnlichen Bürger an Wahlen, der quantitativ nach wie vor wichtigsten Form politischer Massenpartizipation. Andere Wahrscheinlichkeiten ergeben sich selbstverständlich für die Angehörigen der politischen Elite, deren individuelle Entscheidungen häufig weitreichende Konsequenzen haben. Auch auf lokaler Ebene dürfte es häufig Situationen geben, wo der einzelne gute Chancen hat, tatsächlich politischen Einfluß auszuüben. In der Regel sind in einer stabilen Demokratie aber sowohl der Schaden als auch der Nutzen, der aus dem eigenen politischen Verhalten erwachsen kann, relativ gering.

Außerhalb von Krisenzeiten spielt sich politische Partizipation für die überwältigende Mehrheit der Bürger in einer Demokratie deshalb in einer Niedrigkosten-Situation ab, in der es durchaus rational ist, die einzig nennenswerten Kosten, nämlich die Entscheidungskosten und die verbliebenen Informationskosten, drastisch zu reduzieren, indem man sich in seinem politischen Verhalten an vorhandenen Einstellungen, Gewohnheiten, Normen und Deutungsmustern orientiert.[74] Unter diesem Gesichtspunkt läßt sich die Verwendung des OSAM-Modells zur Erforschung von Politikverdrossenheit in der allgemeinen Bevölkerung als ein Instrument zur Reduktion der Informationskosten des Forschers durchaus rechtfertigen.

Diese in der Regel stillschweigend vorgenommene Vereinfachung ist jedoch unter zwei Gesichtspunkten problematisch. Zum einen hat das Modell des (beschränkt) rationalen Akteurs in der Politikwissenschaft während der vergangenen Jahrzehnte immens an Bedeutung gewonnen (Goodin und Klingemann 1996: 11). Auch wenn man nicht den Enthusiasmus einiger Vertreter des Ansatzes teilt, die den *rational choice*-Ansatz auf alle Bereiche menschlichen Verhaltens anwenden wollen (Becker 1996: 21ff) und in ihm das zukünftige gemeinsame Paradigma der Politikwissenschaft, wenn

---

73 Innerhalb geschlossener sozialer Milieus sind selbstverständlich auch in einer etablierten Demokratie Situationen vorstellbar, in denen politische Partizipation mit erheblichen sozialen Kosten verbunden sein kann, wenn das individuelle politische Verhalten mit den normativen Erwartungen der Bezugsgruppe kollidiert.

74 Schon Anthony Downs (1968: 209ff) ging deshalb davon aus, daß sich die Mehrheit der Bürger aus rationalen Gründen mit sehr unvollkommenen Informationen über Parteien und Politiker begnüge – vgl. dazu auch Russel Neumans (1986: 9ff) empiriegesättigte Bestandsaufnahme zum niedrigen Grad der politischen Informiertheit und „Sophistikation" im US-amerikanischen Kontext. Neuere Ansätze im Bereich der rationalistischen Wahlforschung modellieren deshalb die Rolle von generalisierten Einstellungen und sozialen Einflüssen, die als „information shortcuts" dienen, direkt (vgl. z. B. Popkin 1994: 44ff) oder berücksichtigen den expressiven Nutzen einer bestimmten Wahlentscheidung, der sich u. a. daraus ergeben kann, tiefverwurzelten Überzeugungen zu folgen (Brennan und Lomasky 1993: 32ff).

nicht sogar der Sozialwissenschaften sehen (vgl. Almond 1996: 86), wäre es vor diesem Hintergrund geboten, das fraglose Festhalten an einem traditionellen soziologischen Menschenbild explizit zu begründen. Zum anderen begibt sich die Forschung mit dem Verzicht auf ein umfassenderes Mikro-Modell, wie es z. B. Lindenberg und Esser vorschlagen, der Möglichkeit, den Bedeutungsverlust[75] von sozialisierten politischen Gewohnheiten, Verhaltensnormen und Einstellungen, die in der Diskussion um die Politikverdrossenheit eine zentrale Rolle spielen oder mit Politikverdrossenheit gleichgesetzt werden, elegant, sparsam und umfassend aus einer Veränderung der Makro-Bedingungen zu erklären.[76]

Eine mögliche Übertragung dieses Erklärungsmodells auf den Bereich der Politikverdrossenheit, genauer: auf die schwindende Autorität von Institutionen, deutet Esser (1996a) an: Wenn es durch den Anstieg des allgemeinen Bildungsniveaus immer mehr Menschen gibt, denen eine rationale Auseinandersetzung mit Politik nur relativ geringe Kosten verursacht, wird umgekehrt die Zahl derjenigen, die sich in ihrem politischen Verhalten von „Worten, Liedern, Hymnen, Fahnen" (Esser 1996a: 28), von tradierten Loyalitäten, Bindungen und Images leiten lassen, abnehmen. Soziologische beziehungsweise sozialpsychologische Theorien, die abnehmende (Partei-) Bindungen ebenfalls mit einem Anstieg des Bildungsniveaus und einem schwindenden Bedürfnis nach „information shortcuts" in Verbindung bringen (vgl. z. B. Dalton 1984: 264f, 270ff sowie Abschnitt 3.2.4, Seite 194ff) könnten durch die Ergänzung um eine explizite Akteurstheorie, wie sie von den Vertretern des *rational choice*-Ansatzes entwickelt wurde, zweifelsohne verallgemeinert und zugleich inhaltlich bereichert werden.[77]

Ohne eine eigene rationalistische Theorie der Entstehung von „Politikverdrossenheit" beziehungsweise des Wandels von politischen Einstellungen zu entwickeln, möchte ich an dieser Stelle deshalb nochmals nachdrücklich darauf hinweisen, daß das nicht unproblematische und in seiner Erklärungsleistung beschränkte OSAM-Schema auf der Mikro-Ebene offensichtlich so etwas wie das Standardmodell der Forschung zur

---

75 Ob sich ein solch umfassender Wandel tatsächlich nachweisen läßt, ist eine empirische Frage, die an dieser Stelle nicht diskutiert werden soll. Vgl. zu fortwirkenden Bedeutung des religiös-säkularen und des ökonomischen *cleavages* für das Wahlverhalten z. B. Jagodzinski und Quandt (1997) beziehungsweise Müller (1998).

76 Ein Beispiel dafür, wie eine solche Erklärung aussehen könnte, gibt Lindenberg (1985: 102). Er interpretiert den Übergang von einer Gesellschaft von Jägern und Sammlern zu einer Agrargesellschaft und den damit verbundenen radikalen Wandel des Werte- und Normensystems als eine rationale Reaktion der Akteure auf den Rückgang des Wildbestandes in ihrem Territorium. Unter diesen veränderten Randbedingungen ist die Orientierung an den bisherigen Normen und gesellschaftlichen Leitbildern nicht mehr die Handlungsoption mit dem höchsten erwarteten Nutzen, sondern hätte mittelfristig tödliche Konsequenzen. Deshalb entwickeln die Akteure unter dem Druck der Situation neue Lebensformen, die besser an die veränderten Randbedingungen angepaßt sind und dann im Laufe der Zeit wiederum habitualisiert und durch entsprechende Normen abgestützt wird. Vor und nach der Krise verhalten sich die Gesellschaftsmitglieder mithin wie ein klassischer *homo sociologicus*, während in der Phase des erzwungenen gesellschaftlichen Wandels die hergebrachten Normen, Werte und Verhaltensweisen schlagartig ihre handlungsleitende Funktion verlieren.

77 Ähnlich äußert sich, wenn auch nur in Andeutungen, Sarcinelli (1996: 32).

Politikverdrossenheit darstellt. Dies gilt ausdrücklich nicht nur für „variablensoziologische" Studien. Ähnlich wie bei den Vorläufern der Verdrossenheitsdebatte (vgl. 2.2) und der Diskussion um die Regierbarkeit (vgl. 2.3.2, 2.3.3) beziehen sich auch solche Autoren, die sich nicht mit Umfragedaten beschäftigen, in aller Regel auf die angebliche Veränderung politischer *Einstellungen* und deren vermuteter Wirkung auf politisches *Handeln*.

4. Effekte der Makro-Ebene auf Einstellungen

Eine wichtige Rolle beim Erwerb der verhaltenssteuernden Einstellungen spielen der Literatur zufolge Vorgänge und Veränderungen auf der Makro-Ebene, die häufig als tieferliegende Ursachen zunehmender Politikverdrossenheit präsentiert werden. Beispiele wären hier einerseits singuläre Ereignisse wie das moralische oder politische (Fehl-)Verhalten einzelner Akteure (Skandale, als falsch wahrgenommene oder schlicht unpopuläre Entscheidungen), andererseits aber auch Veränderungen der politischen, ökonomischen und sozialen Situation wie etwa der Ausbau des Wohlfahrtsstaates, das überproportionale Wachstum des Dienstleistungssektors oder Veränderungen im Format des Parteiensystems.

Solche Entwicklungen auf der Makro-Ebene können die Lebensumstände des Individuums entweder unmittelbar oder durch die Folgen, die sie für die Leistungsfähigkeit und Arbeitsweise des politischen Systems haben, beeinflussen (vgl. dazu auch Punkt 8 auf Seite 82). Vermittelt über individuelle politische Einstellungen, die sie erzeugen oder verändern, wirken sie dann wiederum auf das individuelle politische Verhalten ein. Insbesondere dort, wo Autoren ökonomische und soziale Erklärungsfaktoren ins Feld führen, sind Parallelen zwischen der Politikverdrossenheits-Debatte und älteren Krisentheorien gut zu erkennen.

5. Effekte der Meso-Ebene auf Einstellungen

Nur wenige Autoren konstruieren allerdings einen direkten Zusammenhang zwischen Makro-Einflüssen und individueller Politikverdrossenheit. Vielmehr gehen die meisten Arbeiten davon aus, daß die Wahrnehmung und Wirkungen von Makro-Veränderungen sowohl auf der Mikro- als auch auf der Meso-Ebene gleichsam gefiltert wird, da, wie oben dargelegt, die meisten Autoren mit einer Variante des *homo sociologicus* operieren, die stark von sozialen Strömungen, „temporary social influence[s] on opinions and emotions" (Lindenberg 1985: 101) beeinflußt wird.

Auf der Meso-Ebene wirken daher eine ganze Reihe von sozialen Gebilden, z. B. Primärgruppen (Familie, Nachbarschaft, Kollegengruppe am Arbeitsplatz), Sozialisationsinstanzen (Eltern, Schule, Universität), staatliche Institutionen (Verwaltungen, Gerichte, Parlamente), intermediäre Strukturen (Parteien, Kirchen, Verbände, Bewegungen) sowie die Medien auf die *Entstehung* von Einstellungen ein.[78] Darüber hin-

---

78 Dieses beinhaltet auch den Erwerb von Einstellungen gegenüber Normen: Da sich die Forschung zur Politikverdrossenheit durchgängig am Modell des OSAM orientiert, während das SRSM-Modell (vgl. FN 66) des Menschen, der relativ starr die in seiner formativen Phase internalisierten Normen befolgt, keine Rolle spielt, wird die Interaktion zwischen politischen Einstellungen (z. B. negative Einstellung gegenüber allen Parteien) und politischen Verhaltensnormen (beispielsweise der Wahlbeteiligungs-

aus *modifizieren* diese sozialen Gebilde durch ihr Handeln und ihre Interpretationen der sozialen Wirklichkeit die Wirkung der Effekte, die von der Makro-Ebene auf die individuellen Einstellungen ausgehen. Dabei unterliegen die Gebilde auf der Meso-Ebene ihrerseits wieder Veränderungsprozessen, die sich teils auf ihre Interaktionen untereinander, teils auf gewandelte Makro-Bedingungen zurückführen lassen.

Unter den Strukturen auf der Meso-Ebene spielen die Medien in der Diskussion um die Politikverdrossenheit eine besondere Rolle. Üblicherweise werden die Medien zwar den intermediären Strukturen, d. h. dem System der Interessenvermittlung zugerechnet (vgl. z. B. Niedermayer 1996: 156). Innerhalb dieses Systems nehmen sie aber eine Sonderstellung ein: Zum einen, weil sie in geringerem Maße als andere Organisationen spezifische Mitgliederinteressen repräsentieren, zum anderen, weil die anderen Akteure im politischen Prozeß in einem erheblichen Umfang auf die Vermittlungsleistung der Medien angewiesen sind (Jarren 1998: 85f). Politische Kommunikation zwischen Bürgern, Organisationen und staatlichen Institutionen ist ebenso wie die Kommunikation innerhalb von Organisationen zu einem weitgehend „(massen-)medial bestimmten Prozeß geworden" (Jarren 1998: 86), während die direkte oder über organisationseigene Medien (Partei- und kirchliche Presse) vermittelte Kommunikation zwischen den Politikern und Verbandsvertretern einerseits und den Bürgern andererseits deutlich an Bedeutung verloren hat.[79] Eine Reihe von kommunikationswissenschaftlich ausgerichteten Arbeiten in der Tradition der Medienwirkungsforschung beschäftigt sich deshalb mit der Frage, ob dieser Bedeutungsgewinn der Massenmedien gegenüber älteren Formen der politischen Kommunikation in Kombination mit deren spezifischer Weise der Berichterstattung zu einer Zunahme von Verdrossenheitsgefühlen auf der Individualebene führt.

Ebenfalls auf der Meso-Ebene setzen stärker (wahl-)soziologisch orientierte Studien an, die sich mit der Auflösung traditioneller Milieus und der nachlassenden sozialen Prägekraft von Kirchen und Gewerkschaften befassen, während Untersuchungen mit pädagogischem Schwerpunkt eher am Zusammenhang zwischen Sozialisationserfahrungen und politischen Einstellungen interessiert sind. Genuin politikwissenschaftliche Arbeiten schließlich fragen danach, welche Wirkung die politischen Erfahrungen, die der einzelne mit Institutionen, Verbänden, Parteien und im Berufsleben macht, auf seine politischen Einstellungen haben.

6. Effekte auf der Mikro-Ebene
Eine Reihe von Texten zur Politikverdrossenheit geht (meist stillschweigend) davon aus, daß die Formation von „Verdrossenheitseinstellungen" durch bereits vorhandene Einstellungen beeinflußt wird. Hinter diesem Ansatz steht die bereits 1964 von Converse formulierte Überlegung, daß Überzeugungen[80] auf individueller Ebene nicht un-

---

norm) als Konflikt zwischen widersprüchlichen Attitüden modelliert, sofern sie überhaupt thematisiert wird.

79 Kritisch zu der „nahezu exklusive[n] Ausrichtung auf das Mediale bei der Beschäftigung mit der Politikvermittlung", die infolge des Bedeutungsgewinns der Massenmedien in der Forschungsliteratur zu beobachten ist, äußert sich u. a. Sarcinelli (1998: 13ff).

verbunden existieren, sondern in Form von *belief systems*,[81] „configuration[s] of ideas and attitudes in which the elements are bound together by some form of constraint of functional interdependence" (Converse 1964: 207), organisiert sind. Innerhalb dieser Systeme unterscheiden sich Überzeugungen hinsichtlich ihrer Zentralität.

Zentralität definiert Converse operational[82] als die Resistenz einer Einstellung gegenüber Veränderungen im *belief system*, die durch neue Informationen erzwungen werden: Sind zwei Einstellungen miteinander unvereinbar, erfordert das Streben nach Konsistenz,[83] daß eine der beiden Einstellungen aufgegeben wird.[84] Jene Überzeugung, die mit einer größeren Wahrscheinlichkeit beibehalten wird, bezeichnet (Converse 1964: 208) als die zentralere. Die Parallelen zu den Theorien der kognitiven Konsonanz sind unverkennbar, auch wenn sich Converse nicht ausdrücklich auf diese Ansätze und die damit verbundene Theorie der selektiven Wahrnehmung bezieht, nach der bevorzugt solche Informationen aufgenommen werden, die mit den bisherigen Einstellungen gut vereinbar sind (für einen Überblick zu den Befunden der Konsonanz- beziehungsweise Dissonanztheorie vgl. Stahlberg und Frey 1996: 233ff).

Als im Sinne von Converse zentrale Einstellungen kommen insbesondere allgemeine politische Überzeugungen und Wertorientierungen[85] in Frage, die als Attitüden höherer Ordnung fungieren und die Vielzahl der möglichen Einstellungen zu konkreten Objekten strukturieren. Einige Studien untersuchen deshalb den zu einem gegebenen *Zeitpunkt* gemessenen Zusammenhang zwischen solchen allgemeinen politischen

---

80 Converse verwendet den Begriff Überzeugung (*belief*) als Überbegriff für kognitive (*ideas*) und affektive (*attitudes*) Einstellungen.

81 „A belief system represents the total universe of a person's beliefs about the physical world, the social world, and the self" (Rokeach 1968: 454).

82 Eine ausführliche Definition des Begriffs sowie eine Spezifikation der Prozesse, durch die sich Einstellungen verändern, findet sich in Converse (1970: 180ff).

83 Das Streben der Menschen nach konsistenten Attitüden ist empirisch gut belegt und beschäftigt die Einstellungsforschung seit ihren Anfängen; die theoretischen Erklärungen für diese Tendenz divergieren allerdings erheblich (Ajzen 1988: 26ff).

84 Converse (1964: 208) selbst weist allerdings darauf hin, daß die Veränderung von Einstellungen zwar eine wichtige, aber nicht die einzig mögliche Reaktion auf Inkonsistenzen im Überzeugungssystem darstellt.

85 Ich lehne mich hier an Überlegungen an, nach denen Werte als Konzepte des Wünschenswerten verstanden werden sollten, die nicht auf individueller, sondern auf kultureller Ebene existieren. Die relativ stabilen Einstellungen, die Individuen gegenüber diesen Konzepten entwickeln, werden in diesem Argumentationsrahmen als Wert*orientierungen* bezeichnet. Diese sind wie die Werte selbst von sehr allgemeiner Natur und dienen dazu, eine Vielzahl von konkreten Objekten zu bewerten. Auf diese Weise reduzieren sie die kognitiven Kosten für den einzelnen und sorgen dafür, daß sich auf individueller Ebene konsistente Systeme von Einstellungen herausbilden. Wertorientierungen sind in dieser Sichtweise nicht direkt beobachtbare *constraints*, hypothetische Konstrukte, die für die empirisch nachweisbaren „pattern[s] among several attitudes" (van Deth und Scarbrough 1995: 41) verantwortlich sind. Diese Position scheint plausibel und ist weit verbreitet, aber nicht unumstritten. Da die Literatur zum theoretischen Status von Werten, Wertorientierungen und Einstellungen sehr umfangreich ist und sich zu einem erheblichen Teil mit Nuancen beschäftigt, die für meine Darstellung keine wesentliche Rolle spielen, sei an dieser Stelle lediglich auf den Überblicksartikel von van Deth und Scarbrough (1995) verwiesen.

Einstellungen wie z. B. der Parteiidentifikation, der Bewertung der Idee der Demokratie oder der Akzeptanz postmaterialistischer Werte einerseits und dem Vorliegen von Einstellungen, die als „Politikverdrossenheit" angesehen werden, andererseits. In der Regel werden die Befunde dann kausal interpretiert, d. h., die betreffenden Autoren gehen davon aus, daß eine bestimmte allgemeine politische Einstellung das Aufkommen von Politikverdrossenheit gehemmt oder gefördert hat.

Im Prozeß dagegen wird die Rolle vorhandener Einstellungen bei der Entstehung von Politikverdrossenheit so gut wie nie untersucht. Dies erklärt sich vermutlich daraus, daß die meisten Autoren, die empirisch arbeiten, auf Sekundäranalysen von standardisierten Querschnittsbefragungen angewiesen sind, zur adäquaten Erfassung der Formation von Einstellungen aber ein Panel-Design und ein speziell auf den Untersuchungsgegenstand zugeschnittenes Frageprogramm benötigt würde (vgl. dazu auch Abschnitt 2.5.3, Punkt 3 auf Seite 91ff sowie Kapitel 2.6.3.2).

7. Aggregation individueller Handlungen und Einstellungen

Wie oben dargelegt, führt die Mehrheit der Autoren politische Verhaltensweisen wie Nichtwahl, „Protestwahl" und „unkonventionelle" Formen der politischen Partizipation, die als Ausdruck von Politikverdrossenheit betrachtet werden, auf entsprechende Verdrossenheitseinstellungen zurück, die ihrerseits wieder durch soziale Prozesse und individuelle Reaktionen auf soziale Einflüsse entstehen und verändert werden. Damit stellt sich abschließend die Frage, wie es durch Aggregation dieser individuellen politischen Handlungen beziehungsweise Nicht-Handlungen zu Phänomenen auf der Makro-Ebene kommt, die dann mit Politikverdrossenheit in Zusammenhang gebracht werden: Rückgang der Wahlbeteiligung, Einzug von „Protestparteien" in die Parlamente, soziale Unruhen.

Im Falle der einfachsten Form politischen Handelns, des Wahlverhaltens, ist diese Transformation individueller Handlungen in ein Explanandum auf der Makro-Ebene trivial: Auf der Grundlage des gesetzlichen Regelwerkes werden die *per definitionem* individuellen[86] und gleichwertigen Wahlentscheidung addiert. Je nachdem, ob sich die Autoren mit dem reinen Wahlergebnis oder der Sitzverteilung im Parlament (und deren Auswirkungen auf die Regierungstätigkeit) befassen, handelt es sich entweder um eine mathematisch-statistische oder um eine institutionell definierte Aggregation (Esser 1996b: 121). In beiden Fällen lassen sich einfache, formalisierte und allgemein bekannte Regeln angeben, nach denen die Transformation erfolgt. Dementsprechend wird dieser Prozeß in der Literatur kaum behandelt. Dies gilt analog für die Aggregation individueller Einstellungen zur öffentlichen Meinung wie sie in allgemeinen Bevölkerungsumfragen gemessen wird, obwohl hier in der Tradition der Forschung zu *pluralistic ignorance* und zur „Schweigespirale" (Noelle-Neumann 1980) kompliziertere Modelle denkbar sind.[87]

---

86 Soziologische und sozialpsychologische Theorien des Wahlverhaltens gehen zwar davon aus, daß das soziale Umfeld eines Bürgers einen erheblichen Einfluß auf sein Wahlverhalten hat. Die Daten, die benötigt würden, um diese Prozesse statistisch modellieren zu können, stehen aber in aller Regel nicht zur Verfügung.

Komplizierter gelagert sind jene Fälle, in denen sich verdrossene Bürger spontan oder auf Dauer gestellt zusammenschließen, um politisch zu handeln, also soziale Gebilde wie Demonstrationszüge, Bewegungen, Initiativen und Anti-Parteien-Parteien ins Spiel kommen. Das Explanandum auf der Makro-Ebene (Anstieg des Niveaus der unkonventionellen Partizipation) kommt zwar auch hier durch eine Aggregation zustande, diese läßt sich nun aber nicht mehr auf das Aufsummieren individueller Handlungen reduzieren. Um eine adäquate Erklärung zu leisten, müßten hier offensichtlich die sozialen Prozesse, die auf der Meso-Ebene ablaufen, modelliert werden. In der vorhandenen Literatur geschieht dies fast nie.

Für dieses Forschungsdefizit läßt sich eine Reihe von inhaltlichen und methodischen Gründe anführen: Erstens ist die Beteiligung an Wahlen in den westlichen Demokratien nach wie vor die qualitativ und quantitativ wichtigste Form der politischen Beteiligung und ist deshalb auch für jene Forscher, die sich mit Politikverdrossenheit beschäftigen, von besonderem Interesse. Zweitens ist hier das wissenschaftliche Terrain einer etablierten und inhaltlich wie methodisch ausdifferenzierten Teildisziplin der Politischen Soziologie, nämlich der (vergleichenden) Partizipations- und Bewegungsforschung berührt. Einer ganzen Reihe von Autoren, die sich eher essayistisch mit Politikverdrossenheit beschäftigen, fehlt für eine angemessene Analyse möglicherweise das theoretische und methodische Rüstzeug, während umgekehrt, wie oben (vgl. Abschnitt 1.2) erwähnt, das Wort von der Politikverdrossenheit bislang nicht in die internationale Diskussion aufgenommen wurde und vergleichbare Konzepte (vgl. Abschnitt 3.2) eine wichtige, aber keineswegs allein entscheidende Rolle in der Partizipationsforschung spielen. Drittens schließlich dürften hier einmal mehr nicht theoretische Überlegungen, sondern die Datenlage das wissenschaftliche Vorgehen bestimmen. Bei der überwältigenden Mehrheit der für Sekundäranalysen zugänglichen Datensätze handelt es sich nämlich um repräsentative Stichproben von Einzelpersonen, die allenfalls einige wenige Fragen zu deren unmittelbarem sozialen Umfeld enthalten (vgl. auch FN 86 auf der vorherigen Seite). Zur Analyse komplexer Prozesse politischer Beteiligung hingegen müßten Netzwerke von politisch besonders aktiven Bürgern systematisch erfaßt und möglichst vollständig befragt werden.

An dieser Stelle muß abschließend noch eine besondere Form der „Aggregation" erwähnt werden, die sich weniger auf Handlungen als vielmehr auf Einstellungen bezieht: Die Vorstellung, daß Politikverdrossenheit beim Bürger durch Medieneinflüsse gleichsam erzeugt wird (vgl. Punkt 5, Seite 74), findet sich in der Literatur in mehreren Varianten. Entsprechende Wirkungsmechanismen wurden und werden intensiv

---

87 Beispielsweise deutet Kepplinger (1998: 196), der in mancher Hinsicht Noelle-Neumanns Kritik an der Meinungsbildung durch die Massenmedien in moderaterer und modernisierter Form aufnimmt, an, daß die Berichterstattung der Massenmedien über die Politikverdrossenheit der Bürger die „Selbstwahrnehmung der Bevölkerung" verändert. Nach der Theorie der Schweigespirale sollte es unter diesen Bedingungen in den Umfragen zu einem Anstieg von Politikverdrossenheit kommen, der alleine darauf zurückzuführen ist, daß es verdrossenen Bürgern leichter fällt, sich entsprechend zu äußern, während „unverdrossene" Bürger tendenziell davor zurückschrecken, sich entgegen der Mehrheitsmeinung zu äußern. Kepplinger führt diesen Gedankengang jedoch nicht weiter aus, da er selbst mit einem realen Anstieg der Politikverdrossenheit argumentiert.

erforscht. Einige Autoren, die dem Verdrossenheitskonzept kritisch gegenüberstehen, postulieren jedoch einen noch engeren Zusammenhang zwischen Medien und Politikverdrossenheit. Für sie ist der Befund auf der Makro-Ebene (Zunahme der Politikverdrossenheit im Aggregat) schlicht ein medial erzeugtes Artefakt, dem keine reale Zunahme „verdrossener" Einstellungen und Handlungen entspricht. Politikverdrossenheit wurde in dieser Perspektive über einen gewissen Zeitraum hinweg „hochgeschrieben", was in einer Art von *self-fulfilling prophecy* sogar dazu geführt haben könnte, daß sich mehr Bürger verdrossen gefühlt oder sich zumindest in Bevölkerungsumfragen entsprechend geäußert haben. Parallel dazu argumentieren Autoren, die behaupten, daß Politikverdrossenheit durch suggestive Fragen oder die Umdefinition altbekannter empirischer Befunde demoskopisch beziehungsweise (politik-) wissenschaftlich „konstruiert" werde (Schedler 1993b: 414).[88]

8. Befunde und Entwicklungen auf der Makro-Ebene

Die Diskussion, zuweilen auch Spekulation über Makro-Befunde (aggregierte Einstellungen, aggregiertes politisches Verhalten, eventuell aggregierte Medienberichterstattung) und deren mögliche Makro-Folgen (Veränderungen der politischen Kultur, Schwächung der Parteien, Wandel des Parteiensystems) spielt in der Literatur zur Politikverdrossenheit eine wichtige Rolle. Hierfür gibt es mehrere Gründe: Makro-Daten sind fast unbeschränkt zugänglich, Aussagen, die sich auf solche Daten stützen, haben eine einfache Struktur und können deshalb leicht kommuniziert werden, und das Interesse der wissenschaftlichen und nicht-wissenschaftlichen Öffentlichkeit am Zustand des politischen Systems und damit am Fortbestand der demokratischen Ordnung ist naturgemäß groß. Deshalb stellt sich abschließend die Frage, welche Makro-Befunde auf das Vorliegen von Verdrossenheitseinstellungen und -handlungen zurückgeführt und welche Folgen für den Fall postuliert werden, daß die Verdrossenheit andauert.

Als analytischer Rahmen für eine möglichst kompakte Beschreibung von Makro-Phänomenen, die mit Politikverdrossenheit in Zusammenhang gebracht werden, bietet sich der von Easton (1965a,b, 1975) entwickelte systemtheoretische Ansatz an. Funktionalistische Systemtheorien wie diejenige Eastons zeichnen sich dadurch aus, daß sie versuchen, den (häufig) falschen Schluß von der Mikro- auf die Makro-Ebene (individualistischer Fehlschluß) zu vermeiden, indem sie von der Mikro-Ebene ganz abstrahieren und Makro-Phänomene ausschließlich durch Makro-Gesetze erklären (Hardin 1997: 204).[89] Diese Vorgehensweise widerspricht als *Erklärungs*ansatz dem weit-

---

88 Vergleichbare Überlegungen finden sich übrigens bereits in der Untersuchung von Christian Peter Ludz (1975: 1) zum Konzept der Entfremdung, das sowohl inhaltlich als auch strukturell einige Parallelen zum Begriff der Politikverdrossenheit aufweist: „Gleichzeitig läßt der breite Gebrauch des Wortes einmal mehr die Frage entstehen, wie sehr sich in der Gegenwart sozialwissenschaftliche Erkenntnis und das Bewußtsein der Menschen von der Gesellschaft, in der sie leben, gegenseitig bedingen. (...) Inwieweit gibt es ein „Entfremdungsgefühl", weil der Begriff der Entfremdung en vogue ist?"
     Zur Auseinandersetzung zwischen Schedler einerseits und dem „Mainstream" der (österreichischen) Wahl- und Einstellungsforschung andererseits vgl. die Replik von Plasser und Ulram (1994) auf Schedlers Thesen.

89 Vgl. dazu aber die u. a. von Talcott Parsons unternommenen Versuche, Mikro- und Makro-Ebene systemtheoretisch zu integrieren.

hin akzeptierten Prinzip des methodologischen Individualismus, dem auch die meisten Arbeiten zur Politikverdrossenheit zumindest implizit verpflichtet sind. Denn aus Sicht der Systemtheorie werden die sozialen Systeme selbst zu Akteuren, die Ziele verfolgen, auf Veränderungen reagieren und Aufgaben erfüllen. Diese Perspektive führt zu Problemen, weil soziale Systeme aus handelnden Menschen bestehen, aber selbst über kein Bewußtsein verfügen. Für die Systemtheorie Niklas Luhmanns (der den Gedanken des „beobachtenden", reagierenden und teilweise autonom „prozessierenden" Systems viel stärker in den Vordergrund stellt als Easton) hat Esser das zugrundeliegende Problem sehr klar herausgearbeitet:

> „Luhmann spricht hier von der ‚Selbstbeobachtung' und von der ‚Selbstbeschreibung' *sozialer* Systeme, also: der Kommunikation höchstselbst. Das klingt sehr eigenartig. Wie sollte beispielsweise ein Gepräch sich selbst als ‚Handlung' vorstellen oder als ablaufendes System beobachten können? Können das nicht eigentlich nur leibhaftige Menschen? Soziale Systeme haben weder Augen und Ohren noch Gehirne oder ein Gedächtnis. Davon könnte allenfalls in Metaphern gesprochen werden, so wie bei Emile Durkheim vom *Kollektivbewußtsein* oder bei Maurice Halbwachs vom *kollektiven Gedächtnis* der Gesellschaft." (Esser 1996b: 514)

Während aber Luhmann zumindest in den späteren Varianten seiner Theorie in den Individuen, d. h. in den psychischen und biologischen Systemen, letztlich nur das „Substrat" der sozialen Systeme sieht, spielen individuelle Intentionen für Easton durchaus eine Rolle. Dies führt möglicherweise zu Widersprüchen, zumindest aber zu Unklarheiten: Einerseits stellen für Easton politische Handlungen die kleinsten analytischen Einheiten dar, aus denen politische Systeme aufgebaut sind (Easton 1965a: 49), während reale Menschen ähnlich wie bei Parsons als Persönlichkeitssysteme der Umwelt des politischen Systems zugerechnet werden, andererseits bezieht sich Easton häufig auf Menschen als Mitglieder des Systems und berücksichtigt dann nicht nur systemische, sondern auch individuelle Handlungen und Reaktionen. Die Abstraktion von der Mikro-Ebene, die, wie oben dargelegt, die eigentliche Besonderheit der Systemtheorie darstellt, wird damit gelegentlich zugunsten einer realistischeren Beschreibung der Wirklichkeit aufgegeben.

Unabhängig von den Zweifeln an der Mikrofundierung seiner Theorie ist Eastons Begriffsapparat aber zur *Deskription* von Aussagen zu Makro-Phänomenen nach wie vor hervorragend geeignet. Zwar greifen nur wenige Autoren selbst auf Eastons Ansatz zurück; ihre inhaltlichen Aussagen lassen sich aber mit den Eastonschen Kategorien präzise und in kompakter Form erfassen.[90]

Eine der wichtigsten Konsequenzen von Politikverdrossenheit für die Makro-Ebene ist vielen Arbeiten zufolge ein Phänomen, das in der Terminologie Eastons als Entzug von *support*[91] für das politische System beziehungsweise für dessen Teile bezeichnet

---

90 Die von mir vorgenommene pragmatische Trennung zwischen der Erklärungs- und Beschreibungsleistung der Eastonschen Theorie ist in der politikwissenschaftlichen Literatur im übrigen weit verbreitet. Während Eastons Begrifflichkeit nach wie vor häufig angewendet wird, argumentiert kaum einer der Autoren, der sich ihrer bedient, tatsächlich systemtheoretisch-funktionalistisch.

91 Ähnliche Rekonstruktionen der Verdrossenheitsthese in der Terminologie Eastons haben auch Westle (1989a, 1990a,b), Pickel und Walz (1997a), Fuchs (2001) sowie Maier (2000) entwickelt. Zu den

wird. *Support* bedeutet in diesem Zusammenhang die Gesamtheit von unterstützenden politischen Handlungen (*overt support*, vgl. Easton 1965b: 159f) und Einstellungen (*covert support*, vgl. Easton 1965b: 160f) im Aggregat.

Autoren, die sich mit dem schwieriger gewordenen Verhältnis zwischen Parteien und Politikern auf der einen und Bürgern auf der anderen Seite beschäftigen, beschreiben aus Eastonscher Perspektive deshalb nichts weiter als den Rückgang von diffuser Unterstützung für die *authorities*. Zwei Leitthemen in der Debatte um die Politikverdrossenheit, nämlich mangelndes Vertrauen in die fachliche Kompetenz und in die moralische Integrität der Politiker, entsprechen exakt den beiden Unterdimensionen diffuser Unterstützung, die Easton (1975: 447ff) nennt. Die in der Literatur häufig beklagte Orientierung von Politikern und Wählern an kurzfristigen Zielen läßt sich dementsprechend aus Eastonscher Sicht als Folge dieser Entwicklung beschreiben und erklären: Wenn die Amtsinhaber an langfristiger Unterstützung verlieren, weil die Bürger ihnen keinen Vertrauensvorschuß mehr gewähren und an ihren moralischen Qualitäten zweifeln, müssen sie rasche Erfolge vorweisen, um sich im Amt halten zu können. Umgekehrt werden die Bürger sich intensiver und kritischer mit dem politischen Prozeß befassen, wenn sie nicht mehr der Meinung sind „that their own interests would be attended to even if the authorities were exposed to little supervision or scrutiny" (Easton 1975: 447) „... [and] that it is right and proper ... to accept and obey the authorities"(Easton 1965b: 278).

Die Literatur zur Politikverdrossenheit beschäftigt sich aber nicht nur mit dem Schwinden der politischen Unterstützung für die *authorities*, sondern auch mit dem Rückgang von Vertrauen und Legitimitätsüberzeugungen, die sich auf das politische System selbst beziehen. Auch hier erweist sich Eastons begrifflicher Rahmen als äußerst nützlich, weil sich viele der in den einschlägigen Studien beschriebenen Makro-Phänomene als Schwund der politischen Unterstützung für die drei von Easton benannten Ebenen des *regimes* interpretieren lassen. So fordern politikverdrossene Bürger angeblich eine Entmachtung der (etablierten) Parteien und Verbände, was aus Eastonscher Perspektive einem Rückgang der Unterstützung für das intermediäre (Sub-) System entspricht, der zu einer breiteren Streuung politischer Macht und damit zu einer Veränderung in der politischen Rollenstruktur führen kann. Sie streben darüber hinaus danach, die parlamentarische Demokratie durch plebiszitäre Mechanismen zu ergänzen oder sogar zu ersetzen, was als mangelnde Unterstützung für bestimmte Partizipationsnormen gelten kann,[92] oder wenden sich sogar ganz von der Idee der Demokratie ab, d. h. sie entziehen den grundlegenden Werten und Prinzipien des politischen Systems ihre Unterstützung.

Eine weitere Makro-Hypothese, die in den Arbeiten zur Politikverdrossenheit häufig zu finden ist, nämlich die Vorstellung, daß Unzufriedenheit mit den Amtsinhabern in eine Unzufriedenheit mit dem System umschlägt, daß also *regime* und *authorities* nicht völlig unabhängig voneinander sind und so aus *Politiker*verdrossenheit tatsäch-

---

Details des Unterstützungskonzeptes vgl. Punkt 3.2.5.

92 Dieses Beispiel zeigt, daß die Abgrenzung der Normen von der Rollenstruktur keineswegs trivial ist.

lich *Politik-* beziehungsweise *System*verdrossenheit entsteht, findet sich bei Easton bereits ausformuliert:

> „Alternatively, members in a system may be so discontented with successive sets of authorities that they normally have little confidence in any of them and will accept them only insofar as they are in fact perceived to produce beneficial results. The role itself comes into question. Occupants of the authority roles begin to lose their moral authority to commit the resources of the system, and the process may prove to be cumulative. In time, disaffection may occur not because of what each succeeding set of authorities is perceived to have done but simply because they are perceived to be authorities – and authorities are no longer thought worthy of trust. (...) Loss of specific support for political authorities – the incumbents of roles – has thereby become converted into a decline in support for one part of the regime: the authority roles." (Easton 1975: 449)

Nur am Rande sei darauf verwiesen, daß Easton selbst an dieser Stelle (1975: 449, FN 35) auf den Watergate Skandal hinweist und diesen mit dem allgemeinen Absinken des politischen Vertrauens in den USA, auf das Wissenschaft und Öffentlichkeit zu Beginn der siebziger Jahre aufmerksam wurden (vgl. Abschnitt 2.3.1), in Zusammenhang bringt. Die Parallelen zwischen der Verdrossenheitsdebatte und den älteren Krisentheorien werden so nochmals deutlich.

Zwei weitere in der Literatur relativ häufig benannte Makro-Phänomene, die auf das Vorliegen von Politikverdrossenheit zurückgeführt werden, lassen sich ebenfalls gut in der Terminologie Eastons beschreiben. Es sind dies zum einen der strukturelle Wandel im Bereich des intermediären Systems (Parteien, Gewerkschaften, Kirchen), d. h. der Rückgang von Mitgliederzahlen und die daraus resultierende Notwendigkeit zur Professionalisierung und Kommerzialisierung, zum anderen die angeblich notwendige strukturelle Wandlung des politischen Systems von der repräsentativen hin zur partizipativen Demokratie. Beide Entwicklungen können im Sinne Eastons als *structural regulation of support* (Easton 1965a: 124), d. h. als eine typische, wenn auch radikale Anpassungsreaktion[93] der Subsysteme beziehungsweise des Gesamtsystems auf den Entzug von *support* gedeutet werden:

> „A regulative response with regard to support may include efforts to change the structure and process that characterize a particular type of political system. This is perhaps the most radical strategy. It requires the system to transform its goals and structures as a means of maintaining at least some kind of system for making authoritative allocations. (...) When a system is in danger of such disorganization and chaos that the essential variables can no longer operate, if it adopts a new constitutional order (structure, norms, and goals) fundamentally different from the one that went before, we have an instance of self-transformation that helps to assure the persistence of a system for making authoritative allocations" (Easton 1965a: 124).

Auch das letzte in den Arbeiten zur Politikverdrossenheit diskutierte Makro-Phänomen, auf das hier eingegangen werden soll, nämlich die aus der Unregierbarkeitsdebatte übernommene Vorstellung einer zunehmenden Überlastung (vgl. die Abschnitte 2.3.2 und 2.3.3) des politischen Systems, die sich in der Literatur zur Verdrossenheit in drei verschiedenen Varianten findet, ist bei Easton bereits vorgezeichnet.

---

93 Aus der Sicht der Systemtheorie sind es die Systeme selbst, also soziale Gebilde, die agieren und reagieren, vgl. Seite 78f.

In der ersten Fassung der Überlastungshypothese gehen die Autoren davon aus, daß Veränderungen im internationalen Staaten- und Wirtschaftssystem das politische System vor eine große Zahl neuer, in erster Linie ökonomischer Aufgaben und Herausforderungen stellt, die es quantitativ und qualitativ überfordern. Ein Bezug zur Politikverdrossenheit besteht hier insoweit, als daß die Unfähigkeit des Systems, diesen Anforderungen gerecht zu werden, zu einer wachsenden Unzufriedenheit unter den Bürgern führt, was dann neue Belastungen zur Folge haben kann. Inhaltlich ist die Überlastung des Systems deshalb in dieser Variante der Hypothese sowohl den Ursachen als auch den Folgen von Politikverdrossenheit zuzurechnen. In der Eastonschen Begrifflichkeit läßt sich der Prozeß als eine Veränderung der Einflüsse aus den *extrasocietal systems* (Easton 1965a: 72) paraphrasieren, die dazu führt, daß die Leistungs- und Steuerungsfähigkeit des Systems sinkt, während die *demands* der Bürger (Vollbeschäftigung, Wohlstand etc.) konstant bleiben. Im Ergebnis kann das System diese Forderungen nicht mehr in vollem Umfang erfüllen und gerät in indirekter Weise unter Streß,[94] weil ihm die Bürger als Reaktion auf dieses Versagen die Unterstützung entziehen (Easton 1965b: 58).

Eine zweite Form der Überlastungshypothese entstammt ebenfalls der Regierbarkeitsdebatte. Ihr zufolge wachsen infolge von Prozessen des Wertewandels die Ansprüche der Bürger über die Grenzen dessen, was der Staat leisten kann und soll hinaus[95] und werden zugleich – Stichwort Individualisierung – heterogener. Verdrossenheit, d. h. Unzufriedenheit der Bürger mit dem gegebenen Leistungsniveau des Systems, resultiert in dieser Perspektive letztlich aus einem Mangel an Einsicht von Bürgern (und gelegentlich auch Politikern) in die begrenzten Ressourcen des Staates und wird zur Ursache von Überlastung. Auch diese Fassung der Überlastungshypothese läßt sich mit dem analytischen Instrumentarium Eastons beschreiben: Zum indirekten Streß, der aus der Unzufriedenheit der Bürger folgt, treten hier noch zwei Varianten von Streß hinzu, die direkt auf die neuen politischen Ziele der Bürger zurückzuführen sind: *content stress*, d. h. eine Belastung, die sich aus dem Inhalt der (überzogenen) Forderungen und den beschränkten Ressourcen des Systems ergibt (Easton 1965b: 66f), und *volume stress*, der auf die beschränkte Kapazität des Systems, verschiedenartige Ansprüche überhaupt zu erfassen und zu bearbeiten, zurückgeht (Easton 1965a: 120, Easton 1965b: 60f).[96] Hinzu tritt eventuell noch eine Überlastung der intermediären Institutionen, vor allem der (Volks-)Parteien, die zusehends heterogene individuelle Ansprüche (*wants*) in politische Forderungen (*demands*) konvertieren müssen.

---

94 „Streß" wird von Easton in knapper und sehr abstrakter Weise als gravierende Abweichung von der politischen Normalität definiert: „It [stress] can now be said to be a condition that occurs when disturbances, internal or external in origin, threaten to displace the essential variables of a political system beyond their normal range and toward some critical limit. Thereby it prevents a political system from operating in its characteristic way" (Easton 1965a: 94).

95 Die Vorstellung, daß eine Eskalation der politischen Ansprüche zu einer Belastung für demokratische Systeme wird, spricht Easton als „so-called revolution of rising expectations" (Easton 1965a: 81) direkt an, thematisiert sie aber nicht weiter, da sein Interesse in erster Linie analytisch ist.

96 Eine ähnliche, aber nicht explizit auf die Eastonschen Kategorien bezogene Einteilung der Probleme, die sich für Regierungen aus dem Wertewandel ergeben, nimmt van Deth (1995: 3) vor.

Auch in einer dritten Variante der Hypothese stellt sich Verdrossenheit nicht als Folge von Überlastung dar, sondern ist deren eigentliche Ursache. Hier ist das Mißtrauen der Bürger gegenüber den Parteien und Politikern der entscheidende Faktor. Zu einer Überlastung des Systems kommt es deshalb, weil die verdrossenen Bürger den Regierenden keinen Vertrauensvorschuß mehr gewähren und zu rasch mit neuen Forderungen reagieren, wenn die Ergebnisse des politischen Prozesses nicht ihren Erwartungen entsprechen. Auch hier handelt es sich letztlich um *volume stress.*

2.5.3 Ein Kategoriensystem

Aus der eingangs formulierten Forschungsfrage nach dem Bedeutungsgehalt des Wortes Politikverdrossenheit und dem im vorangegangenen Abschnitt entwickelten generischen Erklärungsmodell läßt sich ein System sinnvoller Dimensionen und zugehöriger Kategorien ableiten, das ich im folgenden darstelle (vgl. als Überblick Tabelle 2.1, Seite 97ff). Zur besseren Orientierung des Lesers gehe ich dabei bereits knapp auf typische Ausprägungen ein, die sich in der Literatur häufig finden.

1. Analytische Aspekte
Die vorhandene Literatur soll zunächst unter analytischen Gesichtspunkten gegliedert werden. Dabei lassen sich wenigstens fünf grundlegende Dimensionen unterscheiden, nach denen die Arbeiten eingeteilt werden können. Die erste dieser Dimensionen bezieht sich auf die Konzeptualisierung. Hier ist an aller erster Stelle zu fragen, welcher Begriff beziehungsweise welche Kombination von Begriffen den Arbeiten zugrunde liegt. Typische Ausprägungen sind die diversen Komposita von „Verdrossenheit".[97] Dabei werden in der quantitativen Literaturanalyse nur solche Begriffe erfaßt, mit denen die jeweiligen Verfasser selbst operieren. Die Aufzählung aller weiteren Begriffe, auf die die Autoren (zumeist in kritischer Absicht) lediglich verweisen, würde den Informationsgehalt des Literaturüberblickes reduzieren. Eng mit dem grundlegenden, aber eher formalen Gesichtspunkt der Begrifflichkeit verknüpft ist die Frage, ob sich die Autoren in irgendeiner Form inhaltlich mit der Spezifikation ihres Konzeptes befassen, oder ob sie es als gegeben voraussetzen: Wird eine explizite oder wenigstens implizite Definition[98] der verwendeten Begriffe vorgenommen? Wird die Begrifflichkeit dieser Definition entsprechend einheitlich gebraucht? Unterscheidet der betreffende Autor zwischen Politik-, Parteien-, Staats- und anderen Verdrossenheiten, sofern er mehrere dieser Begriffe verwendet?[99]

---

97 Seltenere Varianten der Begrifflichkeit wie „Parteienverdruß", „Verdruß über die Politik" oder „politische Verdrossenheit" werden den entsprechenden Hauptformen, die in Tabelle 2.1 aufgeführt sind, zugeordnet.

98 Als „implizite Definition" – in gewisser Weise ein Oxymeron – bezeichne ich den in der Literatur häufig anzutreffenden Fall, daß ein Autor zwar keine echte Definition vornimmt, aber eine (konsistente) Reihe von Merkmalen, Phänomenen und Indikatoren aufzählt, aus denen sich rekonstruieren läßt, was der Betreffende unter Politikverdrossenheit versteht.

99 Ursprünglich war vorgesehen, im Anschluß daran auch zu untersuchen, ob die von den Autoren verwendeten Definitionen operationalisierbar sind, ob es möglich ist, mit Hilfe dieser Operationalisierungen empirische Hypothesen zu formulieren und zu überprüfen, und ob eine solche Prüfung tatsächlich

Bei der zweiten analytischen Dimension handelt es sich um die theoretische Vernetzung der untersuchten Arbeiten. Hier ist einerseits zu klären, ob und wie der Begriff der Politikverdrossenheit zu anderen Konzepten der Politischen Soziologie in Bezug gesetzt wird. Ein solcher Bezug kann entweder als Abgrenzung von den etablierten Konzepten oder als Gleichsetzung mit ihnen erfolgen. Andererseits ist zu untersuchen, ob eine Verbindung zu vorhandenen politikwissenschaftlichen oder allgemeineren sozialwissenschaftlichen Theorien hergestellt wird.[100]

Drittens und viertens schließlich muß, um den Anspruch und die Erklärungsleistung der einzelnen Texte beurteilen zu können, noch untersucht werden, welche Erklärungsebenen (vgl. Seite 66) die Autoren berücksichtigen und welche Stellung Verdrossenheit innerhalb ihrer Erklärungsversuche einnimmt.[101] Diese Betrachtungsweise geht über eine Analyse des Konzeptes im engeren Sinne hinaus und leitet zu den inhaltlichen Aspekten über.

Fünftens ist aber, bevor die Texte nach inhaltlichen Gesichtspunkten eingeteilt werden, vorab noch zu untersuchen, ob und inwieweit die Autoren auf der Meta-Ebene argumentieren, d. h. Kritik an der Verdrossenheitsforschung üben. Diese Kritik läßt sich in vier Unterkategorien einteilen (vgl. Tabelle 2.1, Seite 97), die allerdings in der Realität nicht immer leicht voneinander abzugrenzen sind: Begriffliche Kritik, die sich auf die Spezifikation des Konzeptes bezieht und dessen Validität, Fruchtbarkeit und Relevanz in Frage stellt, methodische Kritik, die an der Qualität der verwendeten Instrumente oder der dimensionalen Struktur des Konstruktes[102] zweifelt, inhaltliche Kritik, die die bisherigen Ergebnisse der Forschung in Zweifel zieht, und eine mehr oder minder pauschale Kritik, die sich auf die Erforschung von Politikverdrossenheit im Ganzen richtet. Eng verbunden mit diesem Punkt ist schließlich die Frage, ob die Autoren bei ihrer Kritik an der bisherigen Verdrossenheitsforschung einen internen oder einen externen Standpunkt einnehmen, d. h., ob sie die Verwendung des Konzep-

---

stattfindet. Da aber, wie sich unten zeigen wird, die wenigsten Autoren den Begriff der Verdrossenheit systematisch entwickeln, geschweige denn Hypothesen deduktiv ableiten und im strengen Sinne testen, schien eine derart detaillierte Untersuchung letztlich wenig sinnvoll zu sein.

100 Diese Doppelfrage nach Konzepten und Theorien beinhaltet nur scheinbar eine Redundanz: Zum einen werden in der Politikwissenschaft in wachsendem Umfang Konzepte aus ihrem ursprünglichen theoretischen Zusammenhang herausgelöst und wie bei einem „Chinese dim sum brunch" (Grofman 1997: 79f) ausgetauscht und verkostet. Ein häufig zitiertes Beispiel dafür ist die weite Verbreitung, die Begriffe aus dem Bereich der Spieltheorie inzwischen bei Vertretern aller Subdisziplinen gefunden haben. Zum anderen sind viele politikwissenschaftliche Konzepte eher einem losen Forschungszusammenhang als einer Theorie im eigentlichen Sinne, d. h. einem kohärenten und konsistenten System allgemeiner Aussagen, zuzuordnen. Ein Bezug zu anderen *Konzepten* ist deshalb nicht ohne weiteres mit der Entscheidung für oder gegen eine bestimmte *Theorie* gleichzusetzen.

101 Zu den Problemen, die sich ergeben, wenn untersucht werden soll, in welchem kausalen Verhältnis eine bestimmte *Einstellungs*variable zur Politikverdrossenheit steht, vgl. auch Seite 87.

102 Beispielsweise kritisiert Deinert (1997: 152), daß „der Begriff ‚Politikverdrossenheit' und seine Verwendung in der Forschung häufig [Eindimensionalität] suggeriert", während er aufgrund seiner eigenen empirischen Analysen einen mehrdimensionalen Begriff von Politikverdrossenheit für adäquater hält. Die Frage, ob politische Verdrossenheit tatsächlich als ein Bündel eng miteinander verbundener Einstellungen verstanden werden kann, wird in Kapitel 4.1 empirisch geprüft.

tes generell ablehnen oder sie es lediglich modifiziert sehen wollen.

2. Inhaltliche Aspekte

Naturgemäß unterscheiden sich die vorhandenen Arbeiten nicht nur in ihrer theoretischen Struktur, sondern auch in ihren substantiellen Aussagen. In einem weiteren Schritt sollen die Texte deshalb unter inhaltlichen Gesichtspunkten verglichen werden. Hier lassen sich die einzelnen Studien zunächst danach unterscheiden, welches in ihrer Perspektive die Objekte der Verdrossenheit sind (vgl. Seite 98). Der Bogen spannt sich hier von einzelnen Personen beziehungsweise Klassen von Personen (Berufspolitiker, Parteifunktionäre, höhere Beamte) über gesellschaftliche und politische Institutionen (Parteien, Gewerkschaften, Verwaltung und Regierung) bis hin zu politischen Organisationsprinzipien und Werten (Repräsentationsprinzip, Pluralismus, Idee der Demokratie). In der Terminologie Eastons sind also sowohl die *authorities* als auch alle drei Komponenten des *regimes* potentielle Objekte von Verdrossenheitseinstellungen.

Ein methodisches Problem, auf das in dieser Stelle bereits hingewiesen werden muß, weil es inhaltliche Konsequenzen nach sich zieht, ergibt sich in diesem Zusammenhang daraus, daß zahlreiche Autoren einen Indikator verwenden, der in der Literatur als „Demokratiezufriedenheit" bekannt ist. Diese Bezeichnung ist insofern irreführend, als mit diesem Instrument in der Regel die Zufriedenheit mit dem *Funktionieren* der Demokratie *in der Bundesrepublik* erhoben wird. Schon aus der Frageformulierung ergibt sich daher, daß der Indikator keinesfalls die Unterstützung für die Demokratie als abstraktes Prinzip erfaßt.[103]

Dieter Fuchs hat darüber hinaus überzeugend dargelegt, daß Demokratiezufriedenheit keineswegs eine Beurteilung des bundesdeutschen „Institutionengefüge[s] als solches, wie es verfassungsmäßig definiert ist" (Fuchs 1989: 134f), beinhaltet. Bewertet werde vielmehr „die Wirklichkeit dieses Institutionengefüges beziehungsweise sein konkretes Funktionieren" (Fuchs 1989: 135). Nach seiner weithin unwidersprochenen Vermutung bezieht sich die Zufriedenheit mit dem Funktionieren der Demokratie in der Bundesrepublik somit auf die *Performanz* des gesamten *regimes*, nicht aber auf dessen grundsätzliche *Legitimität* (Fuchs 1989: 139). Im Sinne Eastons handelt es sich bei der Demokratiezufriedenheit also um eine Größe, die das Ausmaß der spezifischen Unterstützung für das *regime* der Bundesrepublik erfaßt. Der Indikator reagiert dementsprechend zumindest im Aggregat auch sehr empfindlich auf Veränderungen situativer Faktoren (Fuchs 1989: 140ff). In ähnlicher Weise äußert sich auch Westle (1989a: 225) zu diesem Instrument, das ihrer Ansicht nach eine besondere, „diffus-spezifische" Form politischer Unterstützung erfaßt, die in Eastons ursprünglicher Konzeption nicht vorgesehen war.

Dennoch wird ein Rückgang der Demokratiezufriedenheit von vielen Autoren als Entzug der *grundsätzlichen*, d.h. diffusen Unterstützung für das politische System oder

---

103 Zu den Variationen der Frageformulierung in verschiedenen Studien vgl. Deinert 1997: 79, FN 17 (EUROBAROMETER und POLITBAROMETER), Mochmann et al. 1999 (deutsche nationale Wahlstudien seit 1972) sowie ZA und ZUMA 1999 (ALLBUS seit 1982).

sogar als Abwendung vom Prinzip der Demokratie verstanden. Für die überblicksartige Darstellung der vorhandenen Literatur ist dieses Mißverständnis aber ohne Belang – alleine die Interpretation der Daten durch die jeweiligen Autoren ist hier von Bedeutung.

Nachdem die Frage nach den Objekten der Verdrossenheit geklärt ist, können die Arbeiten zweitens danach unterschieden werden, welche Arten von Attitüden als Politikverdrossenheit bezeichnet und welche der Verdrossenheit vorgelagerten Einstellungen analysiert werden. Auch hier ist die Bandbreite außerordentlich groß, und ein Konsens zwischen den Autoren ist kaum zu erkennen. Diskutiert werden als vorgängige Einstellungsvariablen u. a. Akzeptanz von Normen, Wertorientierungen und Bindungen an bestimmte intermediäre Instanzen (Kirchen, Gewerkschaften, Parteien).

Als Verdrossenheitseinstellungen im eigentlichen Sinne, die aus diesen vorgelagerten Einstellungen resultieren, gelten dann beispielsweise politisches Desinteresse, Mißtrauen gegenüber Politikern und politischen Institutionen, eine ablehnende Haltung gegenüber bestimmten[104] Parteien sowie die sogenannte „Protesthaltung", die von manchen Autoren auch als „Denkzettelmentalität" bezeichnet wird. Inhaltlich unterscheiden sich die Ablehnung einer Gruppe politischer Parteien einerseits, Protest- oder Denkzettel-Haltungen andererseits nur in Nuancen: Autoren, die den Protestbegriff verwenden, betonen häufig die affektive Komponente der entsprechenden Einstellung. Protest beinhaltet für sie zumeist Wut und Enttäuschung. Das Austeilen eines „Denkzettels", das aus einer derartigen Einstellung resultiert, rückt damit in die Nähe eines aggressiven Aktes, auch wenn es sich beim „Denkzettel" in aller Regel nur um einen Stimmzettel handelt.[105] Bestimmte politische Forderungen, etwa die nach der Aufnahme zumeist neuer inhaltlicher Ziele in die politische Agenda, nach einem höheren Leistungsniveau oder nach einer Reform des politischen Systems, werden von einzelnen Autoren ebenfalls zu den Verdrossenheitseinstellungen im engeren Sinne gerechnet, während für andere Verdrossenheit aus der mangelnden Responsivität der Politik gegenüber solchen Forderungen resultiert.

Schon an dieser Stelle muß darauf hingewiesen werden, daß sich die Aussagen zur Spezifikation des Mikro-Modells in den Arbeiten zur Politikverdrossenheit zumeist

---

104 Die ablehnende Haltung bezieht sich in der Regel auf solche Parteien, die als „etabliert" gelten, weil sie entweder selbst an der Regierung beteiligt sind oder – wie die SPD während der Regierungszeit Helmut Kohls – von den Bürgern als Bestandteil eines politischen Kartells wahrgenommen werden.

105 Eine prominente Ausnahme stellt Franz Urban Pappi (1990) dar, der in Anlehnung an Downs den scheinbar widersprüchlichen Begriff des „rationalen Protestwählens" geprägt hat, auf das er die Erfolge der „Republikaner" zurückführt: „Rationales Protestwählen liege vor, wenn Wähler sich für eine neue Partei entscheiden, weil die etablierten Parteien sich zu weit von dem entfernt haben, was die Wähler durch die Regierung verwirklicht sehen wollen. (. . .) Die Frage der Regierungsfähigkeit der neuen Protestpartei mag dabei genauso in den Hintergrund treten wie bei der Wahl einer [etablierten] Oppositionspartei, für die man zumindest für die nächste Legislaturperiode noch keine Regierungschance erwartet. Ziel kann es zunächst sein, durch Wahl einer neuen Partei die Politik einer bestehenden Partei zu beeinflussen, wenn z. B. extreme Wählergruppen die Bewegung ihrer Hauptpartei zur Mitte des ideologischen Spektrums hin verhindern wollen" (Pappi 1990: 38). Emotionen spielen in diesem Kalkül *keine* Rolle – Pappi ist einer der wenigen Autoren, der die Wahl der „Republikaner" gänzlich ohne Rückgriff auf Politikverdrossenheit oder vergleichbare Einstellungen zu erklären versucht.

auf ein Minimum beschränken. In der Regel läßt sich zwar rekonstruieren, daß die Autoren ein OSAM-Modell zugrunde legen (vgl. Seite 68). Ob bestimmte Einstellungen aber als Antezedenzien, Konstituenten, Korrelate oder Konsequenzen von Politikverdrossenheit gelten sollen, bleibt häufig unklar. In der Literaturanalyse werden deshalb *alle* Einstellungen aufgeführt, die in den untersuchten Texten in einen engeren Zusammenhang mit Politikverdrossenheit gebracht werden, ohne daß zwischen abhängigen, intervenierenden und unabhängigen (Davis 1985: 20ff) Variablen unterschieden wird.

Drittens bestehen erhebliche Unterschiede hinsichtlich der politischen Handlungen, die auf das Vorliegen von Verdrossenheitseinstellungen zurückgeführt werden (vgl. Tabelle 2.1, Seite 98). Parteiaustritte beziehungsweise die angeblich schwindende Bereitschaft, überhaupt in Parteien einzutreten, sowie die diversen Formen „unkonventioneller" politischer Partizipation werden in der Literatur nicht allzu häufig genannt, vermutlich, weil sowohl das Engagement in Parteien als auch Abweichungen vom Kanon der „konventionellen" politischen Partizipationsformen in der Realität relativ selten vorkommen. Bestimmte Formen des Wahlverhaltens, nämlich Nichtwahl, Wechselwahl und vor allem die sogenannte „Protest-" beziehungsweise „Denkzettel-Wahl", werden hingegen häufig als Ausdruck von Politikverdrossenheit angesehen.

Mit dem unglücklich gewählten Begriff der Protestwahl wird das Stimmverhalten zugunsten (noch) nicht etablierter Parteien (d. h. linker und rechter Flügelparteien, Anti-Parteien-Parteien, in den Anfangsjahren ihrer Existenz auch der Grünen) bezeichnet, das als Ausdruck grundlegender Unzufriedenheit mit den etablierten Parteien oder sogar den Strukturen des politischen Systems interpretiert wird. Unglücklich gewählt ist der Begriff aus zwei Gründen: Erstens, weil wie beim Begriff der Politikverdrossenheit[106] häufig unklar ist, was unter „Protest" eigentlich verstanden werden soll, zweitens, weil Protest in der Partizipationsforschung als Oberbegriff für unkonventionelle oder sogar illegale Formen politischen Verhaltens verwendet wird (vgl. Barnes et al. 1979b), die mit dem Wahlverhalten nichts zu tun haben. Zudem suggeriert der Begriff, daß die entsprechenden Parteien von den Bürgern als „Protestparteien" wahrgenommen werden und daß „Protest" tatsächlich das wichtigste, wenn nicht das einzige Motiv der Wahlentscheidung ist. Ob diese beiden Vermutungen gültig sind, ist eine weitgehend offene Frage, die empirisch untersucht werden muß.[107]

Viertens kann man die Texte danach klassifizieren, ob sie sich mit der Aggregation individuellen politischen Verhaltens befassen und welche Mechanismen sie dafür spezifizieren. Hier ist in erster Linie an mathematische Aggregation durch das Wahlsy-

106 Vor allem in den frühen achtziger Jahren wurden Parteienverdrossenheit und Protest von einigen Autoren fast wie Synonyme gebraucht. So setzte sich Rainer-Olaf Schultze unter der Überschrift „Nur Parteiverdrossenheit und diffuser Protest?" (1980) beziehungsweise „Weder Protest noch Parteienverdrossenheit" (1992) kritisch mit der Protestwahlhypothese auseinander, ohne den Begriff der Parteienverdrossenheit im Text noch einmal aufzunehmen. In ähnlicher Weise beschäftigt sich Heidrun Abromeit (1982: 180) im Unterabschnitt „,Parteiverdrossenheit'" hauptsächlich mit der Höhe und dem Wachstum des „Protestpotentials".

107 Zum Einfluß des Protestmotives auf die Wahl der „Republikaner" und der PDS liegt eine umfangreiche Literatur vor, auf die an dieser Stelle nur summarisch verwiesen werden kann. Untersuchungen zur Wahrnehmung dieser Parteien hingegen sind bislang selten.

stem, an gemeinsames politisches Handeln innerhalb sozialer Gebilde (Bewegungen) und an den Sonderfall der „Konstruktion" von Politikverdrossenheit (vgl. Punkt 7 auf Seite 78) zu denken.

Fünftens unterscheiden sich die Arbeiten dadurch, welche Befunde auf der Makro-Ebene sie auf das Vorliegen von Verdrossenheitseinstellungen und -handlungen zurückführen und welche Folgen sie für den Fall postulieren, daß die Verdrossenheit andauert. Viele Autoren beschreiben in diesem Zusammenhang Phänomene, die als Entzug von Unterstützung für die *authorities* und Teile des *regimes* interpretiert werden können. Ein großer Teil dieser Studien geht zudem analog zu Easton (1975: 449) davon aus, daß eine andauernde Unzufriedenheit mit den *authorities* mittelfristig auch die Unterstützung für das *regime* in Mitleidenschaft zieht. Auch die personelle Auszehrung und notwendige Umstrukturierung von intermediären Instanzen sowie der institutionelle Wandel des Gesamtsystems hin zu einer stärker plebiszitär ausgerichteten Form der Demokratie werden häufig als Folge von Politikverdrossenheit thematisiert.

Eine Orientierung von Politikern und Wählern an kurzfristigen Zielen, wie sie in der Literatur oft unterstellt wird, könnte, wie oben gezeigt, ebenfalls systemtheoretisch aus dem Entzug von diffuser Unterstützung rekonstruiert werden. In der Literatur wird die behauptete Dominanz solcher kurzfristigen Orientierungen jedoch meist den Ursachen von Politikverdrossenheit zugerechnet und nicht als Folge derselben betrachtet. Auch die Hypothese einer Überlastung des politischen Systems wird meist im Zusammenhang mit den Ursachen der Politikverdrossenheit diskutiert. Aus systematischen Gründen werden diese zwei beziehungsweise drei Phänomene deshalb beiden Analysedimensionen zugeordnet.

Sechstens können die vorliegenden Studien danach unterschieden werden, welche Ursachen von Politikverdrossenheit sie benennen. Bereits vor dem Einstieg in die eigentliche Textanalyse läßt sich festhalten, daß die Suche nach den Gründen für das Aufkommen von Verdrossenheit einen Schwerpunkt in der Literatur bildet. Dementsprechend vielfältig gestalten sich die Erklärungsansätze (Tabelle 2.1, Seite 99).[108]

Eine erste Gruppe von Erklärungen führt die Entstehung von Verdrossenheitseinstellungen auf das aggregierte (Fehl-)Verhalten von Parteien und Politikern zurück. Dabei kann zwischen schlichter fachlicher Inkompetenz einerseits und moralischem Fehlverhalten andererseits unterschieden werden (vgl. auch Pippig 1990). Fehlverhalten von Politikern und Parteien kann dann nochmals differenziert werden: Entweder handelt es sich um eine bloße Häufung individueller Skandale, die den Defiziten einzelner Politiker oder Parteien zuzurechnen ist, oder die Ursache wird dem politischen System beziehungsweise dem Parteiensystem selbst zugeschrieben, das Möglichkeiten

---

108 Vgl. dazu auch den Versuch von Plasser und Ulram (1993: 4ff), die in der Literatur angebotenen Erklärungen durch die Unterscheidung zwischen einem „sozialstrukturellen Modernisierungsansatz", einem „organisationsstrukturellen Ansatz", einem „Output-orientierten Ansatz" einem „parteienstaatlichen Kritikansatz" und einem „Zugang ... unter dem Stichwort ‚Videomalaise'" zu systematisieren.

und Anreize für Korruption und „Selbstbedienung"[109] schafft.[110] Insbesondere die gesetzlichen Regelungen zur Parteienfinanzierung und zu den Diäten beziehungsweise Gehältern von Abgeordneten und Regierungsmitgliedern werden nicht nur von Wissenschaftlern und Publizisten immer wieder kritisiert, sondern gelten in der Literatur auch als wichtige Ursachen für Verdrossenheitseinstellungen in der allgemeinen Bevölkerung.

Ähnlich, aber eher mit Bezug auf die programmatischen und personellen Defizite der Parteien als auf etwaige kriminelle oder zumindest moralische zweifelhafte Machenschaften, argumentieren Autoren, die eine Kartellbildung zwischen den Parteien monieren, bezweifeln, daß es den Parteien gelingt, die Interessen der Bürger aufzugreifen und zu artikulieren, die zentrale Stellung der Parteien im politischen System kritisieren oder eine Oligarchisierung innerhalb der Parteien beklagen und sich damit in die Tradition der wissenschaftlichen Parteienkritik stellen, die in Deutschland spätestens mit Robert Michels beginnt. Je nachdem, auf was Korruption, Etatisierung, Funktionsdefizite, Kartellbildung und Oligarchisierung ihrerseits zurückgeführt werden, bestehen Übergänge zu Erklärungsmustern, die auf strukturelle Ursachen von Politikverdrossenheit abheben. Ein Problem ergibt sich in diesem Bereich aber daraus, daß viele Autoren Schwierigkeiten haben, zwischen ihrer eigenen Parteienkritik einerseits und einer Zuschreibung von Ursachen für Verdrossenheitsgefühle der Bevölkerung andererseits zu trennen (vgl. dazu auch Kapitel 2.4 sowie Gabriel 1997: 427).

Auch eine zweite Gruppe von Ansätzen führt das Entstehen von Politikverdrossenheit auf das Verhalten politischer Akteure, nämlich der Medien[111] zurück. Für einen Teil der Autoren stehen hier Modus und Inhalt der politischen Berichterstattung im Vordergrund. Aus ihrer Sicht sind entweder die übermäßig kritische beziehungsweise negative Behandlung politischer Themen, die Tendenz der Medien, Politik als unterhaltendes, aber unseriöses Schauspiel zu präsentieren (*infotainment, horse race jour-*

---

109 „Selbstbedienung" ist kein wissenschaftlicher Begriff, dennoch wird das Wort in der Literatur zur Politikverdrossenheit häufig gebraucht. Unterschiedliche Autoren bezeichnen damit höchst unterschiedliche Sachverhalte, die von Bereicherung im Amt über die Annahme von Vorteilen bis hin zur staatlichen Teilfinanzierung von Parteien und der parlamentarischen Entscheidung über die Höhe der Diäten reicht. Die Verwendung dieses Begriffs im Rahmen von Elitendiskursen, insbesondere in den Arbeiten Hans Herbert von Arnims, wäre ein lohnender Gegenstand für eine eigenständige Analyse.

110 Einige wenige Autoren wie z. B. Walter Gloede (1993) oder Peter Grubbe (1993), deren Arbeiten nicht berücksichtigt wurden, weil sie das Kriterium des wissenschaftlichen Anspruchs nicht erfüllen (vgl. Punkt 2.5.1, Seite 62), sondern eher als populistische Hetzschriften gelten müssen, gehen allerdings davon aus, daß Politiker in allen Ländern der Welt und zu allen Zeiten so etwas wie eine besondere Spezies darstellen, die sich von den übrigen Menschen durch ein hohes Maß an Korrumpierbarkeit, Machtgier und schierer Bosheit unterscheidet. Aus dieser Sicht handeln Politiker immer verwerflich, unabhängig davon, in welchem System sie agieren. Die Folge ist „Staatsverdrossenheit von Bhopal bis Bonn" (Grubbe 1993: 11).

111 Sowohl die deutschsprachige als auch die internationale Literatur beziehen sich in diesem Zusammenhang fast ausschließlich auf das Fernsehen. Eine wichtige Ausnahme stellt hier die ambitionierte Längsschnittstudie von Kepplinger (1998) dar, der Veränderungen in der Presseberichterstattung für das Aufkommen von Politikverdrossenheit verantwortlich macht (vgl. Abschnitt 2.6.5.2, Seite 171). Kepplinger geht allerdings davon aus, daß das Fernsehen (und Magazine wie der *Spiegel*) noch weit stärkere Verdrossenheitsgefühle hervorrufen als die von ihm untersuchten Qualitätszeitungen.

nalism) oder die von den Medien tolerierte, wenn nicht sogar forcierte übertriebene Selbstdarstellung der Politiker Auslöser für das Entstehen von Verdrossenheitseinstellungen. Diese Überlegungen entsprechen in etwa der ursprünglichen Videomalaise-Hypothese, wie sie von Robinson (1976) formuliert wurde. Vertreter einer modifizierten[112] Form der Videomalaise-Hypothese bringen politische Verdrossenheit mit dem Konsum apolitischer Unterhaltungssendungen in Zusammenhang, während radikale Kritiker des Verdrossenheitskonzeptes, wie oben erwähnt, unterstellen, daß die Politikverdrossenheit von den Medien schlichtweg erfunden wurde.

Die Gemeinsamkeit einer dritten Gruppe von Erklärungen für die Entstehung von Politikverdrossenheit liegt darin, daß diese Ansätze sich auf Ursachen beziehen, die in einem weiteren Sinn als strukturell bezeichnet werden können und als indirekte Auslöser von Politikverdrossenheit präsentiert werden. Vor allem von konservativer Seite wird hier gelegentlich die demokratische Parteienkonkurrenz als Ursache genannt, weil sie dazu führe, daß die Parteien sich gegenseitig mit Versprechungen überbieten, die sie angesichts knapper werdender Ressourcen nicht einhalten können. Diese Überlegung findet sich ebenfalls bereits in der Regierbarkeitsdiskussion (Johnson 1977: 65, vgl. auch Abschnitt 2.3.3). Verwandt mit dieser Hypothese ist das Argument, daß Verdrossenheit deshalb entstehe, weil Politiker aller Couleur langfristige Ziele aus den Augen verlieren oder schlicht ignorieren, da sie ausschließlich auf ihre Wiederwahl hinarbeiten. Sofern die Autoren nicht davon ausgehen, daß Politiker dies aus Mangel an Intelligenz oder Verantwortungsgefühl tun, werden für dieses Verhalten strukturelle Ursachen wie die hohe Frequenz von Wahlen im föderalen System, die oben skizzierte Eskalation von Ansprüchen im demokratischen Wohlfahrtsstaat und ein mit dem Abbau langfristiger politischer Bindungen einhergehender Wandel zu einem kurzfristig-instrumentellen Verhalten der Wähler angeführt.

Auch solche Ansätze, die Politikverdrossenheit vor allem durch politische Traditionen wie die angebliche Gemeinwohlorientierung und Parteienfeindlichkeit der Deutschen oder – im Falle der Ostdeutschen – durch die Sozialisation in einem undemokratischen politischen System erklären, können dieser Kategorie zugeordnet werden. Zumindest für die alte Bundesrepublik läßt sich aber allein mit solchen mittelfristig stabilen Variablen aus logischen Gründen eine Zunahme der Politikverdrossenheit nicht erklären. Eine Reihe von Arbeiten geht deshalb davon aus, daß die Politikverdrossenheit, die es, wenn auch unter anderem Namen, immer schon gegeben habe, gar nicht zugenommen hat. Andere Autoren vermuten, daß erst eine Verschlechterung der politischen und/oder wirtschaftlichen Situation in Kombination mit diesen politisch-kulturellen Faktoren zu einem wahrnehmbaren Anstieg der Politikverdrossenheit geführt habe.

---

112 In ihrer ursprünglichen Form besagt die Videomalaise-Hypothese ebenfalls, daß die negativistische Berichterstattung des Fernsehens in Verbindung mit dessen hoher Glaubwürdigkeit zu einer Form der politischen Entfremdung führt: „these viewers respond to the content by growing more cynical, more frustrated, more despairing; they become increasingly less enamored of their social and political institutions" (Robinson 1976: 426). Für die Bundesrepublik gilt die Videomalaise-Hypothese als widerlegt (Brettschneider 1997: 591). Grundlegend zur Videomalaise-Hypothese ist immer noch Holtz-Bacha (1990).

Mit strukturellen *Veränderungen* argumentieren Vertreter einer ebenfalls bereits aus der Regierbarkeitsdebatte bekannten Position (vgl. Crozier et al. 1975: 4f), derzufolge externe ökonomische Prozesse vor dem Hintergrund einer globalen wirtschaftlichen Verflechtung die Leistungs- und Steuerungsfähigkeit des politischen Systems reduzieren, was im Ergebnis dazu führt, daß das Vertrauen in die Politik schwindet und die Unzufriedenheit der Bevölkerung wächst (vgl. auch Abschnitt 2.3.2 und Abschnitt 2.5.2). Auch an Hirschman (1984: Kapitel 4-8) angelehnte Überlegungen, daß es so etwas wie Konjunkturzyklen politischen Engagements gebe, können der Gruppe der strukturellen Erklärungen zugeordnet werden.

Auf eine letzte Gruppe von möglichen Ursachen, die in einem sehr indirekten Verhältnis zum Explanandum Politikverdrossenheit stehen, soll an dieser Stelle nur summarisch verwiesen werden. In Tabelle 2.1 auf Seite 99 werden sie als „veränderte Randbedingungen" bezeichnet. Bei ihnen handelt es sich um eine Reihe von teils miteinander korrelierten Makro-Variablen, die in vielen Erklärungsansätzen explizit oder implizit enthalten sind. Beispielsweise ist davon auszugehen, daß die unterstellten negativen Einflüsse des Fernsehens nur deshalb ihre volle Wirkung entfalten können, weil sich die sozialen Milieus teilweise aufgelöst haben und die Bürger in zunehmend geringerem Umfang auf die Interpretationsleistung von Meinungsführern in ihrem unmittelbaren sozialen Umfeld angewiesen sind.[113] Die in Tabelle 2.1 aufgelisteten Faktoren finden sich in ähnlicher Form bereits bei Crozier et al. (1975). Die Vorläufer dieses Kataloges lassen sich darüber hinaus mindestens bis zu Daniel Bells ersten Publikationen über die post-industrielle Gesellschaft aus den frühen sechziger Jahren zurückverfolgen (vgl. für eine Übersicht Huntington 1974: 163ff).

3. Methodische Aspekte

Unter methodischen Aspekten gibt es zwei für meine Fragestellung relevante Dimensionen, nach denen die Texte unterschieden werden können (vgl. Tabelle 2.1, Seite 100). Zum einen stellt sich für Autoren, die sich nicht darauf beschränken, Befunde aus der Literatur zusammenzutragen, sondern mit einer oder mehreren „Verdrossenheitsvariablen" eigenständige statistische Analysen vornehmen, die Frage nach der Operationalisierung von Politikverdrossenheit. Hier ist zu klären, ob die Arbeiten eine eigene Operationalisierung des Konzeptes vorschlagen und diese gegebenenfalls auch anwenden, oder ob sie vorhandene Indikatoren neu interpretieren beziehungsweise in einigen Fällen schlicht umbenennen.

Da Primärerhebungen im Bereich der Politikverdrossenheit sehr selten sind, dominiert die letzte Möglichkeit. Gelegentlich wird auch die Neuinterpretation eines vorhandenen Instrumentes mit einem Vorschlag für eine eigene, vermeintlich adäquatere Operationalisierung kombiniert. Selbst die wenigen Primärerhebungen in diesem Bereich nehmen aber meist keine eigene Operationalisierung von Politikverdrossenheit vor. Die Gründe dafür liegen auf der Hand: Entweder setzen die Primärforscher

---

113 Umgekehrt erscheint es allerdings mindestens genauso plausibel, daß dieser Auflösungsprozeß durch die Verbreitung der elektronischen Medien wenn nicht initiiert, so doch beschleunigt wird, so daß sich die Medienwirkungen selbst verstärken.

Politikverdrossenheit mit einem bereits etablierten Konstrukt gleich, oder sie hatten ursprünglich gar kein genuines Forschungsinteresse an diesem Phänomen.

Zum anderen ist zu fragen, auf welche Datenbasis sich die Autoren stützen. Hier läßt sich zunächst eine große Gruppe von Arbeiten ausmachen, die lediglich auf Eindruckswerten ihrer Verfasser beruhen, also im eigentlichen Sinne *keine* empirische Datenbasis aufweisen (vgl. auch Gabriel 1997: 427). Diese Studien können daher nur auf ihre Plausibilität und Widerspruchsfreiheit, nicht aber auf die faktische Geltung ihrer Aussagen oder auf mögliche Fehler bei der forschungspraktischen Umsetzung hin untersucht werden.

Sofern aber ein empirischer Bezug gegeben ist, kann in Anlehnung an die methodologische Literatur eine große Zahl von Einteilungen vorgenommen werden, aus denen sich sehr komplexe Möglichkeiten der Beschreibung ergeben. Nicht alle Kriterien, nach denen sich die Arbeiten unterscheiden lassen, sind jedoch für die Fragestellung von gleicher Relevanz. Da ich in dieser Arbeit primär ein inhaltliches Interesse verfolge und die Klassifikation anhand der Datenbasis kein Selbstzweck ist, sondern dazu dienen soll, einen Überblick über den empirischen Gehalt der Studien und die typischen Forschungsstrategien in diesem Bereich zu gewinnen, konzentriere ich mich deshalb auf die Konstellationen, die in den Studien zur Politikverdrossenheit am häufigsten vorkommen.

Wichtig sind dabei vor allem Informationen darüber, ob die Herkunft der Daten eine bestimmte Form der Operationalisierung erzwingt und inwieweit die Struktur der Daten mit der oben skizzierten Struktur des Modells einer Mehr-Ebenen-Erklärung (vgl. 65ff) kompatibel ist. Beispielsweise werden zwingend Individualdaten benötigt, um Aussagen über die Mikro-Ebene machen zu können, und zur Überprüfung von Kausalbeziehungen sind wiederholte Messungen am selben Objekt notwendig, wenn auch nicht hinreichend.[114] Deshalb untersuche ich die Studien nach den folgenden vier Subdimensionen:

1. Analysetyp: Handelt es sich um Primärerhebungen oder um Sekundäranalysen?[115]

2. Datenniveau: Werden aggregierte Daten, Individualdaten oder Mehr-Ebenen-Daten verwendet?

---

114 Kausalität kann nicht im eigentlichen Sinne geprüft werden. Durch Wiederholungsmessungen, ersatzweise auch durch Recall-Fragen, kann aber zumindest sichergestellt werden, daß die Ursache der Wirkung zeitlich vorausgeht. Üblicherweise geht man davon aus, daß drei weitere Bedingungen erfüllt sein müssen, ehe eine Kausalbeziehung unterstellt werden kann: Es muß eine statistische Assoziation zwischen den fraglichen Variablen vorliegen, der Einfluß von Drittvariablen muß ausgeschlossen beziehungsweise statistisch kontrolliert werden, und die Messungen müssen frei von systematischen Fehlern sein. Verweise auf weiterführende Literatur zu diesem Komplex finden sich u. a. bei Schnell et al. (1995: 55, FN 1).

115 Einige wenige Aufsätze, die auf Daten basieren, die innerhalb eines größeren gemeinsamen Forschungsprojektes erhoben wurden, müssen letztlich als Grenzfälle gelten, weil aus den Texten nicht eindeutig hervorgeht, welchen Einfluß der jeweilige Autor auf die Gestaltung des Fragebogens hatte. Diese Analysen wurden nach Plausibilitätsüberlegungen eingeordnet.

3. Erhebungsdesign: Stammen die verwendeten Daten aus einem Querschnitt-, einem Trend- oder einem Paneldesign?[116]

4. Zeitbezug: Handelt es sich um Querschnitt-, Zeitreihen- oder Panel-Daten?[117]

Zunächst ist festzuhalten, daß es sich bei der Mehrzahl der vorhandenen Arbeiten, die sich mit Politikverdrossenheit befassen, um Sekundäranalysen handelt, was wie oben angesprochen, die Möglichkeiten einer theoretisch fundierten Operationalisierung von Politikverdrossenheit stark einschränkt. Dabei ist der Begriff der Sekundäranalyse sehr weit zu fassen und wird hier auch auf solche Arbeiten angewendet, in denen ein empirischer Bezug vorhanden ist, aber keine eigenständigen statistischen Berechnungen vorgenommen werden.[118]

Teilt man die Sekundäranalysen in einem zweiten Schritt nach den Subdimensionen Erhebungsdesign, Zeitbezug und Datentyp auf, kann man zunächst eine Reihe von Arbeiten identifizieren, die entweder ausschließlich oder zur Ergänzung der eigenen statistischen Analysen empirische Befunde, die auf einer Form der Aggregation basieren (in erster Linie Anteils- und Mittelwerte), aus anderen Studien entnehmen und interpretieren. Zumeist ziehen diese Autoren dabei Umfragedaten und hier wiederum vor allem Informationen über Einstellungen heran, um ihre Aussagen zu untermauern.[119] Auch Wahlergebnisse, d. h. Daten über aggregiertes politisches Verhalten von Bürgern, werden häufig verwendet. Mitgliederzahlen von Parteien und Verbänden beziehungsweise der auf die Bevölkerung bezogene Organisationsgrad werden hingegen nur selten herangezogen.

Innerhalb dieser Gruppe von Arbeiten kann man dann nach dem Zeitbezug nochmals zwischen der Verwendung von Querschnitt- und von Zeitreihen-Daten[120] differenzieren. Letztere finden sich in der Literatur sehr häufig. Dafür gibt es zwei Gründe: Erstens haben Messungen einer Variablen zu einem einzigen Zeitpunkt so gut wie keine Aussagekraft, wenn es keinen Referenzpunkt gibt, auf den sie bezogen werden

---

116 Erhebungsdesign und Zeitbezug fallen in der Forschungspraxis meist zusammen; es handelt sich dabei aber nicht um einen notwendigen Zusammenhang (Diekmann 1995: 274ff). Um Mißverständnisse zu vermeiden, werden beide Subdimensionen deshalb getrennt aufgeführt.

117 Verlaufsdaten spielen bei der Erforschung von Politikverdrossenheit bedauerlicherweise bislang keine Rolle, obwohl sie – von Daten aus Experimenten einmal abgesehen – am besten geeignet sind, um Kausalhypothesen zu prüfen.

118 Die Möglichkeit, publizierte Ergebnisse im Sinne einer echten Metaanalyse statistisch zu untersuchen oder mit maschinenlesbaren Aggregatdaten zu rechnen, wurde, soweit ich sehen kann, bisher noch nicht zur Erforschung von Politikverdrossenheit genutzt.

119 Bei diesen Umfragen handelt es sich zumeist um Studien mit einem Querschnittdesign. Da die Daten aber ohnehin in aggregierter Form rezipiert werden, spielt das ursprüngliche Erhebungsdesign keine wesentliche Rolle und wird deshalb im folgenden nicht weiter thematisiert.

120 Aggregierte Ergebnisse wie Anteils- oder Mittelwerte beschreiben eine einzige Untersuchungseinheit, z. B. eine bestimmte Zeitung, die Bevölkerung der Bundesrepublik, eine bestimmte Partei etc. Sie können deshalb, wenn man der Einteilung von Diekmann folgt, nicht als Panel-Daten interpretiert werden, weil diese sich auf eine Vielzahl von Untersuchungsobjekten beziehen (Diekmann 1995: 277); vielmehr handelt es sich um Zeitreihendaten. Datenniveau und Zeitbezug sind also nicht vollständig unabhängig voneinander.

können. Ohne weitere Informationen, die sich z. B. aus dem Vergleich mit anderen politischen Systemen unter bestimmten Umständen aber auch aus normativen Überlegungen ergeben können,[121] kann nicht entschieden werden, ob etwa ein Nichtwähleranteil von 10, 20 oder 50 Prozent als „hoch" gelten soll. Zweitens ist ein großer Teil der Literatur zur Politikverdrossenheit – hier zeigen sich einmal mehr Parallelen zur älteren Literatur, vgl. dazu auch Bauer (1991: 446) – daran interessiert, Veränderungen, wenn nicht gar krisenhafte Verschlechterungen der politischen Situation zu untersuchen, und deshalb auf die Betrachtung von Zeitreihen angewiesen.[122]

In einer dritten Gruppe von Arbeiten schließlich werden eigenständige statistische Analysen vorgenommen, in der Regel auf der Grundlage von Individualdaten. Die Mehrheit dieser Studien bezieht sich auf Umfragedaten, bei denen wiederum Einstellungsfragen im Zentrum des Interesses stehen. Zumeist handelt es sich hier um reine Querschnittanalysen, in denen Struktur, Determinanten und Korrelate der Politikverdrossenheit zu einem gegebenen Zeitpunkt untersucht werden oder Politikverdrossenheit als unabhängige Variable zur Erklärung von abweichenden Formen politischen Verhaltens benutzt wird. Dabei sind die Autoren auf die oben skizzierte Strategie des Umdefinierens beziehungsweise Neuinterpretierens vorhandener Instrumente angewiesen.

Dieses Problem stellt sich in verschärfter Form, wenn die Entwicklung der Politik-

---

121 Dies zeigt das folgende, stark vereinfachte Beispiel: In politischen Diskussionen wird häufig behauptet, daß eine mit niedriger Wahlbeteiligung zustande gekommene Regierungsmehrheit von minderer demokratischer Legitimität sei. Dahinter steckt die selten ausformulierte Überlegung, daß eine demokratische Regierung sich nicht nur auf die (absolute) Mehrheit der *Wähler*, sondern auf die absolute Mehrheit der *Wahlberechtigten* stützen solle. Eine Regierung, so das implizite Argument, sei nur dann legitim, wenn die folgende Bedingung erfüllt ist:

$$p_{wb} \geq 0,5 \quad \begin{cases} p_{wb} = p_w \times W \\ 0 \leq p_w \leq 1 \\ 0 \leq W \leq 1 \end{cases}$$

mit
p_{wb} : Stimmenanteil der Regierungspartei(en) an den Wahlberechtigten
p_w : Anteil der Regierungspartei(en) bezogen auf die Wähler unter Vernachlässigung von Sperrklauseln, Verrechnungsregeln und ungültigen Stimmen
W : Wahlbeteiligung

(2.1)

Aus Ungleichung 2.1 und ihren (trivialen) Randbedingungen folgt, daß diese Bedingung verletzt ist, sobald die Wahlbeteiligung die Marke von 50 Prozent der Wahlberechtigten unterschreitet, selbst wenn alle Wähler die Regierung unterstützen sollten:

$$p_{wb} < 0,5 \quad \begin{cases} p_{wb} = p_w \times W \\ 0 \leq p_w \leq 1 \\ 0 \leq W < 0,5 \end{cases} \quad (2.2)$$

Wenn man die normative Prämisse akzeptiert, kann deshalb eine Wahlbeteiligung von weniger als 50 Prozent als möglicher Referenzpunkt zur Beurteilung von Querschnittdaten gelten.

122 Die von den Autoren verwendeten Zeitreihen umfassen häufig nur zwei oder drei Meßpunkte aus einer Zeitspanne von weniger als zehn Jahren. Dichte und aussagekräftige Zeitreihen sind leider die Ausnahme. Vgl. zu diesem Punkt ausführlich Kapitel 4.3.4.

verdrossenheit im Mittelpunkt des Forschungsinteresses steht und die Autoren eigenständige Zeitreihenanalysen vornehmen. Diese basieren häufig auf einer Reihe heterogener Querschnittserhebungen, die für die Zwecke der jeweiligen Studie zusammengespielt und sekundäranalytisch ausgewertet werden. Infolgedessen können die Autoren entweder nur solche Variablen auswerten, die in *allen* Datensätzen enthalten sind, die zu den für sie relevanten Zeitpunkten erhoben wurden, oder sie müssen eine Reihe ähnlicher Variablen als äquivalent definieren. In beiden Fällen bestimmt in ganz erheblichem Umfang die Datenlage die möglichen Operationalisierungen von Politikverdrossenheit. Dies gilt in ähnlicher Weise, wenn Umfragedaten verwendet werden, die in relativ homogenen Trendstudien wie beispielsweise dem ALLBUS erhoben wurden. Auch hier können die Autoren nur solche Indikatoren heranziehen, die von den Primärforschern in möglichst vielen Wellen und zu Zeitpunkten, die unter dem Aspekt der Forschungsfrage interessant sind, eingesetzt wurden.

Studien zur Politikverdrossenheit, die Daten unter dem Panel-Aspekt auswerten (vgl. Kapitel 4.2), existieren, von den Beiträgen von Kepplinger (1998) und Maier (2000: Kapitel 12) abgesehen, meines Wissens bislang nicht. Dies erklärt sich vermutlich daraus, daß der wissenschaftlichen Öffentlichkeit in Deutschland nur relativ wenige geeignete Panels für Sekundäranalysen zur Verfügung stehen, die zudem meist nur einen kurzen Zeitraum umfassen und wenige Messungen beinhalten.[123]

Schließlich müssen abschließend noch die Primärstudien zur Politikverdrossenheit erwähnt werden. Diese Gruppe umfaßt nur wenige Fälle und ist, was Erhebungsdesign, Zeitbezug der Daten und Datenniveau angeht, sehr heterogen. Die einzelnen Studien werden deshalb in Kapitel 2.6 ausführlich dargestellt.

4. Politische Aspekte

Wie oben dargelegt, beschränke ich mich bei der Bedeutungsanalyse auf Arbeiten mit wissenschaftlichem Anspruch. Allerdings wäre es nicht angemessen, einen Text allein deshalb nicht zu berücksichtigen, weil sein Autor Politiker ist oder unabhängig von einer solchen Tätigkeit politische Schlußfolgerungen aus seinen Überlegungen ableitet. Einen letzten Gesichtspunkt, der bei der Kategorisierung der Studien berücksichtigt werden soll, stellen deshalb die politischen Aussagen einiger Autoren dar, auf die aus Platzgründen aber nur kurz eingegangen werden soll.

Hier können zwei Subdimensionen unterschieden werden, die im Zusammenhang mit den unter Punkt 2 auf Seite 88ff vorgestellten Kausalerklärungen für das Vorliegen von Politikverdrossenheit stehen (vgl. Tabelle 2.1, Seite 100): Erstens können die Studien danach geordnet werden, wem sie die politische Hauptschuld an der wahrgenommenen Misere zuschreiben: den Bürgern, den Parteien, den Politikern oder den Medien.

---

123 Das sozio-ökonomische Panel (SOEP), das vom DIW seit 1984 (alte Länder) beziehungsweise 1990 (neue Länder) erhoben wird, enthält einige wenige Indikatoren, die auch im Kontext der Politikverdrossenheit thematisiert werden, und könnte damit einen Ansatzpunkt für eine fundiertere Untersuchung des Wandels individueller Einstellungen zur Politik bieten. Wegen der langen Laufzeit des Projektes ist die Analyse des SOEP allerdings mit spezifischen Problemen der Repräsentativität beziehungsweise der Stichprobendefinition verbunden. Zudem werden die aus politikwissenschaftlicher Sicht interessanten Indikatoren nicht in allen Wellen erhoben.

Wird ein solches moralisches Urteil getroffen, so steht es naturgemäß meist in einem engen Zusammenhang zu dem Mechanismus, den der jeweilige Autor zur Erklärung der Entstehung von Politikverdrossenheit anführt. Solche Schuldzuweisungen nehmen zumindest in jenen Texten mit einem genuin politischen Wirkungsanspruch breiten Raum ein (Immerfall 1994: 312).

Zweitens ist zu fragen, welche Therapie- oder Reformvorschläge zur Bekämpfung der Politikverdrossenheit von den Autoren vorgebracht werden, wenn sie aus ihren Analysen politische Forderungen ableiten. Auch hier besteht ein enger Zusammenhang zum vorgeschlagenen Erklärungsmechanismus. Im wesentlichen können wiederum zwei Hauptrichtungen unterschieden werden: Eher konservative Autoren fordern häufig eine Rückbesinnung auf traditionelle Werte, Einstellungen und Normen. Diese Argumentationslinie läßt sich, wie oben gezeigt, bis zur Regierbarkeitsdebatte und darüber hinaus bis in die fünfziger Jahre zurückverfolgen (vgl. 2.2), hat aber in der Verdrossenheitsdiskussion gegenüber den älteren Krisendebatten stark an Bedeutung verloren. Statt dessen gewinnt hier ein relativ neues Argument an Gewicht: Viele Autoren glauben, daß der Politikverdrossenheit am ehesten mit institutionellen Veränderungen entgegengewirkt werden könne. Sie fordern daher einerseits, den Einfluß der Parteien auf die Politik zu reduzieren und die Parteien selbst zu reformieren, andererseits plädieren sie für eine Ergänzung der Repräsentativverfassung des Grundgesetzes durch plebiszitäre Elemente, was letztlich zu einer Schwächung von Parlament und Regierung führen würde. Detaillierte Übersichten über diese Reformvorschläge und -forderungen geben u. a. Dettling (1993), Leif (1993), Rüttgers (1993b) und Mandelartz (1994: 511f).

Analytische Aspekte

Dimension		Subdimensionen und typische Ausprägungen
Konzeptualisierung	Begriff(e)	Staatsverdrossenheit Systemverdrossenheit Demokratieverdrossenheit Partei(en)verdrossenheit Institutionenverdrossenheit Politikerverdrossenheit Politikverdrossenheit Parlamentarismusverdrossenheit
	Definition	implizit explizit
theoretische Vernetzung	theoretischer Bezugsrahmen	Systemtheorie (Easton) Politische Kulturforschung Allgemeine Systemtheorie Lebensstil-Ansätze
	Bezug zu anderen Konzepten	Politische Unzufriedenheit (*political disaffection*) Unterstützung/Vertrauen (*support/trust*) politische Effektivitätsüberzeugung (*efficacy*) Politische Entfremdung (*political alienation*) *dealignment*
Ebene der Erklärung		nur Mikro-Erklärung kombinierte Mikro-Makro-Erklärung vollständige Erklärung
Stellung von Verdrossenheit		intervenierende Variable abhängige Variable unabhängige Variable
Kritik an der Verdrossenheitsforschung		begrifflich methodisch { an den Indikatoren an der Struktur des Konstruktes inhaltlich pauschal intern/extern

Dimension	Subdimensionen und typische Ausprägungen
Objekte der Verdrossenheit	Parteien Politische Eliten Politisches System insgesamt Politische Institutionen Unpolitische Institutionen
Einstellungen (Mikro-Ebene)	politische Enttäuschung/Unzufriedenheit Mißtrauen political (in)efficacy Zweifel an Problemlösungskompetenz Zerfall von Parteibindungen Protesthaltungen/„Denkzettelmentalität" politisches Desinteresse/Apathie gestiegenes Politikinteresse/kognitive Mobilisierung Demands { bessere Leistungen / neue/andere Ziele / strukturelle Veränderungen }
politisches Verhalten (Mikro-Ebene)	Nichtwahl Wahlentscheidung: Rechtsparteien Wahlentscheidung: grüne/bunte Parteien Wechselwahl Nicht-Engagement in Parteien „unkonventionelle" Partizipation
Aggregation individueller Handlungen und Einstellungen	Mathematische Aggregation durch das Wahlsystem beziehungsweise die Auswertung von Umfragen Kooperation innerhalb sozialer Gebilde „Konstruktion" von Politikverdrossenheit
Folgen für die Makro-Ebene	Entzug von Unterstützung { für einzelne Akteure / für einzelne Subsysteme / für das gesamte politische System } Wandel des Parteiensystems Überlastung des politischen Systems Orientierung der Politik an kurzfristigen Zielen

Inhaltliche Aspekte I

Inhaltliche Aspekte II

Dimension	Subdimensionen und typische Ausprägungen	
Ursachen für Verdrossen-heitseinstellungen	Parteien und Politiker	fachliche Inkompetenz moralisches Fehlverhalten: Skandale, Korruption, „Selbstbedienung" Defizite bei der Artikulation von Bürgerinteressen übergroßer Einfluß der Parteien auf das Gesamtsystem Diätenregelungen und Parteienfinanzierung Kartellbildung zwischen den Parteien Oligarchisierung innerhalb der Parteien
	Medienwirkungen	Negativismus, Videomalaise und Modifikationen, *horse race journalism* übertriebene Selbstdarstellung der Politiker (Erfindung der Politikverdrossenheit)
	strukturelle Ursachen	Orientierung an kurzfristigen Zielen internationale wirtschaftliche Verflechtung, Globalisierung
	Veränderung der Randbedingungen	Anstieg des Bildungsniveaus Zerfall sozialer Milieus Wachstum des Wohlfahrtsstaates Wirtschaftliche und politische Belastungen durch die Wiedervereinigung Wertewandel

Dimension	Subdimensionen und typische Ausprägungen
Operationalisierung	eigenständige Operationalisierung
	Reinterpretation beziehungsweise Umbenennung vorhandener Instrumente
	keine empirische Basis
Analysetyp	Primärerhebung ⎱
	Sekundäranalyse ⎰
Erhebungsdesign	Querschnittdesign ⎱
	Trenddesign
	Paneldesign ⎰
Datenbasis / Zeitbezug	Querschnittdaten ⎱
	Zeitreihendaten
	Panel-Daten (Verlaufsdaten) ⎰
Datenniveau	Aggregatdaten ⎱ → aggregierte Umfragedaten / Wahlergebnisse / Mitgliederzahlen von Parteien und Verbänden
	Individualdaten → Umfragedaten
	Mehr-Ebenen-Daten ⎰ → Inhaltsanalysen
Schuldzuweisungen	an Bürger
	an die politischen Eliten
	an Parteien
	an die Medien
„Therapievorschläge"	institutionelle Schwächung der Parteien
	innerparteiliche Reformen (Urwahlen, Vorwahlen, Mitgliederentscheide)
	Möglichkeiten zur direkten Partizipation (= Schwächung von Parlamenten und Regierungen)
	„Rückbesinnung" auf traditionelle Werte und Einstellungen

Methodische Aspekte (Operationalisierung, Analysetyp, Erhebungsdesign, Datenbasis, Datenniveau)

Politische Aspekte (Schuldzuweisungen, „Therapievorschläge")

Tabelle 2.1: Ein Schema zur Kategorisierung von Arbeiten zur Politikverdrossenheit

2.6 Der Begriff der Parteien- und Politikverdrossenheit in der Forschungsliteratur 1977-1999 II: Die Literatur im Überblick

Nachdem im vorangegangenen Abschnitt 2.5 ein Schema zur Präsentation und Analyse der Verdrossenheitsliteratur entwickelt wurde, werden in diesem Kapitel die einschlägigen Arbeiten unter Rückgriff auf diesen Katalog relevanter Merkmale im Überblick vorgestellt. Wegen der großen Zahl von Beiträgen, die zu berücksichtigen sind, erfolgt diese Darstellung vorzugsweise in tabellarischer Form.[124] Soweit nicht anders vermerkt, beziehen sich dabei alle quantitativen Aussagen in diesem Kapitel auf jene 176 Texte, die den Kernbestand der Verdrossenheitsliteratur ausmachen. Da es sich um eine Vollerhebung handelt, werden für Zusammenhangsmaße, Mittel- und Anteilswerte keine Irrtumswahrscheinlichkeiten oder Konfidenzintervalle berechnet.

2.6.1 Analytische Aspekte

In diesem Abschnitt werden die für die Verdrossenheitsforschung zentralen Texte unter analytischen Aspekten untersucht. Im Mittelpunkt des Interesses steht dabei zunächst die für meine Arbeit zentrale Frage nach der den Texten jeweils zugrundeliegende Konzeptualisierung von politischer Verdrossenheit. An dieses relativ umfangreiche Unterkapitel schließen sich kürzere Abschnitte an, die sich mit der theoretischen Vernetzung der Texte, den Erklärungsebenen, auf denen sie sich bewegen, und schließlich mit der von den Autoren geäußerten Kritik an der Verdrossenheitsforschung befassen.

2.6.1.1 Konzeptualisierung

Zu Beginn der Analyse soll, wie oben skizziert, zunächst die Konzeptualisierung von Verdrossenheit und hier wiederum die von den Autoren verwendete Begrifflichkeit untersucht werden. Dabei stellt sich als erstes die Frage, wie sich die Gesamtheit der als relevant identifizierten Texte über den Untersuchungszeitraum verteilt. Von kritischen Beobachtern wurde in diesem Zusammenhang häufig behauptet, daß die Zahl der wissenschaftlichen Veröffentlichungen, die mit dem Begriff der Verdrossenheit operieren, der Präsenz des Themas in den Medien folge und insbesondere zu Beginn der neunziger Jahre sprunghaft angestiegen sei (vgl. auch Abschnitt 1.1). Abbildung 2.3 auf der nächsten Seite, in der die Verteilung der hier analysierten Publikationen über den Untersuchungszeitraum hinweg als Histogramm dargestellt ist, bestätigt diesen Ein-

---

124 Unter methodischen Gesichtspunkten ließe sich dieser Teil der Bedeutungsanalyse auch als Themenanalyse (Merten 1995: 146ff), d. h. als eine Variante der quantitativen Inhaltsanalyse, auffassen. Idealerweise sollte eine solche Analyse nicht von einer Einzelperson, sondern von mehreren Kodierern vorgenommen werden. Analog zur Vorgehensweise beim Interview und beim Experiment können auf diese Weise störende Einflüsse, die auf Idiosynkrasien der Kodierer zurückgehen, reduziert beziehungsweise durch Randomisierung kontrolliert werden. Da es hier aber „nur" um die Einordnung einer überschaubaren Zahl wissenschaftlicher Texte in ein System von inhaltlich-theoretisch begründeten Kategorien geht, wiegt dieser Einwand nicht allzu schwer.

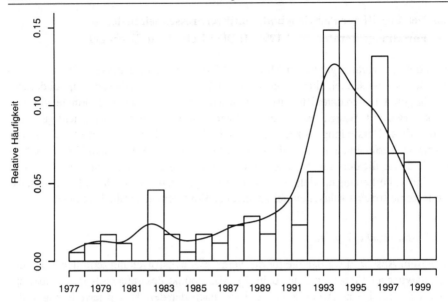

Abbildung 2.3: Entwicklung der Publikationen, in denen der Begriff der Verdrossenheit eine zentrale Rolle spielt, von 1977-1999 (relative Häufigkeiten)

druck: 98 der 176 untersuchten Titel sind in den Jahren 1992 bis 1996 erschienen, was einem Anteil von mehr als 55 Prozent entspricht.[125]

Die Trendlinie[126] verdeutlicht das Muster, das der Gesamtentwicklung zugrunde liegt: Nach einer ersten Welle von Verdrossenheitspublikationen im Jahre 1982, in dem acht relevante Artikel, darunter der Aufsatz von Küchler, auf den sich eine Reihe von Autoren bezieht, erschienen sind, stieg die Zahl der jährlichen Veröffentlichungen bis zum Beginn der neunziger Jahre zunächst nur langsam, nach 1992 dann aber dramatisch an. Seit der Mitte des Jahrzehntes schließlich ist die jährliche Zahl der relevanten Publikationen kontinuierlich gesunken. Bemerkenswert ist dabei jedoch, daß

---

125 Auf eine (ohnehin recht willkürliche) Gewichtung der Titel nach bibliometrischen Kriterien wie der Länge der Publikation, des Stellenwertes, den das Thema Politikverdrossenheit innerhalb des Textes einnimmt, oder der Reichweite und Reputation des Verlages beziehungsweise der Zeitschrift wurde durchgängig verzichtet.

126 Der Trend der Veröffentlichungen ist eindeutig nicht-linear, deshalb verbietet sich – vom Problem der Autokorrelation einmal abgesehen – die Schätzung einer OLS-Regressionsgeraden. Zur Anpassung der Trendlinie kommen deshalb eine ganze Reihe komplexerer Verfahren in Frage (GLS, *lowess*, *splines*). Da an dieser Stelle ohnehin kein Interesse an Parametern besteht, habe ich mich für die Verwendung von *kernel density estimates* entschieden und die Trendlinie auf der Basis einer solchen Schätzung konstruiert. Diese Vorgehensweise, die häufig verwendet wird, um eine Dichtefunktion über ein Histogramm zu schätzen, ist in etwa der Bildung eines gewichteten gleitenden Durchschnitts vergleichbar. Als *kernel* wurde eine Normalverteilung mit einer Standardabweichung von eins verwendet. Die Berechnung erfolgte in *R*, einem Dialekt der für statistische Probleme entwickelten Programmiersprache *S*, mit Hilfe der Funktion *density* (vgl. Venables und Ripley 1997: 179f).

Begriff	Anteil (%)	n
Politikverdrossenheit	70,5	124
Parteienverdrossenheit	65,3	115
Politikerverdrossenheit	17,0	30
Staatsverdrossenheit	11,9	21
Demokratieverdrossenheit	5,7	10
Systemverdrossenheit	2,8	5
Parlamentarismusverdrossenheit	1,1	2
Institutionenverdrossenheit	0,6	1
Regierungsverdrossenheit	0,6	1

Die Anteile für die einzelnen Begriffe summieren sich zu mehr als 100 Prozent, weil zahlreiche Autoren zwei oder mehr der genannten Begriffe verwenden (vgl. Tabelle 2.5 auf Seite 105).

Tabelle 2.2: Verbreitung der in der Literatur verwendeten Verdrossenheitsbegriffe

die Mehrzahl der bislang vorliegenden Monographien und insbesondere Dissertationen, die sich (fast) ausschließlich mit Politikverdrossenheit befassen (Klages 1993, Allgeier 1995, Boher 1996, Deinert 1997, Kutter 1997, Kepplinger 1998, Wolling 1999, Maier 2000, Zeschmann 2000), nach 1996 erschienen ist, was dafür spricht, daß erst jetzt die wissenschaftliche Aufarbeitung der bisherigen Debatte beginnt.

Exemplarisch zeigt sich der konjunkturelle Abschwung des Begriffs der Verdrossenheit, der in den späten neunziger Jahren einsetzt, bei der Überarbeitung von älteren Texten. Auf die Beiträge von Hennig (1994, 1997) wurde bereits weiter oben (Abschnitt 2.5.1, Seite 64) hingewiesen. Noch interessanter ist in diesem Zusammenhang der Fall eines von Peter A. Ulram (1992) verfaßten Artikels für das von Dachs et al. herausgegebene Handbuch zum politischen System Österreichs, den Andreas Schedler (1993b: 420) in seiner vielbeachteten Attacke gegen die österreichische Verdrossenheitsforschung noch als beispielhaft für deren „stereotype" Interpretationsmuster dargestellt hatte. Obwohl sich Ulram im folgenden Jahr gegen Schedlers Angriffe heftig zur Wehr setzte (Plasser und Ulram 1994), verzichtet er in einer für die dritte Auflage des Handbuches überarbeiteten Fassung des Aufsatzes (Ulram 1997) gänzlich auf den umstrittenen Begriff und diskutiert nun identische Befunde unter Rückgriff auf die international gebräuchlichen Konzepte des politisches Effektivitätsbewußtseins (*efficacy*, vgl. dazu Abschnitt 3.2.2) und der politischen Unzufriedenheit (vgl. Abschnitt 3.2.1).

Im Anschluß an die Betrachtung der Entwicklung der Verdrossenheitsliteratur insgesamt stellt sich als nächstes die Frage, welchen Stellenwert die verschiedenen Varianten des Verdrossenheitsbegriffes in der Forschung einnehmen. In der Mediensprache hat sich bekanntlich zu Beginn der neunziger Jahre „Politikverdrossenheit" gegenüber den anderen Komposita von Verdrossenheit durchgesetzt (Müller 1993). Daß dies mit einer Einschränkung auch für die Sprache der Wissenschaft gilt, zeigt Tabelle 2.2, die relative Anteile und absolute Häufigkeiten für die neun wichtigsten in der Literatur verwendeten Verdrossenheitsbegriffe einschließlich ihrer Varianten wie „Verdrossenheit mit der Politik" und „Verdruß über Parteien" wiedergibt.

Mehr als 70 Prozent der untersuchten Arbeiten operieren mit dem Begriff der Poli-

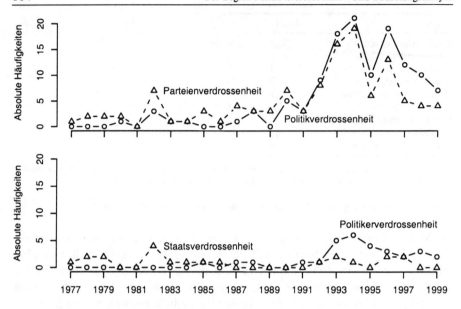

Abbildung 2.4: Die Verteilung ausgewählter Verdrossenheitsbegriffe im Zeitverlauf

Begriff	Abkürzung
Politikverdrossenheit	PV
Parteienverdrossenheit	PaV
Politikerverdrossenheit	PolV
Staatsverdrossenheit	SV
Regierungsverdrossenheit	RV

Tabelle 2.3: In Abschnitt 2.6 verwendete Abkürzungen für Komposita von Verdrossenheit

tikverdrossenheit; der Begriff der Parteienverdrossenheit wird mit rund 65 Prozent allerdings fast genauso häufig verwendet. Die übrigen Begriffe hingegen werden jeweils nur von einer Minderheit unter den Autoren eingesetzt. Abbildung 2.4 zeigt darüber hinaus, daß diese relativen Unterschiede in der Wichtigkeit der einzelnen Begriffe im Zeitverlauf deutlich erkennbaren Schwankungen unterliegen. So wurde der schon aus der Regierbarkeitsdebatte bekannte Begriff der Staatsverdrossenheit, der zu Beginn des Untersuchungszeitraumes noch relativ häufig benutzt wurde, in den frühen achtziger Jahren faktisch vom Begriff der Parteienverdrossenheit abgelöst. Seitdem wird er in der Literatur kaum noch verwendet. Parteienverdrossenheit wiederum geriet in Konkurrenz zum Begriff der Politikverdrossenheit. Beide profitierten parallel[127] zueinander und in nahezu gleichem Umfang vom oben dargestellten Aufschwung der

---

127 Die über den gesamten Untersuchungszeitraum berechnete Kreuzkorrelation zwischen beiden Zeitreihen beträgt 0,90. Die übrigen Kreuzkorrelation für die in Abbildung 2.4 wiedergegebenen Zeitreihen sind in Tabelle 2.4 auf der nächsten Seite ausgewiesen.

	PV	PaV	PolV
Parteienverdrossenheit	0,90		
Politikerverdrossenheit	0,90	0,82	
Staatsverdrossenheit	0,19	0,29	0,02

Tabelle 2.4: Kreuzkorrelationen zwischen den Zeitreihen für den Gebrauch von Politik-, Parteien-, Politiker- und Staatsverdrossenheit in der untersuchten Literatur

Begriffe	Anteil (%)	n	Unterscheidung zwischen Begriffen (%)
1	46,6	82	t.n.z.
2	35,8 ⎫	63	⎫
3	14,8 ⎬ 53,4	26	⎬ 44,7
4	2,8 ⎭	5	⎭

$\tilde{x} = 1,7 \quad \hat{x} = 2$

Tabelle 2.5: Publikationen nach der Anzahl der verwendeten Verdrossenheitsbegriffe und nach der Differenzierung zwischen diesen Begriffen

Verdrossenheitsliteratur zu Beginn der neunziger Jahre, bis sich in der Mitte des Jahrzehntes der Terminus Politikverdrossenheit durchsetzen konnte. Der Begriff der Politik*er*verdrossenheit schließlich wurde zwar in den hier untersuchten Texten bereits 1985 zum ersten Mal verwendet, gelangte aber nur in den frühen neunziger Jahren zu einer etwas weiteren Verbreitung.[128]

Die Analyse dieser begrifflichen Modewellen ist kein Selbstzweck, sondern dient vielmehr als erster empirischer Hinweis auf die von vielen Kritikern bemängelte terminologische Unverbindlichkeit der Verdrossenheitsforschung. Diese, so der Tenor, beziehe häufig denselben Begriff auf unterschiedliche Sachverhalte oder bezeichne umgekehrt vergleichbare Gegenstände mit unterschiedlichen Termini.[129] Ob letzteres tatsächlich der Fall ist, läßt sich relativ einfach überprüfen. Im linken Teil von Tabelle 2.5 werden zunächst die analysierten Texte nach der Anzahl der verwendeten Begriffe aufgeschlüsselt. Dabei zeigt sich, daß eine Mehrheit von etwa 53 Prozent der Autoren mindestens zwei der genannten Komposita von Verdrossenheit benutzt. Median und arithmetisches Mittel[130] liegen bei 2 beziehungsweise 1,7 Komposita. In der Spalte am rechten Rand der Tabelle ist darüber hinaus abzulesen, daß innerhalb

---

128 Wegen ihres häufigen Vorkommens werden die Begriffe Staats-, Politik-, Parteien-, Regierungs- und Politikerverdrossenheit im weiteren Verlauf der Arbeit vorzugsweise in abgekürzter Form verwendet (vgl. Tabelle 2.3).

129 Letzterer Aspekt hat zwei Dimensionen. In diesem Unterkapitel geht es zunächst darum zu prüfen, ob vergleichbare Gegenstände mit unterschiedlichen Komposita von Verdrossenheit bezeichnet werden. Nach dem Abschluß der Bedeutungsanalyse und einem Überblick über die konkurrierenden Begriffe ist darüber hinaus zu fragen, ob der Begriff der Verdrossenheit tatsächlich neuartige Phänomene bezeichnet, die nicht mit den etablierten Konzepten der Politischen Soziologie beschrieben werden können, oder ob er insgesamt entbehrlich ist.

130 Hier und in den folgenden Tabellen benutze ich um die Darstellung nicht unnötig zu kompliziert zu gestalten die für Stichproben üblichen Symbole $\tilde{x}$ und $\hat{x}$, obwohl es sich tatsächlich um eine Vollerhebung handelt.

Begriff(e)	Anteil (%)	n
PV	29,0	51
PV + PaV (keine Unterscheidung)	18,2	32
PaV	14,8	26
PV + PaV (Unterscheidung)	8,0	14
PV + PaV + PolV (Unterscheidung)	5,7	10
andere Konfigurationen		
(jeweils weniger als vier Prozent)	24,4	43

Tabelle 2.6: Publikationen nach verwendeten Verdrossenheitsbegriffen

dieser Gruppe lediglich eine Minderheit von rund 45 Prozent (42 Fälle) der Verfasser wenigstens eine minimale Differenzierung zwischen den verschiedenen Varianten des Verdrossenheitsbegriffes vornimmt.[131] In 52 Beiträgen hingegen werden Politik-, Parteien- und andere Verdrossenheiten tatsächlich als Synonyme zur Bezeichnung identischer Sachverhalte verwendet, was einem Anteil von knapp 30 Prozent der insgesamt untersuchten Texte entspricht.

Tabelle 2.6 zeigt ergänzend zu den Tabellen 2.2 und 2.5 die wichtigsten begrifflichen Konfigurationen, die sich in der Literatur finden, im Überblick. Für diese Darstellung wurden alle 176 Texte daraufhin untersucht, welche der vier am weitesten verbreiteten Komposita von Verdrossenheit sie benutzen, und ob sie eine Unterscheidung zwischen den verschiedenen Begriffen vornehmen, woraus sich (bei fünf binären Merkmalen und fünf logisch ausgeschlossenen Möglichkeiten) $2^5 - 5 = 27$ mögliche Kombinationen ergeben. Vor diesem Hintergrund wird die dominierende Stellung des Begriffs PV besonders deutlich: Fast ein Drittel der untersuchten Texte verwendet ausschließlich diesen Terminus, knapp 15 Prozent der Beiträge nutzen lediglich den Begriff PaV, weitere 18 Prozent operieren mit beiden Termini, ohne zwischen ihnen zu unterscheiden. PV und PaV decken damit alleine oder in der nicht-differenzierenden Verbindung miteinander fast zwei Drittel der gesamten Literatur ab. Sieht man von den zwei kleineren Gruppen von Beiträgen ab, die mit dem Begriffspaar PV-PaV beziehungsweise der Trias PV-PaV-PolV arbeiten und eine begriffliche Differenzierung vornehmen, so spielen andere terminologische Konfigurationen so gut wie keine Rolle und finden sich jeweils nur in wenigen Arbeiten. Gemeinsam machen diese allerdings fast ein Viertel der Forschungsliteratur aus, was wiederum deren Heterogenität verdeutlicht.

Diese Heterogenität läßt sich quantifizieren: Neben einer Reihe teils höchst komplexer Maße, die die Gleichmäßigkeit beziehungsweise Ungleichmäßigkeit der Verteilung einer Variablen auf ihre Kategorien erfassen, existiert zur Messung der Streuung von nominalskalierten Variablen auch der einfach zu berechnende und anschauliche *Index of Qualitative Variation* (*IQV*). Diese Maßzahl setzt die relativen Häufigkeiten der tatsächlich auftretenden Ausprägungen zur Gesamtzahl der möglichen Ausprä-

---

131 Als „minimale Differenzierungen" wurden bereits häufig anzutreffende Formulierungen wie „die Politikverdrossenheit ist tatsächlich eher eine Parteienverdrossenheit" u.ä. gewertet. Auch wenn ein Autor beispielsweise Politikverdrossenheit von Politiker- und Parteienverdrossenheit abgrenzt, letztere aber wie Synonyme benutzt, wurde dies als begriffliche Differenzierung gezählt.

Definition	Anteil (%)	n
implizit	63,6	112
explizit	19,9	35
keine	16,5	29

Tabelle 2.7: Publikationen nach der Art der Definition von Verdrossenheit

gungen ins Verhältnis (vgl. Gleichung 2.3).

$$IQV = \frac{1 - \sum_{i=1}^{k} p_i^2}{(k-1)/k} \quad \text{mit} \quad \begin{cases} k: & \text{Zahl der Kategorien} \\ p_i: & \text{relative Häufigkeit der i-ten Kategorie} \end{cases} \tag{2.3}$$

Minimal ist die Streuung einer kategorialen Variablen dann, wenn sich alle Fälle auf eine einzige Ausprägung konzentrieren. In diesem Fall wird $\sum_{i=1}^{k} p_i^2 = 1$ und der Zähler damit gleich null; infolgedessen nimmt der ganze Koeffizient den Wert null an. Verteilen sich die Fälle hingegen gleichmäßig auf alle Ausprägungen der Variablen, so ist die Streuung maximal. Die relative Häufigkeit jeder Kategorie p_i beträgt $\frac{1}{k}$; die Summe der quadrierten relativen Häufigkeiten $\sum_{i=1}^{k} p_i^2$ ist damit gleich $k \times \frac{1}{k^2} = \frac{1}{k}$ und der Zähler nimmt folglich den Wert $1 - \frac{1}{k} = (k-1)/k$ an, was genau dem Nenner aus Formel 2.3 entspricht. Deshalb erreicht der Koeffizient im Falle größtmöglicher Streuung beziehungsweise Heterogenität seinen maximalen Wert von eins. Für die in der Literatur verwendeten Kombinationen von Verdrossenheitsbegriffen nimmt der Index mit $IQV = 0,87$ einen Wert an, der sehr nahe an diesem theoretischen Maximum von eins liegt. Die Heterogenität der verwendeten Begrifflichkeit ist damit objektiv sehr hoch.

Aufgrund der in Tabelle 2.5 auf Seite 105 präsentierten Ergebnisse ist klar, daß in fast einem Drittel der Arbeiten die jeweils analysierte Form der Verdrossenheit mit nahezu beliebigen Termini bezeichnet wird und die begriffliche Präzision somit stark zu wünschen übrig läßt. Im weiteren Verlauf der Analyse wird sich darüber hinaus zeigen, daß, wie von den Kritikern der Verdrossenheitsforschung behauptet, auch der umgekehrte Fall auftritt: Mit demselben Terminus werden unterschiedliche Phänomene bezeichnet, d. h., dem Begriff mangelt es an Eindeutigkeit (vgl. dazu Kapitel 2.1, Seite 32). Dies gilt zum einen für die Verwendung *innerhalb* einzelner Arbeiten, vor allem aber auch – und dies ist die für den Fortgang der Wissenschaft problematischere Variante – für die Verdrossenheitsforschung insgesamt.

Angesichts dieser begrifflichen Unklarheiten und der Tatsache, daß der Begriff der Verdrossenheit kein etabliertes sozialwissenschaftliches Konzept darstellt, sondern aus der Mediensprache übernommen wurde (Fuchs 2001), könnte man vermuten, daß in der Mehrzahl der Arbeiten eine Konzeptspezifikation beziehungsweise eine Definition der verwendeten Begriffe vorgenommen wird. Tabelle 2.7 zeigt aber, daß dies nicht der Fall ist. Tatsächlich setzen sich lediglich 35 der hier untersuchten Texte explizit mit der verwendeten Begrifflichkeit auseinander, was einem Anteil von knapp

20 Prozent entspricht, wobei die Kriterien für eine explizite Definition bereits sehr weit gefaßt und beispielsweise auch die in der Literatur häufig anzutreffenden Kataloge von „Symptomen" mitgezählt wurden.[132] Darüber hinaus lassen sich in rund zwei Drittel aller Fälle aus den verwendeten Indikatoren, aus Aussagen dazu, was die Autoren *nicht* zur Verdrossenheit rechnen, oder aus sonstigen Hinweisen zumindest so etwas wie implizite Definitionen rekonstruieren. Bei etwa 17 Prozent der Arbeiten schließlich bleibt völlig offen, was die Autoren eigentlich unter Verdrossenheit verstehen.

Werden die verschiedenen Verdrossenheitsbegriffe wenigstens von den Autoren, die sich explizit mit ihnen beschäftigten, in einheitlicher Weise gebraucht, mit anderen Worten, gibt es so etwas wie eine allgemein anerkannte Konzeptualisierung von Politik- und anderen Verdrossenheiten? Tabelle 2.8 (auf den folgenden Seiten), die im Vorgriff auf den nächsten, stärker inhaltlich orientierten Analyseschritt einen chronologischen Überblick über die 35 in der Literatur verwendeten expliziten Konzeptionen von politischer Verdrossenheit gibt, zeigt, daß auch dies nicht zutrifft.[133]

Relativ unstrittig scheint lediglich der selten verwendete Begriff der *Politikerverdrossenheit* zu sein. Neumann (1995), Holtz-Bacha (1998) und Krimmel (1999) verstehen darunter schlicht eine nicht näher spezifizierte Unzufriedenheit der Bevölkerung mit Politikern. Boher (1996) bezeichnet Mißtrauen gegenüber den Politikern, Zweifel an deren Kompetenz sowie ihr geringes Ansehen in der Bevölkerung als PolV, ordnet diese Erscheinungen aber dem allgemeineren Begriff der PaV unter, da es sich bei den von PolV betroffenen Personen ausnahmslos um Angehörige von Parteien handele, die in eben dieser Eigenschaft Kritik auf sich zögen. In ähnlicher Weise, aber in der Formulierung stärker auf die Systemebene bezogen, setzt auch Münkler (1994) PolV und PaV gleich. Beide Begriffe bezeichnen ihm zufolge eine „Krise der politischen Klasse[134]", deren „fachliche und moralische Kompetenz in Zweifel gezogen wird."[135] Alle Autoren bezeichnen mit PolV also eine negative Einstellung gegenüber den (partei-)politischen Eliten, wobei im einen Fall die Unzufriedenheit, im anderen Fall das auf die Wahrnehmung fachlicher und charakterlicher Mängel zurückzuführende Mißtrauen im Vordergrund steht.

---

132 Es wäre denkbar, daß diese Quote am Anfang und am Ende des Untersuchungszeitraumes, als explorative beziehungsweise resümierende Arbeiten dominierten, deutlich höher lag. Teilt man jedoch die untersuchten Arbeiten nach Abschnitten von jeweils fünf Jahren ein, so ergeben sich für jeden dieser Zeiträume praktisch identische Anteilswerte. Auf die tabellarische Ausweisung und die Berechnung von Zusammenhangsmaßen habe ich verzichtet, weil die Fallzahlen für die achtziger Jahre aufgrund der in Abbildung 2.3 auf Seite 102 wiedergegebenen extrem rechtssteilen (Schiefe = -1,225) Verteilung der Arbeiten über die Zeit sehr niedrig sind.

133 Zu den verwendeten Abkürzungen vgl. Tabelle 2.3 auf Seite 104.

134 Der aus dem Italienischen übernommene, auf Mosca und Pareto zurückgehende Begriff der „politischen Klasse" wird in Anlehnung an die Verwendung durch Klaus von Beyme (u. a. 1993a,b, 1994) gelegentlich als tendenziell pejoratives Synonym für den Begriff der politischen Eliten gebraucht, hat sich aber in der Verdrossenheitsliteratur nicht durchsetzen können. Zur Entwicklung und Verwendung des Begriffes vgl. Weßels (1992).

135 Die vollständigen Angaben zu diesem und den folgenden Zitaten finden sich in Tabelle 2.8.

2.6 Die Forschungsliteratur 1977-1999 Teil II 109

Beitrag	Begriffe	begriffliche Unterscheidung	Definition(en)
Rönsch (1977)	PaV, SV	nein	„Unpopularität der Parteien" kann aufgrund des verfassungsrechtlichen Verhältnisses von Parteien und Staat als SV oder PaV bezeichnet werden (344, 366)
Kremendahl (1978)	PaV, SV	ja	SV: „ein Unbehagen an der parlamentarischen Demokratie schlechthin" (3); PaV: Passivität, Unbehagen, Protesthaltungen, Gefühl mangelnder Lösungskompetenz und mangelnder Vertretenheit (12ff)
Alemann (1982)	PV, SV	ja	Übernahme der Definition von Küchler (1982)
Küchler (1982)	PaV, PV, SV	ja	SV: „Unzufriedenheit mit der Staats*form*, also der repräsentativen parlamentarischen Demokratie"; PaV: „Unzufriedenheit mit dem Spektrum der etablierten Parteien"; PV: „eine Unzufriedenheit mit der konkreten Art und Weise, wie Politik gemacht wird" (40). „Bei dieser Abgrenzung bilden die drei ‚Verdrossenheiten' also eine geordnete Skala, wobei Staatsverdrossenheit die weitreichendste Form der Unzufriedenheit ist" (40f).
Klingemann (1986)	PaV	t.n.z.	PaV: Sowohl CDU/CSU als auch SPD und FDP werden „negativ" oder „negativ-neutral" bewertet.
Birk und Traar (1987)	PaV	t.n.z.	PaV: „Abnahme der Sympathiewerte für die etablierten Parteien", d. h. für SPÖ, ÖVP und FPÖ (9). Es wird nicht klar, ob sich PaV auf die Gesamtheit der etablierten Parteien bezieht und ob sie mit der Auflösung von Parteibindungen identisch ist.
Jäckel (1987)	PaV	t.n.z.	PaV: „der im (Unter-)Bewußtsein vieler Bürger offenbar tief eingenistete Verdruß darüber ..., daß die politischen Parteien im öffentlichen Leben des demokratisch organisierten Gemeinwesens eine Rolle spielen oder zu spielen beanspruchen, die in keinem vernünftigen Verhältnis zu ihren Verdiensten, ihren Leistungen stehe" (182); traditionelle Vorurteile gegen Parteien sowie eine aus basisdemokratischen Überlegungen gespeiste Ablehnung der Parteien (184).
Westle (1990a)	PaV, PV, RV	ja	PaV: Entzug von Unterstützung im Sinne Eastons beziehungsweise der Weiterentwicklung durch Westle (1989b: 402ff); PV: Unzufriedenheit mit „der Politik" im Sinne von *outcomes* (412); RV: Unzufriedenheit mit der Regierung (410f).
Westle (1990b)	PaV, RV	ja	identisch mit Westle 1990a
Pfahl-Traughber (1993)	PV	t.n.z.	PV: „Ausdruck von Mißmut über die politische Arbeit von Regierung und Opposition, die etablierten Parteien, politischen Institutionen – und deren personelle Träger einerseits und über die Ergebnisse und Folgen dieser Politik im kulturellen, sozialen und wirtschaftlichen Bereich (Arbeitslosigkeit, Wohnungsnot etc.) andererseits" (115).

Beitrag	Begriffe	begriffliche Unterscheidung	Definition(en)
Rattinger (1993)	PaV	t.n.z.	PaV: „eine Kurzformel für sich verschlechternde Bewertungen und abnehmendes Vertrauen gegenüber sowie zurückgehende affektive Bindungen an die ‚etablierten' Parteien der Bundesrepublik Deutschland" (24), d.h. mit SPD, CDU/CSU und FDP. Rattinger spricht deshalb auch von „Altparteienverdrossenheit".
Ringel (1993)	PV	t.n.z.	PV: psychoanalytische Deutung im Sinne Adlers. Menschen wenden sich „angewidert von Politik und Politikern" ab (15). „Politikverdrossenheit ist, wie der Name schon sagt, eine Art Krankheit. Verdrossenheit ist eine Änderung unserer Stimmung in Richtung Depression. Man zieht sich zurück, engt sich ein, wird passiv, resigniert, wendet die Gefühle (auch der Unzufriedenheit, der Wut) statt nach außen (Aktivität) nach innen" (29).
Schedler (1993a)	PV	t.n.z.	PV: politische Kritik, die „breitflächig und generalisierend vorgetragen", von einem „Moment der Distanznahme zur Politik begleitet" und „weniger von Information und kognitiver Kompetenz … als von einem eher unscharfen ‚affektiven Kalkül' (Wildavsky)" getragen wird, d.h. letztlich irrational ist (9).
Schedler (1993b)	PV	t.n.z.	PV: ist „als zweidimensional zu begreifen … . Zum einen bezeichnet er [der Begriff der PV] eine pauschale *Negativbewertung* der Politik seitens der Staatsbürger. Zum anderen signalisiert deren [sic] *Entfernung* von der Politik, wobei, Entfernung' als Zustand wie als Bewegung, als Distanz und Distanzierung, als Ferne und Rückzug gelesen werden kann (und muß)" (415).
Wiesendahl (1993)	PaV, PV	nein	PV: „ein schillernder Sammelbegriff für alle eher dumpfen Formen mentaler Entfremdung und Verdrießlichkeit, die sich unter den Bürgern im Verhältnis zur Politik allgemein und insbesondere gegenüber den Altparteien und ihren Spitzenvertretern breitmachen … ." (84). Ob „Unzufriedenheit und Vertrauensschwund" mit Verdrossenheit identisch sind, ist nicht völlig klar. Wiesendahl selbst zeigt sich skeptisch gegenüber dem Konzept. Politikverdruß lokalisiere sich „zu sehr im erklärungsbedürftigen Symptom- und Oberflächenbereich … als daß er selbst wesentlich zur Erklärung der Lage beitrüge." PV und PaV werden als Synonyme benutzt.
Ehrhart und Sandschneider (1994)	PaV, PV	ja	PV: Kritische Auseinandersetzung mit der Wahrnehmung von Verdrossenheitsphänomenen, mit deren Interpretation, mit der Begriffsbildung und der medialen Wirkung von PV (442ff). Die eigene Position der Autoren bleibt aber unklar: Einerseits plädieren sie für die Aufgabe des Begriffes, andererseits versuchen sie, PV unter Rückgriff auf die von Hirschman (1970, 1984) entwickelten Kategorien *voice* und *exit* zu rekonstruieren: „Parteien produzieren danach durch Zielvorgaben, Umsetzungsvorschläge und Personalangebote politische Güter (…). Bei Unzufriedenheit und Enttäuschung mit den angebotenen Gütern eröffnen sich den Wählern mehrere Verhaltensoptionen [Wechselwahl, Nichtwahl, Protestwahl], die zu jenen Partizipationsphänomenen führen, die landläufig als Politikverdrossenheit bezeichnet werden" (454). Unter PaV verstehen die Autoren eine spezifischere Unzufriedenheit/Enttäuschung mit der Qualität der von den Parteien getroffenen politischen Entscheidungen.

Beitrag	Begriffe	begriffliche Unterscheidung	Definition(en)
Münkler (1994)	PaV, PolV, PV	ja	PV: „wachsendes Desinteresse gegenüber politischen Fragen und Problemen" (228). Existiert nach Münkler in der Bundesrepublik nicht, vielmehr werde PV als ein „Sammelbegriff" (239) für Phänomene gebraucht, die tatsächlich eher als PaV beziehungsweise PolV bezeichnet werden sollten (228). Darunter versteht der Autor eine „Krise der politischen Elite beziehungsweise der politischen Klasse", deren „fachliche wie moralische" Kompetenz von der Bevölkerung in Zweifel gezogen wird (228).
Niedermayer und Stöss (1994)	PaV	t.n.z.	PaV: „die sich verstärkende Unzufriedenheit mit und das zurückgehende Vertrauen in die etablierten Parteien" (29).
Allgeier (1995)	PV	t.n.z.	PV: „ein veränderter Zustand der Einstellungssysteme auf der gesellschaftlichen Ebene der konkurrierenden Willensbildung in bezug auf den Einstellungsgegenstand ‚Politische Akteure'..." (224). Der ‚Zustand ‚politikverdrossen' ... [dürfte] sich in negativen Einstellungen nicht nur zu politischen Akteuren, sondern auch zu damit unmittelbar in Zusammenhang stehenden Einstellungsgegenständen wie ‚Demokratie' und ‚politisches System' niederschlagen ..." (225). Auf der Grundlage dieser eher vagen systemtheoretischen Definition untersucht der Autor letztlich die Zufriedenheit mit der Regierung und der Demokratie in der Bundesrepublik sowie die wahrgenommene Problemlösungskompetenz der politischen Akteure (230).
Kleinhenz (1995)	PaV, PV	ja	PV: Wird von Kleinhenz im wesentlichen als Synonym für politische Entfremdung, Entzug politischer Unterstützung, Enttäuschung, Unzufriedenheit und Mißtrauen angesehen (56ff, 158ff). Die so verstandene Verdrossenheit kann sich prinzipiell auf die ganze von Easton (1965a,b, 1975) skizzierte Hierarchie politischer Objekte beziehen. Im Falle der politischen Parteien spricht Kleinhenz dann von PaV, wobei die Unterscheidung zwischen PaV und PV eher beiläufig vorgenommen wird.
Neumann (1995)	PaV, PolV, PV	ja	PV: „Gefühle und auch rationale Urteile der Bürgerinnen und Bürger, daß ‚die Politik' d.h. das politische System in seiner konkreten Verfassung als Demokratie unzureichend ist. Politikverdrossenheit ist Unzufriedenheit, Mißtrauen und Grundsatzkritik" (633). Im Zusammenhang dieser doch recht umfassenden Definition ist die Gleichsetzung von PV mit PaV und PolV (633), worunter Neumann anscheinend die Unzufriedenheit mit Parteien beziehungsweise Politikern versteht, rätselhaft.
Boher (1996)	PaV, PolV, PV, SV	ja	PaV: Macht für Boher den Kern der Verdrossenheit aus (11), bezeichnet ein Mißtrauen der Bevölkerung gegenüber öffentlichen Institutionen und insbesondere Parteien. Unter Vertrauen versteht Boher in diesem Zusammenhang eine „Kompetenzzumessung zur Lösung gesellschaftlich relevanter Probleme" (20). PolV: Negative Bewertung von Politikern durch die Bevölkerung, d.h. geringes Ansehen, niedrige Kompetenzzuschreibung, Mißtrauen (17ff), ist aber laut Boher kein eigenständiger Faktor, weil Politiker „das Produkt von Parteien" sind (19). PV: Mangel an politischem Interesse, Apathie (16f); SV: Unzufriedenheit mit dem politischen System (14).

Beitrag	Begriffe	begriffliche Unterscheidung	Definition(en)
Czerwick (1996)	PV, SV	nein	PV: „Worauf immer sich der Begriff der Politikverdrossenheit richten mag … im Kern kommt mit ihm eine Distanz zwischen Gesellschaft und Staat, Volk und Politik, Regierten und Regierenden zum Ausdruck" (50). „Im Gegensatz zu der Zeit nach 1945 basiert die Politikverdrossenheit jetzt aber nicht mehr allein auf einer kruden Apathie- und Abwehrhaltung … . Gleichermaßen hat sich die Bereitschaft verstärkt, sich … selbst um die Politik zu kümmern … . Politikverdrossenheit darf heute also nicht nur als eine Form der Kritik am politischen System verstanden werden, sondern sie ist zugleich ein Ausdruck demokratischer Mündigkeit gesellschaftlicher Gruppen, die ihre Stimme nicht mehr nur über die von ihm [sic] gewählten Repräsentanten, sondern unmittelbar zur Geltung bringen" (51). SV wird gelegentlich als Synonym für PV gebraucht.
Eilfort (1996)	PV	t.n.z.	„the generalized feeling of dissatisfaction of whatever nature with politicians and parties" (115).
Krimmel (1996)	PaV	t.n.z.	Übernahme der Konzeption von Rattinger (1993).
Pöttker (1996)	PaV, PV	nein	Pöttker spricht zunächst von „politischer Abstinenz, auch ‚Politikverdrossenheit‘ genannt" (51), erweitert beziehungsweise verschiebt seine Definition dann aber. PV ist für ihn „… ein *wachsendes Mißfallen an dem konkreten, öffentlich sichtbaren Vollzug von Politik durch die Parteien* und ihre typischen Vertreter sowie an dem als zu gering eingeschätzten Einfluß der Bürger auf diese Praxis …" (61). PaV wird von Pöttker gelegentlich als Synonym für PV gebraucht.
Smith (1996)	PV	t.n.z.	PV: „muß vielmehr als ein schleichendes Unbehagen gesehen werden, das sich in etablierten politischen Institutionen ausbreitet und mit einer diffusen allgemeinen Unzufriedenheit mit der Funktionsweise der Parteiendemokratie gekoppelt ist. Andererseits erzeugt die Frustration keine positiven Reaktionen, denn es scheint keine praktikable Alternative zur Fortsetzung des status quo zu geben" (132).
Ertl (1997)	PV	t.n.z.	PV: Mißtrauen gegenüber „nationale[n] parteipolitisch involvierte[n] Institutionen" (Parteien, Bundestag; auch: Politiker), wird mit Entzug politischer Unterstützung und politischer Unzufriedenheit gleichgesetzt (205ff). Mißtrauen/Unzufriedenheit und geringes Maß an kognitiver politischer Mobilisierung konstituieren PV (218).
Geiling (1997)	PV	t.n.z.	PV: Verwendung des Konzeptes wird aus ideologiekritischer Perspektive hinterfragt (46ff). Im Anschluß plädiert Geiling für die Unterscheidung zwischen drei Typen von Politikverdrossenen (60ff): „ethisch geleitete PV", die aus demokratietheoretischen Überlegungen heraus unzufrieden sind, „ressentimentgeleitete" Verdrossene, deren Unzufriedenheit und Mißtrauen aus Bedrohungsgefühlen resultiert, und „interessengeleitete" Unzufriedene, die von der Politik bessere Leistungen erwarten. PV scheint sich hauptsächlich auf Einstellungen zu beziehen, sie umfaßt „Distanz und Kritik am herrschenden Politikmodell" (60) ; ob politisches Verhalten Bestandteil oder Folge von PV ist, wird aber in letzter Konsequenz nicht klar.

Beitrag	Begriffe	begriffliche Unterscheidung	Definition(en)
Gothe et al. (1997)	PaV, PV	ja	PV: scheint von Gothe et al. als ein Überbegriff für politische Unzufriedenheit betrachtet zu werden. Auf eine Auseinandersetzung mit PV verzichten die Autoren explizit. PaV: „bedeutet, daß der beschriebene Mechanismus der Vermittlung von Ansprüchen der Bürger durch Parteien an das Regierungssystem nicht mehr intakt ist" (153), müßte sich also auf die Makro-Ebene beziehen. Tatsächlich analysieren Gothe et al. aber Mikro-Daten und beschäftigen sich explizit mit „der Unzufriedenheit der Bürger" (157). Dabei unterscheiden sie zwischen drei Objekten beziehungsweise Objektklassen und differenzieren infolgedessen zwischen „(Einzel-)Parteienverdrossenheit", „Parteiensystemverdrossenheit" und „Parteiendemokratieverdrossenheit" (157).
Kutter (1997)	PaV, PV, SV	ja	Verdrossenheit bezeichnet Gefühle der Unzufriedenheit und Entfremdung. SV: die „organisatorischen Grundprinzipien und die demokratische Struktur des Gemeinwesens [werden] in Zweifel gezogen ..." (31); PV: „die Politik an sich [ist] ein unbeliebtes Thema geworden ..." (31); PaV: richtet sich gegen „Parteien und deren Politiker" (31). PV und PaV weisen eine „mangelnde Trennschärfe" (21) auf, ihre Objekte sind „recht diffus und kaum unterscheidbar" (31).
Pickel und Walz (1997a)	PV	t.n.z.	PV: „beschreibt ein komplexes Bild unterschiedlichster [negativer] politischer Überzeugungen zu verschiedensten politischen Objekten" (27). Pickel und Walz wollen PV unter Rekurs auf Eastons Konzept der politischen Unterstützung analytisch zerlegen. Worin der Nutzen dieses neuen Begriffs besteht beziehungsweise wie sich PV von einem Mangel an Unterstützung unterscheidet, bleibt letztlich unklar: „Von einer ‚Politikverdrossenheit' kann demnach nicht pauschal gesprochen werden, sondern eher von einem Rückgang politischer Unterstützung auf verschiedensten Ebenen" (47).
Wasser (1996)	PaV, PV	ja	PV: „eine Vielzahl von diffusen Anti-Haltungen [Mißtrauen, Zweifel an Problemlösungskompetenz, Gefühl mangelnder Vertretenheit] ... die sich mit dem Schlagwort der Politikverdrossenheit beschreiben lassen und die sich durch den Bezug auf die Adressaten dreifach konkretisieren. Die Politikverdrossenheit zielt auf die Politikerklasse ..., die politischen Parteien in den Vereinigten Staaten ... das politische System generell ..., wobei sich in der Kritik das Personale vom Prozessualen ... und beides wiederum vom Institutionellen ... nicht immer säuberlich trennen läßt" (3). PaV: Unterphänomen der PV, daß sich lediglich auf Parteien bezieht. Unterscheidung wird nicht weiter thematisiert.
Holtz-Bacha (1998)	PaV, PolV, PV	ja	PV: eine „Übersetzung des englischsprachigen Begriffs political alienation oder political malaise" (701). „Der deutsche Sprachgebrauch hat sich mit der Verwendung des Begriffs P. vielfach von der ursprünglichen Bedeutung entfernt und bezieht mittlerweile auch die Unzufriedenheit mit bestimmten politischen Akteuren ein, wobei dann auch von Parteien- oder Politikerverdrossenheit gesprochen wird" (702).

Beitrag	Begriffe	begriffliche Unterscheidung	Definition(en)
Krimmel (1999)	PaV, PolV, PV	ja	PV: wird in Anlehnung an Pickel und Walz u. a. als „Unzufriedenheit und Vertrauensentzug" (266) und damit als „Ausdruck mangelnder Unterstützung der Bevölkerung gegenüber unterschiedlichen Objekten" (265) verstanden. Unzufriedenheit kann sich auf *policies*, Parteien und Politiker beziehen. In den beiden letzteren Fällen spricht Krimmel von PaV beziehungsweise PolV (263).

Tabelle 2.8: Explizite Definitionen von Verdrossenheit

Verglichen damit weisen die verschiedenen Konzeptionen der *Staatsverdrossenheit* bereits ein geringeres Maß an Konsistenz auf. Czerwick (1996), der SV als Synonym für PV benutzt, und Rönsch, der mit SV die „Unpopularität der Parteien" bezeichnet, unterscheiden sich in ihrer jeweiligen Begriffsverwendung deutlich von einer anderen Autorengruppe, die unter SV im wesentlichen eine Unzufriedenheit mit dem *regime* verstehen, wobei auch hier wiederum mehr oder minder deutliche Differenzen zu erkennen sind: Kremendahl (1978), Küchler (1982) und Alemann (1982)[136] benennen explizit die „repräsentative parlamentarische Demokratie" als Objekt der Unzufriedenheit. Kutter (1997) hingegen spricht allgemeiner von „organisatorischen Prinzipien" und „demokratischen Strukturen", Boher (1996) schließlich geht sogar von einer Unzufriedenheit mit dem politischen System als ganzem aus.

Noch größere Diskrepanzen ergeben sich bei der Verwendung des scheinbar eindeutigen Begriffes *Parteienverdrossenheit*. Für eine kleine Gruppe von Autoren hat PaV gar keine eigenständige Bedeutung. Sie benutzen PaV lediglich als Synonym für PV (Wiesendahl 1993, Pöttker 1996) beziehungsweise für PolV (Münkler 1994). In der großen Mehrheit der Fälle hingegen steht PaV für negative Einstellungen im Zusammenhang mit Parteien. Inhalt und Objekte dieser Einstellungen variieren aber in erheblichem Umfang. Für Küchler (1982) und Alemann (1982) handelt es sich bei Parteienverdrossenheit um eine Unzufriedenheit, die sich auf eine Eigenschaft des Systems, nämlich auf das „Spektrum der etablierten Parteien" richtet. In ähnlicher Weise bezeichnen Gothe et al. (1997: 157) mit PaV eine Störung in der Funktion der Interessenvermittlung durch Parteien, die zu Unzufriedenheit der Bürger führe, und unterscheiden je nach Quelle der Unzufriedenheit zwischen „(Einzel-)Parteienverdrossenheit", „Parteiensystemverdrossenheit" und „Parteiendemokratieverdrossenheit". Die übrigen Autoren beziehen den Begriff teils auf alle (relevanten) Parteien, teils auf eine Gruppe, die in der Literatur zumeist als „etabliert" bezeichnet wird. Die Zuordnung der Parteien zu dieser Gruppe unterliegt wiederum Schwankungen: Während beispielsweise Birk und Traar (1987) PaV noch als Abnahme der Sympathie für SPÖ, ÖVP und FPÖ definieren, gelten FPÖ-Neigungen in sämtlichen Arbeiten Fritz Plassers gerade als Ausdruck von PaV. Ähnliche Unklarheiten treten in der Bundesrepublik bei der Einordnung der Grünen auf.

Auch hinsichtlich der Einstellungsinhalte besteht wenig Einigkeit. Jäckel (1987) bezeichnet mit PaV eine grundsätzliche Ablehnung von Parteien und ein Unbehagen angesichts ihrer dominierenden Stellung im Willensbildungsprozeß. Eher auf die von den Parteien präsentierten politische Inhalte zielen dagegen Klingemann (1986) sowie Ehrhart und Sandschneider (1994) ab, während Rönsch (1977) sowie Birk und Traar (1987) mit den stärker generalisierten Einstellungen Popularität beziehungsweise Sympathie operieren. Die übrigen Autoren sprechen jeweils ganze Bündel von Einstellungen an, die sich in wechselnden Kombinationen aus den Aspekten Unzufriedenheit, Mißtrauen, (affektiver) Bindungslosigkeit, Inkompetenzvermutungen, Distanz und Entfremdung, Apathie sowie dem Gefühl mangelnder Vertretenheit zusammensetzen. Nur wenige Autoren (Kleinhenz 1995, Gothe et al. 1997, Krimmel 1999)

---

136 Alemann beruft sich dabei ausdrücklich auf die Konzeption von Küchler.

folgen dem Vorschlag von Westle (1990a,b), einen Teil dieser Einstellungen, vor allem Mißtrauen und Unzufriedenheit, als Entzug politischer Unterstützung im Sinne Eastons zusammenzufassen.

Noch disparater ist das Bild, das sich bei der Durchsicht der expliziten Definitionen von *Politikverdrossenheit* ergibt. Konsens besteht hier nur insofern, als PV in der großen Mehrheit[137] der untersuchten Arbeiten als negative Einstellung der Bevölkerung gegenüber politischen Objekten definiert wird, wobei in einigen Fällen (Schedler 1993a,b, Boher 1996, Pöttker 1996, Geiling 1997) nicht restlos klar wird, ob bestimmte Verhaltensweisen Teil oder Folge der PV sind. Die Liste der möglichen Objekte von PV ist umfangreich. Sie umfaßt zunächst die nicht näher spezifizierte Politik an sich (Ringel 1993, Schedler 1993a,b, Wiesendahl 1993, Boher 1996, Kutter 1997), sodann die „konkrete Weise, wie Politik gemacht wird" (Alemann 1982, Küchler 1982, ähnlich auch Pöttker 1996), „das herrschende Politikmodell" (Geiling 1997), die Prozeßergebnisse (Westle 1990a), die Politiker (Pfahl-Traughber 1993, Ringel 1993, Wiesendahl 1993, Allgeier 1995, Czerwick 1996, Eilfort 1996, Pöttker 1996), die Parteien sowie deren politische Angebote (Pfahl-Traughber 1993, Wiesendahl 1993, Ehrhart und Sandschneider 1994, Eilfort 1996), das politische System (Allgeier 1995, Czerwick 1996) oder einzelne Teile davon und schließlich nahezu alle denkbaren Kombinationen dieser Objekte.

Ähnlich vielfältig sind die Einstellungen, die als PV bezeichnet werden. Häufig erwähnt werden auch hier wieder Unzufriedenheit (Alemann 1982, Küchler 1982, Pfahl-Traughber 1993, Westle 1990a, Ringel 1993, Ehrhart und Sandschneider 1994, Neumann 1995, Kleinhenz 1995, Eilfort 1996, Pöttker 1996, Smith 1996, Ertl 1997, Gothe et al. 1997, Kutter 1997, Pickel und Walz 1997a, Krimmel 1999) und Mißtrauen (Kleinhenz 1995, Neumann 1995, Wasser 1996, Ertl 1997, Pickel und Walz 1997a, Krimmel 1999). Hinzu kommen eine ganze Reihe weiterer Einstellungen wie politisches Desinteresse (Münkler 1994, Boher 1996), „Distanz" (Czerwick 1996, Geiling 1997), Entfremdung (Wiesendahl 1993, Kleinhenz 1995, Holtz-Bacha 1998), das Gefühl mangelnder politischer Vertretenheit (Wasser 1996), Zweifel an der Problemlösungkompetenz (Wasser 1996) oder schlicht „negative Einstellungen" (Allgeier 1995).

Der kleinste gemeinsame Nenner der untersuchten Beiträge besteht also offensichtlich darin, daß sie mit Verdrossenheit eine negative Einstellung gegenüber politischen Objekten bezeichnen. Bereits an dieser Stelle läßt sich somit ein Zwischenfazit formulieren: Relative Einigkeit besteht in der ausgewerteten Literatur lediglich über die Bedeutung der selten verwendeten Termini Staats- und Politikerverdrossenheit. Was hingegen mit Partei- und Politikverdrossenheit, also jenen Begriffen, die auf Wissenschaft und Medien die größte Anziehungskraft ausüben, gemeint ist, liegt im Belieben des jeweiligen Autors. Keiner der in der Literatur unternommenen Definitionsversuche konnte sich bislang durchsetzen. Selbst wenn man nur jene 35 Arbeiten berücksichtigt, die explizit darlegen, was sie unter Verdrossenheit verstehen wollen, ist damit unverkennbar, daß der Begriff den von Opp (1995: 128ff) formulierten Kriterien der

---

137 Eine Ausnahme bildet hier Czerwick (1996), der mit PV eher einen gesamtgesellschaftlichen Zustand zu beschreiben scheint.

theoretischer Bezugsrahmen	Anteil (%)	n
kein Bezugsrahmen	84,1	148
Bezugsrahmen vorhanden	15,9	28
davon:		
Eastonsche Systemtheorie	9,7	17
Lebensstil-Ansätze	1,7	3
Politische Kulturforschung	1,1	2
Politische Kulturforschung + Easton	1,1	2
Allgemeine Systemtheorie	1,1	2
Marxismus	1,1	2

Tabelle 2.9: Publikationen nach ihrem theoretischem Bezugsrahmen

Bezug zu anderen Konzepten	Anteil (%)	n
kein Bezug	68,8	121
Gleichsetzung	31,3	55
Abgrenzung	2,8	5

Die Anteile summieren sich zu mehr als 100 Prozent, weil einige Autoren sowohl Gleichsetzungen als auch Abgrenzungen vornehmen.

Tabelle 2.10: Publikationen nach ihrem Bezug zu anderen Konzepten

Präzision und der Eindeutigkeit in keiner Weise genügt. Insbesondere die in der Literatur so beliebte Politikverdrossenheit stellt geradezu das Zerrbild eines sozialwissenschaftlichen Konzeptes dar. Dies gilt um so mehr, wenn man bedenkt, daß diese 35 Texte lediglich ein knappes Fünftel der Verdrossenheitsliteratur ausmachen und es in allen übrigen Fällen dem Leser überlassen bleibt zu rekonstruieren, was die jeweiligen Verfasser meinen, wenn sie von Verdrossenheit sprechen.

2.6.1.2 Theoretische Vernetzung

Weitere Belege für die begriffliche Heterogenität, ja Beliebigkeit der Verdrossenheitsforschung finden sich, wenn man im folgenden Analyseschritt die theoretische Vernetzung der hier untersuchten Beiträge betrachtet. Auffällig ist zunächst, daß lediglich knapp 16 Prozent der untersuchten Arbeiten vor dem Hintergrund einer der „großen" sozialwissenschaftlichen Theorien argumentieren (vgl. Tabelle 2.9). Schlüsselt man diese Gruppe weiter auf (vgl. den unteren Teil der Tabelle), so zeigt sich, daß innerhalb dieser Minderheit die Eastonsche Systemtheorie als theoretischer Bezugsrahmen klar favorisiert wird. Andere Konzeptionen wie der Marxismus, die allgemeine Systemtheorie, die politische Kulturforschung in der Tradition von Almond und Verba (1965) und die auf Arbeiten Bourdieus zum „Habitus" (für einen knappen Überblick dazu vgl. Hradil 1999: 138ff) bezogenen Lebensstil-Ansätze bilden jeweils nur in zwei bis drei der analysierten Beiträge die argumentative Folie. Die überwältigende Mehrheit von 84 Prozent der Autoren aber leistet bezüglich ihres theoretischen Bezugspunktes nicht einmal Lippenbekenntnisse.

Dieser Befund steht in einem gewissen Widerspruch zu der Häufigkeit, mit der die

Zahl der Konzepte	Anteil (%)	n
1	58,2	32
2	20,0	11
3	10,9	6
4	10,9	6

$\bar{x} = 1,7$ $\tilde{x} = 1$

Basis für die Prozentuierung sind jene 55 Beiträge, in denen Verdrossenheit mit einem anderen Konzept gleichgesetzt wird.

Tabelle 2.11: Publikationen nach der Anzahl der Konzepte, mit denen Verdrossenheit gleichgesetzt wird

Verdrossenheitsliteratur auf etablierte sozialwissenschaftlich Konzepte zurückgreift: Tabelle 2.10 auf der vorherigen Seite zeigt, daß etwas mehr als zwei Drittel der Arbeiten zur Verdrossenheit *keine* Verbindung zwischen Verdrossenheit und anderen Konzepten herstellen. Dieser Wert ist zwar für sich genommen ebenfalls erstaunlich hoch und deutet ähnlich wie die Ergebnisse in Tabelle 2.9 darauf hin, daß die Verdrossenheitsforschung innerhalb der „normalen" Politischen Soziologie häufig eine isolierte Position einnimmt, liegt aber doch deutlich unter dem oben genannten Anteil von 84 Prozent. Diese Diskrepanz erklärt sich, wie in Abschnitt 2.5.3 (Seite 84) skizziert, dadurch, daß etliche Konzepte mittlerweile ohne Bezug zu dem theoretischen Rahmen verwendet werden, innerhalb dessen sie ursprünglich entwickelt wurden.

Aus Tabelle 2.10 auf der vorherigen Seite geht darüber hinaus hervor, daß die Gleichsetzung von Verdrossenheit mit anderen Konzepten die dominierende Form der theoretischen Auseinandersetzung mit diesen darstellt: Fast ein Drittel der untersuchten Beiträge geht davon aus, daß Verdrossenheit mit einem oder mehreren etablierten Konzepten identisch ist. Der Anteil der Arbeiten, die Verdrossenheit von einem der bekannten Konzepte abgrenzen, liegt dagegen unter drei Prozent. Damit unterstützt ein großer Teil der Literatur zumindest implizit die von Kritikern der Verdrossenheitsforschung vertretene These, daß es sich bei den diversen Komposita von Verdrossenheit lediglich um neue Bezeichnungen für altbekannte Phänomene handele.

Die Tabellen 2.11 und 2.12 liefern jedoch weitere Belege dafür, daß diese Neuprägung höchst problematisch ist, weil der Begriff der Verdrossenheit weder eindeutig noch präzise definiert ist. So geht aus Tabelle 2.11 hervor, daß rund 40 Prozent der untersuchten Beiträge Verdrossenheit mit mindestens *zwei* verschiedenen Konzepten gleichsetzt (vgl. auch die Mittelwerte für die Zahl der Konzepte). Tabelle 2.12 auf der nächsten Seite zeigt darüber hinaus, daß diese Konzepte sich zwar auf einen ähnlichen Gegenstandsbereich beziehen, aber keineswegs miteinander deckungsgleich sind.[138]

An erster Stelle der Konzepte, mit denen Verdrossenheit gleichgesetzt wird, steht die politische Unzufriedenheit, dicht gefolgt vom Entzug politischer Unterstützung im Sinne Eastons. Etwas seltener genannt werden ein Mangel an politischem Vertrauen, mangelnde politische Effektivitäts- beziehungsweise Responsivitätsüberzeugun-

---

[138] Diese Konzepte werden in Abschnitt 3.2 im einzelnen vorgestellt. Dort werden auch Überschneidungen zwischen ihnen diskutiert.

Konzept	Anteil (%)	n
politische Unzufriedenheit (*disaffection*)	45,5	25
politische Unterstützung (*support*)	38,2	21
Vertrauen (*trust*)	30,9	17
politische Effektivitätsüberzeugung (*efficacy*)	29,1	16
Entfremdung (*alienation*)	27,3	15
dealignment	3,6	2

Die Anteile für die einzelnen Konzepte summieren sich zu mehr als 100 Prozent, weil zahlreiche Autoren Verdrossenheit mit mehr als einem Konzept gleichsetzen (vgl. Tabelle 2.11 auf der vorherigen Seite.)

Tabelle 2.12: Konzepte, mit denen Verdrossenheit gleichgesetzt wird

Erklärungsebene(n)	Anteil (%)	n
Meso + Mikro	36,9	65
nur Mikro	31,3	55
vollständiges Modell	18,2	32
Makro + Mikro	11,9	21
nicht definiert	1,1	2
nur Makro	0,6	1

Tabelle 2.13: Publikationen nach der Ebene des Erklärungsmodells

gen und politische Entfremdung. Auch hier läßt sich wieder so etwas wie ein kleinster gemeinsamer Nenner ausmachen: Alle diese Konzepte beziehen sich auf individuelle Einstellungen gegenüber politischen Objekten. Eine Ausnahme bilden lediglich jene zwei Arbeiten, die Verdrossenheit mit dem Konzept des *dealignments* gleichsetzen, das primär eine Entwicklung auf der Makro-Ebene beschreibt. Diese wird aber ebenfalls auf einen Wandel individueller Einstellungen zurückgeführt (vgl. Abschnitt 3.2.4, Seite 194ff).

2.6.1.3 Erklärungsebenen

Tabelle 2.13, in der alle 176 untersuchten Arbeiten nach den Ebenen des Erklärungsmodells, das ihnen zugrundeliegt, aufgeschlüsselt werden zeigt, daß diese Orientierung an der Ebene individueller Einstellungen für die Verdrossenheitsforschung insgesamt charakteristisch ist: In knapp einem Drittel aller Fälle beschäftigen sich die Autoren ausschließlich mit Phänomenen auf der Mikro-Ebene, in einem runden weiteren Drittel werden solche Einstellungen und Verhaltensweisen mit Meso-Phänomenen wie der Auflösung von Milieus und der nachlassenden Bindekraft von Organisationen in Zusammenhang gebracht. Zwölf Prozent der Beiträge postulieren direkte Wirkungen von Makro-Prozessen auf die Mikro-Ebene, ohne sich mit der Meso-Ebene zu befassen; in rund 18 Prozent der Fälle schließlich folgen sie dem Modell einer vollständigen[139] Mehr-Ebenen-Erklärung. Für reine Makro-Erklärungen, in denen die

---

139 Die Kriterien für eine „vollständige" Erklärung wurden recht weit gefaßt und schließen auch zahlreiche Arbeiten ein, in denen Makro-Mikro- und Meso-Mikro-Erklärungen unverbunden nebeneinander stehen. Auch daß letztlich keine der untersuchten Arbeiten eine explizite Aggregationsregel angibt, blieb

Stellung von Verdrossenheit	Anteil (%)	n
intervenierende Variable	56,8	100
unabhängige Variable	17,6	31
abhängige Variable	15,3	27
nur Binnenstruktur	9,1	16
nicht definiert	1,1	2

Tabelle 2.14: Publikationen nach der Stellung von Verdrossenheit innerhalb des Erklärungsansatzes

Kritikpunkte	Anteil (%)	n
keine Kritik	60,2	106
1	26,7 ⎫	47
2	11,9 ⎬ 39,8	21
3	1,1 ⎭	2

$\bar{x} = 0,5$ $\tilde{x} = 0$

Tabelle 2.15: Publikationen nach der Anzahl der Kritikpunkte an der Verdrossenheitsforschung

individuelle Ebene völlig unberücksichtigt bleibt, ließ sich hingegen nur ein einziges Beispiel finden, was einem Anteil von weniger als einem Prozent der Fälle entspricht.

Die Tendenz der Verdrossenheitsforschung zu eher komplexen Erklärungsansätzen, in denen individuelle politische Einstellungen eine zentrale Rolle spielen, zeigt sich nochmals deutlich, wenn man die Publikationen nach der Stellung aufschlüsselt, die die politische Verdrossenheit innerhalb des jeweiligen Ansatzes einnimmt (Tabelle 2.14). Lediglich in rund 18 beziehungsweise 15 Prozent der Fälle beschränken sich die Autoren darauf, Verdrossenheit ausschließlich als unabhängige respektive abhängige Variable zu betrachten. Noch kleiner ist der Anteil der Beiträge, die sich im wesentlichen auf die Binnenstruktur von Verdrossenheit konzentrieren. In deutlich mehr als der Hälfte aller Beiträge hingegen fungiert Verdrossenheit als intervenierende Variable innerhalb eines größeren, mehr oder minder explizit dargestellten Erklärungsmodelles, dessen allgemeine Grundstruktur in Abschnitt 2.5.2 skizziert wurde.

2.6.1.4 Kritik an der Verdrossenheitsforschung

Angesichts der bislang skizzierten konzeptionellen Probleme wäre es verwunderlich, wenn in der Literatur keine Kritik an den bisherigen Ergebnissen der Forschung geübt würde. Der Umfang, in dem dies tatsächlich geschieht, ist jedoch erstaunlich groß: Insgesamt bringen fast 40 Prozent der analysierten Arbeiten Kritik an der Verdrossenheitsforschung vor (vgl. Tabelle 2.15). In 13 Prozent der Fälle werden sogar mehrere Punkte bemängelt.

Im Vordergrund stehen dabei zwar inhaltliche Ergebnisse, die von mehr als der Hälfte der Kritiker in Zweifel gezogen werden (vgl. Tabelle 2.16 auf der nächsten Seite). Begriffliche Fragen spielen jedoch ebenfalls eine wichtige Rolle und werden in

---

bei der Einstufung unberücksichtigt.

Art der Kritik	Anteil (%)	n
inhaltlich (Ergebnisse)	55,7	39
begrifflich	41,4	29
pauschal	17,1	12
methodisch: Indikatoren	12,9	9
methodisch: Dimensionen	8,6	6

Die Anteile summieren sich zu mehr als 100 Prozent, weil einige Autoren mehrere Kritikpunkte gegen die Verdrossenheitsforschung vorbringen (vgl. Tabelle 2.15 auf der vorherigen Seite).

Tabelle 2.16: Publikationen nach der Art der Kritik an der Verdrossenheitsforschung

etwa 41 Prozent aller kritischen Arbeiten thematisiert. Methodische Fragen – hier getrennt nach Stellungnahmen zu den Indikatoren und zu den Dimensionen der Verdrossenheit aufgeführt – sind für die Kritiker hingegen von untergeordneter Bedeutung. In etwa 17 Prozent aller Fälle schließlich ist die Kritik an der Verdrossenheitsforschung so undifferenziert, daß sie als „pauschal" eingestuft werden mußte.

Die reservierte Haltung, die viele Autoren, die sich mit dem Thema befassen, gegenüber dem Konzept der Verdrossenheit einnehmen, schlägt sich unter anderem auch darin nieder, daß der Begriff in knapp neun Prozent der Beiträge durchgängig in Anführungszeichen gesetzt wird.[140] Charakteristisch für die Verdrossenheitsforschung ist dabei aber, daß lediglich drei (Dietze 1993, Schedler 1993b, Lösche 1995b) der 70 kritischen Arbeiten einen externen Standpunkt einnehmen, d. h. dafür plädieren, das Konzept der Verdrossenheit aufzugeben. Dies entspricht einem Anteil von etwas mehr als vier Prozent. In allen anderen Fällen schließt sich an die kritischen Bemerkungen eine eigene Analyse von Verdrossenheit an.

2.6.2 Inhaltliche Aspekte

Im vorangegangenen Abschnitt 2.6.1 wurden die Arbeiten zur Verdrossenheit auf analytische Aspekte hin untersucht. Dabei wurde in jenen 35 Fällen, in denen die Autoren eine explizite Konzeptualisierung von Verdrossenheit vornehmen, bereits auf einige inhaltliche Fragen eingegangen. Da diese Arbeiten jedoch nur ein knappes Fünftel aller relevanten Texte ausmachen, werden in diesem Kapitel nun alle 176 Arbeiten unter inhaltlichen Gesichtspunkten analysiert, um auf einer breiteren Datengrundlage zu einem umfassenderen Verständnis davon zu gelangen, was in der einschlägigen Literatur mit Verdrossenheit bezeichnet wird. Untersucht wird dabei, welche politischen Objekte von Verdrossenheit betroffen sein sollen, welche Einstellungen mit politischer Verdrossenheit bezeichnet werden, welche Verhaltensweisen mit Verdrossenheit in Zusammenhang gebracht werden, welche Aussagen die Autoren zur Aggregation von Verdrossenheitseinstellungen und -handlungen machen, welche Folgen ein Andauern der politischen Verdrossenheit ihrer Meinung nach haben wird und worin sie

---

140 Unter den Autoren, die die Verdrossenheitsforschung kritisieren, liegt dieser Anteil bei 12,9 Prozent, bei den übrigen beträgt er 5,9 Prozent. Der Koeffizient V nimmt für diesen Zusammenhang den Betrag von 0,13 an.

die Ursachen von Verdrossenheit sehen.

2.6.2.1 Objekte der Verdrossenheit

Mehr als 98 Prozent der hier untersuchten Arbeiten machen Angaben dazu, wer oder was aus Sicht der Verfasser zum Gegenstand von Verdrossenheit wird (vgl. Tabelle 2.17 auf der nächsten Seite). Dies bedeutet nicht unbedingt, daß es nach Ansicht der betreffenden Autoren eine entsprechende Verdrossenheit tatsächlich gibt. Beispielsweise differenziert Boher (1996) oben (Seite 111) dargelegt zwischen PaV, PolV, PV und SV, geht aber davon aus, daß sich empirisch nur eine PaV nachweisen läßt. Ähnliches gilt auch für Jäckel (1987), Gehmacher et al. (1988), Kimmel (1991), Ullrich (1994), Sarcinelli (1996) und zahlreiche andere Autoren. Für die Bedeutungsanalyse spielt dieser Umstand aber keine Rolle, weil hier zunächst nur geklärt werden soll, was in der Literatur unter Verdrossenheit verstanden wird. In welchem Umfang die Autoren Existenzaussagen zu den verschiedenen Varianten von Verdrossenheit machen, ist dafür ohne Belang.

Als Gegenstand von Politik- und anderen Verdrossenheiten werden in der Literatur sehr häufig (bestimmte) Parteien, Politiker, das Prinzip der repräsentativen Demokratie, die Regierung, politische Entscheidungen, die öffentlichen Verwaltungen und teilweise sogar Kirchen und Gewerkschaften genannt. Hinzu kommen einige eher idiosynkratische Objekte: „die Politik" (Holtz-Bacha 1994b, Neumann 1995, Czerwick 1996), „das Parteiensystem" (Küchler 1982, Dalton und Rohrschneider 1990, Gothe et al. 1997), „medienvermittelte politische Kampagnen (,Negativismus'), die als unfair und uninformativ betrachtet werden" (Gleich 1998: 420), der „herrschende Politikbetrieb" (Sarcinelli 1996: 32f) oder die *outcomes* des politischen Prozesses (Westle 1990a).

Diese große Vielfalt von Gegenständen, auf die sich Verdrossenheitseinstellungen und -handlungen beziehen können, läßt sich aber deutlich reduzieren, da sich die meisten dieser Objekte einer von vier beziehungsweise fünf großen Klassen zuordnen lassen. Bei diesen Objektklassen handelt es sich erstens um das politische System als ganzes und insbesondere die Herrschaftsordnung, zweitens um die Angehörigen der politischen Elite, drittens um die (etablierten) Parteien sowie viertens um Institutionen und Organisationen.[141] Bei letzteren kann im Anschluß an Vorschläge aus der Literatur sinnvollerweise noch einmal zwischen parteipolitisch geprägten Institutionen wie dem Bundestag und der Bundesregierung einerseits und eher unpolitischen Institutionen wie den allgemeinen Gerichten, den Kirchen und den Gewerkschaften andererseits unterschieden werden (vgl. für eine solche Differenzierung beispielsweise Deinert 1997: 89 oder Pickel und Walz 1997a: 31ff).

---

141 Praktisch alle Arbeiten gehen davon aus, daß die politischen Parteien in besonderer Weise von Phänomenen der Verdrossenheit betroffen sind. Nicht umsonst spricht ein großer Teil der Autoren von Parteienverdrossenheit (vgl. Tabelle 2.2 auf Seite 103). Deshalb wurden die politischen Parteien in dieser Darstellung in eine eigene Kategorie eingeordnet und nicht den politischen Institutionen/Organisationen zugeschlagen.

Zahl der Objektklassen	Anteil (%)	n
0	1,7	3
1	31,3	55
2	39,2	69
3	20,5	36
4	4,5	8
5	2,8	5

$\bar{x} = 2,0 \quad \tilde{x} = 2$

Tabelle 2.17: Publikationen nach der Anzahl der Objektklassen, die von Verdrossenheit betroffen sein sollen

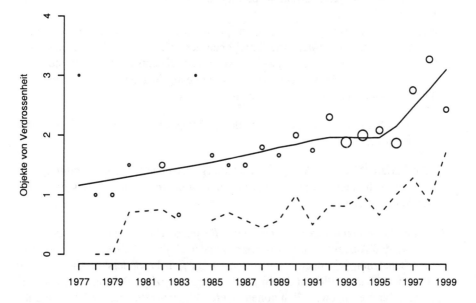

Abbildung 2.5: Mittlere Anzahl der von Verdrossenheit betroffenen Objektklassen im Zeitverlauf

Tabelle 2.17 zeigt, daß nur 31 Prozent der hier untersuchten Arbeiten Verdrossenheit auf eine einzige Klasse von Objekten beziehen. Knapp 40 Prozent der untersuchten Beiträge machen Verdrossenheit hingegen an zwei, eine stattliche Minderheit von fast 21 Prozent sogar an drei Objektklassen fest.[142] Die durchschnittliche Zahl (Median und arithmetisches Mittel) der in der Literatur genannten Objektklassen liegt bei zwei.

---

142 Auch dieser Befund scheint *prima facie* dafür zu sprechen, daß es dem Begriff an Eindeutigkeit und Präzision mangelt. Dieser Schluß wäre allerdings voreilig, da, wie oben gezeigt, ein Teil der Beiträge durchaus zwischen verschiedenen Komposita von Verdrossenheit unterscheidet, die sich auf verschiedene Objektklassen beziehen können. Weiter unten wird deshalb untersucht, welcher Zusammenhang zwischen der verwendeten Begrifflichkeit und den Objektklassen, die von Verdrossenheit betroffen sein sollen, besteht.

Erstaunlicherweise nimmt die Zahl der Objektklassen, die in der Literatur mit Verdrossenheit in Zusammenhang gebracht werden, im Zeitverlauf deutlich zu: Zwischen der Zahl der Objekte einerseits und der Kalenderzeit andererseits besteht eine relativ starke Korrelation von $r = 0,33$. Abbildung 2.5 auf der vorherigen Seite, in der die für jedes Jahr berechneten Mittelwerte als kreisförmige Markierungen gegen die Zeitachse abgetragen wurden, veranschaulicht diesen Anstieg.[143] Bei diesem Effekt handelt es sich keineswegs um einen Scheinzusammenhang, der dadurch zu erklären wäre, daß die Autoren zu späteren Zeitpunkten im Durchschnitt eine größere Zahl von Verdrossenheitsbegriffen benutzen, die sie dann auf verschiedene Objekte beziehen. Auch wenn man die von den Autoren verwendete Zahl unterschiedlicher Begriffe in das Modell aufnimmt und so deren Effekt auspartialisiert, ändert sich nichts am Betrag des Koeffizienten.[144]

Eine Reihe methodischer Überlegungen spricht dafür, daß der Korrelationskoeffizient die Stärke des Zusammenhanges zwischen der Zahl der Objekte, auf die Verdrossenheit bezogen wird, und dem Zeitpunkt, zu dem die entsprechende Publikation erschienen ist, sogar leicht unterschätzt, weil ein lineares Modell wie die Korrelation nach Pearson den Daten nicht angemessen ist:

1. Da es sich um Zeitreihendaten handelt, kommt es zu einer seriellen Korrelation der Residuen.

2. Die Varianz[145] der abhängigen Variablen (gestrichelte Linie in Abbildung 2.5 auf der vorherigen Seite) ist nicht konstant, sondern nimmt im Zeitverlauf zu (Heteroskedaszität).

3. Bis in die frühen neunziger Jahre liegen für jedes Jahr nur einige wenige Fälle vor, so daß Ausreißer einen disproportionalen Einfluß (*leverage*) auf die Modell-Schätzung gewinnen können. Dies zeigt sich besonders deutlich in den Jahren 1977 und 1984, in denen jeweils nur ein einziger Beitrag erschien, der alleine für die ungewöhnlich hohen „Durchschnittswerte" beider Jahre verantwortlich ist.

---

143 Die Fläche des Kreises symbolisiert die Zahl der Veröffentlichungen für das entsprechende Jahr. Die Berechnung des Korrelationskoeffizienten und der Trendlinie basieren auf den ursprünglichen Werten. Da diese Variablen ausschließlich diskrete Werte annehmen, ist es nicht sinnvoll, sie in der Abbildung als Punktewolke darzustellen.

144 Die Pearsonsche Korrelation zwischen der Zahl der Objektklassen und der Zahl der verwendeten Verdrossenheitsbegriffe beträgt $r = 0,18$. Der Zusammenhang zwischen der Zahl der verwendeten Begriffe und der Kalenderzeit ist vernachlässigbar klein ($r = 0,03$). Da die Zahl der Fälle mit 176 relativ gering ist und die Verteilung der Variablen stark von einer Normalverteilung abweicht, wurden zur Absicherung der Ergebnisse zusätzlich nicht-parametrische Korrelationen nach Spearman berechnet (vgl. Bortz 1993: 214f). Hier ergeben sich vergleichbare Werte von $\rho = 0,23$ beziehungsweise $\rho = 0,01$. Die Spearman-Korrelation zwischen der Zahl der Objektklassen und der Kalenderzeit liegt bei $\rho = 0,31$ und unterscheidet sich damit ebenfalls nicht substantiell von r.

145 In der Abbildung wurde als Äquivalent zur Varianz die Standardabweichung abgetragen, weil diese in der gleichen Einheit wie die ursprüngliche Variable vorliegt.

Objektklassen	Anteil (%)	n
Parteien	85,2	150
politische Elite	58,5	103
politisches System insgesamt/*regime*	32,4	57
politische Institutionen	19,9	35
unpolitische Institutionen	7,4	13

Die Basis für diese Tabelle bilden 173 Arbeiten, die Aussagen zu den von Verdrossenheit betroffenen Objektklassen machen. Die Anteile summieren sich zu mehr als 100 Prozent, weil zahlreiche Autoren davon ausgehen, daß mehrere Objektklassen zum Gegenstand von Verdrossenheit werden (vgl. Tabelle 2.17 auf Seite 123).

Tabelle 2.18: Objektklassen, auf die Verdrossenheit bezogen wird

4. Schließlich spricht der beschleunigte Anstieg der Jahresmittelwerte in den späten neunziger Jahren, der sich deutlich vom bis dahin zu beobachtenden Trend abhebt, gegen ein lineares Modell.

Statt einer Regressionsgeraden wurde deshalb eine Trendlinie nach dem *lowess*-Verfahren[146] berechnet (vgl. Fox 1997: 417ff).[147] Dieses nicht-parametrische Verfahren liefert Schätzungen, die gegenüber den genannten Effekten robust sein sollten. Die Tendenz, die dabei zu Tage tritt, ist eindeutig: Zunächst langsam, dann aber zusehends schneller wurde der Verdrossenheitsbegriff auf eine immer größere Zahl von Objektklassen angewendet.[148] Was unter Verdrossenheit zu verstehen ist, wird somit im Laufe der Jahre inhaltlich unbestimmter. Daß zugleich bezüglich dieses Merkmals die Variabilität zwischen den Arbeiten zunahm, bedeutet, daß der Begriff überdies zusehends weniger einheitlich gebraucht wurde. Allein aus dieser Entwicklung ergibt sich, daß seine Eindeutigkeit und Präzision im Zeitverlauf weiter abgenommen haben müssen.

Als nächstes stellt sich nun die Frage, wie häufig jede der fünf obengenannten Klassen von Verdrossenheitsobjekten in der Literatur genannt wird. Tabelle 2.18 zeigt einen eindeutigen Befund: Eine überwältigende Mehrheit von mehr als 85 Prozent der untersuchten Beiträge bezieht Verdrossenheit auf die politischen Parteien. An zweiter Stelle folgen die Mitglieder der politischen Elite, die aus der Sicht von knapp 59 Prozent der Autoren zum Objekt von Verdrossenheitstendenzen werden. Rund 32 Prozent der Beiträge schließlich bringen Verdrossenheit mit der *regime*-Ebene in Zusammenhang. Die politischen und insbesondere die unpolitischen Institutionen spielen dagegen eine untergeordnete Rolle.

Ähnlich wie bei der Begrifflichkeit verteilen sich die untersuchten Beiträge keines-

146 *lowess* steht für „locally weighted scatterplot smoother".

147 Die Berechnung erfolgte in R mit Hilfe der Funktion *lowess* (vgl. Venables und Ripley 1997: 326). Für den Glättungsparameter α wurde die Voreinstellung von $\frac{2}{3}$ übernommen.

148 Analog zur linearen Regression kann auch für *lowess* das Bestimmtheitsmaß r^2 berechnet werden, das Auskunft darüber gibt, wie gut die Trendlinie an die empirischen Daten angepaßt ist. In diesem Fall erreicht der Koeffizient einen Wert von 0,16, was einem r von 0,40 entsprechen würde. Dies bestätigt die Vermutung, daß der Pearsonsche Korrelationskoeffizient die Stärke des Zusammenhanges unterschätzt.

Objektklassen	Anteil (%)	n
Parteien + politische Elite	26,7	47
nur Parteien	25,0	44
Parteien + politische Elite + regime	9,7	17
Parteien + politische Elite + politische Institutionen	7,4	13
andere Konfigurationen		
(jeweils weniger als sechs Prozent)	31,3	55

Tabelle 2.19: Publikationen nach Kombinationen von Objektklassen, auf die Verdrossenheit bezogen wird

wegs gleichmäßig auf die $2^5 = 32$ denkbaren Kombinationen von Objektklassen. Vielmehr lassen sich auch hier typische Konfigurationen nachweisen. Für 14 der Kombinationen gibt es keinerlei empirische Beispiele. Unter den 18 verbleibenden sind zwei Konfigurationen sehr häufig: Ein Viertel der Beiträge bezieht politische Verdrossenheit ausschließlich auf Politiker, ein weiteres Viertel auf Politiker und Parteien (vgl. Tabelle 2.19). Rund die Hälfte aller untersuchten Arbeiten bringt politische Verdrossenheit also nicht mit dem politischen System insgesamt, sondern *ausschließlich* mit den etablierten Parteien oder deren Vertretern in Zusammenhang.

Ansonsten besteht wenig Einigkeit über die Objekte der Verdrossenheit: Die Kombinationen Politiker-Parteien-*regime* sowie Politiker-Parteien-politische Institutionen finden sich lediglich in rund zehn beziehungsweise sieben Prozent der Arbeiten. Auf alle anderen Kombinationen von Objektklassen entfallen jeweils weniger als sechs Prozent der Beiträge. Gemeinsam machen diese allerdings fast ein Drittel der Literatur aus, was einmal mehr zeigt, wie heterogen die Verdrossenheitsforschung ist. Auch hier wurde wieder der *Index of Qualitative Variation* berechnet, um diese Aussage quantitativ abzusichern. Sein Wert liegt mit $IQV = 0,87$ erneut in der Nähe des theoretischen Maximums. Dabei ist zu beachten, daß die Objekte bereits vorab zu Klassen zusammengefaßt wurden (vgl. Seite 122) und die tatsächliche Heterogenität der Literatur vom IQV deshalb tendenziell unterschätzt wird.

Bisher wurde gezeigt, daß politische Verdrossenheit in der Literatur in aller Regel auf mehrere Objektklassen bezogen wird, die in verschiedener Weise miteinander kombiniert werden. Dies ist insofern problematisch, als der Begriff dadurch an Trennschärfe verliert. Allerdings ist damit noch nicht ausgeschlossen, daß es in der Literatur einen Konsens darüber gibt, was die Objekte der Verdrossenheit sind. Grundsätzlich wäre es denkbar, daß die Autoren die verschiedenen Varianten des Verdrossenheitsbegriffes (PaV, PolV, PV und SV) jeweils auf dieselben Objekte beziehen. Um festzustellen, ob dies tatsächlich der Fall ist, wird in einem abschließenden Analyseschritt die in Tabelle 2.19 enthaltene Information noch einmal nach der von den Autoren verwendeten Begrifflichkeit aufgeschlüsselt. Um die Darstellung übersichtlich zu halten, beschränke ich mich dabei auf die in der Literatur am häufigsten vorkommenden Kombinationen von Begriffen (vgl. Tabelle 2.6 auf Seite 106).

Ein relativ einheitliches Bild ergibt sich dabei für jene 26 Arbeiten, die ausschließlich mit dem Begriff PaV operieren (vgl. Tabelle 2.20 auf der nächsten Seite). Knapp 81 Prozent beziehen diesen Terminus nur auf die Parteien, weitere 15 Prozent auf die

Objektklassen	Anteil (%)	n
Parteien	80,8	21
Parteien + politische Elite	15,4	4
Parteien + *regime*	3,8	1

Die Basis für diese Tabelle bilden 26 Arbeiten, die ausschließlich mit dem Begriff PaV operieren (vgl. Tabelle 2.6 auf Seite 106).

Tabelle 2.20: Objekte von Parteienverdrossenheit

Objektklassen	Anteil (%)	n
Parteien + politische Elite	37,5	12
Parteien	15,6	5
Parteien + politische Elite + politische Institutionen	12,5	4
andere Konfigurationen		
(jeweils weniger als zehn Prozent)	34,4	11

Die Basis für diese Tabelle bilden 32 Arbeiten, die mit den Begriffen PaV und PV operieren, ohne zwischen ihnen zu unterscheiden (vgl. Tabelle 2.6 auf Seite 106).

Tabelle 2.21: Objekte von Politikverdrossenheit/Parteienverdrossenheit

Parteien und die mit ihnen eng verbundenen Angehörigen der politischen Elite. Lediglich ein Beitrag (Abromeit 1982) bezeichnet mit PaV eine Unzufriedenheit mit den Parteien und dem *regime*. Innerhalb dieser Gruppe sinkt der *IQV* auf 0,33.[149]

Bei dem in der Literatur deutlich häufiger (vgl. Tabellen 2.2 und 2.6) verwendeten Begriff PV hingegen besteht kein Konsens darüber, auf welche Objekte er sich bezieht. Tabelle 2.21 bezieht sich zunächst auf jene 32 Texte, die ausschließlich mit den Begriffen PaV und PV operieren, diese aber wie Synonyme gebrauchen. Etwas mehr als die Hälfte dieser Arbeiten verwendet „Politik- und Parteienverdrossenheit" tatsächlich im Sinne von PaV: Knapp 38 Prozent der Beiträge beziehen Verdrossenheit auf die Parteien und die Politiker, weitere 16 Prozent ausschließlich auf die Parteien. Die gelegentliche Verwendung von PV in dieser Gruppe von Beiträgen scheint also nur der sprachlichen Variation geschuldet zu sein.

Die übrigen Texte, insgesamt fast 47 Prozent des Materials, nehmen auf eine Vielzahl von Gegenständen Bezug: Für vier Arbeiten (knapp 13 Prozent) werden außer Politikern und Parteien überdies auch die politischen Institutionen zum Gegenstand von Verdrossenheit. Das verbleibende Drittel der Beiträge entfällt auf insgesamt sieben weitere Kombinationen von Objektklassen. Diese erheblich größere Heterogenität

---

149 Bei dieser und einigen anderen der im Verlaufe dieses Kapitels präsentierten Analysen unterschreitet die Zahl der Fälle *n* die Zahl der Kategorien beziehungsweise Kombinationen *k*. In diesem Fall kommt es zu einem Deflationseffekt, d. h. der IQV unterschätzt das Ausmaß der Heterogenität. Bei den hier vorgenommenen Berechnungen sind die Deflationseffekte jedoch so gering, daß sie keinen Einfluß auf die Interpretation des Koeffizienten haben. Deshalb werden in diesem Kapitel für den IQV lediglich die unkorrigierten Werte berichtet, die eine konservative Schätzung für die tatsächliche Heterogenität der Verdrossenheitstexte darstellen. Eine mathematische Erklärung für das Zustandekommen des Deflationseffektes und eine Begründung dafür, daß der Effekt vernachlässigt werden kann, findet sich in Anhang B.1 auf Seite 302f.

Objektklassen	Anteil (%)	n
Parteien + politische Elite	13,7	7
politische Elite + *regime*	13,7	7
Parteien + politische Elite + *regime*	13,7	7
Parteien	9,8	5
andere Konfigurationen		
(jeweils weniger als sechs Prozent)	49,0	25

Die Basis für diese Tabelle bilden 51 Arbeiten, die ausschließlich mit dem Begriff PV operieren (vgl. Tabelle 2.6 auf Seite 106).

Tabelle 2.22: Objekte von Politikverdrossenheit

hinsichtlich der Verdrossenheitsobjekte zeigt sich auch am *IQV*, der in dieser Gruppe einen Wert von 0,82 annimmt.

Noch disparater ist das Bild, daß sich für jene 51 Arbeiten ergibt, die ausschließlich den Begriff PV verwenden. Tabelle 2.22 zeigt, daß je sieben dieser Beiträge den Terminus auf die Parteien und die politische Elite, die politische Elite und das *regime* beziehungsweise auf die Parteien, die politische Elite und das *regime* beziehen. Dies entspricht einem Anteil von jeweils knapp 14 Prozent. Noch einmal knapp zehn Prozent der Beiträge bezeichnet eine Unzufriedenheit mit den Parteien als PV. Die übrigen 49 Prozent der Arbeiten beziehen PV auf idiosynkratische Kombinationen der fünf Objektklassen. Der *IQV* erreicht hier einen Wert von 0,94, was einer fast perfekten Gleichverteilung der untersuchten Arbeiten auf die Kombinationen von Objektklassen entspricht. Damit bestätigt die quantitative Analyse der Objektklassen, mit denen PV in Zusammenhang gebracht wird, das Ergebnis, zu dem bereits die Durchsicht der expliziten Definitionen von PV geführt hatte (vgl. Abschnitt 2.6.1.1 auf Seite 116): Der Gebrauch des Begriffes in der Literatur ist im höchsten Maße schwankend, ihm fehlt es an Eindeutigkeit und Präzision.

Die Arbeiten, die ausschließlich mit den Begriffen PV und PaV operieren, repräsentieren insgesamt fast zwei Drittel der Verdrossenheitsliteratur. Andere Begriffspaare beziehungsweise -triaden werden, wie oben (vgl. Tabelle 2.6 auf Seite 106) gezeigt, weitaus seltener verwendet. Diese selteneren Kombinationen wiederum werden in der Literatur mit zahlreichen Permutationen der vorgestellten Klassen von Verdrossenheitsobjekten in Zusammenhang gebracht, so daß sich eine kaum überschaubare Anzahl verschiedener Konstellationen ergibt, auf deren detaillierte Darstellung ich wegen des geringen Informationsgehaltes verzichte.

2.6.2.2 Verdrossenheitseinstellungen

Nachdem in den vorangegangenen Abschnitten gezeigt wurde, daß das Konzept der Verdrossenheit in aller Regel nur unzureichend spezifiziert wird, erscheint es nun weniger verwunderlich, daß in den Beiträgen zur Verdrossenheitsforschung häufig nicht zu erkennen ist, ob eine bestimmte Einstellung vom jeweiligen Autor als Folge, Ursache oder Bestandteil von Verdrossenheit angesehen wird (vgl. 2.5.3, Seite 87). Infolgedessen muß sich dieser Abschnitt ausschließlich mit der Frage beschäftigen, wel-

Zahl der Einstellungen	Anteil (%)	n
1	14,3	25
2	28,6	50
3	17,1	30
4	18,3	32
5	9,1	16
6	5,1	9
7	3,4	6
8-10	3,9	7

$\bar{x} = 3,3$ $\tilde{x} = 3$

Tabelle 2.23: Publikationen nach der Anzahl der Einstellungen, die mit Verdrossenheit in Zusammenhang gebracht werden

che Einstellungen mit politischer Verdrossenheit in Zusammenhang gebracht werden, ohne zwischen vorgängigen, nachgängigen und konstituierenden Variablen zu unterscheiden.

Zunächst ist festzuhalten, daß sich tatsächlich *alle* 176 hier untersuchten Arbeiten in irgendeiner Form mit negativen Einstellungen gegenüber politischen Objekten beschäftigen. Eine Ausnahme bildet lediglich der Beitrag von Schedler (1993b), der PV als eine „demoskopische Konstruktion" (1993b: 434) betrachtet und die Existenz von Verdrossenheitseinstellungen deshalb leugnet. Auch Schedler interpretiert aber zwischen den Zeilen die Antworten auf die gängigen Items der Verdrossenheitsforschung im Sinne eines „gesunden", für die Demokratie funktionalen und rational begründeten Mißtrauens gegenüber Parteien und Politikern. In diesem weiteren Sinne greift somit selbst der wohl schärfste Kritiker der Verdrossenheitsforschung auf die für die ganze Literatur so wichtigen Einstellungsdaten zurück. Wegen seiner Sonderstellung wurde dieser Artikel jedoch aus den Analysen dieses Unterabschnittes ausgeschlossen. Die folgenden Tabellen beziehen sich deshalb, soweit nicht anders vermerkt, auf die 175 verbleibenden Arbeiten.

Aufgrund ihrer großen Vielfalt lassen sich die in der Literatur thematisierten Attitüden im Unterschied zu den Objekten der Verdrossenheit leider nicht in ein einfaches Klassifikationsschema einordnen. Auch wenn man die Vielzahl der teils höchst idiosynkratischen Verdrossenheitseinstellungen in Anlehnung an Tabelle 2.1 (hier Seite 98) reduziert, indem man Gruppen vergleichbarer Einstellungen betrachtet, bleibt das Bild der Verdrossenheit auf der attitudinalen Ebene in hohem Maße heterogen.

Welche Einstellungen sind es nun konkret, die in der Literatur als „Verdrossenheit" bezeichnet werden? Tabelle 2.23 zeigt zunächst, daß lediglich eine kleine Minderheit von 14 Prozent der untersuchten Beiträge Verdrossenheit mit einer einzigen Einstellung in Zusammenhang bringt. Fast die Hälfte der Arbeiten hingegen assoziiert Verdrossenheit mit zwei oder drei, rund 18 Prozent sogar mit vier Einstellungen. Etwas mehr als 20 Prozent der Autoren schließlich führen fünf und mehr Einstellungen ins Feld. Im Mittel werden 3,3 (arithmetisches Mittel) beziehungsweise drei (Median) Einstellungen genannt.

Die Verteilung ist eindeutig linkssteil (Schiefe = 1,155) und weist mit $s = 1,95$ ei-

Einstellung	Anteil (%)	n
Enttäuschung/Unzufriedenheit	77,1	135
Mißtrauen	61,7	108
(in)efficacy	31,4	55
Zweifel an Problemlösungskompetenz	28,6	50
Zerfall von Parteibindungen/Parteiidentifikationen	23,4	41
Protesthaltungen/„Denkzettelmentalität"	21,1	37
politisches Desinteresse/Apathie	18,3	32
politisches Interesse/kognitive Mobilisierung	13,1	23
demands: neue/andere Ziele	13,1	23
demands: bessere Leistungen	8,0	14
demands: strukturelle Veränderungen	6,9	12
negative Wahrnehmung der Wirtschaftslage	6,3	11
Wertorientierungen	4,0	7
Zerfall von Gewerkschaftsbindungen	2,9	5
„Entzauberung" der staatlichen Institutionen	2,3	4
Angstgefühle	2,3	4
Abnahme von Parteisympathien	2,3	4

Aufgeführt sind alle Einstellungen, die von mehr als drei Autoren in einen engen Zusammenhang mit politischer Verdrossenheit gebracht werden. Die Anteile summieren sich zu mehr als 100 Prozent, weil die meisten Autoren eine Vielzahl von Einstellungen ansprechen (vgl. Tabelle 2.23 auf der vorherigen Seite).

Tabelle 2.24: Verdrossenheitseinstellungen

ne beträchtliche Streuung auf. Im Unterschied zur Zahl der Objekte ist die Zahl der Einstellungen, die in den untersuchten Beiträgen mit Verdrossenheit in Verbindung gebracht werden, jedoch nicht mit der Kalenderzeit korreliert ($r = -0,04$; $\rho = -0,06$). Auch nicht-lineare Trends oder sonstige Verteilungsmuster über die Zeit lassen sich nicht nachweisen. Deutliche und plausible, wenn auch nicht sehr stark ausgeprägte positive Zusammenhänge bestehen jedoch mit der Zahl der verwendeten Begriffe ($r = 0,17$; $\rho = 0,18$) und der Zahl der Objekte, auf die politische Verdrossenheit bezogen wird ($r = 0,22$; $\rho = 0,25$).[150]

Einen Überblick über die große Vielfalt der Verdrossenheitseinstellungen gibt Tabelle 2.24, in der alle Attitüden aufgeführt sind, die von mehr als drei Autoren in einen engen Zusammenhang mit Verdrossenheit gebracht werden. Die Reihenfolge der Verdrossenheitseinstellungen, die sich aus dieser Auflistung ergibt, ist eindeutig: Entsprechend dem semantischen Gehalt von „Verdrossenheit" stehen Gefühle der Unzufriedenheit und Enttäuschung, die von rund 77 Prozent der Autoren genannt werden, an erster Stelle. Ebenfalls sehr häufig, d. h. in fast 62 Prozent der Fälle, wird aber in den hier untersuchten Arbeiten Mißtrauen gegenüber Politikern, Parteien, Institutionen oder sonstigen politischen Objekten mit Verdrossenheit assoziiert, obwohl man dies von der eigentlichen Bedeutung des Wortes her nicht unbedingt vermuten würde.

Eine Reihe weiterer Einstellungen wie das Gefühl fehlender Einflußmöglichkeiten (sense of inefficacy),[151] Zweifel an der Problemlösungskompetenz von Parteien, Poli-

---

150 Auf die Frage nach dem Verhältnis der angesprochenen Einstellungen zur verwendeten Begrifflichkeit wird weiter unten eingegangen.

151 In der Politischen Soziologie wird in der Regel zwischen interner und externer efficacy unterschieden

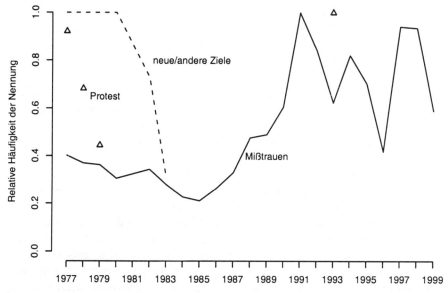

Geglättete Darstellung (*lowess*). α = 0,1.

Abbildung 2.6: Relative Häufigkeiten ausgewählter Verdrossenheitseinstellungen im Zeitverlauf

tikern oder Institutionen, fehlende oder schwindende Parteibindungen, Protesteinstellungen oder politisches Desinteresse und Apathie werden hingegen deutlich seltener genannt, finden sich aber immerhin in einem Drittel bis einem Sechstel der analysierten Beiträge wieder. Eine vierte Gruppe von Einstellungen, die vom gesteigerten politischen Interesse bis hin zur Abnahme von Parteisympathien reicht, wird von jeweils weniger als 15 Prozent der Autoren thematisiert. Eine ganze Reihe von noch seltener genannten Einstellungen schließlich wurde nicht in die Tabelle aufgenommen, um die Darstellung übersichtlich zu halten, da sich für die Zuordnung der entsprechenden Attitüden zum Komplex der Verdrossenheit in der Literatur häufig nur ein oder zwei Beispiele finden lassen.

Während – wie oben gezeigt – die durchschnittliche Zahl der angesprochenen Einstellungen über die Zeit weitgehend konstant bleibt, unterliegt die relative Häufigkeit, mit der einzelne Einstellungen dem Gesamtphänomen Verdrossenheit zugeordnet werden, im Zeitverlauf nicht unerheblichen und teils systematischen Schwankungen. Abbildung 2.6 zeigt zur Illustration dieses Befundes exemplarische Verläufe für die drei Einstellungen „Mißtrauen", „Protest" und „Wunsch nach Realisierung neuer/anderer Ziele durch die Politik".

Da es sich bei der Nennung von Einstellungen um binäre Variablen handelt und

---

(vgl. Kapitel 3.2.2). In der Verdrossenheitsliteratur hingegen werden häufig pauschal Gefühle der politischen Ohnmacht angesprochen und entsprechende Indikatoren verwendet, ohne daß diese wichtige Differenzierung beachtet wird. Angesichts dieser Forschungspraxis wurden bei der Auswertung beide Formen von *(in)efficacy* zusammengefaßt.

auch das Erscheinungsjahr lediglich 22 diskrete Ausprägungen aufweist, sind die entsprechenden Scatter-Plots wenig aussagekräftig.[152] Ähnlich wie in Abbildung 2.5 auf Seite 123 wurden deshalb in der Grafik nicht die Datenpunkte selbst eingetragen, sondern statt dessen auf der Grundlage aller 175 analysierten Beiträge Trendlinien nach dem *lowess*-Verfahren berechnet. Der Glättungsparameter α wurde dabei auf den relativ niedrigen Wert von 0,1 gesetzt, damit auch kleinere Schwankungen sichtbar bleiben. Da das *lowess*-Verfahren in etwa der Bildung eines gewichteten gleitenden Mittelwertes über die binären Variablen vergleichbar ist, können diese Linien als Schätzung für die relative Häufigkeit der Nennung der entsprechenden Attitüde interpretiert werden.[153]

Die durchgezogene Linie in der Grafik repräsentiert dabei den Anteil der Arbeiten, die Mißtrauen mit Politikverdrossenheit in Verbindung bringen. Im Mittel des gesamten Beobachtungszeitraums liegt dieser Wert, wie oben erwähnt, bei fast 62 Prozent. In der Grafik ist aber deutlich zu erkennen, daß Mißtrauen in der ersten Dekade der Verdrossenheitsforschung weitaus seltener als Bestandteil von politischer Verdrossenheit genannt wurde. In den frühen achtziger Jahren sank der Anteil der entsprechenden Beiträge sogar bis in die Nähe der Marke von 20 Prozent. Zu Beginn der neunziger Jahre hingegen assoziierten dagegen nahezu alle Autoren Verdrossenheit mit Mißtrauen. Danach sank die Popularität dieser Einstellung in der Verdrossenheitsforschung in einer scharf gezackten Kurve wieder ab, um am Ende des Jahrzehntes nochmals stark anzusteigen.

Dramatischer ist der Verlauf, der sich für das Streben nach neuen, politischen Zielen ergibt, die aus Sicht vieler Autoren mit der bisherigen Gestalt des politischen Systems kaum zu vereinbaren sind (vgl. die gestrichelte Linie in Abbildung 2.6 auf der vorherigen Seite). Bis in die frühen achtziger Jahre wurden solche Einstellungen in praktisch allen hier untersuchten Beiträgen als Teil der politischen Verdrossenheit behandelt. Die Erklärung für diesen Befund besteht darin, daß in dieser Zeit nahezu alle professionellen Beobachter von einem engen Zusammenhang zwischen Verdrossenheit einerseits und der Wahl grüner und bunter Listen andererseits ausgingen (vgl. Abschnitt 2.6.2.3). Nachdem es den Grünen aber 1983 erstmals gelungen war, in den Bundestag einzuziehen, verlor diese Argumentationslinie in der Forschungsliteratur rasch an Bedeutung, und Verdrossenheit wurde nur noch in vergleichsweise wenigen Fällen mit der Unterstützung für die *issues* der sogenannten „Neuen Politik" in Verbindung gebracht.

Noch interessanter ist das Muster, daß sich für Protesteinstellungen zeigt. Diese wurden in den späten siebziger und frühen achtziger Jahren relativ häufig als Bestandteil von Verdrossenheit aufgefaßt. Hintergrund waren auch hier die grünen Wahler-

152 Dieses Problem ließe sich prinzipiell durch die Addition einer Zufallsvariablen mit geringer Streuung oder durch die Verwendung sogenannter *sunflower*-Plots lösen. Da aus Platzgründen alle drei Variablen in einer Grafik zusammengefaßt werden sollten, wurde aber auf die Verwendung dieser Verfahren verzichtet, um die Darstellung nicht zu überfrachten.

153 Mit r^2-Werten von 0,20 („Mißtrauen"), 0,58 („neue Ziele") und 0,79 („Protest") sind die Trendlinien gut bis sehr gut an die empirischen Daten angepaßt.

folge, die von Teilen der Profession als eine Form abweichenden politischen Verhaltens verstanden wurden. Später beschäftigte sich die Verdrossenheitsforschung jedoch deutlich seltener mit Protesteinstellungen. Erst zu Beginn der neunziger Jahre gewannen diese wieder an Bedeutung, wurden nun aber als Motiv für die Wahl der neuen Rechtsparteien „Republikaner" und DVU betrachtet.

Von der Vielfalt der Verdrossenheitseinstellungen einmal ganz abgesehen, nährt die Existenz dieser wissenschaftlichen Modewellen die ohnehin vorhandenen Zweifel an der analytischen Stringenz der Verdrossenheitsforschung, zumal sich ähnliche, wenn auch komplexere Konjunkturverläufe auch für viele andere Verdrossenheitseinstellungen nachweisen lassen. Auch hier besteht aber grundsätzlich die Möglichkeit, daß zumindest ein Teil der inhaltlichen Heterogenität der Verdrossenheitsforschung darauf zurückzuführen ist, daß zu verschiedenen Zeitpunkten verschiedene Varianten von Verdrossenheit untersucht wurden.[154]

Analog zum Vorgehen in Abschnitt 2.6.2.1 wurde deshalb untersucht, ob es typische Konfigurationen von Einstellungen gibt und ob diese Kombinationen systematisch mit der verwendeten Begrifflichkeit variieren. In einem ersten Versuch, die Beiträge zur Verdrossenheitsforschung nach den von ihnen verwendeten Kombinationen von Einstellungen zu klassifizieren, wurden zunächst alle Attitüden berücksichtigt, die von wenigstens zehn Prozent der Autoren genannt werden. Aus diesen insgesamt neun Einstellungen ergeben sich $2^9 = 512$ mögliche Konfigurationen. Diese Einteilung erwies sich jedoch als zu feinmaschig, da sich selbst für die am häufigsten vorkommende Kombination von Einstellungen (Unzufriedenheit + fehlende Parteibindungen + Mißtrauen) nur 23 Beispiele finden ließen, was einem Anteil von lediglich rund 13 Prozent der Fälle entspricht. Der *IQV* erreicht mit 0,96 einen Wert nahe dem Maximum. Schließt man Enttäuschung/Unzufriedenheit aus der Betrachtung aus, weil diese Einstellung sehr häufig genannt wird und deshalb kaum zwischen den verschiedenen Beiträgen differenzieren dürfte, reduziert sich die Zahl der möglichen Kombinationen auf die Hälfte. Auch dadurch ändert sich aber nichts an dem Gesamtbild (*IQV* = 0,94).

Eine alternative, noch stärker formalisierte Möglichkeit, die vorliegenden Beiträge mit Blick auf die von ihnen thematisierten Einstellungen zu ordnen, besteht in der Anwendung explorativer faktoranalytischer Methoden. Kodiert man die Eigenschaft, daß ein Beitrag eine der neun Einstellungen als Verdrossenheit bezeichnet, mit dem Wert „1", das Fehlen der entsprechenden Einstellung hingegen mit „0", so erhält man ein Bündel von neun binären Variablen. Wenn es in der Verdrossenheitsliteratur so etwas wie typische Konfigurationen von Einstellungen gibt, so muß sich dies in korrelativen Mustern zwischen den neun Variablen niederschlagen, die durch eine Faktoren- beziehungsweise Hauptkomponentenanalyse aufgedeckt werden können.

Die klassische Hauptkomponentenanalyse ist allerdings für Daten auf Nominalskalenniveau nicht geeignet, sondern setzt kontinuierliche, intervallskalierte und nor-

---

154 Sprachlogische Überlegungen sprechen allerdings gegen diese Möglichkeit: Konstruktionen wie Politik-, Parteien- oder Politikerverdrossenheit lassen vielmehr darauf schließen, daß diese Begriffe eine Einstellung („Verdrossenheit") bezeichnen, die sich auf verschiedene, durch das Präfix markierte Objekte richten kann.

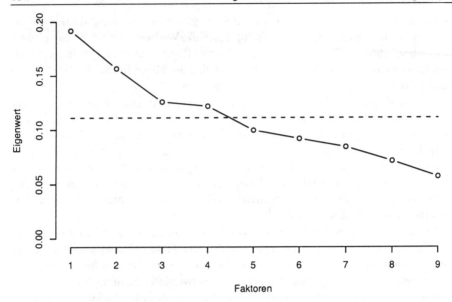

Abbildung 2.7: Eigenwerte aus einer HOMALS-Analyse über die in der Literatur als Verdrossenheit bezeichneten Einstellungen (Screeplot)

malverteilte Ausgangsvariablen voraus. Eine Möglichkeit, die Faktorenstruktur *kategorialer* Daten zu untersuchen, bietet das an der Universität Leiden entwickelte HOMALS[155]-Verfahren, das im SPSS-Modul CATEGORIES implementiert ist. Auch mit Hilfe von HOMALS ergibt sich aber kein klareres Bild.

Zunächst einmal besteht Unsicherheit darüber, wieviele Faktoren benötigt werden, um die ursprüngliche Datenmatrix angemessen zu reproduzieren. Gifi (1990: 60f) nennt keine formalisierten Kriterien für die Zahl der Faktoren, die extrahiert werden sollen, sondern verweist auf inhaltliche Überlegungen: Da die Entwickler von HOMALS großen Wert auf die graphische Veranschaulichung von Daten legen, bevorzugen sie in aller Regel ein- oder zweidimensionale Lösungen. Da es sich aber bei HOMALS letztlich um eine Weiterentwicklung der Hauptkomponentenanalyse handelt, können die beiden in der traditionellen Faktorenanalyse am häufigsten verwendeten Regeln, Scree-Test und Kaiser-Kriterium, als Anhaltspunkte dienen. Abbildung

---

155 HOMALS steht für „HOMogeneity Analysis by Alternating Least Squares". Die Anfänge des Verfahrens gehen auf skalentheoretische Überlegungen Guttmans aus den frühen vierziger Jahren zurück (Kreft 1998: 54). HOMALS stand im Mittelpunkt des sogenannten Gifi-Projektes, innerhalb dessen eine Gruppe von Statistikern in Leiden eine ganze Reihe von Verfahren entwickelt hat, die in besonderem Maße auf sozialwissenschaftliche Daten und Fragestellungen zugeschnitten sind. Insbesondere setzen die von Gifi entwickelten Verfahren nicht die Erfüllung jener restriktiven und in den Sozialwissenschaften oft unrealistischen Randbedingungen (u. a. Multinormalverteilung, Messungen auf Intervallskalenniveau) voraus, die von den klassischen Verfahren der multivariaten Datenanalyse zumeist gefordert werden. Eine anwendungsorientierte Einführung in den Gifi-Ansatz und die zugehörigen Verfahren wurde von der Leidener Arbeitsgruppe selbst unter dem kollektiven Pseudonym Albert Gifi (1990) veröffentlicht.

Faktor	Eigenwert
Dimension 1	0,192
Dimension 2	0,157
Σ	0,348

(a) Eigenwerte

Einstellung	Dim. 1	Dim. 2	Σ
(in)efficacy	0,017	0,522	0,539
politisches Interesse/kognitive Mobilisierung	0,177	0,008	0,185
politisches Desinteresse/Apathie	0,001	0,171	0,172
Zerfall von Parteibindungen/PI	0,033	0,016	0,049
Zweifel an Problemlösungskompetenz	0,201	0,055	0,256
demands: neue/andere Ziele	0,545	0,031	0,576
Protesthaltungen/„Denkzettelmentalität"	0,565	0,031	0,596
Mißtrauen	0,062	0,368	0,430
Enttäuschung/Unzufriedenheit	0,125	0,206	0,331

(b) Diskriminanzmaße

Tabelle 2.25: Faktorenenalyse (HOMALS) der als Verdrossenheit bezeichneten Einstellungen: zweidimensionale Lösung

2.7 zeigt einen Scree-Plot (vgl. Backhaus et al. 1994: 226f, Hair et al. 1995: 378) für die Eigenwerte der neun extrahierbaren Faktoren. Der für die Durchführung des Scree-Testes erforderliche deutliche Anstieg der erklärten Varianz, der als ein charakteristischer „Knick" oder „Ellenbogen" in der durchgezogenen Linie zu erkennen sein müßte, fehlt jedoch, weil die Punkte eine fast perfekte Gerade bilden. Wenn überhaupt, dann lassen sich im Scree-Plot *zwei* Anstiege ausmachen, die einer Zahl von zwei beziehungsweise vier zu extrahierenden Faktoren markieren.

Das Kaiser-Kriterium, nach dem nur solche Faktoren extrahiert werden sollten, deren Eigenwert größer als eins ist (vgl. Backhaus et al. 1994: 225, Hair et al. 1995: 377) läßt sich nicht direkt auf HOMALS übertragen, weil sich die Eigenwerte im Unterschied zur Hauptkomponentenanalyse nicht zur Anzahl der Faktoren, sondern zu eins addieren. Die ihm zugrundeliegende Überlegung, daß nur solche Faktoren extrahiert werden sollen, deren Varianzaufklärung mindestens der Erkärungsleistung einer Einzelvariable entspricht, bleibt aber auf HOMALS anwendbar. Bei neun Ausgangsvariablen ergibt sich somit ein Schwellenwert von $\frac{1}{9}$, der als gestrichelte Linie in die Abbildung eingezeichnet ist und von vier Faktoren überschritten wird.

Eine Vier-Faktoren-Lösung ist aus inhaltlichen Gründen unbefriedigend, da sie bei nur neun Variablen kaum die erwünschte Komplexitätsreduktion erbringen kann. Weil Scree-Plot und Kaiser-Kriterium jedoch keinen eindeutigen Hinweis auf die geeignete Zahl der Faktoren geben, wurden dennoch beide Lösungen berechnet, um einen möglichst umfassenden Eindruck von der Struktur der Daten zu gewinnen.

Faktor	Eigenwert
Dimension 1	0,192
Dimension 2	0,157
Dimension 3	0,126
Dimension 4	0,122
Σ	0,596

(a) Eigenwerte

Einstellung	Dim. 1	Dim. 2	Dim. 3	Dim. 4	Σ
(in)efficacy	0,017	0,512	0,077	0,021	0,627
politisches Interesse/kognitive Mobilisierung	0,177	0,010	0,270	0,050	0,507
politisches Desinteresse/Apathie	0,001	0,181	0,337	0,058	0,577
Zerfall von Parteibindungen/PI	0,033	0,018	0,052	0,656	0,759
Zweifel an Problemlösungskompetenz	0,201	0,053	0,104	0,127	0,485
demands: neue/andere Ziele	0,545	0,031	0,005	0,059	0,640
Protesthaltungen/,,Denkzettelmentalität"	0,565	0,031	0,010	0,097	0,703
Mißtrauen	0,062	0,359	0,121	0,004	0,546
Enttäuschung/Unzufriedenheit	0,125	0,213	0,155	0,023	0,516

(b) Diskriminanzmaße

Tabelle 2.26: Faktorenenalyse (HOMALS) der als Verdrossenheit bezeichneten Einstellungen: vier-dimensionale Lösung

Tabelle 2.25 auf der vorherigen Seite gibt zunächst die zweidimensionale Lösung wieder. Der obere Teil zeigt die Eigenwerte der beiden ersten Faktoren. Aufgrund der Skalierung der Eigenwerte entspricht ihr Betrag dem Anteil der Varianz aller neun Ausgangsvariablen, den der jeweilige Faktor reproduzieren kann beziehungsweise dem arithmetischen Mittel der Faktorladungen. Mit 0,192 beziehungsweise 0,157 sind beide Eigenwerte recht niedrig. Gemeinsam erfassen die zwei Dimensionen lediglich knapp 35 Prozent der Gesamtvarianz, was als unzureichend gelten muß.

Der untere Teil der Tabelle enthält für alle neun Einstellungen die sogenannten Diskriminanzmaße, die beim HOMALS-Verfahren auch mit η^2 bezeichnet werden und analog zu dieser aus der Varianzanalyse bekannten Maßzahl interpretiert werden können. Sie repräsentieren die „Ladungen" der kategorialen Variablen auf die beiden extrahierten Faktoren. Ihr Betrag entspricht dem Anteil der Varianz der jeweiligen Variablen, der auf die Faktoren zurückgeführt werden kann.[156] Da die zweidimensionale Lösung insgesamt nur 35 Prozent der ursprünglichen Varianz reproduziert, ist es nicht weiter erstaunlich, daß sich keine Einfachstruktur[157] ergibt: Auf den ersten Faktor la-

---

156 Die aus der Hauptkomponentenanalyse bekannten Faktorladungen entsprechen der *Korrelation* zwischen den Variablen und dem Faktor. Deshalb weisen die Diskriminanzmaße vergleichsweise niedrige Beträge auf und sollten von der Größenordnung her mit quadrierten Faktorladungen verglichen werden (vgl. auch Gifi 1990: 114, 120ff).

157 Die Idee der Einfachstruktur geht auf Thurstone zurück. Von einer Einfachstruktur spricht man dann,

den die Einstellungen „Protest" und „Wunsch nach Realisierung neuer/anderer Ziele durch die Politik" relativ hoch. Jeweils rund 55 Prozent der Varianz beider Variablen werden durch diesen Faktor wiedergegeben, der aber darüber hinaus eine Reihe substantieller Fremdladungen aufweist. Der zweite Faktor repräsentiert im wesentlichen das Gefühl fehlender Einflußmöglichkeiten und im geringeren Umfang die Einstellung Mißtrauen. Die übrigen Einstellungen werden durch keinen der beiden Faktoren repräsentiert. Aufschlußreich ist in diesem Zusammenhang ein Blick in die Summenspalte am rechten Rand von Tabelle 2.25(b), aus der abzulesen ist, wieviel Prozent der Ausgangsvarianz einer Variablen von beiden Faktoren gemeinsam reproduziert werden kann. Insbesondere der Zerfall beziehungsweise das Fehlen von Parteibindungen stehen mit keinem der beiden Faktoren in Zusammenhang.

Die vierdimensionale Lösung (vgl. Tabelle 2.26 auf der vorherigen Seite) hingegen ist zwar mit einer reproduzierten Varianz von knapp 60 Prozent deutlich besser an die Daten angepaßt, muß aber letztlich inhaltlich und methodisch ebenfalls als unbefriedigend gelten. Ganz abgesehen davon, daß die Zahl der extrahierten Faktoren im Verhältnis zu den Variablen zu groß ist, liegen, wie bereits aus dem Scree-Plot zu erkennen ist, die Eigenwerte der beiden zusätzlichen Faktoren nur unwesentlich über dem Maß an Varianzaufklärung, das bereits eine einzelne Variable erbringt ($\frac{1}{9} = 0,\overline{1}$). Was die Diskriminanzmaße angeht, so ergeben sich für die ersten beiden Faktoren keine substantiellen Unterschiede zur zweidimensionalen Lösung,[158] während der dritte Faktor kaum interpretierbar ist. Am ehesten scheint er noch mit einem Mangel beziehungsweise einem Überschuß an politischem Interesse assoziiert zu sein. Auch diese beiden Variablen weisen aber vergleichsweise niedrige Faktorladungen auf. Die vierte extrahierte Dimension schließlich erfaßt praktisch ausschließlich den Zerfall von Parteibindungen und kann deshalb nicht als Faktor im eigentlichen Sinne gelten, der ja mehrere Variablen sinnvoll bündeln soll.

Die bislang nicht erwähnten Einstellungen verteilen sich mehr oder minder gleichmäßig auf alle vier Faktoren. Dies gilt insbesondere für Gefühle der Unzufriedenheit und Enttäuschung, die von der großen Mehrheit der Autoren angesprochen werden und deshalb, wie oben erwähnt, kaum zwischen den Beiträgen differenzieren können. Auch wenn man diese Variable unberücksichtigt läßt und die Analyse wiederholt, ergibt sich eine fast identische Struktur (nicht tabellarisch ausgewiesen).

Im Ergebnis bleibt festzuhalten, daß sich auch mit Hilfe von HOMALS keine korrelativen Muster aufspüren lassen, die auf eine typische Konfiguration von Einstellungen, die in der Verdrossenheitsliteratur thematisiert werden, hindeuten würde. Als „Verdrossenheit" werden vielmehr in allen betrachteten Beiträgen je unterschiedliche Bündel von Einstellungen bezeichnet, ohne daß sich zwischen den angesprochenen

---

wenn jede Variable hoch auf einen einzigen Faktor lädt und die Ladungen auf andere Faktoren vernachlässigbar klein sind (Borg und Staufenbiel 1997: 112). Einfachstrukturen erleichtern die inhaltliche Interpretation der gefundenen Lösung.

158 Dies erklärt sich daraus, daß HOMALS-Lösungen geschachtelt (*nested*) sind, d. h., die ersten $n - 1$ Faktoren jeder n-dimensionalen Lösung unterscheiden sich nicht von der $n - 1$-dimensionalen Lösung (Gifi 1990: 118f). Eine Rotation, durch die diese Schachtelung zerstört würde, ist beim HOMALS-Verfahren nicht üblich (Jan de Leeuw, *UCLA*, persönliche Mitteilung vom 11.07.2000).

Einstellung	Anteil (%)	n
Enttäuschung/Unzufriedenheit	76,9	20
Zerfall von Parteibindungen/PI	50,0	13
Mißtrauen	38,5	10
Zweifel an Problemlösungskompetenz	23,1	6

Die Basis für die Tabelle bilden 26 Arbeiten, die ausschließlich mit dem Begriff PaV operieren. Aufgeführt sind lediglich solche Einstellungen, die von mehr als fünf Autoren in einen engen Zusammenhang mit PaV gebracht werden. Die Anteile summieren sich zu mehr als 100 Prozent, weil die meisten Autoren eine Vielzahl von Einstellungen ansprechen.

Tabelle 2.27: Verdrossenheitseinstellungen (nur PaV)

Attitüden so etwas wie systematische Kovariationen zeigen. Nennenswerte Zusammenhänge bestehen lediglich innerhalb der beiden Variablenpaare, die auf den ersten beziehungsweise zweiten Faktor laden. Auch hier beträgt die bivariate Korrelation V beziehungsweise ϕ aber nur 0,46 (neue Ziele-Protest) respektive 0,28 (*efficacy*-Mißtrauen).

Abschließend soll nun noch untersucht werden, ob ein systematischer Zusammenhang zwischen den verwendeten Varianten des Verdrossenheitsbegriffes und den als Verdrossenheit bezeichneten Einstellungen besteht. Um die Darstellung übersichtlich zu halten, beschränke ich mich auch hier wieder auf die drei in der Literatur am häufigsten genannten Begriffe beziehungsweise Begriffskombinationen (vgl. Tabelle 2.6 auf Seite 106).

Für die 26 Arbeiten, die ausschließlich mit dem Begriff der *Parteienverdrossenheit* operieren, ergibt sich gegenüber der gesamten Literatur kein substantiell anderes Bild. Die durchschnittliche Zahl der Einstellungen, die mit Verdrossenheit bezeichnet werden, liegt mit 2,80 (arithmetisches Mittel) beziehungsweise 2 (Median) etwas niedriger als in der Gesamtgruppe (vgl. Tabelle 2.23 auf Seite 129). Auch die Werte für die Schiefe der Verteilung (0,801) und die Streuung (1,70) sind etwas niedriger. Bei der Häufigkeit der Einstellungen kommt es ebenfalls zu kleineren Verschiebungen (vgl. Tabelle 2.27): Zwar werden auch hier Gefühle der Enttäuschung und Unzufriedenheit von fast 77 Prozent der Autoren genannt. An zweiter Stelle folgt aber nun der Verfall der Parteibindungen, der in exakt der Hälfte aller Arbeiten der Parteienverdrossenheit zugerechnet wird. Mißtrauen wird hingegen mit knapp 39 Prozent deutlich seltener als in der Verdrossenheitsliteratur insgesamt thematisiert, folgt aber dennoch an dritter Position. Zweifel an der Problemlösungskompetenz schließlich werden immerhin von einem knappen Viertel der Autoren dem Komplex der Parteienverdrossenheit zugerechnet.

Auch bei jenen Beiträgen, die sich auf den Begriff der PaV beschränken, besteht insgesamt wenig Einigkeit darüber, welche Einstellungen beziehungsweise Einstellungskombinationen der politischen Verdrossenheit zugerechnet werden sollen. Mit einem Betrag von 0,86 liegt der *IQV* nur geringfügig unter dem Gesamtwert von 0,94. Aufgrund dieser nach wie vor großen Heterogenität der untersuchten Beiträge sind auch vom HOMALS-Verfahren keine weitergehenden Aufschlüsse zu erwarten. Zur Kontrolle wurden die Berechnungen wiederholt, da sich aber tatsächlich kein klares

Einstellung	Anteil (%)	n
Enttäuschung/Unzufriedenheit	75,0	24
Mißtrauen	68,8	22
(in)efficacy	43,8	14
Zweifel an Problemlösungskompetenz	40,6	13

Die Basis für diese Tabelle bilden 32 Arbeiten, die mit den Begriffen PaV und PV operieren, ohne zwischen ihnen zu unterscheiden. Aufgeführt sind lediglich solche Einstellungen, die von mehr als fünf Autoren in einen engen Zusammenhang mit PaV/PV gebracht werden. Die Anteile summieren sich zu mehr als 100 Prozent, weil die meisten Autoren eine Vielzahl von Einstellungen ansprechen.

Tabelle 2.28: Verdrossenheitseinstellungen (nur PaV/PV ohne Unterscheidung)

Einstellung	Anteil (%)	n
Enttäuschung/Unzufriedenheit	68,0	34
Mißtrauen	68,0	34
(in)efficacy	34,0	17
politisches Desinteresse/Apathie	30,0	15
Protesthaltungen/„Denkzettelmentalität"	18,0	9
politisches Interesse/kognitive Mobilisierung	16,0	8
demands: bessere Leistungen	12,0	6

Die Basis für diese Tabelle bilden 50 Arbeiten, die ausschließlich mit dem Begriff PV operieren. Aufgeführt sind lediglich solche Einstellungen, die von mehr als fünf Autoren in einen engen Zusammenhang mit PV gebracht werden. Die Anteile summieren sich zu mehr als 100 Prozent, weil die meisten Autoren eine Vielzahl von Einstellungen ansprechen.

Tabelle 2.29: Verdrossenheitseinstellungen (nur PV)

Muster zeigt, wird auf die Wiedergabe der Ergebnisse verzichtet.

Die 32 Beiträge, die ausschließlich mit den Begriffen *Parteienverdrossenheit* und *Politikverdrossenheit* operieren und diese wie Synonyme gebrauchen, weichen, was die angesprochenen Einstellungen angeht, noch weniger vom Durchschnitt der Verdrossenheitsliteratur ab. Im Mittel werden 3,3 ($\bar{x}$) beziehungsweise 3 ($\bar{x}$) Einstellungen mit Verdrossenheit in Zusammenhang gebracht; die Streuung s beträgt 1,96 und die Schiefe der Verteilung 1,131. Die Häufigkeit, mit der die jeweiligen Einstellungen genannt werden, ist mit der für die gesamte Verdrossenheitsliteratur ermittelten Reihenfolge identisch (vgl. Tabelle 2.28): An erster Stelle stehen Enttäuschung/Unzufriedenheit, gefolgt von Mißtrauen, *sense of inefficacy* und Zweifeln an der Problemlösungskompetenz der Akteure beziehungsweise des Systems. Auch die Anteilswerte stimmen weitgehend mit dem in Tabelle 2.24 ausgewiesenen Befund überein. Der *IQV* als Maß für die Heterogenität der verwendeten Einstellungskombinationen beträgt 0,95 und entspricht damit ebenfalls fast exakt dem Ergebnis für die gesamte Literatur.

Ein ganz ähnliches Bild ergibt sich für die 50 Arbeiten, die ausschließlich den Begriff der *Politikverdrossenheit* verwenden.[159] Im Durchschnitt werden von den ent-

159 Wie oben erwähnt, wurde der Beitrag von Schedler (1993b) in diesem Abschnitt aus der Analyse ausgeschlossen.

sprechenden Autoren 3,06 (arithmetisches Mittel) respektive 2 (Median) Attitüden dem Bereich der Verdrossenheit zugeordnet. Die Streuung dieser Verteilung beträgt 1,93, die Schiefe 1,611. Enttäuschung/Unzufriedenheit und Mißtrauen werden auch in dieser Gruppe mit Abstand am häufigsten thematisiert (vgl. Tabelle 2.29 auf der vorherigen Seite). An dritter bis sechster Stelle folgen *(in)efficacy*, politisches Desinteresse/Apathie, Protesthaltungen, kognitive Mobilisierung und schließlich das Verlangen nach besseren Leistungen des politischen Systems. Auffällig ist lediglich, daß Zweifel an der Problemlösungskompetenz und der Zerfall von Parteibindungen, die sonst, wie oben gezeigt, in der Literatur eine relativ prominente Rolle spielen, in diesem Zusammenhang nur selten genannt werden. Auch in dieser Untergruppe entspricht die Heterogenität der Einstellungskombinationen mit $IQV = 0,94$ fast exakt dem Wert, der für die gesamte Verdrossenheitsliteratur berechnet wurde.

Als Ergebnis dieses Analyseschrittes bleibt festzuhalten, daß der Begriff der Verdrossenheit bezüglich der Einstellungen, die mit ihm bezeichnet werden, noch weit größere Defizite aufweist als hinsichtlich der Objekte, auf die er bezogen wird: Die Mehrzahl der Autoren gebraucht Verdrossenheit nicht im Sinne einer einzigen, klar abgegrenzten Attitüde, sondern rekurriert damit auf ein ganzes Bündel von Einstellungen. Enttäuschung/Unzufriedenheit und Mißtrauen werden dabei zwar am häufigsten genannt, können aber nur bedingt als Leiteinstellungen der Verdrossenheitsforschung gelten, weil sie keinesfalls in allen Beiträgen angesprochen werden und zahlreiche andere Einstellungen ebenfalls eine wichtige Rolle spielen, obwohl kaum ein erkennbarer Zusammenhang zwischen diesen Attitüden und dem semantischen Gehalt von Verdrossenheit besteht. Hinzu kommt, daß sich für einige der Einstellungen, die in der Literatur als Verdrossenheit bezeichnet werden, regelrechte Konjunkturzyklen nachweisen lassen. Der kleinste gemeinsame Nenner der Verdrossenheitseinstellungen besteht letztlich darin, daß sie sich auf politische Objekte beziehen und zumeist negativ getönt sind.

Die Vermutung, daß sich in der Literatur zumindest typische Konfigurationen von Verdrossenheitseinstellungen ermitteln lassen, wenn sich Verdrossenheit schon nicht auf eine einzige Attitüde reduzieren läßt, läßt sich nicht bestätigen. Vielmehr sind die Einstellungsbündel, die von den jeweiligen Autoren als Verdrossenheit angesprochen werden, höchst unterschiedlich zusammengesetzt. Die über den *IQV* gemessene Heterogenität der Einstellungskombinationen nähert sich dem durch die Gleichverteilung der Beiträge auf alle überhaupt denkbaren Einstellungskombinationen definierten theoretischen Maximum an. Auch wenn man die hier untersuchten Titel entsprechend der von ihnen verwendeten Komposita von Verdrossenheit in Gruppen aufteilt und die Analyse wiederholt, ändert sich nichts an diesem Befund.

Verdrossenheit wird zwar, wie oben gezeigt, von praktisch allen Autoren im Sinn einer Einstellung beziehungsweise Einstellungsänderung gebraucht. Darüber, welche Einstellung(en) mit Verdrossenheit bezeichnet werden sollen, besteht in der Literatur aber keinerlei Einigkeit. Der faktische Gebrauch des Begriffes genügt damit gerade in diesem zentralen Bereich in keiner Weise den von Opp (1995) benannten Kriterien der Präzision und der Eindeutigkeit.

Zahl der Verhaltensweisen	Anteil (%)	n
0	26,1	46
1	21,6	38
2	17,6	31
3	18,8	33
4	10,8	19
5	4,0	7
6	0,6	1
7	0,6	1

$\bar{x} = 1,8$ $\tilde{x} = 2$

Tabelle 2.30: Publikationen nach der Anzahl der Verhaltensweisen, die auf Verdrossenheit zurückgeführt werden

2.6.2.3 Politisches Verhalten

Verglichen mit der großen Vielfalt der Verdrossenheitseinstellungen ist die Palette der Verhaltensweisen, die in den analysierten Beiträgen auf politische Verdrossenheit zurückgeführt werden, recht überschaubar. Sie umfaßt im wesentlichen drei Bereiche: erstens die „unkonventionelle" politische Partizipation, d. h. die Beteiligung an Demonstrationen, Unterschriftensammlungen, Blockaden sowie die Mitgliedschaft in Bürgerinitiativen und anderen „Neuen Sozialen Bewegungen", zweitens Parteiaustritte beziehungsweise die mangelnde Bereitschaft, überhaupt in Parteien einzutreten, drittens schließlich bestimmte Wahlentscheidungen, die in der Literatur als abweichendes oder zumindest erklärungsbedürftiges Verhalten präsentiert werden. Insbesondere dieser letzte Punkt nimmt in der Forschung breiten Raum ein. Sinnvollerweise muß man hier zwischen Nichtwahl, Wechselwahl, der Wahl grüner/bunter Parteien, der Wahl kommunistischer Parteien und der PDS, der Wahl von Rechtsparteien, der Wahl von Anti-Parteien-Parteien sowie der Residualkategorie einer von den jeweiligen Autoren nicht weiter spezifizierten Protestwahl unterscheiden.

Auch hier stellt sich zunächst wieder die Frage, wieviele der genannten Verhaltensweisen durch den Verweis auf die Verdrossenheit der Bürger erklärt werden. Tabelle 2.30 schlüsselt die relevanten Publikationen nach der Anzahl der von ihnen benannten Handlungsfolgen von Verdrossenheit auf. Im Ergebnis erweisen sich die Verdrossenheitsforscher in diesem Punkt als erstaunlich zurückhaltend. Mehr als ein Viertel der untersuchten Texte macht keine Angaben zum Zusammenhang zwischen politischem Verdruß und politischem Verhalten; ein weiteres Fünftel der Beiträge betrachtet lediglich eine einzige Form politischen Verhaltens als Folge von Verdrossenheit. Knapp 18 beziehungsweise 19 Prozent der Autoren bringen zwei respektive drei Formen politischen Handelns in einen kausalen Zusammenhang mit der Verdrossenheit. Vier und mehr Varianten politischen Verhaltens schließlich werden nur von einer kleinen Minderheit der Verfasser genannt. Dementsprechend liegen arithmetisches Mittel und Median mit 1,84 beziehungsweise 2 Nennungen vergleichsweise niedrig. Die Verteilung ist jedoch mit einer Schiefe von 0,555 deutlich linkssteil und weist mit einer Standardabweichung von $s = 1,57$ eine relativ große Streuung auf.

Einstellung	Anteil (%)	n
Nichtwahl	70,0	91
Wahlentscheidung: Rechtsparteien	46,9	61
Wahlentscheidung: Grüne/Bunte	35,4	46
Wechselwahl	20,0	26
Nicht-Engagement in Parteien	19,2	25
unkonventionelle Partizipation	17,7	23
Wahlentscheidung: kommunistische Parteien/PDS	16,9	22
Wahlentscheidung: Protestwahl (unspezifisch)	16,2	21
Wahlentscheidung: Anti-Parteien-Parteien	6,2	8

Die Basis für diese Tabelle bilden 130 Arbeiten, die einen Zusammenhang zwischen politischer Verdrossenheit und politischem Verhalten herstellen. Die Anteile summieren sich zu mehr als 100 Prozent, weil die meisten Autoren mehr als eine Form politischen Verhaltens ansprechen.

Tabelle 2.31: Verhaltensweisen, die auf Verdrossenheit zurückgeführt werden

Im Zeitverlauf bleibt die Zahl der politischen Verhaltensweisen, die durch Verdrossenheit erklärt werden, praktisch konstant: Die lineare Korrelationen mit der Kalenderzeit ist mit $r = 0,10$ und $\rho = 0,02$ vernachlässigbar gering. Auch nicht-lineare Zusammenhänge lassen sich nicht nachweisen. Im *lowess*-Plot zeigt sich zwar in den frühen neunziger Jahren ein leichter Anstieg der durchschnittlich genannten Zahl von Verdrossenheitshandlungen, auf den dann ein entsprechender Rückgang folgt. In Relation zur großen Streuung der durchschnittlich genannten Verhaltensweisen ist dieser kurvilineare Trend aber bedeutungslos. Dies zeigt sich auch in der schlechten Anpassung der Trendlinie an die empirischen Daten ($r^2 = 0,03$). Auf eine Wiedergabe des Plots kann deshalb verzichtet werden.

Tabelle 2.31 zeigt, *welche* Verhaltensweisen mit Verdrossenheit in Zusammenhang gebracht werden. An erster Stelle steht eindeutig die Nichtwahl, die in mehr als zwei Dritteln aller untersuchten Arbeiten genannt wird. An zweiter und dritter Stelle folgen die Wahlentscheidungen für eine Partei der extremen Rechten oder zugunsten einer grünen/bunten Liste, die in knapp der Hälfte beziehungsweise einem guten Drittel der Beiträge auf politische Verdrossenheit zurückgeführt werden. Eine Reihe weiterer Verhaltensweisen spielen zwar eine weniger wichtige Rolle, werden aber dennoch in einem Fünftel bis einem Sechstel der Beiträge genannt. Das Schlußlicht bildet schließlich die Wahlentscheidung für Anti-Parteien-Parteien, die von rund sechs Prozent der Autoren thematisiert wird.

In diesem letzten Fall besteht ein klarer Zusammenhang zwischen den politischen Erfolgen dieser Gruppierungen und der wissenschaftlichen Aufmerksamkeit, die ihnen zuteil wurde: Sechs der acht Publikationen, die die Unterstützung für Parteien wie die STATT-Partei oder die SPD-Abspaltung „Arbeit für Bremen" mit politischer Verdrossenheit erklären, sind im Zeitraum 1993-1995 erschienen, als diese Parteien in einige Landes- und Kommunalparlamente einziehen konnten und bundesweit Aufsehen erregten.[160]

---

160 Die STATT-Partei errang bei der Hamburger Bürgerschaftswahl von 1993 5,6 Prozent der gültigen Stimmen, scheiterte aber 1997 nach zahlreichen internen Konflikten an der Fünfprozenthürde. „Ar-

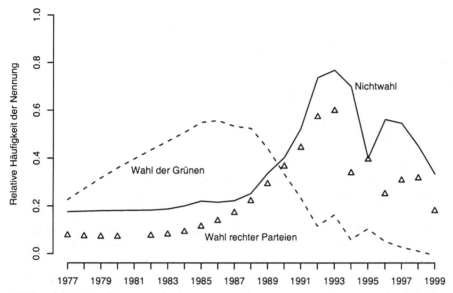

Geglättete Darstellung (*lowess*). $\alpha = 0,3$.

Abbildung 2.8: Relative Häufigkeiten ausgewählter Verhaltensweisen, die auf Verdrossenheit zurück-geführt werden, im Zeitverlauf

Auch für andere Formen politischen Verhaltens, die in der Literatur als Folge von Verdrossenheit dargestellt werden, lassen sich solche konjunkturellen Muster nach-weisen (vgl. Abbildung 2.8).[161] Beispielsweise stieg der Anteil der Arbeiten, die Nichtwahl mit politischer Verdrossenheit erklären, von rund 20 auf bis zu 80 Pro-zent an, als in den späten achtziger und frühen neunziger Jahren die Wahlbeteiligung bei Bundes- und vor allem bei Landtagswahlen deutlich sank, um dann zum Ende des Jahrzehntes wieder langsam zurückzugehen. Ähnliche Parallelen zwischen wissen-schaftlicher und politischer Konjunktur zeigen sich für das Wahlverhalten zugunsten von Parteien der extremen Linken und Rechten. Die Unterstützung solcher Gruppie-rungen wurde vorzugsweise dann als Ausdruck von Verdrossenheit angesehen, wenn diese Parteien Wahlerfolge erzielten.

Besonders interessant ist in diesem Zusammenhang der Verlauf der Kurve für die Wahl der Grünen: Während der achtziger Jahre stieg die Wahrscheinlichkeit, daß eine solche Wahlentscheidung als Folge von Verdrossenheit genannt wurde, von 20 bis auf knapp 60 Prozent an, um dann noch vor Beginn der zweiten, eigentlichen Verdrossen-

---

beit für Bremen" erzielte bei der Bürgerschaftswahl von 1995 sogar einen Stimmenanteil von 10,7 Prozent, verfehlte aber 1999 ebenfalls die Fünfprozenthürde. Auf Bundes- und Landesebene spielen beide Gruppierungen seit den späten neunziger Jahren keine wesentliche Rolle mehr. Im kommunalen Bereich verfügt die STATT-Partei aber nach wie vor über einige Mandatsträger.

161 Auch hier wurden die Trendlinien nach dem *lowess*-Verfahren berechnet. Die r^2-Werte für die Anpas-sung an die empirischen Daten betragen 0,16 („Nichtwahl"), 0,11 („Wahl rechter Parteien") und 0,19 („Wahl der Grünen").

Verhaltensweisen	Anteil (%)	n
Nichtwahl	11,5	15
Nichtwahl + Wahl der Grünen + Wahl einer Rechtspartei	7,7	10
andere Konfigurationen (jeweils weniger als sechs Prozent)	80,8	105

Die Basis für diese Tabelle bilden 130 Arbeiten, die einen Zusammenhang zwischen politischer Verdrossenheit und politischem Verhalten herstellen.

Tabelle 2.32: Publikationen nach Kombinationen von Verhaltensweisen, die auf Verdrossenheit zurückgeführt werden

heitsdebatte unter das Ausgangsniveau zu sinken. Im Gegensatz zu der Entwicklung, die für die Wahl der linken und rechten Flügelparteien zu verzeichnen ist, ging hier die relative Häufigkeit der Nennungen zurück, als es der Partei gelang, sich in den Parlamenten zu etablieren. Im Verlauf der Kurve lassen sich somit indirekt der Wandel der Partei vom parlamentarischen Arm der Neuen Sozialen Bewegungen hin zu einer im (west-)deutschen Parteiensystem etablierten Kraft und die damit verbundene Neubewertung der Grünen durch die *scientific community* ablesen.

Auch im Zusammenhang mit dem politischen Verhalten stellt sich wieder die Frage, ob sich die große Vielfalt der Aussagen, die sich in der Literatur zu diesem Thema finden, auf einige wenige typische Kombinationen zurückführen läßt. Dies ist jedoch nicht der Fall, wie in Tabelle 2.32 zu erkennen ist. Unter den 130 Titeln, die sich zu den Konsequenzen von Verdrossenheit auf der Mikro-Ebene äußern, bilden jene Beiträge, die sich in diesem Bereich auf das Phänomen der Wahlenthaltung beschränken, mit knapp zwölf Prozent bereits die größte Gruppe. Knapp acht Prozent der Autoren gehen davon aus, daß politische Verdrossenheit sowohl zur Nichtwahl als auch zur Wahl der Grünen oder einer Rechtspartei führen kann.[162] Die übrigen knapp 81 Prozent verteilen sich auf eine große Zahl anderer Kombinationen. Der *IQV* als Maß für die Heterogenität bewegt sich deshalb auch hier mit einem Wert von 0,96 in der Nähe des theoretischen Maximums.[163]

Grundsätzlich ist auch in diesem Fall die Möglichkeit nicht auszuschließen, daß unter den Autoren, die denselben Verdrossenheitsbegriff oder dieselbe Kombination von Begriffen verwenden, größere Einigkeit darüber herrscht, welche Konsequenzen Verdrossenheit auf der Handlungsebene hat. Tatsächlich läßt sich diese Vermutung aber nicht bestätigen. Die 20 Beiträge, die ausschließlich mit dem Begriff der *Parteienverdrossenheit* operieren und sich zu Folgen dieses Phänomens für den einzelnen äußern, verteilen sich auf fast ebensoviele Kombinationen von Verdrossenheitshandlungen. Keine dieser Kombinationen wird häufiger als zweimal genannt, was einem *IQV* von 0,92 entspricht.[†]

---

162 Eine Reihe von Autoren führt in diesem Zusammenhang ideologische Präferenzen und weitere Einstellungen als Moderatorvariablen ein um zu erklären, für welche unter mehreren Handlungsoptionen sich ein verdrossener Bürger entscheidet, falls sich diese wechselseitig ausschließen.

163 Selbst wenn man die relativ große Gruppe derjenigen Arbeiten, die keine Angaben zum politischen Verhalten der verdrossenen Bürger machen, mit in die Berechnung einbezieht, erreicht der Index einen Wert von 0,91.

Ein ganz ähnliches Bild zeigt sich bei den 23 Arbeiten, die sich ausschließlich mit den individuellen Folgen von *Parteienverdrossenheit* und *Politikverdrossenheit* beschäftigen, ohne zwischen beiden Begriffen zu unterscheiden. Die Kombination von Nichtwahl, Wahl der Grünen und Wahl einer Partei der extremen Rechten wird hier von immerhin 17 Prozent der Autoren genannt, während sich die übrigen Beiträge auf eine Vielzahl anderer Kombinationen verteilen. Der *IQV* erreicht mit 0,91 ebenfalls einen sehr hohen Wert.[†]

Etwas größere Einigkeit besteht unter den 34 Autoren, die sich mit den Konsequenzen von *Politikverdrossenheit* auf der Handlungsebene befassen. Fast ein Viertel dieser Arbeiten postuliert einen Zusammenhang zwischen politischer Verdrossenheit und Wahlabstinenz und betrachtet sonst keine weiteren politischen Handlungen als Folge von Verdrossenheit. Die verbleibenden Beiträge verteilen sich aber wiederum auf eine große Zahl anderer Kombinationen von Verdrossenheitshandlungen, woraus ein Indexwert von 0,91 resultiert.[†]

Zusammenfassend läßt sich festhalten, daß in der Literatur keinerlei Konsens über die Folgen von Verdrossenheitsgefühlen für das politische Verhalten der Bürger besteht. Unterschiedliche Verhaltensweisen wie Nichtwahl, Wahl der Grünen, der „Republikaner" oder der PDS, aber auch das Nicht-Engagement in Parteien oder die Mitarbeit in Bürgerinitiativen werden von den Autoren in fast beliebiger Weise miteinander kombiniert und als Ausdruck von Verdrossenheit interpretiert. Die ausgeprägten Konjunkturzyklen, deren Existenz in diesem Analyseschritt nachgewiesen wurde, deuten darüber hinaus darauf hin, daß es während der annähernd zweieinhalb Jahrzehnte, die hier betrachtet werden, jeweils die aktuellen, als besonders erklärungsbedürftig oder problematisch geltenden Formen politischen Verhaltens waren, die auf Verdrossenheit zurückgeführt wurden. Verdrossenheit wird damit zur inhaltlich unbestimmten, universellen „Erklärung" für nahezu alle denkbaren Veränderung im Partizipationsverhalten der Bürger.

2.6.2.4 Aggregation

Die Entwicklung von Aggregationsregeln, die beschreiben, wie aus individuellen Handlungen und Einstellungen Makro-Phänomene resultieren, „ist meist der komplizierteste der drei Schritte", die bei der Formulierung einer vollständigen sozialwissenschaftlichen Erklärung zu leisten sind (Esser 1996b: 97), und wird vielleicht gerade deshalb in der Forschungspraxis oft vernachlässigt oder sogar gänzlich übergangen. Dies gilt auch für die Literatur zur politischen Verdrossenheit: Die Verdrossenheitsforschung berücksichtigt zwar häufig mehrere Analyseebenen, konzentriert sich aber zumeist auf die linke Seite des in Abbildung 2.2 skizzierten Erklärungsmodells, d. h. auf die Effekte von Makro- und Meso-Variablen auf das Individuum. Selbst wenn man die Kriterien für eine „vollständige Erklärung" im Sinne von Coleman, Esser sowie Hummell und Opp sehr weit faßt (vgl. auch FN 139 auf Seite 119), bleibt deshalb

---

[†]   Wegen des geringen Informationsgehaltes wurde in beiden Fällen auf eine tabellarische Ausweisung verzichtet.

festzuhalten, daß die meisten Arbeiten keine Angaben zur Aggregation machen (vgl. auch Abschnitt 2.6.1.3).

Für die oben (Abschnitt 2.5.2, Punkt 7, Seite 76) erwähnten Aggregationsregeln lassen sich deshalb kaum empirische Beispiele finden. So wird der Aspekt der Kooperation politisch frustrierter Bürger in keinem einzigen der 176 analysierten Beiträge detailliert untersucht. Zwar wurde, wie im vorangegangenen Abschnitt gezeigt, insbesondere zu Beginn des Untersuchungszeitraumes häufig die Entstehung von Bürgerinitiativen und die Unterstützung für die Partei der Grünen auf Verdrossenheit zurückgeführt. In allen Fällen beschränken sich die Autoren aber darauf, Korrelationen zwischen Einstellungs- und Verhaltensvariablen auf der Mikro-Ebene zu untersuchen oder aber schlicht einen Zusammenhang zwischen Mikro-Einstellungen und Makro-Phänomenen zu unterstellen. Soziologische Modelle, die versuchen, die Entstehungsdynamik von Bewegungen zu erklären und so die Lücke zwischen Mikro- und Makro-Ebene zu schließen, sind in der Verdrossenheitsforschung unbekannt. Lediglich der Sonderfall einer Aggregation durch Konstruktion findet sich immerhin in zwei der Arbeiten (Sontheimer 1990, Schedler 1993b).

Der Grund für die Vernachlässigung der Aggregationsmechanismen dürfte darin liegen, daß sich, wie im vorangegangenen Abschnitt dargelegt, die Literatur zur Verdrossenheit vor allem mit „abweichenden" Formen des Wahlverhaltens auseinandersetzt, während andere Formen politischen Verhaltens in geringerem Umfang berücksichtigt werden. Da dieser Bereich der Politischen Soziologie sowohl was die Erklärungsansätze als auch was die Datenerhebung angeht, klar von individualistischen Strategien dominiert wird, gehen praktisch alle Autoren – zumeist stillschweigend – davon aus, daß die Aggregation von Verdrossenheitseinstellungen und -handlungen mathematisch, d. h. über die Verrechnung von Stimmen beziehungsweise Interview-Antworten erfolgt. Auf eine tabellarische Ausweisung der Befunde kann verzichtet werden.

2.6.2.5 Folgen für die Makro-Ebene

Wenn man bedenkt, daß die Verdrossenheitsforschung in der Tradition älterer Krisentheorien steht, zeigen sich die hier untersuchten Beiträge erstaunlich zurückhaltend, was die langfristigen Konsequenzen politischer Verdrossenheit betrifft. Lediglich ein knappes Fünftel der Arbeiten beschäftigt sich überhaupt näher mit der Frage, welche Folgen ein Andauern der politischen Verdrossenheit für die Makro-Ebene haben könnte (vgl. Tabelle 2.33 auf der nächsten Seite). Innerhalb dieser Gruppe wiederum befaßt sich die überwältigende Mehrheit mit einer einzigen Wirkung von Verdrossenheit. Nur vier der 176 Beiträge betrachten eine zweite Makro-Folge von Verdrossenheit, was einem Anteil von weniger als drei Prozent entspricht. Median und arithmetisches Mittel dieser extrem linkssteilen (2,115) Verteilung sind dementsprechend mit null beziehungsweise 0,2 Nennungen sehr niedrig.

Deutlichere Parallelen zur Regierbarkeitsdebatte zeigen sich aber, wenn man die Texte darauf hin untersucht, mit *welchen* Folgen für die Makro-Ebene sie rechnen, falls die von ihnen konstatierte Verdrossenheit anhält (vgl. Tabelle 2.34). An der Spitze der Liste stehen hier ähnlich wie in der älteren Krisenliteratur Phänomene, die unter

Zahl der genannten Folgen	Anteil (%)	n
0	81,3	143
1	16,5	29
2	2,3	4

$\bar{x} = 0,2$ $\tilde{x} = 0$

Tabelle 2.33: Publikationen nach der Anzahl der Folgen für die Makro-Ebene

Folge	Anteil (%)	n
Entzug von *support* für das Gesamtsystem	72,7	24
Wandel des Parteiensystems	18,2	6
Entzug von *support* für Subsysteme	12,1	4
Entzug von *support* für die Akteure	2,7	1
Überlastung des Gesamtsystems	2,7	1
Orientierung der Politik an kurzfristigen Zielen	2,7	1

Die Basis für diese Tabelle bilden 33 Arbeiten, die sich mit den Folgen politischer Verdrossenheit für die Makro-Ebene beschäftigen. Die Anteile summieren sich zu mehr als 100 Prozent, weil einige Autoren mehr als eine mögliche Folge nennen.

Tabelle 2.34: Folgen von Verdrossenheit für die Makro-Ebene

Rückgriff auf die Überlegungen Eastons als Entzug von politischer Unterstützung für das Gesamtsystem zusammengefaßt werden können (vgl. Kapitel 2.5.2, Punkt 8, Seite 79ff). Dies erscheint zunächst verwunderlich, wenn man bedenkt, daß nicht etwa der Staat, sondern die Parteien und die Angehörigen der politischen Elite mit Abstand am häufigsten als Objekte von Verdrossenheit gelten, während das Gesamtsystem von weniger als einem Drittel der Autoren genannt wird und damit erst an dritter Stelle folgt (vgl. Tabelle 2.18 auf Seite 125). Dieser scheinbare Widerspruch erklärt sich dadurch, daß viele der Autoren wie vor ihnen bereits Easton (1975: 449) und die Regierbarkeitstheoretiker davon ausgehen, daß die Unzufriedenheit mit den Amtsinhabern generalisiert und auf das Gesamtsystem übertragen werden kann, wenn sie lange genug anhält.

Andere Makro-Folgen werden, wie in Tabelle 2.34 zu erkennen ist, weitaus seltener, teils sogar nur von einem einzigen Autor genannt. Zumindest in dieser Hinsicht ist die Verdrossenheitsliteratur recht homogen. Der *IQV* erreicht für die 33 Fälle, die Angaben zu den Konsequenzen von politischer Verdrossenheit für die Makro-Ebene machen, einen Wert von 0,57. Bezieht man die große und *per definitionem* homogene Gruppe von Autoren, die sich nicht zu den Makro-Folgen der Verdrossenheit äußern, mit in die Berechnung ein, sinkt der Indexwert auf 0,33.

2.6.2.6 Ursachen von Verdrossenheit

Als letzter der inhaltlichen Aspekte werden in diesem Abschnitt die in der Literatur diskutierten äußerst vielfältigen Ursachen von Verdrossenheit analysiert (vgl. auch Abschnitt 2.5.3, Punkt 2 auf Seite 88). Tabelle 2.35 auf der nächsten Seite gibt zu-

Zahl der Ursachen	Anteil (%)	n
0	28,4	50
1	15,3	27
2	15,9	28
3	13,1	23
4	8,5	15
5	4,0	7
6	3,4	6
7	2,3	4
8	4,0	7
9	1,7	3
10-13	3,4	6

$\bar{x} = 2,6$ $\tilde{x} = 2$

Tabelle 2.35: Publikationen nach der Anzahl der Ursachen von Verdrossenheit

nächst einen Überblick über die Zahl der in den hier untersuchten Beiträgen genannten Erklärungen für das Aufkommen von Verdrossenheit. Bei der Interpretation dieser Werte ist allerdings zu beachten, daß sich hinter der Nennung einer der in Tabelle 2.36 auf der nächsten Seite aufgeführten Ursachen teils höchst komplexe Argumentationsmuster verbergen.

Im Ergebnis zeigt sich zunächst, daß ein mit mehr als 28 Prozent erstaunlich großer Anteil der Beiträge keine Auskunft darüber gibt, welche Faktoren für die Entstehung politischer Verdrossenheit verantwortlich sein sollen.[164] In den übrigen Arbeiten werden zumeist ein bis drei Ursachen angeführt. Median und arithmetisches Mittel liegen bei zwei beziehungsweise 2,6 Faktoren. In rund 27 Prozent der untersuchten Titel werden allerdings mehr als vier Ursachen für Verdrossenheit benannt; das Maximum stellt der Artikel von Noller (1993) mit 13 Nennungen dar. Die Verteilung ist somit eindeutig linkssteil (1,400) und weist auf der rechten Seite einen langgezogenen Schwanz auf, was zu der mit $s = 2,86$ sehr hohen Streuung beiträgt.

Diese mehr oder minder zahlreichen Erklärungsfaktoren stehen in den analysierten Texten meist unverbunden nebeneinander, d. h. die Autoren unterstellen stillschweigend ein additives Modell der Genese von Verdrossenheit. Dies erklärt sich vermutlich daraus, daß die große Mehrheit der Beiträge die Existenz von politischer Verdrossenheit als gegeben voraussetzt und nicht weiter problematisiert. Bei der Diskussion über die Ursachen von Verdrossenheit beschränken sich die Autoren deshalb zumeist auf die Aufzählung von Plausibilitätsüberlegungen und Vermutungen. Ein streng hypothesenprüfendes Vorgehen ist hier – wie generell in der Verdrossenheitsforschung –

---

164 Diese Zahl schließt neben Beiträgen, die die Existenz von politischer Verdrossenheit bestreiten und deshalb auch nicht auf die Ursachen eingehen, auch solche Arbeiten ein, die einen Überblick über die in der Literatur genannten Ursachen politischer Verdrossenheit geben, ohne sich selbst auf eine dieser Erklärungen festzulegen. Ein analytisch ausgerichtetes Beispiel für diesen Typus wäre etwa der Lexikonartikel „Politikverdrossenheit" von Holtz-Bacha (1998). Auch einige Arbeiten, die zwar die in der Literatur vorgefundenen Erklärungen für die Entstehung von politischer Verdrossenheit ansprechen, sich dann aber rasch einer empirischen Analyse der Folgen dieses Phänomens für das Wahlverhalten zuwenden, fallen in diese Kategorie.

Ursache	Anteil (%)	n
Medien (Videomalaise, negative Berichte etc.)	31,7	40
Moralisches Fehlverhalten der Politiker	26,2	33
Wertewandel	24,6	31
Selbstdarstellung der Politik(er)	21,4	27
Inkompetenz	21,4	27
Auflösung von Milieus	19,8	25
Sinkende *outputs* des Systems	18,3	23
Parteienfinanzierung/Diäten	16,7	21
Dominierende Stellung der Parteien	15,9	20
Artikulations-/Responsivitätsdefizit der Parteien	15,9	20
Politisch-ökonomische Krise nach der Vereinigung	15,1	19
Individualisierung	15,1	19
Kartellbildung zwischen Parteien	11,9	15
Politische Sozialisation/Politische Kultur	10,3	13
Bildungsexpansion	10,3	13
Oligarchie innerhalb der Parteien	9,5	12
Weltweite ökonomische Verflechtung	7,9	10
Wachstum des Wohlfahrtsstaates	6,3	8
Orientierung der Politik an kurzfristigen Zielen	6,3	8
Vernachlässigung der Stammklientel durch die Parteien	5,6	7
Selbstüberforderung der Parteien	5,6	7
Institutionelle Arrangements/Politikverflechtung	5,6	7
Entwicklung zur „postindustriellen Gesellschaft"	4,0	5

Die Basis für diese Tabelle bilden 126 Arbeiten, die sich mit den Ursachen politischer Verdrossenheit beschäftigen. Aufgeführt sind alle Ursachen, die von mehr als drei Autoren genannt werden. Die Anteile summieren sich zu mehr als 100 Prozent, weil zahlreiche Autoren mehr als eine mögliche Ursache nennen (vgl. Tabelle 2.35 auf der vorherigen Seite).

Tabelle 2.36: Ursachen von Verdrossenheit

die Ausnahme.[165]

Welche Faktoren sind es nun, die als Ursache für Verdrossenheit genannt werden? Tabelle 2.36 zeigt, daß auch in diesem Punkt in der Literatur wenig Einigkeit besteht, obwohl die in der Tabelle aufgeführten Punkte bereits zahlreiche Argumente, die sich nur in Nuancen unterscheiden, unter einer gemeinsamen Überschrift zusammenfassen.

Primäre Medieneffekte, d. h. Effekte, die von Format, Qualität und Inhalt der politischen Berichterstattung[166] in den Medien selbst ausgehen, stehen zwar eindeutig an erster Stelle, werden aber lediglich von etwas weniger als einem Drittel der Auto-

165 Nur wenige Autoren gestehen dies allerdings so freimütig ein wie Horst Pöttker (1991): „Diese Annahme hat hier mehr den logischen Status einer Prämisse als den einer zu überprüfenden Hypothese. Mit anderen Worten: Ich habe einen Kranz von Daten und Argumenten zusammengestellt, die meine zentrale These stützen und illustrieren, aber ich habe nicht nach Daten und Argumenten gesucht, die gegen einen Zusammenhang ... sprechen. Popper, der das wissenschaftliche Erklären an die Falsifikationsmethode bindet, würde das wohl in den vorwissenschaftlichen Bereich des Entdeckungszusammenhangs verweisen."

166 Einige Beiträge argumentieren auch mit dem Fehlen einer adäquaten politischen Berichterstattung beziehungsweise mit der seit Mitte der achtziger Jahre auch in Deutschland gegebenen Möglichkeit, auf die stärker unterhaltungsorientierten privaten Programme auszuweichen (vgl. u. a. Holtz-Bacha 1990, 1994b).

ren thematisiert. Moralische Defizite der Politiker werden als Ursache von politischer
Verdrossenheit fast genauso oft genannt, dicht gefolgt von Erklärungen, die ganz im
Gegensatz dazu die politische Unzufriedenheit der Bürger auf deren veränderte Wertorientierungen zurückführen. Die vermeintliche Unfähigkeit der Politiker, Politik angemessen zu präsentieren beziehungsweise ihr Unvermögen, die politischen Probleme
zu lösen, werden mit jeweils 21,4 Prozent annähernd so häufig ins Feld geführt wie
der Faktor „Auflösung der traditionellen Milieus",[167] auf den die Politik so gut wie
keinen Einfluß hat.

Eine ganze Reihe weiterer Erklärungsansätze, die von Problemen der Parteien- und
Politikerfinanzierung bis hin zur Bildungsexpansion beziehungsweise deren Folgen
reichen, werden von stattlichen Minderheiten, d. h. von jeweils zehn bis 20 Prozent
der Autoren, genannt. Hinzu kommt eine kaum überschaubare Zahl höchst idiosyn-
kratischer Ursachen, von denen in Tabelle 2.36 auf der vorherigen Seite nur diejenigen
aufgenommen wurden, die von mehr als vier Autoren thematisiert werden.[168]

Ein klares Muster ist in dieser Auflistung nicht zu erkennen. Keiner der in Tabelle
2.1 aufgeführten übergreifenden Erklärungsfaktoren für politische Verdrossenheit –
Politiker und Parteien, Medienwirkungen, strukturelle Ursachen und Veränderungen
der Randbedingungen – dominiert eindeutig. Im Gegensatz zu den Tendenzen, die sich
für die Objekte der Verdrossenheit, die Verdrossenheitseinstellungen und das politische Verhalten nachweisen ließen (Abschnitte 2.6.2.1, 2.6.2.2 und 2.6.2.3), zeigen sich
weder bei der durchschnittlichen Zahl noch bei der Art der genannten Ursachen ausgeprägte Konjunkturzyklen: Die mittlere Zahl der Ursachen sinkt zwar über den Untersuchungszeitraum leicht ab; dieser Rückgang kann aber angesichts der sehr großen
Streuung dieser Variablen vernachlässigt werden. Die Nennungen der verschiedenen
Ursachen selbst verteilen sich unsystematisch über die Zeit.[169] Eine Ausnahme stel-

---

167 Die Punkte „Auflösung traditioneller Milieus" und „Individualisierung" scheinen sich auf den ersten
Blick zu überschneiden, lassen sich aber analytisch trennen. Die Zuordnung erfolgte danach, ob die
Autoren den Schwerpunkt eher auf den Zerfall der intermediären Strukturen oder auf die Individualisierung von Lebensverläufen legen. Autoren, die beide Aspekte diskutieren, wurden dementsprechend
beiden Kategorien zugeordnet.

168 Unter den zusätzlich genannten Ursachen von politischer Verdrossenheit finden sich die Erfindung
von Politikverdrossenheit durch Medien und Wissenschaft im Sinne einer selbsterfüllenden Prophezei-
ung (Rieger 1994, Lösche 1995a, Kepplinger 1996), die Logik der demokratischen Parteienkonkurrenz
(Pöttker 1985, Klages 1993, Klein 1996), Defizite bei der Rekrutierung des politischen Personals (Kremendahl 1978, Güllner 1993, Scheuch 1993), die „Etatisierung" der Parteien (Beyme 1994, Tudyka
1994) sowie 41 weitere Ursachen, die jeweils nur von einem einzigen Autor angesprochen werden.

169 In diesem Zusammenhang scheint es naheliegend, als Alternative zu einem linearen oder nicht-linearen Regressionsmodell schlicht eines der auf χ^2 basierenden Zusammenhangsmaße für nominale Daten
wie z. B. den Koeffizienten V zu verwenden. Da diese Maßzahlen leicht zu berechnen und zu interpretieren sind und keine Annahmen über die Ordnung der Kategorien der zu untersuchenden Variablen
voraussetzen, scheinen sie für die Aufdeckung aller nur denkbaren Zusammenhänge zwischen der Kalenderzeit und der Nennung einer bestimmten Ursache von politischer Verdrossenheit besonders gut
geeignet zu sein. Tatsächlich nimmt V im konkreten Fall für zahlreiche der oben im Text genannten
Ursachen Werte an, die eindeutig das Kriterium für einen „starken" Zusammenhang ($V \geq 0,3$, vgl.
Gehring und Weins 1998: 130) erfüllen. Hierbei handelt es sich aber um ein Artefakt, das auf drei
Faktoren zurückgeht: die relativ niedrige Zahl der Fälle, die große Zahl von Kategorien der Variablen
„Kalenderzeit" und die im Verhältnis dazu sehr kleine Zahl von Kategorien der Variablen „Nennung

len lediglich die angeblichen Artikulations- oder Repräsentationsdefizite der Parteien dar, die – meist im Zusammenhang mit der Entstehung der Grünen – in den späten siebziger und frühen achtziger Jahren etwas häufiger als im Durchschnitt des Untersuchungszeitraumes als Ursache von politischer Verdrossenheit angeführt wurden.

Gibt es so etwas wie typische Erklärungsmuster für die Entstehung politischer Verdrossenheit? Bereits aufgrund der in Tabelle 2.36 auf Seite 149 ausgewiesenen recht niedrigen Anteile für die einzelnen Erklärungsfaktoren ist dies kaum zu erwarten. Der *IQV* bestätigt diese Vermutung. Berücksichtigt man nur jene 15 Erklärungen, die von wenigstens zehn Prozent der Autoren genannt werden, so ergibt sich für die 126 Beiträge, die sich zu den Ursachen der Verdrossenheit äußern, ein Koeffizient von 0,98. Arbeiten, die Verdrossenheit entweder ausschließlich auf den Wertewandel zurückführen oder aber keine einzige der 15 häufigsten Erklärungen für Verdrossenheit nennen, stellen mit jeweils knapp zehn Prozent die beiden größten Gruppen unter den Beiträgen. Alle übrigen Autoren favorisieren höchst idiosynkratische Kombinationen von Erklärungsfaktoren. Selbst wenn man jene 50 Autoren, die überhaupt keine Erklärung für das Aufkommen von Verdrossenheit geben, als homogene Gruppe in die Berechnung einbezieht, erreicht der Index mit 0,87 immer noch einen sehr hohen Wert.

Auch in diesem Fall bietet es sich an, den *IQV* noch einmal getrennt für jene drei Gruppen zu berechnen, die durch die häufigsten Varianten des Verdrossenheitsbegriffes definiert werden. Die Ergebnisse (nicht tabellarisch ausgewiesen) bestätigen aber lediglich den Gesamteindruck. Von den 33 Beiträgen, die ausschließlich mit dem Begriff der PV operieren, beschränken sich immerhin acht bei der Erklärung dieses Phänomens auf den Wertewandel als mögliche Ursache, was einem Anteil von 24 Prozent entspricht. Die übrigen 25 Arbeiten verteilen sich auf fast ebensoviele, nämlich auf 23 Kombinationen von Erklärungsfaktoren, woraus sich ein *IQV* von 0,91 ergibt. Noch größer ist die Heterogenität bei den Beiträgen, die den Begriff der PaV verwenden oder PaV und PV kombinieren, ohne zwischen beiden zu unterscheiden. Im ersten Fall versucht jeder einzelne der 19 Autoren PaV durch eine idiosynkratische Kombination von Ursachen zu erklären. Im zweiten Fall stellen drei Beiträge, deren einzige Gemeinsamkeit darin besteht, daß sie jeweils keine der 15 häufigsten Ursachen ansprechen, sondern sich auf verschiedene andere, seltener genannte Erklärungen beschränken, die einzige Gruppe unter den 22 Arbeiten dar. Den 19 übrigen Titeln entsprechen jeweils ebenso viele Kombinationen von Erklärungsfaktoren. Der *IQV* erreicht im ersten Fall sein Maximum, im zweiten liegt er knapp darunter.[170]

Zusammenfassend läßt sich festhalten, daß in der Literatur keinerlei Einigkeit über die Gründe der von den Autoren diagnostizierten Verdrossenheit besteht. Vielmehr wird in den hier untersuchten Texten eine kaum überschaubare Zahl von Ursachen, die

---

der betreffenden Ursache". Unter diesen Umständen ist der Erwartungswert für V unter Gültigkeit der H_0 (kein Zusammenhang zwischen beiden Variablen) nicht null, sondern liegt mit 0,35 weitaus höher. V und die mit ihm verwandten Maßzahlen sind deshalb nicht geeignet, die Stärke des Zusammenhangs zwischen den genannten Variablen zu beschreiben. Eine mathematische Erklärung für diesen Effekt findet sich in Anhang B.2.

170 Aufgrund des in Anhang B.1 auf Seite 302 beschriebenen Deflationseffektes kann der *IQV* in beiden Fällen lediglich einen maximalen Wert von 0,95 erreichen.

teils der Politik selbst, teils den Medien, teils dem sozialen und ökonomischen Wandel zuzurechnen sind, für den Anstieg der Politikverdrossenheit verantwortlich gemacht. In diesem Bereich ist die Heterogenität der Forschungsliteratur noch größer als bei den Verdrossenheitsobjekten, -handlungen und -einstellungen. Typisch für die übergroße Mehrheit der Beiträge ist dabei, daß jeweils eine ganze Reihe vermeintlicher Ursachen von Verdrossenheit in nahezu beliebiger Weise miteinander kombiniert und in der Regel unverbunden nebeneinander gestellt wird.

2.6.3 Methodische Aspekte

In diesem Abschnitt wird versucht, einen Überblick über die methodischen Grundlagen der Verdrossenheitsforschung zu geben. Dabei beschränke ich mich auf zwei Aspekte, die für meine Arbeit von besonderem Interesse sind: Wie wird politische Verdrossenheit in den hier analysierten Arbeiten operationalisiert, und auf welche Datenbasis können sich die Autoren stützen?

Ironischerweise stehen gerade die in diesem Kapitel präsentierten Ergebnisse auf einem weniger soliden Fundament als die Resultate der vorangegangenen Abschnitte. Der Grund hierfür liegt in einem Mangel an methodologisch relevanten Informationen in der untersuchten Literatur, wie er leider immer noch charakteristisch für viele im deutschen Sprachraum erscheinende sozialwissenschaftliche Publikationen ist. Von einer Orientierung am *replication standard* (King 1995), der sich im angelsächsischen Sprachraum langsam durchzusetzen beginnt, ist man hier noch weit entfernt. Systematische Zusammenstellungen von Informationen zum Design der Studien, auf denen die einzelnen Arbeiten beruhen, sind die Ausnahme. Dies gilt in ganz besonderer Weise für die Verdrossenheitsforschung, da sich aufgrund des großen öffentlichen beziehungsweise politischen Interesses an diesem Gegenstandsbereich viele der hier betrachteten Texte in einer Grauzone zwischen Fach- und Populärwissenschaft bewegen. Allzu häufig ist der Leser von Arbeiten zur Politikverdrossenheit bei der Suche nach methodologischen Informationen deshalb auf Vermutungen und Hintergrundwissen angewiesen.

2.6.3.1 Operationalisierung von Verdrossenheit

In Abschnitt 2.6.1.1 wurde dargelegt, daß sich die wenigsten der untersuchten Beiträge zur Verdrossenheitsforschung explizit mit der Konzeptualisierung von politischer Verdrossenheit beschäftigen (vgl. auch Tabelle 2.7 auf Seite 107). Dementsprechend gibt es in der Literatur auch kaum Beispiele für eine regelrechte Operationalisierung des Begriffes.

Dennoch machen mehr als zwei Drittel der Autoren Angaben zu den Indikatoren,[171] mit denen sie oder andere Verdrossenheit gemessen haben beziehungsweise mit denen

---

171 Unter einem Indikator für politische Verdrossenheit verstehe ich in diesem Zusammenhang ein Item, mit dessen Hilfe Verdrossenheitseinstellungen erfaßt werden können. Berücksichtigt wurden auch solche Beiträge, die auf Indikatoren Bezug nehmen, ohne daß der Text der Items vollständig wiedergegeben wird.

Auswahl der Indikatoren	Anteil (%)	n
keine Begründung gegeben	63,6	112
keine Indikatoren genannt	30,7	54
inhaltliche Begründung	5,7	10

Tabelle 2.37: Publikationen nach der Nennung von Mikro-Indikatoren für Verdrossenheit

eigene Berechnungen	Anteil (%)	n
nein	52,3	92
ja	47,7	84

Berücksichtigt wurden nur solche Berechnungen, die unmittelbar auf politische Verdrossenheit bezogen sind, nicht aber Berechnungen zur Wahlbeteiligung, zu den Stimmenanteilen bestimmter Parteien etc.

Tabelle 2.38: Publikationen nach eigenständigen Berechnungen zur Verdrossenheit

Verdrossenheit prinzipiell gemessen werden könnte (vgl. Tabelle 2.37). Diese Aussagen sind inhaltlich allerdings zumeist recht dürftig und müssen teils mühsam aus Fußnoten, Tabellenunterschriften, Anhängen und Randbemerkungen im Text rekonstruiert werden. Die große Mehrheit der Verfasser beschränkt sich dabei zudem auf die schlichte Nennung einer oder mehrerer Einstellungsvariablen, ohne deren Auswahl inhaltlich zu begründen. Lediglich in zehn der Arbeiten findet sich eine theoretisch fundierte Erklärung dazu, warum gerade die vom jeweiligen Autor gewählten Indikatoren eingesetzt werden sollten.

Besonders relevant ist die Frage nach der Operationalisierung natürlich in solchen Fällen, in denen sich die Verfasser selbst empirisch-quantifizierend mit Phänomenen der politischen Unzufriedenheit beschäftigen. Hier ist zunächst festzuhalten, daß lediglich knapp 48 Prozent der Autoren eigene, unmittelbar auf die politische Verdrossenheit bezogene Berechnungen anstellen (vgl. Tabelle 2.38).[172] Innerhalb dieser Gruppe von 84 Beiträgen ist der Anteil derjenigen, die keine Angaben zu den Indikatoren politischer Verdrossenheit machen, mit drei Fällen oder 3,6 Prozent naturgemäß verschwindend gering.[173]

172 Der Beitrag von Patzelt (1999) stellt einen Grenzfall dar, weil unklar ist, inwieweit der Autor die von ihm diagnostizierten Mißverständnisse der Bevölkerung hinsichtlich des parlamentarischen Systems mit Politikverdrossenheit gleichsetzt. Ähnliches gilt für Küchler (1982) sowie für Plasser und Ulram (1989), da deren Ergebnisse aus Tabellenbänden beziehungsweise aus eigenen älteren Veröffentlichungen entnommen zu sein scheinen.

173 Heiko Geiling hat in seinen beiden einschlägigen Publikationen (1995, 1997) offensichtlich eigene Berechnungen angestellt, die auf einer Segmentierung (Clusteranalyse) der Befragten nach dem Grad beziehungsweise dem Typus ihrer vermutlich über Standarditems der Politischen Soziologie gemessenen Politikverdrossenheit zurückgehen (vgl. ergänzend die Beiträge von Vester 1992 sowie Geiling et al. 1992, die innerhalb desselben Forschungsprojektes entstanden sind). Die Angaben zur Datenbasis und zur Methode sind aber so knapp, daß es für den Leser nicht zu erkennen ist, auf welchen Items diese Segmentierung basiert.
Burkart und Vogt (1983) untersuchen Unterschiede in der Nachrichtenrezeption von politikverdrossenen und unverdrossenen Bürgern, die sich durch „Filterfragen" (Burkart und Vogt 1983: 59) voneinander separiert haben. Diese sind im Text nicht dokumentiert.

Art der Operationalisierung	Anteil (%)	n
Umbenennung	87,7	71
eigenständige Operationalisierung	3,7	3
eigenständige Operationalisierung + Umbenennung	1,2	1
eigenständige Operationalisierung im ausgewerteten Datensatz vorhanden	3,7	3
eigenständige Operationalisierung im ausgewerteten Datensatz vorhanden + Umbenennung	3,7	3

Die Basis für diese Tabelle bilden 81 Arbeiten, die eigene, unmittelbar auf politische Verdrossenheit bezogene Berechnungen anstellen. Die Beiträge von Geiling (1995, 1997) sowie von Burkart und Vogt (1983) wurden aus der Betrachtung ausgeschlossen, da sie keine verwertbaren Angaben zu den von ihnen verwendeten Indikatoren machen (vgl. FN 173 auf der vorherigen Seite).

Tabelle 2.39: Publikationen nach der Operationalisierung von Verdrossenheit

Nur eine kleine Minderheit unter den hier untersuchen Texten konstruiert aber eigene Instrumente zur Messung von Verdrossenheit. Hierfür gibt es im wesentlichen zwei Gründe: Zum einen das weitgehende Fehlen von Primärstudien (vgl. 2.6.3.2), zum anderen die inhaltlichen Überschneidungen mit älteren Forschungstraditionen und den „Standardthemen" der Politischen Soziologie (vgl. die Kapitel 2.2 bis 2.4, 2.6.2.2 sowie 3.2).

Charakteristisch für die Literatur zur Verdrossenheit ist deshalb die Tendenz, bereits vorhandene Indikatoren für andere, meist altbekannte Konstrukte (Mißtrauen, *efficacy*, Parteiidentifikation etc.) nun zur Erfassung politischer Verdrossenheit zu nutzen. Annähernd 88 Prozent der Beiträge nehmen eine solche Operationalisierung durch Umbenennung vor (vgl. Tabelle 2.39), die in den seltensten Fällen näher begründet wird. Die Auswahl der Indikatoren erklärt sich in diesen Fällen einerseits durch die Einstellungen, mit denen politische Verdrossenheit gleichgesetzt wird, andererseits durch die Datenlage. Eine vollständige Auflistung der verwendeten Indikatoren hätte deshalb nur einen geringen Informationswert, zumal ein großer Teil der in diesem Bereich verwendeten Items weitgehend standardisiert ist und sich die Formulierungen nur in Details unterscheiden.

Interessanter sind jene zehn Fälle, in denen die Autoren entweder selbst eine Operationalisierung entwickeln oder eine in den von ihnen verwendeten Datensätzen enthaltene eigenständige Operationalisierung übernehmen. Diese Gruppe läßt sich entsprechend dem Schema in Tabelle 2.39 nochmals aufteilen: Drei Beiträge beschränken sich darauf, politische Verdrossenheit ausschließlich mittels einer eigens von ihnen entwickelten Operationalisierung zu messen. Dabei handelt es sich um die Arbeit von Hinz und Hinz (1979), eine Veröffentlichung der Sozialwissenschaftlichen Studiengesellschaft (SWS 1979) sowie einen Artikel von Köcher (1994). Die jeweils verwendeten Indikatoren unterscheiden sich stark voneinander: Hinz und Hinz, die sich mit SV beschäftigen, fragen direkt nach der Einstellung zur Staatsform; die Sozialwissenschaftliche Studiengesellschaft, die mit den Begriffen PaV und Demokratieverdrossenheit operiert, erhebt die Einstellung, daß „die alten [österreichischen] Parteien abgewirtschaftet" haben; und Renate Köcher untersucht unter dem Rubrum PaV die Unzufriedenheit mit *allen* in den westlichen Ländern der Bundesrepublik relevanten

Verfasser	Indikatoren
Hinz und Hinz (1979)	„Sind Sie mit der bestehenden Wirtschaftsordnung zufrieden oder nicht?" (vermutlich 3-Punkte-Skala); „Wenn in einer öffentlichen Diskussion unsere heutige Staatsform angegriffen würde, wie würden Sie dann zu unserem heutigen Staat Stellung nehmen?" (7-Punkte-Skala)[a]
SWS (1979)	Wahl der Antwortvorgabe „Die alten Parteien haben abgewirtschaftet, jetzt muß etwas ganz anderes kommen" (Zustimmung)[b]
Vester (1992)	PV ist anscheinend mit der Zugehörigkeit zum „Lager des Ressentiments" gleichzusetzen, dessen Angehörige eine starke Abneigung „gegen Ausländer, gegen Parteipolitiker und gegen moderne Lebensweisen" hegen (Vester 1992: 12). Die Zuordnung zu diesem Lager erfolgt über Cluster- und Faktorenanalysen. Die für das Thema PV relevanten Faktoren werden als „Politische Enttäuschung", „Politisches Desinteresse" und „Zynische Distanz zur Politik" bezeichnet und basieren teils auf neuen Items, teils auf Variationen von Statements aus der *efficacy*-Tradition.[c]
Köcher (1994)	„Ich bin enttäuscht von den vier Parteien CDU/CSU, SPD, FDP und dem Bündnis 90/den Grünen" (Zustimmung)

a   Beide Fragen sind laut Hinz und Hinz (1979: 70) aus einer älteren EMNID-Studie übernommen. Ob Wirtschafts- *und* politische Ordnung dem Bereich der Staatsverdrossenheit zugeordnet werden, geht aus dem Text nicht klar hervor.

b   Die eigentliche Frage lautete, ob es bei der Nationalratswahl 1979 „Zeit für einen Wechsel" sei. Die beiden anderen Antwortvorgaben bezogen sich darauf, ob die SPÖ weiterregieren oder abgelöst werden solle.

c   Items und Faktoren sind bei Vester selbst nicht dokumentiert, werden aber im Anhang von Geiling et al. (1992) aufgeführt.

Tabelle 2.40: Eigenständige Operationalisierungen von politischer Verdrossenheit

Parteien. Der genaue Wortlaut der jeweiligen Formulierungen ist in Tabelle 2.40 wiedergegeben.[174]

Vester (1992), der unter PV anscheinend ein „Ressentiment" gegenüber Parteipolitikern versteht, verwendet ebenfalls eine eigenständige Operationalisierung von Verdrossenheit. Welche Items seiner Arbeit im einzelnen zugrundeliegen, ist aber nur schwer zu erkennen. Zieht man ergänzend den Anhang von Geiling et al. (1992) heran, so kommt man zu dem Schluß, daß es sich bei Vesters Verdrossenheitsitems um eine Mischung aus neuen Statements und Variationen beziehungsweise Übersetzungen älterer Formulierungen handeln muß. Gleiches gilt wohl auch für Geiling (1995, 1997), da beide Autoren denselben Datensatz verwenden. Im übrigen ist es mehr als fraglich, ob die Mitglieder der Projektgruppe, der Geiling und Vester angehörten, bei der Konzeption der Untersuchung tatsächlich an eine systematische Operationalisierung von PV gedacht haben, da sich ihre Untersuchung hauptsächlich auf eine Reihe von explorativ gebildeten Faktoren stützt, die in einem eher lockeren Zusammenhang mit dem Themenkomplex der Verdrossenheit stehen.

---

174 Im letzten Fall ist unklar, welchen Einfluß Köcher als Mitarbeiterin von Allensbach auf die Entwicklung dieser Frage hatte.

Studie	Nutzer	Indikatoren
Institut für Markt- und Meinungsforschung, Nachwahlstudie Voralberg 1984	Plasser und Sommer (1986)	allgemeine PV, Unzufriedenheit mit den Parteien als Motiv für die Wahl der Grünen aus Sicht der Bevölkerung (Nennung in offener Abfrage, nachträglich vercodet ohne nähere Angaben zum Codeplan); Politikverdrossenheit als Motiv für die Wahl der Grünen aus Sicht der allgemeinen Bevölkerung und aus der Perspektive der Grünen-Wähler selbst (Nennung in geschlossener Abfrage, Mehrfachantworten möglich)
Dr. Fessel/GfK, „Parteienverdrossenheit" (1981), diverse andere Studien 1980-86	Plasser (1987)	PaV: „Ich kümmere mich überhaupt nicht mehr um Politik und schaue nur, daß es mir gut geht"; „Es ist ziemlich sinnlos zur Wahl zu gehen, weil man damit sowieso nichts ändern kann"; „Bei den Wahlen werde ich den mächtigsten politischen Parteien einen Denkzettel geben"; „Mir sind SPÖ und ÖVP gleich zuwider"; PolV: Politiker streiten sich oft in der Öffentlichkeit, sind aber hinterher schnell wieder ‚gut Freund'"; Politiker kümmern sich zu viel darum, ihre Macht zu erhalten, anstatt sich über die wirklichen Bedürfnisse der Bevölkerung Gedanken zu machen"; Politiker sprechen oft die Unwahrheit, vor allem in Wahlzeiten"; „Politiker kümmern sich nicht darum, was der kleine Mann sagt und denkt", „Politiker denken in erster Linie an die Macht"; Politikern fehlt der Mut, zu sagen, wo Opfer gebracht werden müssen"; Politiker denken in erster Linie an den eigenen Vorteil"; „Viele Politiker haben den Kontakt zu ihren Wählern verloren"; „Politiker benehmen sich im Fernsehen wie schlechte Schauspieler"; „Politiker sind korrupt und bestechlich"; „Politiker haben für kleine Leute nichts übrig" (Zustimmung)
Dr. Fessel/GfK, *exit poll* Nationalratswahl 1986	Plasser und Ulram (1988)	PV und PaV werden weitgehend mit „negative voting" gleichgesetzt, daß von Fessel/GfK mit zwei Indikatoren gemessen wurde: Wahlentscheidung für die betreffende Partei, „weil sie im Vergleich zu den anderen Parteien das kleinste Übel ist"; Wahlentscheidung für FPÖ oder Grüne, „um den beiden Großparteien einen Denkzettel zu geben" (Nennung als Wahlmotiv bei Vorlage einer Liste mit mehreren Wahlmotiven)
Dr. Fessel/GfK, „Parteienverdrossenheit" (1981), diverse andere Studien 1980-87	Ulram (1990)	weitgehend identisch mit Plasser (1987), Plasser und Ulram (1993)

Studie	Nutzer	Indikatoren
Dr. Fessel/GfK, diverse Studien 1980-92	Plasser und Ulram (1993)	Befragte „haben sich in der letzten Zeit über die politischen Parteien geärgert"; Befragten sind „SPÖ und ÖVP" beziehungsweise „die Altparteien" „zuwider"; evtl. noch (Abgrenzung unklar, vgl. aber Plasser 1987) Befragte „wollen sich nicht um Politik kümmern und nur schauen, daß es ihnen gut geht"; Befragte „halten es für sinnlos zur Wahl zu gehen, weil man sowieso nichts ändern kann" (Zustimmung). Aus dem Text geht nicht mit letzter Sicherheit hervor, ob diese Items von Fessel/GfK ursprünglich zur Messung von PV/PaV konzipiert wurden.
Emnid, Studie Januar 1994	Klein und Falter (1996)	Summenskala aus den Indikatoren: „Politik ist ein schmutziges Geschäft"; „Es wird in der Politik zuviel gesprochen und zu wenig gehalten"; „Es wäre besser, wenn über wichtige Dinge Experten entscheiden würden und nicht Politiker"; „Politiker kümmern sich nicht darum, was einfache Leute denken"; „Politiker würden Vorteile, die ihnen nicht zustehen, in Anspruch nehmen, wenn sich dazu eine Gelegenheit bietet"; „Was würden sie allgemein zur Demokratie in Deutschland, d. h. zu unseren politischen Parteien und zu unserem ganzen politischen System sagen" (2- und 3-Punkte-Skalen). Aus dem Text geht nicht mit letzter Sicherheit hervor, ob diese Item-Batterie von Emnid ursprünglich zur Messung von Politikverdrossenheit konzipiert wurde.

Tabelle 2.41: Operationalisierungen von politischer Verdrossenheit in sekundäranalytisch ausgewerteten Datensätzen

Drei weitere Beiträge (Plasser und Sommer 1986, Plasser und Ulram 1988, Klein und Falter 1996) verwenden Operationalisierungen von politischer Verdrossenheit, die sie in den von ihnen verwendeten Datensätzen vorgefunden haben. Das Instrument von Plasser und Sommer ist dabei sicher das ungewöhnlichste: Hier wurden die Respondenten befragt, ob aus ihrer Sicht die Politik- beziehungsweise Politikerverdrossenheit der Wähler für den Erfolg der Grünen verantwortlich sei. Was unter diesen Begriffen zu verstehen war, blieb der Interpretation der Befragten überlassen. Plasser und Ulram (1988) hingegen setzen PV weitgehend mit *negative voting* und Protestwahl gleich, für das Fessel/GfK, deren Daten sie verwenden, ein aus zwei Einzelindikatoren bestehendes Instrument entwickelt haben. Klein und Falter (1996) schließlich, die die Wahl der „Republikaner"durch PV erklären, setzen zu deren Messung eine von Emnid entworfene Batterie von Items ein, die stark an die alten *trust in government*-Items (Abschnitt 2.3.1) und an die Frageformulierungen aus der *efficacy*-Tradition (Abschnitt 3.2.2) erinnern.

Eine letzte Gruppe von wiederum drei Beiträgen (Plasser 1987, Ulram 1990, Plasser und Ulram 1993) schließlich kombiniert die Nutzung umfangreicher, in den Datensätzen von Fessel/GfK vorgefundener Verdrossenheitsinstrumente mit der Strategie der Umbenennung. Die Grenzen zwischen beiden Operationalisierungsvarianten sind allerdings fließend, da in keiner der hier vorgestellten Arbeiten die jeweils verwendeten Varianten von Verdrossenheit explizit definiert werden, so daß es letztlich dem Leser überlassen bleibt, zu entscheiden, welche der von den Autoren genannten Einstellungen dem Komplex der Verdrossenheit zuzurechnen sind. Einen Überblick über die in den sechs genannten Titeln verwendeten Indikatoren gibt Tabelle 2.41 auf Seite 156ff.

Zusammenfassend bleibt festzuhalten, daß das Thema Operationalisierung in der Literatur so gut wie keine Rolle spielt. Zumeist greifen die Autoren kommentarlos auf solche Indikatoren zurück, die sich in den für eine Sekundäranalyse verwendbaren Datensätzen finden lassen, sich auf die entsprechenden Gegenstandsbereiche beziehen und in etwa ihren theoretischen Überlegungen – soweit vorhanden – entsprechen. Ein großer Teil dieser Indikatoren ist bereits seit mehreren Jahren oder Jahrzehnten im Gebrauch und wird nun auf das vorgeblich neue Phänomen der Verdrossenheit angewendet. In den wenigen Fällen, in denen Indikatoren tatsächlich eigens zur Messung von Verdrossenheit entwickelt wurden, fehlen jegliche Angaben zum theoretischen Bezug und zum Skalierungsverfahren.[175]

2.6.3.2 Datenbasis

Mehr als drei Viertel der Beiträge zur Verdrossenheitsforschung greifen in irgendeiner Form auf eine empirische Datenbasis zurück (Tabelle 2.42 auf der nächsten Seite). Hinsichtlich der verwendeten Datenbasis und der Intensität der Datennutzung bestehen aber beträchtliche Unterschiede.

---

175 Lediglich Vester (1992) bildet hier in gewisser Weise eine Ausnahme, da Geiling et al. (1992) einen Anhang mit methodologischen Informationen zu den von ihm verwendeten Daten und Instrumenten beinhaltet. Allerdings gibt es bei Vester selbst, wie oben erwähnt, keine expliziten Hinweise zu den verwendeten Instrumenten.

empirische Datenbasis	Anteil (%)	n
ja	77,8	137
nein	22,2	39

Tabelle 2.42: Publikationen nach der Nutzung empirischer Daten

Analysetyp	Anteil (%)	n
Sekundäranalyse	75,9	104
davon:		
mit eigenen Berechnungen	39,4	54
ohne eigene Berechnungen	36,5	50
Primäranalyse[a]	18,2	25
Primär- + Sekundäranalyse	5,1	7
nicht feststellbar	0,7	1

a Darin enthalten sind drei Beiträge (Eilfort 1995, 1996, Patzelt 1999), die zwar mit einer eigenen Erhebung im Zusammenhang stehen, aber keine Berechnungen vornehmen, die sich unmittelbar auf politische Verdrossenheit beziehen.

Die Basis für diese Tabelle bilden 137 Arbeiten, die über eine empirische Datengrundlage verfügen (vgl. Tabelle 2.42).

Tabelle 2.43: Publikationen nach dem Analysetyp

Tabelle 2.43 zeigt zunächst, daß es sich erwartungsgemäß nur bei einer – wenn auch stattlichen – Minderheit der Arbeiten um Primäranalysen handelt. Als Primäranalysen betrachte ich in diesem Zusammenhang all jene Fälle, in denen der Verfasser an dem jeweiligen Forschungsprojekt selbst mitgewirkt hat.[176]

Allerdings stand die Erforschung politischer Verdrossenheit bei der Konzeption dieser Studien nicht unbedingt im Zentrum. In den meisten Fällen handelt es sich vielmehr um Projekte aus dem Bereich der empirischen Politikforschung, in deren Kontext *auch* Verdrossenheitseinstellungen oder Attitüden, die sich im nachhinein als solche interpretieren ließen, erhoben wurden. So basiert beispielsweise der Artikel von Ertl (1997) auf einer Kommunalstudie, Friedrich (1992, 1993), Hoffmann-Lange et al. (1993), Förster (1994), Hoffmann-Lange (1994, 1998), Förster und Friedrich (1996) sowie Vogelgesang (1999) arbeiten mit Jugendstudien, und Geiling (1995, 1997) sowie Vester (1992) untersuchten ursprünglich neue Klassenspaltungen. Eilforts (1992, 1994, 1995, 1996) Studie diente primär der Erforschung von Nichtwählern, während die Beiträge von Falter und Klein (1994), Falter und Schumann (1994), Falter und Rattinger (1997) sowie von Rattinger (1993, 1999) und Schumann (1997) auf Erhebungen beruhen, die sich in allgemeinerer Form mit Wahlverhalten und politischen Einstellungen beschäftigten.

Von Anfang an ausschließlich auf die Erforschung von Politikverdrossenheit ausge-

---

176 Damit unterstelle ich indirekt, daß der jeweilige Autor als Projektnehmer oder Mitarbeiter auf das Forschungsprogramm des Projektes Einfluß nehmen konnte. Ob diese Annahme zutrifft, ist im Einzelfall nicht zu überprüfen.

Datenniveau	Anteil (%)	n
nur Individualdaten	88,1	74
Individual- + Aggregatdaten	9,5	8
nur Aggregatdaten	2,4	2

Die Basis für diese Tabelle bilden 84 Arbeiten, die eigenständige Berechnungen zum Thema Verdrossenheit vornehmen (vgl. Tabelle 2.38 auf Seite 153).

Tabelle 2.44: Publikationen nach dem Niveau der verwendeten Daten

richtet waren vermutlich nur die Untersuchungen von Kepplinger (1998) und Wolling (1999). Auf diese Weise erklärt es sich, daß, wie im vorangegangenen Abschnitt gezeigt wurde, trotz des mit insgesamt rund 23 Prozent vergleichsweise hohen Anteils von Primärstudien in der Forschung fast nie Indikatoren eingesetzt werden, die eigens zur Messung von politischer Verdrossenheit entwickelt wurden.

Weiterhin geht aus Tabelle 2.43 hervor, daß jene Beiträge, die nicht auf eigenen Erhebungen der Autoren basieren, in zwei fast gleich große Untergruppen zerfallen. Bei etwa 39 Prozent aller Texte handelt es sich um Sekundäranalysen im engeren Sinne, d. h. die jeweiligen Autoren stellen auf der Grundlage fremder Datensätze eigene Berechnungen an, die sich unmittelbar auf politische Verdrossenheit beziehen. Die Angehörigen einer zweiten, knapp 37 Prozent der Texte umfassenden Gruppe hingegen können nur in einem weiteren Sinne als Sekundäranalysen betrachtet werden, da die betreffenden Autoren keine eigenständigen statistischen Analysen vornehmen, sondern lediglich empirische Ergebnisse aus der Literatur heranziehen, um ihre Thesen zu stützen. Die Bandbreite reicht dabei von zahlreichen Texten, die kursorisch einige Anteils- oder Mittelwerte zitieren, um ihre Argumentation zu illustrieren, bis hin zu Fällen wie den Artikeln von Küchler (1982) oder Schedler (1993a), die umfangreiche Zeitreihen und Kreuztabulationen aus Tabellenbänden übernehmen.

Interessant ist eine weitergehende Auseinandersetzung mit der verwendeten Datenbasis in erster Linie in jenen Fällen, in denen die Autoren eigenständige statistische Analysen vornehmen, die unmittelbar auf politische Verdrossenheit bezogen sind. Eine nähere Betrachtung der jeweiligen Datengrundlage der übrigen Arbeiten wäre mit erheblichen Redundanzen verbunden, da diese sich fast ausschließlich auf aggregierte Umfrageergebnisse (Mittel- und Anteilswerte)[177] stützen, die sie aus den „echten" Primär- und Sekundäranalysen entnehmen, und erscheint deshalb wenig sinnvoll. Wichtig ist es aber, an dieser Stelle nochmals ausdrücklich darauf hinzuweisen, daß sich ein großer Teil der Autoren, die sich mit politischer Verdrossenheit befassen, zwar auf empirische Belege für dieses Phänomen beruft, aber keine selbständigen Berechnungen durchführt.

Tabelle 2.44 schlüsselt die verbleibenden 84 Beiträge zunächst nach dem Niveau der verwendeten Daten auf. Dabei zeigt sich eine klare Dominanz der Individualdaten: Mehr als 87 Prozent der Arbeiten verwenden ausschließlich solche Informationen,

---

177 Von den 53 Beiträgen, die keine eigenen Berechnungen vornehmen, verwenden 86,3 Prozent aggregierte Umfragedaten, 50,9 Prozent berufen sich auf Wahlergebnisse und 17 Prozent auf Statistiken zur Mitgliederentwicklung der Parteien.

Erhebungsmethode	Anteil (%)	n
nur Bevölkerungsumfrage	93,9	77
Bevölkerungsumfrage + Inhaltsanalyse	4,9	4
Bevölkerungsumfrage + Inhaltsanalyse + Beobachtung	1,2	1

Die Basis für diese Tabelle bilden 82 Arbeiten, die auf der Grundlage von Individualdaten eigenständige Berechnungen zum Thema Verdrossenheit vornehmen. Die Anteilswerte beziehen sich ausschließlich auf die Erhebungsmethode(n) für Individualdaten. Zusätzlich verwendete aggregierte Daten wurden bei der Prozentuierung nicht berücksichtigt.

Tabelle 2.45: Publikationen nach der zur Erhebung von Individualdaten verwendeten Methode

die auf der Ebene der ursprünglichen Erhebungseinheiten vorliegen. Lediglich zwei Beiträge (Köcher 1994, Poguntke 1996) beschränken sich ganz auf aggregierte Daten, was einem Anteil von etwa zwei Prozent entspricht, während weitere zehn Prozent der Autoren Individual- und Aggregatdaten kombinieren. Für Primär- und Sekundäranalysen ergeben sich dabei praktisch identische Anteilswerte, so daß auf eine getrennte tabellarische Ausweisung verzichtet werden kann.

Bei den Aggregatdaten handelt es sich in erster Linie um aggregierte Umfragedaten und Wahlergebnisse (jeweils fünf Nennungen). Aggregierte Inhaltsanalysen und Mitgliederstatistiken der Parteien werden noch seltener, nämlich jeweils zwei Mal verwendet. Aggregierte Daten, die sich auf Eigenschaften des politischen Systems oder der Gesellschaft beziehen, werden in keiner einzigen der untersuchten Arbeiten genutzt, obwohl weitgespannte Erklärungsansätze, die das Aufkommen politischer Verdrossenheit mit Fehlleistungen der politischen Eliten, mit Defiziten des Parteiensystems oder mit dem sozialen Wandel in Zusammenhang bringen, in der Verdrossenheitsforschung eine wichtige Rolle spielen (vgl. Tabelle 2.36 auf Seite 149). Mehr-Ebenen-Daten, die zur Untersuchung der in der Verdrossenheitsdebatte diskutierten Fragestellungen am besten geeignet wären, werden ebenfalls in keinem Beitrag verwendet.

Ein weiteres Defizit der Verdrossenheitsliteratur zeigt sich, wenn man die vorliegenden Beiträge nach den von ihnen verwendeten Erhebungsmethoden aufschlüsselt. Nachdem im bisherigen Verlauf der Bedeutungsanalyse bereits mehrfach darauf hingewiesen wurde, daß politische Verdrossenheit von der Mehrzahl der Autoren als individuelle Einstellung gedeutet wird, ist es wenig erstaunlich, daß alle Autoren, die eigene Berechnungen auf der Grundlage von Individualdaten anstellen, Umfragedaten verwenden, wie aus Tabelle 2.45 zu ersehen ist. Bedenklich erscheint es angesichts der großen Rolle, die die Medien in der Diskussion um die Entstehung von politischer Verdrossenheit spielen aber, daß lediglich eine Minderheit von rund sechs Prozent der Autoren Umfrage- und inhaltsanalytische Daten miteinander verknüpfen, um auf diese Weise negative Einflüsse der Medien auf das Bild der Bürger von der Politik zu untersuchen.

Selbst wenn man zusätzlich jene Titel berücksichtigt, die auf Individualebene vorliegende Umfragedaten durch aggregierte Inhaltsanalysen ergänzen, steigt der Anteil nur unwesentlich auf 8,5 Prozent. Die Diskrepanz zwischen diesem Wert und einem

Erhebungsdesign	Anteil (%)	n
Trend/Querschnitt	83,3	70
Panel (inkl. Kombinationen mit Trend / Querschnitt)	11,9	10
nicht definiert	4,8	4

Die Basis für diese Tabelle bilden 84 Arbeiten, die eigenständige Berechnungen zum Thema Verdrossenheit vornehmen.

Tabelle 2.46: Publikationen nach dem Erhebungsdesign

Zeitbezug	Anteil (%)	n
Zeitpunkt	42,9	36
Zeitreihe + Zeitpunkt	34,5	29
Zeitreihe	16,7	14
nicht definiert	4,8	4
Zeitreihe + Zeitpunkt + Panelaspekt	1,2	1

Die Basis für diese Tabelle bilden 84 Arbeiten, die eigenständige Berechnungen zum Thema Verdrossenheit vornehmen.

Tabelle 2.47: Publikationen nach dem Zeitbezug der Daten

Anteil von annähernd 32 Prozent der Beiträge, der Politikverdrossenheit auf Medienwirkungen zurückführt (vgl. Tabelle 2.36), ist unübersehbar. Charakteristisch für die Literatur zur politischen Verdrossenheit ist somit einerseits der Rückgriff auf Erklärungsfaktoren, die auf der Meso- und Makro-Ebene angesiedelt sind (vgl. Tabelle 2.13 auf Seite 119 und Tabelle 2.36 auf Seite 149), andererseits aber die weitgehende Beschränkung auf Mikro-Daten in den empirischen Analysen.

Zum Abschluß dieses Unterkapitels sollen noch kurz das Erhebungsdesign und der Zeitbezug der in der Verdrossenheitsforschung verwendeten Daten betrachtet werden. Tabelle 2.46 zeigt zunächst, daß eine Mehrheit von über 80 Prozent der untersuchten Beiträge *keine* Panel-Daten verwendet, sondern ausschließlich Trend- und Querschnittsstudien auswertet. Lediglich zehn Arbeiten stützen sich auf Wiederholungsbefragungen, mit denen individuelle Entwicklungen ansatzweise nachgezeichnet werden können. Ereignisdaten werden in keinem einzigen der 84 Beiträge verwendet.

Noch weitaus aufschlußreicher als eine Betrachtung des Erhebungsdesigns ist eine systematische Analyse des Zeitbezuges der verwendeten Daten, wie sie in Tabelle 2.47 vorgenommen wurde. Dabei zeigt sich, daß eine große Gruppe von annähernd 43 Prozent der Autoren, die überhaupt eigenständige Berechnungen durchführen, Daten verwendet, die sich auf einen einzigen Zeitpunkt oder einige wenige dicht beieinander liegende Zeitpunkte beziehen, und deshalb keine fundierten Aussagen über Entwicklungstendenzen machen kann. Mehr als 51 Prozent der Beiträge beziehen sich auf Zeitreihen, d. h., sie beschreiben Entwicklungen im Aggregat oder kombinieren Zeitreihenbetrachtungen mit Daten, die sich auf einen einzigen Zeitpunkt beziehen.

Veränderungen auf der Individualebene hingegen bleiben in den untersuchten Texten systematisch ausgeblendet. Selbst in den zehn Fällen, in denen die Autoren Panel-Daten zur Verfügung haben, wird die darin enthaltene Information nicht adäquat ge-

Zahl der politischen Stellungnahmen	Anteil (%)	n
0	75,6	133
1	10,2	18
2	9,1	16
3	2,8	5
4	1,1	2
5	1,1	2

$\bar{x} = 0,5$ $\tilde{x} = 0$

Tabelle 2.48: Publikationen nach der Anzahl der politischen Stellungnahmen

nutzt. Nur ein einziger der zehn Beiträge, die auf Panel-Daten beruhen, wertet diese auch tatsächlich unter dem Panelaspekt aus. Selbst dies ist aber ein eher untypischer Fall: Bei Kepplingers (1998) „Panelteilnehmern" handelt es sich um drei Tageszeitungen, deren politische Berichterstattung der Autor über einen Zeitraum von 45 Jahren hinweg untersucht.

Zusammenfassend läßt sich festhalten, daß sich für die Datenbasis der Verdrossenheitsforschung ein äußerst ambivalentes Bild ergibt. Der Anteil der Beiträge, die sich in irgendeiner Form auf empirische Befunde berufen können, ist mit fast 78 Prozent auf den ersten Blick erstaunlich hoch. Hierin unterscheidet sich die Verdrossenheitsliteratur klar von älteren Krisentheorien, die sich häufig nur auf Evidenzen und Vermutungen stützen konnten. Eigenständige, unmittelbar auf den Bereich der politischen Verdrossenheit bezogene statistische Analysen finden sich allerdings nur in etwas weniger als der Hälfte der untersuchten Texte. Diese wiederum beruhen zum allergrößten Teil ausschließlich auf Bevölkerungsumfragen, die sich auf einen einzigen oder einige wenige Zeitpunkte beziehen. Beispiele für Panel- und Mehr-Ebenen-Analysen ließen sich in den untersuchten Beiträgen nicht finden. Gemessen an den teils höchst komplexen Erklärungsversuchen und Hintergrundtheorien, die sich in der Literatur finden, kann die empirische Datenbasis der Verdrossenheitsforschung nur als unzureichend bezeichnet werden.

2.6.4 Politische Aspekte

Den politischen Gehalt der untersuchten Texte zu bestimmen, erwies sich innerhalb der Literaturanalyse erwartungsgemäß als die schwierigste Aufgabe. Bei der Untersuchung der Frage, wo eine wissenschaftliche Auseinandersetzung mit den Phänomenen der Verdrossenheit selbst politisch wird, d. h. darauf abzielt, die „authoritative allocation of values for a society" (Easton 1965a: 50) zu beeinflussen, sind subjektive Urteile unvermeidlich. Um ein möglichst vollständiges Bild von der Literatur zu geben, soll abschließend dennoch kurz auf die politischen Aspekte der Verdrossenheitstexte eingegangen werden.

Aus Tabelle 2.48 geht hervor, daß immerhin ein knappes Viertel der untersuchten Texte Äußerungen enthält, die über eine wissenschaftliche Analyse hinausgehen und im engeren Sinne als politisch gelten können. Innerhalb dieser Gruppe beschränken sich die meisten Autoren auf ein bis zwei Stellungnahmen (zur in diesem Kapitel ver-

Zahl der Schuldzuweisungen	Anteil (%)	n
0	95,5	168
1	2,3	4
2	2,3	4

$\bar{x} = 0,1$ $\tilde{x} = 0$

Tabelle 2.49: Publikationen nach der Anzahl der Schuldzuweisungen an die politischen Akteure

Ursache	Anteil (%)	n
politische Eliten	87,5	7
Parteien	37,5	3
Bürger	12,5	1
Medien	12,5	1

Die Basis für diese Tabelle bilden 8 Arbeiten, die bestimmte politische Akteure für die Entstehung politischer Verdrossenheit verantwortlich machen. Die Anteile summieren sich zu mehr als 100 Prozent, weil einige Autoren mehr als einen Schuldigen nennen (vgl. Tabelle 2.49).

Tabelle 2.50: Publikationen nach den für die Entstehung von Verdrossenheit verantwortlichen Akteuren

wendeten Zählweise vgl. FN 178 auf der nächsten Seite). Arithmetisches Mittel und Median der politischen Aussagen liegen – bezogen auf die Gesamtheit der Verdrossenheitstexte – dementsprechend mit 0,5 beziehungsweise null recht niedrig. Unter diesen politischen Äußerungen können wie oben (Kapitel 2.5.3, Punkt 4 auf Seite 95) dargelegt, zwei Subdimensionen unterschieden werden: Schuldzuweisungen und Therapievorschläge.

2.6.4.1 Schuldzuweisungen

Hinsichtlich dieses ersten Punktes erweisen sich die untersuchten Beiträge als erstaunlich zurückhaltend. Lediglich acht Autoren treffen überhaupt Aussagen, die als moralisches Urteil über die politischen Akteure anzusehen sind, was einem Anteil von weniger als fünf Prozent entspricht. Von diesen acht beschränkt sich wiederum die Hälfte auf die Benennung einer einzigen Gruppe von Akteuren, während die übrigen vier Autoren je zwei Gruppen von Akteuren für die politische Misere verantwortlich machen.

Die Rangfolge dieser Akteure ist eindeutig, wie aus Tabelle 2.50 zu ersehen ist: An der Spitze stehen die politischen Eliten, die in sieben der acht Texte kritisiert werden, gefolgt von den Parteien, den Bürgern und den Medien. Diese Reihung unterscheidet sich deutlich von der in Tabelle 2.36 auf Seite 149 präsentierten Abfolge von *Ursachen* für politische Verdrossenheit, in der Medien und Politiker in etwa gleichauf lagen. Angesichts der insgesamt geringen Zahl von Fällen, in denen überhaupt politische Schuldzuweisungen vorgenommen werden, sollte diese Tatsache aber nicht überbewertet werden.

Bemerkenswert erscheint mir in erster Linie vielmehr gerade die Tatsache, daß die

Zahl der Vorschläge	Anteil (%)	n
0	76,7	135
1	9,7	17
2	10,8	19
3	2,3	4
4	0,6	1

$\bar{x} = 0,4 \quad \tilde{x} = 0$

Tabelle 2.51: Publikationen nach der Anzahl der Reformvorschläge

Vorschlag	Anteil (%)	n
Einführung plebiszitärer Elemente	34,1	14
innerparteiliche Reformen	24,4	10
Schwächung der Stellung der Parteien	19,5	8
Rückbesinnung auf traditionelle Werte	19,5	8
Intensivierung der politischen Bildung	7,3	3
sonstige politische/institutionelle Reformen	68,3	28

Die Basis für diese Tabelle bilden 41 Arbeiten, die Vorschläge zur Reform des politischen Systems machen. Die Anteile summieren sich zu mehr als 100 Prozent, weil einige Autoren mehrere Reformen vorschlagen (vgl. Tabelle 2.51).

Tabelle 2.52: Reformvorschläge zur Minderung von Verdrossenheit

große Mehrheit der Autoren die Parteien zwar scharf kritisiert, aber auf politisch-moralische Urteile verzichtet. In diesem Punkt unterscheidet sich die Verdrossenheitsdiskussion deutlich von älteren Krisendebatten.

2.6.4.2 Reformvorschläge

Weniger eindeutig ist das Bild, das sich hinsichtlich der Reformvorschläge ergibt. Zunächst zeigt sich, daß etwas weniger als ein Viertel der analysierten Beiträge politische Aussagen enthält, die auf eine Reform des politischen Systems und seiner Subsysteme abzielen. Ähnlich wie bei den Schuldzuweisungen beschränken sich die meisten Autoren auch in diesem Fall auf ein bis zwei Stellungnahmen.[178] Das arithmetische Mittel für die Zahl der Vorschläge liegt bei 0,4, der Median bei null.

Fragt man nun in einem zweiten Analyseschritt, *welche* Reformvorschläge in der Literatur gemacht werden, so stellt sich heraus, daß die große Mehrheit der Nennungen auf die *per definitionem* heterogene Gruppe der „sonstigen" Vorschläge entfällt (Tabelle 2.52), in die alle Maßnahmen eingeordnet wurden, die von weniger als drei

---

178 In diesem Fall wurde eine gegenüber den vorangegangenen Abschnitten leicht vereinfachte Zählweise angewendet: Alle Reformansätze, die von weniger als drei Autoren angeführt werden, wurden dem Punkt „sonstige politische/institutionelle Reformen" zugeordnet und als ein einziger Vorschlag gezählt. Der Grund für dieses Vorgehen besteht darin, daß diese Reformvorschläge oft skizzenhaft bleiben und deshalb häufig nicht entschieden werden kann, ob es sich eher um ein globales Konzept oder um ein Bündel von zwei oder drei Einzelmaßnahmen handelt. Ohne diese Vereinfachung würden sich etwas höhere Mittelwerte ergeben.

Autoren gefordert werden. Mehr als zwei Drittel der Autoren macht wenigstens einen solchen Vorschlag. Die Bandbreite reicht dabei von der allgemeinen Forderung, daß die Politik sich um eine qualitative Steigerung der *outputs* bemühen solle (Rattinger 1993) über sehr spezifische Wünsche nach einer Aufwertung der Rolle des einzelnen Abgeordneten (u. a. Hamm-Brücher 1993) bis hin zu eher kuriosen Appellen an den guten Willen der Politiker wie dem von Ringel (1993: 36f): „Verhaltet euch so, daß ihr liebenswert seid (. . .) jeder muß spüren: Sie bemühen sich."

Die Einführung plebiszitärer Elemente auf Bundesebene wird von etwa einem Drittel der Autoren gefordert, die politische Veränderungen propagieren. Für innerparteiliche Reformen plädiert ein knappes Viertel dieser Texte. Ansonsten sind hier keine klaren Tendenzen zu erkennen. Diese Heterogenität der Vorschläge läßt sich in Anlehnung an die Vorgehensweise in Kapitel 2.6.2 durch den *Index of Qualitative Variation* ausdrücken, der mit 0,89 einen recht hohen Wert erreicht. Konjunkturzyklen, wie sie sich für zahlreiche inhaltliche Merkmale der untersuchten Beiträge nachweisen ließen, liegen im Falle der Reformvorschläge nicht vor, wenn man davon absieht, daß sich im Jahr 1993 die Forderungen nach Reformen im allgemeinen und nach der Einführung plebiszitärer Elemente im besonderen in auffälliger Weise häufen.

Abschließend läßt sich festhalten, daß ein relativ großer Teil der Verdrossenheitsliteratur Vorschläge zur Veränderung der institutionellen Arrangements in der Bundesrepublik beinhaltet, von denen sich die Autoren einen Rückgang der politischen Verdrossenheit erhoffen. Im Zentrum dieser insgesamt sehr heterogenen Reformvorschläge stehen Maßnahmen, durch die die Stellung der Parteien und insbesondere der Parteieliten nachhaltig geschwächt würde. Forderungen nach einer stärkeren Reglementierung der Medien hingegen werden in der Literatur praktisch nie erhoben, obwohl diese als ein wichtiger Verursacher von Politikverdrossenheit gelten (vgl. Tabelle 2.36 auf Seite 149).

2.6.5 Ausgewählte Beiträge zur Politikverdrossenheit im Überblick

Ziel dieses letzten Unterkapitels von Punkt 2.6 ist es, die systematisch-quantitative Analyse der Literatur zur politischen Verdrossenheit, die in den Abschnitten 2.6.1-2.6.4 vorgenommen wurde, durch einen knappen Überblick über die aus meiner Sicht wichtigsten Arbeiten zu ergänzen, wobei auch solche Titel berücksichtigt werden, die nach 1999 erschienen sind und deshalb aus der systematischen Analyse ausgeschlossen werden mußten. Um die Darstellung übersichtlich zu halten, konzentriere ich mich auf zwei Gruppen von Beiträgen: Lexikon- und Handbucharttikel, weil in ihnen üblicherweise das gesicherte Wissen einer Disziplin präsentiert wird, und monographische Darstellung, weil diese sich aufgrund ihres Umfangs besonders intensiv mit dem Phänomen der politischen Verdrossenheit auseinandersetzen können.

2.6.5.1 Lexikon- und Handbucharttikel

In den meisten Fachlexika fehlen bislang Artikel zu den Stichwörtern Staats-, Politik-, Parteien- oder Politikerverdrossenheit. Eine Ausnahme bilden lediglich die drei Beiträge von Neumann (1995), Holtz-Bacha (1998) und Fuchs (2001).

Verglichen mit Holtz-Bacha und Fuchs erweist sich Neumanns sehr knapp gehaltenes Stichwort „Politikverdrossenheit" in dem von ihm selbst sowie von Hanno Drechsler und Wolfgang Hilligen verantworteten Lexikon als ungewöhnlich unkritisch gegenüber den Defiziten der Verdrossenheitsforschung. Seine Definitionen von PV, PaV und PolV sind zwar explizit, aber in sich widersprüchlich (vgl. Tabelle 2.8, Seite 111). In seiner Erklärung für die Entstehung politischer Verdrossenheit lehnt sich Neumann stark an Überlegungen Hans Herbert von Arnims an: Die Ursachen für das Aufkommen von Verdrossenheit, worunter Neumann vor allem Gefühle des Mißtrauens und der Unzufriedenheit versteht, liegen in der dominierenden Stellung der Parteien innerhalb des politischen Systems, der Selbstdarstellung der Politiker, vor allem aber in deren fachlichen und moralischen Mängeln. Als Folgen von Verdrossenheit auf der Handlungsebene nennt Neumann die Wahl der Grünen, der Rechts- und der Anti-Parteien-Parteien sowie das Phänomen der Nichtwahl und die vermeintlich sinkenden Mitgliederzahlen der Parteien. Verweise auf die empirischen Grundlagen der Verdrossenheitsforschung fehlen ebenso wie ein Überblick über die einschlägige Literatur oder ein Bezug zu den etablierten sozialwissenschaftlichen Konzepten.

Eine ganz andere Stoßrichtung hat Holtz-Bachas Artikel „Politikverdrossenheit" in dem von Otfried Jarren, Ulrich Sarcinelli und Ulrich Saxer herausgegebenen Handbuch zur politischen Kommunikation. Für sie ist PV im wesentlichen eine deutsche Übersetzung für die angelsächsischen Begriffe *political alienation* und *political malaise*. Von dieser Bedeutung habe sich der Sprachgebrauch aber entfernt: Inzwischen werde eine Vielzahl von Phänomenen unter diesem Begriff zusammengefaßt. Dieser Heterogenität steht Holtz-Bacha skeptisch gegenüber, wobei sich ihre Kritik vor allem gegen die Vielfalt der Instrumente richtet. Ihr Überblick über die in der Verdrossenheitsforschung diskutierten Ursachen und Folgen ist sehr knapp, spricht aber viele wichtige Punkte an, ohne daß sich die Autorin selbst auf ein Erklärungsmuster festlegen würde.

Noch kritischer gegenüber der Verdrossenheitsforschung ist die Haltung, die Dieter Fuchs in seinem Artikel „Politikverdrossenheit" für die Neuauflage[179] des von Martin und Sylvia Greiffenhagen herausgegebenen Handwörterbuches zur Politischen Kultur einnimmt. Für Fuchs ist Politikverdrossenheit ein „vieldeutiger und unscharfer" Begriff, der für wissenschaftliche Zwecke nicht geeignet ist und deshalb in „dort eingeführte Begriffe übersetzt werden" muß. Der angemessene Begriff, durch den Politikverdrossenheit ersetzt werden müsse, sei das Eastonsche Konzept der politischen Unterstützung,[180] das Fuchs im folgenden kurz darstellt. Im Anschluß daran versucht sich Fuchs an der von ihm geforderten „Übersetzung" von Politik-, Demokratie- und

---

179 Zum Zeitpunkt der Niederschrift dieses Kapitels ist die Neuauflage des Handwörterbuches noch nicht erschienen, so daß ich den Beitrag von Fuchs ohne Seitenzahlen zitieren muß. Ich danke an dieser Stelle Frau Katja Neller (Universität Stuttgart), die mir als Redakteurin des Handbuches dessen Text bereits vor dem Erscheinen zugänglich gemacht hat.

180 Dieser Gedanke findet sich im Ansatz bereits in einem älteren Beitrag von Fuchs (1989), vor allem aber bei Westle (1989a, 1990a,b).

Parteienverdrossenheit in die Terminologie Eastons und zeigt, daß die „permanente Krisen- und Verdrossenheitsrhetorik" mit den Befunden der neueren Unterstützungsforschung nicht kompatibel ist. Nachdrücklich weist er darauf hin, daß die abnehmende Unterstützung für Parteien (PaV) eher als Folge eines Modernisierungsprozesses denn als grundsätzliche Abkehr der Bürger von der Demokratie verstanden werden sollte: „‚Parteienverdrossenheit' [geht] nach allen empirischen Belegen eben nicht mit einer ‚Demokratieverdrossenheit'" zusammen. Ohne daß Fuchs dies in letzter Konsequenz fordert, ist sein Beitrag im Grunde ein Plädoyer dafür, den Begriff der Verdrossenheit gänzlich aufzugeben und den Anschluß an jene Linie der Forschung zu suchen, die international unter Rückgriff auf die von Easton entwickelten Konzepte betrieben wird.

2.6.5.2 Monographien

Seit der Mitte der neunziger Jahre sind einige wenige Monographien erschienen, die sich (fast) ausschließlich mit Politikverdrossenheit beschäftigen. Zum Ende des Jahrzehntes häuften sich diese Publikationen, obwohl die Zahl der einschlägigen Veröffentlichungen insgesamt zurückgeht, was weiter oben als Hinweis auf den Beginn einer wissenschaftlichen Aufarbeitung der Verdrossenheitsdebatte interpretiert wurde (Abschnitt 2.6.1.1, Seite 103).

Die erste unter diesen Monographien war der schmale Band von Klages (1993), der sich zwar an ein breiteres Publikum wendet, aber dennoch eine relativ komplexe Theorie der politischen Verdrossenheit entwickelt. Ähnlich wie Fuchs (2001) bringt Klages Phänomene der Parteien-, Politik- und Politikerverdrossenheit mit dem Konzept der politischen Unterstützung in Zusammenhang, wobei der Bezug zu Easton eher vage bleibt. Bei Klages' Erklärungsversuch handelt es sich im Grunde genommen um eine positiv gewendete Variation von Überlegungen, die aus der Regierbarkeitsdebatte bekannt sind.

Den Ausgangspunkt seiner Argumentation bilden drei aufeinanderfolgende Modernisierungsprozesse: Die industrielle Revolution, die Abschwächung der Klassengegensätze und die damit verbundene Auflösung der traditionellen Milieus in den modernen Wohlfahrtsstaaten sowie schließlich der Wandel hin zu jenen Konzepten des Wünschenswerten, die Klages in seiner eigenen Terminologie als „Selbstentfaltungswerte" bezeichnet. Als Folge dieser Modernisierungsprozesse nimmt nach Klages die Unterstützung der Bürger für den demokratischen Staat zu. Zugleich wachsen jedoch die materiellen und immateriellen Ansprüche an die Politik, während traditionelle Bindungen und Gehorsamsnormen eine immer geringere Rolle spielen. Im Ergebnis sehen sich Parteien und Politiker seit dem Ende der sechziger Jahre zusehends häufiger mit dem Typus des „schwierigen", d. h. anspruchsvollen, demokratisch mündigen, politisch ungebundenen und zugleich aktiven Bürgers konfrontiert.

Auf diese veränderte Situation reagieren die Parteien, indem sie sich einerseits programmatisch immer ähnlicher werden und einander andererseits durch reale oder im Wahlkampf versprochene Steigerungen der politischen *outputs* zu überbieten suchen. Diese Überbietungskonkurrenz, die ihren augenfälligsten Ausdruck im Wachstum des Wohlfahrtsstaates findet, führt jedoch zu einem „kontra-intuitiven" und zugleich kontraproduktiven Resultat: Mit steigenden Leistungen, so Klages, steigen auch die Ansprüche an die Politik. In dieser Kombination von modernisierungstheoretischen Überlegungen mit einem individualpsychologischen Argument, aus dem dann wiederum Folgen für die Meso- und Makro-Ebene abgeleitet werden, zeigt sich sehr deutlich die Verbindung zur Regierbarkeitsdebatte.

Diese Anspruchseskalation sowie eine Reihe weiterer psychologischer Effekte, die von ihm als „Vertrauensvernichtungsspiel" bezeichneten negativen Konsequenzen der demokratischen Parteienkonkurrenz, in geringerem Umfang auch die Medien, die Selbstdarstellung der Politiker sowie ein Übergewicht der ideologisierten Aktivisten innerhalb der Parteien macht Klages für das Aufkommen der politischen Verdrossenheit verantwortlich. Unter diesem Begriff versteht er eine Mischung aus gesteigertem politischen Interesse, Mißtrauen, Unzufriedenheit und dem Gefühl, die Politik nicht beeinflussen zu können. Ähnlich wie viele andere Autoren sieht Klages in der politischen Verdrossenheit eine wesentliche Ursache für Nichtwahl, Wechselwahl, Wahl der Rechtsparteien und die mangelnde Bereitschaft der Bürger, sich in den Parteien zu engagieren.

Da Klages die Inflation der politischen Ansprüche für reversibel hält, empfiehlt er den Parteien als Therapie gegen die Malaise, ihre nur kurzfristig rationale Taktik aufzugeben und im Konsens die Staatstätigkeit und -verschuldung zurückzufahren, um sich so gemeinsam aus der Anspruchsfalle zu lösen. Eine institutionelle Schwächung des Einflusses der Parteien und die Einführung plebiszitärer Elemente seien ebenfalls geeignet, um das Ausmaß der politischen Verdrossenheit zu reduzieren.

Problematisch erscheint an dieser hochinteressanten, durch empirisches Material und zahlreiche Literaturverweise unterfütterten Studie vor allem der Gebrauch des Verdrossenheitsbegriffes, der auch bei Klages verschwommen bleibt und nur implizit über die verwendeten Indikatoren definiert wird. Ohne dieses Manko könnte die Monographie den Nukleus für eine fruchtbare Synthese systemtheoretischer, akteurstheoretischer und psychologischer Ansätze zur Erklärung politischer Unzufriedenheit bilden.

Einen ganz anderen Ansatz verfolgt die Dissertation von Thomas Allgeier (1995), der versucht, mehrere kommunikationswissenschaftliche Diskussionsstränge unter Rückgriff auf die systemtheoretischen Überlegungen Luhmanns zusammenzuführen. Die Auseinandersetzung mit der Politikverdrossenheit dient dabei letztlich nur als „exemplarischer Untersuchungsgegenstand" (Allgeier 1995: 222). Mit PV bezeichnet der Autor im wesentlichen eine negative Einstellung gegenüber politischen Objekten, zwischen denen nicht weiter differenziert wird (vgl. Tabelle 2.8, Seite 111). Diese negative Einstellung führt Allgeier auf „Kommunikationsdefizite" zurück, worunter er „mangelnden interpersonalen Kontakt, mangelnde Partizipation an gesellschaftlichen Organisationsformen und politische Desinformation" (Allgeier 1995: 222) versteht. Warum diese Defizite für PV verantwortlich sein sollen, bleibt unklar: Allgeier (1995: 222) zufolge „steht die[se] Hypothese im Raum", ohne daß sich der Autor zu ihrer Herkunft näher äußern würde. Ihre eigentliche Begründung dürfte in der großen Bedeutung liegen, die der Kommunikation im Spätwerk Luhmanns zukommt (vgl.

Baraldi et al. 1997: 89ff).

An die Theoriekapitel schließt sich eine statistische Analyse diverser Jahrgänge des POLITBAROMETERS und des ALLBUS an. Die Auswahl der Indikatoren, mit denen PV gemessen werden soll, erscheint mehr als willkürlich und steht bestenfalls in einem losen Zusammenhang mit dem umfangreichen theoretischen Apparat, den Allgeier in den ersten Kapiteln entwickelt. Die Auswertung selbst beschränkt sich auf eine Kreuztabellierung der Verdrossenheitsvariablen mit einer großen Zahl von Indikatoren, die sich in den analysierten Datensätzen finden. Trotz seines hohen theoretischen Anspruchs verfolgt der Autor damit letztlich eine Analysestrategie, die in der wissenschaftlichen Umgangssprache als *statistics all by all* bezeichnet wird, um schließlich zu dem Ergebnis zu gelangen, daß sich die Hypothese vom Kommunikationsdefizit als Ursache von PV nicht bestätigen läßt. Zusammenfassend ist leider festzuhalten, daß der analytische und empirische Ertrag dieser Arbeit trotz ihrer hochgesteckten Zielsetzung gering ist.

Viel stärker deskriptiv und auf Anwendungen in der politischen Praxis ausgerichtet präsentiert sich hingegen die Dissertation von Sylvia Boher (1996). Die Existenz einer Politik- oder Staatsverdrossenheit wird von dieser Autorin unter Berufung auf einige Umfrageergebnisse schlichtweg bestritten. Ein reales Problem seien aber die Unzufriedenheit und das Mißtrauen gegenüber den öffentlichen Institutionen im allgemeinen und den Parteien im besonderen. Diese Haltung bezeichnet Boher als Parteienverdrossenheit.

Den ersten Hauptteil ihrer Arbeit bildet eine umfangreiche Zusammenstellung der bis zur Mitte der neunziger Jahre publizierten Äußerungen von Wissenschaftlern und Politikern zu den „Hintergründen und Ursachen der Verdrossenheit". Bedauerlicherweise beschränkt sich die Autorin dabei im wesentlichen darauf, das vorgefundene Material zusammenzufassen und systematisch zu ordnen. Kritische Stellungnahmen zu der von ihr zitierten Literatur fehlen fast vollständig; ebensowenig gibt es Hinweise darauf, daß sich die Thesen der von ihr referierten Beiträge teilweise widersprechen. Welchen Standpunkt die Autorin selbst einnimmt, ist kaum zu erkennen. Insgesamt hat das Großkapitel eher den Charakter einer Quellensammlung. Ähnliches gilt für den zweiten Hauptteil der Arbeit, in dem unter der Überschrift „Möglichkeiten der Problemlösung" in erster Linie Reformvorschläge von Wissenschaftlern, Publizisten und Politikern zusammengetragen werden. Ein Abschnitt zum gesellschaftlichen Wandel, in dem Boher neben den Fehlleistungen der politischen Akteure eine weitere mögliche Ursache politischer Verdrossenheit sieht, verbindet die beiden Hauptteile.

Einen ganz anderen Zugang zur Verdrossenheitsthematik wählt Rudolf Günter Deinert in der Buchfassung seiner Magisterarbeit, in der er sich mit der Wahl extremer Parteien („Republikaner", DVU, NPD und PDS) beschäftigt. Für Deinert ist PV, die er als Synonym für den etablierteren Begriff der politischen Unzufriedenheit betrachtet, neben sozialstrukturellen Merkmalen, Persönlichkeitsfaktoren und der Variablentrias des Ann-Arbor-Modells ein möglicher Faktor zur Erklärung von Wahlverhalten. Obwohl PV erklärtermaßen im Mittelpunkt der Arbeit steht (Deinert 1997: 13) und der Autor sich intensiv mit der Frage beschäftigt, was die von ihm verwendeten Indikatoren eigentlich messen, handelt es sich im Kern doch um eine Studie zur Erklärung einer spezifischen Wahlentscheidung.

Deinert äußert zwar an mehreren Stellen Zweifel an der Eindimensionalität des Konzeptes und moniert die schillernde Begrifflichkeit der Verdrossenheitsforschung. Seine Kritik bezieht sich aber vor allem auf methodische Fragen und auf die Unzulänglichkeiten der bisher verwendeten Instrumente. Diese Ausrichtung auf eher technische Aspekte zeigt sich u. a. darin, daß der Autor die Wahl seiner Indikatoren (Institutionenvertrauen und Demokratiezufriedenheit) in erster Linie damit begründet, daß diese in der Literatur am häufigsten verwendet werden, aber auch in der Gliederung seines Literaturüberblickes, die sich im wesentlichen an den von den jeweiligen Autoren verwendeten Variablen orientiert. Aus einer analytischen Perspektive ist der Ertrag der Studie deshalb relativ gering. Der Relevanz der inhaltlichen Ergebnissen tut dies jedoch keinen Abbruch: Deinerts Analysen zum Zusammenhang von politischer Unzufriedenheit und Extremwahl sind fundiert, und insbesondere seine empirisch abgesicherten Aussagen zur Mehrdimensionalität einiger in der Verdrossenheitsforschung häufig verwendeter Indikatoren wurden bisher noch zu wenig rezipiert.

Im Unterschied zu Deinerts Magisterarbeit handelt es sich bei der Diplomarbeit von Michael Kutter (1997) um eine reine Literaturanalyse, die sich mit der Frage beschäftigt, ob direkt-demokratische Institutionen ein Mittel gegen Politikverdrossenheit darstellen könnten. Circa ein Viertel der Arbeit ist der Auseinandersetzung mit der Begrifflichkeit und Empirie von Politik- und Parteienverdrossenheit gewidmet. Ähnlich wie Boher versucht Kutter, einen umfassenden Überblick über die Literatur zu geben. Seine Darstellung orientiert sich dabei grob am Verlauf der wissenschaftlichen Debatte. Obwohl Kutter weniger Autoren als Boher berücksichtigt, ist der Ertrag seiner Analyse höher, weil er weitaus systematischer und kritischer vorgeht. Sein resigniertes Fazit, dem „Versuch einer Klärung der undifferenzierten Begrifflichkeit" sei ein „eher geringer Erfolg" (1997: 102) beschieden gewesen, geht deshalb an der Sache vorbei: Der Autor hat einige der auch in diesem Kapitel analysierten Defizite der Verdrossenheitsforschung, etwa die Unklarheiten hinsichtlich der Objekte von Verdrossenheit und die Tendenz vieler Autoren, PV und PaV wie Synonyme zu gebrauchen, mit bemerkenswerter Klarheit herausgearbeitet und damit einen wertvollen Beitrag zur Aufarbeitung der Verdrossenheitsliteratur geleistet. Deren erkennbare Schwächen sind selbstverständlich nicht ihm selbst zuzurechnen.

Die umfassende Studie von Kepplinger (1998) zur „Demontage der Politik in der Informationsgesellschaft" wiederum legt ihren Schwerpunkt eindeutig auf inhaltliche Fragen, während analytische Aspekte in den Hintergrund treten. PV ist für Kepplinger im wesentlichen mit dem älteren Konzept der politischen Entfremdung identisch. Darunter versteht der Autor ein „Mißtrauen gegenüber politischen Führungseliten" und eine „Enttäuschung über die politischen Einrichtungen" (1998: 22). Für diese Entfremdung, deren Aufkommen in den siebziger und achtziger Jahren Kepplinger mit Hilfe von aus Umfragedaten gewonnenen Zeitreihen nachzeichnet, macht er in Anlehnung an seine älteren Beiträge (Kepplinger 1993, 1996) in erster Linie die Medien verantwortlich. Diese, so seine an Überlegungen aus der Regierbarkeitsdebatte erinnernde Hypothese, stellten die politische Situation in Deutschland zusehends negativer dar, schrieben der Politik die Zuständigkeit für immer mehr gesellschaftliche

Probleme zu und berichteten immer seltener über tatsächliche politische Erfolge. Die Anpassung der Politiker und der Politik selbst an die Gesetzmäßigkeiten der Medienwelt trage darüber hinaus zur Verdrossenheit bei.

Als empirische Basis dient Kepplinger eine aufwendige, unter seiner Leitung durchgeführte Inhaltsanalyse der Deutschlandberichterstattung in der *Frankfurter Allgemeinen Zeitung*, der *Süddeutschen Zeitung* und der *Welt* für den Zeitraum 1951-1995. In letzter Konsequenz stützt sich die Argumentation somit auf die Korrelation zweier Zeitreihen. Die kausale Interpretation solcher (Kreuz-)Korrelationen ist unzulässig, weil es sich erstens um einen Schluß von der Aggregat- auf die Individualebene handelt und weil zweitens wegen der Drittvariablenproblematik von bloßen Korrelationen nie auf Kausalbeziehungen geschlossen werden kann (vgl. ergänzend FN 114 auf Seite 92). Selbst aus der zeitlichen Differenz zwischen negativer Medienberichterstattung und negativer Bevölkerungsmeinung läßt sich deshalb kein kausales Verhältnis ableiten. Hinter beiden Phänomenen kann ohne weiteres eine gemeinsame Ursache (gesellschaftlicher Wandel, reale Veränderungen der politischen Verhältnisse) stehen, auf die die Journalisten lediglich schneller reagiert haben als die Mehrheit der Bevölkerung. Unter methodischen Gesichtspunkten wird Kepplingers Studie damit im höchsten Maße angreifbar: Um seine Thesen tatsächlich zu überprüfen, würde er Mikro-Daten zur Rezeption der von ihm untersuchten Medieninhalte benötigen, über die er nicht verfügt. Ohne dieses *missing link* bewegen sich seine Aussagen im Bereich lediglich plausibler Spekulationen.

Um eine solche Mikro-Fundierung der Hypothese von der Schuld der Massenmedien an der Politikverdrossenheit bemüht sich hingegen Jens Wolling in der 1999 erschienenen Buchfassung seiner Dissertation. Anders als Kepplinger oder auch Holtz-Bacha (1990) lehnt Wolling das Konzept der Entfremdung ab, da es aus seiner Sicht analytisch zu unbestimmt ist (vgl. dazu bereits Ludz 1975). Für ihn ist PV vielmehr mit den Konzepten der politischen Unterstützung beziehungsweise Legitimität, des politischen Vertrauens und der Effektivitätsüberzeugung identisch, die er letztlich in pragmatischer Weise als Einstellungen gegenüber Teilaspekten der Politik zusammenfaßt.

Dem Sammelbegriff PV selbst steht der Autor äußerst skeptisch gegenüber: Er sei „als Konzept zu unbestimmt ... und [sollte] besser nicht verwendet werden" (Wolling 1999: 37). Ähnlich wie Deinert behält Wolling den Terminus aber dennoch bei und analysiert im Anschluß an seine begrifflichen Überlegungen die Wirkung von Medienberichterstattung auf jene Einstellungsvariablen, die in der Verdrossenheits-, Video- und Mediamalaise-Forschung am häufigsten untersucht wurden. Als Datengrundlage dienen ihm neben drei repräsentativen Bevölkerungsumfragen eine eigene Befragung der Dresdner Bevölkerung vom Sommer 1996 sowie eine Inhaltsanalyse von vier Tageszeitungen und sieben Nachrichtensendungen, die im Frühjahr 1996 durchgeführt wurde. Beide Primärdatensätze sind über ein Item zu den Seh- beziehungsweise Lesegewohnheiten des Befragten miteinander verknüpft.[181] Eine weitere

---

181 Dieser große Vorzug der Studie von Wolling gegenüber dem Design Kepplingers ist allerdings mit einem fast ebenso schweren Nachteil, nämlich dem Verzicht auf die Längsschnittperspektive erkauft.

Parallele zu Deinerts Studie liegt darin, daß der Autor eine große Zahl inhaltlich und methodisch interessanter Befunde zu den Zusammenhängen zwischen den verwendeten Variablen zu Tage fördert, während der analytische Ertrag relativ gering ist.

Sehr stark an die Beiträge von Sylvia Boher (1996) und von Michael Kutter (1997) erinnert schließlich die im Jahr 2000 erschienene, ebenfalls auf einer Dissertation beruhende Monographie von Philip Zeschmann. Ähnlich wie diese Autoren sucht Zeschmann nach „Wege[n] aus der Politiker- und Parteiverdrossenheit", worunter er eine Unzufriedenheit mit beziehungsweise ein Mißtrauen gegenüber Parteien, Politikern und politischen Institutionen versteht. Neben exzerptartigen Kapiteln zum Wertewandel, zur Risikogesellschaft und zur Ordnung des Grundgesetzes befaßt sich der Autor auch ausführlich mit der Verdrossenheitsliteratur, ehe er sich schließlich seinem eigentlichen Thema, den Reformen, mit denen Verdrossenheit bekämpft werden soll, zuwendet.

Charakteristisch für dieses selbst in der gekürzten Buchhandelsfassung noch über 600 Seiten starke Werk sind dabei einerseits der akribische Fleiß, mit dem der Autor die Äußerungen von Politikern und Wissenschaftlern zusammengetragen hat, andererseits der ungewöhnliche Mangel an Distanz gegenüber der referierten Literatur. Ausgehend von den Definitionen für Politik-, Parteien, Politiker und Staatsverdrossenheit, die Küchler (1982) sowie Pickel und Walz (1997a) vorgeschlagen haben, stellt Zeschmann in beinahe beliebiger Weise Erklärungsversuche aus den von ihm genutzten Quellen zusammen, ohne daß immer klar würde, inwieweit er diese Argumente mitträgt. Wenn der Autor allerdings schreibt, daß aus seiner Sicht „die *verschiedensten* Ursachen für das bis heute immer noch aktuelle Phänomen der Politiker- und Parteienverdrossenheit spätestens nach 1980 virulent wurden" (Zeschmann 2000: 130; Hervorhebung K.A.) so erweckt dies zumindest den Anschein, daß der Autor mit *allen* Ansätzen, die er in kaum kommentierter Form vorstellt, in gleicher Weise einverstanden ist, obwohl diese teilweise miteinander inkompatibel sind. Ähnlich wie die entsprechenden Kapitel bei Boher hat dieser Teil der Arbeit eher den Charakter einer Quellensammlung, die selbst wenig zur wissenschaftlichen Diskussion beiträgt. Insgesamt gesehen liegt der Schwerpunkt der Arbeit eindeutig auf dem zweiten, für meine Fragestellung nicht relevanten Teil, in dem Zeschmann sich mit der Frage befaßt, welche Reformen zum Abbau politischer Verdrossenheit möglich, zweckmäßig und wünschenswert wären.

Neben den Arbeiten von Klages (1993) und Wolling (1999) gehört die ebenfalls im Jahr 2000 in Buchform erschienene Dissertation von Jürgen Maier sicherlich zu den besten monographischen Beiträgen innerhalb der Verdrossenheitsforschung. Von ihrer Zielsetzung her ist die Arbeit fast enzyklopädisch angelegt: untersucht werden sollen „Dimensionen, Determinanten und Konsequenzen" von Politikverdrossenheit.

Nur durch die aufwendige und kaum finanzierbare Verbindung beider Erhebungsstrategien in Form einer Panelstudie, die über Fragen zur Mediennutzung mit den Ergebnissen einer längsschnittlichen Inhaltsanalyse verbunden würde, könnte man sich einer echten Überprüfung der Mediamalaise-Hypothese annähern. Teile eines solchen komplexen Designs wurden bei den Allensbacher Studien zur bundesweiten Einführung des Fernsehens und bei den wissenschaftlichen Begleitstudien zu den Kabel-Pilotprojekten realisiert.

Eingeschränkt wird das Thema vor allem durch die Konzentration auf solche Fragen, die für die Bundesrepublik mit dem Instrument der allgemeinen Bevölkerungsumfrage beantwortet werden können.

Ähnlich wie Wolling kommt der Autor nach einem sehr knappen Überblick über die Verdrossenheitsliteratur zu dem Schluß, daß PV ein „Oberbegriff ... [sei], unter dem spezifische Verdrossenheitsformen des Politikbereiches subsumiert werden können". Die zugehörigen Einstellungen seien teils kritisch, teils distanziert und trügen insgesamt „eher einen diffusen als einen spezifischen Charakter" (Maier 2000: 22). Ähnlich wie Pickel und Walz (1997a) sowie Fuchs (2001) versucht Maier die „Komplexität beziehungsweise Unschärfe des Untersuchungsgegenstandes Politikverdrossenheit" zu reduzieren, indem er PV mit dem Entzug von politischer Unterstützung gleichsetzt und einzelne Aspekte beziehungsweise Indikatoren für PV den verschiedenen von Easton, Fuchs (1989) sowie Westle (1989b) entwickelten Dimensionen von politischer Unterstützung zuordnet. Als wichtigste Unterdimensionen politischer Verdrossenheit identifiziert Maier dabei PaV, PolV und Demokratieverdrossenheit. Die titelgebende PV selbst ist für den Autor nur ein „Syndrom", „nichts anderes als ein Oberbegriff, der die einzelnen Varianten politischer Verdrossenheit sprachlich in einer Kategorie zusammenfaßt" (Maier 2000: 56).

Im empirischen Teil seiner Arbeit überprüft der Autor anhand umfangreicher Datensätze, die aus Bevölkerungsumfragen gewonnen wurden, welchen Einfluß zahlreiche in der Literatur erwähnte vorgängige Variablen auf die drei von ihm benannten Verdrossenheitsdimensionen haben, in welchem Zusammenhang diese Dimensionen untereinander stehen, und welchen Einfluß Verdrossenheit auf das Wahlverhalten hat. Zur Messung von Parteienverdrossenheit verwendet er dabei das von Rattinger (1993) vorgeschlagene Maß des höchsten Sympathiewertes für eine „Altpartei", Politikerverdrossenheit wird analog dazu über die Sympathiewerte für die Politiker der „Altparteien" operationalisiert, Demokratieverdrossenheit schließlich wird über die Frage nach der Demokratiezufriedenheit erfaßt, obwohl sich Maier der mit diesem Instrument verbundenen Problematik (vgl. Kapitel 2.5.3, Punkt 2, Seite 85) durchaus bewußt ist.

Der Vorzug dieser Items liegt darin, daß sie in der Tat als Indikatoren für diffuse Formen politischer Unterstützung interpretiert werden können. Außerdem stehen sie in einer Vielzahl frei zugänglicher Bevölkerungsumfragen und insbesondere im kumulierten Datensatz des POLITBAROMETERS zur Verfügung, auf den Maier sich hauptsächlich stützt. Ein schwerer Nachteil dieser Indikatoren besteht jedoch darin, daß sie weiten Teilen von Maiers Analyse einen tautologischen Charakter verleihen. Daß Variablen, die eine negative Einstellung gegenüber diesen Parteien fördern sollten (extrem linke Einstellungen, Zugehörigkeit zur Generation der „Achtundsechziger", Auflösung von Parteibindungen, Vereinigungskrise) tatsächlich einen (schwachen) Effekt auf Demokratie-, Parteien- und Politikerverdrossenheit im Sinne Maiers haben, ist letztlich genausowenig erstaunlich wie die (schwache) Korrelation zwischen der Bewertung der „Altparteien", ihres Personals und ihrer Politik einerseits und dem Wahlverhalten zugunsten dieser Gruppierungen andererseits. Daß schließlich die Zufriedenheit mit den etablierten Parteien selbst, ihren Spitzenpolitikern und der von ihnen in Koalitionen und informellen Kooperationen verantworteten Politik unterein-

ander korrelieren, muß bei einer validen Operationalisierung letztlich als Selbstver-
ständlichkeit gelten.

Trotz umfangreicher statistischer Analysen und innovativer Ansätze – hervorzu-
heben sind insbesondere die Berücksichtung von Erkenntnissen des *rational choice* Ansatzes, die in der Verdrossenheitsforschung bisher kaum genutzt wurden, und
die Entwicklung einer längsschnittlichen Perspektive – liefert Maier letztlich weder
aus analytischer noch aus inhaltlicher Sicht überzeugende Argumente dafür, warum
das Konzept der politischen Verdrossenheit beibehalten werden sollte. Seine theoretischen Ausführungen lesen sich in weiten Teilen eher wie ein Plädoyer dafür, den
Begriff der Verdrossenheit zugunsten der klarer definierten Konzepte der politischen
Unterstützung oder der politischen Unzufriedenheit aufzugeben, während seine statistischen Analysen trotz ihrer oben skizzierten partiell tautologischen Struktur nach
eigenem Bekunden des Autors dafür sprechen, daß bei der Analyse von Wahlverhalten die „Erklärungskraft der Dimensionen der Politikverdrossenheit" „eher begrenzt"
(Maier 2000: 291) ist.

3 Der analytische Ertrag der Verdrossenheitsforschung

Übersicht

In diesem Kapitel sollen die beiden ersten der in der Einleitung (vgl. Seite 21) aufgeworfenen Forschungsfragen – was wird in der Literatur unter politischer Verdrossenheit verstanden, und welche etablierten Begriffe sind möglicherweise besser geeignet, um die entsprechenden Phänomene zu beschreiben – abschließend beantwortet werden. Dazu werden zunächst die wichtigsten Ergebnisse der Bedeutungsanalyse in knapper Form zusammengefaßt (Abschnitt 3.1). Anschließend werden einige der zentralen Konzepte aus dem Bereich der Politischen Soziologie, die in Konkurrenz zum Begriff der Politikverdrossenheit stehen, im Überblick vorgestellt (Abschnitt 3.2). Deren Auswahl ergibt sich aus den in der Verdrossenheitsliteratur vorgenommenen Gleichsetzungen einerseits (vgl. Abschnitt 2.6.1.2 auf Seite 117), andererseits aus dem Sachzusammenhang. Auf der Grundlage dieser Darstellung wird dann im letzten Abschnitt des Kapitels ein Resümee des analytischen Ertrages der Verdrossenheitsforschung gezogen.

3.1 Zusammenfassung: Der Begriff der politischen Verdrossenheit

Obwohl es sich beim Terminus „Politikverdrossenheit" und den mit ihm verwandten Komposita um neue Begriffe handelt, die erst seit dem Ende der siebziger Jahre in der wissenschaftlichen Literatur verwendet werden, konnte in Abschnitt 2.2 gezeigt werden, daß eine Wurzel des modernen Verdrossenheitsdiskurses in einer Reihe begrifflicher Vorformen wie Staats-, Bundes-, Parteien- und Parlamentsverdrossenheit liegt, die sich in der deutschsprachigen Nachkriegsliteratur nachweisen lassen. Diese Termini wurden aber nur sporadisch verwendet und niemals systematisch entwickelt. Ähnlich wie in der neueren Verdrossenheitsforschung gingen die Autoren offensichtlich davon aus, daß diese aus der politischen Alltagssprache übernommenen Begriffe keiner näheren Erklärung bedürfen.

Alle diese auf „-verdrossenheit" gebildeten Termini bezeichnen negative Einstellungen der Bürger gegenüber politischen Objekten und Handlungen. Die Entstehung von Verdrossenheitseinstellungen wird jedoch auf sehr unterschiedliche Ursachen zurückgeführt. Empirische Belege für die Existenz dieser Einstellungen und die Gültigkeit der vorgeschlagenen Entstehungsmechanismen fehlen in den älteren Beiträgen durchweg.

Trotz einiger bemerkenswerter struktureller Ähnlichkeiten läßt sich kein direkter Einfluß der älteren Forschung auf die seit den späten siebziger Jahren geführte Verdrossenheitsdiskussion nachweisen. Erst Patzelt (1999) greift explizit auf die älteren Überlegungen Ernst Fraenkels (1966) zur sogenannten Parlamentarismusverdrossenheit zurück.

Eine zweite Wurzel des Verdrossenheitsdiskurses stellt die Debatte um die vermeintliche Legitimitätskrise der westlichen Demokratien dar, die letztlich auf die Kontroverse um die Bedeutung des rückläufigen Vertrauens in die US-amerikanischen Regierungsinstitutionen zurückgeht (Abschnitt 2.3.1). Innerhalb dieser Debatte kann man zwischen einer gesellschaftskritischen, neo-marxistisch inspirierten Strömung einerseits und einem eher konservativen Diskussionsstrang, für den sich das Konzept der (Un-)Regierbarkeit zum Leitbegriff entwickelte, andererseits unterscheiden. Diese zweite Variante der Legitimitätsdiskussion, die bald als Regierbarkeitsdebatte bezeichnet wurde, weist zahlreiche argumentative und strukturelle Ähnlichkeiten mit der späteren Verdrossenheitsdiskussion auf (vgl. Abschnitte 2.3.2, 2.3.3). Am Ende der siebziger Jahre ging die Legitimitätsdebatte schließlich in die Verdrossenheitsdiskussion über, wie sich exemplarisch am Beispiel des Beitrages von Rönsch (1977) zeigen ließ.

Dieser Übergang vollzog sich in erster Linie als eine Akzentverschiebung: Historische, philosophische und normative Überlegungen traten in den Hintergrund, während empirisch fundierte Beiträge an Bedeutung gewannen. Zugleich verschob sich die analytische Perspektive von der Makro- auf die Mikro-Ebene: Die Frage nach der Stabilität des Gesamtsystems, die im Zentrum der Regierbarkeitsforschung gestanden hatte, verlor für die Forschung an Bedeutung, während individuelle Einstellungen und Verhaltensweisen gegenüber politischen Objekten, die von der Regierbarkeitsforschung fast ausschließlich in aggregierter Form zur Kenntnis genommen worden waren, in den Mittelpunkt des Interesses rückten. Begrifflich markiert wurde diese Verschiebung durch die stillschweigende Aufgabe des auf die Makro-Ebene bezogenen Regierbarkeitsbegriffes, an dessen Stelle die neuen, auf individuelle Attitüden zielenden Verdrossenheitsbegriffe traten. In den Jahren von 1977 bis 1999 entstand so eine aufgrund ihres Umfangs von rund 450 Titeln kaum zu überschauende Forschungsliteratur. Selbst wenn man die in Abschnitt 2.5.1 vorgeschlagenen Auswahlkriterien anlegt, verbleiben noch knapp 180 Beiträge, die bei einer Analyse des Begriffs der politischen Verdrossenheit berücksichtigt werden müssen.

Um diese große Zahl von Titeln vorab zu strukturieren, wurde deshalb in Anleh-nung an die Überlegungen von Coleman, Opp und Esser aus der vorliegenden Lite-ratur ein generisches Mehr-Ebenen-Modell zur Erklärung von Politikverdrossenheit entwickelt (Abschnitt 2.5.2). Obwohl dieses Modell in der Literatur kaum je ausfor-muliert wird, stellt es doch so etwas wie eine gemeinsame Hintergrundtheorie dar, vor deren Folie die meisten Autoren argumentieren. Die Kernelemente dieses allgemei-nen Modells wurden oben auf den Seiten 66ff ausführlich diskutiert; an dieser Stelle genügt es deshalb, sie lediglich stichwortartig aufzuzählen: Charakteristisch für die Verdrossenheitsforschung sind die Konzentration auf *mass politics*, die Berücksichti-gung mehrerer Analyseebenen, unter denen die Mikro-Ebene und hier wiederum die individuellen Einstellungen, die durch *cross level*-Effekte beeinflußt werden können, eine besondere Rolle spielen, sowie vielfältige Annahmen über die Rückwirkungen dieser Einstellungen auf das individuelle politische Verhalten und die Makro-Ebene.

Auf der Grundlage dieses Mehr-Ebenen-Modells wurde dann in einem zweiten Analyseschritt (Abschnitt 2.5.3) ein Kategoriensystem konstruiert, mit dessen Hil-fe die einschlägige Literatur in übersichtlicher Form präsentiert und analysiert wer-den kann. Dieses Kategoriensystem unterscheidet zwischen analytischen, inhaltlichen, methodischen und politischen Aspekten, nach denen die Verdrossenheitstexte unter-sucht werden können. Zu jedem dieser vier Punkte gehört eine ganze Reihe von aus dem Mehr-Ebenen-Modell abgeleiteten Dimensionen und Unterdimensionen, die in Tabelle 2.1 auf Seite 97ff im Überblick wiedergegeben sind.

Im umfangreichen Kapitel 2.6 wurde dieses Schema auf die Verdrossenheitslite-ratur angewendet. Untersucht wurden zunächst die konzeptionellen Grundlagen der Verdrossenheitsforschung (Abschnitt 2.6.1.1) und hier wiederum als erstes die von den Autoren verwendete Begrifflichkeit. Dabei zeigte sich, daß die Publikationen zur politischen Verdrossenheit parallel zur Behandlung des Themas in den Medien einem ausgeprägten Konjunkturverlauf mit einem dramatischen Anstieg in den frühen neun-ziger Jahren folgen. Die anschließende Abwertung des Verdrossenheitsbegriffs konn-te nicht nur am Verlauf der Trendlinie, sondern auch an zwei Beiträgen demonstriert werden, die in neueren Auflagen auf den Terminus verzichten.

Unter den verschiedenen Varianten des Verdrossenheitsbegriffs wurden die Begrif-fe Politik-, Parteien-, Politiker- und Staatsverdrossenheit über den ganzen Beobach-tungszeitraum hinweg am häufigsten benutzt. Die verschiedenen Komposita von Ver-drossenheit unterliegen aber je eigenen Konjunkturzyklen. Die Mehrzahl der Auto-ren kombiniert in vielfältiger Weise zwei oder mehr dieser Begriffe miteinander, die in der Mehrheit der Fälle wie Synonyme benutzt werden. Trotz dieser offensichtli-chen begrifflichen Unklarheiten bemüht sich lediglich ein Fünftel der Autoren um eine Spezifikation des Begriffs beziehungsweise der Begriffe. Diese Spezifikationen unterscheiden sich wiederum recht deutlich voneinander: Lediglich über den relativ selten verwendeten Begriff der Politikerverdrossenheit herrscht in der Literatur weit-gehend Einigkeit. Staats-, Politiker- und selbst die scheinbar eindeutig zu definierende Parteienverdrossenheit hingegen werden von unterschiedlichen Autoren in höchst un-terschiedlicher Weise definiert. Bereits aufgrund dieser begrifflichen Heterogenität ist klar, daß das Konzept der politischen Verdrossenheit den Kriterien der Präzision und der Eindeutigkeit nicht genügt.

Weitere Belege für die Heterogenität der Verdrossenheitsforschung finden sich, wenn man die theoretische Vernetzung der hier betrachteten Arbeiten untersucht: Rund 84 Prozent der Arbeiten äußern sich gar nicht zum Verhältnis der Verdrossenheit zu den „großen" sozialwissenschaftlichen Theorien, etwa zehn Prozent orientieren sich an der Eastonschen Systemtheorie, während die verbleibenden sechs Prozent auf eine Vielzahl anderer Ansätze entfallen. Dennoch bezieht sich ein knappes Drittel der Autoren, die mit dem Verdrossenheitsbegriff arbeiten, zugleich auf mindestens ein etabliertes sozialwissenschaftliches Konzept.

Relative Einigkeit besteht jedoch hinsichtlich der oben angesprochenen Tendenz zu komplexen Erklärungen: Rund siebzig Prozent der Beiträge argumentieren auf mindestens zwei Erklärungsebenen, und mehr als fünfzig Prozent der Autoren betrachten politische Verdrossenheit als intervenierende Variable in einem umfassenderen politischen Prozeß. Eine weitere Gemeinsamkeit der untersuchten Texte liegt in ihrer generell recht kritischen Haltung gegenüber der Verdrossenheitsforschung selbst: Fast vierzig Prozent der Beiträge kritisieren mindestens einen Aspekt der Forschungspraxis. Inhaltliche und begriffliche Probleme stehen dabei im Vordergrund, was angesichts der skizzierten konzeptuellen Unklarheiten wenig überraschend ist.

Der zweite Teil des Kapitels 2.6 beschäftigte sich mit den inhaltlichen Aspekten der Verdrossenheit. Zunächst wurde untersucht, auf welche Objekte beziehungsweise Klassen von Objekten die Autoren Verdrossenheit überhaupt beziehen. Auch hier erwies sich die Literatur als außerordentlich heterogen: Die Mehrheit der Beiträge nennt verschiedene Kombinationen aus mindestens zwei Klassen von Objekten, wobei die durchschnittliche Zahl der benannten Objektklassen zwischen 1977 und 1999 deutlich ansteigt. Ein relativ einheitliches Bild ergibt sich lediglich für die Gruppe jener Arbeiten, die ausschließlich mit dem Begriff der Parteienverdrossenheit operiert. Festzuhalten bleibt darüber hinaus, daß unabhängig von der verwendeten Begrifflichkeit ein sehr großer Teil der Arbeiten in den politischen Parteien (85 Prozent) beziehungsweise in den politischen Eliten (59 Prozent) ein Objekt der Verdrossenheit sieht – dies ist einer der wenigen Punkte, bei dem in der Literatur ein Konsens zu erkennen ist.

Noch weniger einheitlich als bei den Objekten der Verdrossenheit ist das Bild, das sich hinsichtlich der Verdrossenheitseinstellungen ergibt. Lediglich eine Minderheit von 14 Prozent der Beiträge bringt Verdrossenheit mit einer einzigen Einstellung in Zusammenhang. Die Mehrheit der Autoren hingegen führt drei und mehr Attitüden an, die in fast beliebiger Weise miteinander kombiniert und als Verdrossenheit bezeichnet werden. An der Spitze der Nennungen stehen dabei Enttäuschung/Unzufriedenheit und Mißtrauen, die in 77 beziehungsweise 62 Prozent aller Arbeiten erwähnt werden.

Hinzu kommt, daß diese relativen Häufigkeiten im Zeitverlauf beträchtlichen Schwankungen unterliegen, was darauf schließen läßt, daß aktuelle politische Entwicklungen, die als problematisch gelten, einen erheblichen Einfluß darauf haben, welche Einstellungen zu einem gegebenen Zeitpunkt als Bestandteil von politischer Verdrossenheit betrachtet werden. Konfigurationen von Einstellungen, die für bestimmte Komposita von Verdrossenheit typisch sein könnten, ließen sich ebensowenig ermitteln wie korrelative Zusammenhänge zwischen den Nennungen einzelner Einstellungen. Verdrossenheit wird somit zwar von praktisch allen Autoren im Sinne einer negativen Einstellung gebraucht. Darüber, welche Einstellung mit dem Begriff konkret gemeint ist, herrscht aber in der Forschungsliteratur keinerlei Übereinstimmung.

Unter den Verhaltensweisen, die in der Literatur auf politische Verdrossenheit zurückgeführt werden, steht die Nichtwahl mit 70 Prozent an erster Stelle, gefolgt von der Wahl extremer Rechtsparteien (47 Prozent) und der Wahl grüner und bunter Listen (35 Prozent). Auch hier zeigen sich aber regelrechte Konjunkturzyklen, die auf Veränderungen im Wählerverhalten und deren Bewertung durch die Politikwissenschaft zurückgehen: Während die Unterstützung der Grünen bis zum Ende der achtziger Jahre sehr häufig als Folge von Politikverdrossenheit angesehen wurde, spielt dieses Verhalten in der Verdrossenheitsforschung seitdem so gut wie keine Rolle mehr. Statt dessen gilt Politikverdrossenheit nun als Ursache von Nicht- und Rechts-Wahl. Ähnlich wie im Falle der Verdrossenheitseinstellungen und -objekte benennt die Mehrheit der Autoren mindestens zwei Verhaltensweisen, die auf Politikverdrossenheit zurückgehen sollen, woraus sich eine Vielzahl von Kombinationen ergibt. Ein dominierendes Verhaltensmuster ist dabei in der Literatur nicht zu erkennen.

Die Aggregation individueller Einstellungen und Verhaltensweisen wird in der Literatur zur Politikverdrossenheit generell nicht thematisiert, was vermutlich, wie in Abschnitt 2.6.2.4 angedeutet, auf die im Bereich der Wahl- und Einstellungsforschung dominierenden individualistischen Ansätze zur Interpretation und Erhebung empirischer Daten zurückzuführen ist. Wie oben dargelegt, spielen – verglichen mit der Regierbarkeitsdebatte – auch die Folgen politischer Verdrossenheit für die Makro- und Meso-Ebene in der Verdrossenheitsliteratur keine allzu große Rolle. Nur ein knappes Fünftel der Autoren befaßt sich mit den Konsequenzen zunehmender Verdrossenheit. Innerhalb dieser Gruppe jedoch ist die Tradition der Regierbarkeitsdiskussion unverkennbar: Fast 73 Prozent der Autoren gehen davon aus, daß Politikverdrossenheit zur Bedrohung für die Stabilität des Gesamtsystems werden könnte. Andere mögliche Konsequenzen wie ein Wandel des Parteiensystems (18 Prozent) oder ein Entzug der Unterstützung für bestimmte Subsysteme werden weitaus seltener genannt.

Als letzter Punkt dieses Teilkapitels, das sich mit den inhaltlichen Aspekten der Verdrossenheitsforschung beschäftigt, wurden die in der Literatur diskutierten Ursachen politischer Verdrossenheit untersucht. In dieser Hinsicht erwies sich die Forschung als noch heterogener als bei den bisher diskutierten Aspekten: In den hier untersuchten Texten wird eine kaum überschaubare Zahl von Ursachen, die teils der Politik selbst, teils den Medien, teils dem sozialen und ökonomischen Wandel zuzurechnen sind, für die Entstehung von Politikverdrossenheit verantwortlich gemacht. Die Mehrheit der Beiträge nennt mindestens zwei, etwa ein Viertel sogar vier und mehr Gründe für das Aufkommen politischer Verdrossenheit. Typisch für die Mehrheit der Beiträge ist dabei, daß diese Ursachen in nahezu beliebiger Weise miteinander kombiniert und unverbunden nebeneinander gestellt werden.

Im dritten Teil von Kapitel 2.6 wurde die Verdrossenheitsliteratur dann unter methodischen Aspekten betrachtet. Im Zentrum stand dabei zunächst die Frage nach der Operationalisierung von Politikverdrossenheit. Dabei zeigte sich, daß dieses Thema in der Literatur so gut wie keine Rolle spielt. Die Mehrzahl der Autoren greift kommentarlos auf solche Indikatoren zurück, die sich auf den Gegenstandsbereich der (negativen) politischen Einstellungen beziehen und für eine Sekundäranalyse zur Verfügung stehen. Dabei handelt es sich zumeist um Instrumente, die wesentlich älter als die Verdrossenheitsforschung selbst sind. In den wenigen Fällen, in denen neue Indikatoren entwickelt wurden, fehlen wesentliche Informationen zum Skalierungsverfahren und zum theoretischen Bezug.

Im Anschluß wurde untersucht, auf welche Datenbasis sich die Beiträge zur politischen Verdrossenheit stützen. Hier ergab sich ein ambivalentes Bild. Zwar ist der Anteil derjenigen Arbeiten, die in irgendeiner Form auf empirischen Befunden basieren, mit annähernd 78 Prozent sehr hoch. In dieser Hinsicht unterscheidet sich die Verdrossenheitsdebatte deutlich von älteren Krisentheorien. Eigenständige Analysen finden sich aber lediglich in etwa der Hälfte der untersuchten Texte. Zumeist handelt es sich dabei um Sekundäranalysen von Bevölkerungsumfragen, die sich auf einen, zuweilen auch auf mehrere Zeitpunkte beziehen. Panel-, Ereignisdaten- oder Mehr-Ebenen-Analysen finden sich in der Literatur nicht. Gemessen an den teils höchst komplexen Erklärungsversuchen und Hintergrundtheorien der Verdrossenheitsliteratur ist diese Datenbasis unzureichend.

Abschließend wurde die Literatur unter politischen Gesichtspunkten, d. h. auf Schuldzuweisungen und Reformvorschläge hin ausgewertet. Hinsichtlich des ersten Punktes zeigte sich dabei ein weiterer deutlicher Unterschied zu älteren Krisendebatten: Nicht einmal fünf Prozent der Beiträge fällen überhaupt ein politisch-moralisches Urteil. Weniger eindeutig ist das Bild, das sich bezüglich der Reformvorschläge ergab. Etwa ein Viertel der Autoren fordert, politische Konsequenzen aus dem Aufkommen der Politikverdrossenheit zu ziehen. Im Zentrum der insgesamt sehr heterogenen Vorschläge stehen dabei Maßnahmen, durch die die Stellung der Parteien und insbesondere der Parteieliten geschwächt würde.

3.2 Konkurrierende Begriffe

Ziel dieses Unterkapitels ist es, einen knappen Überblick über die wichtigsten Konzepte zu geben, die in der empirischen Politikforschung entwickelt wurden, um jene Einstellungen zu analysieren, die im deutschen Sprachraum als Verdrossenheit bezeichnet werden. Während sich das Kapitel 2 und hier insbesondere die Abschnitte 2.5 und 2.6 sehr ausführlich mit dem Begriff der Politikverdrossenheit befassen mußten, weil es eine solche systematische Bedeutungsanalyse in der Literatur bisher nicht gegeben hat, kann dieses Unterkapitel relativ kurz ausfallen, da es sich bei diesen konkurrierenden Begriffen um Konzepte handelt, die weithin bekannt sind und im Bereich der Politischen Soziologie als etabliert gelten können.

Die Literatur zu jedem einzelnen dieser Konzepte ist mindestens so umfangreich wie die Verdrossenheitsliteratur, und auch hier werden Begriffe teils unterschiedlich gebraucht und zuweilen erbitterte Diskussionen um die dimensionale Struktur der Konstrukte und ihre adäquate Operationalisierung geführt. Zudem werden die Konzepte häufig aufeinander bezogen, und ihre Gegenstandsbereiche überlappen sich naturgemäß. Eine vollständige Abhandlung dieser Begriffe, die allen in der Literatur diskutierten Aspekten gerecht wird, ist deshalb nicht zu leisten und wäre für diese Arbeit auch nicht relevant. Statt dessen muß sich die Darstellung sinnvollerweise auf die Unterschiede und Gemeinsamkeiten dieser Konzepte mit dem in Kapitel 2 entwickelten Verdrossenheitsbegriff beschränken.

3.2.1 „Politische Unzufriedenheit" (political dissatisfaction, discontent, dissent, disaffection)

Dem deutschen Begriff der politischen Unzufriedenheit entsprechen in der angelsächsischen Diskussion eine ganze Reihe von Konzepten, die kaum befriedigend voneinander abzugrenzen sind. Explizite Spezifikationen des beziehungsweise dieser Konzepte finden sich in der Forschungsliteratur leider nur selten. Sehr häufig verwendet wird in diesem Zusammenhang vor allem der Terminus *political dissatisfaction*, der eine Unzufriedenheit mit dem politischen Personal, den konkreten politischen Inhalten, eventuell auch mit dem Stil beziehungsweise der Präsentation von Politik bezeichnet. Ebenfalls gebräuchlich ist der Begriff *political discontent*, der im wesentlichen als Synonym für *dissatisfaction* gelten kann (vgl. auch Random House 1996: 383, 388). Dies gilt in ähnlicher Weise auch für den seltener verwendeten Terminus des *political dissent*.

Weniger eindeutig ist in der Literatur das Verhältnis zwischen *political dissatisfaction* und *political disaffection*. Beide Begriffe werden in der Forschungsliteratur häufig als austauschbar gebraucht. So setzt etwa Gamson (1968) in seiner einflußreichen Studie „Power and Discontent" *disaffection, dissatisfaction* und eine ganze Reihe verwandter Begriffe faktisch miteinander gleich:

> „These [political] attitudes fall roughly under the rubric of ‚discontent'. Words such as distrust, alienation, dissatisfaction, disaffection, and their opposites such as confidence, support, allegiance, trust and satisfaction also identify the class of attitudes that concerns us." (Gamson 1968: 39)

In ähnlicher Weise gebraucht auch James D. Wright (1981) in einem umfangreichen Handbuchartikel zum Thema *political disaffection* die Begriffe *discontent, dissatisfaction* und *alienation*[1] als Synonyme für *disaffection*. Andere Autoren wie Montero et al. (1997) grenzen hingegen *disaffection* und *dissatisfaction* gegeneinander ab beziehungsweise bringen diese und andere Konzepte wie *trust* und *efficacy* in ein hierarchisches Verhältnis zueinander (in den letzten Jahren u. a. Austin und Pinkleton 1995, Pinkleton et al. 1998, Baum und Kernell 1999). Insbesondere die Darstellung von Montero et al., in der in Anlehnung an Di Palma (1970: 30) eine sehr differenzierte Begrifflichkeit entwickelt wird, trägt jedoch entgegen ihrem eigenen Anspruch nicht zur Lösung des Problems bei und scheint an mindestens einer Stelle (1997: 137) die Verfasser selbst in Verwirrung gestürzt zu haben. Angesichts einiger Idiosynkrasien ist

---

[1] Kritisch zur Gleichsetzung von *alienation* mit politischer Unzufriedenheit äußerst sich u. a. Koff (1973: 281f).

dies leider nicht verwunderlich – beispielsweise grenzen Montero et al. (1997: 136) *disaffection* vom bekanntermaßen äußerst vagen (vgl. Ludz 1975) Konzept der *alienation* durch den Hinweis ab, daß sich *disaffection* auf „a much more diffuse set of feelings" (Montero et al. 1997: 136) beziehe. Im Anschluß daran operationalisieren sie *disaffection* mit Indikatoren, die nach ihrem eigenen Bekunden üblicherweise zur Messung von *dissatisfaction* verwendet werden (1997: 140).

Auch ein Blick in die einschlägigen Wörterbücher und Lexika bringt hinsichtlich des Verhältnisses beider Begriffe keine Klarheit: Während die zweisprachigen Wörterbücher des Langenscheidt-Verlages sowohl *dissatisfaction* als auch *disaffection* mit „Unzufriedenheit" übersetzen[2] und somit als Synonyme präsentieren, rückt der einsprachige „Webster", der als ein Standardwerk zum amerikanischen Englisch gelten kann, *disaffection* stärker in die Nähe von (politischer) Entfremdung (Random House 1996: 382) und betont somit die emotionale Komponente der Unzufriedenheit. Das „Standardwörterbuch für die Sozialwissenschaften" (Koschnick 1984) schließlich verzeichnet von allen in Frage kommenden Begriffen lediglich *discontent*, was mit „Unzufriedenheit, Mißvergnügen" übersetzt wird (1984: 178), während die von David L. Sills herausgegebene sechzehnbändige „International Encyclopedia of the Social Sciences" keinen einzigen der Termini kennt. Im Ergebnis bleibt festzuhalten, daß *disaffection* teils im Sinne von Unzufriedenheit, teils im Sinne von Entfremdung gebraucht wird, wobei diese beiden Konzepte wiederum in der Forschungspraxis häufig zusammenfallen, wie in Abschnitt 3.2.3 gezeigt wird.

Einen der wenigen Versuche, zumindest den Begriff der *dissatisfaction* nicht nur in empirischen Studien einzusetzen, sondern auch analytisch aufzuarbeiten, haben Samuel Barnes, Barbara Farah und Felix Heunks in den beiden von ihnen verfaßten Teilkapiteln der „Political Action"-Studie (Barnes et al. 1979a, Farah et al. 1979) vorgelegt, die sich dem Zusammenhang zwischen persönlicher (Barnes et al. 1979a) beziehungsweise politischer (Farah et al. 1979) Unzufriedenheit einerseits und politischer Partizipation andererseits beschäftigen.

In ihrer Konzeption von *personal dissatisfaction*, wozu sie Unzufriedenheit mit dem eigenen Leben im allgemeinen und den materiellen Lebensumständen im besonderen zählen, orientieren sich Barnes et al. (1979a: 384f) stark an dem von Runciman (1966), Gurr (1970) und anderen entwickelten Konzept der relativen Deprivation, die als Ursache für individuelle Unzufriedenheit und ein daraus resultierendes Protestverhalten gilt. Auf diese Weise versuchen sie (makro-)soziologische und sozialpsychologische Aspekte zu verbinden, vernachlässigen dabei allerdings die Rolle politischer Unternehmer, sozialer Netzwerke und politischer Gelegenheitsstrukturen, die vor allem in der neueren Bewegungsforschung betont wird (vgl. Rucht 1994: 340ff), aber mit der Methode der standardisierten Bevölkerungsumfrage nur schwer zu erfassen ist.

Naturgemäß stärker auf genuin politikwissenschaftliche Ansätze und Fragestellungen bezogen ist hingegen die von Farah et al. (1979) entwickelte Konzeption von *political dissatisfaction*. Hier lehnen sich die Autoren sehr eng an Eastons Idee von *polit-*

---

2   Als zweite Bedeutung von *disaffection* führen die Wörterbücher von Langenscheidt übrigens ausdrücklich „(Staats-)Verdrossenheit" an.

Types of Political Evaluations

		Specific	Diffuse
Referents of Political Evaluations	Authority	Government/Opposition	–
	Regime	Policy Dissatisfaction	Responsiveness

Quelle: Farah et al. (1979: 431)

Abbildung 3.1: Aspekte politischer Unzufriedenheit (*political dissatisfaction*) nach Farah et al. (1979)

ical support (vgl. auch Abschnitt 3.2.5) an, indem sie *dissatisfaction* im wesentlichen als einen Entzug von Unterstützung für „public authorities, governments, and political systems as wholes" (Farah et al. 1979: 410) begreifen. Ohne auf die teils komplexen Modifikationen einzugehen, die Easton (1975) selbst am Konzept der politischen Unterstützung vorgenommen hat, übernehmen Farah et al. (1979: 431) Eastons Unterscheidungen zwischen zwei verschiedenen Modi (diffus vs. spezifisch) politischer Unterstützung einerseits und verschiedenen Objekten (in diesem Fall: *authorities* vs. *regime*) politischer Unterstützung andererseits. Auf diese Weise gelangen sie zu einer Vierfeldertafel, die dem von den Autoren vorgeschlagenen vierdimensionalen Konzept politischer Unzufriedenheit entsprechen soll.

Abbildung 3.1 verdeutlicht diese Zuordnung, bedarf aber der Erläuterung. Weitgehend unproblematisch ist lediglich die spezifische Unzufriedenheit mit den Amtsinhabern (linker oberer Quadrant), d. h. mit der amtierenden Regierung beziehungsweise der Parlamentsmehrheit. Komplikationen können sich hier nur dann ergeben, wenn Teile der Bevölkerung nicht nur der Regierung, sondern auch allen Parteien und Politikern der (demokratischen) Opposition ihre Unterstützung entziehen, wie dies in der Verdrossenheitsdebatte häufig behauptet wurde. In diesem Fall kann sich die Unzufriedenheit von der Ebene der *authorities* auf die Ebene des *regimes* verschieben, sofern der Mangel an politischen Alternativen von den Bürgern als Systemeigenschaft wahrgenommen wird.

Breiten Raum nimmt in der Darstellung von Farah et al. die *policy dissatisfaction* (linker unterer Quadrant) ein, der die Autoren besondere Aufmerksamkeit widmen, da sie bislang kaum empirisch untersucht worden sei (1979: 410). Obwohl sich die Operationalisierung von *policy dissatisfaction* relativ kompliziert gestaltet (Farah et al. 1979: 411ff), ist die Grundidee, die hinter dem Konzept steht, ebenso einfach wie plausibel: *policy dissatisfaction* liegt nach dem Verständnis von Farah et al. dann vor, wenn ein Bürger erstens einem bestimmten Politikbereich eine große Bedeutung zumißt, zweitens die aktuelle Situation in diesem Politikbereich als negativ wahrnimmt und drittens die Anstrengungen der Regierung in diesem Bereich als unzureichend empfindet.

Eine so verstandene *policy dissatisfaction* erfaßt sicher einen erheblichen Anteil der politischen Unzufriedenheit, die auch in stabilen Demokratien zumindest phasenweise auftreten kann. Insbesondere wenn man, wie bei Farah et al. geschehen, bei der Analyse von *policy dissatisfaction* die (zum jeweiligen Zeitpunkt) „neuen", eventuell für Bürger mit bestimmten Wertorientierungen besonders wichtige *issues* berücksichtigt, bietet das Konzept die Möglichkeit, jene Protestwellen zu erklären, die sich gegen bestimmte Aspekte des *regimes*, nicht aber gegen die Idee der Demokratie an sich richteten und den Anstoß für die „Political Action"-Studie sowie für einige frühe Arbeiten zur Politikverdrossenheit und Parteienverdrossenheit (vgl. Abschnitt 2.6.2.2) gaben.

Problematisch ist aber die von den Autoren vorgenommene Zuordnung von *policy dissatisfaction* zur *regime*-Ebene. Diese läßt sich, wie Farah et al. (1979: 432) selbst bemerken, nur in solchen Fällen begründen, in denen die betreffenden *issues* „part of the prevailing public agenda and ... not associated with one specific set of authorities or another" (1979: 432) sind, so daß eine Änderung der betreffenden *policies* deshalb tatsächlich eine Veränderung des *regimes* bedeuten würde. Bei solchen Fragen handelt es sich, wenn man die gängige Definition von gesellschaftlichen Werten als „Konzeptionen der wünschenswerten Gesellschaft" (Parsons 1980: 185) zugrundelegt, um Wertkonflikte, die für die von Farah et al. analysierte Frage nach der Entstehung von Protestpotentialen sicher von besonderer Bedeutung sind. Quantitativ weitaus häufiger sollten in funktionierenden Demokratien aber jene Situationen sein, in denen Regierung und Opposition in einer bestimmten Frage unterschiedliche Positionen einnehmen. Auch hier wird die unterlegene Minderheit eine *policy dissatisfaction* entwickeln, die dann aber der Ebene der *authorities* zuzuordnen ist. In einer Erweiterung des Konzeptes von Farah et al. sollte deshalb explizit zwischen einer auf das *regime* und einer auf die *authorities* bezogenen Form von *policy dissatisfaction* unterschieden werden.

Bei der dritten Dimension politischer Unzufriedenheit, die von Farah et al. thematisiert wird, handelt es sich um die von den Bürgern wahrgenommene Responsivität des politischen Systems (rechter unterer Quadrant). Dieses Teilkonzept ist vollständig mit dem aus den *National Election Studies* (NES) bekannten Konzept der *external efficacy* identisch (vgl. Abschnitt 3.2.2) und darf deshalb nicht mit dem ebenfalls in den NES enthaltenen *government responsiveness index* verwechselt werden.[3] Problematisch ist hier lediglich die Beschränkung auf diese einzige Unterdimension politischer Unterstützung.[4] Die Arbeiten Eastons und anderer legen nahe, daß beispielsweise auch ein wahrgenommener Mangel an Effizienz des politischen Systems zu einer diffusen Unzufriedenheit mit dem *regime* führen kann.

Ursprünglich hatten Farah et al. geplant, parallel zu den *efficacy*-Indikatoren auch eine reduzierte Version des bereits in Abschnitt 2.3.1 auf Seite 43 vorgestellten *trust*

---

3   Vgl. zum Verhältnis zwischen *efficacy* und *responsiveness* Vetter (1997: 44f). Beide Gruppen von Items sind im *Continuity Guide* zu den amerikanischen Wahlstudien (Center for Political Studies oJ) dokumentiert.

4   Die Verwendung dieser Itembatterie zur Messung von diffuser Unterstützung für das *regime* bei Farah et al. sowie in einer Reihe anderer Studien wird von Westle (1989b: 106ff) scharf kritisiert. Eine angemessene Würdigung von Westles Argumentation würde an dieser Stelle jedoch zu weit führen. Vgl. dazu ergänzend Abschnitt 3.2.3, Seite 192.

in government-Instrumentes zur Messung politischer Unzufriedenheit zu verwenden, das in den einschlägigen Studien häufig genutzt wird. Im Verlauf ihrer Analysen zeigte sich jedoch, daß die von ihnen verwendeten Items nicht nur mit der von den Befragten wahrgenommenen Responsivität des politischen Systems, sondern auch mit den beiden anderen Instrumenten substantiell korrelierten, so daß keine Sicherheit darüber bestand, ob sich die *trust in government*-Items auf die Ebene des *regimes* oder der *authorities* beziehen (vgl. Abschnitt 2.3.1, Seite 44). Im Gegensatz zu vielen anderen Forschern in diesem Bereich haben sich Farah et al. deshalb entschlossen, aus Gründen der analytischen Klarheit auf die Verwendung der *trust*-Skala zu verzichten.

Für die Messung diffuser Zufriedenheit beziehungsweise Unzufriedenheit mit den *authorities* (rechter oberer Quadrant) schließlich benennen die Autoren keine Indikatoren, obwohl Easton (1975: 445) von der Existenz einer entsprechenden diffusen Unterstützung für die Autoritäten ausgeht. Eine Begründung für diese Auslassung wird nicht gegeben. Weitaus problematischer als diese Lücke in der Systematik der Autoren erscheint mir aber, daß Farah et al. (1979: 410) statt dessen als vierte Dimension politischer Unzufriedenheit einen Mangel an *interner* politischer Effektivität einführen.

Die Fragen dieser Item-Batterie beziehen sich bekanntlich nicht auf äußere Tatbestände (*authorities, regime*), sondern auf die eigene politische Kompetenz der Befragten und können deshalb schon aus inhaltlichen Gründen nicht im Sinne einer Unzufriedenheit verstanden werden.[5] Vor allem aber lassen sie sich nicht ohne weiteres in das von Farah et al. verwendete Eastonsche System von Unterstützungsobjekten einfügen, weil ihr Referenzobjekt der Bürger beziehungsweise dessen Selbstbild ist (vgl. dazu auch die entsprechenden Überlegungen bei Almond und Verba 1965: 14 sowie die Kritik von Gabriel 1986: 59ff an deren Konzeption). Dementsprechend ist die *internal efficacy* auch in der aus Farah et al. (1979: 431) entnommenen Abbildung 3.1 nicht enthalten, obwohl die Autoren von *political dissatisfaction* als einem *vier*dimensionalen Konzept sprechen. Folgt man dem ursprünglichen Argument der Autoren, politische Unzufriedenheit als Entzug bestimmter Formen politischer Unterstützung für bestimmte politische Objekte zu begreifen, dann ist die Verwendung dieser Variablen schlichtweg nicht sinnvoll (vgl. dazu auch Westle 1989b: 106ff).

Trotz der hier skizzierten Probleme und Defizite handelt es sich bei dem Beitrag von Farah et al. um die meines Erachtens klarste und umfassendste Konzeptualisierung politischer Unzufriedenheit. Die überwältigende Mehrzahl der anderen Arbeiten in diesem Bereich verwendet dieselben oder sehr ähnliche Indikatoren, bleibt aber analytisch hinter Farah et al. zurück, weil die Beziehungen zwischen diesen Variablen nicht geklärt werden.

Politische Unzufriedenheit im Sinne von Farah et al. ist darüber hinaus ein Konzept, mit dessen Hilfe ein großer Teil des Gegenstandsbereiches, der im deutschen Sprachraum unter dem Rubrum der Politikverdrossenheit behandelt wird, sinnvoll untersucht werden kann. Vergleicht man allerdings die Ausführungen dieser Autorengruppe mit

---

5   Allenfalls könnten die Items im Sinne einer politischen (Un-)Zufriedenheit der Bürger mit sich selbst interpretiert werden. Diese Überlegung erscheint jedoch allzu weit hergeholt.

den ursprünglichen Überlegungen Eastons, so zeigt sich, daß der Entwurf von Farah et al. von den konkreten Operationalisierungen einmal abgesehen nichts enthält, was bei Easton nicht schon angelegt oder sogar ausformuliert ist. Deshalb erscheint es gerechtfertigt, politische Unzufriedenheit dem allgemeineren Konzept der politischen Unterstützung unterzuordnen.

3.2.2 *Efficacy*

Auf das Konzept der *political efficacy* wurde in dieser Arbeit bereits mehrfach hingewiesen. *Efficacy* gehört ohne Zweifel zu den am häufigsten verwendeten Konstrukten der Politischen Soziologie, da die zugehörigen Indikatoren ähnlich wie die *trust in government*-Items seit 1952 regelmäßig Bestandteil der NES sind und auch außerhalb dieser Trendstudie häufig eingesetzt werden. Dennoch bestehen nach wie vor substantielle Zweifel an der Validität und Reliabilität des Konstruktes. Da mit der 1997 in Buchform veröffentlichten Magisterarbeit von Angelika Vetter, an der ich mich im folgenden orientiere, eine deutschsprachige Gesamtdarstellung zu diesem Thema vorliegt, die sich insbesondere mit den mit der Messung von *efficacy* verbundenen analytischen und methodischen Problemen beschäftigt, kann dieses Unterkapitel dennoch relativ kurz ausfallen.

Erstmals angewendet wurde das Konzept des *sense of political efficacy* in einem Anhang der klassischen Studie von Campbell et al. (1954), der sich mit Variablen befaßte, die zum damaligen Zeitpunkt als „experimentell" galten. Definiert wurde der *sense of political efficacy* von Campbell et al. als „the feeling that individual political action does have, or can have, an impact upon the political process, i.e., that it is worth while to perform one's civic duties" (1954: 187).

Die Messung dieser Einstellung erfolgte mit Hilfe von fünf Indikatoren, von denen der zweite später aufgegeben wurde, während die vier übrigen bis heute in praktisch unveränderter Form eingesetzt werden. Die ursprünglichen Formulierungen lauten wie folgt:

1. „I don't think public officials care much what people like me think."

2. „The way people vote is the main thing that decides how things are run in this country."

3. „Voting is the only way that people like me can have any say about how the government runs things."

4. „People like me don't have any say about what the government does."

5. „Sometimes politics and government seem so complicated that a person like me can't really understand what's going on." (Campbell et al. 1954: 187f)

In dieser und in anderen Wahlstudien, die auf dem Ann-Arbor-Modell basieren, wurde *political efficacy* in erster Linie als Prädikator für die Beteiligung an Wahlen verwendet. Später setzte man das Konzept auch zur Erklärung anderer, „unkonventioneller" Formen politischer Partizipation erfolgreich ein (vgl. den vorangegangenen Abschnitt 3.2.1 sowie Vetter 1997: 4f). Eine dritte Forschungstradition (vgl. Vetter 1997: 5f) schließlich betrachtet den *sense of political efficacy* als Indikator für politische Entfremdung (Abschnitt 3.2.3) oder als Ausdruck politischer Unterstützung im Sinne Eastons (Abschnitt 3.2.5).

Dabei ist zu beachten, daß diese drei Entwicklungslinien der *efficacy*-Forschung keineswegs scharf voneinander abzugrenzen sind, sondern sich in vielfältiger Weise überkreuzen. Dieser auf den ersten Blick erstaunliche Befund läßt sich wissenschaftsgeschichtlich leicht erklären: Bei der Konstruktion des Konzeptes gingen Campbell et al. nicht von theoretischen Prämissen im eigentlichen Sinne aus, sondern ließen sich von zwei Plausibilitätsannahmen (1954: 187ff) leiten:

1. Personen, die aufgrund ihrer sozialen Merkmale als bevorzugt gelten können, sollten sich selbst als politisch (relativ) einflußreich wahrnehmen.

2. Personen, die sich selbst als politisch einflußreich wahrnehmen, sind politisch aktiver als andere Menschen.

Nachdem sich diese Annahmen empirisch gut bestätigen ließen, folgten die Autoren einer im Sinne Essers „variablensoziologischen" Strategie und erweiterten in den Folgestudien (vor allem Campbell et al. 1960) ihr Erklärungsmodell um den Faktor *efficacy*. Durch die Aufnahme in das reguläre Frageprogramm der NES wurde das Konstrukt institutionalisiert, und es entstand ähnlich wie im Falle der *trust in government*-Skala im Laufe der Jahre eine umfangreiche Zeitreihe. Diese konnte, da die Erfinder des Konzeptes selbst auf restriktive theoretische Aussagen verzichtet hatten, problemlos im Sinne einer ganzen Reihe von Ansätzen, deren Gemeinsamkeit in der Verwendung des Einstellungsbegriffes liegt, interpretiert werden.

Ein nicht unerheblicher Teil der Beiträge zur *efficacy*-Forschung konzentriert sich deshalb auf Fragen des Meßmodells und insbesondere der Dimensionalität von *efficacy*. Während Campbell et al. (1954) von einer einzigen *efficacy*-Dimension ausgegangen waren, wies Robert Lane (1959: 149) bereits Ende der fünfziger Jahre darauf hin, daß das neue Instrument des *Survey Research Center* zwei verschiedene Referenzobjekte hatte: das Selbstbild des Befragten einerseits und dessen Wahrnehmung des politischen Systems andererseits (Vetter 1997: 11f). Erst 1974 jedoch gelang George Balch auf der Individualebene der empirische Nachweis, daß die *efficacy*-Items tatsächlich zwei miteinander korrelierte, aber statistisch separierbare Dimensionen erfassen. Die von den Items 3 und 5 gemessene Überzeugung eines Befragten, „that means of influence are available to him" (1974: 24) bezeichnete Balch als „internal efficacy", die Überzeugung, daß die Entscheidungsträger sich tatsächlich beeinflussen lassen (Items 1 und 4), als „external efficacy". Diese Bezeichnungen für die beiden Subdimensionen von *efficacy* haben sich in der Literatur weitgehend durchgesetzt (vgl. aber Vetter 1997: 13, FN 9).

Während die Existenz zweier Unterdimensionen von *efficacy* seit dem Erscheinen des Artikels von Balch kaum noch in Zweifel gezogen wird, hat sich bezüglich ihrer Operationalisierung jedoch ein neues Problem ergeben: Insbesondere seit das *Survey Research Center* den Katalog der *efficacy*-Items um zwei zusätzliche Indikatoren erweitert hat, herrscht in der Literatur Dissens darüber, in welcher Weise die alten und neuen Indikatoren den beiden Subdimensionen zuzuordnen sind. Einen ebenso kenntnisreichen wie ausführlichen Überblick über die Positionen der verschiedenen Autoren gibt Vetter (1997: 51ff, insbesondere Tabellen 10 und Tabelle 11).[6]

Zusammenfassend bleibt festzustellen, daß es sich bei *political efficacy* um ein weitverbreitetes, wenn auch nicht unproblematisches Konzept handelt, das für eine ganze Reihe von Erklärungsansätzen, die mit dem Einstellungsbegriff operieren, nutzbar gemacht werden kann, weil es intuitiv plausibel ist und nur minimale theoretische Annahmen erfordert. Auch in der Debatte um die Politikverdrossenheit spielen die *efficacy*-Items daher, wie oben gezeigt (vgl. vor allem Tabelle 2.24 auf Seite 130), eine wichtige Rolle. Schon jetzt kann deshalb festgehalten werden, daß *efficacy* kein konkurrierendes Konzept im eigentlichen Sinne darstellt, sondern vielmehr mit Politikverdrossenheit partiell identisch ist.[7] Unbeschadet der Zuordnungsprobleme, auf die Westle (1989a) hingewiesen hat, ist außerdem zu konstatieren, daß (*external*) *efficacy* von zahlreichen Autoren im Sinne des Eastonschen Konzepts der politischen Unterstützung interpretiert wird.

3.2.3 „Politische Entfremdung" (political alienation)

Auch das Konzept der Entfremdung steht in einem engen Zusammenhang zu dem Gegenstandsbereich, über den im deutschen Sprachraum unter Rückgriff auf den Verdrossenheitsbegriff diskutiert wird. Einige Autoren setzen Politikverdrossenheit und politische Entfremdung sogar explizit miteinander gleich. Zu den prominentesten Beispielen für diesen Argumentationsstrang zählt dabei die in Abschnitt 2.6.5.2 vorgestellte Monographie von Kepplinger (1998: 20).

Ein Vergleich beider Begriffe ist insofern problematisch, als das Konzept der Entfremdung (*alienation, estrangement*, auch: *anomy, anomia, disaffection, malaise*) zu den komplexesten Begriffen der Politikwissenschaft gehört, dessen lange philosophische und sozialwissenschaftliche Entwicklungsgeschichte bis zu Hegel, Marx und Durkheim zurückreicht.[8] Für den Zweck meiner Darstellung läßt sich die Komplexität des Konzeptes aber erheblich reduzieren, indem man zwei Unterscheidungen einführt, die zur Strukturierung der wissenschaftlichen Debatte äußerst hilfreich sind:

Zum einen läßt sich eine strukturalistische Betrachtungsweise, die sich auf objektive gesamtgesellschaftliche Gegebenheiten bezieht, von einer sozialpsychologischen Perspektive abgrenzen, die sich mit der Entstehung und Wirkung von Einstellungen auf der Individualebene befaßt (Schwartz 1973: 5f, Couper et al. 1998: 61f). Da sich,

---

6 Um dem Problem der Dimensionalität beizukommen, wurde 1988 eine Reihe neuer, trennschärferer Items zur Messung der *internal efficacy* in die NES aufgenommen (Niemi et al. 1991), die inzwischen auch in Deutschland erfolgreich eingesetzt werden (Vetter 1997: 113). Im Rahmen meiner Argumentation ist es aber nicht nötig, auf diese neueren Entwicklungen näher einzugehen.

7 Dies deckt sich im wesentlichen mit dem Argument von Holtz-Bacha (1998), die Politikverdrossenheit mit *alienation* gleichsetzt, da *alienation*, wie im nächsten Abschnitt gezeigt wird, häufig als (*in-*)*efficacy* operationalisiert wird.

8 Vgl. dazu ausführlich die Abhandlung von Ludz (1975: 5ff), auf die an dieser Stelle summarisch verwiesen sei.

wie in Kapitel 2 gezeigt, die Verdrossenheitsforschung fast ausschließlich mit individuellen negativen Einstellungen gegenüber politischen Objekten beschäftigt, ist für diesen Gegenstandsbereich lediglich der zweite Ansatz von Interesse.[9]

Zum anderen ist Entfremdung in diesem sozialpsychologischen Sinne entgegen älteren Vorstellungen, die sich auch in der Konstruktion entsprechender Skalen niederschlugen (Schwartz 1973: 6), kein einheitliches, alle Lebensbereiche in gleicher Weise umfassendes Phänomen, das nur in seiner gesellschaftlichen Totalität erfaßt werden könnte. Politische Entfremdung läßt sich vielmehr sowohl analytisch als auch empirisch klar von den verschiedenen Formen beruflicher, familiärer, religiöser und sonstiger Entfremdung abgrenzen (Schwartz 1973: 40ff), was den Umfang der zu berücksichtigenden Literatur nochmals stark reduziert.

Trotz dieser Einschränkungen ist die Zahl der Publikationen, die sich mit politischer Entfremdung befassen, kaum zu überschauen, während das Konzept selbst bemerkenswert unklar bleibt. Zahlreiche der längeren Beiträge zum Thema der politischen Entfremdung (u. a. Aberbach 1969, Johnson 1973, Koff 1973, Schwartz 1973, Citrin et al. 1975, Wright 1981, Mason et al. 1985) beinhalten deshalb einen Abschnitt, der sich mit den Widersprüchen und Unklarheiten befaßt, die sich bei der Anwendung des Konzeptes ergeben. Einigkeit wurde dabei bislang nicht erzielt. James D. Wrights pessimistisches Fazit von 1981 gilt deshalb auch zwanzig Jahre später noch:

> „Authoring essays on the meaning of alienation is a minor industry among contemporary political scholars. Despite this, ‚alienation' continues to be among the more ambiguously used and ill-defined terms in all the social sciences." (Wright 1981: 17)

Ein großer Teil dieser konzeptuellen Probleme, die der Begriff der politischen Entfremdung bereitet, läßt sich in Anlehnung an Mason et al. (1985: 112) darauf zurückführen, daß die theoretische Diskussion über den Begriff der Entfremdung und die mit ihm verwandten Konzepte weitgehend unabhängig von der Entwicklung der Indikatoren geführt wurde, mit denen das Konzept am häufigsten operationalisiert wird. Denn zur Messung politischer Entfremdung werden in aller Regel die im Laufe dieser Arbeit bereits mehrfach erwähnten *trust in government*-Items, die im vorangegangen Abschnitt vorgestellten *efficacy*-Items sowie (seltener) die in FN 3 auf Seite 185 angesprochenen Items des *responsiveness*-clusters benutzt (Mason et al. 1985: 112, 114), denen keine im eigentlichen Sinne theoretischen Überlegungen zugrundeliegen. Sowohl die *trust*- als auch die *efficacy*-Zeitreihe reichen bekanntlich bis in die fünfziger Jahre zurück und wurden im Rahmen der NES in erster Linie zur Erklärung von Wahlverhalten genutzt. Erst als sich diese Zeitreihen im Verlauf der sechziger Jahre in einer als dramatisch empfundenen Weise zu entwickeln begannen (vgl. auch Abschnitt 2.3.1), wurden diese Indikatoren *ex post* mit den inzwischen publizierten Ansätzen

---

9   Zwischen diesen beiden Ansätzen bestanden allerdings insofern Verbindungen, als eine ganze Reihe älterer Arbeiten die Zusammenhänge zwischen sozialstrukturellen Merkmalen wie Alter, Bildung, ethnischer Zugehörigkeit und Geschlecht einerseits und einer über Einstellungsvariablen gemessenen Entfremdung andererseits untersucht hat. In neueren Publikationen hingegen werden wie in der Verdrossenheitsforschung vor allem politische Faktoren sowie Medieneinflüsse zur Erklärung von politischer Entfremdung herangezogen.

von Seeman (1959), Almond und Verba (1965), Easton (1965a,b, 1975) und Gamson (1968) in Zusammenhang gebracht.

Trotz dieser offensichtlichen Probleme lassen sich innerhalb der empirisch orientierten Literatur zur politischen Entfremdung aber zwei beziehungsweise drei Ansätze ausmachen, die das Feld zumindest grob strukturieren.[10] So weisen Mason et al. (1985: 113) auf eine Linie der Forschung hin, die sich stark an dem Beitrag von Seeman (1959) orientiert. In diesem Versuch, das Konzept der Entfremdung zu spezifizieren, hatte Seeman fünf Aspekte von Entfremdung unterschieden, die seiner Meinung nach den Kern des Konzeptes ausmachen. Dabei handelt es sich um die Dimensionen *powerlessness, meaninglessness, normlessness, isolation* und *self-estrangement.* Seemans Überlegungen werden in der Regel auf den Bereich des Politischen übertragen, indem die Autoren die in diesem Zusammenhang wenig sinnvolle Dimension der Selbstentfremdung ausblenden und für die verbleibenden vier Dimensionen politische Objekte (Politiker, Parteien, Institutionen, Normen, Werte) als Referenten ihrer Items wählen. Beispiele für diese Forschungsstrategie sind u. a. die Artikel von Stephen Koff (1973: 272ff) und vor allem von Ada Finifter (1970: 390ff).

Dieser letztgenannte Beitrag ist von besonderem Interesse, weil Finifter im Rahmen einer explorativen Faktorenanalyse der amerikanischen Daten aus der „Civic Culture"-Studie (Almond und Verba 1965) lediglich *zwei* Dimensionen politischer Entfremdung nachweisen kann, die sie als *political powerlessness* und *perceived political normlessness* identifiziert (Finifter 1970: 392f). Diese beiden Item-Cluster entsprechen inhaltlich in etwa den Dimensionen *efficacy* und *trust*, auf die sich, wie oben erwähnt, der zweite, heute dominierende Strang der politischen Entfremdungsforschung stützt.

Charakteristisch für diese zweite Forschungstradition ist es, daß *political alienation* als Gegenpol zu politischer Unterstützung im Sinne Eastons begriffen wird. Sehr deutlich haben beispielsweise Muller und Williams (1980) diese Position formuliert:

> „Our concern here is with change in an attitude, conceived as a continuous variable, ranging from favorable through unfavorable affect for the political system or structure of political authority in a nation[,] ... which we call political support-alienation." (Muller und Williams 1980: 33)

Solche Überlegungen, die politische Entfremdung mit der Unterstützung für die *input-* und die *output*-Strukturen des politischen Systems in Zusammenhang bringen, finden sich im Grunde bereits in der „Civic Culture"-Studie, bleiben dort aber relativ unbestimmt. Entscheidend für diese Entwicklungslinie der Forschung dürfte letztlich Gamsons Interpretation der Beiträge von Almond und Verba sowie Easton gewesen sein: In einem ersten Schritt stellte Gamson eine Verbindung zwischen politischer

---

10 Ähnlich wie bei der Unterscheidung zwischen sozialpsychologisch und sozialstrukturell orientierten Autoren bestehen auch hier zahlreiche Querverbindungen zwischen den Ansätzen (vgl. u. a. Koff 1973, in neuerer Zeit Chen 1992, weiterführende Literatur zu diesem Thema nennen Mason et al. 1985: 114, FN 4). Die Hinweise auf solche Differenzen sollen deshalb lediglich der Orientierung des Lesers und nicht etwa der Entwicklung einer strikten Typologie dienen.

Entfremdung und *political support* her (1968: 41), um dann im zweiten Teil seiner Argumentation in Anlehnung an Almond und Verba Entfremdung in die Unterdimensionen *efficacy* (*input alienation*) und *trust* (*output alienation*) aufzuspalten (1968: 42). Die Gleichsetzung des *efficacy*-Konzeptes mit der in den NES enthaltenen gleichnamigen Skala nahm Gamson selbst vor. Die Interpretation der ebenfalls im Rahmen der NES abgefragten *trust in government*-Items im Sinne der von Gamson vorgeschlagenen *trust*-Dimension durch Miller (1974a, 1974b, 1983, vgl. auch Kapitel 2.3.1) und zahlreiche andere Autoren war damit vorgezeichnet.[11]

Easton selbst hat sich in einem späteren Beitrag interessanterweise dagegen ausgesprochen, politische Entfremdung als „a virtual synonym for the withdrawal of support" (1975: 455) zu betrachten. Er geht vielmehr davon aus, daß Entfremdung ein komplexes und dabei eher diffuses Phänomen ist, daß dem Entzug von *support* kausal vorgelagert ist und analytisch von diesem getrennt werden sollte: „A more useful conceptual strategy, one that would probably create far less confusion and difficulty, would be to reserve the idea of alienation as a major potential determinant of diffuse support" (Easton 1975: 456).

Auf die Forschungspraxis hatte dieser Einwand aber nur geringen Einfluß. Statt dessen kam es spätestens Mitte der siebziger Jahre zu einer „Reifikation" der Instrumente, die „quasitheoretischen Status" erlangten (Mason et al. 1985: 115). Seitdem entstand eine kaum überschaubare Literatur, die den Begriff der Entfremdung operational definiert, indem sie die *trust*- und *efficacy*-Items oder vergleichbare Indikatoren in wechselnden Varianten kombiniert,[12] sich aber nach wie vor auf die theoretischen Überlegungen von Easton und Gamson beruft. Zu den Beispielen aus jüngerer Zeit zählen die Beiträge von Southwell (1985, 1995, 1998), Miller und Listhaug (1993), Couper et al. (1998) sowie Gilliam und Kaufmann (1998).

Neben diesen beiden von Mason et al. beschriebenen Hauptrichtungen der empirischen Entfremdungsforschung, die sich an Seeman beziehungsweise an Easton/Gamson orientieren, läßt sich schließlich noch eine dritte Entwicklungslinie ausmachen: Autoren wie Mason et al. (1985) und vor allem Schwartz, der sich sehr kritisch mit der Forschungspraxis auseinandersetzt (1973: 5ff), sahen den Kern des Entfremdungskonzeptes in einer (für das Individuum relevanten) Nicht-Identifikation mit den grundlegenden Normen, Werten und Strukturen des politischen Systems. Von dieser Überlegung ausgehend, versuchten sie, neue theoretische und methodische Zugänge zum Feld der politischen Entfremdung zu finden. Auf den *mainstream* der Forschung, der immer neue Studien zur Entwicklung der NES-Indikatoren hervorbrachte, hatten diese Versuche jedoch keinen Einfluß.

Zusammenfassend bleibt festzuhalten, daß das Konzept der politischen Entfrem-

---

11 Auch solche Arbeiten, die andere Indikatoren als die NES-Items nutzen, konzipieren *alienation* häufig als Gegenteil von *support*. Vgl. hierzu beispielsweise Lockerbie (1993: 282f).

12 Vor dem Hintergrund der Regierbarkeitsdebatte entwickelte die Forschung vor allem in den siebziger Jahren ein besonderes Interesse an der Kombination eines geringen politischen Vertrauens mit einer hohen internen und einer niedrigen externen *efficacy*, weil sie in Weiterführung einer Hypothese von Gamson (1968: 48) hier ein besonderes Risiko für die Stabilität der Demokratie zu erkennen glaubte. Ähnliche Überlegungen finden sich übrigens ebenfalls bereits in der „Civic Culture"-Studie.

dung trotz seiner hohen theoretischen Komplexität in der empirischen Forschungspraxis in aller Regel lediglich als ein Überbegriff für zwei nicht unproblematische Item-Batterien gebraucht wird, die ihrerseits in einem ungeklärten Verhältnis zum Konzept der politischen Unterstützung stehen.[13] Versteht man Entfremdung in diesem Sinne, dann handelt es sich im Grunde ebensowenig wie beim *sense of political efficacy* um ein Konzept, das mit dem Verdrossenheitsbegriff konkurriert. Politische Entfremdung und politische Verdrossenheit sind vielmehr was die Argumentationsstrukturen, die Inhalte (vgl. Tabelle 2.24 auf Seite 130) und sogar die Indikatoren (bei denen es sich häufig um deutsche Übersetzungen oder Weiterentwicklungen der NES-Items handelt) betrifft, partiell miteinander identisch.

3.2.4 Die internationale Literatur zum Niedergang der Parteien

In Abschnitt 2.6.2.1 wurde gezeigt, daß in der Verdrossenheitsliteratur nicht nur Politiker und staatliche Institutionen, sondern auch und gerade die politischen Parteien als Objekte jener negativen Einstellungen gelten, die als Verdrossenheit bezeichnet werden (vgl. Tabelle 2.18 auf Seite 125). Deshalb soll in diesem Abschnitt kurz auf die internationale Literatur zum Niedergang der Parteien (*party decline*) eingegangen werden.

Ähnlich wie in der deutschsprachigen Literatur zu den Parteien (vgl. Kapitel 2.4) lassen sich dabei zwei Argumentationsebenen unterscheiden: Der ältere Strang der Diskussion bezieht sich auf objektive Merkmale der Parteien beziehungsweise der Parteiensysteme, die als problematisch angesehen werden. Diese zumeist von normativen Aspekten geprägte Diskussion läßt sich in den Vereinigten Staaten (Milkis 1999: Kapitel 1) und in Europa (Daalder 1992: 270ff) bis ins 18. Jahrhundert zurückverfolgen. Da diese Debatte vor allem von und mit Bezug auf die politischen Eliten geführt wurde, sei hier summarisch auf den häufig zitierten Aufsatz von Hans Daalder (1992) verwiesen, der die wichtigsten Typen von Argumenten zusammenstellt und kommentiert. Der zweite Diskussionsstrang hingegen bezieht sich nicht auf die Eliten, sondern auf die Einstellungen und das Verhalten der Massen gegenüber den Parteien. Nur diese sind im Kontext der Verdrossenheitsdebatte von Interesse.

Was dabei im einzelnen unter *party decline* verstanden wird, ist recht unterschiedlich. Howard L. Reiters auf der einschlägigen Literatur basierender Definitionsversuch (der auch die Ebene der politischen Eliten miteinschließt) stellt jedoch so etwas wie einen kleinsten gemeinsamen Nenner dar und kann deshalb als Ausgangspunkt dienen:

> „We can infer a definition of party decline from the literature: ‚party decline' is the phenomenon in which political parties in general are less determinative of the attitudes and behavior of political actors on both the mass and the elite levels, less highly regarded, and less likely to inspire the electoral act than they once were." (Reiter 1989: 326)

---

13 Ob es allerdings sinnvoll ist, die Batterien unter einer gemeinsamen Bezeichnung zusammenzufassen, ist angesichts der Tatsache, daß sich beide Konstrukte nicht nur inhaltlich, sondern auch faktoranalytisch voneinander trennen lassen, wie schon die ersten Arbeiten auf diesem Gebiet gezeigt haben, mehr als fraglich.

Party decline bezieht sich nach diesem Verständnis also auf die Parteien insgesamt, nicht auf eine einzelne Partei oder auf eine Gruppe von Parteien („etablierte Parteien", Volksparteien etc.), und beinhaltet einen relativen Bedeutungsverlust auf der Einstellungs- und/oder der Handlungsebene, wobei Veränderungen im Wahlverhalten eine besondere Bedeutung zukommt. Ergänzend zu Reiters Definition ist anzufügen, daß die Mehrzahl der Arbeiten auf diesem Gebiet soziale Wandlungsprozesse für diese Entwicklung verantwortlich macht (Poguntke 1996: 319).[14]

Untersucht werden in den Studien, die sich in diesem Sinne mit *party decline* beschäftigen, zum einen aggregierte und nicht-aggregierte Indikatoren für politisches Verhalten (elektorale Volatilität, Wahl systemfremder Parteien, Nichtwahl, Wechselwahl, Zeitpunkt der Wahlentscheidung, Mitgliedschaft in Parteien, Unterstützung nicht-parteiförmiger Akteure etc.), zum anderen Einstellungsvariablen. Unter diesen wiederum ist die Parteibindung beziehungsweise Parteiidentifikation von besonderer Bedeutung, während andere, speziell vor dem Hintergrund der *decline of party*-Hypothese entwickelte Indikatoren zur Messung von *anti-party sentiment* oder Instrumente, die auf Interessenvertretung und wahrgenommene Responsivität der Parteien zielen, eine weniger wichtige Rolle spielen.[15]

Das im Rahmen der Ann-Arbor-Studien (Campbell et al. 1954, 1960) entwickelte Konzept der Parteiidentifikation erfaßt bekanntlich eine Art „psychologische Mitgliedschaft" in einer der beiden großen amerikanischen Parteien.[16] Ob dieses Konzept auf andere westliche Demokratien übertragbar ist, war lange Zeit strittig (vgl. für die Bundesrepublik Falter 1977). Zu sehr schien die Idee einer „psychologischen Mitgliedschaft" von den Besonderheiten, die das US-amerikanische System von den politischen Systemen Europas unterscheiden, geprägt zu sein. Zu nennen sind hier insbesondere das (relativ) stabile Zweiparteiensystem, die organisatorische Schwäche der Großparteien und das Fehlen historisch begründeter ideologischer Konflikte.

In einem einflußreichen Beitrag haben Dalton et al. (1984: 12) jedoch darauf hingewiesen, daß langfristig stabile Parteibindungen (*party loyalties*) keine psychologische

---

14 Vergleichbare Überlegungen wurden bereits in Kapitel 2.3 zur Regierbarkeitsdiskussion (insbesondere Abschnitt 2.3.2) vorgestellt und finden sich, wenn auch weniger prominent (vgl. Tabelle 2.36 auf Seite 149), in der Verdrossenheitsdebatte wieder.

15 *Anti-party sentiment* meint die grundsätzliche Ablehnung von Parteien im allgemeinen, manchmal auch nur die Ablehnung aller existierenden Parteien, und entspricht damit in etwa dem im deutschen Sprachraum verbreiteten Begriff des „Antiparteienaffektes". Das Konzept, dem 1996 ein Sonderheft des „European Journal of Political Research" gewidmet wurde, ist (zumindest auf der Ebene der Massen) bislang nicht klar definiert, aber in jedem Fall enger gefaßt als Reiters Definition von *party decline* (Poguntke 1996: 323). Eine Operationalisierung, welche die drei Elemente „Unzufriedenheit mit den existierenden Parteien", „Präferenz für eine dritte Partei" (im Falle der USA) und „Wunsch nach einer weniger wichtigen Rolle für die Parteien" beinhaltet, wurde von Owen und Dennis (1996) entwickelt. Ähnliche Indikatoren finden sich bereits 1983 bei Schmitt und in einigen anderen Studien.

16 Der Fragestimulus ist seit 1952 unverändert geblieben und lautet: „Generally speaking, do you usually think of yourself as a Republican, a Democrat, an Independent, or what?" Mit einer zweiten Frage wird anschließend die Stärke der Parteiidentifikation (für Demokraten und Republikaner) beziehungsweise eine eventuelle Parteineigung (für Unabhängige) erhoben. Zu den Details vgl. Center for Political Studies (1998).

Parteiidentifikation im Sinne des ursprünglichen Ann-Arbor-Modells voraussetzen. Vielmehr können die für Europa charakteristischen Koalitionen zwischen sozialen Großgruppen einerseits und ideologisch geprägten Parteien andererseits (vgl. Lipset und Rokkan 1967) als funktionales Äquivalent für die psychologische Identifikation mit einer Partei dienen:

> „What is challenged by the non-American results is the concept of party loyalty as a psychological identification with a party, not the idea of a standing party decision. (…) In sum, party loyalties may reflect a sense of party identification or the party cues derived from social characteristics." (Dalton et al. 1984: 12)

Indem Dalton et al. (1984: 11ff) in einem zweiten Argumentationsschritt sozialpsychologische beziehungsweise (makro-)soziologische Modelle mit älteren Überlegungen V. O. Keys (1955) und anderer Autoren zur Klassifikation von „kritischen" Wahlen verbinden, gelangen sie zu einem einheitlichen Analyserahmen, mit dessen Hilfe sie das Verhältnis zwischen Bürgern und Parteien in demokratischen Systemen auf der Makro-Ebene beschreiben können. Dabei unterscheiden sie drei Modi: Im Falle eines *stable alignments* (Dalton et al. 1984: 11f) bleiben die Bindungen der Bürger an die Parteien weitgehend stabil, auch wenn sich die Wähler aufgrund des personellen Angebotes oder der im Wahlkampf relevanten Streitfragen (Campbell et al. 1960) entgegen ihrer Parteibindung verhalten. Von diesen Phasen relativer Stabilität unterscheiden sich die Perioden des *realignment* (Dalton et al. 1984: 13f), in denen große Wählergruppen neue Parteibindungen entwickeln. Ein häufig zitiertes Beispiel ist in diesem Kontext das „New Deal Realignment", d. h. der Eintritt von Arbeitern, Katholiken und Schwarzen in die Wählerkoalition der Demokraten als Folge der Politik Franklin D. Roosevelts. Von einem *dealignment* schließlich sprechen Dalton et al. (1984: 14) dann, wenn der Anteil der parteigebundenen Wähler in einem politischen System kurzfristig oder dauerhaft zurückgeht.[17] Ein *dealignment* impliziert nicht notwendigerweise, daß die bisherigen Parteibindungen durch negative Einstellungen gegenüber den Parteien im allgemeinen oder der bisher favorisierten Partei im besonderen ersetzt werden müssen. Es erscheint allerdings plausibel, davon auszugehen, daß die Bürger die Parteien im ganzen kritischer betrachten, wenn sie sich keiner Partei mehr in besonderer Weise verbunden fühlen (vgl. ergänzend Dalton 1999: 65).

Zur Erklärung von *dealignment*- und *realignment*-Tendenzen in den westlichen Parteiensystemen wird in der Literatur eine Vielzahl von sozialen Modernisierungsprozessen angeführt (Dalton et al. 1984: 15ff), unter denen die Hypothesen vom Schrumpfen der sozialen Milieus, der kognitiven Mobilisierung (Dalton 1984) und des Wertewandels, die im Verlaufe dieser Arbeit schon häufiger angesprochen wurden, die wichtigsten sind. Dalton et al. (1984: 21) selbst entwickeln keine einheitliche Theorie des

---

17 Hinsichtlich dieser Definition von *dealignment* gibt es in der Literatur Unklarheiten, auf die bereits Dalton et al. (1984: 13, FN 6) selbst hinweisen. Insbesondere besteht nicht in allen Beiträgen Einigkeit darüber, ob der Begriff sich auf die Einstellungs- oder auf die Handlungsebene beziehen soll. Mit Dalton et al. bin ich der Meinung, daß *dealignment* den mentalen Prozeß des Zerfalls von Parteibindungen bezeichnen soll, aus dem nicht zwingend eine Kräfteverschiebung zwischen den Parteien folgen muß. Nur so läßt sich *dealignment* empirisch und analytisch von seinen Ursachen und Folgen trennen (Dalton et al. 1984: 13, FN 6).

Wandels der Beziehungen zwischen Bürgern und Parteien, sondern gehen davon aus, daß die verschiedenen Modernisierungsprozesse sich gegenseitig überlagern und verstärken. Diese Annahme erscheint insofern sinnvoll, als bis heute keiner der genannten Prozesse als alleinige Ursache des empirisch nachweisbaren Wandels ausgemacht werden konnte.

Zusammenfassend ist festzuhalten, daß unter dem Rubrum *party decline* eine umfangreiche Forschungsliteratur vorliegt, die sich mit der schwindenden Fähigkeit der Parteien befaßt, das politische Denken und Handeln der Bürger zu beeinflussen. Diese Literatur bildet keinen einheitlichen theoretischen Korpus. Negative Einstellungen der Bürger gegenüber Parteien und ihren Spitzenvertretern werden u. a. aus der Sicht der politischen Kulturforschung, aus der Perspektive der Eastonschen Systemtheorie oder aus einer eher ideologiegeschichtlichen Sicht analysiert. Zuweilen werden die entsprechenden Attitüden auch ohne jeden theoretischen Bezug erhoben und analysiert. Eine wichtige strukturierende Rolle innerhalb der Forschung zum Niedergang der Parteien nimmt aber das Konzept des *dealignment*, des Zerfalls der (in Europa zumeist sozialstrukturell vermittelten) Parteibindungen, ein.

Vergleicht man die Literatur zur politischen Verdrossenheit und hier insbesondere jene Texte, die hauptsächlich mit dem Begriff der Parteienverdrossenheit operieren, mit dem internationalen Schrifttum, so zeigen sich was Argumentation und Indikatoren betrifft deutliche Parallelen zu jenen Ansätzen, die mit den Konzepten des *anti-party sentiment* und vor allem mit dem *dealignment*-Begriff operieren. Einige wenige Autoren (beispielsweise Dalton und Rohrschneider 1990) betrachten Verdrossenheit sogar als ein Synonym für *dealignment*. Zumeist fehlt in der Verdrossenheitsliteratur allerdings der Bezug auf die international geführte Debatten.[18]

3.2.5 Politische Unterstützung, Legitimität und Vertrauen

Unter den hier vorzustellenden Begriffen ist das Konzept der politischen Unterstützung (*political support*) mit Sicherheit das wichtigste und auch das umfassendste, da politische Unterstützung als Oberbegriff für die Konzepte Legitimität (*legitimacy*) und Vertrauen (*trust*) gelten kann und auch mit den Konzepten der Unzufriedenheit, der Entfremdung und der (in)*efficacy* in Zusammenhang steht, wie in den vorangegangenen Abschnitten gezeigt wurde. Selbst *dealignment*-Phänomene können im Prinzip als Entzug diffuser Unterstützung für einen kollektiven politischen Akteur beziehungsweise für eine ganze Gruppe von kollektiven politischen Akteuren verstanden werden.[19]

Die Vorstellung, daß ein stabiles politisches System die Unterstützung seiner Mitglieder benötigt, läßt sich im Grunde bis in die Antike zurückverfolgen und findet sich

---

18 Nur am Rande sei darauf verwiesen, daß sich die Verdrossenheitsdebatte in dieser Hinsicht deutlich von den älteren Krisendiskussionen unterscheidet, die unter weitaus weniger „germanozentrischen" (Lösche 1995a: 158) Vorzeichen geführt wurden.

19 Auch das oben angesprochene *anti-party sentiment* kann als Entzug von Unterstützung für einzelne *authorities* beziehungsweise für einen Teil des *regimes* interpretiert werden. Vgl. dazu auch Westle (1990a: 403f).

bei zahlreichen modernen Klassikern der Politischen Soziologie wieder (Fuchs 1989: 5ff, Klingemann 1999: 33).[20] Entscheidend geprägt wurde das heutige Verständnis von politischer Unterstützung aber durch die analytische Struktur, die David Easton (1965a,b, 1975) für das Konzept entwickelt hat. Hierfür gibt es im wesentlichen zwei Gründe (Fuchs 1989: 12): Zum einen ermöglicht das Gerüst der Eastonschen Begriffe eine differenzierte Beschreibung des Zusammenhanges zwischen individuellen Einstellungen und den Prozessen auf der Systemebene, zum anderen ist das Konzept der politischen Unterstützung leicht zu operationalisieren und hat deshalb in der empirisch vergleichenden Politikforschung weite Verbreitung gefunden, wobei die Frage nach einer angemessen Operationalisierung kontrovers diskutiert wird (vgl. u. a. Westle 1989b: 91ff).

Charakteristisch für Eastons Entwurf sind zwei Aspekte: Zum einen die fundamentale Unterscheidung zwischen diffuser und spezifischer Unterstützung, zum anderen die Differenzierungen zwischen den verschiedenen Ebenen des politischen Systems, auf die politische Unterstützung bezogen werden kann.[21] Die Dimension diffus vs. spezifisch bezieht sich auf die Abhängigkeit der Unterstützung von den *outputs* des politischen Systems, die kurzfristigen Schwankungen unterliegen können. Besteht eine solche Abhängigkeit, so spricht Easton (1975: 437ff) von spezifischem *support*. Speist sich die Unterstützung des Systems oder seiner Teile hingegen aus längerfristig stabilen Qualitäten der Unterstützungsobjekte, so handelt es sich um diffusen *support*.

In einer späteren Erweiterung des *support*-Konstruktes führte Easton noch zwei Unterdimensionen diffuser Unterstützung ein: Vertrauen (*trust*), d. h. die generalisierte Überzeugung, daß Verlauf und Ergebnis des politischen Prozesses den eigenen Präferenzen auch dann entsprechen, wenn der Prozeß nicht ständig überwacht wird (Easton 1975: 447), und Legitimität (*legitimacy*), d. h. die Überzeugung, daß die politischen Objekte, auf die sich diese Form der Unterstützung bezieht, den eigenen moralischen Standards entsprechen (Easton 1975: 451).[22] Damit gelang es Easton, zwei zentrale und traditionsreiche Begriffe des politischen Denkens in seine systemtheoretischen Überlegungen zu integrieren.

Darüber hinaus differenziert Easton (1965b: 190ff) politische Unterstützung nach ihrem Objektbezug: *support* kann sich auf die politische Herrschaftsträger (*authori-*

---

20 Unklarheit besteht aber häufig über das notwendige Ausmaß der Unterstützung: Während viele Autoren in der Tradition Parsons' in jedem Entzug von politischer Unterstützung eine potentielle Gefahr für die Stabilität des politischen Systems sehen, weisen andere sehr prononciert darauf hin, daß die Kritik an den bestehenden Verhältnissen zum Wesen der Demokratie gehöre – vgl. dazu u. a. Citrin et al. 1975, Parry 1976, Sniderman 1981, Wright 1981, Klingemann 1999.

21 Eine dritte Unterscheidung (Easton 1965b) zwischen unterstützenden Handlungen („overt support") und unterstützenden Einstellungen („covert support") spielt hingegen in der Diskussion nur eine untergeordnete Rolle, weil der Unterstützungsbegriff ähnlich wie der Begriff der Verdrossenheit zumeist auf die attitudinale Ebene bezogen wird. Die Entstehung dieser unterstützenden Attitüden wird teils auf Erfahrungen mit dem politischen System, teils auf primäre und sekundäre Sozialisationsprozesse zurückgeführt (Easton 1975: 444ff).

22 Legitimität ist in dieser Perspektive also keine von außen festgestellte Qualität des politischen Systems, sondern muß im Sinne Webers (1980: 122f) als subjektiver „Legitimitätsglaube" der Bürger verstanden werden.

ties), auf die Herrschaftsordnung (*regime*) oder auf die politische Gemeinschaft beziehen. Letztere spielt in der Verdrossenheitsliteratur keine Rolle. Die Nützlichkeit der Begriffe *authorities* und *regime*[23] zur Charakterisierung von Verdrossenheitseinstellungen und -folgen hingegen wurde bereits weiter oben (Abschnitt 2.5.3, Punkt 8, Seite 79) ausführlich diskutiert.

Während unter *authorities* in diesem Zusammenhang im wesentlichen die etablierten Parteien und die von ihnen rekrutierten Inhaber der politischen Führungspositionen[24] zu verstehen sind, liegen im Fall des *regimes* die Verhältnisse etwas komplizierter. Hier lassen sich wiederum drei Komponenten unterscheiden, nämlich die grundlegenden Werte und Prinzipien des politischen Systems, seine formellen und informellen Normen sowie die politische Rollenstruktur (Easton 1965b: 193ff). Diffuse Unterstützung im Sinne Eastons kann sich sowohl auf das *regime* als auch auf die *authorities* richten. Spezifische Unterstützung hingegen kann nur den Amtsinhabern zugute kommen (Easton 1975: 445).

Ende der neunziger Jahre arbeiteten Fuchs (1989: 19ff) und Westle (1989b: 63ff, 184ff) einige Inkonsistenzen und Unzulänglichkeiten in Eastons Unterstützungskonzept heraus und nahmen entsprechende Veränderungen vor. Fuchs (vgl. Tabelle 3.1 auf der nächsten Seite) beließ es bei der von Easton vorgeschlagenen Dreiteilung der Unterstützungsobjekte, schlug aber in Anlehnung an die Parsonssche Konzeption des Einstellungsbegriffes die Einführung von drei Unterstützungsmodi vor, die an die Stelle der Dichotomie diffus vs. spezifisch treten sollten.[25] Westle (vgl. Tabelle 3.2 auf Seite 200) hingegen behielt diese Dichotomie grundsätzlich bei, erweiterte sie aber durch eine feinere Abstufung. Zusätzlich differenziert Westle stärker zwischen den Unterstützungsobjekten. Hier handelt es sich aber eher um eine Konkretisierung des Konzeptes als um eine echte Erweiterung, da ähnliche Unterscheidungen bei Easton bereits angelegt sind.

Obwohl Fuchs' und Westles Kritik von einem analytischen Standpunkt aus ihre Berechtigung hat, weithin akzeptiert wurde und insbesondere bei der Auswahl von Indikatoren zur Messung politischer Unterstützung berücksichtigt werden sollte, bestreiten beide Autoren nicht, daß Eastons Überlegungen für die Konzeptualisierung und Operationalisierung von politischer Unterstützung nach wie vor von grundlegender Bedeutung sind. Eine der wichtigsten Gemeinsamkeiten zwischen Eastons ursprünglichem Konzept und den Modifikationen von Fuchs und Westle liegt in der hierarchischen Beziehung zwischen den Unterstützungsebenen: Unzufriedenheit mit dem politischen Personal und ein daraus resultierender Entzug von spezifischer Unterstützung

---

23 Westle (1989b: 170ff) hat in diesem Zusammenhang eine hilfreiche Explikation beziehungsweise Erweiterung des *regime*-Begriffes vorgeschlagen, indem sie zwischen politischer Philosophie, politischen Ordnungsvorstellungen, formaler politischer Ordnung und materialer politischer Ordnung unterscheidet. Ähnlich argumentiert bereits Gamson (1968: 50f).

24 Unter Umständen sind ihnen noch die Inhaber von *per se* unpolitischen Spitzenpositionen zuzurechnen, die aber ihr Amt einer Form der Parteipatronage verdanken. Eine ausführliche Diskussion der Frage, wer zu den *authorities* zu rechnen ist, findet sich bei Westle (1989b: 174ff).

25 Eine ähnliche, ebenfalls auf Parsons zurückgehende Konzeptualisierung verwenden auch Almond und Verba in ihrer klassischen Studie. Kritisch dazu: Conradt (1980: 221ff).

Objekte	Modi
Politische Gemeinschaft	expressiv moralisch instrumentell
Regime	expressiv moralisch instrumentell
Autoritäten	expressiv moralisch instrumentell

Quelle: Fuchs (1989: 21ff)

Tabelle 3.1: Die Modifikation des Eastonschen Unterstützungskonzeptes durch Fuchs (1989)

muß keineswegs zu einem parallelen Entzug der Unterstützung für das *regime* oder gar für die politische Gemeinschaft führen. Vor allem in demokratischen Systemen ist ein Wandel des *regimes* vielmehr die Ausnahme, nicht die Regel (Easton 1975: 436). Solange sich das *regime* weiterhin auf diffuse Unterstützung, d. h. auf ein „reservoir of favorable attitudes or good will" (Easton 1965b: 273) stützen kann, bleibt das System selbst stabil, während die politische Führung wechselt. Unter Rückgriff auf die Eastonschen Konzepte sollte es deshalb möglich sein, die für Teile der Verdrossenheitsdebatte charakteristische „konzeptuelle Vermischung von Parteienverdrossenheit und Abwendung von der Demokratie" (Westle 1990a: 401), die Manfred Küchler bereits 1982 kritisiert hatte, zu vermeiden.[26]

Sowohl Fuchs als auch Westle haben, wie oben mehrfach erwähnt, dafür plädiert, politische Verdrossenheit als Entzug politischer Unterstützung im Sinne Eastons zu verstehen beziehungsweise den Verdrossenheitsbegriff gänzlich durch das Konzept der politischen Unterstützung zu ersetzen. Daß politische Unterstützung tatsächlich an die Stelle der bisher vorgestellten Konzepte treten kann, die sich ja in weiten Teilen mit dem Gegenstandsbereich der politischen Verdrossenheit überschneiden, zeigt sich exemplarisch an der von Pippa Norris herausgegebenen „Critical Citizens"-Studie.

Die in diesem Sammelband vertretenen Autoren verwenden[27] ebenfalls eine Modifikation des Eastonschen *support*-Konzeptes, die in Tabelle 3.3 schematisch dargestellt ist. Ähnlich wie Westle spalten die Autoren das Unterstützungsobjekt *regime* in die ihm zugrundeliegenden abstrakten Werte und Prinzipien (bei Westle: Philosophie und Ordnungsvorstellungen) einerseits und in deren konkrete institutionelle Ausgestaltung (formale und materiale Ordnung) andererseits auf. Der von Fuchs konzipierten instrumentellen Unterstützung des *regimes* entspricht bei Norris in etwa die Bewertung der *regime performance*. Auf diese Weise gelangen sie zu insgesamt fünf

---

26 Ähnliche Überlegungen finden sich bereits bei Kaase (1979), der aber noch den Begriff der Legitimitätskrise verwendet.

27 Dieser analytische Rahmen wird allerdings in einigen Beiträgen abgewandelt beziehungsweise erweitert – vgl. vor allem Dalton (1999: 58f), der in Anlehnung an Almond und Verba (1965) die Unterscheidung zwischen affektiven und instrumentellen Einstellungsinhalten wieder einführt.

Objekte	Modi
Politische Gemeinschaft[a]	diffus diffus-spezifisch spezifisch-diffus spezifisch
Politische Ordnung[b]	diffus diffus-spezifisch spezifisch-diffus spezifisch
Politische Herrschaftsträger[c]	diffus diffus-spezifisch spezifisch-diffus spezifisch

a   Mit den zusätzlichen „Aspekten" Territorium und Mitglieder (Westle 1989b: 169f).

b   Mit den zusätzlichen „Stufen" politische Philosophie, politische Ordnungsvorstellungen, formale politische Ordnung und materiale politische Ordnung (Westle 1989a: 170ff).

c   Mit den zusätzlichen „Aspekten" politische Parteien und Politiker (Westle 1989a: 179).

Quelle: Westle (1989b: 169ff)

Tabelle 3.2: Die Modifikation des Eastonschen Unterstützungskonzeptes durch Westle (1989)

Objekte	Modi
political community	diffus
regime principles	
regime performance	⇕
regime institutions	
political actors	spezifisch

Quelle: Norris (1999c: 10)

Tabelle 3.3: Die Modifikation des Eastonschen Unterstützungskonzeptes durch Norris (1999)

Typen von Unterstützungsobjekten.

Anders als bei Easton, Fuchs und Westle ist der Modus der Unterstützung jedoch keine eigenständige Dimension mehr. Vielmehr gehen die Autoren der Studie davon aus, daß die Unterstützung für ein Objekt tendenziell um so diffuser ist, je höher es in der von Easton und anderen Autoren skizzierten Hierarchie der Unterstützungsobjekte rangiert (Norris 1999c: 9ff). Der Modus der Unterstützung ergibt sich damit aus dem Typus des unterstützten Objektes. Verglichen mit den sehr komplexen Ansätzen von Fuchs und Westle weist diese Konzeptualisierung von *support* eine relativ einfache Struktur auf, ist aber differenziert genug, um die der Studie zugrundeliegenden Fragestellungen zu bearbeiten. Vor allem aber ist das Konzept so einfach gehalten, daß sich für eine ganze Reihe von Ländern und Zeitpunkten geeignete Datensätze und Items finden lassen, mit deren Hilfe sich die Frage beantworten läßt, ob die Zahl der *Critical Citizens* (Norris 1999c) tatsächlich anwächst.

In das in Tabelle 3.3 wiedergegebene Schema ordnen die Autoren mit Ausnahme der *internal political efficacy* alle wichtigen in den vorangegangenen Abschnitten vorgestellten Konzepte ein, mit denen die politische Verdrossenheit konkurriert. Auf diese Weise gelingt es ihnen, zwischen der weltweit ansteigenden Unterstützung für demokratische Werte und Normen einerseits und der in zahlreichen Ländern abnehmenden Unterstützung für Parteien und andere Institutionen der repräsentativen Demokratie andererseits zu unterscheiden und damit die Ergebnisse anderer Autoren für die Bundesrepublik (Fuchs 1989, Westle 1989b) und die westeuropäischen Staaten (Fuchs und Klingemann 1995) auf einer breiteren Grundlage zu bestätigen.[28]

In einem zweiten Schritt prüfen die Autoren darüber hinaus, ob das (vermeintliche) Schwinden des Sozialkapitals[29] in westlichen Gesellschaften (Newton 1999), die ökonomische und politische Leistungsfähigkeit der Regierungen (McAllister 1999, Miller und Listhaug 1999), der Wertewandel (Inglehart 1999) oder institutionelle Faktoren (Norris 1999b) Veränderungen in den verschiedenen Formen politischer Unterstützung erklären können und testen damit eine Reihe von Zusammenhangshypothesen, die seit den vierziger und fünfziger Jahren zum Repertoire der Krisendiskurse gehören (Kaase und Newton 1995: 19ff).

Insbesondere das letztgenannte Kapitel erweist sich vor dem Hintergrund der Verdrossenheitsdebatte, in der, wie oben dargelegt wurde, häufig die Notwendigkeit institutioneller Veränderungen mit der Unzufriedenheit der Bürger begründet wird, als äußerst erhellend: Zum einen wird hier nochmals deutlich, wie problematisch die durch die Verwendung des Verdrossenheitsbegriffes implizierte Beschränkung auf Deutschland ist, da institutionelle Faktoren aus offensichtlichen Gründen nur in international vergleichend angelegten Studien untersucht werden können. Zum anderen zeigt sich, daß institutionelle Faktoren zumindest in diesem Modell *gemeinsam* mit einer Reihe politisch-kultureller und ökonomischer Kontrollvariablen lediglich einen Anteil von insgesamt neun Prozent der Varianz des Institutionenvertrauens als abhängiger Variable erklären können (Norris 1999b: 232, Tabelle 11.3) – ein Ergebnis, daß auf die Verfechter institutioneller Reformen höchst ernüchternd wirken müßte.

Aus Platzgründen ist an dieser Stelle nicht möglich, detaillierter auf das Eastonsche Unterstützungskonzept und seine Weiterentwicklungen einzugehen. Zusammenfassend läßt sich aber festhalten, daß dieses Konzept nach wie vor zu den fruchtbarsten Ansätzen der Politischen Soziologie zählt und als analytischer Rahmen für die Mehrzahl der in den vorangegangenen Kapiteln vorgestellten Konzepte und Indikatoren dienen kann, die sich ihrerseits wieder in weiten Teilen mit dem Gegenstandsbereich

---

28 Übrigens beschäftigen sich die Autoren von Norris (1999a) fast ausschließlich mit sinkendem Vertrauen (Miller und Listhaug 1999, Newton 1999, Norris 1999b) beziehungsweise abnehmenden Bindungen (Dalton 1999). Nimmt man die bei Easton (1975) getroffene Unterscheidung zwischen den verschiedenen Formen diffuser Unterstützung ernst, so folgt aus dem Rückgang des Vertrauens nicht zwingend, daß die betroffenen Institutionen in den Augen der Bürger nicht mehr als legitim und/oder effizient gelten.

29 Für Newton handelt es sich bei Sozialkapital im wesentlichen um interpersonales Vertrauen, d. h. um ein Mikro-Konzept. In der Literatur wird der Begriff in vielen verschiedenen Varianten verwendet. Eine weitergehende Diskussion dieses überaus komplexen Begriffes ist an dieser Stelle weder möglich noch nötig. Für einen ersten kritischen Überblick vgl. Knight (1998).

der politischen Verdrossenheit überschneiden.

3.3 Zwischenfazit

Im ersten Teil der Bedeutungsanalyse wurde gezeigt, daß sich die Verdrossenheitsdebatte aus der Diskussion um die Regierbarkeit der westlichen Demokratien entwickelt hat, die ihrerseits als Mitglied einer größeren Familie von Krisentheorien gelten kann. Von älteren Krisentheorien unterscheidet sich die Verdrossenheitsdebatte aber in einem wesentlichen Punkt: Es fehlt ihr, wie sich bereits bei Durchsicht der wenigen expliziten Definitionen von politischer Verdrossenheit gezeigt hat, an theoretischer Stringenz oder wenigstens Einheitlichkeit. Anders als die Regierbarkeitsdebatte verfügt der Verdrossenheitsdiskurs nicht über einen unstrittigen Leitbegriff, an dem sich die Forschung orientiert.

Die umfassende systematisch-quantitative Analyse der Forschungsliteratur, die im zweiten Teil der Bedeutungsanalyse vorgenommen wurde, bestätigt diesen Eindruck. Bezüglich der Objekte, der Ursachen, der Mikro- und der Makro-Folgen von Verdrossenheit herrscht in der Literatur ebensowenig Konsens wie hinsichtlich der theoretischen Vernetzung des Konzeptes oder der zu verwendenden Begrifflichkeit. Nicht einmal darüber, welche Einstellungen überhaupt mit Verdrossenheit bezeichnet werden sollen, sind sich die Autoren einig. Der kleinste gemeinsame Nenner der fast 180 untersuchten Arbeiten besteht darin, daß sie mit „Verdrossenheit" negative oder zumindest neutrale Einstellungen gegenüber einer Vielzahl von politischen Objekten bezeichnen. Im Überblick präsentiert sich politische Verdrossenheit somit als ein extrem heterogenes Konzept. Die in der Einleitung aufgeworfene Frage nach der Bedeutung von Verdrossenheit kann deshalb nur in sehr allgemeiner Weise beantwortet werden: Politische Verdrossenheit in all ihren sprachlichen Varianten – Politikverdrossenheit, Parteienverdrossenheit, Politikerverdrossenheit, Staatsverdrossenheit etc. – ist ein wissenschaftliches Modewort, mit dem seit dem Ende der siebziger Jahre eine ganze Reihe von Phänomenen, die als neu und/oder beunruhigend galten, bezeichnet wurde. Als wissenschaftlicher Begriff ist „Verdrossenheit" denkbar ungeeignet, weil es ihm an Eindeutigkeit, Präzision und theoretischer Fruchtbarkeit fehlt (vgl. Opp 1995: 127ff).

Ein kritischer Vergleich der Inhalte, die im deutschen Sprachraum unter dem Oberbegriff der Verdrossenheit diskutiert werden, mit den international etablierten Begriffen, die oben in knapper Form vorgestellt wurden, zeigt zudem, daß der Terminus überflüssig ist. Die in Abschnitt 3.2 präsentierten Konzepte sind mit den wichtigsten im Kontext der Verdrossenheitsdebatte diskutierten Einstellungen identisch. Eine Ausnahme stellen allenfalls die in der Verdrossenheitsliteratur vergleichsweise häufig (vgl. Tabelle 2.24 auf Seite 130) erwähnten Protesteinstellungen dar. Selbst diese können aber weitgehend mit den Konzepten der politischen Unzufriedenheit beziehungsweise der politischen Unterstützung erfaßt werden.[30]

---

30 Auf die Problematik des Protestbegriffes wurde bereits weiter oben hingewiesen. „Protest" bezieht sich
    in der Verdrossenheitsliteratur in aller Regel *nicht* auf die Bereitschaft, sich an unkonventionellen oder

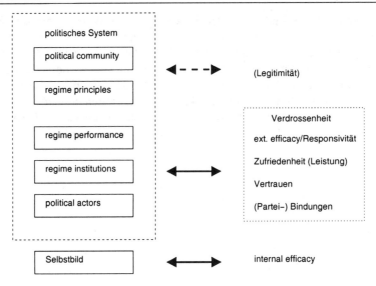

Abbildung 3.2: Verdrossenheitsobjekte und Verdrossenheitseinstellungen

Diese etablierten Konzepte sind darüber hinaus vergleichsweise klar definiert. Zu ihnen liegen weithin akzeptierte Operationalisierungen, allgemein zugängliche Datensätze und eine umfangreiche Literatur vor, die zahlreiche europäische und außereuropäische Demokratien behandelt. Zudem lassen sich die meisten dieser Konzepte als Facetten des von Easton entwickelten Unterstützungsbegriffes verstehen.

Abbildung 3.2, in der die wichtigsten in der Literatur diskutierten Verdrossenheitsobjekte (linke Spalte) und Verdrossenheitseinstellungen (rechte Spalte) den verschiedenen Ebenen der politischen Unterstützung nach Norris (1999c) zugeordnet werden, illustriert diese Zusammenhänge: Politische Verdrossenheit, wie sie in dieser Arbeit aus der einschlägigen Literatur rekonstruiert wurde, läßt sich weitgehend mit dem in der „Critical Citizens"-Studie verwendeten Analyseraster zur Deckung bringen. Darüber hinaus veranschaulicht die Abbildung nochmals, daß in der Verdrossenheitsliteratur ausschließlich das Verhältnis der Bürger zur unteren und mittleren Ebene der Eastonschen Unterstützungshierarchie problematisiert wird, deren Effektivität und Legitimität der Bevölkerung angeblich zunehmend zweifelhaft erscheint. Die für die Regierbarkeitsdebatte so wichtigen Fragen nach der Legitimität der *regime principles* und der Unterstützung des Gesamtsystems spielen dagegen in der Diskussion um die Politikverdrossenheit keine Rolle mehr.

Vor diesem Hintergrund läßt sich nun auch die zweite in der Einleitung aufgewor-

---

illegalen Partizipationsformen zu beteiligen, sondern bezeichnet eine Unzufriedenheit mit den etablierten Parteien und Politikern und/oder den emotional motivierten Wunsch, diese politischen Akteure durch die eigene Wahlentscheidung zu „bestrafen". Klare Definitionen von Protest sind die Ausnahme. In der Mehrheit aller Beiträge dürfte es sich bei Protesteinstellungen jedoch schlicht um einen Spezialfall politischer Unzufriedenheit handeln.

fene Forschungsfrage – gibt es in der Forschung andere Begriffe, die zur Untersuchung des Gegenstandsbereiches von „Verdrossenheit" besser geeignet sind? – beantworten: Die etablierten Konzepte, vor allem das umfassende Konzept der politischen Unterstützung, sind dem Verdrossenheitsbegriff klar überlegen. Die Versuche einiger Autoren (u. a. Pickel und Walz 1997a, Maier 2000), den Begriff der Politikverdrossenheit unter Rückgriff auf Easton zu rekonstruieren, greifen deshalb zu kurz. Statt dessen sollte der Begriff gänzlich aufgegeben und, wie von Fuchs (2001) vorgeschlagen, durch das Konzept der politischen Unterstützung ersetzt werden.

4 Ausgewählte empirische Probleme der Verdrossenheitsforschung

Übersicht

Während in den beiden vorangegangenen Kapiteln die inhaltlichen und analytischen Defizite der Verdrossenheitsforschung relativ ausführlich dargestellt wurden, soll sich dieses kürzere und letzte Kapitel der Arbeit nun mit einigen ausgewählten empirischen Problemen aus diesem Bereich beschäftigen, die trotz ihrer zentralen Bedeutung für die Forschung bislang kaum untersucht wurden. Zwar mag es auf den ersten Blick wenig sinnvoll erscheinen, sich mit offenen empirischen Fragen aus dem Bereich der Verdrossenheitsforschung auseinanderzusetzen, nachdem im vorangegangenen Abschnitt gefordert wurde, den Begriff der politischen Verdrossenheit gänzlich aufzugeben. Tatsächlich gibt es aber durchaus gute Gründe, einige in der Verdrossenheitsliteratur diskutierte Hypothesen näher zu beleuchten: Zum einen beziehen sich die im deutschen Sprachraum unter dem Rubrum der Politikverdrossenheit untersuchten Einstellungen unabhängig von der Zweckmäßigkeit dieses Begriffes auf einen Gegenstandsbereich, der für die Frage nach der Legitimität, Stabilität und Leistungsfähigkeit der Demokratie von zentraler Bedeutung ist. Zum anderen sind empirische Befunde vorstellbar, aus denen sich Begründungen dafür ableiten ließen, den Verdrossenheitsbegriff trotz

Ausgewählte empirische Probleme der Verdrossenheitsforschung

	Hypothese	Überprüfung
H 1	„Verdrossenheit" ist ein Art Syndrom	Suche nach substantiellen Korrelationen zwischen Verdrossenheitseinstellungen
H 2	„Verdrossenheit" ist eine langfristig stabile Einstellung	Panelanalyse
H 3	Die Deutschen haben ein besonders negatives Verhältnis zur Politik	Niveauvergleich mit anderen Demokratien

Tabelle 4.1: Hypothesen über Verdrossenheitseinstellungen

seiner offensichtlichen Mängel weiterzuentwickeln und auch in zukünftigen Studien zu verwenden.

Dies gilt vor allem für die erste der drei in Tabelle 4.1 aufgeführten Hypothesen, die sich auf den Zusammenhang verschiedener Verdrossenheitseinstellungen untereinander bezieht. In Kapitel 2.6 wurde ausführlich dargelegt, daß über Inhalte und Objekte der Politikverdrossenheit in der Literatur kein Konsens besteht. Wegen dieses offensichtlichen Mangels an Präzision und Eindeutigkeit wurde in Kapitel 3 dafür plädiert, den Begriff aufzugeben. Diese analytisch motivierte Kritik schließt aber die Möglichkeit nicht aus, daß die zahlreichen negativen und neutralen Einstellungen gegenüber politischen Objekten, für die Verdrossenheit faktisch als Überbegriff dient, empirisch eine Einheit bilden oder zumindest eng miteinander verbunden sind. Mit der Überprüfung der Hypothese, daß es so etwas wie ein Verdrossenheits-Syndrom gebe, beschäftigt sich Abschnitt 4.1.

Während die Syndrom-Hypothese in der Literatur relativ häufig vertreten wird (u. a. von Pickel und Walz 1997a sowie – wenn auch mit teils sehr kritischen Untertönen – von Kleinhenz 1995, von Wolling 1999 und von Maier 2000), handelt es sich bei der zweiten in Tabelle 4.1 formulierten Hypothese eher um eine Hintergrundannahme, die vielen einschlägigen Publikationen zugrundeliegt. Verdrossenheit, so der Tenor des Argumentes, sei keine durch Tagesereignisse erklärbare politische Laune, sondern eine langfristig stabile Disposition vieler Bürger. Die Bundesrepublik entwickele sich deshalb zu einer „verdrossenen Gesellschaft", wie es im Untertitel des Sammelbandes von Wallow (1993) heißt. Ohne diese Hintergrundannahme wären alle Versuche, Politikverdrossenheit durch strukturelle Ursachen zu erklären, sinnlos, und Vorschläge, Verdrossenheit durch institutionelle Veränderungen zu bekämpfen, wären nicht zu rechtfertigen. Sollte sich eine oder mehrere der unter dem Oberbegriff der politischen Verdrossenheit diskutierten Einstellungen in der Tat als ungewöhnlich stabil erweisen, könnte Politikverdrossenheit mit einer gewissen Berechtigung als generischer Begriff für stabile negative Dispositionen gegenüber politischen Objekten beibehalten werden.

Auch bei der letzten der drei hier untersuchten Hypothesen handelt es sich um eine Hintergrundannahme, die selten explizit formuliert wird. Während die Debatte um die Legitimitätskrise durchaus einen internationalen Bezug hatte, fehlt dieser in der Verdrossenheitsdiskussion von wenigen Ausnahmen abgesehen (vgl. FN 13 auf Seite 22) völlig. Die große Mehrheit der Autoren verwendet nicht nur einen Terminus, der international kaum rezipiert wurde (vgl. 1.2), sondern beschränkt sich bei ihren Analysen zudem noch auf Deutschland beziehungsweise Österreich. So muß der Eindruck entstehen, daß es sich bei der Politikverdrossenheit um eine spezifisch deutsche Krise handele und daß sich entsprechende Einstellungen in vergleichbaren Ländern nicht oder zumindest nicht in diesem Umfang zeigen.

Wenn sich tatsächlich empirische Belege für eine krisenhafte Sondersituation in der (alten) Bundesrepublik finden ließen, könnte man diese „germanozentrischen" Tendenzen (Lösche 1995a: 158) der Verdrossenheitsforschung wenn nicht rechtfertigen, so doch zumindest wissenschaftshistorisch erklären. Umgekehrt entfällt das letzte (schwache) Argument dagegen, den Begriff der Politikverdrossenheit durch die im internationalen Kontext gebräuchlichen Konzepte zu ersetzen, wenn sich die Hypothese als unzutreffend erweist.

Alle drei Hypothesen operieren mit dem Einstellungsbegriff, der wie oben ausführlich gezeigt, in der Verdrossenheitsforschung eine wichtige Rolle spielt, aber nur in den seltensten Fällen klar definiert wird. Wie im vorangegangenen Kapitel orientiere ich mich daher an der in der empirischen Sozialforschung weithin akzeptierten Konzeption von Fishbein und Ajzen und verstehe unter einer Einstellung „a disposition to respond favorably or unfavorably to an object, person, institution or event" (Ajzen 1988: 4). „Verdrossenheit" betrachte ich dementsprechend im Anschluß an die Ergebnisse der Bedeutungsanalyse als Oberbegriff für eine ganze Reihe negativer Einstellungen gegenüber politischen Objekten.

Meine eigenen empirischen Analysen zur Struktur und Stabilität von „Verdrossenheit" in den Abschnitten 4.1 und 4.2 stützen sich auf eine in der Forschung weitverbreitete mathematische Umsetzung des Einstellungsbegriffes von Fishbein und Ajzen in ein Faktoren- beziehungsweise Strukturgleichungsmodell, wie sie beispielsweise von Saris (1993: 188f) skizziert wurde. Im nächsten Abschnitt wird dieses Modell ausführlicher dargestellt.

4.1 Die Struktur politischer Verdrossenheit

In diesem Abschnitt wird die Frage untersucht, in welcher Weise die wichtigsten der in Kapitel 2.6.2.2 benannten Verdrossenheitseinstellungen miteinander zusammenhängen. In der Literatur findet sich häufig die Vorstellung, daß diese Attitüden trotz ihrer offensichtlichen Heterogenität empirisch eine Einheit bilden. Politische Verdrossenheit, so die Hypothese, sei eine Art Syndrom, das sich aus mehreren miteinander korrelierten Verdrossenheitsdimensionen zusammensetzen soll. Systematische Untersuchungen zu dieser Vermutung finden sich jedoch nur bei Pickel und Walz (1997a: 41f), Wolling (1999: 118ff) und Maier (2000: 177ff, 224ff).

Für den Kernbereich der politischen Verdrossenheit ermittelten diese Autoren relativ schwache Korrelationen zwischen den von ihnen analysierten Konstrukten, was gegen das Vorliegen eines wie auch immer gearteten Verdrossenheitssyndromes spricht. Allen drei Studien sind jedoch einige Schwächen gemeinsam: Sie differenzieren zwar zwischen den Einstellungsobjekten, nicht aber zwischen den Einstellungsmodi, sie beschränken sich bei der Operationalisierung der Konstrukte auf Einzelindikatoren beziehungsweise Summenindizes, und sie analysieren ausschließlich bivariate Korrelationen oder Regressionskoeffizienten.

Der Fragestellung angemessener wäre hingegen ein Strukturgleichungsmodell, genauer gesagt: eine konfirmatorische Faktorenanalyse, die möglichst viele der in der Verdrossenheitsforschung diskutierten Einstellungsobjekte und -modi mit einer möglichst großen Zahl von Indikatoren erfaßt. Unter idealen Bedingungen erfüllt ein solches Modell eine ganze Reihen von Bedingungen, die an die Messung von Attitüden gestellt werden:

1. „The method should assume that attitudes are unobserved, continuous latent variables. (...)

2. The method should be general enough to accommodate attitude items measured at the dichotomous, ordered-polychotomous, or continuous levels of measurement. (...)

3. The method should allow one to estimate the reliability of one's measure. (...)

4. The method should allow one to impose structure on the measurement errors. (...)

5. The method should provide a statistical measure of the fit of the observed data to the underlying theoretical model." (Bohrnstedt 1993: 169f)

Mit Hilfe eines Strukturgleichungsmodelles ist es insbesondere möglich, die Qualität der verwendeten Indikatoren von Verdrossenheit zu ermitteln und gleichzeitig die tatsächliche, d. h. die um den Effekt der Meßfehler bereinigte Stärke der Zusammenhänge zwischen den verschiedenen Einstellungsdimensionen zu schätzen, um auf diese Weise zu einer differenzierten Bewertung der empirischen Belege für die Existenz einer generalisierten Politikverdrossenheit zu gelangen. Aus der Perspektive der Verdrossenheitsforschung ist dies ein konservatives Vorgehen: Sollte es tatsächlich so etwas wie ein Syndrom der politischen Verdrossenheit geben, dann müßte sich dieses Phänomen mit einem Strukturgleichungsmodell am ehesten nachweisen lassen.

Im folgenden Abschnitt 4.1.1 wird ein solches Strukturgleichungsmodell politischer Verdrossenheit entwickelt, die Datenbasis vorgestellt, auf deren Hilfe das Modell getestet wird, und die Analysestrategie erläutert. Die Ergebnisse der Analysen faßt dann Abschnitt 4.1.2 zusammen.

4.1.1 Modell, Datenbasis und Analysestrategie

Den Ausgangspunkt für die Konstruktion des Modells stellen die Ergebnisse der Kapitel 2.6.2.1 und 2.6.2.2 dar. Dort hatte sich gezeigt, daß Mißtrauen, Unzufriedenheit/Enttäuschung, ein mangelnder *sense of efficacy* und der Zerfall von Parteibindungen in der einschlägigen Literatur am häufigsten als Verdrossenheitseinstellungen genannt werden.[1] Diese Einstellungen sollen sich vor allem gegen die Parteien, die politische Elite und das *regime* beziehungsweise seine einzelnen Institutionen richten.

---

1 Die ebenfalls sehr häufig genannten Zweifel an der Problemlösungskompetenz der Akteure und Institutionen werden hier und im folgenden als spezifische Form von Unzufriedenheit betrachtet, um das Modell übersichtlicher zu halten.

Konstrukte		
Mißtrauen: Parteien	Mißtrauen: Politiker	Mißtrauen: Institutionen/*regime*
Unzufriedenheit: Parteien	Unzufriedenheit: Politiker	Unzufriedenheit: Institutionen/*regime*
Responsivität: Parteien	Responsivität: Politiker	Responsivität: Institutionen/*regime*
internal (in)efficacy	keine Parteiidentifikation	

Tabelle 4.2: Elemente eines möglichen Verdrossenheitssyndromes

Ein angemessenes Strukturmodell politischer Verdrossenheit muß zumindest diese grundlegenden Einstellungsmodi und -objekte berücksichtigen. Bereits ein solches relativ einfaches Modell, das lediglich Mißtrauen, Unzufriedenheit und wahrgenommene Responsivität auf Parteien, Politiker und die Institutionen des *regimes*[2] bezieht und darüber hinaus Parteiidentifikation sowie *internal efficacy* berücksichtigt, umfaßt schon elf Konstrukte,[3] wie in Tabelle 4.2 zu erkennen ist.

Die Aufnahme weiterer Einstellungen, die in der Verdrossenheitsliteratur genannt werden, wäre zwar prinzipiell wünschenswert, würde aber rasch zu einem übermäßig komplexen und damit sehr unübersichtlichen Modell führen, da – von logisch unmöglichen Kombinationen einmal abgesehen – Modi und Objekte bei der Konstruktion des Modells multiplikativ miteinander verknüpft werden.[4] Weitere Beschränkungen ergeben sich daraus, daß es sinnlos wäre, ein Modell zu spezifizieren, daß nicht empirisch überprüft werden kann. Die meisten der über das Zentralarchiv für empirische Sozialforschung für eine Sekundäranalyse zugänglichen Datensätze enthalten aber nur sehr wenige Indikatoren aus dem Bereich der Verdrossenheitsdiskussion, so daß einige Kombinationen von Einstellungsobjekten und -modi schon deshalb nicht berücksichtigt werden können, weil für sie keine Items zur Verfügung stehen. An dieser Stelle wird nochmals deutlich, in welchem Umfang die analytisch ohnehin sehr heterogene Verdrossenheitsforschung darauf angewiesen ist, *ad hoc* Operationalisierungen vorzunehmen und in eklektischer Weise jene Einstellungen als „Verdrossenheit" zu bezeichnen, für die sich Indikatoren finden lassen.

Bereits die Suche nach einem Datensatz, der zumindest jeweils einen Indikator für jedes der in Tabelle 4.2 aufgeführten Konstrukte beinhaltet, erwies sich aufgrund dieser Datenlage als äußerst schwierig. Hinzu kommt, daß bei der Schätzung eines Strukturgleichungsmodelles jeder einzelne der Faktoren mit mindestens zwei, besser aber mit drei oder mehr vergleichbaren Indikatoren gemessen werden sollte, was die Zahl

---

2   Da die Bewertung der Leistungen des *regimes* von den Einstellungen gegenüber seinen Institutionen empirisch und analytisch nur schwer zu trennen ist (vgl. auch Norris 1999c: 11f), werden hier beide Dimensionen zusammengefaßt.

3   Die Begriffe Konstrukt, latente Variable und Faktor werden in diesem Abschnitt als austauschbar behandelt.

4   Modi und Objekte müssen multiplikativ verknüpft werden, da, wie oben ausführlich gezeigt, in der Verdrossenheitsforschung keinerlei Einigkeit darüber besteht, welche Einstellungen eigentlich das Phänomen der politischen Verdrossenheit ausmachen sollen. Somit lassen sich aus der Literatur keine Restriktionen ableiten; vielmehr müssen bei der Konstruktion eines Strukturmodelles von Verdrossenheit schlicht die am häufigsten genannten Einstellungsmodi mit den am häufigsten genannten Einstellungsobjekten kombiniert werden.

Befragungsjahr	
1994	1998
1. Panelwelle = Querschnitt 1994: $n = 4114$	2. Panelwelle: $n = 1893$ (Haltequote: 46,0%)
	Querschnitt 1998: $n = 3337$

Anmerkung: Eine Zusatzstichprobe, die 1994 schriftlich-postalisch befragt und 1998 nochmals kontaktiert wurde, bleibt in dieser Darstellung ebenso unberücksichtigt wie eine 2000 durchgeführte zusätzliche Querschnittsbefragung (vgl. FN 6).

Tabelle 4.3: ZA-Nr. 3064: Fallzahlen und Studiendesign

der für die Analyse geeigneten Datensätze weiter einschränkt. Eine vergleichsweise große und unter dem Aspekt der Kombinationen von Modus und Objekt relativ breit gestreute Zahl einschlägiger Instrumente findet sich aber in dem Datensatz, der aus dem von der DFG geförderten Projekt „Politische Einstellungen, politische Partizipation und Wählerverhalten im vereinigten Deutschland" hervorgegangen ist und bislang zwei im Umfeld[5] der Bundestagswahlen von 1994 und 1998 durchgeführte Befragungswellen umfaßt.[6] Aus mehreren Gründen sind die in diesem Projekt gewonnenen Daten besonders gut zur Überprüfung der Hypothese, daß es so etwas wie ein Syndrom generalisierter Politikverdrossenheit gebe, geeignet:

Erstens wurde die Konzeption der Studie von dem sprunghaften Anstieg von Publikationen zum Thema Politikverdrossenheit beeinflußt, der zu Beginn der neunziger Jahre zu verzeichnen war (vgl. Abbildung 2.3 auf Seite 102). Infolgedessen nimmt der Aspekt der Unzufriedenheit mit Politikern und Parteien im Frageprogramm ungewöhnlich breiten Raum ein, und eine Reihe eigens zur Messung politischer Verdrossenheit entwickelter Items wurde in den Fragebogen aufgenommen.[7]

Zweitens fallen beide Erhebungswellen in einen Zeitraum, in dem die Bevölkerung durch den Wahlkampf, die Bundestagswahl und schließlich durch die Regierungsbildung politisch mobilisiert war. Maier (2000) und andere Autoren haben zwar darauf hingewiesen, daß diese Mobilisierung zu einem temporären Rückgang der wie auch immer gearteten Verdrossenheit führen kann. Unabhängig von solchen Schwankungen des *Niveaus* der Verdrossenheit müßte es aber in Mobilisierungsphasen zu einer

5 In beiden Jahren wurde ein Teil der Respondenten vor, ein anderer Teil nach der Bundestagswahl befragt. Auf eine getrennte Analyse dieser Unterstichproben kann im Kontext meiner Fragestellung verzichtet werden.

6 Eine dritte Befragungswelle ist für das Bundestagswahljahr 2002 geplant. Im Herbst 2000 wurde außerdem eine Zusatzbefragung in Form einer Buseinschaltung durchgeführt, deren Ergebnisse zum Zeitpunkt der Abfassung dieses Kapitels aber noch nicht vorlagen. Die Befragungswellen von 1994 und 1998 stehen als kumulierter Datensatz unter der ZA-Nr. 3064 der wissenschaftlichen Öffentlichkeit zur Verfügung. Primärforscher waren die Professoren Jürgen W. Falter (Mainz), Oscar W. Gabriel (Stuttgart), Hans Rattinger (Bamberg) und Karl Schmitt (Jena). Weder die Primärforscher noch das Zentralarchiv für empirische Sozialforschung sind in irgendeiner Form für die nachstehenden Analysen verantwortlich. Eine Übersicht über die von mir in eigenen Berechnungen verwendeten Datensätze findet sich in Tabelle A.2 auf Seite 298 im Anhang.

7 Auf diesem Datensatz (Befragungswelle 1994) und den entsprechenden Items basieren u. a. auch die Beiträge von Falter und Klein (1994) sowie von Schumann (1997, 1998).

Kristallisation der politischen Einstellungen kommen, weil sich die Bürger intensiver mit Politik beschäftigen und mit einer größeren Zahl politischer Aussagen konfrontiert werden (vgl. dazu bereits die klassischen Überlegungen von Lazarsfeld et al. 1968). *Non-attitudes* (Converse 1970), d. h. unreflektierte und somit mehr oder weniger zufällige Antworten auf Interviewfragen, durch die sich die gemessenen Korrelationen zwischen verschiedenen politischen Einstellungen reduzieren, sollten deshalb in Mobilisierungsphasen seltener geäußert werden. Wenn überhaupt ein Zusammenhang zwischen den verschiedenen Einstellungen besteht, die in der Literatur als Verdrossenheit bezeichnet werden, dann muß er in solchen Phasen relativ großer politischer Aktivität am ehesten zu beobachten sein.

Drittens liegt die erste Befragungswelle zeitlich dicht am Höhepunkt der publizistischen Verdrossenheitsdebatte. Sollte sich für die späten neunziger Jahre die Existenz eines „Verdrossenheitssyndromes" nicht nachweisen lassen, so besteht mit diesem Datensatz immer noch die Möglichkeit zu prüfen, ob es in der Mitte des Jahrzehntes ein solches Syndrom gegeben hat.

Viertens schließlich wurde ein Teil der Respondenten sowohl 1994 als auch 1998 befragt (vgl. Tabelle 4.3). Damit bietet dieser Datensatz die Möglichkeit, mittels identischer Indikatoren nicht nur die Dimensionalität, sondern im nächsten Teilkapitel 4.2 auch die Stabilität von Verdrossenheitseinstellungen zu untersuchen.[8]

In Tabelle 4.4 auf der nächsten Seite sind die im Datensatz enthaltenen Items zur Messung der elf Konstrukte in Kurzform[9] aufgeführt. Die Zuordnung der meisten Items zu ihren jeweiligen Konstrukten ist unproblematisch. Lediglich eine im Fragebogen enthaltene Aussage („Die meisten Parteien und Politiker sind korrupt") wurde vorab aus der Analyse ausgeschlossen, da sie sich auf zwei verschiedene Objekte bezieht. Bei einem weiteren Item („Die Parteien üben in der Gesellschaft zuviel Einfluß aus") besteht Unklarheit darüber, ob sich diese Aussage auf die Responsivität des *regimes* (andere Akteure haben zuwenig Einfluß), auf die Responsivität der Parteien (Parteien haben soviel Einfluß, daß sie auf Bürger keine Rücksicht nehmen müssen) oder auf ein (in diesem Fall recht diffuses) Mißtrauen gegenüber den Parteien bezieht. Letztlich wurde das Item dem erstgenannten Faktor zugeordnet.[10]

Im Ergebnis stehen für das Mißtrauen gegenüber den Parteien fünf, für die wahrgenommene Responsivität des *regimes* vier, für die Unzufriedenheit mit den Regimeinstitutionen und für die interne *efficacy* jeweils drei und für die Unzufriedenheit mit den Parteien, deren wahrgenommene Responsivität, die wahrgenommene Responsivität der Politiker und das Mißtrauen gegenüber den Regimeinstitutionen je zwei In-

8 Je nach Forschungsinteresse können aus dem Datensatz entweder zwei Panelwellen oder zwei voneinander unabhängige Querschnittsbefragungen extrahiert werden. Tabelle 4.3 auf der vorherigen Seite gibt einen Überblick über den Aufbau der Studie und die erzielten Fallzahlen. In diesem ersten Kapitel werden ausschließlich die beiden Querschnittsbefragungen analysiert, weil diese für das jeweilige Erhebungsjahr als repräsentativ gelten können. Im Text werden die Querschnittsbefragungen abkürzend als Erhebungs- oder Befragungswellen bezeichnet.

9 Den vollständigen Text der Fragen sowie die Antwortvorgaben enthält Tabelle A.3 im Anhang.

10 Ein empirischer Vergleich aller drei Modellvarianten (nicht tabellarisch ausgewiesen) zeigt, daß sich deren Anpassungsgüte nur unwesentlich unterscheidet.

| Einstellung | (Bundestags-) Parteien | Objekte | | |
		Politiker (als Gruppe)	regime/Institutionen	Selbstbild
Mißtrauen	Parteien: wollen nur Wählerstimmen Parteien: Staat ist Selbstbedienungsladen Parteien: wollen nur Macht Vertrauen: Parteien Interessenvertretung durch BT-Partei (Maximum)	Parteipolitiker: vertrauenswürdig	Vertrauen: Parlament Vertrauen: Regierung	
Unzufriedenheit	Eine BT-Partei kompetent für wichtigstes Problem Bewertung BT-Parteien (Maximum)	Schlechtere Regierung ohne Berufspolitiker	Zufriedenheit: Demokratie in Deutschland Gesellschaftsordnung gerecht Zufriedenheit: Leistungen der Regierung	
Parteiidentifikation	Identifikation mit einer BT-Partei			
Responsivität/ efficacy	Parteien: Mitgliedereinfluß Parteien unterscheiden sich klar	Politiker: Interesse Bürgermeinung Abgeordnete suchen Kontakt	Ohne Beziehung zu Parteien nichts erreichbar Leute wie Befragter: ohne Einfluß auf Regierung Bürger: kein Einfluß Parteien: zuviel Einfluß in der Gesellschaft	Befragter: aktive politische Rolle Befragter: Politik verständlich Politik: zu kompliziert

Tabelle 4.4: ZA-Nr. 3064: Indikatoren für politische Verdrossenheit

dikatoren zur Verfügung. Für die Parteiidentifikation, das Mißtrauen gegenüber den Politikern und die Unzufriedenheit mit dieser Personengruppe enthält der Datensatz jeweils nur einen einzigen Indikator. Für diese Instrumente können deshalb leider keine Fehlervarianzen geschätzt werden, d. h., die entsprechenden Indikatoren müssen im Rahmen des Modells so behandelt werden, als würden sie die zugrundeliegenden Konstrukte perfekt messen.

Abbildung 4.1 auf der nächsten Seite zeigt die Zuordnungen zwischen Indikatoren und Konstrukten noch einmal als Strukturdiagramm. Mit dem Symbol (-) sind dabei solche latenten Variablen gekennzeichnet, bei denen aufgrund der Polung ihrer Indikatoren ein negativer Wert für hohe Verdrossenheit steht. Auf die Wiedergabe der geschwungenen Doppelpfeile, durch die in solchen Diagrammen üblicherweise die Korrelationen zwischen den Konstrukten symbolisiert wird, wurde verzichtet, da das Diagramm bei $\frac{11 \times 10}{2} = 55$ Korrelationen ansonsten sehr unübersichtlich wäre.

Ein sehr strikter Test der Syndromhypothese würde erfordern, daß die elf Konstrukte perfekt miteinander korrelieren und deshalb im Grunde alle 26 Indikatoren durch einen einzigen Faktor „Politikverdrossenheit" repräsentiert werden könnten. Diese Modellannahme erscheint bei näherer Betrachtung allerdings wenig plausibel, da die Konstrukte zumindest analytisch klar voneinander abgegrenzt werden können. Dies gilt insbesondere für das etablierte Konstrukt *internal efficacy*. Ein weniger strenger Test würde deshalb lediglich voraussetzen, daß zwischen den Konstrukten hohe Korrelationen bestehen. In diesem Fall stellt sich allerdings die Frage, von welchem Schwellenwert an eine Korrelation als „hoch" gelten soll. Eine solche Festlegung ist prinzipiell willkürlich. Im vorliegenden Fall habe ich mich an der eher konservativen Überlegung orientiert, daß es nicht sinnvoll sein kann, von einem Verdrossenheitssyndrom zu sprechen, wenn die beteiligten Konstrukte weniger als die Hälfte ihrer Varianz gemeinsam haben. Daraus ergibt sich, daß die große Mehrheit der Korrelationen zwischen den Konstrukten den Betrag[11] von 0,71 überschreiten muß, um die Syndromhypothese zu bestätigen.

Vor dem Beginn der eigentlichen Datenanalyse sind noch drei Punkte zu klären, die scheinbar nur technischer Natur sind, aber weitreichende inhaltliche Implikationen haben: Sind die Voraussetzungen für die Berechnungen eines Strukturgleichungsmodelles erfüllt, wie werden fehlende Antworten behandelt, und welche Analysestrategie soll generell eingeschlagen werden?

Zunächst zum letzten Punkt: Die Analysestrategie ist durch die Fragestellung bereits weitgehend vorgegeben. In einem ersten Schritt wird getestet, ob das in den vorangegangenen Abschnitten entwickelte Strukturmodell politischer Verdrossenheit mit den Daten vereinbar ist. Sollte das Modell erkennbar von den Daten abweichen,[12] können in einem zweiten Analyseschritt plausible Modifikationen am Modell vorgenommen werden. Spätestens dann läßt sich anhand der Faktorladungen und der Kor-

---

11 In einigen Fällen sind wegen der Polung der Indikatoren negative Korrelationen zu erwarten.

12 Neben den Anpassungsmaßen, auf die weiter unten eingegangen wird, müssen hier auch die Modifikationsindizes sowie Parameterschätzungen, die auf eine Fehlspezifikation hindeuten (negative Varianzen, Korrelationen mit einem Betrag > 1), berücksichtigt werden.

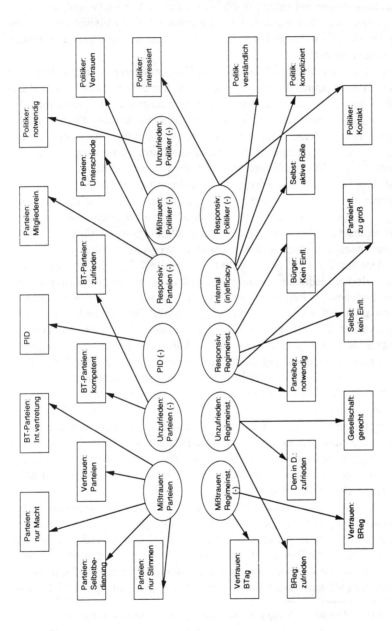

Anmerkung: Alle Konstrukte korrelieren miteinander. Auf die Wiedergabe der geschwungenen Doppelpfeile zwischen den Konstrukten wurde aus Gründen der Übersichtlichkeit verzichtet.

Abbildung 4.1: Faktorenmodell politischer Verdrossenheit I

relationen zwischen den Konstrukten die Frage beantworten, ob es so etwas wie ein Verdrossenheitssyndrom gibt. Sollte sich die Syndromhypothese dabei als falsch erweisen, wird das Modell schließlich in einem letzten Schritt mit einem einfacheren Alternativmodell konfrontiert.

Alle Berechnungen werden dabei zunächst mit der Befragungswelle von 1998 vorgenommen. Hierfür gibt es zwei Gründe: Zum einen enthält die zweite Welle mehr Indikatoren,[13] zum anderen ist sie für die aktuelle Situation in der Bundesrepublik repräsentativer. Falls die Syndromhypothese aufgrund der 1998 erhobenen Daten zurückgewiesen werden muß, wird zusätzlich die Befragungswelle von 1994 zur Validierung des negativen Befundes herangezogen, da ja, wie oben schon erwähnt, immerhin die Möglichkeit besteht, daß es ein solches Syndrom auf dem Höhepunkt der Verdrossenheitsdiskussion gegeben haben könnte, auch wenn es sich am Ende der neunziger Jahre nicht mehr nachweisen lassen sollte.

Schließlich stellt sich noch die Frage, ob für die alten und die neuen Bundesländer separate Modelle geschätzt werden sollen. Eine große Zahl von Studien, die nach dem Beitritt der fünf neuen Länder zur Bundesrepublik durchgeführt wurden, hat gezeigt, daß hinsichtlich der politischen Einstellungen und Wertorientierungen teilweise erhebliche Unterschiede zwischen Ost- und Westdeutschen bestehen. Diese Ergebnisse haben sich auch im Forschungsdesign des Projektes „Politische Einstellungen, politische Partizipation und Wählerverhalten im vereinigten Deutschland" niedergeschlagen. Der Datensatz beruht auf einer disproportional geschichteten Stichprobe, in der die neuen Länder mit einem Anteil von rund einem Drittel der Befragten deutlich überrepräsentiert sind, was eine statistisch fundierte Analyse der ostdeutschen Teilpopulation ermöglichen würde.

Die Aussagen der Verdrossenheitsforschung, die hier einem empirischen Test unterzogen werden sollen, sprechen dennoch *gegen* die Berechnung separater Modelle: In der Literatur finden sich zwar verstreute Hinweise auf ein insgesamt höheres Niveau der Unzufriedenheit in den neuen Ländern, nicht aber auf eine grundsätzlich andere Struktur der Verdrossenheitseinstellungen. Auch eine explorative Faktorenanalyse des vorliegenden Datensatzes ergab keine Hinweise auf solche strukturellen Unterschiede (vgl. dazu auch Pickel und Walz 1997a, die mit einem anderen Datensatz und vergleichbaren Indikatoren ebenfalls keine substantiellen Ost-West-Unterschiede feststellen konnten). Deshalb beschränke ich mich im folgenden darauf, ein gemeinsames Modell für Gesamtdeutschland zu schätzen.

Nun zu den Anwendungsvoraussetzungen: Die wichtigste Bedingung für die Berechnung eines Strukturgleichungsmodelles betrifft die Identifikation des Modells, d. h. die Frage, ob die empirische Varianz-Kovarianz-Matrix genügend Informationen erhält, um alle Parameter des Modells in eindeutiger Weise schätzen zu können. Zur Prüfung dieser Eigenschaft existiert kein triviales Verfahren (Mueller 1996: 47ff).

Für einfache konfirmatorische Faktorenanalysen ist aber davon auszugehen, daß solche Modelle in der Regel identifiziert sind, wenn drei Grundsätze beachtet werden

---

13 Die Fragen zur Interessenvertretung durch die Parteien und zur Zufriedenheit mit der Bundesregierung wurden nur 1998 gestellt.

(Mueller 1996: 73): Die Zahl der zu schätzenden Parameter darf die Zahl der nicht-redundanten Varianzen und Kovarianzen nicht überschreiten, für jedes Konstrukt muß eine eindeutige Skala festgelegt werden, und in den Fällen, in denen ein Konstrukt durch einen einzigen Indikator repräsentiert wird, muß eine perfekte Reliabilität angenommen werden. Im vorliegenden Fall sind alle drei Bedingungen erfüllt. Auf die Behandlung der Items für die Parteiidentifikation, das Mißtrauen gegenüber und die Unzufriedenheit mit den Politikern wurde oben schon hingewiesen. Die Skala der Konstrukte wurde fixiert, indem ihnen eine Varianz von eins zugewiesen wurde.[14] Auch die Differenz zwischen der Zahl der Varianzen und Kovarianzen ($\frac{26 \times 25}{2} = 325$) einerseits und der Zahl der zu schätzenden Parameter (55 Korrelationen zwischen den Konstrukten + 23 Faktorladungen[15]) ist positiv, so daß 247 Freiheitsgrade zum Testen der Modellanpassung zur Verfügung stehen.[16]

Die zweite Voraussetzung für die Berechnung von Strukturgleichungsmodellen betrifft die Annahme, daß die beobachteten Variablen auf Intervallskalenniveau gemessen werden und sowohl kontinuierlich als auch multivariat normalverteilt sind. Diese Bedingungen sind, wenn von heroischen Hilfsannahmen abgesehen wird, bei der Analyse von Umfragedaten fast nie erfüllt (Chou und Bentler 1995: 38).[17]

Auch im konkreten Fall wurden die Daten lediglich auf Ordinalskalenniveau erhoben; die Zahl der Skalenpunkte liegt zwischen drei und elf (Modus: fünf), wie aus Tabelle A.3 im Anhang hervorgeht. Die Abweichung von der (univariaten)[18] Normalverteilung ist nicht allzu gravierend. Schiefe und Exzeß erreichen einen maximalen Betrag von 1,4 beziehungsweise 3,6, liegen aber für die meisten Variablen unter einem Betrag von eins und somit in jedem Fall weit unterhalb der Werte von 3 (Schiefe) beziehungsweise 10, die als Schwelle für eine „extreme" Abweichung von der Normalverteilung gelten (Kline 1998: 82).[19]

---

14 Um die Skala einer latenten Variablen zu fixieren, stehen prinzipiell zwei Methoden zur Verfügung: Entweder wird ein Indikator dieser Variablen zur Referenzvariable erklärt, d. h. seine Ladung auf die latente Variable wird auf eins gesetzt, oder es wird wie im vorliegenden Fall davon ausgegangen, daß alle latenten Variablen standardisiert sind und deshalb eine Varianz von eins aufweisen. Da das Skalenniveau der beobachteten Variablen ordinal und seine Einheit nicht interpretierbar ist, habe ich mich für die letztgenannte Methode entschieden (vgl. dazu Jöreskog und Sörbom 1993: 48).

15 In den drei oben angesprochenen Fällen werden die Faktorladungen nicht geschätzt, sondern auf den Wert von eins gesetzt. Die 26 Fehlervarianzen sind durch die Faktorladungen eindeutig festgelegt und müssen nicht separat geschätzt werden.

16 Im konkreten Fall wurde aus Gründen, die unten auf Seite 217 erläutert werden, statt einer Varianz-Kovarianz-Matrix eine Matrix von polychorischen Korrelationen analysiert. Auf die Berechnung der Freiheitsgrade und damit auf die Identifikation des Modells hat dies aber keinen Einfluß.

17 Die Behandlung nicht-normaler Variablen in Strukturgleichungsmodellen wird u. a. von West et al. (1995) ausführlich diskutiert.

18 Programme wie PRELIS bieten die Möglichkeit, die Annahme der multivariaten Normalverteilung mit einem Signifikanztest zu überprüfen. Dieser Test hat aber nur geringen praktischen Wert, weil sich in den in der Umfrageforschung üblichen relativ großen Stichproben bereits minimale und somit inhaltlich unbedeutende Abweichungen als statistisch signifikant erweisen. Üblicherweise wird bei der Berechnung von Strukturgleichungsmodellen deshalb nur die univariate Normalverteilung geprüft (Kline 1998: 82f).

Das *Maximum Likelihood* (ML)-Verfahren, das meistens zur Schätzung der Parameter eines Strukturgleichungsmodells benutzt wird, hat sich in Simulationsstudien gegenüber solchen moderaten Verletzungen der Anwendungsvoraussetzung zwar als vergleichsweise robust erwiesen. Selbst dann, wenn Korrelationen und Faktorladungen weitgehend unverzerrt geschätzt werden, sind jedoch die ermittelten Standardfehler in der Regel zu niedrig und die Werte für χ^2 zu hoch,[20] was im Ergebnis dazu führt, daß die statistische Signifikanz der Koeffizienten überschätzt und ein den Daten eigentlich angemessenes Modell aufgrund der Anpassungstests zu oft zurückgewiesen wird.

Seit einigen Jahren steht in den Standardprogrammpaketen zur Schätzung von Strukturgleichungsmodellen als Alternative zu ML jedoch das *Weighed Least Squares* (WLS)-Verfahren zur Verfügung, das in der Literatur häufig als auch ADF (*Asymptotically Distribution Free*)-Schätzung bezeichnet wird. Diese zweite Bezeichnung zielt auf die für die Umfrageforschung wesentliche Eigenschaft des Verfahrens ab: Für hinreichend große Stichproben generiert WLS/ADF unabhängig von der Verteilung der beobachteten Variablen asymptotisch korrekte Schätzungen für Parameter, Standardfehler und Anpassungsmaße. Um zu stabilen Schätzungen für die asymptotischen Kovarianz-Matrizen zu gelangen, auf denen das Verfahren basiert, sollte der Stichprobenumfang für komplexere Modelle zwar mindestens 2000 Fälle[21] betragen. Diese Voraussetzung kann im vorliegenden Fall aber als erfüllt gelten ($n_{1994} = 4\,114; n_{1998} = 3\,337$), so daß alle im folgenden Abschnitt vorgestellten Modelle trotz des relativ großen Ressourcenbedarfes mit dem ADF-Verfahren geschätzt wurden.[22]

Daß Umfragedaten auf ordinalem Niveau gemessen werden, sollte nicht nur bei der Wahl des Schätzverfahrens, sondern auch bei der Berechnung der Matrizen, auf denen die Schätzung basiert, berücksichtigt werden. Da den in der Umfrageforschung üblichen Antwortvorgaben keine natürliche Skala zugrundeliegt, sind Varianzen und Kovarianzen in diesem Fall nicht sinnvoll interpretierbar (Hoyle und Panter 1995: 162,

---

19 Für hilfreiche Kommentare zu der von mir letztendlich gewählten Analysestrategie danke ich den Teilnehmern des Internet-Diskussionsforums SEMNET (http://www.gsu.edu/~mkteer/semnet.html), insbesondere Tor Neilands (University of Texas at Austin), Gerhard Mels und Stephen du Toit (Scientific Software International) sowie Joop Hox (Universiteit Utrecht).

20 Diese Darstellung vereinfacht die tatsächlichen Ergebnisse der Methodenforschung stark. Für eine umfassende Meta-Analyse der Simulationsstudien zu den verschiedenen Verfahren für die Schätzung von Strukturgleichungsmodellen vgl. ausführlich Hoogland und Boomsma (1998).

21 Die Angaben in der Literatur sind recht unbestimmt. So geht Boomsma (2000: 471) davon aus, daß für Modelle mit mehr als 14 beobachteten Variablen „several thousand" Fälle benötigt werden, während andere Quellen von „großen" Stichproben sprechen oder sich explizit auf die genannte Größe von 2000 beziehen.

22 Unter idealen Voraussetzungen (multivariate Normalverteilung, Gültigkeit des zu schätzenden Modells in der Population, Stichprobenumfang nähert sich an ∞ an) führen ML, ADF und eine Reihe weiterer Verfahren zu identischen Modellschätzungen. Im konkreten Fall unterscheiden sich die Ergebnisse jedoch erheblich: ML produziert Koeffizienten mit einem deutlich niedrigeren Betrag und ebenso deutlich geringeren Standardfehlern, während der Betrag von χ^2 um bis zu 30 Prozent höher liegt. Der höhere Aufwand, der mit der Verwendung von ADF als dem theoretisch angemesseneren Verfahren verbunden ist, ist also gerechtfertigt.

Jöreskog und Sörbom 1996b: 7). An ihrer Stelle sollten deshalb Korrelationsmatrizen berechnet werden.

Moderne Programmpakete können eine Vielzahl von Koeffizienten berechnen, mit denen sich die Korrelation zwischen zwei ordinalen Variablen beschreiben läßt. Unter diesen Maßzahlen nimmt die polychorische Korrelation eine besondere Stellung ein, weil ihrer Berechnung eine Modellannahme zugrundeliegt, die in der Umfrageforschung weithin akzeptiert ist, wenn sie auch selten explizit gemacht wird: Polychorische Korrelationen basieren auf der Überlegung, daß es sich bei einer beobachteten ordinalen Variablen wie beispielsweise der Antwort auf eine Interviewfrage lediglich um eine homomorphe Abbildung einer intervallskalierten[23] latenten Variablen (in diesem Fall: der zugrundeliegenden Bewertung des Items) handelt. Das Verfahren zur Berechnung polychorischer Korrelationen versucht nun, für jede latente Variable Schwellenwerte zu schätzen, denen bestimmte Ausprägungen der beobachteten Variablen entsprechen, um auf diese Weise die um den Quantisierungsfehler korrigierte tatsächliche Korrelation zwischen zwei latenten Variablen zu ermitteln.[24]

Bei der Verwendung von polychorischen Korrelationen in Strukturgleichungsmodellen sind also zwei Arten von latenten Variablen involviert: einerseits latente Einstellungen, die mit Hilfe von Items gemessen werden, andererseits latente Bewertungen dieser Items, die durch die bei Interviews üblichen Antwortvorgaben nur unvollkommen erfaßt werden können. Dieses Modell ist zwar komplex, wird den vielfältigen Schwierigkeiten, die mit der Messung und Analyse von Einstellungen verbunden sind, dafür aber in besonderer Weise gerecht.

Polychorische Korrelationen sind jedoch nicht nur aus theoretischer Perspektive attraktiv. Simulationsstudien, in denen kontinuierliche Variablen mit einer bekannten „wahren" Korrelation in ordinale Variablen umgewandelt und anschließend analysiert wurden, haben darüber hinaus gezeigt, daß polychorische Korrelationen verglichen mit anderen Zusammenhangsmaßen die beste Schätzung für diese wahre Korrelation darstellen (Jöreskog und Sörbom 1996b: 11).[25] Die Kombination von ADF mit der Verwendung polychorischer Korrelationen ist deshalb für die Analyse ordinaler Daten vermutlich das optimale Verfahren und sollte am ehesten in der Lage sein, Zusammenhänge zwischen den Verdrossenheitseinstellungen aufzuspüren, falls solche Zusammenhänge tatsächlich existieren.

Ein weiterer Punkt, der vor Beginn der Datenanalyse geklärt werden muß und ebenfalls nur scheinbar rein technischer Natur ist, betrifft die Frage nach der Behandlung fehlender Antworten (non-response). Das Problem des Ausfalls von Antworten tritt in der Umfrageforschung sehr häufig auf. Prinzipiell lassen sich dabei zwei Typen von

---

23 In der Regel wird zusätzlich angenommen, daß diese latente Variable normalverteilt ist.

24 Die Anpassung dieses Meßmodells an die empirischen Daten kann mit einem Signifikanztest überprüft werden. Im konkreten Fall ergeben sich für 17 der 325 polychorischen Korrelationen Abweichungen, die auf dem Fünfprozent-Niveau signifikant sind, was einem Anteil von lediglich 5,2 Prozent entspricht und somit für eine sehr gute Modellanpassung spricht, da selbst bei einem perfekt angepaßten Modell definitionsgemäß in fünf Prozent aller Fälle signifikante Abweichungen auftreten werden.

25 Diese Einschätzung stützt sich vor allem auf die Kriterien der Erwartungstreue und der Konsistenz (vgl. Bortz 1993: 93f).

Antwortausfällen unterscheiden: Entweder es kommt überhaupt kein Interview zustande (*unit non-response*), oder ein Teil der Fragen bleibt unbeantwortet (*item non-response*).[26] Wenn diese Ausfälle nicht völlig zufällig erfolgen, wovon in den seltensten Fällen auszugehen ist, reduzieren sie nicht nur den Umfang der Stichprobe, sondern gefährden auch die Repräsentativität der Ergebnisse, sofern nicht *ex post* geeignete Maßnahmen getroffen werden.

Unit non-response läßt sich im Rahmen einer Sekundäranalyse in aller Regel nur durch eine nachträgliche Gewichtung der Daten (*poststratification*) kompensieren. Bei dieser Form der Gewichtung wird die Verteilung bestimmter sozialstruktureller Variablen in der Stichprobe an die bekannten Verteilungen in der Grundgesamtheit angenähert, um so gruppenspezifische Ausfälle auszugleichen. Ermittelt werden die Gewichte zumeist in einem iterativen Verfahren, dessen Details von den Umfrageinstituten, die mit der Feldarbeit eines Projektes betraut sind, nicht bekanntgegeben werden. Auch im vorliegenden Datensatz wurde den Primärforschern ein solches Repräsentativgewicht zur Verfügung gestellt. In der Variablen VGGESOW wurde dieses Repräsentativgewicht multiplikativ mit zwei Designgewichten verknüpft.[27] Alle im folgenden präsentierten Berechnungen beruhen auf den mit VGGESOW gewichteten Daten und sind somit für Gesamtdeutschland repräsentativ.

Während die Verwendung von Repräsentativgewichten zur Kompensation der gruppenspezifischen *unit non-response* zu den Standardverfahren der Umfrageforschung gehört, wird das Problem der *item non-response* häufig schlichtweg ignoriert. Obwohl diese Praxis in den letzten Jahren gerade in der Politikwissenschaft in die Kritik geraten ist (King et al. 1998), werden Fälle mit einem oder mehreren fehlenden Werten zumeist komplett aus dem Datensatz gelöscht (*listwise deletion*). Dies entspricht zwar der Voreinstellung vieler Statistikpakete, zieht aber insbesondere bei der Schätzung multivariater Modelle zahlreiche ernsthafte Probleme nach sich. Da den alternativen Möglichkeiten zur Behandlung fehlender Antworten in der deutschsprachigen Literatur bislang kaum Aufmerksamkeit geschenkt wurde, ist es notwendig, die hier gewählte Analysestrategie etwas ausführlicher darzustellen.

Zunächst ist festzuhalten, daß die 26 für das Modell relevanten Items Themen, die von den Befragten als sensibel empfunden werden könnten, höchstens am Rande berühren, und dementsprechend vergleichsweise moderate Ausfallraten aufweisen. Am häufigsten unbeantwortet blieb mit elf (1998) beziehungsweise zwölf Prozent (1994) Antwortausfällen die Frage, ob es „auch einfachen Parteimitgliedern" möglich sei, „ihre Vorstellungen in den Parteien einzubringen".[28] Ansonsten schwankt der Anteil

---

26 Für eine differenziertere Terminologie vgl. Brick und Kalton (1996: 215f). Eine deutschsprachige Gesamtdarstellung der Problematik hat Schnell (1997) vorgelegt.

27 Die Notwendigkeit dieser beiden Gewichte ergibt sich aus dem mehrstufigen Stichprobenplan und der disproportionalen Berücksichtigung der neuen Länder. Ohne diese Designgewichte wären Personen aus den neuen Ländern und Personen, die in kleinen Auswahleinheiten (Wahlkreise, Haushalte) leben, überrepräsentiert.

28 Da den wenigsten Bürgern das Innenleben der Parteien aus erster Hand bekannt sein dürfte, ist dieses Ergebnis nicht besonders erstaunlich, sondern spricht eher für das überlegte Antwortverhalten der Befragten.

der Ausfälle zwischen einem und zehn Prozent, wobei die *item non-response* 1994 generell etwas höher lag. Ob dies auf den 1998 erfolgten Wechsel des Umfrageinstitutes[29] zurückzuführen ist, läßt sich mit den vorliegenden Daten nicht klären. Trotz dieser relativ niedrigen Raten würde ein listenweises Löschen fehlender Werte wegen der relativ großen Zahl von Variablen und den daraus resultierenden kombinierten Antwortausfällen den Umfang des Datensatzes um mehr als 30 Prozent reduzieren und ist – von allen anderen mit der *listwise deletion* verbundenen Komplikationen einmal ganz abgesehen – schon deshalb inakzeptabel.

Auch das paarweise Löschen fehlender Werte, das Ersetzen fehlender Werte durch den Mittelwert der betreffenden Variablen und verschiedene andere *ad hoc*-Prozeduren zur Behandlung von *item non-response* können einen negativen Einfluß auf die Modellschätzungen haben, der ihren Nutzen bei weitem überwiegt (vgl. für einen knappen Überblick über die Problematik die tabellarische Darstellung bei Acock 1997: 97). Insbesondere besteht die Gefahr, daß diese Verfahren die Gesamtvarianz reduzieren und die Schätzungen für Korrelationen, Kovarianzen, Faktorladungen und Regressionskoeffizienten nach unten verzerren, was dazu führen könnte, daß die Syndromhypothese zu Unrecht abgelehnt würde.

Wie oben dargelegt ist die Syndromhypothese für die Verdrossenheitsforschung von zentraler Bedeutung. Sollte sie sich als zutreffend erweisen, so hätte die Beschäftigung mit der politischen Verdrossenheit trotz der schwerwiegenden analytischen Probleme, die in den Kapiteln 2.6, 3.1 und 3.3 herausgearbeitet wurden, zumindest eine gewisse empirisch-pragmatische Berechtigung. Läßt sie sich hingegen falsifizieren, so entfällt eines der letzten Argumente für die Verwendung des Verdrossenheitsbegriffs. Um auszuschließen, daß die Syndromhypothese fälschlicherweise aufgrund methodischer Unzulänglichkeiten verworfen wird, habe ich mich deshalb entschieden, statt einer der obengenannten *ad hoc*-Prozeduren das relativ aufwendige Verfahren der multiplen Imputation[30] fehlender Werte (MI, vgl. Rubin 1987, Little und Rubin 1989, Schafer und Olsen 1998) zu verwenden.

Dieses Verfahren ist in seinen Grundzügen seit den späten siebziger Jahren bekannt, hat aber für die Forschungspraxis stark an Bedeutung gewonnen, seit es von Joseph L. Schafer in einer Serie von Programmen (NORM, CAT, MIX und PAN) implementiert wurde, die für wissenschaftliche Zwecke frei zugänglich sind. Trotz ihrer mathematischen Komplexität ist die Grundidee der multiplen Imputation leicht nachzuvollziehen.[31]

Um das Verfahren zu verstehen, muß man sich zunächst einmal darüber klarwerden, welcher Wirkungsmechanismus für das Fehlen einzelner Antworten verantwortlich

---

29 1994 wurde die Feldarbeit von Basis Research durchgeführt, 1998 lag sie in den Händen von GFM/GETAS.

30 Hier und im folgenden gebrauche ich den Begriff *multiple imputation of missing values* in eingedeutschter Form, da die exakte Übersetzung „mehrfaches Ersetzen fehlender Werte" den Lesefluß zu sehr stört.

31 Bei den folgenden Abschnitten handelt es sich in weiten Teilen um eine (sehr knappe) Zusammenfassung derjenigen Passagen von Schafer und Olsen (1998), die für das Verständnis meiner Analysestrategie notwendig sind.

Bezeichnung	Bedeutung	Beispiel
missing completely at random (MCAR)	Ausfall ist unabhängig vom wahren Wert und von anderen Variablen	Übertragungsfehler beim Eingeben der Fragebögen
missing at random (MAR)	Ausfall ist unabhängig vom wahren Wert, wird aber von anderen Variablen beeinflußt	Niedriges Politikinteresse führt zu Ausfällen bei Fragen, die sich auf Politik beziehen
non-ignorable (NI)	Ausfall wird vom wahren Wert beeinflußt	Antwortausfall bei heiklen Fragen

Tabelle 4.5: Idealtypische Ausfallmechanismen in Bevölkerungsumfragen

ist. In der Literatur, die sich mit dem Problem der fehlenden Werte beschäftigt, werden üblicherweise drei idealtypische Prozesse unterschieden, die zu *item non-response* führen können. In Tabelle 4.5 sind diese Mechanismen zusammen mit den (nicht sonderlich intuitiven) Kurzbezeichnungen aufgelistet, die sich zu ihrer Beschreibung in der Literatur eingebürgert haben.

Da die 26 Verdrossenheitsitems zwar für einen Teil der Befragten, der sich wenig mit Politik beschäftigt, von geringerem Interesse sein dürften, aber nicht als im Sinne der Umfrageforschung „schwierig" beziehungsweise „heikel" gelten können, besteht keine Veranlassung zu vermuten, daß der wahre Wert der Variablen einen nennenswerten Einfluß auf ihre Ausfallwahrscheinlichkeit hat. Deshalb ist davon auszugehen, daß die Ausfälle entweder nach dem MAR- oder nach dem MCAR-Mechanismus erfolgt sind.

An diesem Punkt setzt nun die Methode der Imputation an. Sofern nämlich zwischen den Variablen substantielle Zusammenhänge bestehen, ist es unter Gültigkeit der MAR- beziehungsweise MCAR-Annahme möglich, von den beobachteten auf die fehlenden Werte zu schließen.[32] Dazu muß man sich klarmachen, daß sich die Parameter (beispielsweise die Kovarianzen der Variablen) für die Gesamtheit der Fälle unverzerrt schätzen ließen, wenn die fehlenden Werte bekannt wären, und daß umgekehrt die fehlenden Werte vorhergesagt werden könnten, wenn die Parameter bekannt wären. In einem iterativen Verfahren, dem *Expectation Maximization* (EM)-Algorithmus, wird dieser Zusammenhang genutzt, um von einer ersten Parameterschätzung ausgehend für jeden unvollständigen Fall die fehlenden Werte zu schätzen. Auf der

---

32 Dieser Schluß setzt ein stochastisches Modell für das Zusammenwirken der Variablen voraus. Jedes der vier von Schafer entwickelten Programme implementiert eine andere Variante eines solchen Modells. Simulationsstudien haben allerdings gezeigt, daß MI gegenüber Verletzungen der Modellannahmen robust ist. Die im folgenden beschriebenen Imputationen wurden mit dem unter der URL http://www.stat.psu.edu/~jls/misoftwa.html frei erhältlichen Programm NORM erzeugt, das von einer Normalverteilung der Variablen ausgeht, was dem tatsächlichen Datenniveau und dem statistischen Verfahren (Kovarianz- beziehungsweise Korrelationsanalyse), das auf die imputierten Datensätze angewendet wird, am besten entspricht. Da sich, wie oben beschrieben, in den Daten keine extreme Abweichung von der Normalverteilung zeigt, wurde darauf verzichtet, die Variablen vor der Imputation zu transformieren. Entsprechend der Empfehlung von Schafer und Olsen (1998) wurde der ordinale Charakter der Daten aber berücksichtigt, indem die imputierten Werte zum nächsten kategorialen Wert hin auf- beziehungsweise abgerundet wurden.

Grundlage der beobachteten und der geschätzten Werte können nun erneut die Parameter geschätzt werden. Beide Schritte werden abwechselnd wiederholt, bis ein Konvergenzkriterium erreicht ist.[33]

Mit Hilfe des EM-Algorithmus ist es also möglich, die fehlenden Werte eines unvollständigen Datensatzes durch Schätzungen zu ersetzen, die auf den in den beobachteten Werten enthaltenen Informationen beruhen. In den Algorithmus müssen dabei zum einen alle Variablen einbezogen werden, die später gemeinsam analysiert werden sollen, da ansonsten die Zusammenhänge zwischen diesen Variablen unterschätzt würden. Zum anderen sollen aber auch solche Variablen berücksichtigt werden, die als inhaltliche Erklärung für Antwortausfälle dienen können, auch wenn sie für die eigentliche Datenanalyse keine Rolle spielen. Im konkreten Fall kommen hierfür neben Bildung, Alter, Geschlecht und regionaler Zugehörigkeit (Ost vs. West), die als Indikatoren für den sozio-ökonomischen Status des Befragten dienen, vor allem solche Variablen in Frage, die das Interesse des Befragten am Thema der Umfrage abbilden. 1994 war dies das subjektive Politikinteresse, 1998 konnte zusätzlich zu diesem Item auf zwei nur in dieser Befragungswelle gestellte Fragen zurückgegriffen werden, die sich auf das objektive politische Wissen[34] der Befragten beziehen.[35]

Der EM-Algorithmus generiert allerdings lediglich einen einzigen vervollständigten Datensatz. Wenn keine zusätzlichen Maßnahmen ergriffen werden, würden Analysen, die sich auf diesen ergänzten Datensatz stützen, die Stärke der Beziehungen zwischen den Variablen überschätzen, während die berechneten Standardfehler und Irrtumswahrscheinlichkeiten zu niedrig und die Konfidenzintervalle zu schmal wären. Die zusätzliche Unsicherheit (technisch: die höhere Fehlervarianz), die aus dem Fehlen der nicht beobachteten Werte resultiert, muß deshalb bei der statistischen Analyse von Daten, deren fehlende Werte imputiert wurden, in irgendeiner Form berücksichtigt werden.

Die *multiple* Imputation, bei der es sich im Grunde um eine Simulationstechnik handelt, bietet eine intuitiv plausible Lösung für dieses Problem. Den formalen Kern des Verfahrens bildet der *Data Augmentation* (DA)-Algorithmus, bei dem es sich um eine stochastische Variante des EM-Algorithmus handelt.[36] Ausgehend von einer Pa-

---

33 EM- und ML-Algorithmus sind eng verwandt. Als Kriterium für die Konvergenz dient in beiden Fällen die Veränderung der (logarithmierten) *likelihood*.

34 Autoren wie John Zaller (1992: 333ff) oder M. Kent Jennings (1996) haben sich in den letzten Jahren dafür stark gemacht, das politische Interesse beziehungsweise die politische Aufmerksamkeit (*awareness*) nach Möglichkeit über die Anzahl der korrekten Antworten auf eine Batterie neutraler Fragen zu politischen Fakten zu messen. Dieser Indikator ist im Gegensatz zu anderen Items, die sich auf die subjektive Selbsteinstufung des Befragten oder dessen Informationsverhalten beziehen, gegenüber Effekten der Frageformulierung und der sozialen Erwünschtheit relativ unempfindlich (Zaller 1992: 335). Kritische Beiträge zur Validität dieses Verfahrens hat in jüngster Zeit Jeffery Mondak (2000, 2001) vorgelegt.

35 Gefragt wurde nach der Bedeutung von Erst- und Zweitstimme und nach der Zahl der Bundesländer. Darüber hinaus wurde auch das Item „Die meisten Parteien und Politiker sind korrupt", das aus inhaltlichen Gründen aus der Strukturanalyse unberücksichtigt bleiben mußte (vgl. oben Seite 4.1.1), zur Schätzung fehlender Werte herangezogen.

36 Üblicherweise dient die vom EM-Algorithmus gefundene Lösung als Ausgangspunkt für den DA-

rameterschätzung generiert DA für jede unvollständige Beobachtung eine *Verteilung* von plausiblen Meßwerten, aus der dann einer gezogen und an Stelle des fehlenden Wertes eingesetzt wird. Auf der Grundlage des vervollständigten Datensatzes werden anschließend wiederum die Parameter neu geschätzt.

Wiederholt man beide Schritte sehr oft und speichert beispielsweise jede hundertste Lösung, so erhält man eine Serie von vervollständigten Datensätzen, deren imputierte Werte voneinander statistisch unabhängig sind.[37] Je mehr Informationen sich aus den beobachteten Werten über einen fehlenden Wert ableiten lassen, desto geringer ist die Streuung der Verteilung, aus der die Imputationen dieses Wertes gezogen werden, und desto geringere Abweichungen bestehen zwischen den vervollständigten Datensätzen, die der DA-Algorithmus generiert. Bestünde aufgrund der beobachteten Werte völlige Sicherheit über die fehlenden Werte, wären alle imputierten Datensätze identisch. Umgekehrt werden sich die vervollständigten Datensätze um so stärker unterscheiden, je größer die Unsicherheit ist, die beim Imputieren der fehlenden Werte besteht.

Die Serie von Datensätzen, die der DA-Algorithmus generiert, kann nun mit jedem beliebigen statistischen Verfahren und in allen gängigen Programmpaketen analysiert werden. Dazu wird der Programmdurchlauf mit jedem einzelnen der vervollständigten Datensätze durchgeführt. Jene (und nur jene!) Parameterschätzungen, die für die Forschungsfrage von Interesse sind (im Fall des Strukturmodells von Politikverdrossenheit also die Faktorladungen, die Korrelationen zwischen den Konstrukten und die Fehlervarianzen) werden dabei zusammen mit ihren Standardfehlern in eine Datei geschrieben und dann nach den von Rubin (1987) beschriebenen Regeln miteinander kombiniert:

Der Gesamtschätzwert für einen Parameter wird bestimmt, indem das arithmetische Mittel seiner Einzelschätzungen gebildet wird. Der Standardfehler eines Parameters setzt sich nach einer etwas komplexeren Formel aus den separaten Standardfehlern einerseits und aus der Varianz der separaten Parameterschätzungen andererseits zu-

---

Algorithmus.

37 Tatsächlich wird die Ziehung der Ersatzwerte vom DA-Algorithmus nur *simuliert*. Zwei imputierte Datensätze, die das Verfahren unmittelbar hintereinander generiert, sind deshalb nicht vollständig unabhängig voneinander. Die zusätzliche Varianz, die aus dem Fehlen einiger Beobachtungen resultiert, würde unterschätzt, wenn die statistische Analyse auf der Grundlage solcher Datensätze durchgeführt würde. Die Zahl der Zyklen des DA-Algorithmus, die mindestens benötigt werden, um die statistische Unabhängigkeit der Imputationen zu erreichen, entspricht in etwa der Zahl der Iterationen, die auch der EM-Algorithmus benötigt, um zu konvergieren. Für die Befragungswelle von 1998 erreichte EM das Konvergenzkriterium (eine Veränderung der Parameter um höchstens ein Zehntel Promille zwischen zwei Durchläufen des Algorithmus) in 15 Zyklen, für die Daten von 1994 wurden sogar nur zehn Iterationen benötigt. Diese relativ niedrigen Werte erklären sich aus der vergleichsweise geringen Rate von *item missings*, die es ermöglichen, schnell zu einer stabilen Lösung zu kommen. Um ganz sicher zu gehen, daß die Imputationen voneinander unabhängig erfolgen, wurde nach jeweils 100 Iterationen des DA-Algorithmus ein imputierter Datensatz abgespeichert. Daß die gefundenen Lösungen tatsächlich unabhängig sind, läßt sich mit den von Schafer entwickelten Programmen anschließend durch die Betrachtung der Autokorrelationen der Parameter bestimmen. Für beide Befragungswellen wurden keine signifikant von null verschiedenen Autokorrelationen beobachtet, so daß mit großer Sicherheit davon auszugehen ist, daß die imputierten Datensätze die zusätzliche Varianz, die auf das Fehlen einzelner Werte zurückgehen, angemessen wiedergeben.

sammen. Auf diese Weise wird die zusätzliche Unsicherheit, die aus dem Ersetzen fehlender Werte durch plausible Schätzungen resultiert, gleichsam automatisch und in intuitiv nachvollziehbarer Weise berücksichtigt.

Mit den von Schafer entwickelten Programmen läßt sich dieser letzte Analyseschritt teilweise automatisieren. Zusätzlich zu den Parameterschätzungen, ihren (mit Bezug auf die fehlenden Werte) realistischen Standardfehlern und den zugehörigen Konfidenzintervallen wird außerdem zu jedem Parameter die von Rubin (1987) definierte Größe γ bestimmt, die einen Anhaltspunkt dafür liefert, wie stark die Parameterschätzung vom Fehlen einiger Meßwerte beeinflußt wird.

Die Zahl der vervollständigten Datensätze, die für diese Methode benötigt werden, ist erstaunlich gering, sofern die Rate der fehlenden Werte nicht extrem hoch ist. In der Regel genügen bereits drei bis fünf imputierte Datensätze, um zu zuverlässigen Modellschätzungen zu kommen. Im vorliegenden Fall wurden für jede der beiden Befragungswellen je fünf vervollständigte Datensätze generiert, auf denen alle im folgenden Abschnitt präsentierten Analysen basieren.

Beim Verfahren der multiplen Imputation handelt es sich um eine Technik, die dem methodischen *state of the art* entspricht, aber bislang in der Politikwissenschaft kaum eingesetzt wird.[38] Da das Verfahren von den gängigen Statistikpaketen noch nicht unterstützt wird, sondern zusätzliche Software erfordert, ist sein Einsatz – vom Bedarf an Rechenzeit einmal ganz abgesehen – derzeit auch mit einem erheblichen logistischen Aufwand verbunden, da die Datensätze und Matrizen, die zwischen den verschiedenen Programmen[39] ausgetauscht werden, mehrfach konvertiert werden müssen. Gerade deshalb muß an dieser Stelle nochmals betont werden, daß die Verwendung von polychorischen Korrelationen, die Schätzung des Modells mit ADF/WLS und schließlich die Anwendung des Verfahrens der multiplen Imputation, auf die auf den vorangegangenen Seiten relativ ausführlich eingegangen wurde, kein Selbstzweck sind, sondern einzig dazu dienen, die für die Verdrossenheitsforschung zentrale Syndromhypothese einem möglichst fairen und objektiven Test zu unterziehen.

4.1.2 Ergebnisse

In diesem Abschnitt werden die Schätzungen für das in Abschnitt 4.1.1 entwickelte Strukturmodell politischer Verdrossenheit präsentiert. Die Unterabschnitte 4.1.2.1 und 4.1.2.2, in denen die auf der Grundlage der Befragungswellen von 1998 und 1994 berechneten Parameter des ursprünglichen Modells vorgestellt werden, sind dabei weitgehend parallel aufgebaut. Da die Modellschätzungen gegen die Syndromhypothese sprechen, wird in Punkt 4.1.2.3 ein alternatives Modell zur Erklärung der 1994 und 1998 beobachteten Zusammenhänge vorgeschlagen und getestet. Unterabschnitt 4.1.3 schließlich faßt die wichtigsten Ergebnisse der Analysen zusammen.

---

38 Vgl. aber den Vorstoß von King et al. (1998), die mit AMELIA ein eigenes Programm zur multiplen Imputation entwickelt haben.

39 Verwendet wurden neben SPSS 9.0 die Programme NORM 2.02, PRELIS 2.3 und LISREL 8.3. Bei den beiden letztgenannten Programmen handelt es sich um aktualisierte Versionen mit dem *patch level* 7 vom Februar 2000.

χ^2	(df)	p	GFI	SRMR	CN	RMSEA	CAIC
2 048	247	0,00	0,98	0,088	491	0,047	3 002

Anmerkung: Zwischen den fünf imputierten Datensätzen (vgl. Seite 220) treten bezüglich der Anpassungsmaße minimale Schwankungen auf. Angegeben ist jeweils das arithmetische Mittel der Programmdurchläufe.

Tabelle 4.6: Modell I (1998): Anpassungsmaße

4.1.2.1 Befragungswelle 1998

In Abschnitt 4.1.1 auf Seite 213 wurde dargelegt, daß es beim Test der Syndromhypothese unrealistisch wäre, anzunehmen, daß die elf Konstrukte perfekt miteinander korrelieren. Statt dessen wurde vorgeschlagen, bereits dann von einem Verdrossenheitssyndrom zu sprechen, wenn der Betrag der Korrelationen zwischen den Konstrukten den Wert von 0,71 erreicht, was einem gemeinsamen Varianzanteil von 50 Prozent entspricht. Ob diese Bedingung erfüllt ist, läßt sich im Strukturgleichungsmodell direkt überprüfen, indem entsprechende Restriktionen für die Korrelationen der Faktoren eingeführt werden, bevor das Modell geschätzt wird. Sollten die auf der Grundlage dieses restringierten Modells reproduzierten Korrelationen zwischen den Indikatoren stark von den tatsächlich beobachteten Korrelationen abweichen, wäre die Syndromhypothese empirisch widerlegt.

Dieser direkte Ansatz erwies sich in der Praxis aber als problematisch, weil auch nach mehr als 100 Iterationen des Algorithmus keine stabile Lösung gefunden werden konnte.[40] Dieses Ergebnis könnte als Hinweis darauf gedeutet werden, daß ein Modell, das Korrelationen mit einem Betrag $\geq 0,71$ zwischen den latenten Variablen voraussetzt, so stark von den empirischen Daten abweicht, daß der Algorithmus nicht konvergieren kann. Allerdings ist bekannt, daß Restriktionen generell zu Problemen bei der Schätzung der Parameter führen können (Jöreskog und Sörbom 1996a: 348). Angesichts der recht großen Zahl von 55 beziehungsweise 45 Restriktionen, die in das Strukturmodell der politischen Verdrossenheit aufgenommen werden müssen, wäre es deshalb voreilig, die Syndromhypothese allein deshalb zurückzuweisen, weil keine Konvergenz erreicht werden kann.

In einem zweiten Schritt wurden deshalb die Restriktionen aufgegeben und die Korrelationen zwischen den latenten Variablen als freie Parameter geschätzt. Nach dieser Modifikation konvergierte der Algorithmus innerhalb weniger Zyklen. Die Anpassungsmaße für die so gefundene Lösung zeigt Tabelle 4.6, die Korrelationen zwischen den latenten Variablen sind in Tabelle 4.7 auf der nächsten Seite wiedergegeben.[41]

Auch diese Lösung ist jedoch mit einem Problem behaftet: Wie oben links in Ta-

---

40 Die Schätzungen wurden sowohl mit dem ursprünglichen als auch mit dem modifizierten Modell (Modell II) durchgeführt. Zur Sicherheit wurde die Analyse dann noch einmal mit dem ML-Algorithmus wiederholt. In keinem Fall wurde Konvergenz erreicht.

41 Konstrukte, bei denen hohe Werte einer *niedrigen* Verdrossenheit entsprechen, sind in der Tabelle mit dem Symbol (-) markiert. In diesen Fällen sind negative Korrelationen mit den anderen Konstrukten zu erwarten.

	(1)	(2)	(3)	(4)	(5)	(6)	(7)	(8)	(9)	(10)	(11)
(1) Mißtrauen Parteien	1,00										
(2) Unzufriedenheit Parteien (-)	−1,00 0,03	1,00									
(3) Parteiidentifikation (-)	−0,63 0,02	0,75 0,03	1,00								
(4) Responsivität Parteien (-)	−0,71 0,03	0,66 0,04	0,36 0,04	1,00							
(5) Mißtrauen Politiker (-)	−0,62 0,02	0,57 0,03	0,34 0,02	0,56 0,03	1,00						
(6) Unzufriedenheit Politiker (-)	−0,40 0,02	0,35 0,03	0,19 0,02	0,41 0,03	0,27 0,02	1,00					
(7) Responsivität Politiker (-)	−0,86 0,02	0,79 0,03	0,47 0,03	0,80 0,04	0,66 0,02	0,40 0,03	1,00				
(8) Mißtrauen Regimeinstitutionen (-)	−0,77 0,02	0,76 0,03	0,50 0,03	0,52 0,03	0,55 0,02	0,31 0,02	0,67 0,02	1,00			
(9) Unzufriedenheit Regimeinstitutionen	0,70 0,02	−0,84 0,03	−0,53 0,03	−0,62 0,04	−0,55 0,02	−0,30 0,02	−0,66 0,03	−0,81 0,02	1,00		
(10) Responsivität Regimeinstitutionen	0,76 0,02	−0,77 0,03	−0,46 0,03	−0,61 0,04	−0,44 0,02	−0,31 0,03	−0,72 0,03	−0,58 0,03	0,59 0,02	1,00	
(11) internal (in)efficacy	0,26 0,02	−0,31 0,03	−0,25 0,03	−0,18 0,04	−0,15 0,02	−0,09 0,03	−0,18 0,03	−0,25 0,03	0,21 0,03	0,36 0,03	1,00

Tabelle 4.7: Modell I (1998): Korrelationen zwischen den latenten Variablen

belle 4.7 zu erkennen ist, sind die beiden Konstrukte „Mißtrauen gegenüber Parteien" und „Unzufriedenheit mit Parteien" perfekt miteinander korreliert. Inhaltlich bedeutet dies, daß es aufgrund der vorliegenden Daten nicht möglich ist, zwischen einer aktuellen negativen Bewertung der Leistungen der Parteien (Unzufriedenheit) und einer negativen Zukunftserwartung hinsichtlich der Leistungen der Parteien (Mißtrauen) zu differenzieren. Allerdings sollte dieses Ergebnis nicht überinterpretiert werden, da das Mißtrauen gegenüber den Parteien mit lediglich zwei Indikatoren gemessen wird, die für das Universum der möglichen Indikatoren dieses Konstruktes nicht unbedingt repräsentativ sein müssen.

Unabhängig von der inhaltlichen Bedeutung dieses Koeffizienten deutet diese Modellschätzung aber auf ein mögliches technisches Problem hin. Bei einem Standardfehler von 0,03 schließt ein Konfidenzintervall, das für die gängige Vertrauenswahrscheinlichkeit von 95 Prozent berechnet wird, den für den Betrag einer Korrelation aus logischen Gründen unmöglichen Bereich > 1 mit ein. Bei drei der fünf Programmdurchläufe ergaben sich überdies Punkschätzungen, die den Betrag von eins überschritten. Solche mathematisch unsinnigen Parameter, die sich vermutlich durch starke lineare Abhängigkeiten zwischen den beobachteten Variablen und die relativ geringe Zahl von Indikatoren pro Faktor erklären, sind ein Hinweis auf Probleme bei der Modellschätzung, der Zweifel an der Stabilität der gefundenen Lösung aufkommen läßt, obwohl LISREL keine entsprechenden Warnungen ausgibt.

Um ganz sicher zu gehen, daß die Qualität der Parameterschätzung nicht von solchen Problemen negativ beeinflußt wird, wurde das Modell deshalb leicht vereinfacht. „Unzufriedenheit mit den Parteien" und „Mißtrauen gegenüber den Parteien" wurden für den weiteren Ablauf der statistischen Analyse zusammengefaßt. Abbildung 4.2 auf der nächsten Seite zeigt dieses modifizierte Modell (Modell II), das im folgenden näher betrachtet werden soll, während auf das ursprüngliche Modell wegen der erwähnten methodischen Bedenken nicht näher eingegangen wird.

Zunächst ist dabei nun zu klären, wie gut das theoretische Modell insgesamt mit den empirischen Daten übereinstimmt. Sollten sich hier bereits dramatische Abweichungen ergeben, die durch eine Fehlspezifikation des Strukturmodelles zustandekommen, wäre es sinnlos, sich näher mit den Parameterschätzungen selbst zu befassen. Umgekehrt folgt aus einer akzeptablen Modellanpassung aber nicht zwingend, daß es sich um ein gutes, d. h. korrektes und aussagekräftiges Modell handelt, das die Syndromhypothese stützt. Im Gegenteil: Gerade dann, wenn die Korrelationen zwischen den Variablen niedrig sind, läßt sich relativ leicht eine gute Paßgüte erzielen (Garson 1998).

In ihrer ursprünglichen Konzeption des LISREL-Modells waren Jöreskog und Sörbom davon ausgegangen, daß sich die Frage nach der Vereinbarkeit von Modell und Daten durch einen einfachen Signifikanztest, den χ^2-Abweichungstest, klären läßt. Unter der Voraussetzung, daß das Modell korrekt spezifiziert ist, ist jene Größe, die die Abweichung zwischen den beobachteten und den vom Modell reproduzierten Kovarianzen repräsentiert und von den in LISREL und anderen Programmen zur Schätzung von Strukturgleichungsmodellen implementierten Algorithmen (ML, WLS, GLS etc.)

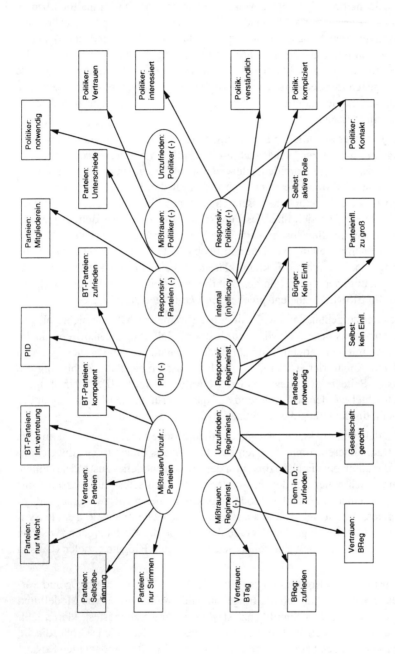

Anmerkung: Alle Konstrukte korrelieren miteinander. Auf die Wiedergabe der geschwungenen Doppelpfeile zwischen den Konstrukten wurde aus Gründen der Übersichtlichkeit verzichtet.

Abbildung 4.2: Faktorenmodell politischer Verdrossenheit II

χ^2	(df)	p	GFI	SRMR	CN	RMSEA	CAIC
2 156	257	0,00	0,98	0,091	485	0,047	3 013

Anmerkung: Zwischen den fünf imputierten Datensätzen (vgl. Seite 220) treten bezüglich der Anpassungs-maße minimale Schwankungen auf. Angegeben ist jeweils das arithmetische Mittel der Programmdurch-läufe.

Tabelle 4.8: Modell II (1998): Anpassungsmaße

minimiert wird, nämlich asymptotisch χ^2-verteilt.[42] Sie kann deshalb genutzt werden, um die Hypothese zu prüfen, daß die Diskrepanzen zwischen der empirischen und der vom Modell implizierten Kovarianzmatrix nicht durch Stichprobenfehler erklärt werden können, sondern im statistischen Sinne signifikant sind.

Im Falle des modifizierten Strukturmodelles politischer Verdrossenheit treten solche statistisch signifikanten Abweichungen auf, wie in Tabelle 4.8 zu erkennen ist: Bei 257 Freiheitsgraden erreicht die Prüfgröße einen Wert von 2 156. Die Wahrscheinlich-keit p, bei Gültigkeit der Nullhypothese (keine Abweichungen zwischen Modell und Wirklichkeit) einen derart hohen Wert zu erhalten, liegt weit unter einem Promille, wie aus der theoretischen χ^2-Verteilung mit $df = 257$ hervorgeht. Selbst wenn man eine Irrtumswahrscheinlichkeit von einem Prozent zugrunde legt, müßte aufgrund dieses Ergebnisses die Nullhypothese aufgegeben und das Strukturmodell verworfen wer-den.

Allerdings erkannte man rasch, daß die Beziehungen zwischen den beobachteten Variablen in der Praxis niemals vollständig durch das theoretische Modell erklärt wer-den können und der Vergleich zwischen Null- und unspezifischer Alternativhypothese deshalb in der Regel wenig sinnvoll ist: Da χ^2 nicht nur von den Matrizen, sondern auch vom Umfang der analysierten Stichprobe beeinflußt wird, spricht der Test ins-besondere dann, wenn der Umfang einer Stichprobe relativ groß ist, auch auf solche Diskrepanzen zwischen Modell und Empirie an, die zwar statistisch signifikant – d. h. nicht durch Stichprobenfehler zu erklären – inhaltlich aber bedeutungslos sind (vgl. dazu Hu und Bentler 1995: 77f, die auch auf weitere Probleme des Tests eingehen).

Auch im vorliegenden Fall besteht Anlaß zu der Vermutung, daß der Test wegen des großen Stichprobenumfangs zu sensitiv ist. Bei gegebener Zahl von Fällen und Freiheitsgraden läßt sich für einen χ^2-Test *ex post* die Teststärke, d. h. die Wahrschein-lichkeit, mit der „tatsächlich vorhandene Unterschiede durch einen statistischen Test auch aufgedeckt werden können" (Bortz 1993: 118), berechnen. Diese beträgt hier be-reits für geringe ($w = 0,15$) und sehr geringe ($w = 0,10$) Abweichungen zwischen den empirischen und den modellimplizierten Matrizen 90 beziehungsweise 41 Prozent.[43]

---

42 In der einschlägigen Literatur und in der Ausgabe von LISREL und vergleichbaren Programmen wird diese Größe deshalb zumeist einfach mit χ^2 bezeichnet. Im folgenden orientiere ich mich an dieser Konvention.

43 Die Teststärke läßt sich formal als $1 - \beta$ definieren, wobei β für die Wahrscheinlichkeit steht, die Null-hypothese beizubehalten, obwohl tatsächlich ein Unterschied existiert, d. h. H_0 falsch ist. Mit dem ge-nerischen Parameter w wird in diesem Zusammenhang die Stärke des zu untersuchenden Effektes (hier: die Abweichungen zwischen den Matrizen) bezeichnet. Die Berechnungen selbst wurden mit dem von

Deshalb wäre es unklug, alleine auf der Grundlage von χ^2 und Irrtumswahrscheinlichkeit über die Anpassung (*fit*) des Modells an die empirischen Daten zu urteilen. Um die mit der Verwendung von χ^2 verbundenen Probleme, d. h. in erster Linie die Abhängigkeit der Ergebnisse vom Stichprobenumfang, zu überwinden, wurden buchstäblich Dutzende von Indizes entwickelt, die aber ihrerseits mit Mängeln behaftet sind, die an dieser Stelle nicht ausführlich diskutiert werden können (für einen ersten Überblick vgl. Hu und Bentler 1995). Eines der Hauptprobleme dieser Indizes besteht darin, daß die meisten von ihnen keiner bekannten Verteilung folgen und ein optisch „hoher" Indexwert deshalb nicht unbedingt einer guten Modellanpassung entsprechen muß. Für die gebräuchlichsten Indizes haben sich in der Literatur aber Schwellenwerte (*cutoff values*) etabliert, die über- beziehungsweise unterschritten werden sollten, damit von einer guten Anpassung gesprochen werden kann. An diesen Werten orientiere ich mich im folgenden.[44] Da es wenig sinnvoll ist, in einem „shotgun approach" (Garson 1998) alle von LISREL berechneten Maße aufzuführen, beschränke ich mich dabei auf eine systematische Auswahl aus den verfügbaren Maßzahlen.

Die verschiedenen Indizes lassen sich zunächst in zwei große Klassen einteilen: absolute Anpassungsmaße vergleichen die beobachteten mit den vom Modell reproduzierten Kovarianzmatrizen, während relative Indizes die Anpassungsgüte des vom Forscher spezifizierten Modells mit dem *fit* eines alternativen Modells ins Verhältnis setzen. Bei diesem alternativen Modell handelt es sich zumeist um das Nullmodell, das unterstellt, daß zwischen den Indikatoren keinerlei Zusammenhänge bestehen. Auf die Ausweisung solcher relativer Anpassungsmaße wurde in diesem Kapitel durchgängig verzichtet, weil erstens die Annahme eines Nullmodells im vorliegenden Fall sehr unrealistisch ist und deshalb keine geeignete Grundlage für einen Modellvergleich darstellt,[45] zweitens, weil beim hier verwendeten ADF-Verfahren gewisse Unsicherheiten hinsichtlich der Schätzung des Nullmodells bestehen (vgl. hierzu die Diskussionen in SEMNET).

Einer der ältesten und am weitesten verbreiteten absoluten Fit-Indizes ist der *Goodness of Fit*-Index (GFI), der in der vierten Spalte von Tabelle 4.8 ausgewiesen ist. Als Schwellenwerte für eine gute Anpassung des Modells werden in der Literatur zumeist Werte von 0,90, manchmal auch von 0,95 genannt, die hier mit einem GFI von 0,98

Axel Buchner, Franz Faul und Edgar Erdfelder entwickelten Programm GPOWER vorgenommen, das über das Internet (`http://www.psychologie.uni-trier.de:8000/projects/gpower.html`) frei erhältlich ist.

44   Simulationsstudien deuten daraufhin, daß diese Schwellenwerte in einigen Fällen zu niedrig angesetzt wurden. Vgl. dazu Hu und Bentler (1995) mit weiteren Literaturangaben.

45   Es wäre schon deshalb unrealistisch zu unterstellen, daß zwischen den Items *keine* Zusammenhänge bestehen, weil unter ihnen die drei Indikatoren für *internal efficacy* enthalten sind, die als bewährtes Instrument zur Messung eines etablierten Konstruktes gelten können. Auch zwischen den anderen Indikatoren müssen allein aufgrund des Wortlautes und der gemeinsamen Objekte, auf die sie sich beziehen, minimale Zusammenhänge bestehen. Zudem ist die Zahl der Indikatoren insgesamt ebenso wie die Zahl der Fälle recht hoch. Dementsprechend weicht das Nullmodell mit einem χ^2-Wert 11 293 sehr stark von den empirischen Daten ab. Gegenüber diesem sehr unrealistischen Nullmodell ließe sich deshalb auch mit einem fehlspezifizierten Modell politischer Verdrossenheit eine deutliche *relative* Verbesserung der Anpassungsgüte erreichen.

deutlich übertroffen werden. Inhaltlich entspricht der GFI dem Anteil der beobachteten Kovarianzen, den die vom Modell implizierten Kovarianzen erklären können.
Da der GFI aber vom Stichprobenumfang und der Komplexität des Modells positiv
beeinflußt wird, wurden weitere absolute Anpassungsmaße berechnet.[46]

So enthält die fünfte Spalte der Tabelle das *Standardized Root Mean Square Resid-
ual* (SRMR). Bei diesem Wert handelt es sich um die Quadratwurzel aus dem Durchschnitt der quadrierten Abweichungen zwischen den beobachteten und den vom Modell reproduzierten Kovarianzen beziehungsweise Korrelationen.[47] Das SRMR kann
im Sinne einer mittleren Abweichung zwischen empirischen und modellimplizierten
Korrelationen interpretiert werden, wobei größere Abweichungen durch die Quadrie-
rung ein überproportionales Gewicht erhalten. Der in Tabelle 4.8 ausgewiesene Wert
von 0,091 bedeutet, daß ungeachtet des recht hohen Wertes für den GFI nicht uner-
hebliche Diskrepanzen zwischen dem Modell und den empirischen Daten auftreten.
An welchen Punkten des Modells diese Abweichungen auftreten, wäre durch eine
detaillierte Betrachtung der Residuen und der von LISREL berechneten Modifikationsindizes zu klären, auf die an dieser Stelle aber verzichtet wird, da es zunächst nur
darum geht, die globale Anpassung des Modells zu beurteilen.

Ein weiteres Anpassungsmaß mit einer relativ anschaulichen Interpretation ist die
in der sechsten Spalte ausgewiesene kritische Fallzahl (CN). Die Berechnung der kritischen Fallzahl beruht auf der oben skizzierten Überlegung, daß die Höhe des χ^2-
Wertes vom Umfang der Stichprobe abhängt und im Falle großer Stichproben auch
triviale Abweichungen zwischen den beobachteten und den modellimplizierten Kovarianzen beziehungsweise Korrelationen die Schwelle der statistischen Signifikanz
überschreiten. Der CN entspricht nun dem Umfang, den die Stichprobe mindestens
haben muß, damit die beobachteten Diskrepanzen zwischen Modell und Wirklichkeit
als statistisch signifikant gelten können. Als Schwellenwert für eine gute Modellanpassung gilt in der Literatur ein Wert von 200; Hu und Bentler (1995: 93) sprechen
sich auf der Grundlage ihrer Simulationsstudien allerdings für einen höheren Wert aus,
ohne sich auf eine konkrete Zahl festzulegen. Für das modifizierte Strukturmodell politischer Verdrossenheit erreicht CN den Wert von 485, was ähnlich wie der GFI von
0,98 als Beleg für eine zumindest akzeptable Paßgüte des Modells gelten kann.

Ein Maß, daß sich in der einschlägigen Literatur einer zunehmenden Beliebtheit
erfreut, weil es in geringerem Umfang vom Stichprobenumfang beeinflußt wird als

---

46 Diese letztgenannte Eigenschaft des GFI und anderer Indizes war Anlaß für die Entwicklung einer
    ganzen Familie von absoluten und relativen Anpassungsmaßen (PGFI, PNFI, PCFI u. a.), die explizit
    die Zahl der Parameter und damit die Sparsamkeit der Modellierung berücksichtigen. Da es in diesem
    Kapitel aber in erster Linie darum geht, die Qualität eines einzigen, aus der Literatur rekonstruierten
    Modells politischer Verdrossenheit zu überprüfen, statt in einem modellgenerierenden Prozeß ein mög-
    lichst sparsames und mathematisch optimales Modell zu entwickeln, und sich zudem in der Literatur
    kaum Hinweise auf Schwellenwerte für diese korrigierten Anpassungsmaße finden, wurde auf ihre
    Ausweisung generell verzichtet. Eine Ausnahme bildet lediglich das auf Seite 232 vorgestellte CAIC,
    das die Zahl der Modellparameter sowie der Variablen berücksichtigt und in Abschnitt 4.1.2.3 für den
    direkten Vergleich zweier nicht hierarchisch geschachtelter Modelle benötigt wird.

47 Da die Analyse auf (polychorischen) Korrelationen basiert, sind SRMR und das nicht standardisierte
    Root Mean Square Residual (RMR) identisch.

		(1)	(2)	(3)	(4)	(5)	(6)	(7)	(8)	(9)
(1)	Mißtrauen/Unzufrieden- heit Parteien	1,00								
(2)	Parteiidentifikation (-)	−0,67 0,02	1,00							
(3)	Responsivität Parteien (-)	−0,71 0,03	0,38 0,04	1,00						
(4)	Mißtrauen Politiker (-)	−0,61 0,02	0,36 0,02	0,56 0,03	1,00					
(5)	Unzufriedenheit Politiker (-)	−0,39 0,02	0,20 0,03	0,41 0,03	0,26 0,02	1,00				
(6)	Responsivität Politiker (-)	−0,85 0,02	0,52 0,03	0,80 0,04	0,65 0,02	0,40 0,03	1,00			
(7)	Mißtrauen Regimeinstitutionen (-)	−0,77 0,02	0,52 0,03	0,52 0,03	0,55 0,02	0,30 0,02	0,68 0,02	1,00		
(8)	Unzufriedenheit Regimeinstitutionen	0,74 0,02	−0,52 0,03	−0,64 0,04	−0,57 0,02	−0,31 0,02	−0,69 0,03	−0,83 0,02	1,00	
(9)	Responsivität Regimeinstitutionen	0,76 0,02	−0,46 0,03	−0,61 0,04	−0,44 0,02	−0,31 0,03	−0,72 0,03	−0,59 0,03	0,61 0,02	1,00
(10)	*internal (in)efficacy*	0,27 0,02	−0,25 0,03	−0,20 0,05	−0,15 0,02	−1,00 0,03	−0,20 0,03	−0,25 0,03	0,21 0,03	0,37 0,03

Tabelle 4.9: Modell II (1998): Korrelationen zwischen den latenten Variablen

andere Indizes und einer bekannten Verteilung folgt, so daß es möglich ist, für diesen Index Konfidenzintervalle zu berechnen (Garson 1998), ist der *Root Mean Square Error of Approximation* (RMSEA). Werte $\leq 0,08$ gelten als Indikator für eine akzeptable, Werte $\leq 0,05$ als Beleg für eine gute Modellanpassung. Tabelle 4.8 zeigt, daß der Koeffizient mit einem Wert von 0,047 knapp unter dieser zweiten Schranke liegt. Bei jedem der fünf Programmdurchläufe wurde für den RMSEA ein Konfidenzintervall auf der Basis einer Vertrauenswahrscheinlichkeit von 90 Prozent berechnet. Gemeinsam schließen diese Intervalle den Bereich von 0,045 bis 0,049 ein, so daß mit großer Sicherheit davon auszugehen ist, daß der RMSEA tatsächlich unterhalb des Schwellenwertes von 0,05 liegt.

Als letztes Anpassungsmaß enthält Tabelle 4.8 schließlich noch das auf Überlegungen aus der Informationstheorie basierende *Consistent Akaike Information Criterion* (CAIC), das den χ^2-Wert zur Komplexität des Modells, zur Zahl der Variablen und zur Fallzahl in Beziehung setzt und hier einen Wert von 3 013 erreicht. Der Nutzen des CAIC besteht vor allem darin, daß es einen direkten Vergleich zwischen zwei konkurrierenden Modellen ermöglicht. Dabei ist das Modell mit dem niedrigeren CAIC vorzuziehen. Der Vorteil gegenüber dem Vergleich von Modellen auf der Grundlage ihres χ^2-Wertes besteht darin, daß die Modelle in diesem Fall nicht hierarchisch geschachtelt (*nested*) sein müssen. Das CAIC ermöglicht es deshalb, das hier vorgestellte Strukturmodell politischer Verdrossenheit in Abschnitt 4.1.2.3 mit einem einfacheren Modell zu konfrontieren.

Zusammengenommen deuten die hier diskutierten Anpassungsmaße darauf hin, daß das modifizierte Strukturmodell politischer Verdrossenheit insgesamt mit den empiri-

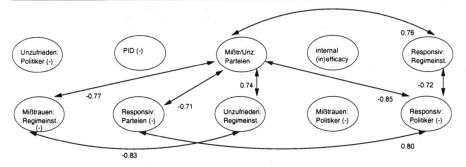

Abbildung 4.3: Modell II (1998): Korrelationen größer 0,71 zwischen den latenten Variablen

schen Daten hinreichend gut vereinbar ist. Unter dieser Voraussetzung ist es sinnvoll, sich in einem zweiten Schritt mit den eigentlichen Modellschätzungen zu befassen, um auf dieser Grundlage über die Syndromhypothese entscheiden zu können.

Tabelle 4.1.2.1 auf der vorherigen Seite zeigt die vom Modell geschätzten Korrelationen zwischen den zehn Konstrukten.[48] Diese sind um den Effekt der Meßfehler, die sich daraus ergeben, daß die Konstrukte durch die als Indikatoren verwendeten Items nur unvollkommen repräsentiert werden, bereinigt (disattenuiert).[49] Die Ergebnisse sprechen eindeutig *gegen* die Syndromhypothese: Nur acht der 45 Korrelationen weisen einen Betrag $\geq 0,71$ auf, der oben als Kriterium für eine „starke" Korrelation festgelegt wurde, was einem Anteil von knapp 18 Prozent entspricht. Dabei handelt es sich in erster Linie um die Zusammenhänge zwischen Mißtrauen/Unzufriedenheit mit den Parteien und fünf anderen Konstrukten: der wahrgenommener Responsivität der Parteien (-0,71), der wahrgenommenen Responsivität der Politiker (-0,85), dem Mißtrauen gegenüber den Regimeinstitutionen (-0,77), der Unzufriedenheit mit den Regimeinstitutionen (0,74) und der wahrgenommenen Responsivität der Regimeinstitutionen (0,76).

Untereinander korrelieren diese fünf Konstrukte mehrheitlich aber nur schwach. Substantielle Zusammenhänge zeigen sich nur zwischen der wahrgenommenen Responsivität der Parteien und der Politiker (0,80), der Responsivität der Politiker und der Regimeinstitutionen (-0,72) sowie zwischen dem Mißtrauen gegenüber und der Unzufriedenheit mit den Regimeinstitutionen (-0,83).

In der großen Mehrheit der Fälle hingegen bestehen *keine* substantiellen Zusammenhänge zwischen den Konstrukten. So korreliert entgegen den Annahmen der Syndromhypothese die *internal (in)efficacy* nur sehr schwach mit den anderen Konstrukten. Auch das Mißtrauen gegenüber und die Unzufriedenheit mit den Politikern weisen

---

48 Konstrukte, bei denen hohe Werte einer *niedrigen* Verdrossenheit entsprechen, sind in der Tabelle mit dem Symbol (-) markiert. In diesen Fällen sind negative Korrelationen mit den anderen Konstrukten zu erwarten.

49 Dies gilt nicht für die Korrelationen mit den Konstrukten Parteiidentifikation, Mißtrauen gegenüber Politikern und Unzufriedenheit mit Politikern, die nur mit einem einzigen Indikator gemessen werden konnten, da es in diesem Fall nicht möglich ist, Meßfehler zu schätzen.

Konstrukt	Konstruktreliabilität	extrahierte Varianz
Mißtrauen/Unzufriedenheit Parteien	0,86	0,46
Parteiidentifikation	–,–	–,–
Responsivität Parteien	0,44	0,28
Mißtrauen Politiker	–,–	–,–
Unzufriedenheit Politiker	–,–	–,–
Responsivität Politiker	0,61	0,43
Mißtrauen Regimeinstitutionen	0,72	0,57
Unzufriedenheit Regimeinstitutionen	0,62	0,36
Responsivität Regimeinstitutionen	0,60	0,29
internal (in)efficacy	0,74	0,48

Tabelle 4.10: Modell II (1998): Konstruktreliabilitäten und extrahierte Varianz

keine substantiellen Zusammenhänge mit den anderen Einstellungen auf. Das gleiche gilt für die Parteiidentifikation. Am ehesten könnten noch Mißtrauen/Unzufriedenheit mit den Parteien als Bindeglied zwischen den Verdrossenheitseinstellungen betrachtet werden, was die zentrale Stellung der Parteien innerhalb des politischen Systems widerspiegelt. Von einem Syndrom im eigentlichen Sinne, das hohe Korrelationen für die Mehrzahl der Zusammenhänge voraussetzen würde, kann aber offensichtlich keine Rede sein. Abbildung 4.3 auf der vorherigen Seite verdeutlicht die Verhältnisse nochmals in graphischer Form.

Berücksichtigt man überdies die Tatsache, daß es sich bei den Korrelationen der Faktoren um stichprobenbasierte Schätzungen handelt, die mit einem entsprechenden Standardfehler behaftet sind, und berechnet Konfidenzintervalle mit einer Vertrauenswahrscheinlichkeit von 95 Prozent, so steigt der Anteil derjenigen Korrelationen, die möglicherweise einen Betrag von 0,71 überschreiten, auf maximal knapp 27 Prozent. Selbst dann könnte die Syndromhypothese als widerlegt gelten. Zugunsten der Syndromhypothese wird bei dieser Rechnung aber unterstellt, daß die wahren Werte aller Korrelationen an der oberen Schranke des Konfidenzintervalles liegen. Nimmt man umgekehrt an, daß sich die Werte in der Grundgesamtheit an der unteren Schranke des Intervalls bewegen, ergibt sich ein Anteil von knapp 9 Prozent der Korrelationen, die den Betrag von 0,71 erreichen. Eine exakte Berechnung des Anteils muß die gemeinsame Verteilung der geschätzten Korrelationen berücksichtigen, was am leichtesten durch eine Simulation[50] zu erreichen ist. Dabei ergibt sich ein Wert, der mit rund 16,5 Prozent noch leicht unter dem auf den Punktschätzungen basierenden Ergebnis liegt, was sich daraus erklärt, daß die meisten Punktschätzungen $\geq 0,71$ nur sehr knapp oberhalb des Schwellenwertes liegen.

Nachdem nun der Kern des Strukturmodells diskutiert wurde, stellt sich abschließend die Frage, wie gut die Konstrukte von ihren Indikatoren gemessen werden beziehungsweise welcher Anteil der Varianz der Verdrossenheitsitems tatsächlich durch das

---

50 Für die Simulation wurde zu jeder der 45 Korrelationen das Produkt aus ihrem Standardfehler und einem Wert, der aus einer Standardnormalverteilung gezogen wurde, addiert. Dann wurde überprüft, wieviele der Ergebnisse den Betrag von 0,71 erreichten oder überschritten. Diese Prozedur wurde 10 000 mal wiederholt; anschließend wurde der Mittelwert der Anteile gebildet.

hier entwickelte Strukturmodell erklärt werden kann. Zur Beurteilung der Meßqualität sind in der Literatur zwei Maßzahlen gebräuchlich: die Konstruktreliabilität und die extrahierte Varianz (vgl. zur Berechnung Hair et al. 1995: 642). Beide Maße setzen den Varianzanteil der Indikatoren, der auf die latente Variable zurückzuführen ist und damit ihrer Reliabilität beziehungsweise ihrer Ladung auf den entsprechenden Faktor entspricht, zu ihrer Fehlervarianz ins Verhältnis. Konstruktreliabilität und extrahierte Varianz können Werte zwischen 0 und 1 annehmen.

Die für ein Konstrukt berechnete extrahierte Varianz entspricht dabei dem Durchschnitt der Reliabilitäten seiner Indikatoren beziehungsweise dem mittleren Varianzanteil der Indikatoren, der auf das betreffende Konstrukt zurückgeht. In der Literatur (Hair et al. 1995: 642, Garson 1998) wird gefordert, daß ein Konstrukt im Mittel mindestens fünfzig Prozent der Varianz seiner Indikatoren erklären sollte, da ansonsten die Interpretation der Faktoren als hinter den beobachteten Indikatoren stehende latente Größen fragwürdig wird. Die rechte Spalte von Tabelle 4.10 zeigt, daß dieses Kriterium lediglich bei den Konstrukten „Mißtrauen gegenüber Regimeinstitutionen", „Mißtrauen/Unzufriedenheit mit Parteien" und *internal (in)efficacy* (knapp) erfüllt ist. Die Indikatoren der übrigen Konstrukte werden in erheblichem Umfang von Störgrößen beeinflußt.

Hinter der Berechnung der Konstruktreliabilität steht die Überlegung, daß ein Mangel an Reliabilität der Einzelindikatoren insgesamt weniger ins Gewicht fällt, wenn viele verschiedene Indikatoren für eine Messung zur Verfügung stehen. Dementsprechend wird die Konstruktreliabilität sowohl von der durchschnittlichen Reliabilität der Indikatoren als auch von deren Anzahl beeinflußt. Als Kriterium für eine gute Messung gilt hier ein Schwellenwert von 0,7 (Garson 1998), der ebenfalls nur von den drei obengenannten Konstrukten (knapp) erreicht wird.

Tabelle 4.11 auf der nächsten Seite enthält als zusätzliche Information zu diesen beiden aggregierenden Maßzahlen eine detaillierte Aufstellung der Faktorladungen aller 26 Items. Aus ihr geht klar hervor, daß zahlreiche Verdrossenheitsitems extrem hohe Fehlervarianzen von 70 Prozent und mehr aufweisen und deshalb nur sehr schlecht zur Messung der latenten Variablen geeignet sind, obwohl sie eigens zu diesem Zweck entwickelt wurden. Umgekehrt heißt dies, daß das aus der Literatur rekonstruierte Strukturmodell der politischen Verdrossenheit nur einen Bruchteil der in den Items tatsächlich vorhandenen Varianz erklären kann.

Wie lassen sich die Ergebnisse dieses Kapitels nun inhaltlich zusammenfassen? Zunächst bleibt festzuhalten, daß sich für 1998 die Syndromhypothese nicht bestätigen läßt. Substantielle Korrelationen zwischen den verschiedenen Einstellungen, die im Sinne eines Verdrossenheitssyndromes zu deuten wären, sind nur in wenigen Fällen zu erkennen. Darüber hinaus zeigt eine Analyse der Reliabilitäten beziehungsweise Faktorladungen, daß die postulierten Verdrossenheitseinstellungen von den Indikatoren nur sehr unvollkommen gemessen werden beziehungsweise daß – von den obengenannten Ausnahmen einmal abgesehen – diese Einstellungen das Antwortverhalten der Befragten nur in geringem Umfang beeinflussen. Aus diesem Befund ergibt sich logisch die Frage, ob ein weniger komplexes Modell, das durch eine explorative Analyse der Daten gewonnen werden könnte, bessere Erklärungen für die Beantwortung

Indikator	Ladung	S.E.	Fehlervarianz (%)
Parteien: nur Stimmen	0,73	0,01	47,0
Parteien: Selbstbedienung	0,72	0,01	48,0
Parteien: nur Macht	0,68	0,01	53,9
Vertrauen: Parteien	−0,62	0,01	61,0
BT-Parteien: Interessenvertretung	−0,67	0,01	55,6
BT-Parteien: kompetent	−0,69	0,02	52,0
BT-Parteien: zufrieden	−0,63	0,01	60,3
Parteiidentifikation	1,00	−,−	−,−
Parteien: Mitgliedereinfluß	0,58	0,03	66,6
Parteien: Unterschiede	0,48	0,02	77,4
Politiker: Vertrauen	1,00	−,−	−,−
Politiker: notwendig	1,00	−,−	−,−
Politiker: interessiert	0,64	0,02	58,5
Politiker: Kontakt	0,67	0,02	54,7
Politik: kompliziert	0,71	0,02	49,4
Selbst: aktive Rolle	−0,65	0,02	58,2
Politik: verständlich	−0,73	0,02	47,3
Parteien: Einfluß zu groß	0,48	0,02	77,2
Selbst: kein Einfluß	0,62	0,02	61,0
Bürger: kein Einfluß	0,68	0,02	54,1
Parteibeziehungen notwendig	0,28	0,02	91,9
Bundesregierung: zufrieden	−0,64	0,02	59,4
Demokratie in Deutschland: Zufriedenheit	0,58	0,02	66,6
Gesellschaft: gerecht	0,57	0,02	67,1
Vertrauen: Bundestag	0,73	0,01	46,2
Vertrauen: Bundesregierung	0,77	0,01	40,4

Tabelle 4.11: Modell II (1998): Faktorladungen, Standardfehler und Fehlervarianzen

der Verdrossenheitsfragen bietet. Bevor diesem Problem in Abschnitt 4.1.2.3 nachgegangen werden kann, ist aber im nächsten Unterkapitel die Frage zu klären, ob die Syndromhypothese auch für 1994 verworfen werden muß.

4.1.2.2 Befragungswelle 1994

Da die Analysen dieses Kapitels analog zu den Berechnungen für 1998 durchgeführt wurden, können die Ergebnisse in diesem Abschnitt in gedrängter Form präsentiert werden. Parallel zum Vorgehen im vorangegangenen Kapitel wurde auch für 1994 zunächst das Ausgangsmodell geschätzt. Dabei trat im Gegensatz zu 1998 *keine* perfekte Korrelation zwischen Unzufriedenheit und Mißtrauen gegenüber den Parteien auf. Beide Konstrukte sind vielmehr nur relativ schwach miteinander assoziiert ($r = 0,56$).

χ^2	(df)	p	GFI	SRMR	CN	RMSEA	CAIC
2 027	210	0,00	0,98	0,082	530	0,046	2 866

Anmerkung: Zwischen den fünf imputierten Datensätzen (vgl. Seite 220) treten bezüglich der Anpassungsmaße minimale Schwankungen auf. Angegeben ist jeweils das arithmetische Mittel der Programmdurchläufe.

Tabelle 4.12: Modell II (1994): Anpassungsmaße

Eine mögliche Erklärung für diesen etwas rätselhaften Befund liegt darin, daß 1994 das Item „Interessenvertretung durch die Bundestagsparteien", das dem Mißtrauen gegenüber den Parteien zugerechnet wurde, aber auch im Sinne einer Unzufriedenheit mit den Parteien interpretiert werden kann, nicht erhoben wurde. Auf die Schätzung des Ausgangsmodells soll aber nicht näher eingegangen werden, da in erster Linie der Vergleich zwischen beiden Befragungswellen von Interesse ist. Deshalb wurden in einem zweiten Schritt Unzufriedenheit und Mißtrauen gegenüber den Parteien erneut zu einem einzigen Faktor zusammengefaßt. Dieses zweite Modell, das in Abbildung 4.4 auf der nächsten Seite dargestellt ist, unterscheidet sich von dem im vorangegangenen Abschnitt diskutierten modifizierten Modell (Modell II) nur durch das Fehlen der beiden 1994 nicht abgefragten Items. Alle in diesem Kapitel vorgestellten Koeffizienten und Maßzahlen beziehen sich ausschließlich auf dieses Modell.

Vergleicht man in einem ersten Analyseschritt beide Befragungswellen hinsichtlich der Paßgüte des Modells (Tabelle 4.12) so zeigen sich nur minimale Abweichungen, die keiner Interpretation bedürfen. Ähnlich wie 1998 erreichen alle Anpassungsmaße außer χ^2 Werte, die auf einen guten oder zumindest akzeptablen *fit* hindeuten.

Größere Unterschiede bestehen aber bei den Zusammenhängen zwischen den Konstrukten, die in Tabelle 4.1.2.2 auf Seite 239 wiedergegeben sind. Anders als man vermuten könnte, sind diese 1994 mehrheitlich noch etwas *schwächer* ausgeprägt als 1998, obwohl die Datenerhebung kurz nach dem Höhepunkt der publizistischen Verdrossenheitsdebatte durchgeführt wurde und ebenso wie 1998 in eine Phase der politischen Mobilisierung fiel.

Lediglich vier der 45 Korrelationen überschreiten den oben als Schwellenwert für einen starken Zusammenhang festgelegten Betrag von 0,71, was einem Anteil von knapp neun Prozent entspricht. Dabei handelt es sich um die Zusammenhänge zwischen Mißtrauen/Unzufriedenheit gegenüber den Parteien und der wahrgenommenen Responsivität der Parteien, der wahrgenommenen Responsivität der Politiker und der Responsivität der Regimeinstitutionen sowie um die Korrelation zwischen den wahrgenommenen Responsivitäten der Politiker und der Parteien (vgl. Abbildung 4.5 auf Seite 239). Berücksichtigt man die Standardfehler der Schätzungen und berechnet analog zum Vorgehen in Abschnitt 4.1.2.1 Konfidenzintervalle, resultiert daraus eine Quote von maximal knapp 16 und minimal sieben Prozent der Korrelationen, die den Schwellenwert überschreiten. Auch hier wurde die gemeinsame Verteilung der Korrelationen in einem Simulationsexperiment untersucht. Dabei ergab sich ein Anteil, der mit rund 10,3 Prozent nur geringfügig über der auf der Grundlage der Punktschätzungen bestimmten Quote liegt. Somit muß die Syndromhypothese auch für 1994 als

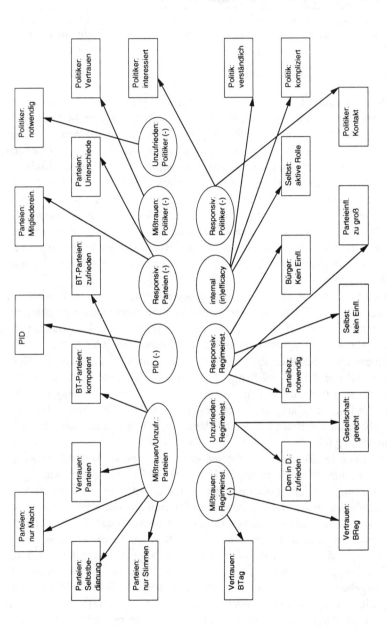

Anmerkung: Alle Konstrukte korrelieren miteinander. Auf die Wiedergabe der geschwungenen Doppelpfeile zwischen den Konstrukten wurde aus Gründen der Übersichtlichkeit verzichtet.

Abbildung 4.4: Faktorenmodell politischer Verdrossenheit II (1994)

		(1)	(2)	(3)	(4)	(5)	(6)	(7)	(8)	(9)
(1)	Mißtrauen/Unzufrieden-heit Parteien	1,00								
(2)	Parteiidentifikation (-)	−0,63 0,02	1,00							
(3)	Responsivität Parteien (-)	−0,76 0,04	0,33 0,04	1,00						
(4)	Mißtrauen Politiker (-)	−0,62 0,01	0,33 0,02	0,57 0,03	1,00					
(5)	Unzufriedenheit Politiker (-)	−0,35 0,02	0,19 0,02	0,40 0,04	0,30 0,02	1,00				
(6)	Responsivität Politiker (-)	−0,80 0,02	0,43 0,03	0,84 0,04	0,57 0,02	0,39 0,03	1,00			
(7)	Mißtrauen Regimeinstitutionen (-)	−0,66 0,01	0,32 0,02	0,47 0,04	0,49 0,02	0,25 0,02	0,60 0,02	1,00		
(8)	Unzufriedenheit Regimeinstitutionen	0,68 0,02	−0,38 0,03	−0,48 0,04	−0,49 0,02	−0,30 0,03	−0,62 0,02	−0,67 0,02	1,00	
(9)	Responsivität Regimeinstitutionen	0,77 0,02	−0,50 0,03	−0,70 0,04	−0,47 0,02	−0,32 0,02	−0,69 0,02	−0,51 0,02	0,59 0,02	1,00
(10)	internal (in)efficacy	0,28 0,02	−0,28 0,03	−0,21 0,04	−0,19 0,02	−0,05 0,02	−0,18 0,03	−0,03 0,03	0,20 0,03	0,44 0,02

Tabelle 4.13: Modell II (1994): Korrelationen zwischen den latenten Variablen

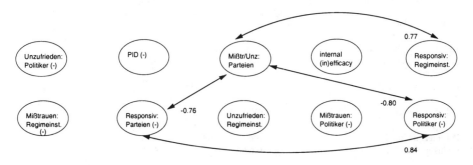

Abbildung 4.5: Modell II (1994): Korrelationen größer 0,71 zwischen den latenten Variablen

widerlegt gelten.

Ergänzend zur Analyse der Beziehungen zwischen den Konstrukten wurde auch für 1994 das Meßmodell untersucht. Tabelle 4.14 auf der nächsten Seite zeigt, daß sich hinsichtlich der Konstruktreliabilitäten und der extrahierten Varianzen gegenüber 1998 nur geringfügige Verschiebungen ergeben. Für die meisten latenten Variablen liegen beide Maßzahlen etwas niedriger als 1998, während beim Mißtrauen gegenüber und der Unzufriedenheit mit den Regimeinstitutionen ein leichter Anstieg zu verzeichnen ist. Letzterer erklärt sich vermutlich durch das Fehlen des Indikators „Zufriedenheit mit den Leistungen der Bundesregierung", der 1994 nicht erhoben wurde.[51]

---

51 Im Fragetext wurde explizit die bis 1998 regierende Koalition aus CDU, CSU und FDP erwähnt (vgl. Tabelle A.3 auf Seite 301 im Anhang). Möglicherweise wurde das Item deshalb von einem Teil der

Konstrukt	Konstruktreliabilität	extrahierte Varianz
Mißtrauen/Unzufriedenheit Parteien	0,80	0,41
Parteiidentifikation	–,–	–,–
Responsivität Parteien	0,40	0,25
Mißtrauen Politiker	–,–	–,–
Unzufriedenheit Politiker	–,–	–,–
Responsivität Politiker	0,58	0,41
Mißtrauen Regimeinstitutionen	0,78	0,64
Unzufriedenheit Regimeinstitutionen	0,67	0,50
Responsivität Regimeinstitutionen	0,60	0,29
internal (in)efficacy	0,70	0,44

Tabelle 4.14: Modell II (1994): Konstruktreliabilitäten und extrahierte Varianz

Indikator	Ladung	S.E.	Fehlervarianz (%)
Parteien: nur Stimmen	0,70	0,01	50,7
Parteien: Selbstbedienung	0,70	0,01	51,2
Parteien: nur Macht	0,69	0,01	52,0
Vertrauen: Parteien	−0,63	0,01	60,2
BT-Parteien: kompetent	−0,55	0,02	70,1
BT-Parteien: zufrieden	−0,52	0,02	72,7
Parteiidentifikation	1,00	–,–	–,–
Parteien: Mitgliedereinfluß	0,56	0,03	68,3
Parteien: Unterschiede	0,44	0,23	80,9
Politiker: Vertrauen	1,00	–,–	–,–
Politiker: notwendig	1,00	–,–	–,–
Politiker: interessiert	0,67	0,02	55,7
Politiker: Kontakt	0,62	0,02	61,9
Politik: kompliziert	0,69	0,02	52,9
Selbst: aktive Rolle	−0,61	0,02	63,0
Politik: verständlich	−0,68	0,02	53,4
Parteien: Einfluß zu groß	0,47	0,02	78,0
Selbst: kein Einfluß	0,65	0,02	57,3
Bürger: kein Einfluß	0,65	0,02	57,7
Parteibeziehungen notwendig	0,29	0,02	91,7
Demokratie in Deutschland: Zufriedenheit	0,68	0,02	53,6
Gesellschaft: gerecht	0,74	0,02	45,6
Vertrauen: Bundestag	0,78	0,01	39,2
Vertrauen: Bundesregierung	0,83	0,01	31,9

Tabelle 4.15: Modell II (1994): Faktorladungen, Standardfehler und Fehlervarianzen

Tabelle 4.15 auf der vorherigen Seite zeigt die Reliabilitäten abschließend noch einmal im Detail. Entsprechend der Veränderungen, die bei den aggregierenden Maßzahlen zu verzeichnen sind, weisen die Indikatoren zumeist etwas höhere Fehlervarianzen auf als 1998. Ob dies auf den oben erwähnten Wechsel des Umfrageinstitutes oder auf andere Faktoren zurückzuführen ist, kann aufgrund der vorliegenden Informationen nicht entschieden werden.

4.1.2.3 Exkurs: Ein konkurrierendes Modell der Struktur von Verdrossenheitseinstellungen

In den beiden vorangegangenen Abschnitten wurde mit Umfragedaten aus den Jahren 1994 und 1998 die aus der Literatur rekonstruierte Syndromhypothese überprüft. Dabei zeigte sich, daß entgegen den (meist impliziten) Annahmen vieler Verdrossenheitsforscher die verschiedenen negativen Einstellungen gegenüber politischen Objekten *kein* Syndrom bilden, d. h. untereinander nicht besonders stark korrelieren, obwohl hier im Gegensatz zu anderen Studien die um den Effekt der Meßfehler bereinigten Korrelationen zwischen latenten Variablen analysiert wurden. Diese erreichen normalerweise deutlich höhere Werte als die Zusammenhänge zwischen direkt beobachteten Indikatoren. Damit kann die Syndromhypothese als widerlegt gelten.

Außerdem stellte sich bei der Betrachtung der Konstruktreliabilitäten, der extrahierten Varianzen und der individuellen Reliabilitäten heraus, daß die meisten Konstrukte von ihren Indikatoren nur höchst unzuverlässig gemessen werden, obwohl diese Instrumente von den Primärforschern eigens zur Erfassung politischer Verdrossenheit konstruiert wurden. Kehrt man die Betrachtungsweise um, so bedeutet dies, daß das aus der Literatur rekonstruierte Modell von zehn beziehungsweise elf separaten Verdrossenheitseinstellungen die realen Zusammenhänge zwischen den Items nur sehr schlecht erklären kann. Über die ursprüngliche Zielsetzung des Kapitels hinaus soll deshalb in diesem vorletzten Unterabschnitt untersucht werden, ob ein einfacheres, explorativ gefundenes Modell die Beantwortung der Verdrossenheitsfragen durch die Respondenten möglicherweise besser erklären kann als das auf der Verdrossenheitsliteratur basierende Modell. Ziel dieses Unterabschnittes ist deshalb im Unterschied zu den beiden Abschnitten 4.1.2.1 und 4.1.2.2 nicht die deduktive Prüfung einer Hypothese, sondern vielmehr die Suche nach kognitiven Strukturen, die das Antwortverhalten der Befragten erklären können. Das dafür geeignete statistische Verfahren ist die explorative Faktorenanalyse der 26 Verdrossenheitsitems.

Den Ausgangspunkt dieser Analyse bildet auch hier die Matrix der polychorischen Korrelationen zwischen den 1998 erhobenen Items. Auf die Untersuchung der Daten von 1994 wurde in diesem explorativen angelegten Unterabschnitt verzichtet, da, wie oben dargelegt, die 1998 beobachteten Zusammenhänge etwas stärker sind, weniger Fälle von *item non-response* auftreten, mehr Indikatoren vorliegen und die Daten aktueller sind. Unter den fünf zur Verfügung stehenden imputierten Datensätzen wurde

---

Befragten im Sinne einer Bewertung dieser Parteien statt im Sinne einer Bewertung der Institution Regierung beantwortet.

einer zufällig ausgewählt und in PRELIS mit der FA(*Factor Analysis*)-Prozedur analysiert.[52]

Bereits eine visuelle Inspektion der Korrelationsmatrix zeigt, daß zwischen den meisten Indikatoren nur relativ schwache Zusammenhänge bestehen: Die polychorischen Korrelationen überschreiten nur in zwei Fällen den Betrag von 0,6 („Parteien: nur Stimmen" $\times$ „Parteien: Selbstbedienung" und „Vertrauen: Bundestag" $\times$ „Vertrauen: Bundesregierung").[53] Die Ergebnisse der Faktorenanalyse selbst bestätigen diesen Eindruck, wie sich im folgenden zeigen wird: Die Faktoren können für die meisten Items nur einen geringen Teil der Varianz reproduzieren.

Zunächst stellt sich aber die Frage, wieviele Faktoren überhaupt extrahiert werden sollen. Da es sich um eine explorative Untersuchung handelt, existiert keine eindeutige, theoretisch begründbare Vorgabe für die Anzahl der Faktoren. Es ist aber klar, daß nur eine einfache Lösung mit möglichst wenigen Faktoren eine attraktive Alternative zu den oben diskutierten Strukturmodellen darstellen könnte. Ein mögliches Kriterium, um über die Zahl der benötigten Faktoren zu entscheiden, ist der χ^2-Anpassungstest: Da die Implementation der Faktorenanalyse in PRELIS auf dem ML-Algorithmus beruht, können zwei konkurrierende Lösungen mit n beziehungsweise $n+1$ Faktoren hinsichtlich ihrer χ^2-Werte miteinander verglichen werden. In der Praxis werden sukzessive Lösungen für eine steigende Zahl von Faktoren berechnet. Ist der Rückgang der Prüfgröße gemessen an der Zahl der Freiheitsgrade, die durch die Einführung eines weiteren Faktors „verlorengehen", nicht signifikant, sollte die Lösung mit n Faktoren bevorzugt werden.

Auch hier stellt sich aber das auf Seite 229 angesprochene Problem der Teststärke. Selbst eine Lösung mit 13 Faktoren, die faktoranalytisch sinnlos ist, da sie mit zwei Indikatoren pro Faktor keine Informationsreduktion mehr leisten kann und deutlich komplexer wäre als die theoretisch begründeten Strukturmodelle, würde gegenüber einer Lösung mit zwölf Faktoren zu einem signifikanten Rückgang von χ^2 führen.

Eine Alternative zum χ^2-Test stellt das in PRELIS implementierte Abbruchkriterium dar, nach dem sich eine Lösung mit sechs Faktoren ergibt. Bei dieser Abbruchbedingung dürfte es sich um das in Abschnitt 2.6.2.2 auf Seite 135 vorgestellte Kaiser-Kriterium handeln. Einzelheiten sind der Dokumentation zur Prozedur FA leider nicht zu entnehmen. Deshalb wurde die polychorische Korrelationsmatrix mit einem PERL-Skript in ein für die SPSS-Prozedur FACTORS geeignetes Format konvertiert und in diesem Programm nochmals mit dem ML-Algorithmus analysiert. Daraus resultierten

---

52 Da PRELIS die transformierten Daten, auf denen die polychorischen Korrelationen basieren, nicht exportiert und es in SPSS mit vertretbarem Aufwand nicht möglich ist, polychorische Korrelationen aus den Originaldaten zu berechnen, konnte die Analyse nicht direkt mit der flexibleren SPSS-Prozedur FACTORS durchgeführt werden. Letztlich war es, wie weiter unten im Text dargelegt, notwendig, ein kurzes Programm zu schreiben, das die Textausgabe von PRELIS in ein Format konvertiert, das von der Prozedur FACTORS eingelesen werden kann.

53 Da die Strukturmodelle auf der Basis dieser Korrelationsmatrizen geschätzt wurden, zeigte sich dieser Befund bereits bei den Analysen zu Kapitel 4.1.2.1, wurde dort aber aus systematischen Gründen nicht diskutiert. Auf die Wiedergabe der umfangreichen Korrelationsmatrizen wurde aus Platzgründen generell verzichtet.

Indikator	(1)	(2)	(3)	(4)	(5)	(6)	u. Var. (%)
Demokratie in Deutschland: Zufriedenheit	0,09	0,06	0,05	0,07	0,34	−0,01	78,4
Parteien: nur Stimmen	0,77	0,13	−0,05	−0,01	−0,07	0,03	37,1
Parteien: Selbstbedienung	0,79	0,09	−0,09	−0,04	0,02	0,00	36,2
Politiker: Vertrauen	−0,08	−0,53	0,14	−0,04	−0,25	0,05	53,4
Parteibeziehungen notwendig	0,37	−0,11	0,14	−0,03	−0,00	−0,06	85,1
Parteien: Mitgliedereinfluß	0,04	−0,55	−0,09	−0,02	0,03	0,06	70,5
Parteien: nur Macht	0,59	0,23	0,03	−0,02	−0,02	−0,05	49,0
Parteien: Unterschiede	0,00	−0,43	0,07	−0,02	0,03	−0,07	81,8
Parteien: Einfluß zu groß	0,38	0,03	0,08	−0,00	0,03	−0,01	79,7
Politiker: notwendig	−0,12	−0,34	0,06	0,01	−0,06	0,01	82,4
BT-Parteien: kompetent	−0,12	−0,16	−0,03	−0,04	0,04	−0,48	60,9
Politiker: interessiert	−0,11	−0,58	−0,05	−0,00	0,03	0,00	58,4
Selbst: kein Einfluß	0,00	0,12	0,57	0,06	0,01	−0,01	57,4
Politik: kompliziert	0,13	−0,07	0,08	0,66	−0,04	−0,02	47,7
Politiker: Kontakt	−0,03	−0,53	−0,14	0,04	−0,04	−0,04	58,1
Bürger: kein Einfluß	−0,01	0,04	0,88	−0,06	−0,01	0,02	23,5
Selbst: aktive Rolle	0,01	0,01	−0,07	−0,65	0,03	−0,03	53,5
Politik: verständlich	0,11	−0,05	0,14	−0,88	−0,05	0,01	31,0
BT-Parteien: zufrieden	0,04	0,07	−0,03	0,04	−0,07	−0,77	42,5
Vertrauen: Bundestag	0,06	−0,06	0,01	−0,07	−0,74	−0,01	42,4
Vertrauen: Bundesregierung	0,04	−0,06	−0,01	0,01	−0,81	0,07	35,3
Vertrauen: Parteien	0,05	−0,27	−0,02	0,07	−0,42	−0,10	58,7
Parteiidentifikation	−0,14	0,11	0,02	−0,06	−0,05	−0,58	58,3
BT-Parteien: Interessenvertretung	0,07	−0,10	0,01	−0,00	0,08	−0,79	39,3
Bundesregierung: zufrieden	−0,01	0,03	0,00	0,12	−0,53	−0,11	68,1
Gesellschaft: gerecht	0,12	−0,01	0,06	0,09	0,40	−0,04	76,8

Tabelle 4.16: Explorative Faktorenanalyse (1998, PROMAX-Rotation): Faktorladungen und unerklärte Varianzen

sechs Faktoren mit einem Eigenwert ≥ 1, die mit den von PRELIS gefundenen sechs Faktoren identisch sind. Um dieses Ergebnis zusätzlich abzusichern, wurden aus der Matrix abschließend noch einmal Hauptkomponenten extrahiert. Auch hier ergab sich eine Lösung mit sechs Faktoren, die mit der auf ML basierenden Lösung fast identisch ist, was für die Stabilität der Ergebnisse spricht. Deshalb wurde schließlich die von PRELIS gefundene Lösung mit sechs Faktoren übernommen.

Mit der Prozedur FACTORS war es außerdem möglich, für die Korrelationsmatrix das in FA nicht implementierte KMO-Kriterium zu bestimmen, das Auskunft darüber gibt, wie gut eine Matrix für Faktorenanalysen und damit auch für die Schätzung von Strukturgleichungsmodellen geeignet ist. Hier wurde trotz der vergleichsweise niedrigen Korrelationen zwischen den Indikatoren ein Wert von 0,89 erzielt, der nach den in der Literatur gängigen Maßstäben als „*meritorious*" gelten muß und nur knapp unter dem Betrag von 0,9 liegt, ab dem das KMO als „*marvelous*" bezeichnet wird. Dieser sehr hohe Wert ist eine weitere Bestätigung dafür, daß die in diesem Kapitel durchgeführten konfirmatorischen und explorativen Faktorenanalysen den Daten nicht nur unter theoretischen, sondern auch unter statistischen Gesichtspunkten angemessen sind und die Falsifikation der Syndromhypothese damit auf einem methodologisch soliden Fundament steht.

χ^2	(df)	p	GFI	SRMR	CN	RMSEA	CAIC
1 539	284	0,00	0,98	0,058	744	0,036	2 149

Anmerkung: Zwischen den fünf imputierten Datensätzen (vgl. Seite 220) treten bezüglich der Anpassungsmaße minimale Schwankungen auf. Angegeben ist jeweils das arithmetische Mittel der Programmdurchläufe.

Tabelle 4.17: Modell III (1998): Anpassungsmaße

Nachdem aufgrund der Analyse mit SPSS die Entscheidung für die Lösung mit sechs Faktoren gefallen war, wurden die Faktoren in PRELIS nach dem PROMAX-Verfahren schiefwinklig[54] rotiert. Wie oben bereits erwähnt, können die Faktoren für einige der Items nur einen geringen Teil der Gesamtvarianz erklären (vgl. die Faktorladungen und die letzte Spalte in Tabelle 4.16 auf der vorherigen Seite). Dennoch lassen sich die gefundenen Faktoren nach der Rotation inhaltlich gut interpretieren, was letztlich das wichtigste Kriterium für die Annahme der Lösung mit sechs Faktoren ist. Im einzelnen handelt es sich um die Faktoren „negative Aussagen zu Politikern und Parteien", „positive Aussagen von Politikern/Parteien", „positive Bewertung der Bundestagsparteien", „Bürgereinfluß", „*internal efficacy*" und „Bewertung des *regimes*".[55]

Zudem treten kaum Fremdladungen auf, was ebenfalls für diese Konfiguration spricht. In einem weiteren Analyseschritt wurde deshalb jeder Indikator dem Faktor zugeordnet, auf den er am höchsten lädt, und auf diese Weise ein exploratives Strukturmodell politischer Verdrossenheit konstruiert, das in Abbildung 4.6 auf der nächsten Seite wiedergegeben ist. Dieses alternative Modell der Struktur von Verdrossenheitseinstellungen kann dann in einem letzten Schritt analog zum Vorgehen in den beiden vorangegangenen Abschnitten mit LISREL analysiert werden.

Tabelle 4.17 zeigt zunächst die Anpassungsmaße für dieses alternative Modell (Modell III). Gegenüber Modell II ist die Zahl der Freiheitsgrade höher, da das Modell sparsamer ist und deshalb weniger Parameter geschätzt werden müssen. Gleichzeitig liegt der χ^2-Wert wesentlich niedriger. Auch die verschiedenen Indizes deuten gegenüber dem modifizierten Strukturmodell aus Abschnitt 4.1.2.1 auf eine weitere Verbesserung des *fits* hin. Insbesondere das SRMR geht deutlich zurück, d. h. die Diskrepanzen zwischen den beobachteten und den reproduzierten Korrelationen sind erheblich geringer als bei Modell II. Das CAIC schließlich, das als Grundlage für die Entscheidung zwischen zwei nicht hierarchischen Modellen dienen kann, signalisiert mit einem Rückgang rund 30 Prozent eine deutliche Überlegenheit des alternativen Modells gegenüber dem modifizierten Strukturmodell. Allerdings sollten diese Ergebnisse nicht überbewertet werden, da das Strukturmodell ja auf einer vorgeschalteten Faktorenanalyse basiert und somit grundsätzlich die Gefahr besteht, daß es zu gut an

---

54 Da später im Strukturgleichungsmodell Korrelationen zwischen den Konstrukten zugelassen werden, wäre eine orthogonale Rotation (VARIMAX), die die lineare Unabhängigkeit der Faktoren voneinander erhält, sinnlos.

55 Die Faktoren wurden nach dem manifesten Inhalt der Items benannt. Die Bedeutung der gefundenen Struktur für die Messung politischer Verdrossenheit wird weiter unten im Text diskutiert.

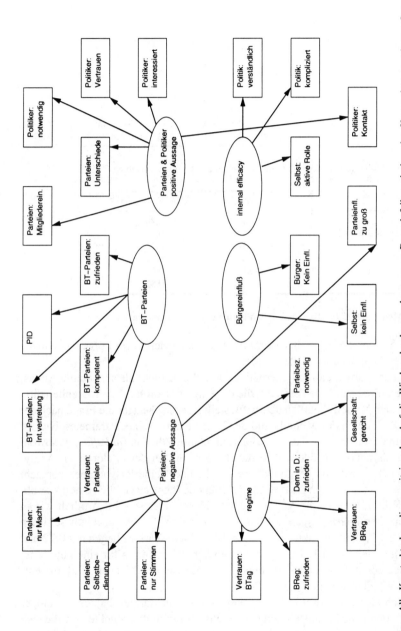

Anmerkung: Alle Konstrukte korrelieren miteinander. Auf die Wiedergabe der geschwungenen Doppelpfeile zwischen den Konstrukten wurde aus Gründen der Übersichtlichkeit verzichtet.

Abbildung 4.6: Modell III (1998): Alternatives Faktorenmodell politischer Verdrossenheit

	(1)	(2)	(3)	(4)	(5)	(6)
(1) Parteien: negative Aussagen	1,00					
(2) Parteien/Politiker: positive Aussagen	−0,77	1,00				
	0,01					
(3) Bürgereinfluß	0,60	−0,61	1,00			
	0,02	0,03				
(4) internal efficacy	0,21	−0,13	0,39	1,00		
	0,02	0,02	0,03			
(5) regime	0,63	−0,80	0,51	0,16	1,00	
	0,02	0,01	0,02	0,02		
(6) BT-Parteien	−0,51	0,56	−0,48	−0,33	−0,64	1,00
	0,02	0,02	0,02	0,02	0,02	

Tabelle 4.18: Modell III (1998): Korrelationen zwischen den latenten Variablen

Konstrukt	Konstruktreliabilität	extrahierte Varianz
Parteien: negative Aussagen	0,75	· 0,40
Parteien/Politiker: positive Aussagen	0,73	0,32
Bürgereinfluß	0,63	0,45
internal efficacy	0,76	0,52
regime	0,81	0,42
BT-Parteien	0,81	0,52

Tabelle 4.19: Modell III (1998): Konstruktreliabilitäten und extrahierte Varianz

die konkrete Stichprobe angepaßt (*overfitted*) ist, was wiederum zur Folge hat, daß die Qualitäten des Modells überschätzt werden.

Nachdem nun klar ist, daß das alternative Modell eine mehr als akzeptable Anpassung an die empirischen Daten erreicht, die diejenige des auf der Verdrossenheitsliteratur basierenden Modells deutlich übertrifft, stellt sich als nächstes die Frage nach der inhaltlichen Bedeutung des Modells und der Interpretation seiner Parameter. Hier ist zunächst einmal festzuhalten, daß ein Konstrukt, nämlich die *internal efficacy*, sowohl in Modell II als auch in Modell III auftaucht, obwohl bei der explorativen Analyse bezüglich der Zuordnung der Indikatoren zueinander keinerlei Vorgaben gemacht wurden. Offensichtlich bilden die drei entsprechenden Items tatsächlich einen klar abgrenzbaren Faktor, was für die Validität dieses Konstruktes spricht. Ähnlich wie in Modell II korreliert *internal efficacy* mit den anderen Konstrukten nur relativ schwach (vgl. Tabelle 4.1.2.3). Konstruktreliabilität und extrahierte Varianz liegen mit 0,72 und 0,52 knapp über den in der Literatur genannten Schwellenwerten für eine gute Messung, was sich ebenfalls mit den Ergebnissen aus Kapitel 4.1.2.1 deckt (vgl. die entsprechenden Werte in Tabelle 4.10 auf Seite 234).

Im Unterschied zur *internal efficacy* scheinen die fünf übrigen Faktoren weniger durch die entsprechenden Einstellungen als vielmehr durch die Objekte, auf die sich ihre Indikatoren beziehen, sowie durch die Formulierung der Items selbst definiert zu sein. Beispielsweise bilden die beiden fast identischen Items „Leute wie ich haben keinen Einfluß auf die Regierung" und „Die Bürger haben kaum Möglichkeiten, auf die Politik Einfluß zu nehmen" einen eigenständigen Faktor, der zwar vergleichsweise eng ($r = -0,80$) mit den Aussagen zum *regime* assoziiert ist, aber dennoch von diesem Faktor unterscheidbar bleibt. Ähnliches gilt für den Faktor „Bundestagsparteien": Jene Indikatoren, die sich eindeutig auf *konkrete*, im Bundestag vertretene Parteien beziehen, korrelieren nur relativ schwach mit jenen Items, in denen in *allgemeiner* Form von Parteien und Politikern gesprochen wird.

Am deutlichsten zeigt sich der Effekt der Frageformulierung bei den beiden ersten Konstrukten: Während der erste Faktor hinter den Items steht, die allgemeine *negative* Aussagen über Parteien beinhalten, laden die allgemeinen *positiven* Aussagen zu Parteien und Politikern auf den zweiten Faktor. Trotz ihrer inhaltlichen Überschneidung korrelieren beide Faktoren aber lediglich mit -0,77, haben also einen gemeinsamen Varianzanteil von lediglich knapp 60 Prozent. Dieser Befund spricht sehr für das Vorliegen von *response sets*. Bedauerlicherweise enthält der Datensatz keine negativ formulierten Statements zu Politikern.[56] Würden diese ebenfalls auf den ersten Faktor laden, wäre dies ein weiteres starkes Indiz für den Einfluß der Formulierung auf das Antwortverhalten.

Weil im Datensatz keine Instrumente vorhanden sind, die geeignet wären, den individuellen Antwortstil der Befragten zu untersuchen, ist es an dieser Stelle leider nicht möglich, detaillierter auf die Frage einzugehen, welchen Einfluß die Formulierung der Verdrossenheitsitems auf das Antwortverhalten der Befragten hat. Festzuhalten bleibt aber, daß das sparsamere Alternativmodell, demzufolge das Antwortverhalten vom Objektbezug und der Formulierung der Items abhängt, deutlich besser zu den empirischen Daten paßt als das komplexere, auf der Analyse der Verdrossenheitsliteratur basierende Strukturmodell.

Darüber hinaus geht aus den Tabellen 4.19 und 4.20 hervor, daß auch dieses explorativ gewonnene Alternativmodell nur einen geringen Anteil der in den Antworten enthaltenen Varianz zu erklären vermag. Unter den sechs Faktoren erreicht lediglich die Bewertung der Bundestagsparteien bezüglich beider Kriterien (Konstruktreliabilität und extrahierte Varianz) akzeptable Werte. Auch auf der Ebene der Einzelindikatoren zeigt sich das bereits aus den beiden vorangegangenen Abschnitten bekannte Bild: Die allermeisten Items weisen hohe bis sehr hohe Fehlervarianzen auf, sind also zur Messung von etwaigen Verdrossenheitseinstellungen im Grunde ungeeignet, obwohl sie eigens für diesen Zweck entwickelt wurden.

4.1.3 Zusammenfassung

Ziel dieses Abschnittes war es, zu überprüfen, ob die verschiedenen Einstellungen, die in der Literatur als Politikverdrossenheit, Parteienverdrossenheit, politische Verdrossenheit etc. angesprochen werden, empirisch eine Einheit bilden. Diese von einigen Autoren explizit formulierte, von anderen implizit angenommene Hypothese wurde auf der Grundlage von Umfragedaten aus den Jahren 1994 und 1998 mit einem

---

56 Die einzige Ausnahme ist jenes Item, das sich auf die angebliche Korrumpierbarkeit von Parteien und Politikern bezieht und wegen der in der Frageformulierung angelegten Mehrdimensionalität von der Analyse ausgeschlossen wurde (vgl. Punkt 4.1.1 auf Seite 211).

Indikator	Ladung	S.E.	Fehlervarianz (%)
Parteien: nur Stimmen	0,77	0,01	40,4
Parteien: Selbstbedienung	0,78	0,01	39,3
Parteibeziehungen notwendig	0,27	0,02	92,6
Parteien: nur Macht	0,72	0,01	48,1
Parteien: Einfluß zu groß	0,48	0,02	77,3
Politiker: Vertrauen	0,72	0,01	48,3
Parteien: Mitgliedereinfluß	0,50	0,02	75,1
Parteien: Unterschiede	0,41	0,02	83,0
Politiker: notwendig	0,43	0,21	81,7
Politiker: interessiert	0,62	0,02	62,1
Politiker: Kontakt	0,65	0,02	58,0
Selbst: kein Einfluß	0,66	0,02	55,9
Bürger: kein Einfluß	0,68	0,02	53,1
Politik: kompliziert	0,73	0,02	46,5
Selbst: aktive Rolle	−0,67	0,02	55,3
Politik: verständlich	−0,76	0,02	42,6
Demokratie in Deutschland: Zufriedenheit	0,49	0,02	75,8
Vertrauen: Bundestag	−0,75	0,01	43,4
Vertrauen: Bundesregierung	−0,77	0,01	40,6
Parteien: Vertrauen	−0,66	0,01	56,0
Bundesregierung: Zufriedenheit	−0,61	0,01	62,5
Gesellschaft: gerecht	0,53	0,02	71,8
BT-Parteien: kompetent	0,73	0,03	47,4
BT-Parteien: zufrieden	0,71	0,01	49,6
Parteiidentifikation	0,72	0,02	48,0
BT-Parteien: Interessenvertretung	0,73	0,01	46,3

Tabelle 4.20: Modell III (1998): Faktorladungen, Standardfehler und Fehlervarianzen

Strukturgleichungsmodell getestet, das die in der Verdrossenheitsliteratur am häufigsten genannten Einstellungsobjekte und -modi beinhaltet. Dabei zeigte sich, daß zwischen den meisten latenten Einstellungsvariablen keine hohen ($\geq 0,71$) Korrelationen auftraten, die im Sinne eines Verdrossenheitssyndromes interpretiert werden könnten. Dies gilt insbesondere für die Daten von 1994, die unmittelbar nach dem Höhepunkt der publizistischen Verdrossenheitsdebatte erhoben wurden. Damit kann die Syndromhypothese als widerlegt gelten.

Zwar besteht die Möglichkeit, daß die Resultate auf Idiosynkrasien des analysierten Datensatzes beziehungsweise der verwendeten Instrumente zurückgehen. Da die Ergebnisse für beide Befragungswellen aber nahezu identisch sind, ein großer Teil der Indikatoren eigens zur Messung politischer Verdrossenheit entwickelt wurde und dieselben oder sehr ähnliche Instrumente auch in anderen Studien zur Politikverdrossenheit eingesetzt werden, erscheint diese Überlegung nicht sehr plausibel.

Darüber hinaus ergab sich bei einer detaillierten Untersuchung des Meßmodelles, daß – je nach Betrachtungsweise – die postulierten Einstellungen von ihren Indikatoren nur sehr unzuverlässig gemessen werden beziehungsweise daß das aus der Verdrossenheitsliteratur rekonstruierte Strukturmodell nur einen geringen Teil der tatsächlichen Varianz im Antwortverhalten der Befragten erklärt. Deshalb wurde in einem Exkurs auf der Grundlage der tatsächlich beobachteten Zusammenhänge zwischen den Verdrossenheitsitems ein alternatives Modell der Struktur von Verdrossenheitseinstellungen entwickelt. Tatsächlich läßt sich mit diesem Modell eine deutlich verbesserte Anpassung an die empirischen Daten erreichen, was sich allerdings partiell aus der gewählten Vorgehensweise erklären dürfte. Wichtiger als die bessere Modellanpassung ist aber die inhaltliche Interpretation der explorativ gefundenen Lösung: Das Alternativmodell besteht aus einer relativ kleinen Anzahl von Faktoren, die den Objektbezug und die Formulierung (positiv oder negativ) der Items widerspiegeln. Dieser Befund weckt erhebliche Zweifel an der Validität von Messungen politischer Verdrossenheit, wie sie – allerdings ohne empirische Fundierung – bereits von Schedler (1993b), Lösche (1995a) und anderen geäußert wurden.

Auch dieses Alternativmodell kann aber lediglich einen Bruchteil der in den Indikatoren enthaltenen Varianz erklären. Nur bei zwölf der 26 Items liegt die Fehlervarianz unterhalb von 50 Prozent. Zwei dieser Indikatoren gehören überdies zu dem Konstrukt *internal efficacy*, das kaum mit den anderen Faktoren korreliert. Im aus der Literatur rekonstruierten Modell II erreichen sogar nur sechs der 23 Indikatoren, für die ein Meßfehler geschätzt wird, eine Fehlervarianz $\leq 0,50$ (vgl. Tabelle 4.11). Gemessen an der intuitiv plausiblen Faustregel, daß die Fehlervarianz eines Indikators den Varianzanteil der eigentlich zu messenden Größe nicht überschreiten soll, ist dies ein außerordentlich schlechtes Ergebnis.

Zusammenfassend läßt sich somit festhalten, daß die verschiedenen Einstellungen, die in der Literatur unter dem Rubrum der Politikverdrossenheit faktisch zusammengefaßt werden, empirisch *kein* Syndrom bilden. Zudem hat sich bei der Analyse gezeigt, daß die Beantwortung der eigens zur Messung politischer Verdrossenheit entwickelten Fragen in erheblichem Umfang von der Frage*formulierung*, vor allem aber auch von nicht im Modell enthaltenen idiosynkratischen Eigenschaften der Indikatoren beeinflußt wird, die für Fehlervarianzen von bis zu 90 Prozent verantwortlich sind. Mit anderen Worten: Die Antworten auf verschiedene Verdrossenheitsfragen sind statistisch weitgehend unabhängig voneinander. Damit erweist sich die Vorstellung einer klar definierten und eindeutig zu messenden Politikverdrossenheit nicht nur analytisch, sondern auch empirisch als Chimäre.

4.2 Die Stabilität von Verdrossenheitseinstellungen

Wie weiter oben im Text gezeigt wurde (vgl. Punkt 2.6.3.2, Seite 162), beschäftigen sich einige Autoren mit der Entwicklung von Verdrossenheitseinstellungen im Zeitverlauf. Diese Analysen basieren aber mit der Ausnahme von Maier (2000: Kapitel 12) ausschließlich auf Trend-Daten, die sich auf Veränderungen im Aggregat beziehen. Panel-Daten, mit denen sich individuelle Entwicklungen nachvollziehen lassen, werden in der Verdrossenheitsforschung hingegen fast nie verwendet (vgl. Abschnitt

2.6.3.2).

Dabei ist die Frage, wie stabil jene Einstellungen, die in der einschlägigen Literatur unter dem Begriff der Verdrossenheit zusammengefaßt werden, auf der Ebene der Individuen sind, für Forschung und Politik von zentraler Bedeutung: Sollte es sich bei der sogenannten Politikverdrossenheit tatsächlich um ein Bündel von auf der Individualebene ungewöhnlich stabile Einstellung handeln, dann könnte dieses Phänomen tatsächlich wie von der Mehrheit der Autoren vermutet (vgl. Kapitel 2.6.2.6) strukturelle Ursachen haben. Eine solche Disposition wäre dann nur durch grundlegende Veränderungen des politischen Systems zu verändern. In diesem Fall könnte der Terminus Politikverdrossenheit trotz der im vorangegangenen Kapitel aufgezeigten Probleme mit einer gewissen Berechtigung als generischer Begriff für stabile negative Dispositionen gegenüber politischen Objekten beibehalten werden. Sollte es sich bei der Politikverdrossenheit hingegen eher um eine durch tagespolitische Vorgänge zu erklärende Mißstimmung der Bürger handeln, die sich höchstens kurzfristig auf das politische Verhalten auswirkt, wäre die Situation weitaus weniger dramatisch und die Beibehaltung des Verdrossenheitsbegriffes kaum zu rechtfertigen.

Nachdem nun allerdings in Kapitel 4.1 gezeigt wurde, daß selbst eigens zur Messung von Verdrossenheit entwickelte Instrumente nur eine geringe *Reliabilität* aufweisen, erscheint es fraglich, ob sich die Untersuchung der *Stabilität* von Verdrossenheitseinstellungen auf der Individualebene überhaupt lohnt: Wenn sich die Indikatoren bereits zu einem einzigen Zeitpunkt nur schwer zu Konstrukten bündeln lassen, ist kaum davon auszugehen, daß diese Konstrukte über einen längeren Zeitraum hinweg stabil sind. Zumindest für jene drei latenten Variablen, die hinsichtlich ihrer Konstruktreliabilität und der von ihnen extrahierten Varianz in beiden Befragungswellen akzeptable Werte erreichen (Mißtrauen/Unzufriedenheit gegenüber Parteien, Mißtrauen gegenüber den Regimeinstitutionen, *internal efficacy*), soll dennoch eine solche Überprüfung vorgenommen werden, um so zu einem sicheren Urteil über die Stabilität politischer Verdrossenheit auf der Individualebene zu gelangen.

Angesichts der aufgezeigten analytischen und empirischen Bedenken gegenüber der Verdrossenheitsforschung wird dieses Unterkapitel aber so knapp wie möglich gehalten. Insbesondere verzichte ich auf die Berechnung komplizierterer Modelle[57] für drei- und mehrwellige Panels und beschränke mich auf die Analyse von Kontinuitätskorrelationen in einem zweiwelligen Panel, das die meisten der bereits in Abschnitt 4.1 untersuchten Indikatoren enthält. Diese Korrelationen werden wiederum mit Hilfe von Strukturgleichungsmodellen geschätzt, um zwischen dem im vorangegangenen Abschnitt nachgewiesenen Mangel an Reliabilität und einem möglichen zusätzlichen Mangel an Stabilität unterscheiden zu können.

---

57   Vgl. dazu als ersten Überblick Markus (1979). In den letzten Jahren wurden zur Analyse von Panel-Daten verstärkt auch Mehr-Ebenen-Modelle verwendet. Vgl. hierzu die weiterführenden Literaturangaben bei Kreft und de Leeuw (1998: 16).

4.2.1 Datenbasis und Vorgehensweise

Als Datengrundlage für dieses Kapitel dienen wiederum zwei Befragungswellen des DFG-Projektes „Politische Einstellungen, politische Partizipation und Wählerverhalten im vereinigten Deutschland". Statt der beiden Querschnittsbefragungen von 1994 und 1998 werden nun aber die entsprechenden Panelwellen verwendet, da, wie auf Seite 4.1.1 dargelegt, kein anderer für Sekundäranalysen frei zugänglicher Datensatz ähnlich viele einschlägige Indikatoren enthält. Dies gilt insbesondere für die vergleichsweise wenigen sozialwissenschaftlichen Panelstudien, die bisher in Deutschland durchgeführt wurden.

Daß die Studie eine Panelmortalität von 54 Prozent erreicht (vgl. Tabelle 4.3 auf Seite 210), ist angesichts der langen Laufzeit des Projektes nicht verwunderlich. Da die Ausfälle vermutlich zu einem großen Teil systematisch erfolgt sind, stellt sich aber die Frage, inwiefern das Panel noch als repräsentativ für die Bevölkerung gelten kann. Geht man allerdings davon aus, daß für systematische Panelausfälle in erster Linie ein geringes Interesse am Inhalt der Studie verantwortlich ist,[58] wiegt dieses Problem nicht allzu schwer. Politisch stärker interessierte Personen sollten tendenziell stärker strukturierte und damit auch stabilere Einstellungen aufweisen. Aus der Perspektive der Verdrossenheitsforschung stellt die Verwendung der Panel-Daten somit wiederum ein konservatives Vorgehen dar.

Um die Verzerrung durch diese Fälle von *unit non-response* nach Möglichkeit zu kompensieren, wurden die Daten mit der im Datensatz zur Verfügung stehenden Variablen BGGESOW gewichtet, die wie VGGESOW durch die Verknüpfung eines Repräsentativgewichtes mit zwei Designgewichten gebildet wurde.[59] Fehlende Werte für einzelne Items wurden analog zum Vorgehen in Abschnitt 4.1 durch das Verfahren der multiplen Imputation ersetzt. In den Imputationsprozeß gingen wie bei den Querschnittsdaten von 1994 alle 24 Indikatoren sowie die Hilfsvariablen Geschlecht, Alter, Bildung, regionale Zugehörigkeit und Politikinteresse ein. Dabei wurden jeweils beide Meßzeitpunkte berücksichtigt. Wie im vorangegangen Kapitel wurden insgesamt fünf vervollständigte Datensätze generiert, auf denen die Analysen beruhen.

Für jedes der drei Konstrukte wurde dann die um den Effekt der mangelnden Reliabilität der Indikatoren bereinigte Korrelation zwischen den latenten Werten von 1994 und 1998 (*continuity correlation*) geschätzt. Hohe Kontinuitätskorrelationen stehen

---

58 Zwischen beiden Größen besteht zumindest eine erkennbare Korrelation, die für diese Annahme spricht: Auf einer Skala von 1 (Befragter interessiert sich „sehr stark") bis 5 (Befragter interessiert sich „überhaupt nicht" für Politik) erreichten diejenigen Personen, die in beiden Wellen befragt werden konnten, 1994 einen Durchschnittswert von 2,9 Skalenpunkten, während das Mittel für die Gruppe, die 1998 nicht mehr an der Untersuchung teilnahm, bei 3,1 lag. Diese Differenz entspricht einem hochsignifikanten ($p = 0,000$), mit $\eta = 0,1$ allerdings nicht sehr stark ausgeprägten Zusammenhang zwischen beiden Variablen.

59 Im Sinne einer möglichst geschlossenen, strikt auf die Fragestellung bezogenen Darstellung sowie mit Rücksicht auf die niedrigen Fallzahlen wurden auch in diesem Kapitel ausschließlich Modelle für Gesamtdeutschland geschätzt. Weiterführende Analysen (nicht tabellarisch ausgewiesen) deuten darauf hin, daß die Stabilität der untersuchten Einstellungen im Osten noch etwas geringer ist als in den alte Bundesländern.

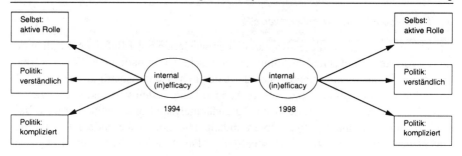

Abbildung 4.7: Schätzung der Kontinuitätskorrelation für *internal efficacy* (Panel 1994-98)

dabei nicht für eine *absolute*, sondern vielmehr für eine *relative* Stabilität[60] der jeweiligen Einstellung. Selbst dann, wenn es, wie die Untersuchungen von Maier (2000) und anderen Autoren nahelegen, in den neunziger Jahren zu einer allgemeinen Ab- oder Zunahme politischer Verdrossenheit gekommen sein sollte, würden Korrelationen nahe eins erreicht, sofern diese Schwankungen bei allen Befragten in etwa den gleichen Umfang und die gleiche Richtung gehabt hätten. Unabhängig von eventuellen Fluktuationen im Aggregat geben die Korrelationen somit Auskunft darüber, wie stark der Zusammenhang zwischen einer 1994 beobachteten Einstellung und der 1998 gemessenen Ausprägung dieser Variablen ist.

Die Schätzungen erfolgten für jedes der drei Konstrukte jeweils separat. Gegenüber einer gemeinsamen Schätzung der Korrelationen für alle drei Konstrukte oder einer Schätzung der vollständigen Strukturmodelle für beide Panelwellen hat diese isolierte Betrachtung der Konstrukte den Vorteil, daß eventuelle Zusammenhänge zwischen Indikatoren und anderen Konstrukten (Fremdladungen) weder die Schätzung der Parameter noch die Anpassungsgüte des Modells beeinflussen. Auch dies ist im Sinne der Verdrossenheitsforschung ein konservatives Vorgehen. Abbildung 4.7 illustriert am Beispiel der *internal efficacy*[61] das zugrundeliegende Analysemodell.[62] Auf analoge Darstellungen für die beiden anderen Konstrukte wurde aus Platzgründen verzichtet.

Zur Schätzung der Modellparameter sollte aus Gründen der Vergleichbarkeit *zwischen* beiden Kapiteln ursprünglich wie in Abschnitt 4.1 das WLS-Verfahren verwendet werden. Stabile Schätzung der asymptotischen Kovarianzmatrizen, die für WLS

---

60 Vgl. zu dieser Unterscheidung ergänzend Converse und Markus (1979: 36f) sowie Holsen et al. (2000: 63f).

61 Dieses Modell entspricht übrigens einem der von McPherson et al. (1977: 517, Abbildung 3a) untersuchten Strukturgleichungsmodelle von *efficacy*. McPherson et al. arbeiteten allerdings mit den ursprünglichen SRC-Items (vgl. Abschnitt 3.2.2, Seite 187).

62 Obwohl die zeitliche Reihenfolge der Messungen eindeutig ist, sind beide Konstrukte in der Grafik mit einem Doppelpfeil verbunden, da für die Stabilität von Konstrukten üblicherweise Korrelationen berechnet werden, die ohne zusätzliche Annahmen (Ausschluß von Hintergrundvariablen) nicht ohne weiteres kausal interpretiert werden können. Da die Schätzung selbst auf den Korrelationen zwischen den beobachteten Variablen basiert und in diesem Modell alle latenten Variablen eine Varianz von eins und einen Mittelwert von null aufweisen, macht es mathematisch ohnehin keinen Unterschied, ob für die Beziehung zwischen beiden Konstrukten eine Korrelation oder ein Pfadkoeffizient berechnet wird.

Konstrukt	χ^2	(df)	p	GFI	SRMR	CN	RMSEA
internal efficacy	57	8	0,00	0,99	0,033	641	0,048
Mißtrauen:Regimeinstitutionen	26	1	0,00	0,99	0,018	484	0,116
Mißtrauen/Unzufriedenheit: Parteien	1 227	53	0,00	0,90	0,082	117	0,110

Anmerkung: Zwischen den fünf imputierten Datensätzen (vgl. Seite 220) treten bezüglich der Anpassungs-maße minimale Schwankungen auf. Angegeben ist jeweils das arithmetische Mittel der Programmdurch-läufe.

Tabelle 4.21: Schätzung der Kontinuitätskorrelationen (Panel 1994-98): Anpassungsmaße

benötigt werden, setzen allerdings, wie oben erwähnt, insbesondere bei komplexe-ren Modellen Fallzahlen von $n \geq 2\,000$ voraus. Diese Bedingung ist bei der Analyse der beiden Panelwellen *nicht* erfüllt (vgl. Tabelle 4.3 auf Seite 210). Unabhängig von dieser theoretischen Überlegung mußte außerdem zumindest bei der Schätzung der Kontinuitätskorrelation für Mißtrauen/Unzufriedenheit mit den Parteien, die auf zwölf beobachteten Variablen basiert und damit das komplexeste Analysemodell dieses Un-terkapitels darstellt, zwingend auf das *Maximum Likelihood*-Verfahren zurückgegrif-fen werden, da der WLS-Algorithmus bei einem Probelauf nicht konvergierte.[63] Um die Vergleichbarkeit *innerhalb* des Kapitels sicherzustellen, wurden schließlich alle drei Modelle mit ML geschätzt.

Zumindest bei der *internal efficacy*, für die die Modellparameter nach beiden Schätzverfahren bestimmt wurden (nicht tabellarisch ausgewiesen) zeigte sich aber, daß substantielle Unterschiede zwischen ML- und WLS-Schätzungen vor allem bei den Standardfehlern, den χ^2-Werten und den auf diesen basierenden Anpassungsma-ßen auftreten: Da ML die Nicht-Normalität der Ausgangsdaten nicht berücksichtigt, generiert dieses Verfahren deutlich höhere Werte als WLS, was bei der Interpretati-on der entsprechenden Indizes berücksichtigt werden muß. Die eigentlichen Parame-terschätzungen und insbesondere die Schätzungen für die Kontinuitätskorrelationen werden hingegen von der Wahl des Schätzverfahrens nur unwesentlich beeinflußt.

4.2.2 Ergebnisse

Tabelle 4.21 zeigt die Anpassungsmaße für die drei Schätzmodelle.[64] Aus ihr geht hervor, daß sich lediglich für das Konstrukt *internal efficacy* eine durchgängig zufrie-denstellende Annäherung zwischen Modell und empirischen Daten erreichen läßt.[65]

---

63 Der Algorithmus wurde nach 350 Iterationen abgebrochen; die Voreinstellung in LISREL liegt bei 250 Zyklen. Zum Vergleich: Bei den Analysen des vorangegangenen Kapitels wurde das Konvergenzkrite-rium innerhalb von maximal 17 Iterationen (Modell III, Befragungswelle 1994) erreicht; in den meisten Fällen wurden lediglich zwölf oder weniger Durchläufe benötigt.

64 Auf die Ausweisung des CAIC wurde in diesem Abschnitt verzichtet, da dieses Kriterium in erster Linie dazu dient, miteinander konkurrierende Modelle zu vergleichen.

65 Auch das Modell zur Schätzung der Stabilität von *internal efficacy* weicht nach dem Kriterium des χ^2-Testes signifikant von den Daten ab. Angesichts der immer noch vergleichsweise großen Zahl von rund 1 800 Fällen ist aber auch hier davon auszugehen, daß der Test zu sensitiv und deshalb wenig aussagekräftig ist. Vgl. dazu auch die Erläuterungen auf Seite 229.

Der GFI erreicht hier mit einem Betrag von 0,99 fast sein Maximum. Auch die kritische Fallzahl und der RMSEA erzielen Werte, die auf einen sehr guten *fit* hindeuten, während das SRMR so zu interpretieren ist, daß nur geringfügige Abweichungen zwischen den beobachteten und den empirischen Korrelationen auftreten.

Etwas weniger gut sind die Ergebnisse für das Schätzmodell, mit dessen Hilfe die Stabilität des Mißtrauens gegenüber den Regimeinstitutionen (Bundestag und Bundesregierung) geprüft werden soll. Zwar liegt die kritische Fallzahl (CN) eindeutig über dem Richtwert von 200, und die über die standardisierten Residuen gemessenen Differenzen zwischen Modell und Daten sind noch etwas geringer als im Falle der *internal efficacy*, was sich auch in dem sehr hohen GFI niederschlägt. Der RMSEA von fast 0,12 spricht jedoch gegen die Annahme des Modells. Da aber, wie oben dargelegt, die mit ML geschätzten χ^2-Werte den *fit* des Modells vermutlich zu negativ darstellen, besteht hier letztlich kein Handlungsbedarf.[66]

Eine sehr schlechte Anpassung erzielt schließlich das Schätzmodell für die Stabilität von Mißtrauen/Unzufriedenheit mit den Parteien. Hier deuten sowohl GFI als auch RMSEA und CN auf eine Fehlspezifikation hin, und auch das mittlere standardisierte Residuum ist mit 0,08 sehr hoch. Hinweise darauf, an welchen Stellen das Modell besonders stark von den Daten abweicht, können die von LISREL berechneten Modifikationsindizes liefern. Diese stellen eine Schätzung dafür dar, um welchen Betrag χ^2 zurückgehen würde, wenn ein zusätzlicher Pfad in das Modell aufgenommen würde. Der höchste Wert von rund 340 ergibt sich hier für die Korrelation der Fehlerterme für die 1994 und 1998 gemessene Zufriedenheit mit den Bundestagsparteien. Alleine durch die Aufnahme eines entsprechenden Pfades würde χ^2 also um etwa ein Viertel reduziert.

Grundsätzlich ist eine solche Autokorrelation der Residuen nicht unplausibel: Bereits die Analyse der beiden Querschnittsbefragungen in den Abschnitten 4.1.2.1 und 4.1.2.2 hat ergeben, daß dieses Item eine relativ hohe Fehlervarianz aufweist. Bei der separaten Analyse der Konstrukte mit den Panel-Daten beträgt die Fehlervarianz des Items sogar rund 95 (!) Prozent (vgl. Tabelle 4.26 auf Seite 259). Die Ergebnisse aus Abschnitt 4.1.2.3 deuten überdies darauf hin, daß jene Items, die sich explizit auf die Bundestagsparteien beziehen, möglicherweise auf einen separaten Faktor laden. Die Bewertung der Bundestagsparteien kann also nur sehr schlecht durch das Konstrukt Mißtrauen/Unzufriedenheit mit den Parteien erklärt werden, sondern wird vielmehr stark von idiosynkratischen Faktoren beeinflußt, die im übrigen bemerkenswert stabil zu sein scheinen: Die erwartete Korrelation zwischen den Fehlervarianzen beträgt

---

66 Der relativ hohe Wert des RMSEA erklärt sich vermutlich daraus, daß diese Maßzahl stärker als andere Indizes von der Zahl der Freiheitsgrade beeinflußt wird. Diese können als Differenz zwischen der Aussagekraft des Modells selbst und den für die Modellschätzung verfügbaren Informationen interpretiert werden. Im vorliegenden Fall überschreitet die Zahl der Freiheitsgrade mit $df = 1$ gerade das Minimum dessen, was benötigt wird, um überhaupt ein Modell schätzen zu können. Insofern handelt es sich trotz der absolut betrachtet geringen Differenzen zwischen den beobachteten und geschätzten Korrelationen tatsächlich um ein „schlechtes" Modell. Die Schätzung von Modellen mit lediglich zwei Indikatoren pro Faktor gilt ohnehin als problematisch, weil in diesem Fall die Faktorladungen nicht eindeutig festgelegt werden können. Aufgrund der Datenlage gibt es aber keine Alternative zu der hier gewählten Vorgehensweise.

Konstrukt	r	S.E.
internal efficacy	0,42	0,03
Mißtrauen Regimeinstitutionen	0,21	0,03
Mißtrauen/Unzufriedenheit Parteien	0,29	0,03

Tabelle 4.22: Kontinuitätskorrelationen 1994-1998

knapp 0,40.

Durch die Aufnahme dieser und einiger weiterer Korrelationen zwischen den Fehlertermen ließen sich die Anpassungsmaße so weit verbessern, daß der *fit* des Modells akzeptabel wäre (vgl. FN 67). Auf die Berechnung eines solchermaßen modifizierten Modells wurde aber bewußt verzichtet: Erstens führt die mechanische Überführung von Modifikationsindizes in Modellpfade dazu, daß ein theoretisch nicht begründetes Modell an eine spezifische Stichprobe angepaßt wird. Steht wie hier keine zweite Stichprobe für eine Kreuzvalidierung zur Verfügung, ist der Erkenntnisgewinn gering. Zweitens sind für alle anderen Korrelationen zwischen den Fehlertermen erheblich niedrigere Beträge als 0,40 zu erwarten, so daß diese zusätzlichen Pfade inhaltlich kaum interpretierbar sind. Drittens hat selbst die Aufnahme jener relativ hohen Korrelation zwischen den Meßfehlern für die wahrgenommene Lösungskompetenz der Parteien 1994/98 nur einen minimalen Einfluß[67] auf die Schätzung des Parameters, der im Zentrum des Interesses steht, nämlich der Kontinuitätskorrelation. Viertens schließlich stellt sich auch hier wieder die Frage, ob nicht ohnehin deutlich niedrigere χ^2-Werte beobachtet würden, wenn es technisch möglich wäre, für dieses Modell eine WLS-Schätzung durchzuführen. Trotz der schlechten Anpassungsmaße beschränke ich mich deshalb in allen drei Fällen auf die Schätzung des ursprünglichen Modells.

Tabelle 4.22 zeigt die disattenuierten, d. h. um den Effekt der mangelnden Reliabilität der Indikatoren bereinigten Kontinuitätskorrelationen für alle drei Konstrukte. Aus ihr geht hervor, daß zwischen den 1994 und den 1998 gemessenen Verdrossenheitseinstellungen nur sehr schwache Zusammenhänge bestehen. Noch am stabilsten ist das Konstrukt der *internal efficacy*. Auch die für diese Einstellung geschätzte Korrelation von 0,42 entspricht aber einer gemeinsamen Varianz von lediglich 18 Prozent. Noch schwächer ausgeprägt sind die Zusammenhänge für die anderen Konstrukte. Die beiden Messungen von Mißtrauen/Unzufriedenheit mit den Parteien haben nur rund acht Prozent ihrer Varianz gemeinsam; im Falle des Mißtrauens gegenüber den Regimeinstitutionen schließlich beträgt die gemeinsame Varianz sogar nur etwas mehr als vier Prozent.

Da es erstaunlicherweise relativ wenige systematische Untersuchungen zur Stabi-

---

67 Die Kontinuitätskorrelation sinkt von 0,29 auf 0,28, wenn die Pfade mit den vier höchsten Modifikationsindizes in das Modell aufgenommen werden. Dabei handelt es sich um die angesprochene Autokorrelation zwischen den Fehlertermen für die wahrgenommene Lösungskompetenz der Bundestagsparteien, um eine entsprechende Autokorrelation für die Zufriedenheit mit den Bundestagsparteien sowie um Korrelationen zwischen den 1994 und 1998 beobachteten Meßfehlern dieser beiden Items. Durch diese Modifikationen sinkt χ^2 auf einen Wert von 373, der RMSEA auf 0,059 und das SRMR auf 0,043. Die kritische Fallzahl steigt auf 386, der GFI auf 0,97.

lität politischer Einstellungen gibt, ist es nicht ganz einfach, einen internen oder externen Maßstab zu finden, mit dem diese Werte verglichen werden können. Einen möglichen Panel-*internen* Referenzpunkt stellt die Links-Rechts-Selbsteinstufung der Befragten dar, bei der es sich ebenfalls um eine potentiell stabile und dabei relativ unspezifische Attitüde gegenüber politischen Objekten handelt. Für diese im Fragebogen mit einer elfstufigen Rating-Skala gemessene Einstellungsvariable ergibt sich über den Vierjahrezeitraum eine polychorische Korrelation von 0,38. Da für die Links-Rechts-Skala nur ein einziger Indikator existiert, ist es in diesem Fall nicht möglich, Reliabilität und Stabilität zu separieren. Auch bei der Links-Rechts-Selbsteinstufung ist aber davon auszugehen, daß ihr Indikator nicht perfekt reliabel ist und die tatsächliche Korrelation deshalb etwas höher, nämlich im Bereich von etwa 0,45 liegen dürfte.[68]

Der unkorrigierte Wert von 0,38 deckt sich im übrigen gut mit den Ergebnissen anderer Studien. So ermittelten Evans und Lallje (1997) für ein ähnliches Instrument[69] auf der Grundlage von Daten aus den *British Election Studies* (BES) mit einer (attenuierten) Korrelation von 0,80 zwar einen deutlich höheren Wert, der sich aber auf einen Zeitraum von lediglich einem Jahr bezieht. Unterstellt man eine gleichmäßige Übergangsrate und rechnet diese Korrelation auf eine Vier-Jahre-Periode hoch, resultiert daraus mit $0,8^4 = 0,41$ ein Ergebnis, das sehr nahe an dem hier beobachteten Wert liegt. Converse und Markus (1979: 42) berichten für eine Liberalismus-Konservatismus-Skala, die im amerikanischen Kontext als funktionales Äquivalent der europäischen Links-Rechts-Skala gilt, von einer Korrelation, die mit einem Betrag von 0,56 über einen Zeitraum von vier Jahren deutlich höher liegt. Die Autoren weisen aber darauf hin, daß ein Drittel (!) der Respondenten diese Frage nicht beantwortet hat und wegen der hochselektiven Ausfälle für die Gesamtbevölkerung realistischerweise ein niedrigerer Wert zu erwarten ist.

Im Ergebnis lassen sich die Befunde deshalb folgendermaßen zusammenfassen:

1. Die relativ niedrige Kontinuitätskorrelation der Links-Rechts-Selbsteinstufung gibt keinen Hinweis darauf, daß das Antwortverhalten der im Rahmen des Projektes „Politische Einstellungen, politische Partizipation und Wählerverhalten im vereinigten Deutschland" befragten Panel-Teilnehmer ungewöhnlich instabil ist.

2. Selbst stark generalisierte und vermeintlich tief in der Persönlichkeit verankerte Einstellungen wie die Links-Rechts-Selbsteinstufung weisen vielmehr in ver-

---

68   Diese Schätzung basiert auf der *attenuation*-Formel (Schumann 2000: 32), die beschreibt, in welchem Umfang eine beobachtete Korrelation durch Meßfehler gegenüber dem wahren Zusammenhang zweier Variablen abgeschwächt wird. Geht man davon aus, daß der Indikator in beiden Befragungswellen mit einer Fehlervarianz von 20 bis 35 Prozent behaftet ist (was angesichts der mit den Strukturgleichungsmodellen geschätzten Fehlervarianzen für die übrigen Items eine eher konservative Annahme ist) ergeben sich daraus Reliabilitäten zwischen 0,89 und 0,81. Setzt man diese in die *attenuation*-Formel ein, resultiert daraus ein korrigierter Wert, der zwischen 0,42 und 0,47 liegt.

69   Evans und Lallje verwendeten zur Messung der ideologischen Selbstpositionierung ihrer Befragten einen Summenindex, der sich aus fünf Einzelindikatoren zusammensetzt.

schiedenen Studien über einen Zeitraum, der einer Legislaturperiode entspricht, erstaunlich große unsystematische[70] Schwankungen auf.

3. Jene drei Konstrukte aus dem Bereich der Verdrossenheitsforschung, die vergleichsweise reliabel gemessen werden können, sind nochmals deutlich instabiler als die Links-Rechts-Selbsteinstufung. Dies gilt insbesondere für das Mißtrauen gegenüber den Regimeinstitutionen sowie für Mißtrauen/Unzufriedenheit mit den Parteien.

Insbesondere die Instabilität der Einstellungen gegenüber den Parteien ist ein wichtiges Ergebnis, da, wie oben gezeigt, „Parteienverdrossenheit" für viele Autoren den Kern der „Politikverdrossenheit" ausmacht.

Sucht man über den Vergleich mit der Links-Rechts-Selbsteinstufung hinaus nach einem *externen* Maßstab zur Beurteilung der hier gemessenen Kontinuitätskorrelation für die drei Konstrukte, so findet sich in den bereits mehrfach angesprochenen Arbeiten von Converse (1964, 1970) sowie von Converse und Markus (1979) das reichhaltigste Material für einen Vergleich. Auf der Basis von zwei dreiwelligen Panels, die im Rahmen der *American National Election Studies* in den Jahren 1956-60 und 1972-76 durchgeführt wurden, konnten Converse und Markus zeigen, daß nahezu alle politischen Einstellungen mit der Ausnahme der Parteiidentifikation höchst instabil sind. Über einen Zwei-Jahres-Zeitraum ermittelten Converse und Markus (1979: 46) für die Parteiidentifikation eine Stabilität von ca. 0,85, für die Popularität von Spitzenpolitikern Werte im Bereich von 0,45 bis 0,75, für die Bewertung „moralischer", d. h. auf Wertentscheidung bezogener *issues* Korrelationen zwischen 0,58 und 0,71 und für innen- und außenpolitische Streitfragen Stabilitäten zwischen 0,28 und 0,50.[71] Dabei waren die in den fünfziger und in den siebziger Jahren gemessenen Korrelationen fast identisch.

Beim Vergleich der Korrelationen aus Tabelle 4.22 mit diesen Werten müssen zwei Faktoren berücksichtigt werden: Einerseits ist über einen Zeitraum von vier Jahren selbstverständlich mit niedrigeren Kontinuitätskorrelationen zu rechnen (Converse und Markus 1979: 37). Andererseits handelt es sich bei den Ergebnissen von Converse und Markus nicht um fehlerbereinigte Korrelationen zwischen Konstrukten, sondern um unkorrigierte Zusammenhänge zwischen Einzelindikatoren.[72] Vor diesem Hintergrund stehen die doch sehr flüchtigen Verdrossenheitseinstellungen den stark von der Tagespolitik beeinflußten innen- und außenpolitischen *issues* deutlich näher als den moralisch aufgeladenen Streitfragen, die das politische Leben einer Gesellschaft über Jahre hinweg zu prägen vermögen.

---

70 Wie oben dargelegt ist die Kontinuitätskorrelation unempfindlich gegenüber systematischen Schwankungen, die alle Befragten in gleicher Weise betreffen.

71 Issues, die sich auf die Bürgerrechtsbewegung beziehen, nehmen eine Sonderstellung ein und rangieren zwischen den innenpolitischen und den moralischen *issues*.

72 Betrachtet man umgekehrt die Stabilität von Verdrossenheitseinstellungen auf der Ebene der Indikatoren, so wird eine maximale Kontinuitätskorrelation von 0,45 (für die Zufriedenheit mit den Bundestagsparteien) erreicht. Die Korrelationen aller anderen Indikatoren liegen deutlich unter 0,30.

Konstrukt		Konstruktreliabilität	extrahierte Varianz
internal (in)efficacy		0,72	0,47
Mißtrauen Regimeinstitutionen	1994	0,83	0,72
Mißtrauen/UnzufriedenheitParteien		0,70	0,34
internal (in)efficacy		0,74	0,49
Mißtrauen Regimeinstitutionen	1998	0,79	0,65
Mißtrauen/UnzufriedenheitParteien		0,73	0,35

Tabelle 4.23: Panel 1994-98: Konstruktreliabilitäten und extrahierte Varianz

Indikator		Ladung	S.E.	Fehlervarianz (%)
Politik: kompliziert		0,61	0,03	63,2
Selbst: aktive Rolle	1994	−0,65	0,03	57,9
Politik: verständlich		−0,79	0,03	38,0
Politik: kompliziert		0,66	0,03	56,6
Selbst: aktive Rolle	1998	−0,68	0,03	54,2
Politik: verständlich		−0,75	0,03	43,0

Tabelle 4.24: *internal efficacy* 1994-98: Faktorladungen, Standardfehler und Fehlervarianzen

Im Sinne des von Converse (1964, 1970) für solche Einstellungen ursprünglich postulierten *black-and-white model* wäre deshalb davon auszugehen, daß die große Mehrheit der Befragten Verdrossenheitsfragen mehr oder minder zufällig beantwortet. Ob dieses in seinem Ansatz sehr radikale und entsprechend umstrittene Modell, von dem auch Converse selbst später zumindest tendenziell abgerückt ist, die Daten adäquat beschreibt, läßt sich allerdings nicht überprüfen, solange keine dritte Panelwelle mit den Verdrossenheitsitems zur Verfügung steht.

Selbst wenn man jedoch mit Zaller (1992) und anderen neueren Autoren davon ausgeht, daß die von Converse vertretene Unterscheidung zwischen einer Minderheit, die stabile *true attitudes* aufweist, und einer Mehrheit, die zu vielen Fragen keine fundierte Meinung hat und deshalb in der Interviewsituation zufällige *non-attitudes* äußert, zu restriktiv ist und deshalb besser durch ein *real-to-random continuum* (Sinnott 2000) ersetzt werden sollte, auf dem Einstellungen und Items zu verorten sind, bleibt festzuhalten, daß „Verdrossenheit" offensichtlich näher am *random*- als am *real*-Pol eines solchen Kontinuums liegt. Zumindest auf Grundlage der vorliegenden Daten ist die Hypothese, daß politische Verdrossenheit so etwas wie eine langfristig stabile Einstellung sei, damit widerlegt.

Die Tabellen 4.23 bis 4.26 zeigen als Ergänzung zu den Analysen die Konstruktreliabilitäten und die von den Konstrukten extrahierten Varianzen sowie die Faktorladungen und Fehlervarianzen im Detail. Bemerkenswert ist dabei vor allem, daß die Ergebnisse für das etablierte Konstrukt *internal efficacy* kaum von den Resultaten der beiden Querschnittsanalysen abweichen, während sich für Mißtrauen/Unzufriedenheit mit den Parteien teils sehr deutliche Differenzen ergeben.[73] Diese doppelte Instabilität

Indikator		Ladung	S.E.	Fehlervarianz (%)
Vertrauen: Bundestag	\}1994	0,99	0,10	2,2
Vertrauen: Bundesregierung		0,68	0,07	53,8
Vertrauen: Bundestag	\}1998	0,91	0,08	17,7
Vertrauen: Bundesregierung		0,69	0,06	51,8

Tabelle 4.25: Mißtrauen Regimeinstitutionen 1994-98: Faktorladungen, Standardfehler und Fehlervarianzen

Indikator		Ladung	S.E.	Fehlervarianz (%)
Parteien: nur Stimmen		0,79	0,02	37,7
Parteien: Selbstbedienung		0,76	0,02	42,1
Parteien: nur Macht	\}1994	0,78	0,02	39,1
Vertrauen: Parteien		−0,18	0,03	96,6
BT-Parteien: kompetent		−0,17	0,03	97,0
BT-Parteien: zufrieden		−0,37	0,03	86,1
Parteien: nur Stimmen		0,76	0,02	41,8
Parteien: Selbstbedienung		0,74	0,02	45,2
Parteien: nur Macht	\}1998	0,76	0,02	41,7
Vertrauen: Parteien		−0,40	0,03	83,9
BT-Parteien: kompetent		−0,23	0,03	94,9
BT-Parteien: zufrieden		−0,40	0,03	84,3

Tabelle 4.26: Mißtrauen/Unzufriedenheit Parteien 1994-98: Faktorladungen, Standardfehler und Fehlervarianzen

weckt ebenso wie die Befunde des Kapitels 4.1.2 weitere Zweifel daran, daß sich eine wie auch immer geartete Politikverdrossenheit überhaupt empirisch nachweisen läßt.

4.3 Sonderfall Deutschland?

Nachdem in den vorangegangenen Kapiteln gezeigt wurde, daß die Verdrossenheitsforschung nicht nur erhebliche analytische Defizite aufweist, sondern daß darüber hinaus die Einstellungen, die in der deutschsprachigen Literatur am häufigsten mit Verdrossenheit bezeichnet werden, kein Syndrom bilden, kaum zuverlässig gemessen werden können und auf der Individualebene höchst flüchtig sind, erscheint es im Grunde genommen wenig sinnvoll, abschließend noch zu untersuchen, ob es in Deutschland tatsächlich ein besonders hohes Maß an „Verdrossenheit" gibt. Die analytisch motivierte und empirisch fundierte Kritik an den Beiträgen zur Politikverdrossenheit, die in dieser Arbeit vorgebracht wurde, schließt aber die Möglichkeit nicht aus, daß die Verdrossenheitsforschung zumindest was ihren Anlaß betrifft ihre Berechtigung hat.

---

73 Auch beim Mißtrauen gegenüber den Regimeinstitutionen ergeben sich starke Abweichungen gegenüber den Ergebnissen aus den vorangegangenen Kapiteln, die aber nicht überbewertet werden sollten, da die Schätzungen von Faktorenladungen für Modelle mit lediglich zwei Indikatoren pro Faktor tendenziell instabil sind. Vgl. dazu auch FN 66 auf Seite 254.

Immerhin wäre es denkbar, daß ganz allgemein die negativen Einstellungen gegenüber politischen Objekten in der Bundesrepublik besonders stark ausgeprägt sind und daß die Politik in Deutschland deshalb einen schwereren Stand als in vergleichbaren Ländern hat. Läßt sich also die Verwendung des idiosynkratischen, international ungebräuchlichen Begriffes der Verdrossenheit durch eine besonders krisenhafte Situation in der Bundesrepublik wenn nicht rechtfertigen, so doch zumindest erklären?

Mit dieser abschließenden Fragestellung ist eine deutliche Verschiebung des analytischen Fokus' verbunden. An die Stelle des aus der einschlägigen Literatur rekonstruierten Verdrossenheitsbegriffes tritt nun die Perspektive der international vergleichenden Erforschung politischer Systeme in der Tradition von Easton, Almond und Verba, die sich der in Abschnitt 3.2 vorgestellten Konzepte bedient. Deshalb kann und soll dieses letzte Kapitel nicht mehr als einen kursorischen Überblick über die wichtigsten Ergebnisse dieses Forschungszweiges geben, soweit sie für die hier skizzierte Fragestellung von Bedeutung sind.

4.3.1 Datenbasis und Vorgehensweise

Zur Untersuchung der Frage, ob die Deutschen in den achtziger und neunziger Jahren, also in jenem Zeitraum, auf den sich die wissenschaftliche Verdrossenheitsdiskussion bezieht, ein besonders negatives Verhältnis zu politischen Objekten hatten, stehen Datensätze aus einer ganzen Reihe von international vergleichend angelegten Untersuchungen zur Verfügung. Neben dem *World Values Survey*, der allerdings bislang nur zweimal erhoben wurde, kommen hier in erster Linie die regelmäßig durchgeführten EUROBAROMETER- und ISSP-Studien in Frage.

Im Unterschied zu den Abschnitten 4.1 und 4.2 ist es in diesem Kapitel bis auf wenige Ausnahmen nicht nötig, eigene Sekundäranalysen zu rechnen, da mit den Beiträgen aus den von Fuchs und Klingemann (1995) sowie von Norris (1999a) herausgegebenen Sammelbänden bereits fundierte Analysen dieser Datensätze vorliegen, die Auskunft darüber geben können, ob Deutschland als politischer Sonderfall gelten muß. Im folgenden geht es deshalb in erster Linie darum, die einschlägige Literatur unter dem Aspekt der Politikverdrossenheit aufzuarbeiten und die wichtigsten Befunde zusammenzutragen. Dabei beschränke ich mich auf jene Themenbereiche, die in der Verdrossenheitsliteratur am häufigsten problematisiert werden: das Verhältnis zwischen Bürgern und Parteien, das Vertrauen gegenüber Politikern und politischen Institutionen sowie die wahrgenommene Responsivität des politischen Systems.

Während, wie oben dargelegt, hinsichtlich der Struktur und Stabilität der Verdrossenheitseinstellungen keine substantiellen Unterschiede zwischen Ost- und Westdeutschland zu erwarten sind und deshalb alle Analysen für Gesamtdeutschland berechnet wurden, beziehen sich die Aussagen dieses Kapitels, in dem Unterschiede des *Niveaus* verschiedener Einstellungen behandelt werden, ausschließlich auf die alten Bundesländer. Hierfür gibt es eine ganze Reihe von Gründen: Erstens setzt, wie oben gezeigt, die Verdrossenheitsdebatte lange vor der Wiedervereinigung ein, und die vereinigungsbedingten Probleme spielen in der Verdrossenheitsdebatte keine prominente

Rolle.[74] Objekt der Verdrossenheitsdiskussion waren also ursprünglich das Niveau und die Entwicklung bestimmter Einstellungen in der alten Bundesrepublik. Zweitens bestehen zwischen der früheren DDR als Staat des ehemaligen Ostblocks und der alten Bundesrepublik, die bereits in den frühen achtziger Jahren den etablierten westeuropäischen Demokratien zugerechnet wurde (Conradt 1980, Baker et al. 1981), nach wie vor große politisch-kulturelle Unterschiede (Falter et al. 2000), die die Messung von Verdrossenheitseinstellungen überlagern würden. Zudem besteht die Gefahr, daß die durch die Systemtransformation bedingten Turbulenzen in Ostdeutschland die Untersuchung der Frage, ob die Menschen in diesem Teil Deutschlands ein besonders negatives Verhältnis zur Politik haben, konfundieren. Drittens schließlich stellt sich ein praktisches Problem: Zeitreihen für die neuen Länder setzen frühestens 1990/91 ein. In der Mehrzahl der vergleichenden Studien, die bis Mitte der neunziger Jahre erschienen sind, wird das Gebiet der früheren DDR deshalb nicht berücksichtigt und muß deshalb außer Betracht bleiben.

4.3.2 Ergebnisse

4.3.2.1 Das Verhältnis der Bürger zu den Parteien

Die Beziehung zwischen Bürgern und Parteien steht, wie oben gezeigt, im Mittelpunkt der Verdrossenheitsdiskussion. Nicht umsonst setzen zahlreiche Autoren Politik- und Parteienverdrossenheit miteinander gleich. Als eine der wichtigsten Variablen, mit denen sich dieses Verhältnis beschreiben läßt, kann die auch im Kontext der Verdrossenheitsdebatte häufig diskutierte Parteiidentifikation beziehungsweise Parteibindung gelten (vgl. Abschnitt 3.2.4, Seiten 194ff). Eine umfassende Analyse der Entwicklung dieser Einstellung[75] in vierzehn europäischen Gesellschaften sowie den USA, die den Zeitraum von 1978 bis 1992[76] umfaßt, haben Schmitt und Holmberg (1995) vorgelegt. Den Kern ihres Beitrages bildet eine Serie von linearen Regressionsmodellen, mit der sie auf der Grundlage der kumulierten EUROBAROMETER für die Zeit vom Ende der siebziger bis zum Anfang der neunziger Jahre die Entwicklung des Anteils der Parteiidentifizierer in den Ländern der alten EG zu beschreiben suchen. Diese im folgenden als EG-9-Staaten bezeichneten Länder sind für eine komparative Betrachtung besonders geeignet, weil sie ähnliche politische, wirtschaftliche und soziale Strukturen wie die alte Bundesrepublik aufweisen und mit dem EUROBAROMETER eine lange Zeitreihe zur Verfügung steht, die konsistente Vergleiche über Raum und Zeit

---

74 Dies schließt nicht aus, daß die politischen und ökonomischen Probleme der Vereinigung sich negativ auf die Popularität von Politikern und Parteien ausgewirkt haben und somit indirekt den in Kapitel 2.6.1.1 beschriebenen Anstieg der wissenschaftlichen Publikationen zum Thema Politikverdrossenheit erklären können.

75 Detaillierte Angaben zu den in den EUROBAROMETERN verwendeten Operationalisierungen finden sich unter http://www.za.uni-koeln.de/data/en/eurobarometer/party_attachment.htm

76 Diese Angabe bezieht sich auf jene neun Länder, die von 1973 bis 1981 die damalige Europäische Gemeinschaft bildeten. Für die USA und einige andere Länder reicht die Zeitreihe noch weiter zurück, während sie für Griechenland, Portugal und Spanien erst mit dem Jahr des EG-Beitrittes, d. h. 1981 beziehungsweise 1986, einsetzt.

gestattet. Sollte es in Deutschland eine wie auch immer geartete politische Sondersituation geben, auf die sich die Rede von der Politikverdrossenheit zurückführen läßt, müßten sich deren Symptome am ehesten im Vergleich mit dieser Staatengruppe zeigen.

In vielen Ländern der EG-9 und auch in der alten Bundesrepublik ermitteln Schmitt und Holmberg einen schwachen Abwärtstrend der Parteiidentifikation.[77] Bedauerlicherweise machen die Autoren aber keine Angaben zur Anpassungsgüte (r^2) ihrer Modelle. Die graphischen Darstellungen auf den Seiten 102ff deuten jedoch darauf hin, daß lineare Modelle die tatsächliche, in vielen Fällen durch scheinbar erratische Auf- und Abschwünge gekennzeichnete Entwicklung in den verschiedenen Ländern nur unzureichend wiedergeben können. Diese Einschätzung deckt sich mit der Zusammenfassung, die die Autoren selbst von ihren Befunden geben: „If there is an overall tendency in Western European partisanship, it is of loosening partisan bonds. But specific developments, by country and by party, are so varied that any general ‚overall' view disguises more than it discloses" (Schmitt und Holmberg 1995: 121).

Im Ergebnis ordnen Schmitt und Holmberg die alte Bundesrepublik zusammen mit Großbritannien und den USA einer Gruppe von Ländern zu, für die gelegentliche Einbrüche des Anteils der Parteiidentifizierer charakteristisch sind, an die sich dann Phasen der Erholung anschließen. Ein dramatischer und anhaltender Rückgang des Anteils der Parteiidentifizierer, wie er in Schweden, Irland, Italien und Frankreich zu erkennen ist, läßt sich in Deutschland hingegen nicht nachweisen (1995: 121f).

Der direkte Vergleich der Bundesrepublik mit den anderen EG-9-Ländern zeigt darüber hinaus, daß das Ausgangsniveau der Parteiidentifikation in den siebziger Jahren mit 68,2 Prozent[78] zwar leicht unter dem europäischen Mittel von 71,2 Prozent lag. Was aber den *Rückgang* der Parteiidentifizierer angeht, errechnen Schmitt und Holmberg (1995: 106f) für Deutschland jedoch einen Wert, der sich deutlich unter dem Durchschnitt der EG-Länder bewegt: Während in der Neunergemeinschaft zwischen 1978 und 1992 der Anteil derjenigen, die sich mit einer Partei identifizierten, um durchschnittlich 0,89 Prozentpunkte pro Jahr sank, ging diese Quote in der Bundesrepublik um lediglich 0,52 Prozentpunkte jährlich zurück.

Dieser Befund deckt sich mit den Ergebnissen von Dalton (1999: 66), der auf der Basis der von 1972 bis 1994 kumulierten Bundestagswahlstudien einen jährlichen[79]

---

77   Auf die Diskussion der übrigen von Schmitt und Holmberg berechneten Regressionsmodelle wird an dieser Stelle verzichtet, da diese auf nationalen Wahlstudien beruhen und deshalb im Gegensatz zu den EUROBAROMETER-Untersuchungen keinen direkten Vergleich zwischen den verschiedenen Ländern zulassen. Auch jene Berechnungen, die sich nicht auf alle Personen mit einer Parteiidentifikation, sondern lediglich auf die starken Parteiidentifizierer beziehen, bleiben hier aus Gründen der Übersichtlichkeit unberücksichtigt.

78   Schmitt und Holmberg (1995: 106) weisen für Deutschland einen Ausgangswert (Achsenabschnitt) von 69,8 Prozent aus, der auf das Jahr 1975 bezogen ist. Um diesen Wert mit der 1978 einsetzenden Zeitreihe für die EG-9 vergleichbar zu machen, wurde von ihm für jedes der Jahre 1976-78 jeweils der von Schmitt und Holmberg berechnete jährliche Schwund an Parteiidentifizierern abgezogen.

79   Aus Daltons Ausführungen geht nicht klar hervor, ob es sich tatsächlich um den *jährlichen* Rückgang der Parteiidentifikation handelt oder ob der Rückgang auf eine Legislaturperiode bezogen ist. In jedem Fall sind die Berechnungen von Schmitt und Holmberg sowie von Falter und Rattinger aussagekräfti-

Rückgang der parteigebundenen Bürger um 0,46 Prozentpunkte errechnet, sowie den Berechnungen von Falter und Rattinger (1997: 498), die auf der Grundlage der kumulierten POLITBAROMETER für den Zeitraum von 1977-94 einen Schwund von 0,4 Prozentpunkten ermittelt haben. Diese Übereinstimmung der Resultate über verschiedene Untersuchungen und Varianten der Parteiidentifikationsfrage hinweg läßt mit großer Sicherheit den Schluß zu, daß (West)-Deutschland hinsichtlich der in vielen Gesellschaften zu beobachtenden *dealignment*-Prozesse keine für die Parteien negative Sonderstellung einnimmt, sondern ganz im Gegenteil am Beginn der neunziger Jahre immer noch ein erstaunlich hohes Niveau an parteigebundenen Bürgern aufwies.

Falter und Rattinger (1997: 500f) weisen allerdings darauf hin, daß in den Jahren nach der Wiedervereinigung Deutschlands die Zahl derjenigen, die sich mit einer Partei identifizierten, vergleichsweise stark zurückgegangen ist: Für den Zeitraum von 1990-94 errechnen sie einen jährlichen Schwund von 1,89 Prozentpunkten, was knapp dem Fünffachen des langjährigen Trends entspricht. Diese scheinbare Beschleunigung des säkularen *dealignment*-Prozesses dürfte sich aber durch die massiven wirtschaftlichen Probleme der neuen Länder, die nach dem Abklingen der Vereinigungseuphorie ins Blickfeld der Öffentlichkeit gerieten, und durch den von Falter und Rattinger (1997: 500) selbst beschriebenen „Wahlzyklus" erklären. Angesichts der Länge des Beobachtungszeitraumes handelt es sich also eher um eine kurzfristige Fluktuation als um eine Trendwende. Für diese Interpretation spricht auch der neuerliche (wenn auch in Westdeutschland vergleichsweise schwach ausgeprägte) Anstieg des Anteils der Parteiidentifizierer im Vorfeld der Bundestagswahl 1994, der am rechten Rand von Abbildung 1 (Falter und Rattinger 1997: 500) zu erkennen ist, sowie die Fortschreibung dieser Zeitreihe bis 1997 durch Falter und Schoen (1999: 466), in der sich keine dramatische Beschleunigung des Rückgangs der Parteiidentifizierer zeigt.[80]

Das von Falter und Rattinger beschriebene zeitweilige Absinken des Anteils der Parteiidentifizierer in den frühen neunziger Jahren kann deshalb zwar durchaus als Indiz für eine besondere Unzufriedenheit der Bürger mit den Parteien angesehen werden.[81] Was aber den Umfang und die Dauer dieser Abwärtsbewegung betrifft, handelt es sich um kein ungewöhnliches Phänomen. Vergleichbare Tendenzen zeigten sich vielmehr auch nach dem Bruch der sozial-liberalen Koalition am Beginn der achtziger Jahre (Falter und Schoen 1999: 466).

Keinesfalls wäre es gerechtfertigt, aufgrund dieses temporären Rückganges von einem „Sonderfall Deutschland" zu sprechen. Dies belegt auch die Fortschreibung[82]

ger, da sie sich auf eine erheblich größere Zahl von Datenpunkten stützen können.

80 Eine ausführliche Diskussion dieser Zeitreihe, die mittlerweile bis Ende 1999 fortgeschrieben werden kann, findet sich in Abschnitt 4.3.4 auf Seite 285ff.

81 Bezeichnenderweise folgte auf den Rückgang der Parteibindungen ein Anstieg der Verdrossenheitspublikationen (vgl. Abbildung 2.3 auf Seite 102).

82 1995 und in allen Untersuchungsjahren nach 1996 wurde die Parteiidentifikationsfrage im EUROBAROMETER nicht mehr gestellt. Die Werte für 1996 wurden auf der Grundlage des sogenannten „Megasurveys" (44.2bis) berechnet, dessen Stichprobenumfang rund dreimal so groß wie der eines „normalen" EUROBAROMETERS ist. Für die beiden anderen Jahre ist wegen der auf nationaler Ebene relativ geringen Fallzahlen das arithmetische Mittel der Anteilswerte, die sich aus den zwei (1993)

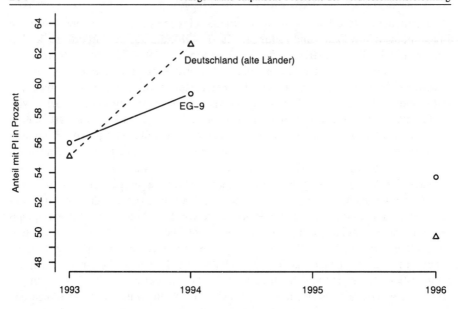

Quelle: Eigene Berechnung auf der Grundlage der EUROBAROMETER 39.0, 40, 41.0, 41.1, 42 und 44.2bis (ZA-Nr. 2346, 2459, 2490, 2491 2563, 2828)

Abbildung 4.8: Anteil der Personen mit einer Parteiidentifikation 1993-96, Bundesrepublik (alte Länder) vs. EG-9

der Zeitreihe von Schmitt und Holmberg: 1993 lag der Anteil der Personen mit einer Parteiidentifikation in der alten Bundesrepublik um 0,9 Prozentpunkte unter dem Mittelwert[83] der EG-9, 1994 übertrafen die Deutschen den EG-Durchschnitt um 3,3 Prozentpunkte, 1996 wiederum unterschritten die Westdeutschen den Mittelwert der alten EG um annähernd den gleichen Betrag, nämlich um vier Prozentpunkte (vgl. Ab-

beziehungsweise drei (1994) für diesen Zeitraum zur Verfügung stehenden EUROBAROMETER-Untersuchungen ergeben, ausgewiesen.

83 Schmitt und Holmberg kombinieren die nationalen Gewichte der EUROBAROMETER mit einem auf die gesamte EU-Bevölkerung bezogenen Gewicht (vgl. Schmitt und Holmberg 1995: 127, Anmerkung zu Tabelle 4.A1). Dieses Vorgehen ist zwar korrekt, weist aber aus der Perspektive meiner Fragestellung zwei Nachteile auf: Zum einen sollten alle Staaten unabhängig von ihrer Bevölkerung das gleiche Gewicht erhalten, da hier in erster Linie der Vergleich von Staaten untereinander und nicht die Berechnung von Werten, die für die EU-Bevölkerung insgesamt repräsentativ sind, von Interesse ist. Zum anderen hat die deutsche Teilstichprobe wegen des vergleichsweise großen Bevölkerungsanteils der Deutschen an der europäischen Gesamtbevölkerung ein relativ großes Gewicht, so daß Abweichungen Deutschlands vom EU-Durchschnitt tendenziell unterschätzt werden. Für Abbildung 4.8 wurde deshalb der Durchschnittswert für die Staaten der EG-9-Gruppe als einfaches arithmetisches Mittel der Anteilswerte der Einzelstaaten berechnet. Alle Datensätze wurden vorab mit der Variablen V8 (EUROBAROMETER 39.0-42) beziehungsweise w01 (44.2bis) gewichtet. Damit ist jede Sub-Stichprobe für die Gesellschaft, aus der sie gezogen wurde, repräsentativ. Wegen der besonderen politischen Situation in Nord-Irland und der Unterschiede zwischen dem nord-irischen und dem britischen Parteiensystem blieb die separate nord-irische Teilstichprobe unberücksichtigt.

Interest intermediation

		No	Yes
Identification with party voted for	Strong	Identifying	Integrated
	Weak	De-aligned	Pragmatic

Quelle: Biorcio und Mannheimer (1995: 208)

Abbildung 4.9: Typologie des Verhältnisses zwischen Bürgern und Parteien nach Biorcio und Mannheimer (1995)

bildung 4.8 auf der vorherigen Seite). Dieses Muster spricht eindeutig dafür, daß auch in den frühen neunziger Jahren die aktuellen politischen Ereignisse in den verschiedenen Ländern einen größeren Einfluß auf den Anteil der selbstdeklarierten Parteiidentifizierer hatten als irgendwelche stabilen, spezifisch deutschen Sonderfaktoren. Eine detailliertere Erklärung für die auf den ersten Blick ungewöhnlich großen Schwankungen der Parteiidentifikation gibt Abschnitt 4.3.4.

Auch Untersuchungen anderer Variablen sprechen gegen die Vermutung, daß die Deutschen ein negativeres Verhältnis zu ihren Parteien haben als die Bürger vergleichbarer Länder. So haben Biorcio und Mannheimer (1995: 207ff) die Parteiidentifikation, also den affektiven Aspekt der Beziehung zwischen Bürgern und Parteien, mit dem eher instrumentellen Aspekt der wahrgenommenen Interessenvertretung[84] durch die gewählte Partei zu einer einfachen Typologie kombiniert, die vier idealtypische Beziehungsmuster beinhaltet (vgl. Abbildung 4.9). Auf der Grundlage des 1989 erhobenen EUROBAROMETER 31 haben sie dann für die fünf bevölkerungsreichsten Länder der damaligen EG (Frankreich, Großbritannien, Deutschland, Italien und Spanien) untersucht, welche Beziehungsmuster in den einzelnen Ländern dominieren.

Im Ergebnis zeigt sich, daß unter den fünf untersuchten Ländern die Bundesrepublik den höchsten Anteil „integrierter" oder zumindest „pragmatischer" Wähler aufwies. Rund 38 Prozent der westdeutschen Wähler waren damals der Überzeugung, daß die von ihnen bevorzugte Partei eine Lösung der von ihnen benannten wichtigsten politischen Probleme erreichen könne. Bei weiteren 22 Prozent wurde diese Haltung durch eine affektive Bindung an die gewählte Partei abgestützt. Umgekehrt gehörten die Anteile derjenigen, die sich mit der von ihnen gewählten Partei identifizieren, ohne zu glauben, daß diese Partei ihre Probleme lösen könne, oder aber eine Partei wählen, der sie sich nicht verbunden fühlen und deren Problemlösungskompetenz sie in Zweifel ziehen, zu den niedrigsten in Europa (Biorcio und Mannheimer 1995: 213).[85]

---

84 Gefragt wurde, welche Partei am besten geeignet ist, die drei wichtigsten vom Respondenten benannten Probleme zu lösen. Zu den Details dieses Instrumentes vgl. Biorcio und Mannheimer (1995: 210, 225).

85 Die von Biorcio und Mannheimer berechneten Anteile sollten mit einer gewissen Vorsicht betrachtet werden, da die Festlegung der Schwellenwerte, auf denen ihre Typologie beruht, im Grunde willkürlich ist. Auf die von den Autoren herausgearbeiteten Relationen *zwischen* den fünf Ländern dürfte die Wahl der Schwellenwerte jedoch keinen großen Einfluß haben.

Insbesondere dieser letzte Befund ist für die Verdrossenheitsdebatte von großem Interesse, da dieses Beziehungs- oder besser Nicht-Beziehungsmuster, das Biorcio und Mannheimer etwas irreführend als *de-aligned* bezeichnen, Ähnlichkeiten mit jener Motivation aufweist, die im Umfeld der Verdrossenheitsdiskussion als „Protest-" oder „Denkzettel"-Einstellung bezeichnet wird.[86]

Auch in diesen rund zwölf Jahre nach Beginn der Verdrossenheitsdiskussion erhobenen Daten findet sich also kein Hinweis darauf, daß das System der Interessenvermittlung durch Parteien in Deutschland ein besonders niedriges Ansehen genießt, so daß es gerechtfertigt wäre, zur Beschreibung dieser Beziehung einen neuen Begriff zu prägen. Im Gegenteil: „perceptions that parties can represent interests is [sic] much higher in Germany and Britain, rather lower in France, and very low in Italy and in Spain" (Biorcio und Mannheimer 1995: 212). Mit den Hypothesen der Verdrossenheitsforschung, in denen die angeblichen Zweifel der Bürger an der Problemlösungskompetenz der Parteien eine wichtige Rolle spielen (vgl. Tabelle 2.24 auf Seite 130), sind diese Ergebnisse nicht zu vereinbaren.

Die Entwicklung der Wahlbeteiligung, die als ein Indikator für das Verhältnis zwischen Bürgern und Parteien dienen kann, der allerdings auch von einer Vielzahl anderer Faktoren beeinflußt wird, gibt ebenfalls keinen Hinweis auf eine Sonderstellung Deutschlands. So errechnet Richard Topf (1995: 40) für 18 westeuropäische Demokratien[87] in den Jahren von 1945 bis 1990 eine durchschnittliche Beteiligungsrate von 83 Prozent bei nationalen Wahlen, wobei gegen Ende dieses Zeitraumes ein leichtes Absinken des Wertes zu verzeichnen ist.[88] Dieser langjährige Mittelwert wurde in der Bundesrepublik bei allen nationalen Wahlen zwischen 1953 und 1987 deutlich übertroffen, wie eine Betrachtung der amtlichen Endergebnisse zeigt. Selbst bei den

---

86   Die These der (rationalen) Protestwahl (Pappi 1990, vgl. auch FN 105 auf Seite 86) besagt, daß sogenannte Protestparteien in erster Linie gewählt werden, um andere Parteien zu „bestrafen". Bei der von Biorcio und Mannheimer beschriebenen Konstellation (keine affektive Bindung an die gewählte Partei, keine Überzeugung, daß die Partei Einfluß auf die Lösung von mindestens zwei der drei wichtigsten politischen Probleme nehmen kann) scheint es sich um eine notwendige, wenn auch nicht hinreichende Bedingung für eine Protestwahl zu handeln. Beide Phänomene sind allerdings nicht miteinander identisch: Erstens wurde der Wunsch, Protest auszudrücken, nicht erhoben, zweitens liegen keine Informationen über andere mögliche Gründe der Wahlentscheidung (beispielsweise Kandidaten) vor, drittens ist es insbesondere im Falle von *single issue* Parteien möglich, daß die wahrgenommene Kompetenz bei einem als besonders wichtig empfundenen Thema die Defizite bei anderen Themen aufhebt. Darüber hinaus besteht gerade bei als besonders wichtig empfundenen Themen viertens die Möglichkeit, daß ein Wähler seiner Unterstützung für eine bestimmte politische Position Ausdruck verleihen möchte, auch wenn er die Chancen, daß die von ihm gewählte Partei tatsächlich Einfluß auf die politischen Entscheidungen erhält und somit zur Lösung des von ihm erkannten Problems beitragen kann, gering einschätzt. In diesem Fall würde es sich um eine Form des expressiven Wahlverhaltens (Brennan und Lomasky 1993: 32ff) handeln, die aber nicht mit einer Wahlentscheidung aus Protest gleichgesetzt werden kann.

87   Dabei handelt es sich um Dänemark, Finnland, Island, Norwegen, Schweden, Österreich, Belgien, die Bundesrepublik, Irland, die Niederlande, Großbritannien, Luxemburg, die Schweiz, Frankreich, Griechenland, Italien, Portugal und Spanien.

88   Vgl. dazu auch Armingeon (1994), der die Entwicklung der Wahlbeteiligung in insgesamt 21 Staaten beschreibt und zu erklären versucht.

Bundestagswahlen von 1990 und 1994, bei denen die Wahlbeteiligung mit 78 beziehungsweise 79 Prozent für deutsche Verhältnisse ungewohnt niedrig ausfiel, wurde der von Topf für den Zeitraum von 1985 bis 1990 berechnete Durchschnittswert von etwa 80 Prozent nur knapp unterschritten; 1998 schließlich wurde er mit 82 Prozent sogar wieder geringfügig übertroffen.[89]

Am ehesten lassen sich Hinweise auf ein besonders problematisches Verhältnis zwischen Bürgern und Parteien in solchen Untersuchungen finden, die sich mit der auch in der Verdrossenheitsdebatte diskutierten Frage beschäftigen, inwieweit die Parteien ihre Wähler repräsentieren können. So untersucht Hans-Dieter Klingemann (1995) für zwölf Gesellschaften,[90] welche Korrelationen in den siebziger und achtziger Jahren zwischen den ideologischen Standpunkten der Parteieliten und der Wähler einer Partei bestanden. Die Positionen der Eliten operationalisiert er dabei über einen faktoranalytisch aus einer Inhaltsanalyse der von den Parteien verantworteten Wahlprogramme gewonnenen Links-Rechts-Wert (1995: 187ff), den Standort der Wähler durch deren mittlere Selbsteinstufung auf einer entsprechenden Skala. Für die Bundesrepublik ermittelt Klingemann (1995: 195) auf diese Weise eine Korrelation zwischen den Einstellungen von Eliten und Elektorat, die für sich genommen mit 0,45 zwar relativ hoch erscheint, sich aber doch deutlich unter dem westeuropäischen Durchschnitt von 0,64 bewegt.

Gegen Klingemanns Analyse lassen sich jedoch einige methodische Bedenken ins Feld führen, die Zweifel an der Validität seiner Ergebnisse aufkommen lassen. Der erste Einwand betrifft das von Klingemann gewählte Verfahren der Faktoren- beziehungsweise Hauptkomponentenanalyse der Inhaltsvariablen. Die entsprechenden Berechnungen wurden von Klingemann separat für jedes der zwölf untersuchten Länder durchgeführt. Auf diese Weise wollte der Autor Unterschieden in der *cleavage*-Struktur maximales Gewicht verleihen. Zugleich hoffte er, in allen Ländern eine annähernd identische Faktorenstruktur mit einem dominierenden Faktor, der als ökonomische Links-Rechts-Achse interpretierbar ist, zu finden (Klingemann 1995: 187). Durch eine nachgeschaltete visuelle Analyse der Korrelationen zwischen der ersten für jedes Land extrahierten Hauptkomponente und den elf Rubriken des zur Analyse der Parteiprogramme verwendeten Kategoriensystems sieht Klingemann diese Hoffnung erfüllt (1995: 188f).

Einmal ganz abgesehen davon, daß es sich hier nicht um einen formalen Test auf Gleichheit der Faktorstrukturen handelt – für einen solchen Test müßte eine konfirmatorische Analyse mit LISREL oder einem vergleichbaren Programm durchgeführt werden – erweist sich Klingemanns Lesart seiner Tabelle 6.1 bei näherer Betrachtung der Ergebnisse als allzu optimistisch. So erklärt der von ihm gefundene Faktor,

---

89 Bei dieser Betrachtungsweise bleibt unberücksichtigt, daß die gesamtdeutschen Beteiligungsraten wegen der geringeren Wahlbeteiligung in den neuen Ländern ohnehin nur bedingt mit der Zeitreihe für die alte Bundesrepublik vergleichbar sind.

90 Bei diesen Ländern handelt es sich um Schweden, Dänemark, Norwegen, Großbritannien, Irland, die Bundesrepublik, die Niederlande, Luxemburg, Frankreich, Italien und Spanien. Der wallonische und der flämische Teil Belgiens wurden in der Analyse zumeist wie zwei separate Systeme behandelt.

der mit der Links-Rechts-Achse doch eine fundamentale politische Unterscheidung repräsentieren soll, maximal 32 Prozent der Ausgangsvarianz der Items. In den meisten Ländern ist der Anteil der erklärten Varianz sogar deutlich geringer (vgl. die letzte Zeile in Tabelle 6.1). Angesichts der Tatsache, daß es sich bei seinem Untersuchungsgegenstand um Parteiprogramme, d. h. um Überzeugungssysteme handelt, die von politischen Eliten mit Blick auf eine Veröffentlichung formuliert und schriftlich niedergelegt wurden und deshalb ein hohes Maß an interner Konsistenz aufweisen sollten, erscheinen die in der Tabelle ausgewiesenen Werte sehr niedrig.

Darüber hinaus ist das Muster der Faktorenladungen keineswegs so eindeutig, wie Klingemann das suggeriert. Zwar weisen in einigen Ländern die Kategorien „Socialist Economy", „Expansion of the Welfare State" und „Capitalist Economy" in der Tat die höchsten Ladungen auf den von Klingemann extrahierten Faktor auf. Für etwa die Hälfte der Staaten gilt dies aber nicht. So ist die sogenannte Links-Rechts-Achse in Irland in erster Linie mit den Themen „Democracy" und „Environmental Protection" assoziiert, in Deutschland weist „Freedom and Human Rights" die höchste Faktorladung auf, in den Niederlanden sowie in Luxemburg spielen „Social Conservatism" und „Multiculturalism" eine herausgehobene Rolle, in Frankreich wird das Thema „Centralization" betont, in Italien schließlich ist überhaupt keine klare Struktur zu erkennen.

Dieser Befund deckt sich mit den Postulaten der *New Politics*-Forschungstradition und insbesondere mit den Überlegungen von Herbert Kitschelt, der an mehreren Stellen dargelegt hat, warum neben der ökonomischen noch mindestens eine weitere, gesellschaftspolitisch zu interpretierende Links-Rechts-Achse benötigt wird, um die Struktur des Parteienwettbewerbes in den westeuropäischen Gesellschaften angemessen zu beschreiben (vgl. u. a. Kitschelt 1995: 4ff). Klingemann selbst argumentiert übrigens in eine ähnliche Richtung, wenn er im Falle Irlands darauf verweist, daß eine niedrige Korrelation nicht als Zeichen einer Entfremdung zwischen Bürgern und Parteien interpretiert werden muß, sondern auch als Hinweis darauf gelten kann, daß der von ihm als Links-Rechts-Achse bezeichnete Faktor für das politische Leben eines Landes von geringer Bedeutung ist (1995: 196).

Zu diesen inhaltlichen kommen noch drei methodische Einwände hinzu, die hier aus Platzgründen nur summarisch angesprochen werden können:

1. Klingemann analysiert unrotierte Faktorstrukturen (vgl. 1995: 189). Diese sind nach den gängigen Lehrbüchern zur Faktorenanalyse nicht sinnvoll interpretierbar. Nach einer angemessene Rotation der Faktoren käme Klingemann mit großer Sicherheit zu völlig anderen Ergebnissen.[91]

2. Durch die der Berechnung des Korrelationskoeffizienten vorgeschaltete Aggregation der Links-Rechts-Werte der Parteianhänger zu einem Mittelwert wird die Streuung *innerhalb* der Elektorate der einzelnen Parteien ignoriert. Nach aller Erfahrung ist diese Varianz beträchtlich. Die von Klingemann berechneten

---

91 In welche Richtung diese Veränderung gehen würde, ist ohne Zugriff auf die Datensätze nicht zu ermitteln.

Korrelationskoeffizienten dürften das tatsächliche Maß der Übereinstimmung zwischen den Einstellungen der Wähler und der Parteieliten deshalb drastisch überschätzen.

3. Korrelationen beschreiben nicht die absolute, sondern nur die relative Übereinstimmung zwischen zwei Größen. Deshalb können beide Variablen nahezu beliebigen[92] linearen Transformationen unterworfen werden, ohne daß sich dies auf den Betrag der Korrelation auswirkt. Für Klingemanns Fragestellung ist die Berechnung von Korrelationen deshalb wenig aussagekräftig: Mit den von ihm gefundenen relativ hohen Koeffizienten wäre es nämlich durchaus vereinbar, daß die Parteieliten, wie von konservativer Seite zuweilen behauptet, beliebig weit links (oder rechts) von ihrem jeweiligen Elektorat stehen.

Aufgrund dieser und weiterer Kritikpunkte, die sich gegen Klingemanns Analyse vorbringen lassen, sollten seine in dem hier vorgestellten Beitrag präsentierten Ergebnisse generell mit großer Vorsicht betrachtet werden.

Dies gilt in eingeschränkter Form auch für einen weiteren Beitrag, der sich mit der Repräsentation von Bürgern durch Parteien im europäischen[93] Vergleich befaßt, aber nicht bei den Parteieliten, sondern bei den einfachen Parteimitgliedern ansetzt. Anders Widfeldt (1995) untersucht – ebenfalls auf der Grundlage von EUROBAROMETER-Studien[94] – inwieweit sich solche einfachen Parteimitglieder bezüglich ihrer politischen Einstellungen (Links-Rechts-Selbsteinstufung) und sozialen Merkmale (Alter, Geschlecht, Klassenzugehörigkeit, formale Bildung) von den Wählern der jeweiligen Parteien unterscheiden.[95]

Im Ergebnis zeigt sich, daß die Mitglieder sozialistischer und kommunistischer Parteien sich selbst im Mittel etwas weiter links als die Wähler dieser Parteien einstufen, während die Mitglieder von bürgerlichen, christlichen und konservativen Parteien sich etwas weiter rechts als deren Elektorat verorten (vgl. Widfeldt 1995: 168f). Die Unterschiede zwischen Parteimitgliedern und -anhängern sind aber in der Mehrzahl der Fälle vergleichsweise gering ausgeprägt (1995: 170).

Hinsichtlich ihrer sozialen Merkmale weichen die Mitglieder der insgesamt 37 untersuchten Parteien etwas stärker von ihren Wählern ab. Gemäß der Erwartung sind Parteimitglieder im Durchschnitt älter, häufiger männlichen Geschlechtes, gehören

92 Zulässig sind Transformationen der Form $x' = a + bx$ mit $b \neq 0$. Im Falle $b < 0$ kehrt sich die Rangfolge der Fälle bezüglich der betreffenden Variablen um, und die Korrelation wechselt dementsprechend bei gleichem Betrag das Vorzeichen. Für $b > 0$ bleibt die Rangfolge der Fälle in jedem Fall erhalten.

93 Widfeldts Ergebnisse beziehen sich auf Schweden, Norwegen, Finnland, Frankreich, Belgien, die Niederlande, Deutschland, Italien, Luxemburg, Dänemark, Irland, Großbritannien, Griechenland, Spanien und Portugal.

94 Verwendet wurden die EUROBAROMETER 30, 31, 31A und 32 aus den Jahren 1988 und 1989. Die Ergebnisse für Schweden, Norwegen und Finnland basieren auf nationalen Wahlstudien.

95 Dieser Analyse vorgeschaltet ist eine Analyse der Entwicklung der Parteimitgliedschaften (Widfeldt 1995: 136ff) in den verschiedenen Ländern, auf die hier aus Platzgründen nicht näher eingegangen werden soll.

seltener der Arbeiterschicht an und sind zumeist besser gebildet als die bloßen Anhänger der Parteien (Widfeldt 1995: 146ff). Belege für eine extreme Unter- oder Überrepräsentation einer sozialen Gruppe finden sich aber nur in wenigen Fällen. Widfeldt (1995: 166) selbst weist zudem darauf hin, daß erstens in der demokratietheoretischen Literatur kein Konsens darüber besteht, ob eine soziale Repräsentation tatsächlich notwendig und wünschenswert ist, und daß zweitens die bestehenden Abweichungen angesichts der großen ideologischen Übereinstimmung zwischen Wählern und Mitgliedern offensichtlich von geringer praktischer Relevanz sind (Widfeldt 1995: 171).

Widfeldts Versuch (1995: 171), die Ergebnisse seiner umfangreichen Analysen in einer einzigen Grafik zusammenzufassen, zeigt, daß die beiden großen deutschen Parteien im europäischen Vergleich zu den eher „unrepräsentativen" Parteien[96] gehören. Innerhalb dieser Gruppe, die fast ein Drittel der von Widfeldt untersuchten politischen Gruppierungen umfaßt und der u. a. auch die konservativen Parteien Norwegens, Finnlands und Großbritanniens sowie die sozialistischen Parteien Frankreichs, Belgiens und Großbritanniens zugeordnet werden, nehmen sie aber keineswegs eine Extremposition ein. Eine deutsche Sonderproblematik läßt sich also auch aus Widfeldts Analysen nicht ablesen.

Zudem lassen sich auch gegen Widfeldts Analyse einige methodische Einwände vorbringen, die Zweifel an der Gültigkeit seiner Ergebnisse und damit auch an der Einordnung von SPD und Union aufkommen lassen. Aus Platzgründen können diese Probleme nur in knapper Form angesprochen werden:

1. Widfeldt vergleicht in seinen Analysen keine statistisch voneinander unabhängigen Gruppen, sondern rechnet die Parteimitglieder jeweils in die Gruppe der Anhänger beziehungsweise Wähler mit ein (vgl. Widfeldt 1995: Anmerkung zu Tabelle 5.3 auf Seite 148). Dadurch müssen solche Parteien, die im Verhältnis zu ihren Mitgliedern nur relativ wenige Wähler haben, als besonders repräsentativ erscheinen. Umgekehrt werden Parteien, die in Ländern mit einem niedrigen Organisationsgrad agieren und/oder als „Wählerparteien" anzusehen sind, die weit über die Zahl ihrer Mitglieder hinaus Wählerstimmen gewinnen können, benachteiligt. Berechnet man beispielsweise auf der Grundlage von Widfeldts Tabelle 5.11 (1995: 168f) die Korrelation zwischen dem Anteil der Parteimitglieder an den Wählern und der ideologischen Distanz beider Gruppen, ergibt sich aufgrund dieses Effektes mit $r = -0,35$ ein substantieller negativer Zusammenhang.

2. In einer international vergleichenden Untersuchung sollten statt der absoluten Abweichungen zwischen Parteien und Anhängern z-standardisierte Differenzen untersucht werden. Wenn Abweichungen auf diese Weise in Form von Standardabweichungen ausgedrückt werden, wird der Tatsache Rechnung getragen,

---

96　Der Autor selbst weist in diesem Zusammenhang darauf hin, daß die von ihm gezogenen Grenzen zwischen „repräsentativen" und „unrepräsentativen" Parteien nicht nach absoluten Kriterien festgelegt wurden, sondern lediglich das arithmetische Mittel der jeweiligen Verteilung darstellen (Widfeldt 1995: 172). *Per definitionem* muß es deshalb einen relativ großen Anteil an „unrepresentative parties" geben.

daß sich die Streuung der analysierten Merkmale (beispielsweise der Links-Rechts-Selbsteinstufung) zwischen den jeweiligen Ländern und innerhalb der Länder wiederum zwischen den Anhängerschaften der einzelnen Parteien deutlich unterscheidet. Absolute Differenzen hingegen sind nur schwer miteinander zu vergleichen und benachteiligen insbesondere Parteien mit einer großen und entsprechend heterogenen Anhängerschaft. Für solche Parteien ist die Wahrscheinlichkeit, daß die Durchschnitts- und Anteilswerte von Mitgliedern und Wählern voneinander abweichen, größer als für Parteien, die eine kleinere, politisch und sozial weitgehend homogene Interessengruppe vertreten.[97]

3. Die unter Punkt 1 und 2 erläuterten Effekte führen gemeinsam dazu, daß Gruppierungen, die in gewisser Weise als „Volksparteien" bezeichnet werden können, weil sie in Relation zur Zahl ihrer Mitglieder eine große und heterogene Wählerschaft aufweisen – wie beispielsweise die britischen *tories* und die *labour party*, die französischen Sozialisten sowie SPD und CDU – als besonders wenig repräsentativ erscheinen. Nicht umsonst finden sich alle diese Parteien in der Gruppe der (relatively) „*unrepresentative parties*" wieder.

4. Die Anzahl der von Widfeldt untersuchten Parteimitglieder ist so gering, daß die von ihm ausgewiesenen Differenzen zwischen Mitgliedern und Wählern in einigen Fällen selbst dann nicht statistisch signifikant wären, wenn es sich tatsächlich um voneinander unabhängige Gruppen handeln würde. So basieren seine Aussagen für Deutschland auf lediglich 76 SPD- und 54 Unions-Mitgliedern. Berechnet man beispielsweise zu den von Widfeldt in Tabelle 5.7 ausgewiesenen Anteilen der Arbeiter an den Parteimitgliedern und an den Wählern Konfidenzintervalle für eine Vertrauenswahrscheinlichkeit von 95 Prozent, so überlappen sich diese in beiden Fällen.[98] Die Aussagen zu anderen Parteien beruhen teils auf noch deutlich niedrigeren Fallzahlen.

Die ohnehin nur schwachen Indizien dafür, daß CDU und SPD ihre Wähler schlechter repräsentieren als eine Reihe anderer europäischer Parteien, sind somit methodisch nur unzureichend abgesichert. Faßt man die Ergebnisse dieses Kapitels zusammen, so läßt sich feststellen, daß sich in keiner der hier vorgestellten Analysen Belege für ein krisenhaftes Verhältnis zwischen Bürgern und Parteien finden lassen, durch das sich Deutschland von anderen europäischen Gesellschaften unterscheidet.

---

97 Eine mathematische Formulierung dieses Argumentes findet sich übrigens in der Logik des t-Tests für zwei unabhängige Stichproben. Aus Platzgründen ist es leider nicht möglich, diese Überlegung hier näher auszuführen.

98 Der wahre Anteil der Arbeiter unter den SPD-Mitgliedern wird mit einer Wahrscheinlichkeit von 95 Prozent von dem Intervall 25,2%-46,8% eingeschlossen. Der Anteil der Arbeiter unter den Wählern liegt mit einer Wahrscheinlichkeit von 95 Prozent innerhalb des Intervalls 39,8%-48,2%. Die entsprechenden Intervalle für die Mitglieder beziehungsweise Wähler der CDU sind 8,5%-29,5% und 25,8%-34,2%. Das Problem der mehrstufigen Stichprobenziehung, durch die Standardfehler noch weiter anwachsen, was zu noch breiteren Konfidenzintervallen führt, ist dabei noch nicht berücksichtigt.

4.3.2.2 Vertrauen gegenüber Politikern und Institutionen und die Unterstützung des demokratischen Systems

Die Zahl der Beiträge, die sich mit dem Niveau und der Entwicklung des politischen Vertrauens in einzelnen Ländern befassen, ist kaum zu überschauen (vgl. dazu auch die Literaturhinweise in den Kapiteln 2.3.1 und 3.2.5). An Studien, die die Dynamik des politischen Vertrauens in verschiedenen Gesellschaften systematisch vergleichend untersuchen, mangelt es jedoch. Dies gilt vor allem für den Teilaspekt des Vertrauens in die jeweiligen Amtsinhaber. Selbst Ola Listhaugs Analyse der *Dynamics of Trust in Politicians* (Listhaug 1995), die ebenfalls im Rahmen des „Beliefs in Government"-Projektes veröffentlicht wurde und als eine der umfangreichsten Vergleichsstudien zu diesem Thema gilt (Dalton 1999: 62), beschränkt sich auf den Vergleich von lediglich vier Systemen,[99] die, wie Dalton (1999: 63, FN 5) nachweisen konnte, für die *advanced industrial democracies* nicht repräsentativ sind.

Daltons (1999: 62ff) eigener Versuch, diese Lücke durch die Berücksichtigung weiterer Länder und längerer Zeitreihen[100] zu schließen, ist verdienstvoll, fällt aber notwendigerweise sehr knapp aus, da es sich nur um einen kürzeren Unterabschnitt eines insgesamt nicht allzu umfangreichen Beitrages handelt. Den Kern seiner Analyse bildet eine Serie von linearen Modellen (Dalton 1999: 63f), in der die Anteile positiver Antworten auf Stimuli, die größtenteils auf *trust in government*- beziehungsweise (external) *efficacy*-Items zurückgehen, auf die Kalenderzeit regrediert werden. Angaben zu den genauen Formulierungen der Fragen fehlen hier leider ebenso wie Informationen zur Kodierung der abhängigen Variablen, zu deren Ausgangsniveau und zur Anpassungsgüte der linearen Trends. Ausgewiesen sind vielmehr lediglich die unstandardisierten Regressionskoeffizienten, die dem in Prozentpunkten ausgedrückten geschätzten jährlichen Rückgang der positiven Antworten entsprechen müßten. Unterschiede in der Anzahl der Zeitpunkte sowie in der Länge der Zeitreihen machen es noch schwieriger, die Ergebnisse für die einzelnen Länder sinnvoll miteinander zu vergleichen. Zudem erscheint die Berechnung von Trends in etlichen Fällen generell problematisch, da sie auf vier oder weniger Zeitpunkten basiert und das Problem der Autokorrelation unberücksichtigt bleibt.

Bei aller gebotenen Vorsicht läßt sich dennoch festhalten, daß Deutschland[101] auch in diesem Kontext keine (negative) Sonderrolle zu spielen scheint: In praktisch allen Ländern deutet die große Mehrheit der Indikatoren auf einen langfristigen Rückgang des politischen Vertrauens hin. Deutschland bildet hier keine Ausnahme, und die Trendkoeffizienten entsprechen ihrem Betrag nach in etwa den Werten, die für andere Länder geschätzt werden.

---

99 Dabei handelt es sich um Dänemark, Norwegen, Schweden und die Niederlande.

100 Analysiert wurden Zeitreihen aus Australien, Österreich, Kanada, Dänemark, Finnland, Deutschland, Großbritannien, Island, Italien, Japan, den Niederlanden, Norwegen, Schweden und den USA. Die Zeitreihen enden zumeist Mitte der neunziger Jahre; ihr Beginn liegt zwischen 1952 und 1983.

101 Die Zeitreihen für Deutschland reichen bis 1991 beziehungsweise 1994. Aus der Tabelle geht leider nicht hervor, ob die letzten Meßzeitpunkte sich nur auf die alte Bundesrepublik oder auf das vereinigte Deutschland beziehen.

Günstiger ist die Datenlage, wenn nicht das Vertrauen in Politiker, sondern in politische Institutionen untersucht werden soll. Eine entsprechende Studie haben Listhaug und Wiberg (1995) auf der Grundlage der *European Values Surveys* von 1981 und 1990 vorgenommen, die in 14 europäischen Ländern[102] erhoben wurden. Erfragt wurde dabei u. a. das Vertrauen gegenüber einer Reihe von öffentlichen Institutionen, nämlich den Streitkräften, dem Bildungssystem, dem Rechtssystem, der Polizei, dem Parlament und der öffentlichen Verwaltung.[103] Im Ergebnis (Listhaug und Wiberg 1995: 306, Abbildung 10.1) zeigt sich dabei, daß die Deutschen verglichen mit der Bevölkerung anderer Länder in diesem Zeitraum den politischen Institutionen ein relativ geringes Maß an Vertrauen entgegenbrachten. Mit rund 53 beziehungsweise 54 Prozent erreichten sie im Mittel Werte, die zu den niedrigsten in Europa gehörten.

Betrachtet man allerdings die Ergebnisse von Listhaug und Wiberg im Detail, so zeigt sich, daß diese Werte vor allem auf das ungewöhnlich niedrige Vertrauen zurückzuführen sind, das die Deutschen in dieser Dekade gegenüber der öffentlichen Verwaltung und den Streitkräften zeigten (Listhaug und Wiberg 1995: 304f, Tabelle 10.1). Zumindest der letztere Befund dürfte eher durch Spezifika der politischen Kultur als durch eine allgemeine politische Malaise zu erklären sein. Die demokratischen Kerninstitutionen Parlament und Rechtssystem hingegen genossen im europäischen Vergleich bei den Bundesdeutschen zu beiden Zeitpunkten ein leicht überdurchschnittliches Vertrauen. Auch was das Vertrauen in politische Institutionen betrifft, stellt Deutschland also alles andere als einen Sonderfall dar.

Dieser Befund wird durch eine Analyse Daltons (1999: 66ff) nochmals bestätigt, die auf der Grundlage der beiden *World Values Surveys* von Anfang der achtziger und Anfang der neunziger Jahre untersucht, wieviel Vertrauen den politische Institutionen in insgesamt 17 demokratischen Industrieländern[104] entgegengebracht wurde: Für 1980 errechnet Dalton für die Bundesrepublik einen leicht unterdurchschnittlichen Wert, 1990 entsprach das deutsche Ergebnis exakt dem Mittelwert der untersuchten Gesellschaften.

Es soll allerdings nicht verschwiegen werden, daß sich in der dritten und bislang letzten Welle des *World Values Survey*, die Mitte der neunziger Jahre erhoben wurde, Belege für einen deutlichen Rückgang des Vertrauens in die politischen Institutionen finden lassen. So errechnet Klingemann (1999: 51), daß der Anteil derjenigen Bürger, die dem Parlament großes oder sehr großes Vertrauen entgegenbringen, in den alten Ländern seit dem Beginn dieser Dekade um 21 Prozentpunkte oder rund ein Drittel auf 29 Prozent gesunken ist. Damit bewegte sich die alte Bundesrepublik in etwa auf dem gleichen Vertrauensniveau wie Japan, die USA, Australien und Finnland, aber

---

102 Dabei handelt es sich um Dänemark, Norwegen, Schweden, Finnland, Island, Belgien, Deutschland, Irland, die Niederlande, Großbritannien, Frankreich, Italien, Spanien und Portugal. Zu den Details der Datenerhebung und -auswertung vgl. Listhaug und Wiberg (1995: 302, 305).

103 Auf Listhaugs und Wibergs Untersuchungen zum Vertrauen in private Institutionen sowie auf ihre Versuche, Niveau und Entwicklung des Vertrauens durch Mikro- und Makro-Variablen zu erklären, muß an dieser Stelle nicht eingegangen werden.

104 Untersucht wurden Österreich, Belgien, Kanada, Dänemark, Finnland, Frankreich, Deutschland, Großbritannien, Island, Irland, Italien, Japan, die Niederlande, Norwegen, Spanien, Schweden und die USA.

Ausgewählte empirische Probleme der Verdrossenheitsforschung

deutlich unterhalb der Werte, die Schweden, Norwegen und Spanien erreichten.

Es liegt nahe, diese dramatische Abwärtsbewegung als Reaktion auf die mit der Vereinigung der beiden deutschen Staaten verbundenen politischen, sozialen und ökonomischen Probleme zu interpretieren, die in den Jahren nach dem Beitritt der neuen Länder sichtbar wurden. Umgekehrt könnte die Vereinigungseuphorie die Messung des politischen Vertrauens am Beginn des Jahrzehntes positiv beeinflußt haben, wodurch sich der Abstand zwischen beiden Anteilswerten weiter vergrößert hätte. Bei näherer Betrachtung zeigt sich allerdings, daß eine ganze Reihe anderer Länder von Schwankungen in einer ähnlichen Größenordnung betroffen war. Auch eine möglicherweise durch die Friktionen des Tranformationsprozesses zu erklärende Verschlechterung des politischen Klimas in der Bundesrepublik gibt deshalb keinen Anlaß, von einem „Sonderfall Deutschland" zu sprechen.

Vertrauen gegenüber den politischen Akteuren und Institutionen sind zweifelsohne Formen der Unterstützung für das politische System. In der von Easton vorgeschlagenen und von anderen Autoren erweiterten und modifizierten Unterstützungshierarchie rangieren diese beiden Modi jedoch an unterster Stelle (vgl. Abbildung 3.3 auf Seite 200). Wichtiger sind nach dieser Vorstellung die (generalisierte) Zufriedenheit mit den Leistungen des Systems, die Unterstützung der politischen Gemeinschaft[105] und vor allem die Unterstützung der Systemprinzipien.

Weiter oben wurde bereits ausführlich dargelegt, daß im Unterschied zu den älteren Krisendebatten in der Verdrossenheitsdiskussion nur selten behauptet wird, daß die Bürger dem demokratischen System diese fundamentaleren Formen der Unterstützung entziehen. Deshalb genügt es an dieser Stelle, darauf hinzuweisen, daß sich bezüglich dieser Unterstützungsformen in keiner der komparativen Studien Hinweise auf eine negative Sonderrolle Deutschlands finden. Im Gegenteil: Analysen auf der Grundlage der EUROBAROMETER (Fuchs et al. 1995) und des *World Values Surveys* (Dalton 1999, Klingemann 1999) belegen für den Zeitraum von der Mitte der siebziger bis zur Mitte der neunziger Jahre, daß die Deutschen die Idee der Demokratie besonders hoch schätzen und zugleich mit dem konkreten Funktionieren der Demokratie in der Bundesrepublik überaus zufrieden sind.

4.3.2.3 Responsivität / *efficacy*

Im Gegensatz zu den bisher diskutierten Variablen liegen für den Komplex Responsivität/*efficacy* keine aktuellen Vergleichsstudien vor.[106] Ältere Arbeiten wurden aber

---

105 Bereits David Conradt (1980) hat darauf hingewiesen, daß der Indikator „Nationalstolz", der in der politischen Kulturforschung in Anlehnung an Almond und Verba (1965) häufig zur Messung dieser Unterstützungsform verwendet wird, aus historischen Gründen für die Bundesrepublik (ebenso wie für Japan) nicht geeignet ist und niedrige Werte deshalb nicht im Sinne eines Mangels an politischer Unterstützung interpretiert werden sollten. Die Ergebnisse der *World Values Surveys* bestätigen die Gültigkeit dieser These auch für die neunziger Jahre: Deutschland gehört neben Japan zu den Ländern mit dem niedrigsten Maß an Nationalstolz. In beiden Ländern zeigt sich sogar ein Rückgang der ohnehin niedrigen Werte (Klingemann 1999: 43). Für die Beschäftigung mit der Politikverdrossenheit ist dieser Aspekt politischer Unterstützung jedoch von untergeordneter Bedeutung und muß deshalb nicht eingehender diskutiert werden.

von Krebs und Schmidt (1993) und Hayes und Bean (1993) vorgelegt. Beide basieren auf der ISSP-Studie von 1985 (*Role of Government I*), in der die von Karl Schuessler (1982) entwickelte *faith in citizen involvement*-Skala enthalten ist. Deren Items sind mit denen der traditionellen SRC-Skalen zwar nicht identisch, beziehen sich aber auf ähnliche Inhalte wie die *external efficacy*-Dimension.[107]

Sowohl Krebs und Schmidt als auch Hayes und Bean beschäftigen sich in erster Linie mit Unterschieden in der dimensionalen Struktur, die sich beim Vergleich zwischen den verschiedenen Ländern[108] zeigen, weisen aber auch einfache Prozentwerte aus, die für einen Niveauvergleich genutzt werden können. Trotz der teilweise recht ausgeprägten Unterschiede bei der Beantwortung der Items in den jeweils untersuchten Ländern, die auf Probleme bei der Übersetzung der Fragebögen hindeuten (Krebs und Schmidt 1993: 155), ergeben sich dabei insgesamt gesehen keine Hinweise darauf, daß die Deutschen zu diesem Zeitpunkt ein besonders niedriges politisches Effektivitätsbewußtsein hatten.

In der ISSP-Studie von 1996 (*Role of Government III*)[109] wurde ein Teil dieser Items in modifizierter Form repliziert, so daß die Möglichkeit besteht zu prüfen, ob dieser Befund auch zur Mitte der folgenden Dekade noch Gültigkeit hatte. Verändert wurden dabei sowohl die Formulierung der Items als auch die Antwortvorgaben.[110] Zudem wurde die Zahl der Länder, in denen der ISSP erhoben wurde, gegenüber den beiden ersten Studien erheblich ausgeweitet, so daß es insgesamt nicht sinnvoll ist, Vergleichswerte für die achtziger Jahre auszuweisen. Abgefragt wurden die folgenden sechs Items:[111]

1. „People like me don't have any say about what the government does."

106 Die im vorangegangenen Unterkapitel vorgestellte Studie von Dalton (1999) untersucht zwar unter dem Rubrum des politischen Vertrauens Zeitreihen, die zum Teil Indikatoren enthalten, die sich auf den Bereich Responsivität/(external) *efficacy* beziehen. Da aber, wie oben erwähnt, Angaben zum Ausgangsniveau fehlen und die Indikatoren unzureichend dokumentiert und nur bedingt miteinander vergleichbar sind, können Daltons Analysen in diesem Abschnitt nicht sinnvoll ausgewertet werden.

107 Die Skala umfaßt insgesamt zehn Items, die Antwortvorgabe ist jeweils dichotom (Zustimmung/Ablehnung). Zur Itemformulierung und zu den Unterschieden und Gemeinsamkeiten mit den SRC-Items vgl. Krebs und Schmidt (1993: 154f).

108 Der ISSP 1985 wurde in Australien, Österreich, Großbritannien, Italien, den USA und in der Bundesrepublik erhoben. Krebs und Schmidt beschränken sich in ihrer Analyse auf Deutschland, Großbritannien, die USA und Italien, während Hayes und Bean die Daten aus den USA, Deutschland, Großbritannien und Australien analysieren. Österreich wurde vermutlich deshalb ausgeschlossen, weil dort keine dichotomen Antwortvorgaben gemacht wurden, sondern den Befragten eine vierstufige Ranking-Skala vorgelegt wurde (vgl. das beim Zentralarchiv für Empirische Sozialforschung (ZA) unter der URL http://www.za.uni-koeln.de/data/en/issp/codebooks/s1490cdb.pdf abrufbare Codebuch zum ISSP 1995).

109 In der 1990 erhobenen *Role of Government II*-Studie war die Skala nicht enthalten.

110 Die ursprünglich dichotome Antwortvorgabe wurde durch eine fünfstufige Rating-Skala mit einer neutralen Mittelkategorie ersetzt. Die Formulierungen der Items wurden teilweise an die alten und neuen (Niemi et al. 1991) SRC-Items angenähert.

111 Die Formulierungen wurden aus dem englischsprachigen Basisfragebogen der ISSP-Studie entnommen, der beim ZA unter http://www.za.uni-koeln.de/data/download/cdbk_quest/issp_quest/q1996/issp96.pdf verfügbar ist.

2. „The average citizen has considerable influence on politics."

3. „Elections are a good way of making governments pay attention to what the people think."

4. „Even the best politician cannot have much impact because of the way the government works."

5. „I feel that I have a pretty good understanding of the important political issues facing our country."

6. „I think most people are better informed about politics and government than I am."

Die ersten drei dieser Statements erfassen in etwa die *external efficacy*-Dimension, die beiden letzten ähneln den Instrumenten, die zur Messung von *internal efficacy* entwickelt wurden. Das etwas ungewöhnliche vierte Item schließlich bezieht sich nicht auf das Bewußtsein von der eigenen politischen Effektivität, sondern auf die wahrgenommene Effektivität der Politiker selbst.

Für die folgende Analyse wurden die beiden ersten Antwortkategorien („strongly agree" beziehungsweise „agree") einerseits, die Mittelkategorie und die beiden letzten Antwortvorgaben („neither agree nor disagree", „disagree" sowie „strongly disagree") andererseits zusammengefaßt. Da im Gegensatz zu den oben vorgestellten Variablen hier nicht auf bereits publizierte Analysen zurückgegriffen wurde, konnte als Referenzpunkt, mit dem die deutschen Werte verglichen werden, statt des Durchschnittswertes aller Staaten der Mittelwert aller Staaten außer Deutschland berechnet werden. Dadurch treten eventuelle Unterschiede deutlicher zu Tage.

Um die Repräsentativität der Ergebnisse für die einzelnen Länder sicherzustellen, wurden die nationalen Teilstichproben gewichtet, soweit entsprechende Gewichte verfügbar waren. Anschließend wurden die Gewichte so transformiert, daß jedes Land unabhängig vom tatsächlichen Umfang der nationalen Teilstichprobe mit dem gleichen Gewicht in das Gesamtergebnis eingeht. Tabelle 4.27 auf der nächsten Seite vergleicht dementsprechend die Anteile zustimmender Antworten zu den sechs Items in den alten Bundesländern mit dem ungewichteten Mittelwert für zwölf andere demokratische Industrieländer.[112] Ergänzend dazu wurde auch der Anteil zustimmender Anteile in den neuen Bundesländern berechnet. Wegen des sehr großen Stichprobenumfangs von insgesamt rund 20 000 Fällen sind alle Differenzen statistisch signifikant; auf eine gesonderte Ausweisung wurde deshalb verzichtet.

Im Ergebnis zeigen sich zunächst die erwarteten, durch die Probleme des Tranformationsprozesses und die weiterhin bestehenden Unterschiede in der politischen Kultur zu erklärenden Differenzen zwischen den alten und den neuen Ländern, auf die jedoch an dieser Stelle nicht näher eingegangen werden soll. Darüber hinaus scheinen die Anteilswerte aber darauf hinzudeuten, daß auch die Bürger der alten Bundesrepublik sowohl was *external* als auch was *internal efficacy* betrifft, nur unterdurchschnittliche Werte aufweisen. Insbesondere beim ersten und beim fünften Item treten

---

112 Unter den zahlreichen Ländern, für die Daten verfügbar sind, wurden analog zum bisherigen Vorgehen in diesem Kapitel jene Staaten ausgewählt, die ähnliche wirtschaftliche und politische Strukturen wie die Bundesrepublik aufweisen. Dabei handelt es sich um Australien, Großbritannien (ohne Nord-Irland, vgl. FN 83 auf Seite 264), die USA, Italien, Irland, Norwegen, Schweden, Neuseeland, Kanada, Japan, Spanien und Frankreich. Für die Schweiz lagen zum Zeitpunkt der Abfassung dieses Kapitels noch keine Ergebnisse vor.

Item	Anteil (%)			
	West	Ost	Industrieländer	(s)
„People like me have no say"	64,2	80,2	53,2	17,4
„The average citizen has considerable influence"	19,0	13,1	25,6	9,8
„Elections make governments pay attention"	70,6	58,9	69,5	8,0
„Politicians have not much impact"	48,8	62,5	52,1	8,1
„I have a good understanding of important issues"	40,7	36,4	52,2	13,1
„Most people are better informed than me"	34,6	36,3	31,4	15,1

Quelle: Eigene Berechnungen aus dem ISSP 1996 (ZA-Nr. 2900)

Tabelle 4.27: Zustimmung zu _efficacy_-Items in Westdeutschland, Ostdeutschland und in elf Industrieländern

nennenswerte Abweichungen zwischen dem westdeutschen Ergebnis und dem Durchschnitt der elf anderen Industrienationen auf.

Bei näherer Betrachtung ist aber zu erkennen, daß gerade für diese Items die Streuung zwischen den einzelnen Ländern sehr groß ist (vgl. die letzte Spalte von Tabelle 4.27). Ob diese Differenzen auf Übersetzungsfehler, die jeweiligen Wahlzyklen, tagespolitische Ereignisse oder echte Unterschiede in der politischen Kultur zurückgehen, ist ohne weitere Informationen nicht zu klären. Bedenkt man aber, daß die Abweichung der alten Bundesrepublik vom Durchschnitt der Industrieländer selbst bei den Items eins und fünf weniger als eine Standardabweichung betragen und daß Mittelwert und Streuung zudem ohne Einbeziehung der deutschen Werte errechnet wurden, ist es auch im Falle dieser beiden _efficacy_-Items nicht angemessen, von einem „Sonderfall Deutschland" zu sprechen.

4.3.3 Zusammenfassung

Ziel dieses letzten Unterkapitels war es, auf der Grundlage publizierter Ergebnisse und eigener Berechnung zu klären, ob die Bürger der alten Bundesrepublik in den achtziger und neunziger Jahren verglichen mit Mitgliedern anderer demokratischer Gesellschaften ein ungewöhnlich negatives Verhältnis zur Politik hatten. Untersucht wurden zu diesem Zweck die Einstellungen zu Parteien, Politikern, Institutionen und zur Responsivität des politischen Systems. In keinem Fall ergaben sich dabei Anzeichen für eine krisenhafte Sondersituation in der alten Bundesrepublik. Vielmehr zeigte sich, daß die Deutschen in diesem Zeitraum in mancher Hinsicht sogar ein positiveres Bild von der Politik hatten als die Bürger vergleichbarer Staaten. In einigen Zeitreihen fanden sich zwar Hinweise auf eine deutliche Eintrübung der politischen Stimmung zu Beginn der neunziger Jahre, die vermutlich auf die Friktionen des Vereinigungsprozesses zurückzuführen ist und den Anlaß für den starken Anstieg der Verdrossenheitspublikationen, der in den Jahren 1993 und 1994 zu beobachten war, gegeben haben könnte. Der Rückgang der entsprechenden Einstellungwerte im Aggregat liegt jedoch innerhalb jener Schwankungsbreite, die über die untersuchten Gesellschaften und über die Zeit hinweg als normal gelten kann.

Dieser letzte Punkt steht in deutlichem Widerspruch zu vielen empirischen Aussagen aus der Verdrossenheitsforschung. Deshalb soll in einem abschließenden Exkurs nochmals detailliert auf die Entwicklung von Verdrossenheitsindikatoren im Aggregat eingegangen werden.

4.3.4 Exkurs: Die Entwicklung von Verdrossenheitsindikatoren im Zeitverlauf

In den vorangegangenen Abschnitten 4.3.2.1 bis 4.3.2.3 wurde die Bundesrepublik nicht nur in synchronischer Perspektive, sondern auch über die Zeit hinweg mit anderen demokratischen Gesellschaften verglichen, soweit entsprechende Daten verfügbar waren. Unter der Einschränkung, daß dort ausschließlich international vergleichende Studien analysiert wurden, ergaben sich dabei keinerlei Hinweise auf besonders dramatische Entwicklungsverläufe, durch die sich Deutschland von vergleichbaren Staaten unterscheiden würde.

Dennoch spielen echte oder vermeintliche Aggregatveränderungen in der einschlägigen Literatur eine wichtige Rolle: In mehr als der Hälfte aller Arbeiten, die eigenständige Analysen empirischer Daten vornehmen, werden Zeitreihen ausgewertet (vgl. Tabelle 2.47 auf Seite 162). Bei jenen Arbeiten, in denen keine eigenen Berechnungen vorgenommen werden, beträgt die entsprechende Quote immerhin noch rund ein Drittel. Die Gründe für die Beliebtheit von Zeitreihen liegen auf der Hand: Zum einen sind in einer Zeitreihe die unzähligen Veränderungen auf der Mikro-Ebene zu einer einzigen Größe verdichtet, die für das politische System potentiell bedeutsam ist. Zum anderen haben Zeitreihen zumindest *prima facie* eine einfache Struktur, können deshalb leicht kommuniziert werden und stoßen dementsprechend auch in der Öffentlichkeit auf großes Interesse.

Erwartungsgemäß geht die Mehrheit der untersuchten Arbeiten davon aus, daß die wie auch immer definierte Politikverdrossenheit auf der Aggregatebene zugenommen habe (vgl. auch Seite 206). Zwar finden sich in der Literatur durchaus auch Hinweise auf zyklische oder kurvilineare Verlaufsmuster. Zumeist beschreiben die Autoren aber Entwicklungen, die als Beleg für einen deutlichen, oft sprunghaften Anstieg der Verdrossenheitseinstellungen[113] innerhalb des jeweils untersuchten Zeitraumes dienen sollen. Wie die Politikwissenschaft im allgemeinen (Lebo und Clarke 2000: 1) und alle Krisentheorien im besonderen (vgl. dazu auch Bauer 1991: 446) ist offensichtlich auch die Verdrossenheitsforschung stark daran interessiert, Belege für politische und gesellschaftliche Wandlungsprozesse zu finden.

Zwischen diesen Tendenzen und den Befunden des vorangegangenen Kapitels besteht offensichtlich ein Widerspruch. In diesem abschließenden Exkurs sollen deshalb als Ergänzung zu den bisher vorgelegten Analysen zunächst die Möglichkeiten und Grenzen der in der Verdrossenheitsforschung gebräuchlichen Zeitreihenanalysen aufgezeigt werden. Anschließend wird anhand der Entwicklung der Parteiidentifikation, die häufig mit Verdrossenheit in Verbindung gebracht wird (vgl. Tabelle 2.24 auf Seite 130), die Frage diskutiert, ob sich in den alten Bundesländern eine plötzliche Ver-

---

113 Zeitreihen, die sich auf manifestes Verhalten (in erster Linie Wahlverhalten) beziehen, werden in der Literatur seltener untersucht und sollen hier außer Betracht bleiben.

schlechterung des Bildes von der Politik nachweisen läßt beziehungsweise ob die zu beobachtenden Veränderungen mit den Interpretationsmustern der Verdrossenheitsforschung kompatibel sind.

Wie sind die Zeitreihenanalysen in der Literatur zu bewerten, und welche Datenquellen stehen für eine Analyse von Verdrossenheitsindikatoren überhaupt zur Verfügung? Zunächst ist festzuhalten, daß sich die in der Literatur betrachteten Zeitreihen nach ihrer Länge, ihrer Dichte und dem Zeitraum, auf den sie sich jeweils beziehen, sehr stark unterscheiden: So untersucht beispielsweise Armingeon (1994) Wahlergebnisse, die zwar fünf Jahrzehnte umspannen, aber naturgemäß eine sehr geringe Dichte aufweisen. In ähnlicher Weise stützt sich Kepplinger (1996, 1998) auf eine Reihe von Untersuchungen des Instituts für Demoskopie (Allensbach), die über mehr als vier Jahrzehnte hinweg durchgeführt wurden. Innerhalb dieses Zeitraumes fanden aber nur sehr selten Erhebungen statt. Köcher (1994: 18) hingegen verwendet jährliche[114] Erhebungen des Instituts für Demoskopie, die den Zeitraum von 1983 bis 1994 abdecken. Ähnliche, auf Befragungen der Adenauer-Stiftung basierende Zeitreihen diskutieren auch Neu und Zelle (1992). Andere Autoren (u. a. Gabriel 1993, Gille et al. 1996a, Pickel und Walz 1997a, Rattinger 1993) wiederum analysieren deutlich kürzere Serien von jährlichen Befragungen aus den späten achtziger und frühen neunziger Jahren.

Entscheidend für die Aussagekraft all dieser Zeitreihen sind neben der Wahl der Indikatoren in erster Linie zwei Faktoren: Die Länge des Zeitraumes, den sie umspannen, und die Dichte, mit der sich die Meßpunkte über diesen Zeitraum verteilen. Umfaßt eine Zeitreihe beispielsweise nur wenige Monate, so besteht ähnlich wie bei einer Querschnittsuntersuchung Unsicherheit darüber, ob sich die gewonnenen Ergebnisse auf die Zeiträume vor Beginn und nach Ende der Zeitreihe übertragen lassen oder ob sie nur für den kurzen Zeitraum, innerhalb dessen sie erhoben wurden, repräsentativ sind. Ist hingegen die Dichte der Meßpunkte zu gering, dann wird der Verlauf der Zeitreihe stark von Stichprobenfehlern und möglicherweise auch von kurzfristigen Faktoren wie politischen Skandalen, Krisen und Kampagnen beeinflußt. Dies gilt vor allem dann, wenn die Zahl der Meßpunkte insgesamt niedrig ist. Aussagekräftige Zeitreihen müssen daher einen möglichst langen Zeitraum mit möglichst vielen Befragungen abdecken. Ideal für eine fundierte Untersuchung des Wandels der öffentlichen Meinungen sind deshalb vierteljährliche oder monatliche Untersuchungen zur Bewertungen von Politikern, Parteien und Institutionen, wie sie vor allem in den USA üblich sind.

Unter diesem Gesichtspunkt weist die Mehrzahl der Arbeiten zur Politikverdrossenheit erhebliche Mängel auf. Beiträge wie der von Rattinger (1993), der sich – wenn auch nur kursorisch – auf lediglich *drei* Meßpunkte aus ebenso vielen Jahren beruft, stellen keineswegs extreme Ausnahmen dar, sondern sind durchaus repräsentativ für einen großen Teil der Forschung. Da jede Messung von Anteils- und Mittelwerten mit einem Stichprobenfehler behaftet ist, muß sich nach den Gesetzen der Wahrschein-

---

114 Die von Köcher gewählte Form der Darstellungen verschleiert, daß der Abstand zwischen den Befragungen in einigen Fällen tatsächlich bis zu vier Jahren beträgt.

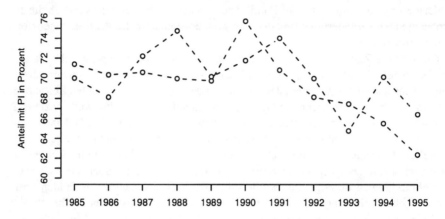

Abbildung 4.10: Zwei Simulationen einer dünn besetzten Zeitreihe mit Hilfe der POLITBAROME-TER 1985-1995 (ZA-Nr. 2391)

lichkeitsrechnung bei derart kurzen „Zeitreihen" selbst dann mit großer Wahrscheinlichkeit ein substantieller positiver oder negativer Trend zeigen, wenn das Niveau der Verdrossenheitseinstellungen in der Bevölkerung völlig stabil geblieben sein sollte.[115] Deshalb können derartige Beiträge hier außer Betracht bleiben.

Auch jene Trendstudien, die zwischen sechs und ca. 20 meist jährlich durchgeführte Messungen umfassen und den Löwenanteil der in der Verdrossenheitsliteratur untersuchten Zeitreihen ausmachen, müssen aber mit großer Vorsicht interpretiert werden, weil die Zahl der Fälle beziehungsweise Zeitpunkte sowohl relativ (auf die Länge des untersuchten Zeitraumes bezogen) als auch absolut gesehen sehr niedrig ist. Ausreißer können deshalb einen überproportionalen Einfluß auf das Gesamtbild gewinnen, während tatsächliche Wandlungsprozesse nicht sicher erkannt werden.

Wie groß der Einfluß ist, den Stichprobenfehler und idiosynkratische Faktoren, die zum Zeitpunkt der Befragung wirksam sind, auf den Verlauf solcher Zeitreihen gewinnen können, läßt sich am besten demonstrieren, indem man auf der Grundlage einer realen dicht besetzten Zeitreihe die Erhebung einer schwach besetzten Zeitreihe nachbildet. Als Ausgangsmaterial für dieses Experiment diente dabei der in den PO-LITBAROMETER-Studien der Forschungsgruppe Wahlen erhobene Anteil der Personen, die nach eigener Auskunft eine dauerhafte Parteibindung aufweisen (vgl. dazu auch Kapitel 3.2.4 und 4.3.2.1). Für den Zeitraum von 1977 bis 1999 stehen für diese Größe jährlich mindestens 11 Messungen zur Verfügung. Um auf der Grundlage die-

---

115 Wie groß diese Wahrscheinlichkeit genau ist, läßt sich am einfachsten durch Simulationsexperimente klären. Geht man beispielsweise davon aus, daß der wahre Anteil der zufriedenen Bürger in der Grundgesamtheit konstant bei 60 Prozent liegt, und simuliert für drei aufeinanderfolgende Jahre Stichprobenziehungen vom Umfang $n = 2\,000$ aus dieser fiktionalen Bevölkerung, so zeigt sich in rund einem Drittel aller Fälle ein linearer Trend, der einer jährlichen Veränderung des Anteils der Zufriedenen um mindestens 0,75 Prozentpunkte entspricht. Viele reale Stichproben haben einen deutlich geringeren Umfang, wodurch sich die Wahrscheinlichkeit weiter erhöht, irrtümlich einen Trend nachzuweisen.

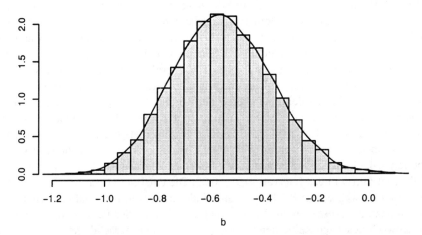

Abbildung 4.11: Verteilung des Koeffizienten *b* für einen linearen Trend über 10 000 Simulationen von schwach besetzten Zeitreihen

ses Materials die Erhebung einer für die für die Forschungpraxis charakteristischen Zeitreihe zu simulieren, die einen Zeitraum von elf Jahren mit jeweils einer jährlichen Messung abdeckt, wurde für die Jahre 1985 bis 1995 jeweils einer der tatsächlich verfügbaren Meßpunkte zufällig ausgewählt und auf diese Weise eine neue, schwach besetzte Zeitreihe konstruiert. Strukturell entspricht diese Prozedur exakt der Erhebung einer Zeitreihe mit jährlicher Stichprobenziehung zu einem willkürlich gewählten Zeitpunkt. Wiederholt man die Simulation sehr oft, beispielsweise 10 000 mal, entsteht eine Verteilung von möglichen Zeitreihen, die ein realistisches Bild von den zufälligen Schwankungen gibt, denen Trendstudien mit wenigen, weit auseinanderliegenden Meßzeitpunkten unterliegen.

Wie stark sich diese simulierten Zeitreihen voneinander unterscheiden, ist exemplarisch in Abbildung 4.10 auf der vorherigen Seite zu erkennen, die zwei zufällig aus dieser Verteilung ausgewählte Zeitreihen zeigt. Beide weichen deutlich voneinander ab, vermitteln unterschiedliche Eindrücke von der Dynamik der Unterstützung für die politischen Parteien in den achtziger und neunziger Jahren und würden in der Forschungspraxis entsprechend divergierende Interpretationen nach sich ziehen. Eine jährliche Messung des Anteils der parteigebundenen Bürger führt also zu unterschiedlichen Ergebnissen, je nachdem, zu welchen Zeitpunkten die einzelnen Messungen stattfinden.

Eine Betrachtung der Varianzen bestätigt diesen optischen Eindruck: Die durchschnittliche Varianz der simulierten Zeitreihen *über den betrachteten Zeitraum hinweg*, die den inhaltlich zu interpretierenden Schwankungen des Anteilswertes entspricht, beträgt 9,3. Im Verhältnis zu diesem Wert ist die Varianz *innerhalb eines jeden Befragungsjahres*, die auf Stichprobenfehler und kurzfristige Schwankungen zurückgeht, mit Werten zwischen 1,9 (1990) und 5,0 (1994) sehr groß.

Eine weitere, etwas anschaulichere Möglichkeit, die Abhängigkeit der simulierten Zeitreihen von Stichprobenfehlern und kurzfristigen Einflüssen zu quantifizieren, bietet die Berechnung eines linearen Trends für den jährlichen Rückgang des Anteils der Parteiidentifizierer. Schätzt man auf der Grundlage der Jahresmittelwerte[116] für den Zeitraum von 1985 bis 1995 einen solchen Trend, ergibt sich ein jährlicher Rückgang von $b = 0,57$ Prozentpunkten. Dies entspricht auch dem Mittelwert der Trends, die für jede der simulierten Zeitreihen berechnet wurden. Die Streuung, mit der sich die b-Werte um diesen wahren Wert verteilen, ist mit $s = 0,18$ Prozentpunkten aber beträchtlich, und die Wahrscheinlichkeit, infolgedessen einen Koeffizienten zu erhalten, der sich substantiell vom wahren Wert unterscheidet, ist dementsprechend groß (vgl. Abbildung 4.11 auf der vorherigen Seite): Bei einer Vertrauenswahrscheinlichkeit von 95 Prozent fällt b in das Intervall -0,92; -0,22. Die entspricht über den Zeitraum von elf Jahren hinweg einem Rückgang von mindestens zwei, maximal aber rund zehn Prozentpunkten. Aussagen zur Entwicklung des Anteils der Parteiidentifizierer, die auf schwach besetzten Zeitreihen beruhen, sind also mit beträchtlichen Unsicherheiten behaftet.

Zahlreiche der in der Verdrossenheitsforschung eingesetzten Indikatoren unterliegen im Zeitverlauf noch weitaus heftigeren Schwankungen als die Parteiidentifikation, die ja *per definitionem* relativ stabil sein muß. In diesen Fällen dürfte nicht nur über die Stärke, sondern sogar über die Richtung der geschätzten Trends Unklarheit bestehen. Weil sie zu stark von zufälligen Faktoren beeinflußt werden, sind deshalb auch jene in der Verdrossenheitsforschung weit verbreiteten Zeitreihen, die bis zu 20 Zeitpunkte umfassen und einen Zeitraum von einigen Jahren umspannen, von nur beschränkter Aussagekraft.

Solche relativ kurzen und dabei sehr schwach besetzten Zeitreihen sind für die Verdrossenheitsforschung charakteristisch. Lange und dichte, für eine ernsthafte Analyse verwendbare Zeitreihen hingegen finden sich nur in sehr wenigen Studien. Dieses eklatante Defizit erklärt sich in erster Linie aus einem Mangel an geeigneten Trendstudien, die für eine Sekundäranalyse zugänglich sind. Eigens zur Messung politischer Verdrossenheit konstruierte Instrumente finden sich ohnehin fast ausschließlich in Querschnittsuntersuchungen. Auch die in der Verdrossenheitsforschung häufig verwendeten Indikatoren zum Vertrauen in Institutionen, Parteien und Politiker sowie zur wahrgenommenen Responsivität des politischen Systems werden aber nicht kontinuierlich erhoben. Ein Blick auf die verfügbaren Trendstudien ist ernüchternd: Die von Gabriel (1993) verwendeten IPOS-Studien beinhalteten nur jeweils eine jährliche Erhebung und wurden nach 1990 nicht fortgeführt; die Bundestagswahlstudien weisen naturgemäß viel zu wenige Meßpunkte auf; der ALLBUS schließlich, der seit 1980 im Zweijahres-Rhythmus erhoben wird, enthält faktisch nur alle vier Jahre oder seltener Items, die für die Verdrossenheitsforschung von Interesse sein könnten. Damit

---

116 Auf der Basis der monatlich erhobenen Werte wird ein jährlicher Rückgang von 0,73 Prozentpunkten geschätzt. Diese Diskrepanz erklärt sich daraus, daß durch die Aggregation zu einem Jahresmittelwert Informationen über extreme Werte verloren gehen, die in der linearen Regression einen überproportionalen Einfluß auf die Schätzung haben.

verbleibt als einzige verwertbare Datenquelle die oben erwähnte Kumulation der monatlichen POLITBAROMETER-Studien, die bereits von Falter und Rattinger (1997) sowie von Maier (2000) unter dem Gesichtspunkt der Verdrossenheit ausgewertet wurde.[117]

Falter und Rattinger beschränken sich dabei auf die Schätzung linearer Trends für den Anteil der Befragten mit einer Parteiidentifikation (vgl. auch Abschnitt 4.3.2.1) sowie für die beste Bewertung einer „Altpartei" (SPD, CDU, FDP, vgl. zum Konzept der „Altparteienverdrossenheit" auch Rattinger 1993). Maier (2000: Kapitel 8) berechnet darüber hinaus lineare Trends[118] für den Anteil derjenigen, die sich nicht an der nächsten Bundestagswahl beteiligen wollen, für den Anteil derer, die eine nicht-etablierte Partei[119] wählen wollen, für die mittlere Bewertung von Politikern der „Altparteien" sowie für den Anteil derjenigen, die mit dem Funktionieren der Demokratie in Deutschland zufrieden sind (vgl. dazu auch Abschnitt 2.5.3, Seite 85).

Mit den in den vorangegangen Kapiteln vorgestellten Einstellungen und Indikatoren sind diese Instrumente nur bedingt vergleichbar, was sich aus der Datenlage erklärt: Fragen, wie sie in der Verdrossenheitsforschung üblich sind, werden in den POLIT-BAROMETER-Studien nur höchst selten gestellt. Unter den wenigen über mehr als zwei Jahrzehnte hinweg kontinuierlich erhobenen Indikatoren beziehen sich die von Maier, Falter und Rattinger analysierten Items tatsächlich noch am ehesten auf jene Einstellungen, die in der Literatur als Politikverdrossenheit bezeichnet werden.[120]

Im Ergebnis lassen sich die Analysen von Maier, Falter und Rattinger folgendermaßen zusammenfassen: Erstens – und darauf geht keiner der Autoren näher ein – zeigen sich in allen untersuchten Zeitreihen von Monat zu Monat beträchtliche Schwankungen, die sich nicht vollständig durch Stichprobenfehler erklären lassen. Dies gilt insbesondere für den Anteil der mit der Demokratie zufriedenen Personen und für die Unterstützung von Parteien und Politikern, in eingeschränkter Form aber auch für den Anteil der Bürger mit einer Parteiidentifikation.[121] Mit der Annahme von auf der Individualebene mittel- bis langfristig vollständig stabilen Einstellungen sind diese Amplituden ebenso schlecht zu vereinbaren wie mit der Vorstellung einer anhaltenden, eine große Gruppe von Bürgern in gleicher Weise betreffenden Verschlechterung des politischen Klimas (vgl. dazu auch Abschnitt 4.2).[122] Vielmehr deuten die Zeitrei-

---

117 Der POLITBAROMETER-Datensatz wird vom ZA jährlich aktualisiert; die jeweils neuste Version ist immer unter der ZA-Nr. 2391 erhältlich. Falter und Rattinger verwenden eine Kumulation, die den Zeitraum von 1977 bis einschließlich 1994 umfaßt, Maiers Daten reichen bis 1996.

118 In einer Serie von alternativen Modellen berücksichtigt Maier zusätzlich einen quadratischen Term, mit dessen Hilfe der Wahlzyklus des Bundestages modelliert werden soll.

119 Nach Maiers Definition gelten lediglich CDU, SPD und FDP als etablierte Parteien.

120 Als besonders problematisch erscheinen aber jene Instrumente, die sich ausschließlich auf die Unterstützung von SPD, CDU und FDP beziehen: Hier wird, wie schon die Bezeichnung „Altparteienverdrossenheit" nahelegt, ohne weitere Begründung eine sehr spezifische Form politischer Unzufriedenheit, nämlich die Ablehnung einer bestimmten Gruppe von politischen Akteuren gemessen.

121 Vgl. zu diesem Punkt ausführlich FN 128 auf Seite 286.

122 Aus einer Stabilität im Aggregat ließen sich keine Aussagen über die Stabilität individueller Einstellungen ableiten – dies wäre eine Variante des ökologischen Fehlschlusses. Umgekehrt folgt aber aus

hen darauf hin, daß die individuellen Einstellungen gegenüber politischen Objekten, zumindest aber das Antwortverhalten im Interview auch von kurzfristigen Einflüssen (politische Ereignisse, Medienberichterstattung etc.) erkennbar beeinflußt werden. Diese scheinen allerdings nicht in der Lage zu sein, die öffentliche Meinung dauerhaft zu verändern.

Zweitens zeigt sich in den Daten der bereits oben erwähnte Wahlzyklus: Im Umfeld einer Bundestagswahl steigt der Anteil der Parteiidentifizierer und der mit den Leistungen der deutschen Demokratie zufriedenen Personen an. Gleichzeitig nimmt die Unterstützung für die etablierten Parteien zu.[123]

Drittens schließlich unterliegen alle Indikatoren einem schwachen Abwärtstrend, der sich nach der deutschen Vereinigung etwas zu verstärken scheint: Versucht man mit der Methode der linearen Regression oder mit anderen Techniken, die zu vergleichbaren Ergebnissen führen, die kurzfristigen und die periodischen Schwankungen gleichsam auszufiltern, so zeigt sich ein allmählicher Rückgang der Parteiidentifikation, dem ein paralleler Rückgang der Demokratiezufriedenheit, der Wahlabsicht und der Unterstützung für die etablierten Parteien entspricht.

Diese weitgehend parallele Entwicklung läßt sich auch ohne Rückgriff auf den Verdrossenheitsbegriff als *dealignment*-Prozeß (vgl. Abschnitt 3.2.4, Seite 194ff) interpretieren: Wenn sich affektive Parteibindungen auflösen, ist es nicht weiter verwunderlich, daß sich die Bewertung der betreffenden Parteien und ihrer Politik verschlechtert und die Bereitschaft abnimmt, diese Parteien mit dem Stimmzettel zu unterstützen. Aus theoretischer Sicht ist der Rückgang der Parteiidentifikation deshalb der zentrale Befund der auf dem POLITBAROMETER beruhenden Analysen. Die Entwicklung der übrigen von Maier, Falter und Rattinger untersuchten Zeitreihen läßt sich kausal dem Rückgang der Parteiidentifikation herleiten und muß deshalb hier nicht weiter diskutiert werden.[124] Statt dessen soll die Veränderung der Parteiidentifikation, die als einzige der im POLITBAROMETER gemessenen Attitüden als Verdrossenheits-

---

den beobachteten Schwankungen im Aggregat, daß sich entweder durch Zu- und Abgänge dessen Zusammensetzung verändert haben muß oder daß die individuellen Einstellungen nicht völlig stabil sind. Angesichts der kurzen Abstände zwischen den Messungen kann die erste Möglichkeit vernachlässigt werden. Die beobachteten Aggregatschwankungen können deshalb als Indikator für individuelle Einstellungsänderungen interpretiert werden. Zum Zusammenhang zwischen der individuellen Stabilität von Parteibindung und dem Verlauf von Zeitreihen vgl. DeBoef (2000), insbesondere Seiten 14ff.

123 Die von Maier (2000: 149f) beobachtete Verstärkung dieses Effektes nach 1990 läßt sich möglicherweise durch die nach der Wiedervereinigung gestiegene Zahl der Wahlen und deren Bündelung zu sogenannten „Superwahljahren" erklären.

124 Dies gilt im Prinzip auch für das Item „Glauben Sie, daß bei uns in der Bundesrepublik im großen und ganzen die richtigen Leute in den führenden Stellungen sind oder glauben Sie das nicht?", das als Verdrossenheitsindikator verstanden werden könnte, aber weder von Falter und Rattinger noch von Maier ausgewertet wird. Die entsprechende Frage wurde aber nur ein bis zweimal jährlich gestellt und ist deshalb mit den oben skizzierten Problemen einer dünn besetzten Zeitreihe behaftet. Außerdem läßt sich aus dem POLITBAROMETER noch eine weitere, mit der Frage nach der Demokratiezufriedenheit verwandte Zeitreihe konstruieren, indem für jeden Befragten das Maximum der jeweiligen Zufriedenheit mit Demokratie und Opposition gebildet wird. Auch dieser Indikator, der ebenfalls von *dealignment*-Prozessen beeinflußt werden sollte, weist einen ähnlichen Verlauf wie die Entwicklung der Parteiidentifikation auf und muß deshalb nicht näher untersucht werden.

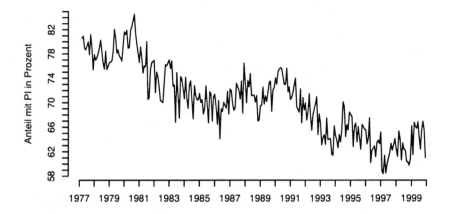

Quelle: Eigene Berechnung aus der partiellen Kumulation des POLITBAROMETERS (ZA-Nr. 2391)

Abbildung 4.12: Die Entwicklung der Parteiidentifikation in den alten Bundesländern 1977-1999

einstellung im Sinne der einschlägigen Literatur gelten kann, stellvertretend für andere Indikatoren noch etwas detaillierter untersucht werden.

Welche Erkenntnisse lassen sich über die Analysen von Maier, Falter und Rattinger hinaus aus den POLITBAROMETER-Daten gewinnen? Abbildung 4.12 zeigt zunächst die Fortschreibung der Zeitreihe bis einschließlich Dezember 1999.[125] Aus ihr geht hervor, daß sich das von den Autoren beschriebene Muster im wesentlichen fortgesetzt hat. Auch nach 1996 wird die Entwicklung der Parteiidentifikation von einem annähernd linearen Abwärtstrend und einer zyklischen Komponente, die mit der Wahlperiode des Bundestages im Zusammenhang zu stehen scheint, bestimmt.

Allein der lineare Trend (durchgezogene Linie in Abbildung 4.13 auf der nächsten Seite), der analog zum Vorgehen von Maier, Falter und Rattinger mit einem einfachen Regressionsmodell berechnet wurde, erklärt bereits rund 75 Prozent der Varianz. Die Schätzung für den Koeffizienten b beträgt -0,063, was einem jährlichen Rückgang von etwa 0,7 Prozentpunkten entspricht. Dieser Wert liegt geringfügig über dem von Falter und Rattinger (1997: 498) für den Zeitraum von 1977 bis 1994 berechneten Ergebnis, was sich durch den etwas stärkeren Rückgang der Parteiidentifikation nach der deutschen Vereinigung erklärt. Diese Beschleunigung des Rückganges ist jedoch statistisch nicht signifikant.[126]

---

125 Die POLITBAROMETER-Studie wird häufig in einem der Sommermonate ausgesetzt. In diesen Fällen wurde der fehlende Meßwert durch das arithmetische Mittel des vorangegangenen und des folgenden Monats ersetzt. Kompliziertere Verfahren wie die Anwendung des Kalman-Filters, die von Green et al. (1999) zur Glättung von Zeitreihen aus Bevölkerungsumfragen vorgeschlagen wurde, führen im wesentlichen zum selben Ergebnis, wie eine Überprüfung mit dem von dieser Autorengruppe entwickelten Programm (http://statlab.stat.yale.edu/~gogreen/samplemiser.html) ergeben hat, sind aber schwerer nachzuvollziehen.

126 Schätzt man für die Zeiträume 1977-89 und 1990-99 separate Trendlinien, so überlappen sich die Konfidenzintervalle für die Steigungskoeffizienten.

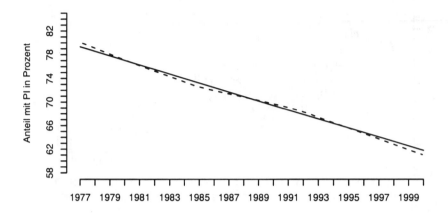

Quelle: Eigene Berechnung aus der partiellen Kumulation des POLITBAROMETERS (ZA-Nr. 2391)

Abbildung 4.13: Die Entwicklung der Parteiidentifikation in den alten Bundesländern 1977-1999: linearer und nicht-linearer Trend

Durch die Schätzung einer nicht-linearen Trendlinie nach dem oben in Kapitel 2.6.2.1 vorgestellten *lowess*-Verfahren (gestrichelte Linie in Abbildung 4.13)[127] steigt die Varianzaufklärung nur marginal um etwa drei Prozentpunkte. Beide Modelle führen dementsprechend zu fast identischen Ergebnissen, wie aus der Grafik ersichtlich ist. Der lineare Abwärtstrend erfaßt somit einen wesentlichen Teil der empirisch zu beobachtenden Veränderungen. Dieser langsame und kontinuierliche Rückgang der Parteibindungen steht in einem offensichtlichen Widerspruch zu der in der Forschung häufig vertretenen Behauptung, es habe zu einem bestimmten Zeitpunkt einen dramatischen Anstieg politischer Unzufriedenheit gegeben, durch den sich das politische Klima dauerhaft verschlechtert habe.

Entfernt man den linearen Trend aus der Zeitreihe, so verbleibt eine irreguläre Komponente, die die monatlichen Schwankungen des Anteils der Parteiidentifizierer um den langfristigen Abwärtstrend repräsentiert (vgl. Abbildung 4.14). Diese Schwankungen sind erstaunlich groß und lassen sich nur zu einem geringen Teil durch das Verfahren der Stichprobenziehung erklären: Die Varianz der residualen Zeitreihe entspricht mit 8,03 etwa dem Vierfachen dessen, was aufgrund von Stichprobenfehlern zu erwarten ist.[128] Zyklische und kurzfristige Effekte müssen also einen beträchtlichen

---

127 Für den Glättungsparameter α wurde die Voreinstellung von $\frac{2}{3}$ beibehalten.

128 Wenn die Schwankungen der Zeitreihe um den linearen Trend ausschließlich auf Stichprobenfehler zurückgehen sollten, errechnet sich die (erwartete) Varianz dieser Reihe, die aus k Einzeluntersuchungen besteht, als $E(VAR) = \frac{E(p_1 - \bar{x}_p)^2 + E(p_2 - \bar{x}_p)^2 \cdots + E(p_k - \bar{x}_p)^2}{k-1}$. p steht dabei für den monatlich gemessenen residualen Anteilswert, der als Zufallsvariable aufzufassen ist. Der Mittelwert dieser Zufallsvariablen ist null, wodurch sich die Formel zu $E(VAR) = \frac{E(p_1)^2 + E(p_2)^2 \cdots + E(p_k)^2}{k-1}$ vereinfacht. Der Erwartungswert der quadrierten Zufallsvariablen $p_1 \ldots p_k$ ist gleich der Summe aus ihrem quadrierten Mittelwert von null und ihrer jeweiligen Varianz (Bortz 1993: 631). Die Varianzen der Zufallsvariablen sind bekannt: Bei ihnen handelt es sich um die quadrierten Standardfehler der ursprünglichen Anteilswerte,

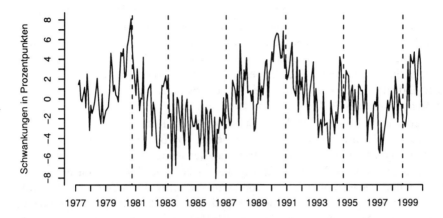

Quelle: Eigene Berechnung aus der partiellen Kumulation des POLITBAROMETERS (ZA-Nr. 2391)

Abbildung 4.14: Die Entwicklung der Parteiidentifikation in den alten Bundesländern 1977-1999: irreguläre Komponente

Einfluß auf die residualen Veränderungen des Anteils der Parteiidentifizierer haben.

Zwischen der Wahlperiode des Bundestages und dem Anteil der Parteiidentifizierer scheint jedoch entgegen den Vermutungen von Maier, Falter und Rattinger nur ein relativ schwacher Zusammenhang zu bestehen: 1987 und 1998 stieg der Anteil der parteigebundenen Bürger erst *nach* der Wahl deutlich an, 1990 fiel er bereits vor der Wahl wieder ab (vgl. die gestrichelten Linien in Abbildung 4.14, die die Wahlperioden markieren). Vor allem aber zeigen sich im Diagramm auch außerhalb der Wahlkampfphasen beträchtliche Schwankungen. Versucht man, die Residualkomponente als lineare oder nicht-lineare Funktion des zeitlichen Abstands der jeweiligen Befragung zur nächsten Bundestagswahl zu modellieren, erzielt man eine entsprechend niedrige Varianzaufklärung von lediglich etwa sieben Prozent.[129] Der Wahlzyklus des Bundestages hat also nur einen geringen Einfluß auf die Schwankungen der aggregierten Parteiidentifikation .

Die drei in Abbildung 4.14 erkennbaren Maxima am Ende der siebziger, achtziger und neunziger Jahre legen die alternative Vermutung nahe, daß der residuale An-

---

die aus dem Anteilswert selbst und dem jeweiligen Stichprobenumfang zu berechnen sind (Gehring und Weins 1998: 221, Bleymüller et al. 2000: 74). Damit ist der Erwartungswert für die Varianz der residualen Zeitreihe gleich der Summe aus den quadrierten Standardfehlern für die Anteilswerte, geteilt durch $k-1$, was einem Wert von 2,05 entspricht. Setzt man statt der empirischen Anteilswerte die geschätzten Anteilswerte in die Gleichung ein, ergibt sich ein fast identisches Ergebnis.

129 Die höchste Varianzaufklärung wurde mit einem Modell erreicht, das lediglich das Minimum aus dem Abstand zur letzten und dem Abstand zur nächsten Bundestagswahl enthielt. Wie zu erwarten ergab sich ein (schwacher) negativer Zusammenhang: Mit jedem Monat Abstand zur Wahl reduziert sich der Anteil der Befragten mit Parteiidentifikation um etwa 0,11 Prozentpunkte. Verschiedene andere Modelle, die den Abstand zu beiden Wahlen separat berücksichtigen oder nicht-lineare Transformationen des Minimums (natürlicher Logarithmus, Kehrwert, quadratische und kubische Terme etc.) enthalten, führen zu deutlich schlechteren Anpassungen an die empirischen Daten.

teil der Parteiidentifizierer in einem längerfristigen, etwa zehn Jahre umspannenden Zyklus variiert, der durch die Sozialisation politischer Generationen erklärt werden könnte. Ein solcher Zyklus ließe sich leicht durch die Überlagerung einer Sinus- und einer Cosinus-Schwingung modellieren (Box und Jenkins 1976: 36ff). Im Verhältnis zur Länge des vermuteten Zyklus ist der Untersuchungszeitraum von nur 22 Jahren jedoch eindeutig zu kurz. Deshalb ist es nicht verwunderlich, das für die Parameter der trigonometrischen Funktionen keine stabile Lösung gefunden werden konnte.[130]

Statt dessen ist es aber möglich, die Entwicklung der Residualkomponente als Resultat eines stochastischen Prozesses im Sinne der von Box und Jenkins (1976) entwickelten ARIMA-Methodologie zu betrachten. Dazu muß zunächst die Frage geklärt werden, ob die residuale Zeitreihe stationär oder nicht-stationär ist. Stationäre Zeitreihen haben über die Zeit hinweg eine konstante Varianz und kehren nach einer Auf- oder Abwärtsbewegung rasch zu ihrem Mittelwert zurück. Auf solche stationären Zeitreihen kann das Verfahren von Box und Jenkins direkt angewendet werden. Da Abweichungen vom langfristigen Mittelwert nach wenigen Perioden aus der Zeitreihe verschwunden sind, bezeichnet man stationäre Zeitreihen auch als Zeitreihen ohne Gedächtnis. Nicht-stationäre Zeitreihen hingegen haben in diesem Sinne ein perfektes Gedächtnis: Typisch für ihren Verlauf sind langanhaltende Auf- oder Abwärtstrends, die plötzlich umschlagen können. Die Varianz nicht-stationärer Zeitreihen strebt über die Zeit gegen unendlich.[131] Nicht-stationäre Zeitreihen können erst nach einer Differenzbildung mit dem Box-Jenkins-Verfahren untersucht werden.

Die ursprüngliche PI-Zeitreihe mit ihrem klar erkennbaren Abwärtstrend ist eindeutig nicht-stationär, während die residuale Zeitreihe stationär zu sein scheint.[132] Der

---

130 Der Zyklus wurde in Abhängigkeit von sechs Parametern $b_1, b_2 ..., b_6$ als $y_t = b_1 \times \sin(b_2 \times t + b_3) + b_4 \times \cos(b_5 \times t + b_6)$ modelliert. Für beide Funktionen konnten also Frequenz und Amplitude frei variieren, zudem konnten die erzeugten Wellen auf der Zeitachse frei verschoben werden. Mit Hilfe der R-Prozedur nlm (= non-linear minimization), die eine Variante des Newton-Algorithmus implementiert, wurde dann nach Werten für $b_1, b_2, ..., b_6$ gesucht, die die Summe der Abweichungsquadrate zwischen der Zyklus-Funktion und der realen residualen Zeitreihe minimieren. Auf diese Weise konnte eine Varianzaufklärung von 30 Prozent erreicht werden. Die Abhängigkeit der Resultate von der Wahl der Startwerte und das Iterationsprotokoll deuten aber darauf hin, daß es sich hier nur um ein lokales und nicht um das globale Minimum der Abweichungsfunktion handelt. Deshalb sind die Ergebnisse mit großer Vorsicht zu betrachten und sollen hier nicht weiter diskutiert werden.

131 Für eine formale Darstellung vgl. Box und Jenkins (1976: 26ff, 85ff).

132 In der amerikanischen Politikwissenschaft wird derzeit über die Modellierung fraktional differenzierter Zeitreihen diskutiert, die zwischen den stationären und den nicht-stationären Zeitreihen stehen und als Erweiterung des ursprünglichen Box-Jenkins-Modells verstanden werden können (vgl. Box-Steffensmeier und Smith 1996, 1998 sowie die Beiträge in Heft 1, Jahrgang 19 der „Electoral Studies"): Während der Parameter d, der den Grad der Differenzbildung über die Zeitreihe bezeichnet, bei Box und Jenkins nur die Werte 0, 1 und (in Ausnahmefällen) 2 annehmen kann, sind nach dieser Erweiterung für d auch Dezimalbrüche zulässig. Fraktional differenzierte Zeitreihen mit einem d knapp unterhalb von eins sind für die Politikwissenschaft von inhaltlichem Interesse, weil sie ein langes, aber nicht perfektes Gedächtnis aufweisen und darum gut geeignet sind, die Entwicklung attitudinaler Zeitreihen und insbesondere auch der Parteiidentifikation nachzubilden (Byers et al. 2000). In diesem Zusammenhang kann d als Schätzwert für die Aggregatstabilität betrachtet werden, aus dem sich innerhalb gewisser Grenzen wiederum Annahmen über die Stabilität von Einstellungen auf der Individualebene ableiten lassen (Box-Steffensmeier und Smith 1998: 568ff, Byers et al. 2000: 50ff). Auf die Schätzung eines

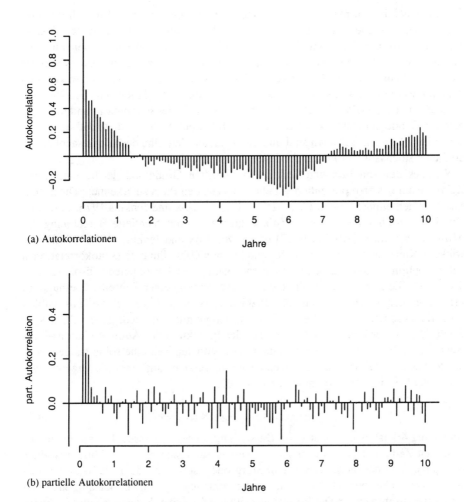

(a) Autokorrelationen

(b) partielle Autokorrelationen

Quelle: Eigene Berechnung aus der partiellen Kumulation des POLITBAROMETERS (ZA-Nr. 2391)

Abbildung 4.15: Die Entwicklung der Parteiidentifikation in den alten Bundesländern 1977-1999: Autokorrelationen und partielle Autokorrelationen der irregulären Komponente

KPSS-Test bestätigt diesen Eindruck: Die durch die Entfernung des linearen Trends gewonnene irreguläre Komponente weicht nicht signifikant vom Muster einer stationären Zeitreihe ab. Dies zeigt sich auch im exponentiellen Abfall der Autokorrelationen, wie in Abbildung 4.15(a) zu erkennen ist. In diese Grafik wurden bewußt auch *lags* sehr hoher Ordnung mit aufgenommen, um die zyklische Struktur der residualen

fraktionalen Wertes für den Parameter d wurde dennoch verzichtet: Zum einen sind die Algorithmen zur Analyse fraktional differenzierter Zeitreihen bislang nur in einigen ökonometrischen Spezialprogrammen implementiert, zum anderen kann ein fraktionaler Prozeß ohnehin nur in Zeitreihen sicher identifiziert werden, die deutlich länger sind als die hier untersuchte Serie (Byers et al. 2000: 59).

Zeitreihe sichtbar zu machen.[133] Von Interesse sind hier in erster Linie die partiellen Autokorrelationen (Abbildung 4.15(b) auf der vorherigen Seite), die den Zusammenhang zwischen dem zum Zeitpunkt t beobachteten Anteil der Bürger mit einer Parteiidentifikation und deren Anteil zum Zeitpunkt $t - lag$ beschreiben, wobei die Zusammenhänge mit den Anteilswerten der dazwischenliegenden Perioden konstant gehalten werden. Diese partiellen Korrelationen weisen auf periodische Effekte nach rund einem, nach vier und nach sechs Jahren hin, sind aber sehr niedrig und bewegen sich am Rande der statistischen Signifikanz. Inhaltlich bedeutet dies, daß die zyklischen Einflüsse sehr schwach sind und die residuale Zeitreihe deshalb tatsächlich als einfacher stochastischer Prozeß modelliert werden sollte.

Welches der von Box und Jenkins entwickelten Grundmodelle die empirische Zeitreihe am besten repräsentiert, ist ebenfalls aus den Plots zu erkennen: Diese deuten auf einen einfachen ARMA-Prozeß $(1,0,1)$[134] (Box und Jenkins 1976: 73ff) hin. Durch die in allen modernen Statistikprogrammen implementierte Berechnung des *Akaike Information Criterion* (AIC) ist die von Box und Jenkins (1976: 174ff) entwickelte Kunstlehre, nach der aus der graphischen Darstellung der Autokorrelationen auf das optimale Modell geschlossen werden kann, jedoch weitgehend obsolet geworden:[135] Da die Zahl der Modelle, die zur Beschreibung einer Zeitreihe überhaupt in Frage kommen, in der Regel eng begrenzt ist, ist es möglich, zunächst *alle* plausiblen Modelle zu schätzen. Anschließend wird dasjenige mit dem niedrigsten AIC ausgewählt. Dieses Verfahren bestätigt den bei der Inspektion der Autokorrelations-Plots gewonnenen Eindruck: Die Entwicklung der residualen Zeitreihe sollte als gemischter stochastischer Prozeß, der durch einen autoregressiven und einen *moving average*-Parameter beschrieben wird, modelliert werden.

$$y_t = a_0 + a_1 \times y_{t-1} + b_1 \times \varepsilon_{t-1} + \varepsilon_t \qquad (4.1)$$

Gleichung 4.1 ist eine formalisierte Darstellung dieses Prozesses: Ein zu einem bestimmten Zeitpunkt gemessener Anteilswert y_t setzt sich danach additiv aus einer Konstante a_0, einer (normalverteilten) Störgröße ε sowie aus dem Meßwert der vorangegangenen Periode $(t - 1)$ und der in der vorangegangenen Periode aufgetretenen Störgröße zusammen.[136] Die Parameter a_1 (autoregressiver Parameter) und b_1 (*moving average*-Parameter) entscheiden darüber, wie groß der Einfluß der beiden letztgenannten Faktoren ist.

---

133 Die *lags* hoher Ordnung sollten mit einer gewissen Zurückhaltung interpretiert werden, da sie sich verfahrensbedingt auf eine deutlich verkürzte Zeitreihe beziehen.

134 In der von Box und Jenkins entwickelten (p,d,q)-Notation steht *p* für die Anzahl der autoregressiven Parameter, *d* für den Grad der Differenzbildung (vgl. FN 132 auf Seite 288) und *q* für die Zahl der *moving average*-Parameter.

135 Ähnlich wie das in Abschnitt 4.1.2.1 auf Seite 232 vorgestellte CAIC setzt auch das AIC die Komplexität des Modells zur Veränderung der logarithmierten *likelihood* ins Verhältnis.

136 In der Literatur finden sich unterschiedliche formale Darstellungen der von Box und Jenkins entwickelten Familie von Modellen. Insbesondere hinsichtlich der Vorzeichen der Parameter besteht keine Einigkeit. Die in Gleichung 4.1 gewählte Variante orientiert sich an der Dokumentation der von mir verwendeten Prozedur *arima0*.

a_0	a_1	b_1	$\hat{\sigma}_\varepsilon^2$	AIC	r^2
–,–	0,90	–0,57	5,01	1226	0,37

Tabelle 4.28: Parameter und Anpassungsmaße eines ARMA-Prozesses (1,0,1) zur Modellierung der irregulären Komponente der Entwicklung der Parteiidentifikation

Tabelle 4.28 enthält die Schätzungen der Modellparameter sowie die Anpassungsmaße. Die Konstante a_0, die dem Mittelwert der residualen Zeitreihe entspricht, ist erwartungsgemäß nicht signifikant von null verschieden.[137] Der autoregressive Term a_1 erreicht dagegen mit 0,9 einen recht hohen Wert. Inhaltlich bedeutet dies, daß der (residuale) Anteil der Parteiidentifizierer stark vom Wert des Vormonates beeinflußt wird. Ohne den Einfluß der Störgröße ε würde sich der residuale Anteil der Bürger mit einer Parteiidentifikation sehr langsam an seinen Mittelwert von null annähern.

Der Parameter b_1 hingegen ist so zu interpretieren, daß auch die Störgröße ε, in der Stichprobenfehler und kurzfristige Einflüsse zusammengefaßt sind, einen deutlichen Effekt auf den Meßwert des jeweils nächsten Monats hat. Dieser Effekt ist aber *negativ*: Auf einen Anstieg der Parteiidentifikation um einen Prozentpunkt folgt im nächsten Monat im Mittel ein Rückgang um 0,57 Prozentpunkte (ohne den autoregressiven Effekt und die kurzfristigen/zufälligen Einflüsse dieses Monats), während ein Rückgang der Parteiidentifikation einen entsprechenden Anstieg im Folgemonat nach sich zieht.[138] Diese erratische Abfolge von Bewegung und Gegenbewegung ist auch in Abbildung 4.14 auf Seite 287 gut zu erkennen. Veränderungen der öffentlichen Meinung gegenüber den Parteien sind also, soweit sie mit dem Indikator der Parteibindung erfaßt werden können, nicht von Dauer, sondern klingen rasch ab.

Das sparsame ARMA-Modell mit seinen beiden Parametern reproduziert rund 37 Prozent der residualen Varianz. Linearer Trend und stochastischer Prozeß erfassen demnach gemeinsam etwa 84 Prozent der Gesamtvarianz des Anteils der Bürger mit einer Parteibindung, was als ein durchaus befriedigendes Resultat gelten kann.

Wie lassen sich die Ergebnisse dieses Exkurses nun abschließend zusammenfassen? Zunächst ist festzuhalten, daß die große Mehrheit der in der Verdrossenheitsforschung analysierten Zeitreihen keine oder nur geringe Aussagekraft hat, weil sie zu kurz oder zu schwach besetzt sind. Insbesondere die in der Literatur durchaus gebräuchlichen Datenreihen, die lediglich drei bis fünf Meßpunkte umfassen, lassen keine Schlüsse auf die tatsächlichen Veränderungen von Verdrossenheitseinstellungen im Aggregat zu. Auch jene in der Forschung häufig analysierten Serien, die zwischen sechs und zwanzig Einzelmessungen beinhalten, sind aber nur von bescheidener Aussagekraft,

---

137 Da es sich bei der Zeitreihe um die Residuen einer linearen Regression handelt, *muß* der Mittelwert der Reihe null betragen.

138 Da es sich bei ε und den Stichprobenfehlern nicht um Parameter, sondern um Zufallsvariablen handelt, ist es nicht möglich, innerhalb dieses Musters die kurzfristigen Einflüsse von den Stichprobenfehlern zu separieren. Die geschätzte Varianz der Störgröße ε von 5,01 vermittelt aber einen Eindruck davon, in welchem Verhältnis Stichprobenfehler und reale Schwankungen der Parteiidentifikation zueinander stehen: Sie ist rund zweieinhalbmal so groß wie die Varianz, die aufgrund der Stichprobenziehung zu erwarten ist (vgl. FN 128 auf Seite 286).

wie das Simulationsexperiment mit dem POLITBAROMETER gezeigt hat.

Diese Defizite gehen auf einen Mangel an adäquaten Datensätzen zurück: Die einzige für ernsthafte Sekundäranalysen von Zeitreihendaten frei verfügbare Datenquelle, das POLITBAROMETER, enthält kaum Indikatoren, die mit den in der Verdrossenheitsforschung gebräuchlichen Instrumenten vergleichbar sind. Unter diesen wenigen Items nimmt die Parteiidentifikation aufgrund theoretischer Überlegungen eine Sonderstellung ein und wurde deshalb nochmals detailliert untersucht. Dabei ließen sich die Ergebnisse von Maier, Falter und Rattinger sowie die Befunde aus Kapitel 4.3.2.1 im wesentlichen bestätigen: Der Anteil derjenigen Bürger, die sich dauerhaft mit einer politischen Partei identifizieren, nimmt in den alten Ländern kontinuierlich, aber sehr langsam ab. Dieser langfristige Trend, der rund drei Viertel der Gesamtvarianz erfaßt, ist von einer irregulären Komponente überlagert, in der sich kurzfristige Einflüsse und in einem geringeren Umfang auch Stichprobenfehler niederschlagen. Zyklische Einflüsse lassen sich entgegen der Erwartung nicht beziehungsweise nicht sicher nachweisen.

Dieser Befund steht in diametralem Gegensatz zu den gängigen Argumentationsmustern der Verdrossenheitsforschung: Zu keinem Zeitpunkt zeigt sich eine plötzliche und irreversible Abwärtsbewegung des Anteilswertes, die als rasche und dauerhafte Verschlechterung des politischen Klimas zu interpretieren wäre. Dies ist um so bemerkenswerter, als die Zeitreihe den kompletten Zeitraum, der auch in der Literaturanalyse berücksichtigt wurde, abdeckt und die Unzufriedenheit mit den Parteien in der Literatur als zentraler Bestandteil von Politikverdrossenheit gilt. Überdies deuten die Analysen der irregulären Komponente darauf hin, daß politische Einzelereignisse kaum einen dauerhaften Einfluß auf den Anteil der Parteiidentifizierer haben.

Mit den dramatischen Szenarien, die in einem Teil der Verdrossenheitsliteratur entworfen werden, sind diese Ergebnisse nicht vereinbar. Auch was die Entwicklung der Verdrossenheitsindikatoren über die Zeit hinweg betrifft, ist Deutschland offensichtlich kein Sonderfall. Im Gegenteil: Einmal mehr erweist sich die alte Bundesrepublik als normales demokratisches Industrieland, das ähnlich wie die große Mehrheit vergleichbarer Staaten einem *dealignment*-Prozeß unterliegt. Dieser verläuft, wie Kapitel 4.3.2.1 gezeigt hat, sogar langsamer als in vielen anderen Staaten.

5 Fazit

Das Schlagwort von der Politikverdrossenheit hat wie kaum ein anderer Begriff die politische und politikwissenschaftliche Diskussion der achtziger und neunziger Jahre geprägt, obwohl bereits eine oberflächliche Durchsicht der einschlägigen Literatur zeigt, daß der Begriff von verschiedenen Autoren auf eine ganze Reihe unterschiedlicher Objekte und Phänomene bezogen wird und von daher höchst problematisch ist. Erstes Ziel dieser Arbeit war es deshalb zu klären, was empirisch überhaupt unter dem Begriff der Politikverdrossenheit verstanden wird.

Um ein Vorverständnis zu sichern, wurden zunächst die Vorformen des modernen Verdrossenheitsbegriffes wie Staats-, Bundes-, Parteien- oder Parlamentsverdrossenheit untersucht, die sie sich in den Beiträgen von Hessenauer (1961), Kindler (1958), Fraenkel (1966) und anderen finden. Dabei zeigte sich, daß sich alle entsprechenden Termini auf negative Einstellungen der Bürger gegenüber politischen Objekten beziehen. Diese Einstellungen werden aber auf jeweils gänzlich unterschiedliche Ursachen zurückgeführt. Empirische Belege für die Existenz, Entstehung und Wirkung der Verdrossenheitseinstellungen fehlen in den älteren Beiträgen durchweg. Obwohl sich hinsichtlich der Erklärungsmuster erstaunliche strukturelle und inhaltliche Parallelen zeigen, läßt sich ein direkter Einfluß dieser älteren Forschung auf die seit dem Ende der siebziger Jahre geführte moderne Verdrossenheitsdiskussion nicht nachweisen. Erst Patzelt (1999) stellt explizit eine Verknüpfung zwischen beiden Diskussionssträngen her.

Die zweite Wurzel des modernen Verdrossenheitsbegriffes liegt in der Debatte um die vermeintliche Legitimitätskrise der westlichen Demokratien, die sich wiederum auf die Kontroverse zwischen Arthur Miller (1974a,b) und Jack Citrin (1974) um die inhaltliche Bedeutung des schwindenden Vertrauens in die politischen Institutionen der USA zurückführen läßt. Innerhalb dieser Krisendebatte läßt sich vereinfachend ein neo-marxistischer von einem eher konservativen Diskussionsstrang unterscheiden, für den sich das Konzept der (Un-)Regierbarkeit zum Leitbegriff entwickelte. Diese sogenannte Regierbarkeitsdebatte weist zahlreiche argumentative und strukturelle Parallelen zur späteren Verdrossenheitsdiskussion auf, in die sie Ende der siebziger Jahre einmündete.

Der Übergang zwischen beiden Debatten vollzog sich, wie oben gezeigt, in erster Linie als Akzentverschiebung. Normative Überlegungen traten in den Hintergrund, während die Verarbeitung von Daten zu den Einstellungen der Bürger gegenüber politischen Objekten dramatisch an Bedeutung gewann. Zugleich verschob sich das Interesse der Forschung von der Makro- auf die Mikro-Ebene: Die Frage nach der Regierbarkeit eines Systems wurde faktisch durch die Frage nach der Politikverdrossenheit seiner Bürger abgelöst. In diesem Kontext entstand eine ebenso umfangreiche wie heterogene Literatur, die zum größten Teil aus kürzeren Beiträgen besteht, die sich auf Teilaspekte von Politikverdrossenheit bezieht. Monographische Darstellungen, die sich systematisch mit den Ergebnissen und Problemen der Verdrossenheitsforschung auseinandersetzen, sind bislang kaum erschienen.

Selbst wenn man die vorhandene Literatur mittels der in Kapitel 2.5.1 vorgeschlagenen Auswahlkriterien auf jene Titel reduziert, die den Kernbestand der Verdrossenheitsforschung ausmachen, verbleiben immer noch rund 180 Beiträge, die berücksichtigt werden müssen, wenn geklärt werden soll, was unter Politikverdrossenheit verstanden wird. Um einen Überblick über die Verdrossenheitsforschung zu gewinnen, wurde deshalb in einem ersten Analyseschritt in Anlehnung an die Überlegungen von Opp, Coleman und Esser aus der Literatur ein generisches Mehr-Ebenen-Modell rekonstruiert, anhand dessen die wichtigsten in der Verdrossenheitsforschung diskutierten Entstehungs- und Wirkungsmechanismen in relativ knapper Form vorgestellt werden konnten. Zugleich diente das Mehr-Ebenen-Modell als Grundlage für die Entwicklung eines Kategoriensystems, mit dessen Hilfe die einschlägigen Beiträge systematisch analysiert wurden. In Anbetracht der großen Zahl von Titeln, die berücksichtigt werden mußten, geschah dies in erster Linie in quantifizierender Form.

Dabei zeigte sich, daß der Begriff der Politikverdrossenheit tatsächlich, wie von Schedler, Lösche und anderen Kritikern der Verdrossenheitsforschung behauptet, erhebliche Defizite aufweist. Anders als die Regierbarkeitsdebatte verfügt die Verdrossenheitsdiskussion offensichtlich über keinen unstrittigen Leitbegriff, an dem sich die Forschung orientiert. Auch hinsichtlich der theoretischen Vernetzung, der Objekte, der Ursachen, der Mikro- und der Makro-Folgen von Verdrossenheit herrscht in der Literatur kein Konsens. Nicht einmal darüber, welche Einstellungen überhaupt mit Verdrossenheit bezeichnet werden sollen, sind sich die Autoren einig. Der kleinste gemeinsame Nenner der untersuchten Arbeiten besteht vielmehr darin, daß sie mit Verdrossenheit eine negative oder neutrale Einstellung gegenüber politischen Objekten bezeichnen.

Hinzu kommt, daß Bedeutung und Verwendung des Verdrossenheitsbegriffes im Zeitverlauf klar erkennbaren konjunkturellen Schwankungen unterliegen. Seit dem Ende der siebziger Jahre wurde der Begriff der politischen Verdrossenheit in all seinen sprachlichen Varianten auf eine ganze Reihe von Phänomenen angewendet, die als neu und/oder beunruhigend galten. Zudem ist – gemessen an ihren teils höchst komplexen Erklärungsversuchen und Hintergrundtheorien – die Datenbasis der Verdrossenheitsliteratur unzureichend. Die Antwort auf die erste in der Einleitung aufgeworfene Frage fällt somit höchst ernüchternd aus: Im Überblick erscheint Politikverdrossenheit als ein extrem heterogenes Konzept, das in unsystematischer Weise auf eine ganze Reihe von Sachverhalten bezogen wird und den Kriterien für einen wissenschaftlichen Begriff nicht genügt, weil es ihm an Eindeutigkeit und Präzision mangelt.

Ein kritischer Vergleich der Inhalte, die im deutschen Sprachraum unter Rekurs auf den Verdrossenheitsbegriff diskutiert werden, mit den wichtigsten aus der empirischen Politikforschung bekannten Konzepten wie politische Unzufriedenheit, *efficacy*, Parteiidentifikation und *support* zeigt zudem, daß der Terminus entbehrlich ist, da diese etablierten Konzepte mit den im Kontext der Verdrossenheitsdebatte am häufigsten untersuchten Einstellungen identisch sind und teilweise sogar mit denselben Instrumenten gemessen werden. Eine Ausnahme stellen allenfalls die in der Verdrossenheitsliteratur vergleichsweise häufig erwähnten Protesteinstellungen dar. Selbst diese können aber weitgehend mit den Konzepten der politischen Unzufriedenheit beziehungsweise der politischen Unterstützung erfaßt werden.

Diese Konzepte sind dem Verdrossenheitsbegriff deutlich überlegen. Verglichen mit dem Begriff der Verdrossenheit sind sie klar definiert; außerdem liegen zu ihnen weithin akzeptierte Operationalisierungen, allgemein zugängliche Datensätze sowie eine umfangreiche Literatur vor, die zahlreiche europäische und außereuropäische Demokratien behandelt. Zudem lassen sich die meisten dieser Konzepte als Facetten des Eastonschen Unterstützungsbegriffes auffassen, der sich in der empirischen Politikforschung als außerordentlich fruchtbar erwiesen hat. Somit läßt sich auch die zweite eingangs gestellte Frage beantworten: Da die Verdrossenheitsforschung faktisch ohnehin nichts anderes als ein Konglomerat aus verschiedenen älteren Forschungstraditionen darstellt, die sich ihrerseits auf das Konzept der politischen Unterstützung reduzieren lassen, sollte der Begriff Politikverdrossenheit gänzlich aufgegeben und in der Forschungspraxis durch den Unterstützungsbegriff ersetzt werden. Auf diese Weise könnte einerseits die häufig beklagte begriffliche Konfusion überwunden, andererseits die Anschlußfähigkeit der in Deutschland und Österreich gewonnenen Ergebnisse an die internationale Forschung sichergestellt werden.

Im Anschluß an diese beiden analytischen Fragen beschäftigte sich der zweite Teil der Arbeit mit drei empirischen Problemen, die trotz ihrer Bedeutung in der Verdrossenheitsforschung bislang kaum systematisch untersucht worden sind. Zunächst wurde anhand zweier Querschnittsuntersuchungen aus den Jahren 1994 und 1998 die sogenannte Syndromhypothese überprüft, die besagt, daß die verschiedenen Einstellungen, die in der Literatur unter dem Oberbegriff der politischen Verdrossenheit zusammengefaßt werden, trotz ihrer Heterogenität empirisch eine Einheit bilden. Aufgrund der in Kapitel 4.1 präsentierten Ergebnisse muß diese Vermutung als widerlegt gelten. Strukturgleichungsmodelle, die aus der einschlägigen Literatur rekonstruiert und auf der Grundlage zweier Befragungen aus den Jahren 1994 und 1998 geschätzt wurden, zeigen vielmehr, daß zwischen den meisten Einstellungsvariablen keine hohen Korrelationen auftreten, die im Sinne eines Verdrossenheitssyndromes interpretiert werden könnten. Dies gilt auch und insbesondere für jene Daten, die 1994, also unmittelbar nach dem Höhepunkt der publizistischen Verdrossenheitsdebatte, erhoben wurden. Da die verwendeten Instrumente eigens zur Messung von Politikverdrossenheit entwickelt und dieselben oder sehr ähnliche Indikatoren auch in anderen Studien verwendet wurden, läßt sich dieser Befund kaum auf Idiosynkrasien der Instrumente oder des Datensatzes zurückführen.

Darüber hinaus ergab eine detaillierte Analyse des Meßmodelles, daß die in der Literatur postulierten Verdrossenheitseinstellungen nur sehr unzuverlässig gemessen

werden können beziehungsweise nur für einen geringen Teil der tatsächlich beobachteten Varianz in den Antworten der Befragten verantwortlich sind. Deshalb wurde
in einem Exkurs ein alternatives Modell der Struktur von Verdrossenheitseinstellungen entwickelt, das auf den Merkmalen der Items (Objektbezug und positive/negative
Formulierung) basiert und damit eine deutlich bessere Anpassung an die empirischen
Daten als das aus der Literatur rekonstruierte Modell erzielt. Dieser Befund weckt
Zweifel an der Validität der Messung von Verdrossenheit, wie sie – jedoch ohne empirische Belege – bereits von anderen Autoren geäußert wurden.

Nach der *Struktur* wurde anschließend die *Stabilität* von Verdrossenheitseinstellungen untersucht, da vielen Beiträgen zur Politikverdrossenheit die (selten ausformulierte) Annahme zugrunde liegt, daß es sich bei den entsprechenden Attitüden um besonders verfestigte Dispositionen gegenüber politischen Objekten handele. Für drei Einstellungen, die in den Querschnittsbefragungen relativ zuverlässig gemessen werden
konnten – *internal efficacy*, Mißtrauen gegenüber Regimeinstitutionen und Mißtrauen gegenüber Parteien – wurden deshalb auf der Grundlage von Paneldaten aus den
Jahren 1994 und 1998 Kontinuitätskorrelationen geschätzt. Diese Schätzung erfolgte
ebenfalls mit Hilfe von Strukturgleichungsmodellen, so daß es möglich ist, zwischen
dem bereits bekannten Mangel an Reliabilität der Instrumente und einem eventuellen
zusätzlichen Mangel an Stabilität der Einstellungen selbst zu unterscheiden.

Im Ergebnis zeigte sich, daß alle drei Einstellungen auf individueller Ebene relativ
instabil sind und den stark von der Tagespolitik beeinflußten innen- und außenpolitischen *issues* deutlich näher stehen als den moralisch aufgeladenen Streitfragen, die das
politische Leben einer Gesellschaft über Jahre hinweg zu prägen vermögen. Im Sinne
der Überlegungen von Converse, Neuman, Zaller und anderen zur Struktur und Stabilität der öffentlichen Meinung ist deshalb davon auszugehen, daß die Beantwortung
von Verdrossenheitsfragen in erheblichem Umfang von zufälligen Faktoren beeinflußt
wird.

In einem letzten Analyseschritt wurde schließlich der Frage nachgegangen, ob das
Niveau der negativen Einstellungen gegenüber politischen Objekten in Deutschland
ungewöhnlich hoch ist. Auf der Basis eigener Berechnungen und publizierter Ergebnisse wurden für die achtziger und neunziger Jahre die Einstellungen der Deutschen
gegenüber Parteien, Politikern, Institutionen und der Responsivität des politischen Systems mit den entsprechenden Attitüden in anderen demokratischen Gesellschaften
verglichen.

In keinem Fall ergaben sich dabei Indizien für eine krisenhafte Sondersituation. Im
Gegenteil: Hinsichtlich zahlreicher Indikatoren ist das Bild der (West-)Deutschen von
der Politik sogar ungewöhnlich positiv. Auch jene bei manchen Indikatoren zu Beginn
der neunziger Jahre zu beobachtende Eintrübung der politischen Stimmung, die vermutlich auf die politischen und wirtschaftlichen Probleme des Vereinigungsprozesses
zurückzuführen war und den Anstoß für die starke Zunahme der Verdrossenheitspublikationen in der ersten Hälfte dieser Dekade gegeben haben könnte, liegt im Bereich
jener Schwankungen, die im internationalen Vergleich und über die Zeit hinweg als
normal gelten können. Dieser letzte Punkt konnte durch die exemplarische Analyse
einer der wenigen langen und dichten Zeitreihen, die in diesem Bereich für Sekundär-

analysen zur Verfügung stehen, nochmals bestätigt werden.

Sowohl aus analytischer als auch aus empirischer Perspektive spricht also nichts dafür, am Verdrossenheitsbegriff festzuhalten. Insbesondere zur Analyse der politischen Einstellungen im wiedervereinigten Deutschland ist er denkbar ungeeignet, weil er die subtilen Unterschiede in der Struktur und Dynamik der politischen Unterstützung nivelliert, die sich hier nach der Verschmelzung zweier so unterschiedlicher politischer Kulturen beobachten lassen. In der Forschungspraxis sollte er deshalb in Zukunft durch das bewährte und international anschlußfähige Instrumentarium der empirischen Politikforschung ersetzt werden.

A Zusätzliche Tabellen

Jahr	Parteimitglieder[a]	Wahlberechtigte[b]	Anteil (%)
1952	962 000	33 202 000	2,9
1960	1 038 000	37 441 000	2,8
1970	1 282 700	41 446 000	3,1
1976	1 897 400	42 058 000	4,5
1980	1 954 900	43 232 000	4,5
1983	1 948 200	44 089 000	4,4
1987	1 904 600	45 328 000	4,2
1990	1 848 600	49 092 000	3,8
1994	1 694 600	49 434 000	3,4
1998	1 592 000	49 603 000	3,2

a   Σ CDU, CSU, SPD, FDP und Grüne in den alten Ländern einschließlich Gesamtberlin

b   Für 1952, 1960 und 1970: Wahlberechtigte bei der folgenden Bundestagswahl. Bis 1987 ohne Berlin, ab 1990 einschließlich Gesamtberlin

Quelle: Zusammengestellt aus Angaben bei Rudzio (1996: 175), persönlichen Mitteilungen der Bundesgeschäftsstellen (für 1998) und den amtlichen Wahlergebnissen

Tabelle A.1: Entwicklung des Anteils der Parteimitglieder an den Wahlberechtigten in der alten Bundesrepublik 1952-1998

Datensatz	ZA-Nr.	Kapitel
EUROBAROMETER 39.0	2346	4.3.2.1
EUROBAROMETER 40	2459	4.3.2.1
EUROBAROMETER 41.0	2490	4.3.2.1
EUROBAROMETER 41.1	2491	4.3.2.1
EUROBAROMETER 42	2563	4.3.2.1
EUROBAROMETER 44.2bis	2828	4.3.2.1
ISSP 1996 (*role of government* III)	2900	4.3.2.3
POLITBAROMETER 1977-1999	2391	4.3.4
„Politische Einstellungen, politische Partizipation und Wählerverhalten im vereinigten Deutschland" 1994/1998	3064	4.1, 4.2

Tabelle A.2: Übersicht über die in eigenen Analysen verwendete Datensätze

Kurzform	Fragestimulus	Antwortvorgaben
Parteien: wollen nur Wählerstimmen	„Die Parteien wollen nur die Stimmen der Wähler, ihre Ansichten interessieren sie nicht."	„trifft überhaupt nicht zu" – „trifft voll und ganz zu" (5)
Parteien: Staat ist Selbstbedienungsladen	„Die Parteien betrachten den Staat als Selbstbedienungsladen."	„trifft überhaupt nicht zu" – „trifft voll und ganz zu" (5)
Parteipolitiker: vertrauenswürdig	„Die meisten Parteipolitiker sind vertrauenswürdige und ehrliche Menschen."	„trifft überhaupt nicht zu" – „trifft voll und ganz zu" (5)
Ohne Beziehung zu Parteien nichts erreichbar	„Ohne gute Beziehungen zu den Parteien kann der Bürger heute überhaupt nichts mehr erreichen."	„trifft überhaupt nicht zu" – „trifft voll und ganz zu" (5)
Mitgliedereinfluß	„Auch einfachen Parteimigliedern ist es möglich, ihre Vorstellungen in den Parteien einzubringen"	„trifft überhaupt nicht zu" – „trifft voll und ganz zu" (5)
Parteien: wollen nur Macht	„Den Parteien geht es nur um die Macht."	„trifft überhaupt nicht zu" – „trifft voll und ganz zu" (5)
Parteien unterscheiden sich klar	„Die Parteien unterscheiden sich in ihren Zielen so sehr, daß der Bürger klare Alternativen hat."	„trifft überhaupt nicht zu" – „trifft voll und ganz zu" (5)
Parteien: zuviel Einfluß in der Gesellschaft	„Die Parteien üben in der Gesellschaft zuviel Einfluß aus."	„trifft überhaupt nicht zu" – „trifft voll und ganz zu" (5)
Schlechtere Regierung ohne Berufspolitiker	„Ohne Berufspolitiker in den Parteien würde unser Land schlechter regiert werden."	„trifft überhaupt nicht zu" – „trifft voll und ganz zu" (5)
Politiker: Interesse Bürgermeinung	„Politiker kümmern sich darum, was einfache Leute denken."	„trifft überhaupt nicht zu" – „trifft voll und ganz zu" (5)
Leute wie Befragter: ohne Einfluß auf Regierung	„Leute wie ich haben keinen Einfluß auf die Regierung."	„trifft überhaupt nicht zu" – „trifft voll und ganz zu" (5)
Politik: zu kompliziert	„Die ganze Politik ist so kompliziert, daß jemand wie ich nicht versteht, was vorgeht."	„trifft überhaupt nicht zu" – „trifft voll und ganz zu" (5)
Abgeordnete suchen Kontakt	„Die Bundestagsabgeordneten bemühen sich um einen engen Kontakt zur Bevölkerung."	„trifft überhaupt nicht zu" – „trifft voll und ganz zu" (5)
Bürger: kein Einfluß	„Die Bürger haben kaum Möglichkeiten, auf die Politik Einfluß zu nehmen."	„trifft überhaupt nicht zu" – „trifft voll und ganz zu" (5)

Kurzform	Fragestimulus	Antwortvorgaben
Befragter: aktive politische Rolle	„Ich traue mir zu, in einer Gruppe, die sich mit politischen Fragen befaßt, eine aktive Rolle zu übernehmen."	„trifft überhaupt nicht zu" – „trifft voll und ganz zu" (5)
Befragter: Politik verständlich	„Wichtige politische Fragen kann ich gut verstehen und einschätzen."	„trifft überhaupt nicht zu" – „trifft voll und ganz zu" (5)
Bewertung BT-Parteien	„Was halten Sie von CDU, CSU, SPD, FDP, B90/Grüne, PDS"	„sehr viel von dieser Partei" – „halte überhaupt nichts von dieser Partei" (11)
Eine BT-Partei kompetent für wichtigstes Problem	„Was sind Ihrer Meinung nach die wichtigsten Probleme, die es in der Bundesrepublik zu lösen gilt? Sagen Sie mir bitte, welches dieser Probleme Sie für am wichtigsten halten. Welche Partei ist Ihrer Meinung nach am besten geeignet, dieses Problem zu lösen?"	Nennung einer Partei
Vertrauen: Parlament, Regierung, Parteien	„Ich lese Ihnen jetzt eine Reihe von öffentlichen Einrichtungen vor. Sagen Sie mir bitte anhand dieser Liste bei jeder, ob Sie Ihr vertrauen oder nicht. Nennen Sie jeweils den Skalenwert."	„vertraue überhaupt nicht" – „vertraue voll und ganz" (5)
Interessenvertretung durch BT-Partei	„Ich lese Ihnen jetzt einige Gruppen, Organisationen und Parteien vor. Sagen Sie mir bitte anhand dieser Liste für jede davon – egal ob Sie darin Mitglied sind oder nicht – ob sie Ihrer Meinung nach Ihre Interessen vertritt oder Ihren Interessen entgegensteht. Bitte nennen Sie wieder nur den entsprechenden Skalenwert."	„stehen meinen Interessen vollständig entgegen" – „vertreten meine Interessen vollständig" (5)
Parteiidentifikation	„Viele Leute neigen in der Bundesrepublik längere Zeit einer bestimmten Partei zu, obwohl sie auch ab und zu eine andere Partei wählen. Wie ist das mit Ihnen: Neigen Sie – ganz allgemein gesprochen – einer bestimmten Partei zu? Wenn ja, welcher? Bitte nennen Sie mir nur den Buchstaben von der Liste."	Listenauswahl

Kurzform	Fragestimulus	Antwortvorgaben
Zufriedenheit: Leistungen der Regierung	„Sind Sie mit den Leistungen der Bundesregierung (CDU/CSU-FDP) in Bonn eher zufrieden oder eher unzufrieden? Bitte beschreiben Sie es mit Hilfe dieser Skala von +5 bis -5."	„voll und ganz zufrieden" – „vollständig unzufrieden" (11)
Gesellschaftsordnung gerecht	„Was halten Sie von unserer Gesellschaftsordnung? Geht es da im großen und ganzen eher gerecht zu, oder geht da im großen und ganzen eher ungerecht zu?"	„eher gerecht; teils/teils; eher ungerecht" (3)
Zufriedenheit: Demokratie in Deutschland	„Wie zufrieden oder unzufrieden sind Sie – alles in allem – mit der Demokratie, so wie sie in Deutschland besteht?"	„sehr zufrieden" – „sehr unzufrieden" (5)

Tabelle A.3: Indikatoren für politische Verdrossenheit aus dem Projekt „Politische Einstellungen, politische Partizipation und Wählerverhalten im vereinigten Deutschland" (ZA-Nr. 3064)

B Mathematische Herleitungen

B.1 Deflationseffekte beim *Index of Qualitative Variation*

Aus der Formel zur Berechnung des IQV (vgl. 2.3 auf Seite 107) folgt, daß es zu einem Deflationseffekt kommt, wenn die Zahl der Fälle n die Zahl der Kategorien k unterschreitet. In diesem Falle kann der Index selbst dann, wenn sich die Fälle so gleichmäßig wie möglich auf die Kategorien verteilen ($p_i \leq \frac{1}{k}$), seinen Maximalwert von 1 nicht mehr erreichen. Der maximale Wert des Index berechnet sich für $n < k$ nach der folgenden Formel:

$$IQV_{MAX} = \frac{1 - n(1/n)^2}{(k-1)/k} \qquad \text{mit} \quad \left\{ \begin{array}{ll} k: & \text{Zahl der Kategorien} \\ n: & \text{Zahl der Fälle} \end{array} \right. \qquad \text{(B.1)}$$
$$= \frac{1 - (1/n)}{(k-1)/k}$$

Dieser Deflationseffekt kann aber im Rahmen der vorliegenden Analyse vernachlässigt werden. An einem Rechenbeispiel läßt sich dies verdeutlichen: In Abschnitt 2.6.2.3 auf Seite 144 wurde untersucht, wie sich 20 Beiträge, die ausschließlich mit dem Begriff der Parteienverdrossenheit operieren und Aussagen zu den Folgen dieser Einstellung für das politische Verhalten der Bürger machen, auf $2^9 - 1 = 511$ Kategorien (mögliche Kombinationen von neun Verdrossenheitshandlungen, wobei der Fall, daß keine Verdrossenheitshandlung genannt wird, durch die Auswahl der 20 Beiträge ausgeschlossen wird) verteilen. Der *IQV* kann nach Formel B.1 unter diesen Umständen maximal 0,95 betragen. Korrigiert man den Index im vorliegenden Fall entsprechend nach oben, indem man bei der Berechnung für k den Wert von n einsetzt,[1] da sich n Fälle auf höchstens n Kategorien verteilen können, so ergibt sich ein IQV von 0,96, d. h., es besteht kein substantieller Unterschied zu dem oben im Text ausgewiesenen Ergebnis von 0,92.

Wenn man davon ausgeht, daß die Zahl der Kategorien in dieser Arbeit einen Wert von $k = 2^{15} = 32768$ nicht überschreitet und eine Deflation des Koeffizienten um bis zu zehn Prozent keinen Einfluß auf dessen inhaltliche Interpretation hat, genügt es, Ungleichung B.2 nach n aufzulösen, um allgemein zu zeigen, daß der Deflationseffekt vernachlässigt werden kann:

$$\frac{1 - (1/n)}{(k-1)/k} \geq 0,9 \qquad \text{(B.2)}$$

Ergibt durch Umformung:

$$n \geq \frac{1}{(1 - 0,9 \times (k-1)/k)} \qquad \text{(B.3)}$$

Für $(k-1)/k \leq (32768-1)/32768$ folgt daraus, daß substantielle Deflationseffekte erst bei einer Fallzahl von $n < 10$ auftreten. Da dieser Wert in der Literaturanalyse des Kapitels 2.6 niemals unterschritten wird, verzichte ich darauf, korrigierte Werte zu berechnen, und berichte statt dessen durchgängig den unkorrigierten IQV als konservative Schätzung für die Heterogenität der Verdrossenheitstexte.

---

1 Alternativ dazu kann man auch den *IQV* mit $1/IQV_{MAX}$ multiplizieren. Beide Vorgehensweisen führen zum selben Ergebnis.

B.2 Der Erwartungswert für den Koeffizienten V unter Gültigkeit von H_0

Das auf Pearsons χ^2 (eigentlich X^2, vgl. Agresti 1996: 28) basierende Zusammenhangsmaß V kann für alle zweidimensionalen Kreuztabellen mit l Spalten und m Zeilen berechnet werden. Dabei werden keine Annahmen über die Rangfolge der Kategorien beider Variablen gemacht (nominales Skalenniveau). Im Gegensatz zu einigen anderen Zusammenhangsmaßen ist V auf den Bereich 0-1 normiert (Gehring und Weins 1998: 129) und deshalb vergleichsweise gut interpretierbar. Aufgrund dieser Eigenschaften ist der Koeffizient in den Sozialwissenschaften recht beliebt. Die Formeln für χ^2 (nach Pearson) und V lauten (vgl. Gehring und Weins 1998: 128f):

$$\chi^2 = \sum_{i=1}^{l} \sum_{j=1}^{m} \frac{(f_{b(ij)} - f_{e(ij)})^2}{f_{e(ij)}} \quad \text{mit} \quad \begin{cases} l: & \text{Zahl der Spalten} \\ m: & \text{Zahl der Zeilen} \\ f_e: & \text{erwartete Häufigkeit} \\ f_b: & \text{beobachtete Häufigkeit} \end{cases} \tag{B.4}$$

$$V = \sqrt{\frac{\chi^2}{n \times (R-1)}} \quad \text{mit} \quad \begin{cases} n: & \text{Zahl der Fälle} \\ R: & \min(l, m) \end{cases} \tag{B.5}$$

In Abschnitt 2.6.2.6 auf Seite 147 stellte sich nun die Frage, ob V zur Beschreibung des vermutlich nicht-linearen Zusammenhanges zwischen dem Zeitpunkt, zu dem ein Beitrag erschienen ist (ausgedrückt als Jahreszahl), und der Nennung einer möglichen Ursache von politischer Verdrossenheit durch den jeweiligen Autor geeignet ist und somit eine Alternative zu den aufwendigeren nicht-linearen Regressionsmodellen darstellt. Um dies entscheiden zu können, müssen zwei Punkte geklärt werden, die sich am besten anhand eines konkreten Falles aus Abschnitt 2.6.2.6 diskutieren lassen:

1. Ist die χ^2-Verteilung ein angemessenes statistisches Modell für das vorliegende Problem?

2. Was ist der Erwartungswert von V unter Gültigkeit von H_0 (kein Zusammenhang zwischen beiden Variablen)?

Zunächst zur ersten Frage: Insgesamt acht der 176^2 untersuchten Beiträge vertreten die bereits aus der Regierbarkeitsdebatte bekannte These, daß das Wachstum des Wohlfahrtsstaates für das Aufkommen politischer Verdrossenheit verantwortlich sei. Eine dieser Arbeiten erschien im Jahre 1977, je eine weitere in den Jahren 1989, 1992 und 1995. In den Jahren 1993 und 1994 wurden jeweils zwei Beiträge veröffentlicht, die dieses Argument vorbringen. V nimmt in diesem Beispiel einen Wert von 0,44 an. Ähnlich hohe Werte erreicht der Koeffizient aber auch für den Zusammenhang zwischen einer Vielzahl anderer möglicher Ursachen von Verdrossenheit und dem Datum ihrer Veröffentlichung. Eine Serie von Regressionsmodellen (*lowess*) hingegen deutet nicht auf das Vorliegen substantieller Zusammenhänge hin. Ist die χ^2-Verteilung in diesem Fall ein angemessenes statistisches Modell?

Die Kreuztabelle, auf deren Basis χ^2 und V berechnet werden, weist in Relation zur Zahl der Fälle relativ viele, nämlich $2 \times 22 = 44$ Zellen[3] auf. Aufgrund der extrem schiefen Verteilung beider Variablen werden für 34 dieser Zellen absolute Häufigkeiten von weniger als fünf Fällen erwartet, was einem Anteil von mehr als 77 Prozent entspricht. Dies verstößt gegen eine in vielen Statistikbüchern zu findende Faustregel, derzufolge der Anteil der Zellen mit einer erwarteten Häufigkeit kleiner fünf höchstens 20 Prozent betragen solle (vgl. u. a. Backhaus et al. 1994: 184f, Agresti 1996: 194).

Der Hintergrund dieser Empfehlung liegt darin, daß die theoretische χ^2-Verteilung tatsächlich nur eine Approximation für die Verteilung der Prüfgröße Pearsons χ^2 unter Gültigkeit von H_0 darstellt. In schwach und ungleichmäßig besetzten Tabellen kann die empirische Verteilung der Prüfgröße erheblich von diesem statistischen Modell abweichen (Langeheine et al. 1996), was u. a. zur Folge hat, daß Signifikanztests zu falschen Ergebnissen führen.[4]

---

2   Wenn man die 50 Fälle, die keine Angaben zu den Ursachen politischer Verdrossenheit machen, aus der Berechnung ausschließt, steigt der Koeffizient unwesentlich an.

3   Da 1981 kein Verdrossenheitstext erschienen ist, hat die Variable „Kalenderzeit" nur 22 Ausprägungen.

4   Im konkreten Fall läßt sich aus dem SPSS-Output ablesen, daß eine solche Diskrepanz zwischen statistischem Modell und empirischer Verteilung bestehen muß: Das χ^2 nach Pearson und das auf einer anderen Berechnungsmethode basierende *likelihood ratio* χ^2 weichen so stark voneinander ab, daß sich,

Da es sich bei der Analyse der Verdrossenheitstexte um eine Vollerhebung handelt, spielen inferenzstatistische Überlegungen naturgemäß keine Rolle. Dennoch würde eine massive Abweichung der empirischen von der theoretischen χ^2-Verteilung die Validität des Koeffizienten V in Frage stellen, weil die Berechnung von V, wie aus Formel B.5 zu erkennen ist, letztlich nichts anderes als einen Versuch darstellt, aus dem χ^2-Wert durch die Berücksichtigung der Fall- und der Kategorienzahl einen leicht interpretierbaren Koeffizienten abzuleiten, der für eine beliebige Kreuztabelle Werte zwischen 0 und 1 annehmen kann.

Ob die empirische und die theoretische Verteilung voneinander abweichen, läßt sich durch eine Simulation klären. Zu diesem Zweck wurden die empirischen Daten zweitausendmal mit Hilfe eines Zufallsgenerators permutiert, wobei die Randverteilungen erhalten blieben. Nach jedem Durchgang wurde die Prüfgröße χ^2 berechnet.[5] Auf diese Weise ist es möglich, die tatsächliche empirische Verteilung von χ^2 für eine 2×22 Kreuztabelle mit den gegebenen Randsummen zu bestimmen.

Als Ergebnis der Simulation zeigt sich, daß die empirische Verteilung deutlich, wenn auch nicht allzu dramatisch von der theoretischen Verteilung mit $df = (l-1) \times (m-1) = 21$ abweicht. Die oberen Schranken für das erste, zweite und dritte Quartil liegen bei den simulierten χ^2-Werten bei 14,2, 19,0 und 25,2. Die tabellierten Werte hingegen betragen 16,3, 20,3 und 24,9. Abweichungen vom theoretischen Modell zeigen sich vor allem bei den Extremwerten: Die empirische Dichtefunktion steigt rascher an, erreicht allerdings nicht das Maximum der theoretischen Funktion und weist einen langgezogenen Schwanz auf der rechten Seite auf: Die oberen fünf Prozent der theoretischen Werte sind größer als 32,7 während die oberen fünf Prozent der simulierten Werte größer als 40,1 sind. Umgekehrt überschreiten 95 Prozent der simulierten Werte einen Betrag von 9,3, verglichen mit einem Betrag von 11,6 für die theoretische Verteilung. Trotz dieser Verzerrungen scheint die χ^2-Verteilung mit 21 Freiheitsgraden eine brauchbare Approximation für die Verteilung der Prüfgröße unter H_0 zu sein, so daß es grundsätzlich sinnvoll erscheint, auch den Koeffizienten V zur Beschreibung der Stärke des Zusammenhanges zu berechnen.

Ein ganz anderes Bild ergibt sich aber, wenn man den Erwartungswert für V, d. h. den Wert, den der Koeffizient im Mittel bei Gültigkeit der Nullhypothese erreicht, betrachtet. Ein optimaler Koeffizient sollte unter der Nullhypothese einen Erwartungswert von null bei möglichst minimaler Streuung aufweisen: Wenn tatsächlich kein Zusammenhang besteht, muß sich dies im Erwartungswert des Koeffizienten niederschlagen. Ansonsten gibt der Koeffizient eine verzerrte Beschreibung der realen Verhältnisse.

Der tatsächliche Erwartungswert für V bei $n = 176, l = 2$ und $m = 22$ kann durch Einsetzen des Erwartungswertes für χ^2 in die Gleichung B.5 auf der vorherigen Seite errechnet werden. Der Erwartungswert der theoretischen χ^2-Verteilung ist gleich der Anzahl ihrer Freiheitsgrade, im vorliegenden Fall also gleich 21 (Bortz 1993: 79). Der Erwartungswert für die simulierte χ^2-Verteilung ist gleich deren arithmetischem Mittel von 20,8. Für eine 2×22-Tabelle ist $R = 2$. Daraus ergibt sich für V ein Erwartungswert von 0,35 beziehungsweise 0,34. Selbst dann, wenn wie in dem Simulationsexperiment keinerlei systematischer Zusammenhang zwischen dem Jahr, in dem ein Beitrag erschienen ist, und der Nennung des Wohlfahrtsstaates als Ursache für politische Verdrossenheit besteht, da beide Größen als unkorrelierte Zufallsvariablen betrachtet werden können, ist also im Mittel mit einem Wert für V zu rechnen, der jenseits der u. a. von Gehring und Weins (1998: 130) genannten Schwelle für einen „starken" Zusammenhang liegt. Aus dem umgekehrt quadratischen Zusammenhang zwischen V und n ergibt sich, daß sich der Erwartungswert von V erst bei einer sehr viel größeren Fallzahl an null annähert.

Aus den beiden χ^2-Verteilungen läßt sich mit Hilfe von Gleichung B.5 auch berechnen, wie wahrscheinlich es bei Gültigkeit der Nullhypothese ist, für V einen Wert von mehr als 0,15 zu erhalten, der üblicherweise schon inhaltlich interpretiert würde: Bei 176 Fällen und $R = 2$ wird dazu ein χ^2-Wert von 3,96 benötigt. Dieser wird in der theoretischen Verteilung in 99,8 Prozent aller Fälle überschritten. In der simulierten empirischen Verteilung ist der kleinste Wert für χ^2, der tatsächlich auftritt, 5,2, was einem V von 0,17 entspricht. Wegen der oben erwähnten Diskrepanzen zwischen empirischer und theoretischer Verteilung ist im konkreten Fall zudem mit dem relativ häufigen Auftreten sehr hoher Beträge von V zu rechnen. So wird der

---

falls es sich hier um ein Stichprobenergebnis handeln würde, im ersten Fall eine Irrtumswahrscheinlichkeit von vier, im zweiten Fall eine Irrtumswahrscheinlichkeit von mehr als 50 Prozent ergeben würde. Im Normalfall hingegen, d. h. in dicht besetzten Tabellen, erreichen beide Maßzahlen identische Werte.

5   Dieses Vorgehen entspricht exakt der Logik des Vergleichs der Prüfgröße χ^2 mit einer tabellierten Verteilung unter Annahme der H_0. Vgl. dazu auch als klassische Einführung in die Idee der Simulation statistischer Parameter Efron und Tibshirani (1993).

χ^2-Wert von 35,64, der einem V von 0,45 entspricht, in der Simulation in immerhin rund acht Prozent der Fälle übertroffen.

Aufgrund der beträchtlichen Differenz zwischen l und m und der in Relation zur Zahl der Zellen sehr geringen Fallzahl ist der Koeffizient V zur Beschreibung des Zusammenhanges zwischen dem Jahr, in dem ein Beitrag veröffentlicht wurde, und der Nennung bestimmter Ursachen von Politikverdrossenheit nicht geeignet. Dies gilt in ähnlicher Form auch für die Erwähnung von Objekten der Verdrossenheit, für die Nennung bestimmter Einstellungen und für alle anderen binären Variablen, die in diesem Zusammenhang konstruiert werden können. Diese unterscheiden sich von den Ursachen der Verdrossenheit lediglich dadurch, daß sie weniger schief verteilt sind, so daß die theoretische χ^2-Verteilung eine bessere Approximation darstellt. Vom Problem des überhöhten Erwartungswertes sind sie aber in gleicher Weise betroffen.

Auch durch das Zusammenfassen mehrerer Kalenderjahre zu einer einzigen Kategorie läßt sich das Problem nicht lösen. Selbst wenn man m durch eine solche Operation auf 5 reduzieren würde, was schon einen erheblichen Informationsverlust darstellt, würde der Erwartungswert für V immer noch 0,17 betragen. V ist deshalb trotz seiner eingangs angesprochenen Vorteile leider nicht geeignet, um den Zusammenhang zwischen inhaltlichen Aspekten der untersuchten Texte und der Kalenderzeit zu beschreiben.

C Register

Komposita von Verdrossenheit beziehungsweise -verdrossen wurden wegen ihres häufigen Vorkommens nicht in den Index aufgenommen. Sofern es für englische Fachtermini eine in der deutschen Wissenschaftssprache gebräuchliche Entsprechung gibt (beispielsweise *alienation*/Entfremdung), wurden die Fundstellen für beide Begriffe unter dem deutschen Stichwort zusammengeführt.

Sachregister

Autorenregister

Tibshirani, Robert J., 304
Topf, Richard, 266, 267
Torcal, Mariano, 182, 183
Traar, Kurt, 109, 115
Tudyka, Kurt, 150
Tönnesmann, Wolfgang, 59

Ullrich, Volker, 25, 32, 122
Ulram, Peter A., 22, 62, 78, 88, 103, 153, 156–158

van Deth, Jan, 67, 75, 82
van de Pol, Frank, 303
Venables, William N., 102, 125
Verba, Sidney, 25–27, 38, 43, 45, 67, 117, 186, 191,
      192, 198, 199, 260, 274
Vester, Michael, 153, 155, 158, 159
Vetter, Angelika, 185, 187–189
Vittersø, Joar, 252
Vogelgesang, Waldemar, 159
Vogt, Ulrich, 153, 154
Vorländer, Hans, 41

Walz, Dieter, 26, 79, 113, 114, 116, 122, 173, 174,
      204, 206, 207, 215, 279
Wasser, Hartmut, 22, 113, 116
Wassermann, Rudolf, 62
Watanuki, Joji, 17, 50–55, 91
Weber, Max, 43, 197
Weber, Patrick, 18, 113, 115, 116, 122
Wegener, Gerhard, 62

Wehner, Burkhard, 62
Weiber, Rolf, 135, 303
Weil, Frederick D., 41, 42
Weins, Cornelia, 150, 287, 303, 304
Weizsäcker, Richard von, 24
Welch, Susan, 252
Welzel, Christian, 39, 40
West, Stephen G., 216
Westle, Bettina, 26, 39, 41, 58, 79, 85, 109, 116,
      122, 167, 174, 185, 186, 189, 196–201
Wewer, Göttrik, 62
Weßels, Bernhard, 108
Wiberg, Matti, 273
Widfeldt, Anders, 17, 269–271
Wiesendahl, Elmar, 20, 40, 59, 62, 110, 115, 116
Willems, Helmut, 279
Williams, Carol J., 191
Wirthensohn, Andreas, 25
Wolling, Jens, 103, 160, 172–174, 206, 207
Wright, James D., 182, 190, 197

ZA, 85
Zaller, John R., 24, 25, 222, 258, 296
Zander, Erich, 63
Zelle, Carsten, 279
Zenk-Möltgen, Wolfgang, 85
Zeschmann, Philip, 32, 61, 62, 103, 173
Zippelius, Reinhold, 63
ZUMA, 85

Literaturverzeichnis

Aberbach, Joel D. (1969): *Alienation and Political Behavior*, in: *American Political Science Review* 63, S. 86–99.

PV Abromeit, Heidrun (1982): *Parteiverdrossenheit und Alternativbewegung. Thesen zur Weiterentwicklung des Parteiensystems der Bundesrepublik*, in: *Politische Vierteljahresschrift* 23, S. 178–198.

Acock, Alan C. (1997): *Working with Missing Values*, in: *Family Science Review* 10, S. 76–102.

Ágh, Attila und Sándor Kurtán (1995): *Von der Euphorie zur Politikverdrossenheit. Sechs Thesen über Ost-Mitteleuropa*, in: *Die Neue Gesellschaft/Frankfurter Hefte* 42, S. 892–897.

Agresti, Alan (1996): *An Introduction to Categorical Data Analysis*. New York u.a., John Wiley.

Ahrweiler, Georg (1978): *Zur Krise des Parlamentarismus*, in: *Blätter für deutsche und internationale Politik* 23, S. 681–698.

Ajzen, Icek (1988): *Attitudes, Personality and Behavior*. Milton Keynes, Open University Press.

Ajzen, Icek (1996): *The Directive Influence of Attitudes on Behavior*, in: Peter M. Gollwitzer und John A. Bargh (Hrsg.): *The Psychology of Action. Linking Cognition and Motivation to Behavior*. New York, London, The Guildford Press, S. 385–403.

PV Alemann, Ulrich von (1982): *Parteiendemokratie und Willensbildung der Bürger*, in: Landeszentrale für Politische Bildung des Landes Nordrhein-Westfalen (Hrsg.): *Ziele für die Zukunft - Entscheidungen für morgen. XIX. Hochschulwoche für Politische Bildung, 22. bis 28. Oktober 1981*. Köln, Wissenschaft und Politik, S. 137–152.

Alemann, Ulrich von (1992): *Parteien und Gesellschaft in der Bundesrepublik. Rekrutierung, Konkurrenz und Responsivität*, in: Alf Mintzel und Heinrich Oberreuter (Hrsg.): *Parteien in der Bundesrepublik Deutschland*. Opladen, Leske und Budrich, 2. Auflage, S. 89–130.

PV Alemann, Ulrich von (1995): *Parteien*. Reinbek bei Hamburg, Rowohlt.

PV Alemann, Ulrich von (1996): *Die Parteien in den Wechsel-Jahren? Zum Wandel des deutschen Parteiensystems*, in: *Aus Politik und Zeitgeschichte* 46, Heft B 6, S. 3–8.

Alemann, Ulrich von, Rolf G. Heinze und Josef Schmid (1998): *Parteien im Modernisierungsprozeß. Zur politischen Logik der Unbeweglichkeit*, in: *Aus Politik und Zeitgeschichte* S. 29–36.

Alemann, Ulrich von und Wolfgang Tönnesmann (1991): *Die Dinosaurier werden immer trauriger. Ein kleiner Essay über große Parteien*, in: Sozial-und Geisteswissenschaften Fernuniversität/Gesamthochschule Hagen, FB Erziehungs (Hrsg.): *Neue Politik in alten Organisationen - alte Politik in neuen Organisationen? Aspekte des Wandels organisierter Interessen in der „neuen" Bundesrepublik* (=polis, Bd. 20). Hagen, o.V., S. 27–38.

PV Allgeier, Thomas (1995): *Kommunikationswissenschaftliche Systemanalyse. Eine kommunikationswissenschaftliche Integration systemtheoretischer und einstellungstheoretischer Konzepte zur empirischen Analyse des Gesellschaftssystems der Bundesrepublik Deutschland.* Diss. Univ. München.

Almond, Gabriel A. (1996): *Political Science: The History of the Discipline,* in: Robert E. Goodin und Hans-Dieter Klingemann (Hrsg.): *A New Handbook of Political Science.* Oxford u.a., Oxford University Press, S. 50–96.

Almond, Gabriel [A.] und G. Bingham Powell (1996a): *Concepts in Comparative Politics,* in: Gabriel [A.] Almond und G. Bingham Powell (Hrsg.): *Comparative Politics Today. A World View.* New York, Harper Collins, 6. Auflage, S. 21–51.

Almond, Gabriel [A.] und G. Bingham Powell (1996b): *Interest Groups and Interest Articulation,* in: Gabriel [A.] Almond und G. Bingham Powell (Hrsg.): *Comparative Politics Today. A World View.* New York, Harper Collins, 6. Auflage, S. 70–85.

Almond, Gabriel [A.] und G. Bingham Powell (1996c): *Political Culture and Political Socialization,* in: Gabriel [A.] Almond und G. Bingham Powell (Hrsg.): *Comparative Politics Today. A World View.* New York, Harper Collins, 6. Auflage, S. 36–51.

Almond, Gabriel A. und Sidney Verba (1965): *The Civic Culture. Political Attitudes and Democracy in Five Nations.* Boston, Little, Brown and Company.

Andreae, Clemens-August (Hrsg.) (1980): *Von Bürokratisierung und Privatisierung. Wider die Staatsverdrossenheit.* Köln, Deutscher Instituts-Verlag.

Apel, Hans (1991): *Die deformierte Demokratie. Parteienherrschaft in Deutschland.* Stuttgart, Deutsche Verlags-Anstalt.

Aretin, Karl Otmar von (1979): *Das Problem der Regierbarkeit im Heiligen Römischen Reich,* in: Wilhelm Hennis, Peter Graf Kielmansegg und Ulrich Matz (Hrsg.): *Regierbarkeit. Studien zu ihrer Problematisierung,* Bd. 2. Stuttgart, Klett-Cotta, S. 9–46.

PV Armingeon, Klaus (1994): *Gründe und Folgen geringer Wahlbeteiligung,* in: *Kölner Zeitschrift für Soziologie und Sozialpsychologie* 46, S. 43–64.

Arnim, Hans Herbert von (1990): *Entmündigen die Parteien das Volk? Parteienherrschaft und Volkssouveränität,* in: *Aus Politik und Zeitgeschichte* 40, Heft B 21, S. 25–36.

Arnim, Hans Herbert von (1993): *Demokratie ohne Volk? Plädoyer gegen Staatsversagen, Machtmißbrauch und Politikverdrossenheit.* München, Knaur.

PV Arnim, Hans Herbert von (1994): *Der verstimmte Bürger – Alarmzeichen für unsere Demokratie?,* in: Deutscher Beamtenbund (Hrsg.): *Politik kontra Bürger? Das politische System auf dem Prüfstand.* Bonn, Verlagsanstalt des Deutschen Beamtenbundes, S. 27–48.

PV Arnim, Hans Herbert von (1995): *Politikerverdrossenheit, Wertewandel und politische Institutionen,* in: Volker J. Kreyher und Carl Böhret (Hrsg.): *Gesellschaft im Übergang. Problemaufrisse und Antizipationen.* Baden-Baden, Nomos, S. 31–37.

Austin, Erica Weintraub und Bruce E. Pinkleton (1995): *Positive and Negative Effects of Political Disaffection on the Less Experienced Voter,* in: *Journal of Broadcasting & Electronic Media* 39, S. 215–235.

Baader, Roland (1998): *Gefälligkeitsdemokratie und Politikverdrossenheit,* in: *Criticón* 29, Heft 157, S. 34–39.

Backhaus, Klaus et al. (1994): *Multivariate Analysemethoden. Eine anwendungsorientierte Einführung.* Berlin u.a., Springer, 7. Auflage.

Baker, Kendall L., Russell J. Dalton und Kai Hildebrandt (1981): *Germany Transformed. Political Culture and the New Politics*. Cambridge, London, Harvard University Press.

Balch, George I. (1974): *Multiple Indicators in Survey Research: The Concept ‚Sense of Political Efficacy'*, in: *Political Methodology* 1, S. 1–43.

Ballestrem, Karl Graf (1988): *„Klassische Demokratietheorie". Konstrukt oder Wirklichkeit?*, in: *Zeitschrift für Politik* 35, S. 33–56.

Baraldi, Claudio, Giancarlo Corsi und Elena Esposito (1997): *GLU. Glossar zu Niklas Luhmanns Theorie sozialer Systeme*. Frankfurt/Main, Suhrkamp.

Baringhorst, Siegrid (1994): *Protest und Mitleid – Politik als Kampagne*, in: Claus Leggewie (Hrsg.): *Wozu Politikwissenschaft? Über das Neue in der Politik*. Darmstadt, Wissenschaftliche Buchgesellschaft, S. 179–190.

Barnes, Samuel H., Barbara G. Farah und Felix Heunks (1979a): *Personal Dissatisfaction*, in: Samuel Barnes, Max Kaase et al. (Hrsg.): *Political Action. Mass Participation in Five Western Democracies*. Beverly Hills, Sage, S. 381–407.

Barnes, Samuel H., Max Kaase et al. (Hrsg.) (1979b): *Political Action. Mass Participation in Five Western Democracies*. Beverly Hills, Sage.

Bauer, Petra (1991): *Politische Orientierungen im Übergang. Eine Analyse politischer Einstellungen der Bürger in West- und Ostdeutschland 1990/1991*, in: *Kölner Zeitschrift für Soziologie und Sozialpsychologie* 43, S. 433–453.

Baum, Matthew A. und Samuel Kernell (1999): *Has Cable Ended the Golden Age of Presidential Television?*, in: *American Political Science Review* 93, S. 99–114.

Beck, Ulrich, Maarten A. Hajer und Sven Kesselring (Hrsg.) (1999): *Der unscharfe Ort der Politik. Empirische Fallstudien zu Theorie der reflexiven Modernisierung*. Opladen, Leske und Budrich.

Becker, Bernd (1999): *Mitgliederbeteiligung und innerparteiliche Demokratie in britischen Parteien – Modelle für die deutschen Parteien?* Baden-Baden, Nomos.

Becker, Gary S. (1996): *Familie, Gesellschaft und Politik – die ökonomische Perspektive* (=Die Einheit der Gesellschaftswissenschaften, Bd. 96). Tübingen, Mohr.

[PV] Bergsdorf, Wolfgang (1993): *Deutschland im Streß. Politische und gesellschaftliche Herausforderungen nach der Wende*. München, Landsberg/Lech, Bonn Aktuell.

Bertelsmann Stiftung (Hrsg.) (1996): *Politik überzeugend vermitteln. Wahlkampfstrategien in den USA und Deutschland. Analysen von Politikern, Journalisten und Experten*. Gütersloh, Bertelsmann Stiftung.

[PV] Betz, Hans-Georg (1992): *Wahlenthaltung und Wählerprotest im westeuropäischen Vergleich*, in: *Aus Politik und Zeitgeschichte* 42, Heft B 19, S. 31–41.

[PV] Betz, Hans-Georg (1993): *Krise oder Wandel?*, in: *Aus Politik und Zeitgeschichte* 43, Heft B 11, S. 3–13.

Betz, Hans-Georg (1994): *Radical Right-Wing Populism in Western Europe*. Basingstoke, London, Macmillan.

Betz, Hans-Georg (1996): *Radikaler Rechtspopulismus in Westeuropa*, in: Jürgen W. Falter, Hans-Gerd Jaschke und Jürgen Winkler (Hrsg.): *Rechtsextremismus. Ergebnisse und Perspektiven der Forschung* (=PVS Sonderhefte, Bd. 27). Opladen, Westdeutscher Verlag, S. 363–375.

318   Literaturverzeichnis

Betz, Hans-Georg (1998): *Rechtspopulismus: Ein internationaler Trend?*, in: *Aus Politik und Zeitgeschichte* 48, Heft B 9/10, S. 3–12.

Beyme, Klaus von (1992): *Der Begriff der politischen Klasse – eine neue Dimension der Elitenforschung?*, in: *Politische Vierteljahresschrift* 33, S. 4–32.

Beyme, Klaus von (1993a): *Der Parteienstaat und die Vertrauenskrise in der Politik*, in: Siegfried Unseld (Hrsg.): *Politik ohne Projekt? Nachdenken über Deutschland*. Frankfurt/Main, Suhrkamp, S. 23–42.

Beyme, Klaus von (1993b): *Die politische Klasse im Parteienstaat.*[1] Frankfurt/Main, Suhrkamp.

PV Beyme, Klaus von (1994): *Politikverdrossenheit und Politikwissenschaft*, in: Claus Leggewie (Hrsg.): *Wozu Politikwissenschaft? Über das Neue in der Politik*. Darmstadt, Wissenschaftliche Buchgesellschaft, S. 21–33.

Biorcio, Roberto und Renato Mannheimer (1995): *Relationships between Citizens and Political Parties*, in: Hans-Dieter Klingemann und Dieter Fuchs (Hrsg.): *Citizens and the State* (=Beliefs in Government, Bd. 1). Oxford u.a., Oxford University Press, S. 206–226.

Birch, Anthony H. (1984): *Overload, Ungovernability and Delegitimation. The Theories and the British Case*, in: *British Journal of Political Science* 14, S. 135–160.

PV Birk, Franz und Kurt Traar (1987): *Der durchleuchtete Wähler – in den achtziger Jahren*, in: *Journal für Sozialforschung* 27, Heft 1 (Sonderheft Wahlforschung), S. 4–79.

Birke, Adolf M. und Magnus Brechtken (Hrsg.) (1995): *Politikverdrossenheit. Der Parteienstaat in der historischen und gegenwärtigen Diskussion. Ein deutsch-britischer Vergleich. Disillusioned with Politics. Party Government in the Past and Present Discussion. An Anglo-German Comparison* (=Prinz-Albert-Studien, Bd. 12). München u.a., Saur.

Blair, Tony (1998): *Annual Report. Part 4: Health*. http://www.number-10.gov.uk/public/news/features/annual/download/pdf/he%alth.pdf (01.05.99), Her Majesty's Government.

Bleymüller, Josef, Günther Gehlert und Herbert Gülicher (2000): *Statistik für Wirtschaftswissenschaftler*. München, Franz Vahlen, 12. Auflage.

PV Boher, Sylvia (1996): *Parteienverdrossenheit. Ursachen und Lösungsstrategien*. München, Dissertationsverlag NG-Kopierladen.

Bohrnstedt, George (1993): *Classical Measurement Theory: Its Utility and Limitations for Attitude Research*, in: Dagmar Krebs und Peter Schmidt (Hrsg.): *New Directions in Attitude Measurement*. Berlin, New York, Walter de Gruyter, S. 169–186.

Boomsma, Anne (2000): *Reporting Analyses of Covariance Structures*, in: *Structural Equation Modeling* 7, S. 461–483.

Borchert, Jens (1995): *Die konservative Transformation des Wohlfahrtsstaates. Großbritannien, Kanada, die USA und Deutschland im Vergleich* (=„Theorie und Gesellschaft", Bd. 34). Frankfurt/Main, New York, Campus.

Borg, Ingwer und Thomas Staufenbiel (1997): *Theorien und Methoden der Skalierung. Eine Einführung* (=Methoden der Psychologie, Bd. 11). Bern u.a., Hans Huber, 3. Auflage.

---

1   Die Passagen, die sich inhaltlich auf Phänomene der Politikverdrossenheit und auf den Verdrossenheitsdiskurs der Eliten beziehen (Beyme 1993b: 189ff), finden sich in leicht überarbeiteter Form in den beiden Sammelwerksbeiträgen von Beymes (1993a, 1994) wieder und wurden deshalb nicht gesondert ausgewertet.

Bortz, Jürgen (1993): *Statistik für Sozialwissenschaftler*. Berlin u.a., Springer, 4. Auflage.

Box, George E. P. und Gwilym M. Jenkins (1976): *Times Series Analysis. Forecasting and Control. Revised Edition*. Oakland, Holden-Day.

Box-Steffensmeier, Janet M. und Renée M. Smith (1996): *The Dynamics of Aggregate Partisanship*, in: *American Political Science Review* 90, S. 567–580.

Box-Steffensmeier, Janet M. und Renée M. Smith (1998): *Investigating Political Dynamics Using Fractional Integration Methods*, in: *American Journal of Political Science* 42, S. 661–689.

Brennan, Geoffrey und Loren Lomasky (1993): *Democracy and Decision. The Pure Theory of Electoral Preference*. Cambridge, New York, Cambridge University Press.

Brettschneider, Frank (1995): *Öffentliche Meinung und Politik. Eine empirische Studie zur Responsivität des deutschen Bundestages zwischen 1949 und 1990*. Opladen, Westdeutscher Verlag.

Brettschneider, Frank (1997): *Massenmedien und politische Kommunikation*, in: Oscar W. Gabriel und Everhard Holtmann (Hrsg.): *Handbuch politisches System der Bundesrepublik*. München, Wien, Oldenbourg, S. 557–595.

Brick, J.M. und G. Kalton (1996): *Handling Missing Data in Survey Research*[2], in: *Statistical Methods in Medical Research* 5, S. 215–238.

PV Bürklin, Wilhelm P. (1984): *Grüne Politik. Ideologische Zyklen, Wähler und Parteiensystem* (=Beiträge zur sozialwissenschaftlichen Forschung, Bd. 64). Opladen, Westdeutscher Verlag.

PV Bürklin, Wilhelm [P.] (1995): *Die deutsche Parteienkritik im Wandel: Die 1970er bis 1990er Jahre*, in: Adolf M. Birke und Magnus Brechtken (Hrsg.): *Politikverdrossenheit. Der Parteienstaat in der historischen und gegenwärtigen Diskussion. Ein deutsch-britischer Vergleich. Disillusioned with Politics. Party Government in the Past and Present Discussion. An Anglo-German Comparison* (=Prinz-Albert-Studien, Bd. 12). München u.a., Saur.

PV Brämer, Rainer (1993): *Studis im Vakuum – Empirische Befunde zum politischen Rückzug der studentischen Jugend*, in: *WSI-Mitteilungen* 46, Heft 4, S. 194–200.

Bußmann, Hadumod (1990): *Lexikon der Sprachwissenschaft. Unter Mithilfe und mit Beiträgen von Fachkolleginnen und -kollegen*. Stuttgart, Kröner, 2. Auflage.

PV Burkart, Roland und Ulrich Vogt (1983): *Richten nach Nachrichten? Eine Rezeptionsanalyse von TV-Nachrichten im Auftrag des Bundesministeriums für Wissenschaft und Forschung*. Wien, Köln, Graz, Böhlau.

Byers, David, James Davidson und David Peel (2000): *The Dynamics of Aggregate Political Popularity: Evidence From Eight Countries*, in: *Electoral Studies* 19, S. 49–62.

Campbell, Angus et al. (1960): *The American Voter*. New York, John Wiley.

Campbell, Angus, Gerald Gurin und Warren E. Miller (1954): *The Voter Decides*. Evanston, Row.

Center for Political Studies (1995-1998): *The National Election Studies: The NES Guide to Public Opinion and Electoral Behavior*. http://www.umich.edu/~nes/nesguide/nesguide.htm (31.03.99), University of Michigan.

---

2 Die vollständigen Namen der Autoren sind dem Artikel nicht zu entnehmen.

Center for Political Studies (o.J.): *Continuity Guide to the National Election Studies, 1952-1993*. http: //www.umich.edu/$\sim$nes/resources/conguide/conguide.htm (14.09.00), University of Michigan.

Chen, Kevin (1992): *Political Alienation and Voting Turnout in the United States, 1960-1988*. San Francisco, Mellen Research University Press.

Chou, Chih-Ping und Peter M. Bentler (1995): *Estimates and Tests in Structural Equation Modeling*, in: Rick H. Hoyle (Hrsg.): *Structural Equation Modeling. Concepts, Issues, and Applications*. Thousand Oaks, London, New Delhi, Sage, S. 37–55.

Citrin, Jack (1974): *Comment: The Political Relevance of Trust in Government*, in: *American Political Science Review* 68, S. 973–988.

Citrin, Jack und Donald P. Green (1986): *Presidential Leadership and the Resurgence of Trust in Government*, in: *British Journal of Political Science* 16, S. 431–453.

Citrin, Jack et al. (1975): *Personal and Political Sources of Political Alienation*, in: *British Journal of Political Science* 5, S. 1–31.

Coleman, James S. (1994): *Foundations of Social Theory*. Cambridge, London, The Belknap Press of Harvard University Press.

Conradt, David P. (1980): *Changing German Political Culture*, in: Gabriel A. Almond und Sidney Verba (Hrsg.): *The Civic Culture Revisited*. Boston, Toronto, Little, Brown and Company, S. 212–272.

Converse, Philip E. (1964): *The Nature of Belief Systems in Mass Politics*, in: David E. Apter (Hrsg.): *Ideology and Discontent* (=International Yearbook of Political Behavior Research, Bd. 5). New York, The Free Press, S. 206–261.

Converse, Philip E. (1970): *Attitudes and Non-Attitudes. Continuation of a Dialogue*, in: Edward R. Tufte (Hrsg.): *The Quantitative Analysis of Social Problems*. Reading, Addison-Wesley, S. 168–189.

Converse, Philip E. und Gregory B. Markus (1979): *Plus ça change... The New CPS Election Study Panel*, in: *American Political Science Review* 73, S. 32–49.

Couper, Mick P., Eleanor Singer und Richard A. Kulka (1998): *Participation in the 1990 Decennial Census. Politics, Privacy, Pressures*, in: *American Politics Quarterly* 26, S. 59–80.

Crozier, Michel, Samuel P. Huntington und Joji Watanuki (1975): *The Crisis of Democracy. Report on the Governability of Democracies to the Trilateral Commission*. New York, New York University Press.

Czayka, Lothar (1993): *Wider das Streben nach Perfektionierung der Demokratie*, in: Hans Wallow (Hrsg.): *Richard von Weizsäcker in der Diskussion*. Düsseldorf u.a., Econ, S. 215–227.

[PV] Czerwick, Edwin (1996): *Politikverdrossenheit – politische Selbstreferenz und die „Stimme des Volkes"*, in: Josef Klein und Hajo Diekmannshenke (Hrsg.): *Sprachstrategien und Dialogblockaden. Linguistische und politikwissenschaftliche Studien zur politischen Kommunikation* (=Sprache, Politik, Öffentlichkeit, Bd. 7). Berlin, New York, Walter de Gruyter, S. 49–72.

Daalder, Hans (1992): *A Crisis of Party?*, in: *Scandinavian Political Studies* 15, S. 269–288.

Dachs, Herbert et al. (Hrsg.) (1992): *Handbuch des politischen Systems Österreichs*. Wien, Manzsche Verlags- und Universitätsbuchhandlung, 2. Auflage.

Dachs, Herbert et al. (Hrsg.) (1997): *Handbuch des politischen Systems Österreichs. Die Zweite Republik*. Wien, Manzsche Verlags- und Universitätsbuchhandlung, 3. Auflage.

Dahl, Robert A. (1956): *A Preface to Democratic Theory*. Chicago, University of Chicago Press.

Dalton, Russell J. (1984): *Cognitive Mobilization and Partisan Dealignment in Advanced Industrial Demo-cracies*, in: *Journal of Politics* 46, S. 264–284.

Dalton, Russell J. (1996): *Politics in Germany*, in: Gabriel [A.] Almond und G. Bingham Powell (Hrsg.): *Comparative Politics Today. A World View*. New York, Harper Collins, 6. Auflage, S. 265–325.

Dalton, Russell J. (1999): *Political Support in Advanced Industrial Democracies*, in: Pippa Norris (Hrsg.): *Critical Citizens. Global Support for Democratic Government*. Oxford u.a., Oxford University Press, S. 57–77.

Dalton, Russell J., Paul Allen Beck und Scott C. Flanagan (1984): *Electoral Change in Advanced Industrial Democracies*, in: Russell J. Dalton, Scott C. Flanagan und Paul Allen Beck (Hrsg.): *Electoral Change in Advanced Industrial Democracies: Realignment or Dealignment*. Princeton, Princeton University Press, S. 3–22.

PV Dalton, Russell J. und Robert Rohrschneider (1990): *Wählerwandel und die Abschwächung der Parteineigungen von 1972 bis 1987*, in: Max Kaase und Hans-Dieter Klingemann (Hrsg.): *Wahlen und Wähler. Analysen aus Anlaß der Bundestagswahl 1987* (=Schriften des Zentralinstituts für sozialwissen-schaftliche Forschung der Freien Universität Berlin, Bd. 60). Opladen, Westdeutscher Verlag, S. 297–324.

Davis, James A. (1985): *The Logic of Causal Order* (=Sage University Papers on Quantitative Applications in the Social Sciences, Bd. 07-055). Beverly Hills, London, New Delhi, Sage.

DeBoef, Suzanna [L.] (2000): *Persistence and Aggregations of Survey Data over Time: From Microfounda-tions to Macropersistence*, in: *Electoral Studies* 19, S. 9–29.

PV Deinert, Rudolf Günter (1997): *Institutionenvertrauen, Demokratiezufriedenheit und Extremwahl. Ein Vergleich zwischen westdeutscher Rechts- und ostdeutscher PDS-Wahl* (=Politikwissenschaft im Gardez!, Bd. 1). St. Augustin, Gardez!-Verlag.

PV Deinert, Rudolf Günter (1998): *Die PDS, die rechten Parteien und das Alibi der „Politikverdrossen-heit"*, in: *Zeitschrift für Parlamentsfragen* 29, S. 422–441.

Denninger, Erhard (1986): *Die Herrschaftsordnung der parlamentarischen Demokratie. Die rechtsstaat-liche Demokratie zwischen Staatsverwaltung, Parteien und Verbänden*, in: Albrecht Randelzhofer und Werner Süß (Hrsg.): *Konsens und Konflikt. 35 Jahre Grundgesetz. Vorträge und Diskussionen einer Ver-anstaltung der Freien Universität Berlin vom 6. bis 8. Dezember 1984*. Berlin, New York, Walter de Gruyter, S. 200–213.

Der Spiegel (1977): *Staatsverdrossenheit: „Schon in Ordnung"*, in: *Der Spiegel* 32, Heft 27, S. 25–28.

Dettling, Warnfried (1993): *Parteien im eigenen Saft? Von der Krise zur Reform*, in: *Aus Politik und Zeitge-schichte* 43, Heft B 31, S. 14–18.

Di Palma, Giuseppe (1970): *Apathy and Participation*. New York, The Free Press.

Diekmann, Andreas (1995): *Empirische Sozialforschung. Grundlagen, Methoden, Anwendungen*. Reinbek bei Hamburg, Rowohlt.

Diekmann, Andreas und Peter Preisendörfer (2000): *Green and Greenback. The Behavioral Effects of En-vironmental Attitudes in Low-Cost and High-Cost Situations*. http://www.soz.unibe.ch/personal/ diekmann/Green.pdf, University of Berne/University of Rostock.

PV Dietze, Eckhard (1993): *Politik- und Parteienverdrossenheit*, in: *Vorgänge* 32, Heft 121, S. 4–5.

Donsbach, Wolfgang (1993): *Täter oder Opfer – die Rolle der Massenmedien in der amerikanischen Politik*, in: Bertelsmann Stiftung (Hrsg.): *Beziehungsspiele – Medien und Politik in der öffentlichen Diskussion. Fallstudien und Analysen*. Gütersloh, Bertelsmann Stiftung, S. 221–281.

Downs, Anthony (1968): *Ökonomische Theorie der Demokratie*. Tübingen, Mohr.

[PV] Döring, Herbert (1983): *Die sozialdemokratisch-liberale Allianz. Strukturprobleme des Parteienwettbewerbs in Großbritannien*, in: *Politische Vierteljahresschrift* 24, S. 80–102.

Döring, Herbert (1987): *Parteiensystem, Sozialstruktur und Parlament in Großbritannien. Wandlungen des „Westminster-Modells"*, in: *Aus Politik und Zeitgeschichte* 37, Heft B 38, S. 15–29.

[PV] Dubiel, Helmut (1994): *Ungewißheit und Politik*, Kapitel: *Metamorphosen der Zivilgesellschaft I*, S. 67–105. Suhrkamp.

Durkheim, Emile (1983): *Der Selbstmord*. Frankfurt/Main, Suhrkamp.

Easton, David (1965a): *A Framework for Political Analysis*. Englewood Cliffs, Prentice Hall.

Easton, David (1965b): *A Systems Analysis of Political Life*. New York, Wiley.

Easton, David (1975): *A Re-Assessment of the Concept of Political Support*, in: *British Journal of Political Science* 5, S. 435–457.

Efron, Bradley und Robert J. Tibshirani (1993): *An Introduction to the Bootstrap* (=Monographs on Statistics and Applied Probability, Bd. 57). New York, Chapman and Hall.

Egger, Marianne und Alberto de Campo (1997): *Was Sie schon immer über das Verhalten in sinkenden U-Booten wissen wollten. Eine Replik zu Hartmut Essers Aufsatz „Die Definition der Situation"*, in: *Kölner Zeitschrift für Soziologie und Sozialpsychologie* 49, S. 306–317.

Ehmig, Simone-Christine (1991): *Parteilichkeit oder Politikverdrossenheit? Die Darstellung von Motiven und Emotionen deutscher Politiker im „Spiegel"*, in: *Publizistik* 36, S. 183–200.

[PV] Ehrhart, Christof und Eberhard Sandschneider (1994): *Politikverdrossenheit. Kritische Anmerkungen zur Empirie, Wahrnehmung und Interpretation abnehmender politischer Partizipation*, in: *Zeitschrift für Parlamentsfragen* 25, S. 441–458.

[PV] Eilfort, Michael (1992): *Sind Nichtwähler auch Wähler?*, in: Karl Starzacher et al. (Hrsg.): *Politik und Parteienverdrossenheit, ein deutsches Problem? Gründe und Bewältigungsstrategien. Dokumentation eines Forums der Bundesvereinigung der Deutschen Arbeitgeberverbände und der Arbeitsgemeinschaft Norddeutscher Bildungswerke der Wirtschaft e.V. Bundesvereinigung d. Dt. Arbeitgeberverbände*. Köln, Bund, S. 169–175.

[PV] Eilfort, Michael (1994): *Die Nichtwähler. Wahlenthaltung als Form des Wahlverhaltens* (=Studien zur Politik, Bd. 24). Paderborn, Schöningh.

[PV] Eilfort, Michael (1995): *Krise oder Normalisierung? Nichtwähler im „Superwahljahr" – soviel Konfusion wie Klarheit*, in: *Zeitschrift für Parlamentsfragen* 26, S. 183–192.

[PV] Eilfort, Michael (1996): Politikverdrossenheit *and the Non-Voter*, in: Geoffrey K. Roberts (Hrsg.): *Superwahljahr: The German Elections in 1994*. London, Frank Cass, S. 111–119.

[PV] Eilfort, Michael (1997): *Der ‚Monarch' ist tot, der ‚Adel' erschüttert. Parlamentarismus im Frankreich des Bürgerpräsidenten Jacques Chirac*, in: *Zeitschrift für Parlamentsfragen* 28, S. 60–84.

Elander, Ingmar (1996): *Central-Local Government Relations and Regionalism in Sweden*, in: *Österreichische Zeitschrift für Politikwissenschaft* 25, S. 279–294.

Erber, Ralph und Richard R. Lau (1990): *Political Cynicism Revisited. An Information Processing Reconciliation of Policy-based and Incumbency-based Interpretations of Changes in Trust in Government*, in: *American Journal of Political Science* 34, S. 236–253.

PV Ertl, Jochen (1997): *Kommunal- und Bundestagswahlen als Protestwahlen*, in: Oscar W. Gabriel, Frank Brettschneider und Angelika Vetter (Hrsg.): *Politische Kultur und Wahlverhalten in einer Großstadt* (=Studien zur Sozialwissenschaft, Bd. 188). Opladen, Westdeutscher Verlag, S. 203–226.

Esser, Hartmut (1996a): *Die Definition der Situation*, in: *Kölner Zeitschrift für Soziologie und Sozialpsychologie* 48, S. 1–34.

Esser, Hartmut (1996b): *Soziologie. Allgemeine Grundlagen.* Frankfurt/Main, New York, Campus, 2. Auflage.

Esser, Hartmut (1997): *Panik an Bord? Eine Antwort auf die Replik „Was Sie schon immer über das Verhalten in sinkenden U-Booten wissen wollten"*, in: *Kölner Zeitschrift für Soziologie und Sozialpsychologie* 49, S. 318–326.

Evans, Geoffrey und Mansur Lallje (1997): *Political Talk and the Stability of Political Orientation* (=CREST Working Papers, Bd. 61). http://www.strath.ac.uk/Other/CREST/p61.htm, CREST, Department of Government, University of Strathclyde.

Falter, Jürgen, Oscar W. Gabriel und Hans Rattinger (Hrsg.) (2000): *Wirklich ein Volk? Die politischen Orientierungen von Ost- und Westdeutschen im Vergleich.* Opladen, Leske und Budrich.

Falter, Jürgen W. (1977): *Einmal mehr: Läßt sich das Konzept der Parteiidentifikation auf deutsche Verhältnisse übertragen? Theoretische, methodologische und empirische Probleme einer Validierung des Konstrukts ,Parteiidentifikation' für die Bundesrepublik Deutschland*, in: *Politische Vierteljahresschrift* 18, Heft 2/3 („Wahlsoziologie heute", hrsg. von Max Kaase), S. 476–500.

PV Falter, Jürgen W. (1994): *Wer wählt rechts? Die Wähler und Anhänger rechtsextremistischer Parteien im vereinigten Deutschland [unter Mitarbeit von Markus Klein].* München, Beck.

PV Falter, Jürgen W. und Markus Klein (1994): *Die Wähler der PDS bei der Bundestagswahl 1994. Zwischen Ideologie, Nostalgie und Protest*, in: *Aus Politik und Zeitgeschichte* 44, Heft B 51/52, S. 22–34.

PV Falter, Jürgen W. und Hans Rattinger (1997): *Die deutschen Parteien im Urteil der öffentlichen Meinung von 1977-1994*, in: Oscar W. Gabriel, Oskar Niedermayer und Richard Stöss (Hrsg.): *Parteiendemokratie in Deutschland.* Opladen, Westdeutscher Verlag, S. 495–513.

Falter, Jürgen W. und Harald Schoen (1999): *Wahlen und Wählerverhalten*, in: Thomas Ellwein und Everhard Holtmann (Hrsg.): *50 Jahre Bundesrepublik Deutschland. Rahmenbedingungen – Entwicklungen – Perspektiven* (=PVS Sonderhefte, Bd. 30). Opladen, Wiesbaden, Westdeutscher Verlag, S. 454–470.

PV Falter, Jürgen W. und Siegfried Schumann (1993): *Nichtwahl und Protestwahl: Zwei Seiten einer Medaille*, in: *Aus Politik und Zeitgeschichte* 43, Heft B 11, S. 36–49.

PV Falter, Jürgen W. und Siegfried Schumann (1994): *Der Nichtwähler – das unbekannte Wesen*, in: Hans-Dieter Klingemann und Max Kaase (Hrsg.): *Wahlen und Wähler. Analysen aus Anlaß der Bundestagswahl 1990* (=Schriften des Zentralinstituts für sozialwissenschaftliche Forschung der Freien Universität Berlin ehemals Schriften des Instituts für politische Wissenschaft, Bd. 72). Opladen, Westdeutscher Verlag, S. 161–213.

Fanger, Uli (1994): *Demokratisierung und Systemstabilität in Lateinamerika*, in: Heinrich Oberreuter und Heribert Weiland (Hrsg.): *Demokratie und Partizipation in Entwicklungsländern. Politische Hintergrundanalysen zur Entwicklungszusammenarbeit* (=Politik- und kommunikationswissenschaftliche Veröffentlichungen der Görres-Gesellschaft, Bd. 12). Paderborn u.a., Schöningh, S. 81–102.

Farah, Barbara G., Samuel H. Barnes und Felix Heunks (1979): *Political Dissatisfaction*, in: Samuel Barnes, Max Kaase et al. (Hrsg.): *Political Action. Mass Participation in Five Western Democracies.* Beverly Hills, Sage, S. 409–477.

Faul, Erwin (1964): *Verfemung, Duldung und Anerkennung des Parteiwesens in der Geschichte des politischen Denkens*, in: *Politische Vierteljahresschrift* 5, S. 60–80.

Fazio, Russel H. (1986): *How Do Attitudes Guide Behavior?*, in: Richard M. Sorrentino und E. Tory Higgins (Hrsg.): *Handbook of Motivation and Cognition. Foundations of Social Behavior.* Chichester u.a., John Wiley, S. 204–243.

Fazio, Russel H. (1990): *Multiple Processes by which Attitudes Guide Behavior: The MODE-Model as an Integrative Framework*, in: Mark P. Zanna (Hrsg.): *Advances in Experimental Social Psychology*, Bd. 23. San Diego, London, Academic Press, S. 75–109.

PV Feist, Ursula (1989): *Rechtsparteien auf dem Vormarsch: Gründe für ihre Wahlerfolge – Strategien zu ihrer Eindämmung*, in: *Gegenwartskunde* 38, S. 321–330.

PV Feist, Ursula (1993): *Die Verankerung der Demokratie in den Köpfen ihrer Bürger. Ergebnisse der Wahl- und Meinungsforschung*, in: Kuratorium der Polizei-Führungsakademie (Hrsg.): *Thema heute: „Demokratie im Wandel – Krise der Demokratie?" Akademietage der Polizei-Führungsakademie 1993* (=Schriftenreihe der Polizei-Führungsakademie, Bd. 93,2/3). o. O. [Lübeck], Schmidt-Römhild, S. 45–54.

Finifter, Ada W. (1970): *Dimensions of Political Alienation*, in: *American Political Science Review* 64, S. 389–410.

Fox, John (1997): *Applied Regression Analysis, Linear Models, and Related Methods.* Thousand Oaks, London, New Delhi, Sage.

Fraenkel, Ernst (1966): *Ursprung und politische Bedeutung der Parlamentsverdrossenheit*, in: Dieter Stolte und Richard Wisser (Hrsg.): *Integritas. Geistige Wandlung und menschliche Wirklichkeit.* Tübingen, Wunderlich, S. 244–255.

Francis, Emerich K. (1995): *Wahlen – Qualen. Ratgeber für unentschlossene Wähler*, in: *Zeitschrift für Politik* 42, S. 383–407.

Frerk, Thorsten (1998): *Die Responsivität kommunaler politischer Eliten. Untersucht am Beispiel der Ratsmitglieder der Städte Oberhausen, Krefeld, Mülheim (Ruhr) und Solingen.* Dortmund, Projekt-Verlag.

PV Friedrich, Walter (1992): *Zu politischen Grundpositionen junger Menschen in Ostdeutschland. Ergebnisse einer empirischen Studie*, in: *Kultursoziologie* 1, Heft 4, S. 41–53.

PV Friedrich, Walter (1993): *Fremdenfeindlichkeit und rechtsextreme Orientierungen bei ostdeutschen Jugendlichen*, in: Forschungsinstitut der Friedrich-Ebert-Stiftung, Abteilung Arbeits- und Sozialforschung (Hrsg.): *Fremdenfeindlichkeit und Gewalt. Ursachen und Handlungsperspektiven. Eine Tagung der Friedrich-Ebert-Stiftung am 13. und 14. Oktober 1992* (=Gesprächskreis Arbeit und Soziales, Bd. 15). Bonn, o.V., S. 21–34.

PV Friedrichsen, Mike (1995): *Medienbewertung als Element des politischen Informationsprozesses*, in: Hans-Dieter Klingemann, Lutz Erbring und Nils Diederich (Hrsg.): *Zwischen Wende und Wiedervereinigung. Analysen zur politischen Kultur in West- und Ost-Berlin 1990* (=Schriften des Zentralinstituts für Sozialwissenschaftliche Forschung der Freien Universität Berlin, Bd. 77). Westdeutscher Verlag, S. 260–303.

PV Friedrichsen, Mike (1996a): *Im Zweifel für den Angeklagten. Zur Wahrnehmung und Akzeptanz von Parteien im Superwahljahr 1994*, in: Christina Holtz-Bacha und Lynda Lee Kaid (Hrsg.): *Wahlen und Wahlkampf in den Medien. Untersuchungen aus dem Wahljahr 1994.* Opladen, Westdeutscher Verlag, S. 45–79.

PV Friedrichsen, Mike (1996b): *Politik- und Parteiverdruß durch Skandalberichterstattung?*, in: Otfried Jarren, Heribert Schatz und Hartmut Weßler (Hrsg.): *Medien und politischer Prozeß. Politische Öffentlichkeit und massenmediale Politikvermittlung im Wandel.* Opladen, Westdeutscher Verlag, S. 73–93.

PV Förster, Peter (1994): *Jungwähler Ost – das unbekannte Wesen. Erkenntnisse der Studie ‚Jugendliche in Sachsen‘*, in: *Media-Spectrum* 15, Heft 1, S. 45–50.

PV Förster, Peter und Walter Friedrich (1996): *Jugendliche in den neuen Bundesländern*, in: *Aus Politik und Zeitgeschichte* 46, Heft B 19, S. 18–29.

Fuchs, Dieter (1989): *Die Unterstützung des politischen Systems der Bundesrepublik Deutschland.* Opladen, Westdeutscher Verlag.

Fuchs, Dieter (1995): *Die Struktur politischen Handelns in der Übergangsphase*, in: Hans-Dieter Klingemann, Lutz Erbring und Niels Diederich (Hrsg.): *Zwischen Wende und Wiedervereinigung. Analysen zur politischen Kultur in West- und Ost-Berlin 1990* (=Schriften des Zentralinstituts für Sozialwissenschaftliche Forschung der Freien Universität Berlin, Bd. 77). Opladen, Westdeutscher Verlag, S. 135–147.

Fuchs, Dieter (2001): *Politikverdrossenheit [STICHWORT]*, in: Martin Greiffenhagen und Sylvia Greiffenhagen (Hrsg.): *Handwörterbuch zur Politischen Kultur (i.E.).* Opladen, Leske und Budrich.

Fuchs, Dieter, Giovanna Gudiorossi und Palle Svenson (1995): *Support for the Democratic System*, in: Hans-Dieter Klingemann und Dieter Fuchs (Hrsg.): *Citizens and the State* (=Beliefs in Government, Bd. 1). Oxford u.a., Oxford University Press, S. 323–353.

Fuchs, Dieter und Hans-Dieter Klingemann (1995): *Citizens and the State: A Relationship Transformed*, in: Hans-Dieter Klingemann und Dieter Fuchs (Hrsg.): *Citizens and the State* (=Beliefs in Government, Bd. 1). Oxford u.a., Oxford University Press, S. 419–443.

Gabriel, Oscar W. (1986): *Politische Kultur, Postmaterialismus und Materialismus in der Bundesrepublik Deutschland* (=Beiträge zur sozialwissenschaftlichen Forschung, Bd. 76). Opladen, Westdeutscher Verlag.

PV Gabriel, Oscar W. (1993): *Institutionenvertrauen im vereinigten Deutschland*, in: *Aus Politik und Zeitgeschichte* 43, Heft B 43, S. 3–12.

PV Gabriel, Oscar W. (1994): *Die Bürger, die Parteien und die Demokratie in Westeuropa. [Anmerkungen und Analysen zum Problem der Politikverdrossenheit]*, in: Gerd Hepp, Siegfried Schiele und Uwe Uffelmann (Hrsg.): *Die schwierigen Bürger. Herbert Schneider zum 65. Geburtstag.* Schwalbach/Taunus, Wochenschau, S. 105–128.

Gabriel, Oscar W. (1995): *Immer mehr Gemeinsamkeiten? Politische Kultur im vereinigten Deutschland*, in: Ralf Altenhof und Eckhard Jesse (Hrsg.): *Das wiedervereinigte Deutschland. Zwischenbilanz und Perspektiven.* Düsseldorf, Droste Verlag, S. 243–274.

Gabriel, Oscar W. (1997): *Politische Einstellungen und politisches Verhalten*, in: Oscar W. Gabriel und Everhard Holtmann (Hrsg.): *Handbuch politisches System der Bundesrepublik.* München, Wien, Oldenbourg, S. 381–497.

Gabriel, Oscar W. und Jan van Deth (1995): *Political Interest*, in: Jan van Deth und Elinor Scarbrough (Hrsg.): *The Impact of Values* (=Beliefs in Government, Bd. 4). Oxford u.a., Oxford University Press, S. 390–411.

PV Gaiser, Wolfgang et al. (2000): *Politikverdrossenheit in Ost und West? Einstellungen von Jugendlichen und jungen Erwachsenen*, in: *Aus Politik und Zeitgeschichte* 50, Heft B 19/20, S. 12–23.

Gamson, William A. (1968): *Power and Discontent.* Homewood, The Dorsey Press.

Garson, David (1998): *Structural Equation Modeling.* www2.chass.ncsu.edu/garson/pa765/ structur.htm(13.11.00), College of Humanities and Social Sciences, North Carolina State University.

[PV] Gehmacher, Ernst (1987): *Das Wahljahr 1986: Welche Theorien stimmen [unter Mitarbeit von Franz Birk und Günther Ogris]*, in: *Journal für Sozialforschung* 27, S. 155–171.

[PV] Gehmacher, Ernst, Franz Birk und Günther Ogris (1988): *„1986: Das Wahljahr der Überraschungen - Aus dem Blickpunkt der Wahlverhaltenstheorie"*, in: Anton Pelinka und Fritz Plasser (Hrsg.): *Das österreichische Parteiensystem* (=Studien zu Politik und Verwaltung, Bd. 22). Wien, Köln, Graz, Böhlau, S. 103–126.

Gehring, Uwe und Cornelia Weins (1998): *Grundkurs Statistik für Politologen.* Opladen, Westdeutscher Verlag.

[PV] Geiling, Heiko (1995): *Politikverdrossenheit oder Masseneffekt der Individualisierung. Von erzwungener politischer Konformität zu freiwilliger Koordination*, in: *Sozialwissenschaftliche Informationen* 24, S. 265–272.

[PV] Geiling, Heiko (1997): *Politikverdrossenheit oder Legitimationsverlust? Zum sozialen Strukturwandel aus der Perspektive einer akteursorientierten kritischen Gesellschaftsanalyse*, in: Heiko Geiling (Hrsg.): *Integration und Ausgrenzung. Hannoversche Forschungen zum gesellschaftlichen Strukturwandel* (=Veröffentlichungen des Forschungsverbundes Interdisziplinäre Sozialstrukturforschung (FIS) der Universitäten Hannover und Oldenburg, Bd. 1). Hannover, Offizin.

Geiling, Heiko et al. (1992): *Politikstile und Gesellungsstile der Westdeutschen. Ergebnisse aus Cluster- und Faktorenanalysen einer repräsentativen Befragung*, in: Arbeitsgruppe Interdisziplinäre Sozialstrukturforschung der Universität Hannover Agis (Hrsg.): *o.T.*, Bd. 1. Agis, S. 19–70.

[PV] Gerns, Willi (1996): *Politikverdrossenheit – Symptome und Ursachen*, in: *Marxistische Blätter* 34, S. 33–39.

Gessenharter, Wolfgang (1996): *Warum neue Beteiligungsmodelle auf kommunaler Ebene? Kommunalpolitik zwischen Globalisierung und Demokratisierung*, in: *Aus Politik und Zeitgeschichte* 46, Heft B 50, S. 3–13.

Gifi, Albert (1990): *Nonlinear Multivariate Analysis.* Chichester u.a., John Wiley & Sons.

[PV] Gille, Martina et al. (1996a): *Das Verhältnis Jugendlicher und Erwachsener zur Politik: Normalisierung oder Krisenentwicklung?*, in: *Aus Politik und Zeitgeschichte* 46, Heft B 19, S. 3–17.

[PV] Gille, Martina et al. (1996b): *Jugend und Politik. Politisches Interesse, Institutionenvertrauen, Wertorientierungen und Partizipationsbereitschaften*[3], in: *Diskurs* 6, Heft 1, S. 62–70.

Gille, Martina et al. (1998): *Politische Orientierungen, Werthaltungen und die Partizipation Jugendlicher: Veränderungen und Trends in den 90er Jahren*[4], in: Christian Palentien und Klaus Hurrelmann (Hrsg.): *Jugend und Politik. Ein Handbuch für Forschung, Lehre und Praxis.* Neuwied, Kriftel, Berlin, Luchterhand, 2. Auflage, S. 148–177.

---

3   Bei diesem Beitrag handelt es sich um eine „gekürzte, überarbeitete und erweiterte Fassung" (Gille et al. 1996b: 69, FN 1) von Gille et al. (1996a), die zudem nur noch in der Zusammenfassung auf den Begriff der Politikverdrossenheit Bezug nimmt. In der Bedeutungsanalyse wurde dieser Artikel deshalb nicht gesondert berücksichtigt.

4   Bei diesem Beitrag handelt es sich ebenfalls um eine überarbeitete Fassung von Gille et al. (1996a). Von Gille et al. (1996b) unterscheidet sie sich hauptsächlich durch die Aufnahme zusätzlicher Grafiken und Literaturverweise so wie durch einige leicht veränderte Formulierungen. In der Bedeutungsanalyse wurde dieser Artikel deshalb nicht gesondert berücksichtigt.

Gilliam, Franklin D. und Karen M. Kaufmann (1998): *Is there an Empowerment Life Cycle? Long-Term Black Empowerment and Its Influence on Voter Participation*, in: *Urban Affairs Review* 33, S. 741–765.

PV Gleich, Uli (1998): *Die Bedeutung medialer politischer Kommunikation für Wahlen*, in: *Media Perspektiven* 36, S. 411–422.

PV Güllner, Manfred (1993): *Parteien und Wahlen – "Volkes Stimme"? Empirische Analyse einer Entfremdung*, in: Jochen Buchholz (Hrsg.): *Parteien in der Kritik* (=Schriftenreihe der Volkshochschule der Stadt Bonn, Bd. 2). Bonn, Bouvier, S. 33–51.

Gloede, Walter (1993): *Zur Hölle mit den Politikern. Warum der Wähler das Vertrauen verliert*. München, Unversitas.

PV Glotz, Peter und Rainer Wagner (1982): *Das Verhältnis zwischen Bürgern und Parteien aus der Sicht der SPD*, in: Joachim Raschke (Hrsg.): *Bürger und Parteien. Ansichten und Analysen einer schwierigen Beziehung*. Opladen, Westdeutscher Verlag, S. 283–293.

Goodin, Robert E. und Hans-Dieter Klingemann (1996): *Political Science: The Discipline*, in: Robert E. Goodin und Hans-Dieter Klingemann (Hrsg.): *A New Handbook of Political Science*. Oxford u.a., Oxford University Press, S. 1–49.

PV Gothe, Heiko, Nikolaus Schleyer und Patrick Weber (1997): *Mythos und Realität: ,Parteienverdrossenheit'in der Bundesrepublik Deutschland*, in: Rainer Scheider-Wilkes (Hrsg.): *Demokratie in Gefahr? Zum Zustand der deutschen Republik*. Münster, Westfälisches Dampfboot, S. 153–171.

PV Grausgruber, Alfred (1988): *Anomie und Entfremdung im österreichischen Parteiensystem. Einige empirische Hinweise zur Verbreitung politischer Entfremdung, zu ihren Ursachen und ihren Folgewirkungen*, in: Anton Pelinka und Fritz Plasser (Hrsg.): *Das österreichische Parteiensystem* (=Studien zu Politik und Verwaltung, Bd. 22). Wien, Köln, Graz, Böhlau, S. 271–327.

Green, Donald P., Alan S. Gerber und Suzanna L. DeBoef (1999): *Tracking Opinion over Time. A Method for Reducing Sampling Error*, in: *Public Opinion Quarterly* 63, S. 178–192.

Greiffenhagen, Martin (Hrsg.) (1980): *Kampf um Wörter? Politische Begriffe im Meinungsstreit*. München, Wien, Hanser.

PV Greiffenhagen, Martin (1997): *Politische Legitimität in Deutschland*. Gütersloh, Bertelsmann Stiftung.

Greiffenhagen, Martin und Sylvia Greiffenhagen (1993): *Ein schwieriges Vaterland. Zur politischen Kultur im vereinigten Deutschland*. München, Leipzig, List, 2. Auflage.

Greven, Michael Th. (1994): *Die Allgegenwart des Politischen und die Randständigkeit der Politikwissenschaft*, in: Claus Leggewie (Hrsg.): *Wozu Politikwissenschaft? Über das Neue in der Politik*. Darmstadt, Wissenschaftliche Buchgesellschaft, S. 285–296.

Gräf, Lorenz und Wolfgang Jagodzinski (1998): *Wer vertraut welcher Institution? Sozialstrukturell und politisch bedingte Unterschiede im Institutionenvertrauen*, in: Michael Braun und Peter Ph. Mohler (Hrsg.): *Blickpunkt Gesellschaft 4. Soziale Ungleichheit in Deutschland*. Opladen, Wiesbaden, Westdeutscher Verlag, S. 283–315.

Grofman, Bernard (1997): *Seven Durable Axes of Cleavage in Political Science*, in: Kristen Renwick Monroe (Hrsg.): *Contemporary Empirical Theory*. Berkeley, Los Angeles, London, University of California Press, S. 73–86.

Grubbe, Peter (1993): *Selbstbedienungsladen. Vom Verfall der demokratischen Moral*. Peter Hammer.

Gurr, Ted Robert (1970): *Why men rebel*. Princeton, Princeton University Press.

Habermas, Jürgen (1973): *Legitimationsprobleme im Spätkapitalismus.* Frankfurt/Main, Suhrkamp.

Habermas, Jürgen (1976): *Legitimationsprobleme im modernen Staat,* in: Peter Graf Kielmansegg (Hrsg.): *Legitimationsprobleme politischer Systeme* (=PVS Sonderhefte, Bd. 7). Opladen, Westdeutscher Verlag, S. 39–61.

Hair, Josef F. et al. (1995): *Multivariate Data Analysis. With Readings.* Englewood Cliffs, Prentice Hall, 4. Auflage.

Hamm-Brücher, Hildegard (1989): *Ist unser parlamentarisches System in guter Verfassung?,* in: *Aus Politik und Zeitgeschichte* 39, Heft B 37/38, S. 13–20.

PV Hamm-Brücher, Hildegard (1993): *Wege in die und Wege aus der Politik(er)verdrossenheit. Von der Zuschauerdemokratie zur demokratischen Bürgergesellschaft,* in: *Aus Politik und Zeitgeschichte* 43, Heft B 31, S. 3–6.

PV Hamm-Brücher, Hildegard (1994): *Wege in die und Wege aus der Politik- und Parteienverdrossenheit*[5], in: Bernd Guggenberger und Andreas Meier (Hrsg.): *Der Souverän auf der Nebenbühne. Essays und Zwischenrufe zur deutschen Verfassungsdiskussion.* Opladen, Westdeutscher Verlag, S. 190–196.

Hans-Seidel-Stiftung (Hrsg.) (1992): *„Bürger und Staat". Politik und Politiker im Kreuzfeuer der Kritik* (=Politische Studien Sonderhefte, Bd. 5/92). München u.a., Pflaum.

Hans-Seidel-Stiftung (Hrsg.) (1993): *Die Parteien im politischen System der Bundesrepublik* (=Politische Studien Sonderhefte, Bd. 4/93). Grünwald, Atwerb.

Hardin, Russell (1997): *Theory on the Prowl,* in: Kristen Renwick Monroe (Hrsg.): *Contemporary Empirical Theory.* Berkeley, Los Angeles, London, University of California Press, S. 202–218.

Haungs, Peter (Hrsg.) (1990): *Politik ohne Vertrauen?* (=Veröffentlichungen der Deutschen Gesellschaft für Politikwissenschaft (DGfP), Bd. 8). Baden-Baden, Nomos.

PV Haungs, Peter (1993): *Alte und neue Parteienkritik,* in: Hans-Seidel-Stiftung (Hrsg.): *Die Parteien im politischen System der Bundesrepublik Deutschland* (=Politische Studien Sonderhefte, Bd. 4/93). Grünwald, Atwerb, S. 20–33.

Haungs, Peter (1994): *Plädoyer für eine erneuerte Mitgliederpartei. Anmerkung zur aktuellen Diskussion über die Zukunft der Volksparteien,* in: *Zeitschrift für Parlamentsfragen* 25, S. 108–115.

Hayes, Bernadette C. und Clive S. Bean (1993): *Political Efficacy: A Comparative Study of the United States, West Germany, Great Britain and Australia,* in: *European Journal of Political Research* 23, S. 261–280.

PV Hefty, Georg Paul (1992): *Die wohlfeile Politikverdrossenheit der Wohlstandsbürger,* in: Hans-Seidel-Stiftung (Hrsg.): *„Bürger und Staat". Politik und Politiker im Kreuzfeuer der Kritik* (=Politische Studien Sonderhefte, Bd. 5/92). München u.a., Pflaum, S. 59–65.

PV Hefty, Georg Paul (1993): *Die wohlfeile Politikverdrossenheit der Wohlstandsbürger*[6], in: Helmut Herles und Friedrich W. Husemann (Hrsg.): *Politikverdrossenheit – Schlagwort oder Zeichen der Krise?* München, Landsberg/Lech, Aktuell, S. 45–52.

---

5   Bei diesem Beitrag handelt es sich um eine gekürzte Fassung von Hamm-Brücher (1993). In der Bedeutungsanalyse wurde er deshalb nicht gesondert berücksichtigt.

6   Dieser Aufsatz ist mit dem Beitrag in dem von der Hans-Seidel-Stiftung herausgegebenen Sonderheft der Politischen Studien (Hefty 1992) identisch und wurde deshalb in der Bedeutungsanalyse nicht gesondert berücksichtigt.

Heidorn, Joachim (1982): *Legitimität und Regierbarkeit. Studien zu den Legitimitätstheorien von Max Weber, Niklas Luhmann, Jürgen Habermas und der Unregierbarkeitsforschung* (=Sozialwissenschaftliche Schriften, Bd. 4). Berlin, Duncker und Humblot.

[PV] Heitmeyer, Wilhelm, Kurt Möller und Getrud Siller (1990): *Jugend und Politik. Chancen und Belastungen der Labilisierung politischer Orientierungssicherheiten,* in: Wilhelm Heitmeyer und Thomas Olk (Hrsg.): *Individualisierung von Jugend. Gesellschaftliche Prozesse, subjektive Verarbeitungsformen, jugendpolitische Konsequenzen.* Weinheim, München, Juventa, S. 195–217.

Henkel, Michael (1996): *Normen und politisches Handeln. Zur moralischen Verurteilung der Politik bei Kant und Hayek,* in: *Archiv für Rechts- und Sozialphilosophie* 82, S. 208–221.

[PV] Hennig, Eike (1994): *Politische Unzufriedenheit – ein Resonanzboden für Rechtsextremismus?,* in: Wolfgang Kowalsky und Wolfgang Schroeder (Hrsg.): *Rechtsextremismus. Einführung und Forschungsbilanz.* Opladen, Westdeutscher Verlag, S. 339–380.

Hennig, Eike (1997): *Demokratieunzufriedenheit und Systemgefährdung,* in: Wilhelm Heitmeyer (Hrsg.): *Was treibt die Gesellschaft auseinander?* (=Bundesrepublik Deutschland: Auf dem Weg von der Konsens- zur Konfliktgesellschaft, Bd. 1). Frankfurt/Main, Suhrkamp, S. 156–195.

Hennis, Wilhelm (1965): *Aufgaben einer modernen Regierungslehre,* in: *Politische Vierteljahresschrift* 6, S. 422–441.

Hennis, Wilhelm (1976a): *Legitimität. Zu einer Kategorie der bürgerlichen Gesellschaft,* in: Peter Graf Kielmansegg (Hrsg.): *Legitimationsprobleme politischer Systeme* (=PVS Sonderhefte, Bd. 7). Opladen, Westdeutscher Verlag, S. 9–38.

Hennis, Wilhelm (1976b): *Probleme der Regierbarkeit. Systemüberwindung, Wandel oder Verfall der Parteiendemokratie,* in: *Die politische Meinung* 21, Heft 169, S. 85–100.

Hennis, Wilhelm (1977): *Zur Begründung der Fragestellung,* in: Wilhelm Hennis, Peter Graf Kielmansegg und Ulrich Matz (Hrsg.): *Regierbarkeit. Studien zu ihrer Problematisierung,* Bd. 1. Stuttgart, Klett-Cotta, S. 9–21.

Hennis, Wilhelm, Peter Graf Kielmansegg und Ulrich Matz (Hrsg.) (1977): *Regierbarkeit. Studien zu ihrer Problematisierung,* Bd. 1. Stuttgart, Klett-Cotta.

Hennis, Wilhelm, Peter Graf Kielmansegg und Ulrich Matz (1979): *Regierbarkeit. Studien zu ihrer Problematisierung,* Bd. 2. Stuttgart, Klett-Cotta.

Herzog, Dietrich, Hilke Rebenstorf und Bernhard Weßels (Hrsg.) (1993): *Parlament und Gesellschaft. Eine Funktionsanalyse der repräsentativen Demokratie* (=Schriften des Zentralinstituts für sozialwissenschaftliche Forschung der Freien Universität Berlin, Bd. 73). Opladen, Westdeutscher Verlag.

Hessenauer, Ernst (1961): *Überforderung des Staates und Staatsverdrossenheit. Politik und Erziehung vor neuen Herausforderungen. Vortrag gehalten am 18. Januar 1957 im Bonner Bundeshaus vor einem Kreis von Bundestagsabgeordneten und Erziehern der Bundesrepublik.* Kiel, Der Landesbeauftragte für staatsbürgerliche Bildung in Schleswig-Holstein, 2. Auflage.

Höhne, Roland (1996): *Kontinuität und Wandel des französischen Parteiensystems,* in: *Frankreich Jahrbuch* 9, S. 109–145.

Hill, Hermann (1994): *Politikverdrossenheit – auch durch schlechte Gesetzgebung?,* in: Klaus Letzgus et al. (Hrsg.): *Für Recht und Staat. Festschrift für Herbert Helmrich zum 60. Geburtstag.* München, Beck, S. 513–523.

PV Hinsch, Rüdiger und Winfried Langner (1997): „Null Bock auf Politik!" Politische Einstellungen und Ausländerfeindlichkeit in Brandenburg, in: Dietmar Sturzbecher (Hrsg.): Jugend und Gewalt in Ostdeutschland. Lebenserfahrungen in Schule, Freizeit und Familie. Göttingen, Verlag für angewandte Psychologie, S. 143–169.

PV Hinz, Detlef und Jochen Hinz (1979): Einstellungen Auszubildender zu politischen und sozialen Fragen unter Berücksichtigung typologischer Konzepte, in: Barbara Hille und Burkhard Roeder (Hrsg.): Beiträge zur Jugendforschung. Sozialpsychologische Befunde zum Jugendalter in beiden deutschen Staaten. Walter Jaide zum 65. Geburtstag. Opladen, Leske und Budrich.

Hirschman, Albert O. (1970): Exit, Voice, and Loyalty. Responses to Decline in Firms, Organizations, and States. Cambridge, Harvard University Press.

Hirschman, Albert O. (1984): Engagement und Enttäuschung. Über das Schwanken der Bürger zwischen Privatwohl und Gemeinwohl. Frankfurt/Main, Suhrkamp.

Hitzler, Ronald und Michaela Pfadenhauer (1999): „We are one different family". Techno als Exempel der ,anderen' Politik, in: Ulrich Beck, Maarten A. Hajer und Sven Kesselring (Hrsg.): Der unscharfe Ort der Politik. Empirische Fallstudien zu Theorie der reflexiven Modernisierung. Opladen, Leske und Budrich, S. 45–61.

Hoffmann, Hans-Viktor (1994): Demoskopisches Meinungsbild in Deutschland zur Sicherheits- und Verteidigungspolitik 1993 (=Schriftenreihe der AIK, Bd. 8). o. O. [Strausberg], Akademie der Bundeswehr für Information und Kommunikation.

Hoffmann-Lange, Ursula (1992): Eliten, Macht und Konflikt in der Bundesrepublik. Opladen, Leske und Budrich.

PV Hoffmann-Lange, Ursula (1994): Zur Politikverdrossenheit Jugendlicher in Deutschland. Erscheinungsformen und Ursachen, Erscheinungsformen und Ursachen, in: Politische Studien 45, Heft 336, S. 92–106.

PV Hoffmann-Lange, Ursula (1998): Jugend zwischen politischer Teilnahmebereitschaft und Politikverdrossenheit, in: Christian Palentien und Klaus Hurrelmann (Hrsg.): Jugend und Politik. Ein Handbuch für Forschung, Lehre und Praxis. Neuwied, Kriftel, Berlin, Luchterhand, 2. Auflage, S. 178–205.

PV Hoffmann-Lange, Ursula (1999): Trends in der politischen Kultur Deutschlands: Sind Organisationsmüdigkeit, Politikverdrossenheit und Rechtsextremismus typisch für die deutsche Jugend?, in: Gegenwartskunde 48, S. 365–390.

PV Hoffmann-Lange, Ursula, Martina Gille und Helmut Schneider (1993): Das Verhältnis von Jugend und Politik in Deutschland, in: Aus Politik und Zeitgeschichte 43, Heft B 19, S. 3–12.

Holsen, Ingrid, Pål Kraft und Joar Vittersø (2000): Stability in Depressed Mood in Adolescence. Results from a 6-Year Longitudinal Panel Study, in: Journal of Youth and Adolescence 29, S. 61–78.

Holtmann, Everhard (1989): Politik und Nichtpolitik. Lokale Erscheinungsformen politischer Kultur im frühen Nachkriegsdeutschland. Das Beispiel Unna und Kamen. Opladen, Westdeutscher Verlag.

Holtmann, Everhard und Winfried Killisch (1989): Gemeindegebietsreform und politische Partizipation. Einstellungen in der fränkischen ,Rebellengemeinde' Ermershausen, in: Aus Politik und Zeitgeschichte 39, Heft B 30/31, S. 27–39.

Holtz-Bacha, Christina (1990): Ablenkung oder Abkehr von der Politik? Mediennutzung im Geflecht politischer Orientierungen (=Studien zur Sozialwissenschaft, Bd. 96). Westdeutscher Verlag.

PV Holtz-Bacha, Christina (1994a): Entfremdung von der Politik durch „Fernseh-Politik"? – Zur Hypothese der Videomalaise, in: Otfried Jarren (Hrsg.): Politische Kommunikation im Hörfunk und Fernsehen (=Gegenwartskunde Sonderhefte, Bd. 8). Opladen, Leske und Budrich, S. 123–133.

PV Holtz-Bacha, Christina (1994b): *Massenmedien und Politikvermittlung – Ist die Videomalaise-Hypothese ein adäquates Konzept?*, in: Michael Jäckel und Peter Winterhoff-Spurk (Hrsg.): *Politik und Medien. Analysen zur Entwicklung der politischen Kommunikation*[7] Berlin, Vistas, S. 181–191.

PV Holtz-Bacha, Christina (1998): *Politikverdrossenheit [Stichwort]*, in: Otfried Jarren, Ulrich Sarcinelli und Ulrich Saxer (Hrsg.): *Politische Kommunikation in der demokratischen Gesellschaft. Ein Handbuch mit Lexikonteil.* Westdeutscher Verlag, S. 701–702.

Hoogland, Jeffrey J. und Anne Boomsma (1998): *Robustness Studies in Covariance Structure Modeling*, in: *Sociological Methods & Research* 26, S. 329–367.

Howarth, David (1995): *Discourse Theory*, in: David Marsh und Gerry Stoker (Hrsg.): *Theory and Methods in Political Science.* Basingstoke, London, Macmillan, S. 115–133.

Hoyle, Rick H. und Abigail T. Panter (1995): *Writing about Structural Equation Models*, in: Rick H. Hoyle (Hrsg.): *Structural Equation Modeling. Concepts, Issues, and Applications.* Thousand Oaks, London, New Delhi, Sage, S. 158–176.

Hradil, Stefan (1999): *Soziale Ungleichheit in Deutschland. Unter Mitarbeit von Jürgen Schiener.* Opladen, Leske und Budrich, 7. Auflage.

Hu, Li-tze und Peter M. Bentler (1995): *Evaluating Model Fit*, in: Rick H. Hoyle (Hrsg.): *Structural Equation Modeling. Concepts, Issues, and Applications.* Thousand Oaks, London, New Delhi, Sage, S. 76–99.

Hummell, Hans J. und Karl-Dieter Opp (1971): *Die Reduzierbarkeit von Soziologie auf Psychologie. Eine These, ihr Test und ihre theoretische Bedeutung* (=Wissenschaftstheorie, Wissenschaft und Philosophie, Bd. 7). Braunschweig, Vieweg.

Huntington, Samuel P. (1974): *Postindustrial Politics: How Benign Will It Be?*, in: *Comparative Politics* 6, S. 163–191.

Hurrelmann, Klaus und Christian Palentien (1994): *Politik, politische Kommunikation und Medien. Jugend im deutsch-deutschen Vergleich*, in: Otfried Jarren (Hrsg.): *Politische Kommunikation im Hörfunk und Fernsehen* (=Gegenwartskunde Sonderhefte, Bd. 8). Opladen, Leske und Budrich, S. 175–184.

Immerfall, Stefan (1994): *Der Präsident und die (anderen) Praktiker, die Professoren und die (anderen) Publizisten zur Krise der politischen Parteien*, in: *Zeitschrift für Parlamentsfragen* 23, S. 310–313.

Inglehart, Ronald (1971): *The Silent Revolution in Europe: Intergenerational Change in Postindustrial Societies*, in: *American Political Science Review* 65, S. 991–1017.

Inglehart, Ronald (1999): *Postmodernization Erodes Respect for Authority, but Increases Support for Democracy*, in: Pippa Norris (Hrsg.): *Critical Citizens. Global Support for Democratic Government.* Oxford u.a., Oxford University Press, S. 236–256.

Institut für deutsche Sprache (1998): *Corpus Storage, Maintenance and Access System.* http://corpora.ids-mannheim.de/$\sim$cosmas/ (31.03.99), Institut für deutsche Sprache.

Institut für Sozial- und Bildungspolitik Hamburg e.V. und Bundesvereinigung der Deutschen Arbeitgeberverbände (Hrsg.) (1990): *Politik und Parteienverdrossenheit, ein deutsches Problem? Gründe und Bewältigungsstrategien. Dokumentation eines Forums der Bundesvereinigung der Deutschen Arbeitgeberverbände und der Arbeitsgemeinschaft Norddeutscher Bildungswerke der Wirtschaft e.V. Bundesvereinigung d. Dt. Arbeitgeberverbände* (=Wirtschaften, Verantworten, Gestalten Sonderhefte, Bd. 12). Herford, Maximilian-Verlag.

---

7 Dieser Aufsatz ist im wesentlichen mit Holtz-Bacha (1994a) identisch und wurde deshalb in der Bedeutungsanalyse nicht gesondert berücksichtigt.

Jagodzinski, Wolfgang und Markus Klein (1997): *Interaktionseffekte in logistischen und linearen Regressionsmodellen und in CHAID. Zum Einfluß von Politikverdrossenheit und Rechtsextremismus auf die Wahl der Republikaner*, in: *ZA-Information* 21, Heft 41, S. 33–57.

Jagodzinski, Wolfgang und Markus Klein (1998): *Interaktionseffekte in Logit-Modellen. Eine Stellungnahme zu Schumann/Hardt und Kühnel*, in: *ZA-Information* 22, Heft 42, S. 116–118.

Jagodzinski, Wolfgang und Markus Quandt (1997): *Wahlverhalten und Religion im Lichte der Individualisierungsthese. Anmerkungen zu dem Beitrag von Schnell und Kohler*, in: *Kölner Zeitschrift für Soziologie und Sozialpsychologie* 49, S. 728–746.

Jarren, Otfried (1998): *Medien, Mediensystem und politische Öffentlichkeit im Wandel*, in: Ulrich Sarcinelli (Hrsg.): *Politikvermittlung und Demokratie in der Mediengesellschaft. Beiträge zur politischen Kommunikationskultur.* Opladen, Wiesbaden, Westdeutscher Verlag, S. 74–94.

[PV] Jäckel, Hartmut (1987): *Parteienverdrossenheit: Kein Krisensymptom*, in: Peter Haungs und Eckhard Jesse (Hrsg.): *Parteien in der Krise? In- und ausländische Perspektiven.* Köln, Wissenschaft und Politik, S. 182–186.

[PV] Jäckel, Michael (1991): *Politisches Desinteresse und Fernsehverhalten. Welchen Einfluß hat die Programmvermehrung auf politische Einstellungen?*, in: *Media Perspektiven* 29, S. 681–698.

Jekewitz, Jürgen (1995): *Parteienrecht und Politikverdrossenheit*, in: *Recht und Politik* 31, S. 44–47.

Jennings, M. Kent (1996): *Political Knowledge over Time and across Generations*, in: *Public Opinion Quarterly* 60, S. 228–252.

[PV] Jesse, Eckhard (1993): *Kontinuität und Wandel des Parteiensystems: Verschiebt es sich nach rechts?*, in: Jochen Buchholz (Hrsg.): *Parteien in der Kritik* (=Schriftenreihe der Volkshochschule der Stadt Bonn, Bd. 2). Bonn, Bouvier, S. 84–110.

Jäger, Wolfgang (1993): *Parteien als Prügelknaben.*, in: *Die politische Meinung* 38, Heft 1, S. 19–27.

Johnson, Frank (1973): *Alienation: Concept, Term, and Word*, in: Frank Johnson (Hrsg.): *Alienation. Concept, Term, and Meanings.* New York, London, Seminar Press, S. 27–53.

Johnson, Nevil (1977): *Zur Bewertung von Herrschaft*, in: Wilhelm Hennis, Peter Graf Kielmansegg und Ulrich Matz (Hrsg.): *Regierbarkeit. Studien zu ihrer Problematisierung*, Bd. 1. Stuttgart, Klett-Cotta, S. 43–81.

Jöreskog, Karl und Dag Sörbom (1993): *LISREL 8: Structural Equation Modeling with the SIMPLIS Command Language.* Chicago, Scientific Software International.

Jöreskog, Karl und Dag Sörbom (1996a): *LISREL 8: User's Reference Guide.* Chicago, Scientific Software International.

Jöreskog, Karl und Dag Sörbom (1996b): *PRELIS 2: User's Reference Guide. A Program for Multivariate Data Screening and Data Summarization; a Preprocessor for LISREL.* Chicago, Scientific Software International.

Jung, Helmut (1992): *Die Beurteilung der Politik und der repräsentativen Demokratie durch den Bürger.*, in: Hans-Seidel-Stiftung (Hrsg.): *„Bürger und Staat". Politik und Politiker im Kreuzfeuer der Kritik* (=Politische Studien Sonderhefte, Bd. 5/92). München u.a., Pflaum, S. 16–38.

[PV] Kaak, Heino (1980): *Parteiendemokratie und Parteiensystem*, in: Eckhard Jesse (Hrsg.): *Bundesrepublik Deutschland und Deutsche Demokratische Republik. Die beiden deutschen Staaten im Vergleich.* Colloquium, S. 91–96.

Kaase, Max (1979): *Legitimitätskrise in westlichen demokratischen Industriegesellschaften: Mythos oder Realität?*, in: Helmut Klages und Peter Kmieciak (Hrsg.): *Wertewandel und gesellschaftlicher Wandel.* Frankfurt/Main, New York, Campus, S. 328–350.

Kaase, Max (1983): *Massenloyalität*, in: Manfred G. Schmidt (Hrsg.): *Westliche Industriegesellschaften. Wirtschaft – Gesellschaft – Theorien* (=Pipers Wörterbuch zur Politik, Bd. 2). München, Piper, S. 222–228.

Kaase, Max (1985): *Systemakzeptanz in westlichen Demokratien*, in: Ulrich Matz (Hrsg.): *Aktuelle Herausforderungen der repräsentativen Demokratie* (=Veröffentlichungen der Deutschen Gesellschaft für Politikwissenschaft (DGfP) = Sonderhefte der Zeitschrift für Politik, Bd. 2). Carl Heymanns, S. 99–125.

Kaase, Max (1988): *Political Alienation and Protest*, in: Mattei Dogan (Hrsg.): *Comparing Pluralist Democracies. Strains on Legitimacy.* Boulder, London, Westview Press, S. 114–142.

Kaase, Max (1998): *Die Bundesrepublik: Prognosen und Diagnosen der Demokratieentwicklung in der rückblickenden Bewertung*, in: Jürgen Friedrichs, M. Rainer Lepsius und Karl Ulrich Mayer (Hrsg.): *Die Diagnosefähigkeit der Soziologie* (=Kölner Zeitschrift für Soziologie und Sozialpsychologie Sonderhefte, Bd. 38). Opladen, Wiesbaden, Westdeutscher Verlag, S. 35–55.

Kaase, Max und Kenneth Newton (1995): *Beliefs in Government* (=Beliefs in Government, Bd. 5). Oxford u.a., Oxford University Press.

Kaltenbrunner, Gerd-Klaus (Hrsg.) (1988): *Volksparteien ohne Zukunft? Die Krise des Parteienstaates.* Freiburg, Basel, Wien, Herder.

[PV] Köcher, Renate (1994): *Auf einer Woge der Euphorie. Veränderungen der Stimmungslage und das Meinungsklima im Wahljahr 1994*, in: *Aus Politik und Zeitgeschichte* 44, Heft B 51/52, S. 16–21.

[PV] Küchler, Manfred (1982): *Staats-, Parteien- oder Politikverdrossenheit?*, in: Joachim Raschke (Hrsg.): *Bürger und Parteien. Ansichten und Analysen einer schwierigen Beziehung.* Berlin, Westdeutscher Verlag, S. 39–54.

[PV] Kepplinger, Hans Mathias (1993): *Medien und Politik. Fünf Thesen zu einer konflikthaltigen Symbiose*[8], in: *Bertelsmann Briefe* 34, Heft 129, S. 20–23.

[PV] Kepplinger, Hans Mathias (1996): *Skandale und Politikverdrossenheit – ein Langzeitvergleich*, in: Otfried Jarren, Heribert Schatz und Hartmut Weßler (Hrsg.): *Medien und politischer Prozeß. Politische Öffentlichkeit und massenmediale Politikvermittlung im Wandel.* Opladen, Westdeutscher Verlag, S. 41–58.

[PV] Kepplinger, Hans Mathias (1998): *Die Demontage der Politik in der Informationsgesellschaft* (=Alber Kommunikation, Bd. 24). Freiburg, München, Alber.

[PV] Kevenhörster, Paul (1982): *Bürgerinitiativen und Parteien. Aspekte empirischer Politikforschung*, in: Konrad-Adenauer-Stiftung (Hrsg.): *Entwicklungslinien der Politikwissenschaft in der Bundesrepublik Deutschland* (=Forschungsberichte, Bd. 17). Melle, Knoth, S. 60–74.

Key, V.[ictor] O.[rlando] (1955): *A Theory of Critical Elections*, in: *Journal of Politics* 17, S. 3–18.

Kühnel, Steffen (1998): *Ist Politikverdrossenheit eine notwendige Bedingung für die Wahl der Republikaner? Eine Anmerkung zur Kontroverse zwischen Jagodzinski/Klein und Schumann/Hardt*, in: *ZA-Information* 22, Heft 42, S. 98–115.

---

8 Bei diesem Beitrag handelt es sich im wesentlichen um eine thesenhafte Skizze der in Kepplinger (1996) und Kepplinger (1998) entwickelten Argumentation. In der Bedeutungsanalyse wurde er deshalb nicht gesondert berücksichtigt.

Kielmansegg, Peter Graf (1977): *Demokratieprinzip und Regierbarkeit*, in: Wilhelm Hennis, Peter Graf Kielmansegg und Ulrich Matz (Hrsg.): *Regierbarkeit. Studien zu ihrer Problematisierung*, Bd. 1. Stuttgart, Klett-Cotta, S. 118–133.

PV Kimmel, Adolf (1991): *Parteienstaat und Antiparteienaffekt in Frankreich*, in: *Jahrbuch für Politik* 1, S. 319–340.

Kindler, Karl-Friedrich (1958): *Der Antiparteienaffekt in Deutschland*, in: *Gesellschaft, Staat, Erziehung* 3, S. 107–121.

King, Anthony (1975): *Overload: Problems of Governing in the 1970's*, in: *Political Studies* 23, S. 284–296.

King, Gary (1995): *Replication, Replication*, in: *PS: Political Science and Politics* 28, S. 443–499.

King, Gary et al. (1998): *Listwise Deletion is Evil: What to Do About Missing Data in Political Science (revised version)*. http://wizard.ucr.edu/polmeth/working_papers98/king98g.html (05.11.00), Department of Government, Harvard University.

Kitschelt, Herbert (1995): *The Radical Right in Western Europe. A Comparative Analysis [unter Mitarbeit von Anthony J. McGann]*. Ann Arbor, The University of Michigan Press.

Klages, Helmut (1981): *Überlasteter Staat – verdrossene Bürger*. Frankfurt/Main, New York, Campus.

Klages, Helmut (1981 [erstmals 1977]): *Überlasteter Staat – verdrossene Bürger*, Kapitel: *Unbeabsichtigte Folgen staatlicher Selbstdarstellung als gesellschaftliches Stabilitätsrisiko*, S. 38–54. Campus, Frankfurt/Main, New York.

PV Klages, Helmut (1992): *Glückserzeugung durch Politik – ein immer vergeblicheres Unterfangen? Thesen auf der Grundlage der empirischen Politikforschung*[9], in: Alfred Bellebaum (Hrsg.): *Glück und Zufriedenheit*. Opladen, Westdeutscher Verlag, S. 102–119.

PV Klages, Helmut (1993): *Häutungen der Demokratie* (=Texte + Thesen, Bd. 246). Zürich, Edition Interfrom.

Klages, Helmut (1994): *Werden wir alle Egoisten? Über die Zukunft des Wertewandels [unter Mitarbeit von Thomas Gensicke]*, in: *Politische Studien* 45, Heft 336, S. 35–43.

PV Klages, Helmut (1996): *Der „schwierige" Bürger. Bedrohung oder Zukunftspersonal?*[10], in: Werner Weidenfeld (Hrsg.): *Demokratie am Wendepunkt. Die demokratische Frage als Projekt des 21. Jahrhunderts*. Berlin, Siedler, S. 233–253.

Klages, Helmut und Willi Herbert (1981): *Staatssympathie - Eine Pilotstudie zur Dynamik politischer Grundeinstellungen in der Bundesrepublik Deutschland* (=Speyrer Forschungsberichte, Bd. 18). Speyer, Forschungsinstitut für Öffentliche Verwaltung bei der Hochschule für Verwaltungswissenschaften Speyer.

---

9 Dieser Beitrag nimmt lediglich in der Zusammenfassung explizit auf „‚Verdrossenheitsneigungen'" in der Bevölkerung Bezug, zudem werden die Hypothesen und empirischen Befunde in der im Folgejahr erschienenen Monographie (Klages 1993) in einen umfassenderen argumentativen Kontext eingeordnet. In der Bedeutungsanalyse wurde er deshalb nicht gesondert berücksichtigt.

10 Bei diesem Aufsatz handelt es sich im wesentlichen um eine Kurzfassung von Klages (1993). Gegenüber der Buchfassung wurde mit Blick auf die Verdrossenheitsdebatte lediglich der Aspekt der Elitenkritik nochmals zugespitzt. In der Bedeutungsanalyse wurde dieser Beitrag deshalb nicht gesondert berücksichtigt.

PV Klein, Josef (1996): *Dialogblockaden. Dysfunktionale Wirkung von Sprachstrategien auf dem Markt der politischen Kommunikation*, in: Josef Klein und Hajo Diekmannshenke (Hrsg.): *Sprachstrategien und Dialogblockaden. Linguistische und politikwissenschaftliche Studien zur politischen Kommunikation* (=Sprache, Politik, Öffentlichkeit, Bd. 7). Berlin, New York, Walter de Gruyter, S. 3–29.

PV Klein, Markus und Jürgen W. Falter (1996): *Die Wähler der Republikaner zwischen sozialer Benachteiligung, rechtem Bekenntnis und rationalem Protest*, in: Oscar W. Gabriel und Jürgen W. Falter (Hrsg.): *Wahlen und politische Einstellungen in westlichen Demokratien* (=Empirische und methodologische Beiträge zur Sozialwissenschaft, Bd. 15). Frankfurt/Main u.a., Peter Lang, S. 149–173.

PV Kleinert, Hubert (1992): *Die Krise der Politik*, in: *Aus Politik und Zeitgeschichte* 42, Heft B 34/35, S. 15–25.

PV Kleinhenz, Thomas (1995): *Die Nichtwähler. Ursachen der sinkenden Wahlbeteiligung in Deutschland* (=Studien zur Sozialwissenschaft, Bd. 156). Opladen, Westdeutscher Verlag.

PV Kleinhenz, Thomas (1996): *Abstimmung mit den Füßen. Eine Längsschnittanalyse der sinkenden Wahlbeteiligung in der Bundesrepublik von 1980 bis 1995*, in: *Forschungsjournal neue soziale Bewegungen* 9, S. 70–83.

Kline, Rex B. (1998): *Principles and Practice of Structural Equation Modeling*. New York, London, Guildford Press.

PV Klingemann, Hans-Dieter (1986): *Der vorsichtig abwägende Wähler. Einstellungen zu den politischen Parteien und Wahlabsicht. Eine Analyse anläßlich der Bundestagswahl 1983*, in: Hans-Dieter Klingemann und Max Kaase (Hrsg.): *Wahlen und politischer Prozeß. Analysen aus Anlaß der Bundestagswahl 1983* (=Schriften des Zentralinstituts für sozialwissenschaftliche Forschung der Freien Universität Berlin, ehemals Schriften des Instituts für politische Wissenschaft, Bd. 49). Opladen, Westdeutscher Verlag.

Klingemann, Hans-Dieter (1995): *Party Positions and Voter Orientations*, in: Hans-Dieter Klingemann und Dieter Fuchs (Hrsg.): *Citizens and the State* (=Beliefs in Government, Bd. 1). Oxford u.a., Oxford University Press, S. 183–205.

Klingemann, Hans-Dieter (1999): *Mapping Political Support in the 1990s: A Global Analysis*, in: Pippa Norris (Hrsg.): *Critical Citizens. Global Support for Democratic Government*. Oxford u.a., Oxford University Press, S. 31–56.

Knight, Jack (1998): *The Bases of Cooperation: Social Norms and the Rule of Law*, in: *Journal of Institutional and Theoretical Economics* 154, S. 754–763.

Koff, Stephen (1973): *The Political Use of the Concept of Alienation*, in: Frank Johnson (Hrsg.): *Alienation. Concept, Term, and Meanings*. New York, London, Seminar Press, S. 269–293.

Koschnick, Wolfgang J. (1984): *Standard dictionary of the social sciences = Standard-Wörterbuch für die Sozialwissenschaften*, Bd. 1. München u.a., Saur.

Krebs, Dagmar und Peter Schmidt (1993): *Political Efficacy. A Cross-National Comparison of Germany, Great Britain, Italy and the United States*, in: Dagmar Krebs und Peter Schmidt (Hrsg.): *New Directions in Attitude Measurement*. Berlin, New York, Walter de Gruyter, S. 152–166.

Kreft, Ita G. G. (1998): *An illustration of item homogeneity scaling and multilevel analysis techniques in the evaluation of drug prevention programs*, in: *Evaluation Review* 22, S. 46–77.

Kreft, Ita [G. G.] und Jan de Leeuw (1998): *Introducing Multilevel Modeling*. London, Thousand Oaks, New Delhi, Sage.

Kreis, Achim (1998): *Bürgerbeteiligung in Hessen – ein Mittel gegen Politikverdrossenheit? Eine Bestandsaufnahme unter Berücksichtigung der Positionen der im Landtag vertretenen Parteien im August 1998 und ein Ausblick. 2. Studienarbeit für das Hauptfach Politikwissenschaft, Wintersemester 1998/99.* http://bibd.uni-giessen.de/gdoc/1999/uni/s990001/beteil.htm (06.06.00), Universität Gießen.

[PV] Kremendahl, Hans (1978): *Vertrauenskrise der Parteien? Parteienstaat zwischen Verfassungsauftrag und Parteienverdrossenheit. Ursachen, Alternativen, Reformen* (=Politik – kurz und aktuell, Bd. 29). Berlin, Landeszentrale für Politische Bildungsarbeit.

[PV] Krieger, Rainer (1982): *Politische Sozialisation im Übergangsfeld Schule – Beruf: Mögliche Effekte von Deprivations- und Ohnmachtserfahrungen,* in: Siegfried Preiser (Hrsg.): *Kognitive und emotionale Aspekte politischen Engagements,* Bd. Fortschritte der Politischen Psychologie. Weinheim, Basel, Beltz, S. 85–95.

[PV] Krimmel, Iris (1996): *Politische Einstellungen als Determinanten des Nichtwählens,* in: Oscar W. Gabriel und Jürgen W. Falter (Hrsg.): *Wahlen und politische Einstellungen in westlichen Demokratien* (=Empirische und methodologische Beiträge zur Sozialwissenschaft, Bd. 15). Frankfurt/Main u.a., Peter Lang, S. 321–341.

[PV] Krimmel, Iris (1999): *Die Beurteilung von Politikern als ein Aspekt von „Politikverdrossenheit",* in: Fritz Plasser et al. (Hrsg.): *Wahlen und politische Einstellungen in Deutschland und Österreich* (=Empirische und methodologische Beiträge zur Sozialwissenschaft, Bd. 17). Frankfurt/Main u.a., Peter Lang, S. 263–292.

Krockow, Christian von und Peter Lösche (Hrsg.) (1986): *Parteien in der Krise. Das Parteiensystem der Bundesrepublik und der Aufstand des Bürgerwillens.* München, Beck.

Kuratorium der Polizei-Führungsakademie (Hrsg.) (1993): *Thema heute: „Demokratie im Wandel – Krise der Demokratie?" Akademietage der Polizei-Führungsakademie 1993* (=Schriftenreihe der Polizei-Führungsakademie, Bd. 93,2/3). o. O. (Lübeck), Schmidt-Römhild.

[PV] Kutscha, Martin (1986): *Volkssouveränität oder Sicherheitsstaat? Gegenwärtige Tendenzen im Parlamentarismus der Bundesrepublik,* in: *Blätter für deutsche und internationale Politik* 31, S. 567–576.

[PV] Kutter, Michael (1997): *Direkte Demokratie – eine Chance gegen Politikverdrossenheit. Eine Literaturanalyse.* Diplomarbeit (Fakultät für Verwaltungswissenschaften) Univ. Konstanz.

[PV] Lammert, Norbert (1979): *Das Phänomen der „Staatsverdrossenheit" und die Strukturdefekte der Parteien. Bemerkungen zu einem populären Begriff und einem weniger populären Organisationsproblem,* in: *Aus Politik und Zeitgeschichte* 29, Heft B 25, S. 3–14.

Lane, Robert (1959): *Political Life. Why People Get Involved in Politics.* Glencoe, The Free Press.

Lange, Elmar und Peter Schöber (Hrsg.) (1993): *Sozialer Wandel in den neuen Bundesländern. Beispiel: Lutherstadt Wittenberg.* Opladen, Leske und Budrich.

Langeheine, Rolf, Jeroen Pannekoek und Frank van de Pol (1996): *Bootstrapping Goodness-of-Fit Measures in Categorical Data Analysis,* in: *Sociological Methods & Research* 24, S. 492–516.

Lazarsfeld, Paul F., Bernard Berelson und Hazel Gaudet (1968): *The People's Choice. How the Voter Makes up His Mind in a Presidential Campaign.* New York, London, Columbia University Press, 3. Auflage.

Lazarsfeld, Paul F., Ann K. Pasanella und Morris Rosenberg (1972): *Concepts, Indices, Classification, and Typologies,* in: Paul F. Lazarsfeld, Ann K. Pasanella und Morris Rosenberg (Hrsg.): *Continuities in the Language of Social Research.* New York, The Free Press, S. 9–16.

Lebo, Matthew J. und Harold D. Clarke (2000): *Editorial: Modelling Memory and Volatility: Recent advances in the Analysis of Political Time Series*, in: *Electoral Studies* 19, S. 1–7.

Leggewie, Claus (1997): *Netizens, oder: der gut informierte Bürger heute*, in: *Transit* 8, Heft 13, S. 3–25.

Lehner, Franz (1979): *Grenzen des Regierens. Eine Studie zur Regierungsproblematik hochindustrialisierter Demokratien* (=Sozialwissenschaftliches Forum, Bd. 5). Königstein/Taunus, Athenäum.

Lehner, Franz (1983): *Unregierbarkeit*, in: Manfred G. Schmidt (Hrsg.): *Westliche Industriegesellschaften. Wirtschaft – Gesellschaft – Theorien* (=Pipers Wörterbuch zur Politik, Bd. 2). München, Piper, S. 448–454.

Leif, Thomas (1993): *Hoffnung auf Reformen? Reformstau und Partizipationsblockaden in den Parteien*, in: *Aus Politik und Zeitgeschichte* 43, Heft B 43, S. 24–33.

Lermann, Gisela (Hrsg.) (1994): *Nichtwähler - warum ich nicht mehr wählen will. Stimmen zur aktuellen Politikverdrossenheit. Mit einem Beitrag von Eckart Klaus Roloff*. Mainz, Gisela Lermann Verlag.

Lijphart, Arend (1997): *Unequal Participation: Democracy's Unresolved Dilemma. Presidential Address, American Political Science Association, 1996*, in: *American Political Science Review* 91, S. 1–14.

Lindenberg, Siegwart (1985): *An Assessment of the New Political Economy: Its Potential for the Social Sciences and for Sociology in Particular*, in: *Sociological Theory* 3, S. 99–114.

Lindert, Brigitte (1994): *Zur Situation von Frauen in Sankt Petersburg unter den Bedingungen der Marktwirtschaft. Ergebnisse einer soziologischen Befragung*, in: *Kultursoziologie* 3, Heft 2, S. 53–62.

Link, Thomas (1999): *Die politische (Un-)Person. Politisches Denken am Übergang vom Jugendlichen zum Erwachsenen*[11] (=Europäische Hochschulschriften. Reihe 22: Soziologie, Bd. 332). Frankfurt/Main u.a., Peter Lang.

Lipset, Seymour Martin (1960): *Political Man. The Social Bases of Politics*. Garden City, Doubleday.

Lipset, Seymour Martin und Stein Rokkan (1967): *Cleavage Structures, Party Systems, and Voter Alignments: An Introduction*, in: Seymour Martin Lipset und Stein Rokkan (Hrsg.): *Party Systems and Voter Alignments: Cross-National Perspectives*. New York, The Free Press, S. 1–64.

Lipset, Seymour M[artin] und William Schneider (1983): *The Decline of Confidence in American Institutions*, in: *Political Science Quarterly* 98, S. 379–402.

Listhaug, Ola (1995): *The Dynamics of Trust in Politicians*, in: Hans-Dieter Klingemann und Dieter Fuchs (Hrsg.): *Citizens and the State* (=Beliefs in Government, Bd. 1). Oxford u.a., Oxford University Press, S. 261–297.

Listhaug, Ola und Matti Wiberg (1995): *Confidence in Political and Private Institutions*, in: Hans-Dieter Klingemann und Dieter Fuchs (Hrsg.): *Citizens and the State* (=Beliefs in Government, Bd. 1). Oxford u.a., Oxford University Press, S. 298–322.

Little, Roderick J.A. und Donald B. Rubin (1989): *The Analysis of Social Science Data with Missing Values*, in: *Sociological Methods and Research* 18, S. 292–326.

---

11 Für Link ist Politikverdrossenheit ein Klischee, dessen „strategischer Nutzen darin besteht, Personen als politisch deviant ausgrenzen zu können". Seine Beschäftigung mit der wissenschaftlichen Literatur beschränkt sich daher auf die Rekonstruktion interessegeleiteter „Sprachspiele" und „Metaphern" in einigen der bekannteren Texte zur Politikverdrossenheit. Da ansonsten keine Auseinandersetzung mit dem Begriff stattfindet, wurde dieser Beitrag in der Bedeutungsanalyse nicht berücksichtigt.

Lockerbie, Brad (1993): *Economic Dissatisfaction and Political Alienation in Western Europe*, in: *European Journal of Political Research* 23, S. 281–293.

PV Lösche, Peter (1995a): *Parteienverdrossenheit ohne Ende? Polemik gegen das Lamentieren deutscher Politiker, Journalisten, Politikwissenschaftler und Staatsrechtler*, in: *Zeitschrift für Parlamentsfragen* 26, S. 149–159.

PV Lösche, Peter (1995b): *Parteienverdrossenheit ohne Ende?*[12], in: Karsten Rudolph und Christl Wickert (Hrsg.): *Geschichte als Möglichkeit. Über die Chancen von Demokratie. Festschrift für Helga Grebing.* Essen, Klartext-Verlag, S. 385–400.

Ludz, Peter Christian (1975): *‚Alienation' als Konzept der Sozialwissenschaften*, in: *Kölner Zeitschrift für Soziologie und Sozialpsychologie* 27, S. 1–32.

Maier, Charles S. (1994): *Democracy and Its Discontents*, in: *Foreign Affairs* 73, Heft 48-64.

Maier, Charles S. (1995): *Politikverdrossenheit in der Demokratie – Sinnkrisen in historischer Sicht*[13], in: *Europäische Rundschau* 23, S. 3–16.

Maier, Hans (1988): *Der geforderte Staat. Zwischen Staatsverdrossenheit und neuen Erwartungen*, in: *Die politische Meinung* 33, Heft 241, S. 69–77.

PV Maier, Jürgen (2000): *Politikverdrossenheit in der Bundesrepublik Deutschland. Dimensionen – Determinanten – Konsequenzen* (=Forschung Politikwissenschaft, Bd. 82). Opladen, Leske und Budrich.

PV Mandelartz, Herbert (1994): *Symbolische Politik als Ursache für Politikverdrossenheit*, in: *Zeitschrift für Parlamentsfragen* 25, S. 510–513.

Markus, Gregory B. (1979): *Analyzing Panel Data.* Beverly Hills, London, Sage.

Marx, Karl (1962): *Frühe Schriften*, Bd. 1. Stuttgart, Cotta.

Mason, William M., James S. House und Steven S. Martin (1985): *On the Dimensions of Political Alienation in America*, in: Nancy Brandon Tuma (Hrsg.): *Sociological Methodology*, Bd. 15. San Francisco, Washington, London, Jocey-Bass.

Matthöfer, Hans (Hrsg.) (1977): *Bürgerbeteiligung und Bürgerinitiativen. Legitimation und Partizipation in der Demokratie angesichts gesellschaftlicher Konfliktsituationen* (=Argumente in der Energiediskussion, Bd. 3). Villingen-Schwenningen, Neckar-Verlag.

Matz, Ulrich (1977): *Der überforderte Staat. Zur Problematik der heute wirksamen Staatszielvorstellungen*, in: Wilhelm Hennis, Peter Graf Kielmansegg und Ulrich Matz (Hrsg.): *Regierbarkeit. Studien zu ihrer Problematisierung*, Bd. 1. Stuttgart, Klett-Cotta, S. 82–102.

McAllister, Ian (1999): *The Economic Performance of Governments*, in: Pippa Norris (Hrsg.): *Critical Citizens. Global Support for Democratic Government.* Oxford u.a., Oxford University Press, S. 188–203.

McPherson, J. Miller, Susan Welch und Cal Clark (1977): *The Stability and Reliability of Political Efficacy: Using Path Analysis to Test Alternative Models*, in: *American Political Science Review* 71.

Meckling, William H. (1976): *Values and the Choice of the Individual in the Social Sciences*, in: *Schweizerische Zeitschrift für Volkswirtschaft und Statistik* 112, S. 545–559.

---

12 Dieser Aufsatz ist bis auf einige unwesentliche Kürzungen und redaktionelle Änderungen mit dem Beitrag in der Zeitschrift für Parlamentsfragen (Lösche 1995a) identisch und wurde deshalb in der Bedeutungsanalyse nicht gesondert berücksichtigt.

13 Bei diesem Beitrag handelt es sich um die deutsche Übersetzung von Maier (1994).

PV Menke-Glückert, Peter (1978): *Grüner Protest – Zeichen der Parteienverdrossenheit?*, in: *Aus Politik und Zeitgeschichte* 28, Heft B 43, S. 3–12.

Mensch, Kirsten (2000): *Niedrigkostensituationen, Hochkostensituationen und andere Situationstypen: Ihre Auswirkungen auf die Möglichkeit von Rational-Choice-Erklärungen*, in: *Kölner Zeitschrift für Soziologie und Sozialpsychologie* 52, S. 246–263.

Merten, Klaus (1995): *Inhaltsanalyse. Einführung in Theorie, Methode und Praxis.* Opladen, Westdeutscher Verlag, 2. Auflage.

Mettler, Peter und Thomas Baumgartner (1997): *Partizipation als Entscheidungshilfe. PARDIZIPP – ein Verfahren der (Langfrist-)Planung und Zukunftsforschung.* Opladen, Westdeutscher Verlag.

Meyer, Thomas und Klaus-Jürgen Scherer (1994): *Parteien in der Defensive? Plädoyer für die Öffnung der Volkspartei*, in: Thomas Meyer, Klaus-Jürgen Scherer und Christoph Zöpel (Hrsg.): *Parteien in der Defensive? Plädoyer für die Öffnung der Volkspartei.* Köln, Bund, S. 18–144.

Michels, Robert (1957 [erstmals 1911]): *Zur Soziologie des Parteiwesens in der modernen Demokratie. Untersuchungen über die oligarchischen Tendenzen des Gruppenlebens.* Stuttgart, Kröner.

Milkis, Sidney M. (1999): *Political Parties and Constitutional Government. Remaking American Democracy.* Baltimore, London, Johns Hopkins University Press.

Miller, Arthur H. (1974a): *Political Issues and Trust in Government: 1964-1970*, in: *American Political Science Review* 68, S. 951–972.

Miller, Arthur H. (1974b): *Rejoinder to „Comment" by Jack Citrin: Political Discontent or Ritualism?*, in: *American Political Science Review* 68, S. 989–1001.

Miller, Arthur H. (1983): *Is Confidence Rebounding?*, in: *Public Opinion* 6, Heft June/July, S. 16–20.

Miller, Arthur H. und Ola Listhaug (1993): *Ideology and Political Alienation*, in: *Scandinavian Political Studies* 16, S. 167–192.

Miller, Arthur [H.] und Ola Listhaug (1999): *Political Performance and Institutional Trust*, in: Pippa Norris (Hrsg.): *Critical Citizens. Global Support for Democratic Government.* Oxford u.a., Oxford University Press, S. 204–235.

Mintzel, Alf und Hermann Schmitt (1981): *Krise der Parteiendemokratie? Zu Funktionen, Leistungen und Defiziten der Parteien in der parlamentarischen Demokratie*, in: *Politische Bildung* 3, Heft 2, S. 3–16.

Misselwitz, Hans[-J.] (1991): *Politische Bildung in den neuen Ländern. In Verantwortung für die Demokratie in ganz Deutschland*, in: *Aus Politik und Zeitgeschichte* 41, Heft B 37/38, S. 3–8.

Misselwitz, Hans-J. (1994): *Politikwahrnehmung und Politikvermittlung in den neuen Bundesländern. Was kann politische Bildung zur Festigung der Demokratie leisten?*, in: *Aus Politik und Zeitgeschichte* 44, Heft B 45/46, S. 2–11.

Möllenstädt, Oliver (1998): *Strukturreform der Schülervertretung in Niedersachsen. Reformansätze für mehr Mitbestimmung und gegen Politikverdrossenheit. Dokumentation und Materialsammlung. Ausgearbeitet im Auftrag des Landesvorstandes der Schüler-Union Niedersachsen von Oliver Möllenstädt.* Hannover, Schüler-Union Niedersachsen.

Müller, Gerhard (1993): *Deutsch 1992. Bemerkungen zur Gegenwartssprache*, in: *Der Sprachdienst* 37, S. 1–16.

Müller, Walter (1998): *Klassenstruktur und Parteiensystem*, in: *Kölner Zeitschrift für Soziologie und Sozialpsychologie* 50, S. 3–46.

PV Münkler, Herfried (1994): *Die Moral der Politik. Politik, Politikwissenschaft und die sozio-moralische Dimension politischer Ordnungen*, in: Claus Leggewie (Hrsg.): *Wozu Politikwissenschaft? Über das Neue in der Politik*. Darmstadt, Wissenschaftliche Buchgesellschaft, S. 228–242.

Münzig, Ekkehard (1994): *Das System der Wählerregistrierung in den USA – institutionalisierte Wahlbehinderung?*, in: *Zeitschrift für Parlamentsfragen* 25, S. 619–636.

Mochmann, Ekkehard et al. (1999): *ZA Codebook Explorer. Continuity Guide der deutschen nationalen Wahlstudien 1949-1998. Elektronische Version 2.0*. Köln, Zentralarchiv für Empirische Sozialforschung an der Universität Köln.

Mondak, Jeffery J. (2000): *Reconsidering the Measurement of Political Knowledge*, in: *Political Analysis* 8, S. 57–82.

Mondak, Jeffery J. (2001): *Developing Valid Knowledge Scales*, in: *American Journal of Political Science* 45, S. 224–238.

Montero, José Ramón, Richard Gunther und Mariano Torcal (1997): *Democracy in Spain: Legitimacy, Discontent, and Disaffection*, in: *Studies in Comparative International Development* 32, Heft 3, S. 124–160.

Mueller, Ralph O. (1996): *Basic Principles of Structural Equation Modeling*. New York u.a., Springer.

Muller, Edward N. und Thomas O. Jukam (1977): *On the Meaning of Political Support*, in: *American Political Science Review* 71, S. 1561–1595.

Muller, Edward N. und Carol J. Williams (1980): *Dynamics of Political Support-Alienation*, in: *Comparative Political Studies* 13, S. 33–59.

Naumann, Klaus (1992): *Kassensturz im Ideenhaushalt*, in: *Blätter für deutsche und internationale Politik* 37, S. 531–539.

PV Neu, Viola und Carsten Zelle (1992): *Der Protest von Rechts. Kurzanalyse zu den jüngsten Wahlerfolgen der extremen Rechten* (=Interne Studien,). St. Augustin, Konrad-Adenauer-Stiftung.

Neuman, Russell W. (1986): *The Paradox of Mass Politics. Knowledge and Opinion in the American Electorate*. Cambridge, London, Harvard University Press.

PV Neumann, Franz (1995): *Politikverdrossenheit [Stichwort]*, in: Hanno Drechsler, Wolfgang Hilligen und Franz Neumann (Hrsg.): *Gesellschaft und Staat. Lexikon der Politik*. München, Vahlen, 9. Auflage, S. 633–635.

Newton, Kenneth (1999): *Social and Political Trust in Established Democracies*, in: Pippa Norris (Hrsg.): *Critical Citizens. Global Support for Democratic Government*. Oxford u.a., Oxford University Press, S. 169–187.

Niedermayer, Oskar (1996): *Das intermediäre System*, in: Max Kaase et al. (Hrsg.): *Politisches System* (=Berichte zum sozialen und politischen Wandel in Ostdeutschland, Bd. 3). Leske und Budrich, S. 155–230.

PV Niedermayer, Oskar und Richard Stöss (1994): *DDR-Regimewandel, Bürgerorientierungen und die Entwicklung des gesamtdeutschen Parteiensystems*, in: Oskar Niedermayer und Richard Stöss (Hrsg.): *Parteien und Wähler im Umbruch. Parteiensystem und Wählerverhalten in der ehemaligen DDR und den neuen Bundesländern*. Opladen, Westdeutscher Verlag, S. 11–33.

Niemi, Richard G., Stephen C. Craig und Franco Mattei (1991): *Measuring Internal Political Efficacy in the 1988 National Election Study*, in: *American Political Science Review* 85, S. 1407–1413.

Noelle-Neumann, Elisabeth (1979): *Werden wir alle Proletarier? Wertewandel in unserer Gesellschaft* (=Texte + Thesen, Bd. 102). Zürich, Edition Interfrom, 2. Auflage.

Noelle-Neumann, Elisabeth (1980): *Die Schweigespirale. Öffentliche Meinung, unsere soziale Haut.* München, Zürich, Piper.

PV Noller, Jost (1993): *Die Krise der etablierten Parteiensystems am Beispiel Deutschlands*, in: *Gegenwartskunde* 42, S. 293–303.

Norris, Pippa (Hrsg.) (1999a): *Critical Citizens. Global Support for Democratic Government.* Oxford u.a., Oxford University Press.

Norris, Pippa (1999b): *Institutional Explanations for Political Support*, in: Pippa Norris (Hrsg.): *Critical Citizens. Global Support for Democratic Government.* Oxford u.a., Oxford University Press, S. 217–235.

Norris, Pippa (1999c): *Introduction: The Growth of Critical Citizens?*, in: Pippa Norris (Hrsg.): *Critical Citizens. Global Support for Democratic Government.* Oxford u.a., Oxford University Press, S. 1–27.

Oberreuter, Heinrich (1989): *Regierbarkeit*, in: Dieter Nohlen und Rainer-Olaf Schultze (Hrsg.): *Politikwissenschaft. Theorien, Methoden, Begriffe. Neuausgabe [2. Auflage]* (=Pipers Wörterbuch zur Politik, Bd. 1). München, Piper, S. 848–851.

PV Oehmichen, Ekkehard und Erk Simon (1996): *Fernsehnutzung, politisches Interesse und Wahlverhalten. Ergebnisse einer Befragung in Hessen*, in: *Media Perspektiven* 34, S. 562–571.

Offe, Claus (1972): *Strukturprobleme des kapitalistischen Staates.* Frankfurt/Main, Suhrkamp.

Offe, Claus (1980): *Konkurrenzpartei und kollektive politische Identität*, in: Roland Roth (Hrsg.): *Parlamentarisches Ritual und politische Alternativen.* Frankfurt/Main, Campus, S. 26–42.

Opp, Karl-Dieter (1995): *Methodologie der Sozialwissenschaften. Einführung in Probleme ihrer Theoriebildung und praktischen Anwendung.* Opladen, Westdeutscher Verlag, 3. Auflage.

Owen, Diana und Jack Dennis (1996): *Anti-Partyism in the USA and Support for Ross Perot*, in: *European Journal of Political Research* 29, S. 383–400.

PV Papcke, Sven (1994): *Wie ein Phoenix aus der Asche? Der bundesdeutsche Parteienstaat der Nachkriegsgeschichte*, in: *Vorgänge* 33, Heft 1, S. 71–82.

Pappi, Franz Urban (1990): *Die Republikaner im Parteiensystem der Bundesrepublik. Protesterscheinung oder politische Alternative?*, in: *Aus Politik und Zeitgeschichte* 40, Heft B 21, S. 37–44.

Parliamentary Library (1998): *Countries with Compulsory Voting.* http://www.aph.gov.au/library/intguide/pol/compul.htm (30.06.99), Parliament of Australia.

Parry, Geraint (1976): *Trust, Distrust and Consensus*, in: *British Journal of Political Science* 6, S. 129–142.

Parsons, Talcott (1980): *Zur Theorie der sozialen Interaktionsmedien, Kapitel: Über den Begriff „Commitments"*, S. 183–228. Westdeutscher Verlag, Opladen.

Patzelt, Werner J. (1994a): *Das Verhältnis von Bürger und Parlament – Aufgaben der politischen Bildungsarbeit*, in: Gerd Hepp, Siegfried Schiele und Uwe Uffelmann (Hrsg.): *Die schwierigen Bürger. Herbert Schneider zum 65. Geburtstag.* Schwalbach/Taunus, Wochenschau, S. 216–239.

PV Patzelt, Werner J. (1994b): *Das Volk und seine Vertreter. Eine gestörte Beziehung*, in: *Aus Politik und Zeitgeschichte* 44, Heft B 11, S. 14–23.

Patzelt, Werner J. (1998): *Ein latenter Verfassungskonflikt? Die Deutschen und ihr parlamentarisches Regierungssystem*, in: *Politische Vierteljahresschrift* 39, S. 725–757.

PV Patzelt, Werner J. (1999): *Politikverdrossenheit, populäres Parlamentsverständnis und die Aufgaben der politischen Bildung*, in: *Aus Politik und Zeitgeschichte* 49, Heft B 7/8, S. 31–38.

Peters, Cornelia (1994): *Politikverdrossenheit – auch durch schlechte Gesetzgebung?*, in: *Zeitschrift für Rechtspolitik* 27, S. 198–199.

PV Pfahl-Traughber, Armin (1993): *Politikverdrossenheit als Ursache des Rechtsextremismus? Zur Motivation der Wähler rechtsextremer Parteien unter besonderer Berücksichtigung der Faktoren Protest und Ideologie*, in: *Extremismus und Gewalt*, Bd. 1. o.V., S. 113–135.

Pflüger, Friedbert (1993): *Bürgerbeschimpfung – eine Provokation*, in: Hans Wallow (Hrsg.): *Richard von Weizsäcker in der Diskussion. Die verdrossene Gesellschaft*. Düsseldorf u.a., Econ, S. 33–52.

PV Pickel, Gert (1996): *Politisch verdrossen oder nur nicht richtig aktiviert?*, in: Rainer K. Silbereisen, Lazlo A. Vaskovics und Jürgen Zinnecker (Hrsg.): *Jungsein in Deutschland. Jugendliche und junge Erwachsene 1991 und 1996*. Leske und Budrich, S. 85–98.

PV Pickel, Gert und Dieter Walz (1997a): *Politikverdrossenheit in Ost- und Westdeutschland. Dimensionen und Ausprägungen*, in: *Politische Vierteljahresschrift* 38, S. 27–49.

PV Pickel, Gert und Dieter Walz (1997b): *Politische Einstellungen junger Erwachsener in den neuen und alten Bundesländern der Bundesrepublik 1996: nicht staatsverdrossen, aber desillusioniert*, in: *Zeitschrift für Parlamentsfragen* 28, S. 592–604.

PV Pickel, Gert und Dieter Walz (1998): *Demokratie- oder Politikverdrossenheit? Die Entwicklung des politischen Institutionenvertrauens in der Bundesrepublik Deutschland seit 1989*, in: Susanne Pickel, Gert Pickel und Dieter Walz (Hrsg.): *Politische Einheit - kultureller Zwiespalt? Die Erklärung politischer und demokratischer Einstellungen in Ostdeutschland vor der Bundestagswahl 1998*. Frankfurt/Main u.a., Peter Lang, S. 59–79.

PV Piel, Edgar (1992): *Wieviel Politikverachtung verträgt der Staat? Aktuelles demoskopisches Material zur sogenannten „Politikverdrossenheit". Referat zur Fachtagung der Bundeszentrale für politische Bildung zum Thema „Verfassungsdiskussion und Verfassungsentwicklung im vereinten Deutschland" vom 21. bis 23. Oktober in Königswinter. Manuskript*. Allensbach, Institut für Demoskopie.

Pinkleton, Bruce E., Erica Weintraub Austin und Kristine K. J. Fortmann (1998): *Relationships of Media Use and Political Disaffection to Political Efficacy and Voting Behavior*, in: *Journal of Broadcasting & Electronic Media* 42, S. 34–49.

Pippig, Gerhard (1990): *Verwaltungsskandale. Zur Korruption in der öffentlichen Verwaltung*, in: *Aus Politik und Zeitgeschichte* 40, Heft B 7, S. 11–20.

PV Piskaty, Georg et al. (1980): *Jugend und Politik. Auffassungen österreichischer Jugendlicher gegenüber Staat, Gesellschaft und Politik* (=Forschungsberichte, Bd. 23). Wien, Österreichisches Institut für Bildung und Wirtschaft.

PV Plasser, Fritz (1987): *Parteien unter Streß. Zur Dynamik der Parteiensysteme in Österreich, der Bundesrepublik Deutschland und den Vereinigten Staaten* (=Studien zu Politik und Verwaltung, Bd. 23). Wien, Köln, Graz, Böhlau.

PV Plasser, Fritz und Franz Sommer (1985 (1986)): *Eine „grüne" Premiere. Analyse der Vorarlberger Landtagswahl 1984*, in: *Österreichisches Jahrbuch für Politik* 10, S. 55–65.

PV Plasser, Fritz und Peter A. Ulram (1982): *Unbehagen im Parteienstaat. Jugend und Politik in Österreich* (=Studien zu Politik und Verwaltung, Bd. 2). Wien, Köln, Graz, Böhlau.

PV Plasser, Fritz und Peter A. Ulram (1988): *Großparteien in der Defensive. Die österreichische Parteien- und Wählerlandschaft nach der Nationalratswahl 1986*, in: Anton Pelinka und Fritz Plasser (Hrsg.): *Das österreichische Parteiensystem* (=Studien zu Politik und Verwaltung, Bd. 22). Wien, Köln, Graz, Böhlau, S. 79–102.

PV Plasser, Fritz und Peter A. Ulram (1989): *Wahltag ist Zahltag. Populistischer Appell und Wählerprotest in den achtziger Jahren*, in: *Österreichische Zeitschrift für Politikwissenschaft* 18, S. 151–164.

PV Plasser, Fritz und Peter A. Ulram (1991): *Politisch-kultureller Wandel in Österreich. Eine Übersicht über Veränderungen und Wandlungslinien*, in: Fritz Plasser und Peter A. Ulram (Hrsg.): *Staatsbürger oder Untertanen? Politische Kultur Deutschlands, Österreichs und der Schweiz im Vergleich*. Frankfurt/Main u.a., Peter Lang, S. 103–155.

PV Plasser, Fritz und Peter A. Ulram (1992): *Überdehnung, Erosion und rechtspopulistische Reaktion. Wandlungsfaktoren des österreichischen Parteiensystems im Vergleich*, in: *Österreichische Zeitschrift für Politikwissenschaft* 21, S. 147–164.

PV Plasser, Fritz und Peter A. Ulram (1993): *Parlamentarische Demokratie gegen Politikverdrossenheit. Forschungsbericht zum Phänomen „Parteien- und Politikerverdrossenheit" für das Treffen der Präsidenten der Landesparlamente der Republik Österreich und der Bundesrepublik Deutschland mit Beteiligung von Südtirol vom 25. bis 28. April 1993 in Salzburg*. Wien, o.V.

Plasser, Fritz und Peter A. Ulram (1994): *Wie man durch die kritische Rekonstruktion von Apfelmus die Birne als „demoskopisches Konstrukt" entlarvt. Einige Bemerkungen zum Beitrag von Andreas Schedler in der PVS 1993/3*, in: *Politische Vierteljahresschrift* S. 271–276.

Plasser, Fritz, Peter A. Ulram und Alfred Grausgruber (1987): *Vom Ende der Lagerparteien. Perspektivenwechsel in der österreichischen Parteien- und Wahlforschung*, in: *Österreichische Zeitschrift für Politikwissenschaft* 16, S. 241–258.

Poferl, Angelika (1999): *Das Politische des Alltags. Das Beispiel ‚Umweltbewußtsein'*, in: Ulrich Beck, Maarten A. Hajer und Sven Kesselring (Hrsg.): *Der unscharfe Ort der Politik. Empirische Fallstudien zu Theorie der reflexiven Modernisierung*. Opladen, Leske und Budrich, S. 23–44.

PV Poguntke, Thomas (1996): *Anti-party sentiment. Conceptual thoughts and empirical evidence: Explorations into a minefield*, in: *European Journal of Political Research* 29, S. 319–344.

Poguntke, Thomas und Susan [E.] Scarrow (1996): *The Politics of Anti-Party Sentiment: Introduction*, in: *European Journal of Political Research* 29, S. 257–262.

Pollmann, Klaus Erich (1995): *Das Unbehagen an den Parteien in der Gründungsphase des Deutschen Kaiserreiches*, in: Adolf M. Birke und Magnus Brechtken (Hrsg.): *Politikverdrossenheit. Der Parteienstaat in der historischen und gegenwärtigen Diskussion. Ein deutsch-britischer Vergleich. Disillusioned with Politics. Party Government in the Past and Present Discussion. An Anglo-German Comparison* (=Prinz-Albert-Studien, Bd. 12). München u.a., Saur, S. 41–51.

Popkin, Samuel L. (1994): *The Reasoning Voter. Communication and Persuasion in Presidential Campaigns*. Chicago, London, University of Chicago Press.

Probst, Lothar (1995): *Politische Mythen und symbolische Verständigung. Eine Lokalstudie über die rechtspopulistische DVU in Bremen*, in: *Zeitschrift für Parlamentsfragen* 26, S. 5–12.

PV Pöttker, Horst (1985): *Das Fernsehen und die Krise der Parteien. Inhaltsanalysen als Beitrag zur politischen Soziologie*, in: *Publizistik* 30, S. 330–345.

PV Pöttker, Horst (1988): *Legitimitätsdefizite und Fernsehen in der Bundesrepublik Deutschland. Das Medium als Instanz der politischen Sozialisation*, in: *Publizistik* 33, S. 505–519.

PV Pöttker, Horst (1990): *Permanente Imagepflege. Was suchen die Politiker im Fernsehen – und was bewirken sie damit?*[14], in: *Medium* 20, Heft 3, S. 39–44.

PV Pöttker, Horst (1991): *Dualer Rundfunk und Politikverdrossenheit. Zur fortschreitenden Ausdifferenzierung von Öffentlichkeit in modernen Gesellschaften*, in: Stefan Müller-Doohm und Klaus Neumann-Braun (Hrsg.): *Öffentlichkeit, Kultur, Massenkommunikation. Beiträge zur Medien- und Kommunikationssoziologie*. Oldenburg, Bibliotheks- und Informationssystem der Universität Oldenburg, S. 91–109.

PV Pöttker, Horst (1996): *Politikverdrossenheit und Medien. Daten und Reflexionen zu einem virulenten Problem*, in: Otfried Jarren, Heribert Schatz und Hartmut Weßler (Hrsg.): *Medien und politischer Prozeß. Politische Öffentlichkeit und massenmediale Politikvermittlung im Wandel*. Opladen, Westdeutscher Verlag, S. 59–71.

Random House (Hrsg.) (1996): *Random House Webster's College Dictionary*. New York u.a., Random House.

PV Raschke, Joachim (1992): *Das Unbehagen an den Parteien. Ein Blick auf dauerhafte Ursachen*, in: *Gewerkschaftliche Monatshefte* 43, S. 523–530.

PV Rattinger, Hans (1993): *Abkehr von den Parteien? Dimensionen der Parteiverdrossenheit*, in: *Aus Politik und Zeitgeschichte* 43, Heft B 11, S. 24–35.

PV Rattinger, Hans (1999): *Dimensionen der Bewertung politischer Parteien in Deutschland*, in: Fritz Plasser et al. (Hrsg.): *Wahlen und politische Einstellungen in Deutschland und Österreich* (=Empirische und methodologische Beiträge zur Sozialwissenschaft, Bd. 17). Frankfurt/Main u.a., Peter Lang, S. 347–370.

Rebenstorf, Hilke (1992): *Steuerung des politischen Nachwuchses durch die Parteiführungen? Personalrekrutierung unter den Bedingungen gegenwärtiger Erfordernisse politischer Steuerung*, in: *Aus Politik und Zeitgeschichte* 42, Heft B 34/35, S. 45–54.

Reinhardt, Sibylle (1996): *Braucht die Demokratie politische Bildung? Eine nur scheinbar absurde Frage*, in: *Aus Politik und Zeitgeschichte* 46, Heft B 47, S. 9–22.

Reiter, Howard L. (1989): *Party Decline in the West. A Skeptic's View*, in: *Journal of Theoretical Politics* 1.

PV Reuband, Karl-Heinz (1985): *Politisches Selbstverständnis und Wertorientierungen von Anhängern und Gegnern der Friedensbewegung*, in: *Zeitschrift für Parlamentsfragen* 16, S. 25–45.

Richter, Rudolf (1984): *Die Stellung österreichischer Bürgerinitiativen zu den Parteien*, in: *Österreichische Zeitschrift für Politikwissenschaft* 13, S. 115–122.

PV Rieger, Günter (1994): *„Parteienverdrossenheit" und „Parteienkritik" in der Bundesrepublik Deutschland*, in: *Zeitschrift für Parlamentsfragen* 25, S. 459–471.

PV Ringel, Erwin (1993): *„Ich bitt' Euch höflich, seid's keine Idioten!" Österreichische Identität und Politikverdrossenheit*, in: Erwin Ringel (Hrsg.): *„Ich bitt' Euch höflich, seid's keine Trottel!" Österreichische Identität und Politikverdrossenheit*. Donau Verlag, S. 11–49.

PV Rönsch, Horst-Dieter (1977): *Reaktionen auf staatliches Handeln am Beispiel des Wahlverhaltens*, in: Hans Matthöfer (Hrsg.): *Bürgerbeteiligung und Bürgerinitiativen. Legitimation und Partizipation in der Demokratie angesichts gesellschaftlicher Konfliktsituationen* (=Argumente in der Energiediskussion, Bd. 3). Villingen-Schwenningen, Neckar-Verlag, S. 344–395.

---

14 Bei diesem Beitrag handelt es sich im wesentlichen um eine gekürzte und für ein breiteres Publikum aufbereitete Zusammenfassung der in den 1988 und 1991 erschienenen Aufsätze des Autors präsentierten Argumente. In der Bedeutungsanalyse wurde dieser Artikel deshalb nicht gesondert berücksichtigt.

Robinson, Michael J. (1976): *Public Affairs Television and the Growth of Political Malaise: The Case of „The Selling of the Pentagon"*, in: *American Political Science Review* 70, S. 409–432.

Roegele, Otto B. (1979): *Massenmedien und Regierbarkeit*, in: Wilhelm Hennis, Peter Graf Kielmansegg und Ulrich Matz (Hrsg.): *Regierbarkeit. Studien zu ihrer Problematisierung*, Bd. 2. Stuttgart, Klett-Cotta, S. 177–210.

Rokeach, Milton (1968): *Attitudes: Nature*, in: David L. Sills (Hrsg.): *International Encyclopedia of the Social Sciences*, Bd. 1. New York, Macmillan, S. 449–458.

[PV] Ronneberger, Franz (1983): *Das Syndrom der Unregierbarkeit und die Macht der Medien*, in: *Publizistik* 28, S. 487–511.

Roth, Roland (1994): *Demokratie von unten. Neue soziale Bewegungen auf dem Weg zur politischen Institution*. Köln, Bund.

[PV] Roth, Thomas (1998): *Symbolische Politik und die Preisgabe des Politischen. Akzeptanzprobleme der Parteien*, in: Doris Lucke und Michael Haase (Hrsg.): *Annahme verweigert. Beiträge zur soziologischen Akzeptanzforschung*. Leske und Budrich, S. 37–64.

Rüttgers, Jürgen (1993a): *Dinosaurier der Demokratie. Wege aus Parteienkrise und Politikverdrossenheit*. Hamburg, Hoffmann und Campe.

Rüttgers, Jürgen (1993b): *Von der Gremienpartei zur Bürgerpartei. Zu den Kontroversen um die Krise der Parteiendemokratie*, in: *Zeitschrift für Parlamentsfragen* 24, S. 153–158.

Rubin, Donald B. (1987): *Multiple Imputation for Nonresponse in Surveys*. New York, John Wiley & Sons.

Rucht, Dieter (1994): *Öffentlichkeit als Mobilisierungsfaktor für soziale Bewegungen*, in: Friedhelm Neidhardt (Hrsg.): *Öffentlichkeit, öffentliche Meinung, soziale Bewegungen* (=Kölner Zeitschrift für Soziologie und Sozialpsychologie Sonderhefte, Bd. 34). Opladen, Westdeutscher Verlag, S. 337–358.

[PV] Rudzio, Wolfgang (1992): *Demokratie und Politikverdrossenheit - woher kommt die wachsende Kritik an der Parteiendemokratie?*, in: Hans-Seidel-Stiftung (Hrsg.): *„Bürger und Staat". Politik und Politiker im Kreuzfeuer der Kritik* (=Politische Studien Sonderhefte, Bd. 5/92). München u.a., Pflaum, S. 5–15.

[PV] Rudzio, Wolfgang (1994): *Parteienverdrossenheit im internationalen Vergleich*, in: *Politische Bildung* 27, Heft 3, S. 60–68.

Rudzio, Wolfgang (1995): *Der demokratische Verfassungsstaat als Beute der Parteien? Parteienkritik als Krisenelement*, in: Winand Gellner und Hans-Joachim Veen (Hrsg.): *Umbruch und Wandel in westeuropäischen Parteiensystemen*. Frankfurt/Main u.a., Peter Lang.

Rudzio, Wolfgang (1996): *Das politische System der Bundesrepublik*. Opladen, Leske und Budrich, 4. Auflage.

Runciman, Walter G. (1966): *Relative Deprivation and Social Justice. A Study of Attitudes to Social Inequality in Twentieth-Century England* (=Reports of the Institute of Community Studies, Bd. 13). London, Routledge & Kegan Paul.

[PV] Rust, Holger (1988): *Politische Publizistik, Parteien und demokratisches Engagement. Notizen zur mißverständlichen Diagnose der Parteienverdrossenheit in Österreich, der Bundesrepublik Deutschland und den Vereinigten Staaten von Amerika*, in: Anton Pelinka und Fritz Plasser (Hrsg.): *Das österreichische Parteiensystem* (=Studien zu Politik und Verwaltung, Bd. 22). Wien, Köln, Graz, Böhlau, S. 657–678.

Salter, Brian (1995): *The Private Sector and the NHS: Redefining the Welfare State*, in: *Policy and Politics* 23, S. 17–30.

Sarcinelli, Ulrich (1980): *Etablierte Parteien und „Parteienverdrossenheit".* *Reflexionen von Politikern zur Parteiensystemkritik,* in: Heino Kaack und Reinhold Roth (Hrsg.): *Parteienstrukturen und Legitimation des Parteiensystems* (=Handbuch des Parteiensystems. Struktur und Politik in der Bundesrepublik zu Beginn der achtziger Jahre, Bd. 1). Opladen, Leske und Budrich, S. 295–322.

PV Sarcinelli, Ulrich (1996): *Politische Kommunikation in der Medienöffentlichkeit. Kommunikationsstrukturelle Bedingungen politischer Realitätsvermittlung,* in: Josef Klein und Hajo Diekmannshenke (Hrsg.): *Sprachstrategien und Dialogblockaden. Linguistische und politikwissenschaftliche Studien zur politischen Kommunikation* (=Sprache, Politik, Öffentlichkeit, Bd. 7). Berlin, New York, Walter de Gruyter, S. 31–47.

Sarcinelli, Ulrich (1998): *Politikvermittlung und Demokratie: Zum Wandel der politischen Kommunikationskultur,* in: Ulrich Sarcinelli (Hrsg.): *Politikvermittlung und Demokratie in der Mediengesellschaft. Beiträge zur politischen Kommunikationskultur.* Opladen, Wiesbaden, Westdeutscher Verlag, S. 11–23.

Saris, Willem E. (1993): *Attitude Measurement: Is there still Hope?,* in: Dagmar Krebs und Peter Schmidt (Hrsg.): *New Directions in Attitude Measurement.* Berlin, New York, Walter de Gruyter, S. 187–205.

Sartori, Giovanni (1965): *Democratic Theory.* New York, Praeger.

Scarrow, Susan [E.] (1994): *Anti-Partisanship and Political Change,* in: Ruth Bevan, Lothar Probst und Susan [E.] Scarrow (Hrsg.): *Anti-Party Discourses in Germany. Three Essays* (=Politikwissenschaft, Bd. 22). Wien, Institut für Höhere Studien, S. 1–22.

Scarrow, Susan E. (1996): *Politicians Against Parties: Anti-Party Arguments as Weapons for Change in Germany,* in: *European Journal of Political Research* 29, S. 297–317.

Schafer, Joseph L. (1997): *Analysis of Incomplete Multivariate Data.* London, Chapman & Hall.

Schafer, Joseph L. und Maren K. Olsen (1998): *Multiple Imputation for Multivariate Missing-Data Problems: A Data Analyst's Perspective,* in: *Multivariate Behavioral Research* 33, S. 545–571.

PV Schedler, Andreas (1993a): *Das empirische Profil der „Politikverdrossenheit". Ein Annäherungsversuch (auf der Grundlage von Austrian Life Style 1992)* (=Forschungsberichte des Instituts für Höhere Studien Reihe Politikwissenschaft, Bd. 7). Wien, Institut für Höhere Studien.

PV Schedler, Andreas (1993b): *Die demoskopische Konstruktion von „Politikverdrossenheit",* in: *Politische Vierteljahresschrift* 34, S. 414–435.

Scheer, Hermann (1979): *Parteien kontra Bürger? Die Zukunft der Parteiendemokratie.* München, Zürich, Piper.

Schelle, Carla (1996): *Sind Hauptschuljugendliche politikverdrossen?,* in: *Gegenwartskunde* 45, S. 85–96.

Schelsky, Helmut (1975): *Die Arbeit tun die anderen. Klassenkampf und Priesterherrschaft der Intellektuelle.* Opladen, Westdeutscher Verlag.

PV Scheuch, Erwin K. (1993): *Die Partei-Karriere. Der Einfluß der Parteien in Politik, Gesellschaft und Kultur,* in: Jochen Buchholz (Hrsg.): *Parteien in der Kritik* (=Schriftenreihe der Volkshochschule der Stadt Bonn, Bd. 2). Bonn, Bouvier, S. 11–32.

Scheuch, Erwin K. und Ute Scheuch (1992): *Cliquen, Klüngel und Karrieren. Über den Verfall der politischen Parteien - eine Studie.* Reinbek bei Hamburg, Rowohlt.

PV Scheuch, Erwin K. und Ute Scheuch (1994): *Mißvergnügen als Einflußfaktor in der Politik heute,* in: Harald Müller (Hrsg.): *Hoffnung und Verantwortung in unserer Zeit. Festschrift für Lothar Bossle zum 65. Geburtstag.* Bonifatius, S. 247–258.

Scheuch, Ute und Erwin K. Scheuch (1997): *Abkehr von den Parteien? Dimensionen des Parteienverdrusses*, in: Eduard J.M. Kroker und Bruno Dechamps (Hrsg.): *Krise der Institutionen?* Frankfurt/Main, Frankfurter Allgemeine Zeitung Verlagsbereich Wirtschaftsbücher, S. 63–81.

Schmid, Günther (1982): *Zur Soziologie der Friedensbewegung und des Jugendprotestes. Strukturmerkmale – Inhalte – Folgewirkungen*, in: *Aus Politik und Zeitgeschichte* 32, S. 15–30.

PV Schmidt, Kurt (1994): *Wertewandel, Politikverdrossenheit und Schattenwirtschaft*, in: *Wirtschaftsdienst* 74, S. 303–306.

Schmitt, Hermann (1983): *Party Government in Public Opinion: A European Cross-National Comparison*, in: *European Journal of Political Research* 11, S. 353–376.

Schmitt, Hermann und Sören Holmberg (1995): *Political Parties in Decline?*, in: Hans-Dieter Klingemann und Dieter Fuchs (Hrsg.): *Citizens and the State* (=Beliefs in Government, Bd. 1). Oxford u.a., Oxford University Press, S. 95–133.

Schmitz, Mathias unter Mitarbeit von Trägler, Adolf (Hrsg.) (1996): *Politikversagen? Parteienverschleiß? Bürgerverdruß? Streß in den Demokratien Europas* (=Schriftenreihe der Europa-Kolloquien im Alten Reichstag, Bd. 4). Regensburg, Universitätsverlag Regensburg.

PV Schneider-Haase, Thorsten (1994): *Wie politikverdrossen sind die Deutschen wirklich?*, in: *Umfrage und Analyse* 4, Heft 1/2, S. 52–62.

Schnell, Rainer (1997): *Nonresponse in Bevölkerungsumfragen. Ausmaß, Entwicklung und Ursachen.* Opladen, Leske und Budrich.

Schnell, Rainer, Paul B. Hill und Elke Esser (1995): *Methoden der empirischen Sozialforschung.* München, Wien, Oldenbourg, 5. Auflage.

Schörken, Rolf (1991): *Zur Ausgangslage der politischen Bildung in den neuen Bundesländern*, in: *Aus Politischen und Zeitgeschichte* 41, Heft B 9, S. 37–45.

Schütte, Volker (1994): *Ein Bürgerbeitrag gegen Politikverdrossenheit?*, in: *Zeitschrift für Parlamentsfragen* 25, S. 262–267.

Schütte, Volker (1995): *Parteienfinanzierung 1994: die letzten Kapitel einer unendlichen Geschichte?*, in: *Jahrbuch für Politik* 5, S. 9–19.

Schuessler, Karl F. (1982): *Measuring Social Life Feelings.* San Francisco, Jossey-Bass.

Schultze, Rainer-Olaf (1980): *Nur Parteiverdrossenheit und diffuser Protest? Systemfunktionale Fehlinterpretationen grüner Wahlerfolge*, in: *Zeitschrift für Parlamentsfragen* 11, S. 292–313.

Schultze, Rainer-Olaf (1992): *Weder Protest noch Parteienverdrossenheit. Der Strukturwandel im deutschen Parteiensystem*, in: *Die Neue Gesellschaft/Frankfurter Hefte* 39, S. 886–892.

Schultze, Rainer-Olaf (1994): *Aus Anlaß des Superwahljahres: Nachdenken über Konzepte und Ergebnisse der Wahlsoziologie*, in: *Zeitschrift für Parlamentsfragen* 25, S. 472–493.

PV Schulz, Winfried (1997): *Politische Kommunikation. Theoretische Ansätze und Ergebnisse empirischer Forschung zur Rolle der Massenmedien in der Politik*[15] Opladen, Wiesbaden, Westdeutscher Verlag.

---

15 Die Teile des Buches, die sich mit Politikverdrossenheit beschäftigen (S. 141-150) hat Schulz im Folgejahr noch einmal in überarbeiteter und erweiterter Form publiziert (Schulz 1998). In der Bedeutungsanalyse wurde die Monographie deshalb nicht gesondert berücksichtigt.

PV Schulz, Winfried (1998): *In der expandierenden Medienöffentlichkeit verdüstert sich das Bild der Politik. Folgen der Informationsnutzung unter Vielkanalbedingungen*, in: Otfried Jarren und Friedrich Krotz (Hrsg.): *Öffentlichkeit unter Viel-Kanal-Bedingungen* (=Symposien des Hans-Bredow-Instituts, Bd. 18). Baden-Baden, Nomos, S. 62–92.

PV Schumann, Siegfried (1997): *Formen und Determinanten der Protestwahl*, in: Oscar W. Gabriel (Hrsg.): *Politische Orientierungen und Verhaltensweisen im vereinigten Deutschland* (=Beiträge zu den Berichten zum politischen und sozialen Wandel in Ostdeutschland, Bd. 3.3). Opladen, Leske und Budrich.

PV Schumann, Siegfried (1998): *Unzufriedenheit und Bindungslosigkeit als Ursache für die Neigung zur Wahl extremer Parteien und zur Stimmenthaltung*, in: Max Kaase und Hans-Dieter Klingemann (Hrsg.): *Wahlen und Wähler. Analysen aus Anlaß der Bundestagswahl 1994* (=Schriften des Zentralinstituts für Sozialwissenschaftliche Forschung der Freien Universität Berlin, Bd. 85). Opladen, Wiesbaden, Westdeutscher Verlag, S. 571–598.

Schumann, Siegfried (2000): *Repräsentative Umfrage. Praxisorientierte Einführung in empirische Methoden und statistische Analyseverfahren*. München, Wien, Oldenbourg, 3. Auflage.

Schumann, Siegfried und Jochen Hardt (1998): *Rechtsextreme Einstellungen, Politikverdrossenheit und die Wahl der Republikaner. Zur Rolle von Interaktionseffekten in Logit-Modellen allgemein und in einem speziellen empirischen Fall. Eine Stellungnahme zu Wolfgang Jagodzinski und Markus Klein (1997)*, in: ZA-Information 22, Heft 42, S. 85–97.

Schwalbe, Heinz und Erich Zander (1994): *Vertrauen ist besser. Mit Public Relations, gegen Vertrauensschwund, Politikverdrossenheit und Imageverlust der Wirtschaft*. Heidelberg, Forkel, zweite Auflage.

Schwartmann, Rolf (1994/1995): *Parteienverdrossenheit als Staatsnotstand – Verfassungsfragen einer absoluten Obergrenze der staatlichen Finanzierung politischer Parteien*. Diss. Univ. Köln.

Schwartz, David C. (1973): *Political Alienation and Political Behavior*. Chicago, Aldine Publishing Company.

Seeman, Melvin (1959): *On the Meaning of Alienation*, in: *American Sociological Review* 24, S. 783–791.

PV Seipel, Christian, Susanne Rippl und Peter Schmidt (1995): *Autoritarismus, Politikverdrossenheit und rechte Orientierungen*, in: Gerda Lederer und Peter Schmidt (Hrsg.): *Autoritarismus und Gesellschaft. Trendanalysen und vergleichende Jugenduntersuchungen von 1945-1993*. Leske und Budrich, S. 228–249.

Sinnott, Richard (2000): *Knowledge and the Position of Attitudes to a European Foreign Policy on the Real-to-Random Continuum*, in: *International Journal of Public Opinion Research* 12, S. 113–137.

PV Smith, Gordon (1996): *Politikverdrossenheit, die Verfassung und das Parteiensystem: der Fall Großbritannien*, in: Mathias Schmitz (Hrsg.): *Politikversagen? Parteienverschleiß? Bürgerverdruß? Streß in den Demokratien Europas* (=Schriftenreihe der Europa-Kolloquien im Alten Reichstag, Bd. 4). Regensburg, Universitätsverlag Regensburg, S. 131–139.

Sniderman, Paul M. (1981): *A Question of Loyalty*. Berkeley, University of California Press.

Sontheimer, Kurt (1968): *Antidemokratisches Denken in der Weimarer Republik. Die politischen Ideen des deutschen Nationalismus zwischen 1918 und 1933. Studienausgabe mit einem Ergänzungsteil Antidemokratisches Denken in der Bundesrepublik*. München, Nymphenburger Verlagshandlung.

PV Sontheimer, Kurt (1990): *Politik und Parteienverdrossenheit in der Bundesrepublik Deutschland – Analyse der Situation*, in: Institut für Sozial- und Bildungspolitik Hamburg e.V. und Bundesvereinigung der Deutschen Arbeitgeberverbände (Hrsg.): *Politik und Parteienverdrossenheit, ein deutsches Problem?*

Gründe und Bewältigungsstrategien. Dokumentation eines Forums der Bundesvereinigung der Deutschen Arbeitgeberverbände und der Arbeitsgemeinschaft Norddeutscher Bildungswerke der Wirtschaft e. V. Bundesvereinigung d. Dt. Arbeitgeberverbände (=Wirtschaften, Verantworten, Gestalten Sonderhefte, Bd. 12). Herford, Maximilian-Verlag.

Southwell, Priscilla L. (1985): *Alienation and Nonvoting in the United States: A Refined Operationalization*, in: *Western Political Quarterly* 38, S. 663–674.

Southwell, Priscilla L. (1995): *„Throwing the Rascals out' vs. „Throwing the Towel': Alienation, Support for Term Limits, and Congressional Voting Behavior*, in: *Social Science Quarterly* 76, S. 741–748.

Southwell, Priscilla L. (1998): *The electoral process of alienation: Nonvoting and Protest Voting in the 1992 Presidential Race*, in: *Social Science Journal* 35, S. 43–51.

[PV] Sozialwissenschaftliche Studiengesellschaft (1979): *Einstellungen zur Nationalratswahl. Eine Untersuchung der SWS*, in: *Journal für angewandte Sozialforschung* 19, Heft 2, S. 27–30.

Sozialwissenschaftliche Studiengesellschaft (1985): *Regierungspräferenzen und Politikverdrossenheit in Österreich (Jänner 1985)*[†], in: *Journal für Sozialforschung* 25, S. 201–216.

Sozialwissenschaftliche Studiengesellschaft (1986): *SWS-Meinungsprofile: Aktuelle Meinungsforschungsergebnisse aus Österreich*[†], in: *Journal für Sozialforschung* 26, S. 63–94.

Srole, Leo (1956): *Social Integration and Certain Corollaries. An Exploratory Study*, in: *American Sociological Review* 21, S. 709–719.

Stahlberg, Dagmar und Dieter Frey (1996): *Einstellungen: Struktur, Messung und Funktion*, in: Wolfgang Stroebe, Miles Hewstone und Geoffrey M. Stephenson (Hrsg.): *Sozialpsychologie. Eine Einführung*. Berlin u.a., Springer, S. 219–252.

Starke, Frank Christian (1993): *Krise ohne Ende? Parteiendemokratie vor neuen Herausforderungen*. Köln, Bund.

Starzacher, Karl et al. (Hrsg.) (1992): *Protestwähler und Wahlverweigerer. Krise der Demokratie? Ergebnisse der Fachtagung im Hessischen Landtag vom 21. November 1991 „Politische Beteiligung - Chance und Gefährdung der Demokratie"*. Köln, Bund.

Steiner, Kurt (1987): *Kommentar zu ausgewählten Teilen von „Der durchleuchtete Wähler II"*, in: *Journal für Sozialforschung* 27, Heft 1 (Sonderheft Wahlforschung), S. 80–81.

Stokes, Donald E. (1962): *Popular Evaluations of Government: An Empirical Assesment*, in: Harlan Cleveland und Harold D. Lasswell (Hrsg.): *Ethics and Bigness. Scientific, Academic, Religious, Political and Military*. New York, Harper and Brothers, S. 61–72.

Strauß, Gerhard, Ulrike Haß und Gisela Harras (1989): *Brisante Wörter von Agitation bis Zeitgeist. Ein Lexikon zum öffentlichen Sprachgebrauch* (=Schriften des Instituts für deutsche Sprache, Bd. 2). Tübingen, Walter de Gruyter.

[PV] Stöss, Richard (1990): *Parteikritik und Parteienverdrossenheit*, in: *Aus Politik und Zeitgeschichte* 40, Heft B 21, S. 15–24.

---

† Diese beiden Artikel bestehen lediglich aus 16 beziehungsweise 30 Seiten unkommentierten Charts, die die Ergebnisse einer SWS-Befragung illustrieren. Unter Politikverdrossenheit verstehen die ungenannten Autoren der Beschriftung zufolge die Ansicht, daß „andere Leute, die die wahren Interessen vertreten" ins Parlament gewählt werden sollten. Wegen des geringen Erkenntniswertes wurden beide Beiträge in der systematischen Bedeutungsanalyse nicht berücksichtigt.

Stöss, Richard und Oskar Niedermayer (1993): *Einleitung*, in: Oskar Niedermayer und Richard Stöss (Hrsg.): *Stand und Perspektiven der Parteienforschung in Deutschland* (=Schriften des Zentralinstituts für Sozialwissenschaftliche Forschung der Freien Universität Berlin, Bd. 71). Opladen, Westdeutscher Verlag, S. 7–34.

Studienzentrum Weikersheim (Hrsg.) (1994): *Von der Staatsverdrossenheit zur Staatskrise? Was kann der Bürger dagegen tun?* (=Dokumentation Studienzentrum Weikersheim, Bd. 24). Mainz, v. Haase und Koehler.

PV Terwey, Michael (1996): *Demokratiezufriedenheit und Vertrauen. Politische Unterstützung in Westeuropa und im vereinten Deutschland*, in: ZA-Information 20, Heft 39, S. 94–129.

Terwey, Michael (1997): *Soziales Desinteresse von Politikern und Mitmenschen: Schwächen im Gemeinsinn Anderer?*, in: ZA-Information 21, Heft 41, S. 120–144.

Theodor-Heuss-Stiftung (Hrsg.) (1994): *Wider die Politik(er)verdrossenheit. Ergebnisse einer Ausschreibung. Herausgegeben unter Mitarbeit von Peter Juling und Marion Mayer*. Köln, Bouvier.

PV Thierse, Wolfgang (1993): *Politik- und Parteienverdrossenheit: Modeworte behindern berechtigte Kritik. Zur Notwendigkeit gesellschaftspolitischer Reformen*, in: *Aus Politik und Zeitgeschichte* 43, Heft B 31, S. 19–25.

Topf, Richard (1995): *Electoral Participation*, in: Hans-Dieter Klingemann und Dieter Fuchs (Hrsg.): *Citizens and the State* (=Beliefs in Government, Bd. 1). Oxford u.a., Oxford University Press, S. 27–51.

PV Tudyka, Kurt (1994): *Von der Parteiendemokratie zur Herrschaft einer politischen Klasse. Verschleiß, Irrweg und Fehlentwicklung moderner Demokratie*, in: Michael Th. Greven, Peter Kühler und Manfred Schmitz (Hrsg.): *Politikwissenschaft als Kritische Theorie. Festschrift für Kurt Lenk*. Nomos, S. 423–444.

PV Ullrich, Volker (1994): *Das Weimar-Syndrom. Zur Geschichte und Aktualität der Parteienverdrossenheit in Deutschland*, in: Hans-Martin Lohmann (Hrsg.): *Extremismus der Mitte. Vom rechten Verständnis deutscher Nation*. Frankfurt/Main, Fischer, S. 51–69.

Ulram, Peter A. (1987): *Kommentar zu „Der durchleuchtete Wähler II"*, in: *Journal für Sozialforschung* 27, Heft 1 (Sonderheft Wahlforschung), S. 82–84.

PV Ulram, Peter A. (1990): *Hegemonie und Erosion: Politische Kultur und politischer Wandel in Österreich* (=Studien zu Politik und Verwaltung, Bd. 35). Wien, Köln, Graz, Böhlau.

Ulram, Peter A. (1992): *Politische Kultur der Bevölkerung*, in: Herbert Dachs et al. (Hrsg.): *Handbuch des politischen Systems Österreichs*. Wien, Manzsche Verlags- und Universitätsbuchhandlung, 2. Auflage, S. 466–474.

Ulram, Peter A. (1997): *Politische Kultur der Bevölkerung*, in: Herbert Dachs et al. (Hrsg.): *Handbuch des politischen Systems Österreichs. Die Zweite Republik*. Wien, Manzsche Verlags- und Universitätsbuchhandlung, 3. Auflage, S. 514–525.

Unseld, Siegfried (Hrsg.) (1993): *Politik ohne Projekt. Nachdenken über Deutschland*. Frankfurt/Main, Suhrkamp.

van Deth, Jan (1995): *Introduction: The Impact of Values*, in: Jan van Deth und Elinor Scarbrough (Hrsg.): *The Impact of Values* (=Beliefs in Government, Bd. 4). Oxford u.a., Oxford University Press, S. 1–18.

van Deth, Jan und Elinor Scarbrough (1995): *The Concept of Values*, in: Jan van Deth und Elinor Scarbrough (Hrsg.): *The Impact of Values* (=Beliefs in Government, Bd. 4). Oxford u.a., Oxford University Press, S. 21–47.

Venables, William N. und Brian D. Ripley (1997): *Modern Applied Statistics with S-Plus*. New York, Berlin, Heidelberg, Springer, 2. Auflage.

PV Vester, Michael (1992): *Politikverdrossenheit in der pluralisierten Klassengesellschaft. Neue soziale und kulturelle Spannungslinien*, in: Arbeitsgruppe Interdisziplinäre Sozialstrukturforschung der Universität Hannover Agis (Hrsg.): *o.T.* (=Agis-Texte, Bd. 1). Agis, S. 1–17.

Vetter, Angelika (1997): *Political Efficacy – Reliabilität und Validität. Alte und neue Meßmodelle im Vergleich*. Wiebaden, Deutscher Universitätsverlag.

PV Vogelgesang, Waldemar (1999): *Die Jugend der Region Westeifel und ihr Politikverständnis*, in: Heiner Timmermann und Eva Wessela (Hrsg.): *Jugendforschung in Deutschland. Eine Zwischenbilanz* (=Schriftenreihe der Europäischen Akademie Otzenhausen, Bd. 90). Opladen, Leske und Budrich, S. 47–62.

Volk, Hartmut (1995): *Anmerkungen zur Politik- und Staatsverdrossenheit*, in: *Verwaltungsrundschau* 41, S. 131–132.

Vorländer, Hans (1981): *Verfassung und Konsens. Der Streit um die Verfassung in der Grundlagen- und Grundgesetz-Diskussion der Bundesrepublik Deutschland. Untersuchungen zu Konsensfunktion und Konsenschance der Verfassung in der pluralistischen und sozialstaatlichen Demokratie* (=Beiträge zur Politischen Wissenschaft, Bd. 40). Berlin, Duncker und Humblot.

Wallow, Hans (Hrsg.) (1993): *Richard von Weizsäcker in der Diskussion. Die verdrossene Gesellschaft*. Düsseldorf u.a., Econ.

PV Wasser, Hartmut (1982): *Zur Krise des amerikanischen Parteiwesens*, in: *Zeitschrift für Politik* 29, S. 50–65.

PV Wasser, Hartmut (1996): *Befindlichkeit amerikanischer Politik im Präsidentschaftswahljahr 1996*, in: *Aus Politik und Zeitgeschichte* 46, Heft B 43, S. 3–13.

PV Wassermann, Rudolf (1993): *Im Wind der der Veränderung. Politische Essays zur Lage der vereinten Nation*, Kapitel: *Entscheidungsstau und Politikverdrossenheit*, S. 23–46. MUT-Verlag, Asendorf.

Wassermann, Rudolf (1994): *Von Bonn nach Berlin – Chance für die Demokratie? Zur Überwindung der Krise des Parteienstaates*, in: *Recht und Politik* 30, S. 63–69.

Weber, Max (1980): *Wirtschaft und Gesellschaft. Grundriß der verstehenden Soziologie*. Tübingen, Mohr, 5. Auflage.

Weßels, Bernhard (1992): *Zum Begriff der „Politischen Klasse"*, in: *Gewerkschaftliche Monatshefte* 43, Heft 9, S. 541–549.

Weßels, Bernhard und Hans-Dieter Klingemann (1997): *Politische Integration und politisches Engagement*, in: Statistische Bundesamt (Hrsg.): *Datenreport 1997. Zahlen und Fakten über die Bundesrepublik Deutschland* (=Schriftenreihe, Bd. 340). Bonn, Bundeszentrale für politische Bildung, S. 599–607.

Wegener, Gerhard (1994): *Neufassung der Gemeindeordnungen – ein Mittel gegen Politikverdrossenheit?*, in: *Verwaltungsrundschau* 40, S. 189–192.

Wehner, Burkhard (1993): *Der Staat auf Bewährung. Über den Umgang mit einer erstarrten politischen Ordnung*. Darmstadt, Wissenschaftliche Buchgesellschaft.

Weil, Frederick D. (1989): *The Sources and Structure of Legitimation in Western Democracies: A Consolidated Model Tested with Time-Series Data in Six Countries since World War II*, in: *American Sociological Review* 54, S. 682–706.

Weinacht, Paul (Hrsg.) (1994): *Wege aus der Parteienverdrossenheit*. Würzburg, Ergon.

Weizsäcker, Richard von (1992): *Richard von Weizsäcker im Gespräch mit Gunter Hofmann und Werner A. Perger*. Frankfurt/Main, Eichborn.

[PV] Welzel, Christian (1995): *Politikverdrossenheit und der Wandel des Partizipationsverhaltens. Zum Nutzen direkt-demokratischer Beteiligungsformen*, in: Zeitschrift für Parlamentsfragen 26, S. 141–149.

West, Stephen G., John F. Finch und Patrick J. Curran (1995): *Structural Equation Models with Nonnormal Variables*, in: Rick H. Hoyle (Hrsg.): *Structural Equation Modeling. Concepts, Issues, and Applications*. Thousand Oaks, London, New Delhi, Sage, S. 56–75.

[PV] Westle, Bettina (1989a): *Einstellungen zu den politischen Parteien und der Demokratie in der Bundesrepublik Deutschland*[16], in: Rudolf Wildenmann (Hrsg.): *Volksparteien. Ratlose Riesen?* Baden-Baden, Nomos, S. 223–239.

Westle, Bettina (1989b): *Politische Legitimität – Theorien, Konzepte, empirische Befunde* (=Schriftenreihe zur gesellschaftlichen Entwicklung, Bd. 3). Baden-Baden, Nomos.

[PV] Westle, Bettina (1990a): *Legitimität der Parteien und des Parteiensystems in der Bundesrepublik Deutschland*[†], in: *Kölner Zeitschrift für Soziologie und Sozialpsychologie* 42, S. 401–427.

[PV] Westle, Bettina (1990b): *Zur Akzeptanz der politischen Parteien und der Demokratie in der Bundesrepublik Deutschland*[†], in: Max Kaase und Hans-Dieter Klingemann (Hrsg.): *Wahlen und Wähler. Analysen aus Anlaß der Bundestagswahl 1987* (=Schriften des Zentralinstituts für sozialwissenschaftliche Forschung der Freien Universität Berlin, Bd. 60). Opladen, Westdeutscher Verlag, S. 253–295.

Wewer, Göttrik (1992): *Bessere Politik durch weniger Wahlen? Zur Diskussion um eine Zusammenlegung von Wahlterminen und eine Verlängerung der Wahlperioden*, in: Gegenwartskunde 41, S. 145–154.

Widfeldt, Anders (1995): *Party Membership and Party Representativeness*, in: Hans-Dieter Klingemann und Dieter Fuchs (Hrsg.): *Citizens and the State* (=Beliefs in Government, Bd. 1). Oxford u.a., Oxford University Press, S. 134–182.

[PV] Wiesendahl, Elmar (1989): *Etablierte Parteien im Abseits? Das Volksparteiensystem der Bundesrepublik vor den Herausforderungen der neuen sozialen Bewegungen*, in: Ulrike C. Wasmuth (Hrsg.): *Alternativen zur alten Politik? Neue soziale Bewegungen in der Diskussion* (=WB-Forum, Bd. 27). Darmstadt, Wissenschaftliche Buchgesellschaft, S. 82–108.

[PV] Wiesendahl, Elmar (1993): *Parteien in der Krise. Mobilisierungsdefizite, Integrations- und Organisationsschwächen der Parteien in Deutschland*, in: *Sozialwissenschaftliche Informationen* 22, Heft 2, S. 77–87.

Wiesendahl, Elmar (1998): *Wie geht es weiter mit den Großparteien in Deutschland?*, in: *Aus Politik und Zeitgeschichte* 48, Heft B 1/2, S. 13–28.

Wildenmann, Rudolf (1989): *[Kapitel B 1] Zum Demokratie-Verständnis - Lust und Unlust an der Politik (auf der Basis eines Beitrags von Manfred Küchler)*, in: Rudolf Wildenmann (Hrsg.): *Volksparteien. Ratlose Riesen?* Baden-Baden, Nomos, S. 43–60.

[PV] Winkel, Olaf (1996): *Wertewandel und Politikwandel. Wertewandel als Ursache von Politikverdrossenheit und als Chance ihrer Überwindung*, in: *Aus Politik und Zeitgeschichte* 46, Heft B 52/53, S. 13–25.

---

16   Bei diesem Beitrag handelt es sich im wesentlichen um eine Vorstudie zu zwei späteren Artikeln von Westle (1990a,b). In der Bedeutungsanalyse wurde er deshalb nicht gesondert berücksichtigt.

†   Was Inhalt, Analysen, Abbildungen und Text betrifft, bestehen zwischen diesen Beiträgen erhebliche Überschneidungen. Im Rahmen der Bedeutungsanalyse wurden dennoch beide Arbeiten berücksicht, da die Artikel unterschiedliche Akzente setzen.

Wirthensohn, Andreas (1999): *Dem „ewigen Gespräch" ein Ende setzen: Parlementarismuskritik am Beispiel von Carl Schmitt und Hans Herbert von Arnim – nur eine Polemik?*, in: *Zeitschrift für Parlamentsfragen* 30, S. 500–534.

Wissenschaftlicher Rat der Dudenredaktion (Hrsg.) (1980): *O-So* (=Duden. Das große Wörterbuch der deutschen Sprache in sechs Bänden, Bd. 5). Mannheim, Bibliographisches Institut.

Wissenschaftlicher Rat der Dudenredaktion (Hrsg.) (1981): *Sp-Z* (=Duden. Das große Wörterbuch der deutschen Sprache in sechs Bänden, Bd. 6). Mannheim, Bibliographisches Institut.

Wissenschaftlicher Rat der Dudenredaktion (Hrsg.) (1999a): *Lein-Peko* (=Duden. Das große Wörterbuch der deutschen Sprache in zehn Bänden, Bd. 6). Mannheim u.a., Dudenverlag, 3. Auflage.

Wissenschaftlicher Rat der Dudenredaktion (Hrsg.) (1999b): *Pekt-Schi* (=Duden. Das große Wörterbuch der deutschen Sprache in zehn Bänden, Bd. 7). Mannheim u.a., Dudenverlag, 3. Auflage.

Wissenschaftlicher Rat der Dudenredaktion (Hrsg.) (1999c): *Schl-Tace* (=Duden. Das große Wörterbuch der deutschen Sprache in zehn Bänden, Bd. 7). Mannheim u.a., Dudenverlag, 3. Auflage.

[PV] Wolling, Jens (1999): *Politikverdrossenheit durch Massenmedien? Der Einfluß der Medien auf die Einstellungen der Bürger zur Politik*. Opladen, Wiesbaden, Westdeutscher Verlag.

Wright, James D. (1981): *Political Disaffection*, in: Samuel L. Long (Hrsg.): *The Handbook of Political Behavior*, Bd. 4. New York, London, Plenum Press.

ZA und ZUMA (1999): *Zufrieden mit Regierung und Demokratie?*, in: Peter Glöckner-Rist, Angelika und Schmidt (Hrsg.): *ZUMA-Informationssystem. Elektronisches Handbuch sozialwissenschaftlicher Erhebungsinstrumente. Version 4.00*. Mannheim, Zentrum für Umfragen, Methoden und Analysen.

Zaller, John R. (1992): *The Nature and Origins of Mass Opinion*. Cambridge, New York, Oakleigh, Cambridge University Press.

[PV] Zelle, Carsten (1998): *Modernisierung, Personalisierung, Unzufriedenheit: Erklärungsversuche der Wechselwahl bei der Bundestagswahl 1998*, in: Max Kaase und Hans-Dieter Klingemann (Hrsg.): *Wahlen und Wähler. Analysen aus Anlaß der Bundestagswahl 1994* (=Schriften des Zentralinstituts für Sozialwissenschaftliche Forschung der Freien Universität Berlin, Bd. 85). Opladen, Wiesbaden, Westdeutscher Verlag, S. 221–257.

Zeschmann, Philip (1997): *Mitgliederbefragungen, Mitgliederbegehren und Mitgliederentscheide: Mittel gegen Politiker- und Parteienverdrossenheit? Zugleich eine Replik auf einen Beitrag von Stefan Schieren in der Zeitschrift für Parlamentsfragen*, in: *Zeitschrift für Parlamentsfragen* 28, S. 699–712.

[PV] Zeschmann, Philip (2000): *Wege aus der Politiker- und Parteiverdrossenheit. Demokratie für eine Zivilgesellschaft*. Sinzheim, Pro-Universitate-Verlag.

Zippelius, Reinhold (1993): *Politikverdrossenheit*, in: *Zeitschrift für Rechtspolitik* 26, S. 241–243.

[PV] Zubayr, Camille und Heinz Gerhard (1999): *Wahlberichterstattung und Politikbild aus Sicht der Fernsehzuschauer*, in: *Media Perspektiven* 37, S. 237–248.

Abstract

Das Schlagwort von der Politikverdrossenheit hat die politische und politikwissenschaftliche Diskussion der letzten Jahre geprägt, obwohl der Begriff als höchst problematisch gilt. Erstes Ziel der vorliegenden Arbeit war es deshalb zu klären, was in der einschlägigen Literatur unter Politikverdrossenheit verstanden wird. Dabei zeigte sich, daß hinsichtlich der theoretischen Vernetzung, der Objekte, der Ursachen, der Mikro- und der Makro-Folgen von Verdrossenheit in der Literatur kein Konsens herrscht. Nicht einmal darüber, welche Einstellungen überhaupt mit Verdrossenheit bezeichnet werden sollen, sind sich die Autoren einig. Der kleinste gemeinsame Nenner der fast 180 untersuchten Arbeiten besteht vielmehr darin, daß sie mit Verdrossenheit eine negative oder neutrale Einstellung gegenüber politischen Objekten bezeichnen.

Ein kritischer Vergleich mit den wichtigsten aus der empirischen Politikforschung bekannten Konzepten ergab zudem, daß der Terminus entbehrlich ist, weil diese etablierten Konzepte mit den im Kontext der Verdrossenheitsdebatte am häufigsten untersuchten Einstellungen identisch sind und teilweise sogar mit denselben Instrumenten gemessen werden, im Unterschied zum Verdrossenheitsbegriff aber vergleichsweise klar definiert sind. Zudem lassen sich die meisten dieser Konzepte als Facetten des Eastonschen Unterstützungsbegriffes auffassen, der sich in der empirischen Politikforschung als außerordentlich fruchtbar erwiesen hat.

Im Anschluß an diese stärker analytischen Fragen beschäftigte sich der zweite Teil der Arbeit mit drei Hypothesen, die bislang nicht systematisch untersucht wurden, obwohl sie als Hintergrundannahmen für die Verdrossenheitsforschung von zentraler Bedeutung sind, weil sich aus ihnen Argumente dafür ergeben könnten, trotz der analytischen Probleme den Verdrossenheitsbegriff beizubehalten: Der Vorstellung, daß Verdrossenheitseinstellungen ein „Syndrom" bilden, daß sie auf der individuellen Ebene besonders stabil sind, und daß in Deutschland das Ausmaß politischer Verdrossenheit höher als in vergleichbaren Ländern ist. Im Ergebnis zeigte sich sich aber, daß keine dieser Hypothesen einer empirischen Überprüfung standhält.

Sowohl aus analytischer als auch aus empirischer Perspektive spricht deshalb nichts dafür, am Verdrossenheitsbegriff festzuhalten. Insbesondere zur Analyse der politischen Einstellungen im wiedervereinigten Deutschland ist er denkbar ungeeignet, weil er die subtilen Unterschiede in der Struktur und Dynamik der politischen Unterstützung nivelliert, die sich hier nach der Verschmelzung zweier so unterschiedlicher politischer Kulturen beobachten lassen. In der Forschungspraxis sollte er deshalb in Zukunft durch das bewährte und international anschlußfähige Instrumentarium der empirischen Politikforschung ersetzt werden.

Ausbildungs- und Studienverlauf

Geboren	17.02.1969
Schulausbildung	
1975-1979	Staudinger-Schule Worms
1979-1988	Altsprachliches Rudi-Stephan-Gymnasium Worms
1988	Abitur

Studium
Ab WS 1990   Studium der Fächer Sozialkunde/Politikwissenschaft, Deutsch, Philosophie und Erziehungswissenschaften an der Johannes Gutenberg-Universität Mainz

Akademische Lehrer   G. Bellmann, W. Bürklin, D. Erxleben, J. Falter, E. Garzon Valdes, A. Häußling, G. Heck, K.-R. Korte, F. Kreiter, M. Kroker, F. Kron, G. Kühl, V. Kunz, S. Kurz-Gieseler, W. Lachmann, H. Lofink, R. Malter, E. Mandrella, M. Mols, G. Müller, N. Müller, S. Obermaier, T. Rein, E. Rotermund, M. Ruppert, C. Schärf, J. Schmidt, P. Schneider, S. Schumann, A. Thimm, R. Voß

21.12.1995   1. Staatsexamen für das Lehramt an Gymnasien
24.01.2002   Promotion im Fach Politikwissenschaft

Berufliche Tätigkeiten
01/1991 bis 01/1996   Wissenschaftliche Hilfskraft am Zentrum für Datenverarbeitung / Universität Mainz
01/1996 bis 07/1996   Wissenschaftliche Hilfskraft mit Abschluß am Zentrum für Datenverarbeitung / Universität Mainz
04/1996 bis 07/1996   Wissenschaftliche Hilfskraft mit Abschluß am Institut für Politikwissenschaft / Uni Mainz: Erstellung des ersten Lehrberichtes für das Institut
Seit 04/1996   Lehrbeauftragter am Institut für Politikwissenschaft / Uni Mainz
Seit 10/1996   Wissenschaftlicher Mitarbeiter am Institut für Politikwissenschaft
05/1997 bis 03/1998   Wissenschaftlicher Mitarbeiter im DFG-Projekt „Die Conjoint Analyse als Instrument der Wahlforschung"
Seit 04/1998   Wissenschaftlicher Mitarbeiter bei Professor Jürgen W. Falter